Dr. Oscar Jäger

Geschichte der neuesten Zeit vom Wiener Kongress bis zum Frankfurter Frieden

Erster Band 1815-1848

Dr. Oscar Jäger

Geschichte der neuesten Zeit vom Wiener Kongress bis zum Frankfurter Frieden
Erster Band 1815-1848

ISBN/EAN: 9783742868572

Hergestellt in Europa, USA, Kanada, Australien, Japan

Cover: Foto ©ninafisch / pixelio.de

Manufactured and distributed by brebook publishing software (www.brebook.com)

Dr. Oscar Jäger

Geschichte der neuesten Zeit vom Wiener Kongress bis zum Frankfurter Frieden

1815—1871.

Geschichte der neuesten Zeit

vom

Wiener Congreß bis zum Frankfurter Frieden.

Von

Oscar Jäger.

Erster Band.
1815—1848.

Oberhausen und Leipzig.
Verlagshandlung von Ad. Spaarmann.
1874.

Alle Rechte vorbehalten.

Druck von Ad. Spaarmann in Oberhausen.

Vorwort.

Der vorliegende Versuch einer Darstellung des jüngsten Abschnitts im Leben der Menschheit verdankt seinen Ursprung der erneuerten Herausgabe von „Fr. Chr. Schlosser's Weltgeschichte für das deutsche Volk", welche der Verfasser in Gemeinschaft mit Professor Dr. Th. Creizenach besorgt hat. Das große Geschichtswerk Schlosser's endet mit dem Jahre 1815: eine neue Ausgabe desselben würde ihren Zweck verfehlt haben, wenn die Darstellung nicht über jenen Haltepunkt hinaus bis auf unsere Tage herabgeführt worden wäre. Für diesen Zeitraum lag von Schlosser selbst keinerlei Material vor: eine selbständige Bearbeitung war nothwendig. Ich habe mich dieser Arbeit unterzogen und biete das Ergebniß als einen neuen und unabhängigen Versuch einer historischen Darstellung der Zeit, deren größern Theil Verfasser und Leser selbst erlebt und als Gegenwart empfunden haben. Diese Darstellung wird in drei mäßigen Bänden die Ereignisse von den Wiener Verträgen bis zum Frankfurter Frieden umfassen; die wichtigsten Begebenheiten von 1871 bis Ende 1873 sollen in einer tabellarischen Uebersicht am Schlusse verzeichnet und dem Ganzen ein genaues Namen- und Sachregister beigegeben werden. Der erste Band enthält in zwei Büchern die Zeit von 1815—1830, und von 1830 bis 1848; der zweite die Ereignisse vom Februar 1848 bis Ende 1863, wo mit dem Tode König Friedrich's VII. von

Dänemark die große deutsche Frage in Fluß kommt; der dritte die Entscheidungskämpfe der jüngsten Zeit bis zum Ende des deutsch-französischen Krieges, mit welchem ein neuer Kampf anderer Art beginnt, der eine geschichtliche Darstellung im strengeren Sinn noch nicht zuläßt. Meine Absicht war, ein Werk zu schaffen, ausführlich genug um eine wirkliche und lebendige Erzählung zu gestatten, und doch nicht zu umfangreich, damit der Leser nicht wie etwa bei dem bekannten Werke von Gervinus noch vor der Hälfte des Weges ermatte.

Denn die Ansprüche, welche an die Zeit und die Lesefähigkeit der gebildeten und leitenden Klassen unseres Volkes gemacht werden, sind groß. Unter diesen mannigfaltigen Ansprüchen aber ist keiner berechtigter und unabweislicher als der, sich die politische und gesellschaftliche Entwicklung der letzten 60 Jahre in einem Gesammtbilde zu vergegenwärtigen. Die Pflichten, welche dem Einzelnen das Vaterland auferlegt, dessen Verfassung von Jedem ernste Betheiligung an seinem Gesammtleben fordert, verlangen, daß man nicht blos über den augenblicklichen Stand der Tagesfragen unterrichtet, sondern auch, daß man über ihren Zusammenhang mit der Vergangenheit einigermaßen orientirt sei: und doch ist dies auch dem Willigen nicht leicht gemacht. Der geschichtliche Unterricht an unsern höheren Lehranstalten, verurtheilt ein unermeßliches Material zu bewältigen, hat für die Zeit nach dem Jahre 1815 selten mehr als eine dürftige „Uebersicht" übrig: die Vorlesungen über diesen Gegenstand, welche unsere Universitäten bieten, kommen doch immer nur einem verhältnißmäßig kleinen Theile der leitenden Klassen zu Gute: die ungeheure Mehrzahl ist für ihre Kenntniß neuester Geschichte auf die Lectüre angewiesen, und wie immer man über die verschiedenen Versuche, welche diesem Bedürfniß entsprungen sind, urtheilen mag, das wird Niemand leugnen, daß ein weiterer nichts weniger als überflüssig sei.

Daß jeder solche Versuch ein Wagniß ist, angesichts der Schwierigkeit der Aufgabe an sich, wie angesichts der Ansprüche, die jeder Leser an die Darstellung einer Zeit macht, die er aus eigener Anschauung zu kennen glaubt, und an manchem einzelnen Theile auch wohl besser kennen mag, als der Geschichtschreiber — wer möchte sich dies verhehlen? Die Fülle wichtiger Thatsachen in einer Epoche, welche reich an gewaltigen Umwälzungen ist, und deren Geschichte auf größtem Raume spielt, ist unermeßlich: aus dieser Ueberfülle des Wichtigen und Interessanten das Wichtigste und Interessanteste auszuwählen, ist schwierig, weil alle diese Dinge noch die frische Farbe des Lebens zeigen. Größer noch ist die Schwierigkeit sie zu gruppiren, sie nicht blos herzuzählen, sondern wirklich zu erzählen, so daß ihr innerer Zusammenhang und Gehalt dem Lesenden deutlich wird: nicht zu reden von der größten aller Schwierigkeiten, gerecht zu urtheilen über Personen und Verhältnisse, an denen noch der Parteien Haß und Gunst haftet. Es würde nur eine Selbsttäuschung sein, wenn der Darsteller sich einreden wollte, daß er Kämpfen, wie sie die letzten beiden Menschenalter erregt haben, völlig leidenschaftslos und objectiv gegenüber stehen könne: wer dies vermöchte, würde vielleicht am wenigsten fähig sein, ihre Geschichte zu schreiben.

Ruhiger allerdings, billiger, objectiver wird über die Geschichte der letzten 50 bis 60 Jahre schreiben können, wer nach den Jahren 1866 und 1870 die Feder ansetzt: denn diese Jahre bezeichnen einen so scharfen Einschnitt im europäischen Leben, daß was diesseits und was jenseits liegt, wie zwei verschiedenen Welten anzugehören scheint und man eben darum das letztere ruhiger betrachten und freimüthiger beurtheilen kann. Und dieser Vortheil zum mindesten, daß sie nach den Entscheidungen jener Jahre vollendet ist, mag der gegenwärtigen Arbeit zu Gute kommen. Ich übergebe sie trotz ihrer Mängel mit Ruhe der Oeffentlichkeit: einestheils weil der Gegenstand selbst einigermaßen ersetzen kann, was der Darstellung an Kunst oder Frische abgehen mag, und anderntheils weil jede mit Ernst und Gewissenhaftigkeit durchgeführte geschichtliche Darstellung der jüngst verlebten Zeit sicher sein darf, Jedem, der lernen will, nützliche Erkenntniß in Fülle zu bieten —: jüngeren Lesern, indem sie dieselben die Kräfte kennen lehrt, in deren Kampf ihr Leben gestellt sein wird, älteren, indem sie ihnen Anlaß gibt, ihr eigenes Verhältniß zu den Tagesfragen und den die Gegenwart beherrschenden Mächten aufs Neue zu überdenken und zu prüfen.

Köln, 1. Juni 1874.

O. Jäger.

Erstes Buch.

Vom Sturze Napoleon's bis zur Julirevolution.

1815—1830.

Einleitung.

Am 30. Mai 1814 war zu Paris der Friede unterzeichnet worden, welcher dem großen Unabhängigkeitskampfe des verbündeten Europas gegen Napoleon I. ein Ziel setzte. Die Urkunde dieses Vertrages war von den Bevollmächtigten der 5 Großstaaten, Oestreich, Preußen, England, Rußland und Frankreich unterzeichnet, und in seinem 32ten Artikel festgesetzt, daß sämmtliche Mächte, welche bei dem Kriege betheiligt gewesen, innerhalb zweier Monate Bevollmächtigte nach Wien schicken sollten, um dort auf einem allgemeinen Congresse die Bestimmungen jenes Friedensinstruments zu vervollständigen und das Einzelne festzustellen. Der gewaltigen Hand, welche seit zwei Jahrzehnten die Staaten Europas durcheinander geworfen, ihre Kronen gegeben und genommen, ihre Bevölkerungen nach eigener Willkür vertheilt und zusammengejocht hatte, war das Schwert zerbrochen und das Scepter entwunden worden: es galt jetzt, die aus den Fugen gegangene europäische Welt wieder einzurichten, die mannigfach verschobenen, beschädigten, zum Theil verwitterten Steine zu einem neuen wohnlichen Gebäude zusammenzufügen.

Am 3. November 1814 wurde diese glänzende und wichtige Versammlung zu Wien eröffnet. Es versteht sich, daß die vornehme Welt, welche in der lebenslustigen Kaiserstadt an der Donau sich zusammenfand, es nicht versäumte, sich für die Entbehrungen und Anstrengungen der letzten Jahre auf ihre Weise schadlos zu halten; die Bälle und Redouten, die Masteraden und Feuerwerke, die Caroussels und Schlittenfahrten und Paraden drängten sich: mit Behagen tummelte sich die wieder zu ihrem Rechte gelangte Mittelmäßigkeit auf der Bühne, von welcher der Gewaltige verschwunden war; wo so viele Könige bauten, fanden auch die Kärrner, — eine bunte Gesellschaft, nachgeborene Prinzen, Geldmänner, Juden, Porträtmaler, Industrieritter aller Art — ihren Tisch gedeckt und ihre Ernte bereit und ißgünstige Zähler haben nachgerechnet, daß diese festlichen Monate dem bewirthenden Hofe nicht weniger als 30 Millionen Gulden gekostet hätten. Die Geschichte kann sich aber mit den Lustbarkeiten und ihrem Gegenbilde, der kärglichen Abfindung der Invaliden des letzten Krieges, der Hungersnoth, welche eben jetzt in Siebenbürgen die Menschen zu Tausenden aus dem Lande trieb, nicht weiter befassen; sie verweilt nur auf den dauernden Schöpfungen, welche die versammelte Staatskunst Europas, wie groß oder wie gering sie sein mochte, auf dem mit Blut gedüngten, mit Trümmern bedeckten Boden aufrichtete.

Auf kurze Zeit wurde, wie bekannt, diese ernste Arbeit gestört durch den Ausbruch Napoleon's aus dem Kerker, den man ihm in der Insel Elba angewiesen hatte. Allein dieser kühne Versuch endete rasch mit dem völligen Verderben des Mannes, den die allgemeine Stimme Europas unwiderruflich verurtheilt hatte. Am 13. März 1815 erklärte ihn ein Beschluß der Mächte als den Feind und Störer der Ruhe der Welt in die Acht; die Irrungen, welche im Schooße des Congresses aufgetaucht waren und auf die er seine Hoffnungen baute, legten sich vor der neuen gemeinsamen Gefahr, und eine Convention zwischen Oestreich, England, Preußen und Rußland (25. März) sicherte die Aufrechthaltung des Pariser Friedens und die Vollziehung der zu Wien gefaßten und noch zu fassenden Beschlüsse. Am 18. Juni zertrümmerte der Tag von Waterloo das neue napoleonische Heer, am 29. erschienen die Preußen vor Paris, wo am 9. Juli der zum zweiten Male wiederhergestellte Ludwig XVIII., am 10. die verbündeten Monarchen ihren Einzug hielten, und wo dann, am 20. November 1815, der zweite Pariser Friede unterzeichnet ward, welcher das große Restaurationswerk ergänzte, das fortan die Grundlage für das der Revolution und ihrem Erben abgestrittene Europa bilden sollte und dessen wesentliche Festsetzungen in der bereits am 9. Juli desselben Jahres vollzogenen Schlußacte des Wiener Congresses enthalten waren.

In 121 Artikeln faßte diese wichtige Urkunde, die den Ausgangspunkt für den jüngsten Abschnitt im Leben der europäischen Menschheit bildet, die Ergebnisse des Congresses zusammen. Und zwar enthielten die Artikel 1—107 die Bestimmungen über die Vertheilung der Ländergebiete, die Neugestaltung der territorialen Verhältnisse des Welttheils, wie dieselben endlich aus dem Durcheinander der tausendfach sich kreuzenden Interessen, wirklicher oder vorgeblicher Recht, unter mannigfachem Feilschen und Drängen, unverschämtem Fordern und kargem Bieten, aus den Berathungen der Ausschüsse und aus den häufig wichtigern Verhandlungen und Intriguen, die hinter den Coulissen spielten, hervorgegangen waren.

Der Besiegte des letzten Krieges war Frankreich, und man hätte demnach erwarten müssen, daß die Neuordnung der europäischen Territorialverhältnisse dieser Macht vor Allem empfindliche Opfer auferlegt haben, daß dieselbe zum mindesten auf denjenigen Gebiets=umfang beschränkt werden würde, welchen sie vor der Epoche ihrer großen Eroberungen gehabt hatte. Diese Epoche aber hatte nicht erst mit der Revolution oder mit Napoleon, sondern sie hatte schon mit Richelieu und Ludwig XIV. begonnen. Es war deshalb ein gerechtes Verlangen, daß zum mindesten Elsaß und Lothringen den Franzosen abgenommen und mit Deutschland wieder vereinigt werden sollten, und es fehlte nicht an gewichtigen und sachkundigen Männern, welche darauf hinwiesen, daß das Unterlassen dieser Rückforderung jeden neuen Angriff Frankreichs ermuthige und erleichtere, — daß eine Macht, welche zwei Jahrzehnte lang ganz Europa mit Krieg überzogen und dann, zweimal besiegt, doch keine Strafe durch eine wirkliche und empfindliche Gebietsschmälerung erleide, sehr geneigt sein werde, die nächste Gelegenheit zu neuem Eroberungskrieg zu er=greifen, wo nicht vom Zaune zu brechen. Allein man hatte sich, als die verbündeten Heere in Frankreich einmarschirten, die Miene gegeben, als gelte der Kampf nur Napoleon und nicht Frankreich; und in Kraft dieser schimpflichen und unheilvollen Fiction waren im ersten Pariser Frieden dem wieder bourbonisch gewordenen Frankreich die Gränzen des revolutionären Frankreichs, die Gränzen des 1. Januar 1792, zugestanden, ja demselben sogar zu besserer Abrundung noch eine Gebietserweiterung von ca. 150 ☐Meilen verheißen worden. Von den Verhandlungen über die Gebietsvertheilungen allerdings schloß derselbe Vertrag Frankreich aus, aber der französische Bevoll=mächtigte auf dem Wiener Congreß, der altköniglich Bischof und napoleonische Fürst Talleyrand, ein Meister in allerlei diplomatischer Schelmenkunst, war vollkommen der Mann und jener Congreß war vollkommen der Ort, um auf krummem Wege den Einfluß zu erschleichen, den man auf dem geraden nicht erlangen konnte: und auch der noch=malige Kampf und Sieg über Napoleon und Frankreich änderte an dieser auffallenden Begünstigung des überwundenen Landes nur wenig. Die Gränzen Frankreichs, bestimmte der zweite Pariser Friede, werden die des Jahres 1790 sein. Frankreich trat demgemäß aller=dings einige Gebietstheile im Norden mit den Festungen Philippe=ville und Marienburg an Belgien, im Osten Saarlouis, die Festung Landau und Umgegend an Deutschland, im Süden Sa=voyen und Nizza an Sardinien, das Ländchen Gex zwischen dem Genfersee und dem Jura an den Kanton Genf ab; die unter der Republik und dem Kaiserreich geraubten Kunstschätze wurden von ihren Eigenthümern zurückgenommen; eine Kriegskostenentschädigung von 700 Millionen Francs und ein Occupationsheer von 150,000 Mann auf 5 Jahre ward den zweimal Besiegten und völlig Entwaffneten auferlegt: aber im Ganzen hielt man doch an jener Täuschung fest und ließ nur das Kaiserthum entgelten, was die französische Nation verbrochen hatte, der man so die volle Macht, den allgemeinen Frieden aufs Neue zu bedrohen, gleichsam ausdrücklich vorbehielt. In den Augen der Mehrzahl der europäischen Staatsmänner gab es in der That nur Einen Besiegten: den gestürzten Kaiser Napoleon, der als Kriegsgefangener Europas am 16. October 1815 auf einem englischen Kriegsschiffe an der englischen Insel St. Helena im atlantischen Ocean landete, welche ein Abkommen der vier Mächte zu seinem Kerker und, durfte man hoffen, zu seinem Grabe bestimmt hatte.

Von den Großmächten der siegreichen Coalition hatte England auf dem europäischen Festlande nichts weiter zu gewinnen und diese Macht hatte es deshalb leicht, sich den Schein der Uneigennützigkeit zu geben, indem sie auf jede solche Erwerbung von vornherein verzichtete. Allerdings interessirte sich seine Regierung für Hannover, welches seit 1714 durch Personalunion, durch ein gemeinsames Fürstenhaus, mit England verbunden war; allein ein englisches Nationalinteresse war dies nicht und man war dort längst zu der Erkenntniß gekommen, daß politischer Einfluß oft mehr werth ist, als Landbesitz. Ihre Schadloshaltung suchte diese Macht im Erwerb von Colonieen und wichtigen Seestationen, und so behielt denn Großbritannien von den holländischen Colonieen, welche während des langen Krieges gegen Napoleon und seine Vasallen in seine Hände gefallen waren, in Südafrika das Capland, werthvoll an sich und werthvoller als Station auf dem Wege nach Ostindien; in Südamerika die kostbarsten Baumwollendistrikte von Niederländisch-Guyana — Demerary, Essequibo, Berbice; — von französischen die westindischen Inseln Tabago, St. Lucie, die afrikanische Isle de France, nebst deren Dependentien; — im Mittelmeer behielt es die wichtige Insel Malta welche der Johanniterorden, dessen dauerhaftes Greisenalter alle Stürme überlebt hatte, vergebens zurückzubekommen strebte, und es bekam außerdem die jonischen Inseln, welche neben Gibraltar und Malta seiner Stellung im Mittelmeer eine große Festigkeit verliehen.

Rußland, noch 100 Jahre früher ein Barbarenreich, machte bei dieser Gelegenheit zum ersten Male in einem allgemeinen Friedenswerke seinen vollen Einfluß als europäische Großmacht geltend. Es war seit Peter dem Großen sein unabläßiges Bemühen gewesen, die Schranken hinwegzuräumen, welche es von der unmittelbaren Berührung mit dem westeuropäischen Leben trennten, und einen weiteren

Fortschritt hatte es in dieser Richtung schon vor dem Befreiungs=
kriege gemacht, indem es im Jahre 1809 von Schweden **Finnland**
erwarb und damit zugleich seinen dürftigen Küstenbesitz vermehrte;
jetzt suchte es seinen Lohn für das, was die Strenge seines Winters,
die Entschlossenheit seiner Bevölkerung, die Tapferkeit seiner Heere
für Europa gethan, in der endgültigen Sicherung des Besitzes von
Polen. Allerdings fehlte es nicht an Wünschen und selbst an Ver=
suchen, bei dieser Gelegenheit Polen als ein selbstständiges Reich
wieder herzustellen und damit ein Unrecht zu sühnen, welches wie
eine schwere Schuld auf dem öffentlichen Gewissen Europas lastete.
Aber diese Wünsche und Versuche wollten das Unmögliche, Wieder=
herstellung eines Staats, der gefallen war, weil er keinen Halt in sich
selber gehabt, und mit großer Geschicklichkeit wußte Kaiser Alexander
den Widerwillen gegen die Vollendung und Sanctionirung des großen
Raubes durch das versammelte Europa dadurch zu beschwichtigen, daß
er den Polen eine eigene nationale Existenz unter russischem Scepter
verhieß. So erreichte Rußland im Wesentlichen seinen Zweck. Art. 7
der Schlußacte des Congresses sprach ihm das Herzogthum Warschau
zu, mit Ausnahme des westlichen Theils, welcher als Großherzog=
thum Posen an Preußen kam, und eines kleinen Landstriches um
Krakau, welcher nun als **Freistaat Krakau** den spöttischen Rest
eines ehemals mächtigen Reiches darstellte. Zugleich bestimmte der
Artikel, daß die Polen eine **Volksvertretung** (représentation)
und **nationale Institutionen** erhalten sollten: „regulirt", war
hinzugefügt „nach dem Modus der politischen Existenz, welche jede
der Regierungen, denen sie angehören, ihnen zuzugestehen für nützlich
und angemessen erachten wird." Die Polen erhielten hier wiederum,
was sie auch von Napoleon erhalten, Worte, und mehr hatten ihnen
weder dießmal noch später ihre guten Freunde in Europa, England
und Frankreich, zu bieten.

Am besten wurde verhältnißmäßig **Oestreich** bedacht, das in
dem gemeinsamen Kampfe am wenigsten gethan, den Sieg über Napo=
leon vielfach mehr gehindert als gefördert, den ganzen Charakter des
Krieges gefälscht und verdorben hatte. Es verzichtete auf Belgien,
welches schon der Minister Thugut sehr richtig einen Mühlstein an
seinem Halse genannt hatte, sowie auf den Rest seiner Besitzungen im
südwestlichen Deutschland, beides schmerzlose Verluste, und das erstere
eher ein Gewinn zu nennen. Dagegen bekam es zurück, was es in
den Kriegen gegen Napoleon verloren; es erhielt von Baiern das
Innviertel, Tirol und **Salzburg**; in Italien die großen und
schönen Provinzen **Lombardei** und **Venetien**, und es ging so aus
dem Kriege mit einem aufs Beste arrondirten zusammenhängenden

Gebiet, das die herrlichsten und fruchtbarsten Länder umfaßte, hervor; man konnte ihm einen Zuwachs von zwei Millionen Seelen im Verhältniß zu seinem Bestand beim Regierungsantritt Franz II. (1792), nachrechnen und bemerkte wohl, daß der Congreß den Dank für die ausgesuchte Beherbergung, die ihm in Wien zu Theil geworden, auf diesem Wege bezahlt habe. Es kam dazu, daß die weit überwiegende Zahl seiner Unterthanen die Einheit des katholischen Bekenntnisses verband, neben der gemeinsamen Dynastie das kräftigste Bindemittel nach den Anschauungen dieser Zeit; die schweren Gefahren aber, welche in der bunten Vielheit der Stämme und Völker, aus denen das Reich zusammengesetzt war, lagen, verbargen sich zunächst noch unter den prächtigen Namen der Königreiche, Großfürstenthümer, Herzogthümer, welche den Wappenschild des mächtigen Oestreichs verzierten und kümmerten einen Staatsmann wenig, der, wie Fürst Metternich, nur im Augenblicke lebte und ohne Verständniß für die in den Tiefen des Völkerlebens wirkenden Kräfte nur die Oberfläche der Dinge oberflächlich würdigte.

Eine ganz entgegengesetzte Wendung nahmen die Dinge für die zweite deutsche Großmacht, Preußen. Dieser Staat hatte in dem großen europäischen Kampfe gegen Napoleon's Universalreich seine ganze Volkskraft, vom König bis zum Tagelöhner, eingesetzt; er war in den Krieg eingetreten, seinem Stern vertrauend, von der vereinigten Kraft der Verzweiflung und der gläubigen Begeisterung vorwärts getrieben, mit dem vollen Bewußtsein, daß ein Mißlingen nicht etwa blos eine Schmälerung des Gebiets, Verheerung, Plünderung, Kriegssteuern, jahrelange Noth, sondern einfach den Untergang bedeute; in zahllosen Kämpfen hatte sein Volk, fast bis auf den letzten Mann in Waffen, die Ehre des deutschen Namens gerettet und noch in der letzten Schlacht bei Waterloo hatten seine nie fehlenden Krieger die Entscheidung herbeigeführt. Das Verdienst war unbestreitbar: allein bei einer so verwickelten Lage, bei welcher sich die verschiedensten Interessen und Länder zu einem großen Zwecke vereinigten, die Auseinandersetzung und Liquidirung im Einzelnen aber bis nach errungenem Siege vertagt werden mußte, würde diplomatische Geschicklichkeit, Klarheit und Festigkeit ebenso nothwendig gewesen sein, als kriegerische Tapferkeit und Entschlossenheit. An jener aber fehlte es dem König, wie seinem ersten Rath, dem Staatskanzler Fürsten Hardenberg, von denen der erstere zu ehrlich und zu wenig gewandt, der letztere zu unstet und zu leichtfertig war, um mit folgerichtigem staatlichen Egoismus dahin zu streben, daß der Preis des Sieges im Verhältniß stehe zu seinen ungeheuren Opfern. Allerdings war Preußen in den Vereinbarungen mit den übrigen Mächten eine Entschädigung zugesichert worden, welche den Staat wieder auf Umfang und Seelenzahl wie vor dem Tilsiter Frieden bringen sollte; aber mit sträflicher Sorglosigkeit und Ungeschicklichkeit hatte man es preußischer Seits unterlassen, diese Entschädigungen als genau bestimmte Größen mit Namen und Zahlen in bindender Weise sich zusichern zu lassen. Als seine Hauptentschädigung war Sachsen ins Auge gefaßt worden, dessen König nach den Anschauungen, welche im ersten Stadium des Befreiungskrieges vorwalteten, sein Land verwirkt hatte durch die hartnäckige Treue, mit welcher er am Bündnisse mit Napoleon festhielt. Allein durch den Beitritt Oestreichs zur Coalition änderte sich der Charakter des Krieges und durch den Anschluß Baierns und Würtembergs, denen man dasselbe vorwerfen konnte, wie dem König von Sachsen, der Charakter der ganzen Lage; auf dem Wiener Congreß stieß so Preußen mit seinen sächsischen Forderungen überall auf Widerstand, offene Feindseligkeit oder heimliche Hemmungen. Von Position zu Position sah sich Hardenberg zurückgedrängt; es kam so weit, daß er in seiner Verlegenheit in einem Handbillet vom 3. Dezember 1814 an Metternich's Großmuth und an Kaiser Franz' Gerechtigkeit appellirte — „theurer Fürst", war auf diesem seltsamen Stück Papier zu lesen „retten Sie Preußen aus seinem gegenwärtigen Zustand" — und daß einen Monat später wegen dieser sächsischen und der polnischen Frage sogar für den Fall weiterer Verwickelungen ein Kriegsbündniß zwischen England, Oestreich und Frankreich gegen Preußen und Rußland geschlossen wurde. „Der König von Sachsen", hörte man den östreichischen Kaiser sagen, „muß sein Land wieder haben, sonst schieße ich"; „auf die Völker Deutschlands kann ich zählen", meinte er, vielleicht nicht mit Unrecht, hinzusetzen zu dürfen. Diese drohende Gefahr war noch vor der erneuerten Nothwendigkeit, gegen Napoleon zu kämpfen, beseitigt. Das Endergebniß aber war von der Art, daß sich Metternich Glück wünschen konnte zu der neuen Gestaltung Preußens, welche in ihrer Mitte Gefahren barg, von denen eine genügt hätte, ein Staatswesen von minderer innerer Kraft und Gesundheit einem sichern Schiffbruch beim nächsten Sturm entgegenzutreiben.

Preußen erhielt von Sachsen den thüringischen Kreis, die ganze Nieder-, einen Theil der Oberlausitz, den wittenbergischen Kreis, Theile der Kreise von Meißen und Leipzig u. a., im Ganzen 374 Quadrat-Meilen mit 845,000 Einwohnern; es bekam seine älteren Besitzungen zwischen Rhein und Elbe fast vollständig wieder; Westfalen, den größten Theil des Kurfürstenthums Köln; die nassauischen Fürstenthümer Dietz, Siegen, Hadamar, Dillenburg; von französischen Gebieten einige Departements an der Mosel und Maas; einen Theil seiner polnischen Besitzungen; von Dänemark, dem es dafür Lauenburg überließ, den vormals schwedischen Theil von Pommern. Es gelangte so in der That, wenigstens der Seelenzahl, wenn auch nicht dem Quadratmeilenumfang nach wieder auf den Stand wie vor dem Tilsiter Frieden. Aber es verzichtete auf das wichtige Ostfriesland und damit auf die überaus wichtige Stellung an der Nordsee, wie auf die alten Besitzungen seines Herrscherhauses in Süddeutschland, die fränkischen Fürstenthümer; es erhielt ein Landgebiet, das, überall offen, in langer Linie von Memel im äußersten Nordosten Deutschlands bis Saarbrücken im äußersten Südwesten reichte, und hatte also, von Oestreich und Schweden ganz abgesehen, künftig seine Gränzen zugleich gegen Rußland und gegen Frankreich, gegen ein Riesenreich von damals etwa 40, und einen festgefügten Staat von 28 Millionen zu hüten; zwischen seine östlichen und westlichen Provinzen, den Staat in zwei Stücke zerschneidend, schoben sich eifersüchtige Mittelmächte und Kleinstaaten, Hannover, Braunschweig, Hessen: und während es so nach allen Seiten dem Angriff von außen Blößen bot, öffnete sich zugleich den innern Schwierigkeiten ein breites Thor, indem drei Fünftel seiner Unterthanen protestantisch, zwei Fünftel katholisch waren, und die letzteren, vorwiegend dem westlichen Stück des Staates angehörig, katholischen Ländern, Frankreich und Belgien, benachbart, die Wirkung der natürlichen und geschichtlich ausgeprägten Verschiedenheit der westdeutschen und der nordostdeutschen Bevölkerung verstärkend, eine innere Verschmelzung der beiden Staatshälften, welche an sich keine leichte Aufgabe war, noch erheblich erschwerten.

Geringere Schwierigkeiten, wenn auch Arbeit genug, machte die Regelung der Verhältnisse der kleineren Staaten.

Von den Ländern des scandinavischen Nordens hatte Dänemark seit dem Ereignisse von 1807, dem bekannten Bombardement von Kopenhagen durch die Engländer, zu Napoleon gehalten, und seine Versuche, noch rechtzeitig vor der großen Schlußabrechnung seinen Frieden mit den Alliirten zu machen, waren zurückgewiesen worden. Im Frieden von Kiel (14. Jan. 1814) mußte es denn die Bedingungen der Sieger annehmen. Es trat Norwegen, das seit 1536 unter dänischem Scepter stand, an Schweden ab, welches dadurch einen Ersatz für das an Rußland verlorene Finnland finden sollte, und ließ die Insel Helgoland in englischen Händen; entschädigt wurde Dänemark durch schwedisch Pommern, welches es dann, wie eben bemerkt, gegen Lauenburg und eine Million Thaler an Preußen überließ. Die Norweger, den Dänen an Sprache und Sitte näher stehend als den Schweden, von denen ihre Geschichte und das rauhe Gebirgsland, welches die scandinavische Halbinsel durchschneidet, sie schied, wollten sich diese Verfügung nicht gefallen lassen: sie proclamirten die Unabhängigkeit des Landes, wählten den dänischen Prinzen Christian Friedrich zu ihrem König und gaben sich auf einem Reichstag zu Eidsvold, im Stift Aggerhuus, eine völlig demokratische, den einfachen Verhältnissen des armen und rauhen Landes entsprechende Verfassung. Allein als der Kronprinz von Schweden, der im Kriege gegen Napoleon eine so wenig rühmliche Rolle gespielt hatte, mit einem Heere erschien, resignirte der dänische Prinz und gab dem Lande damit die Freiheit seiner Entschließungen zurück. In einer Convention vom 14. August 1814 erkannten die Norweger den schwedischen König auch als den ihrigen an, der seinerseits sich zur Genehmigung der Eidsvolder Verfassung und der Unabhängigkeit des Landes verpflichtete. Am 4. November desselben Jahres wurde demnach Karl XIII. als König von Norwegen proclamirt. Eine weitere Verpflichtung erwuchs dem Lande aus dieser Verbindung nicht. Schweden und Norwegen blieben zwei getrennte Reiche, und es gelang somit nicht, an dieser Stelle der vordringenden russischen Macht ein starkes und wirksames Hemmniß zu schaffen.

Nur scheinbar und nur für kurze Zeit gelang dies gegen Frankreich durch die Neugestaltung der niederländischen Gebiete. Die holländische Colonialmacht hatte während der napoleonischen Zeit durch England einen starken Stoß erlitten, und doch verlangte eben Englands Interesse vor Allem, an jener wichtigen Stelle, wo die Küste des Festlands und die Englands sich am nächsten treten, einen befreundeten und, den französischen Eroberungsgelüsten gegenüber, nicht ganz ohnmächtigen Staat aufgerichtet zu sehen. England ließ es sich deshalb angelegen sein, auf dem Congresse die Interessen des Prinzen von Oranien nach Kräften zu unterstützen. So wurde Holland durch Belgien, das Herzogthum Luxemburg und das Bisthum Limburg vergrößert, welche beiden letzteren ein Großherzogthum Luxemburg, für den Prinzen eine Entschädigung für die an Preußen abgetretenen nassauischen Besitzungen, bilden sollten. Der Prinz nahm den Titel eines Königs der vereinigten Niederlande an. So vereinigte hier eine oberflächliche Staatskunst zwei Länder, welche Religion, Sprache und Volksart schied, und welche einst im 16. Jahrhundert selbst gemeinsam erduldeter Druck und gemeinsame Gefahr spanischer Tyrannei nur für eine kurze Zeit des Kampfes hatte beisammen halten können.

Im Süden Europas machte das Werk der Wiederaufrichtung und Herstellung wenig Schwierigkeiten. Die Befreiung Portugals von der Umklammerung des napoleonischen Systems war schon vor dem letzten großen Kampfe entschieden, und hier wie in Spanien waren keine streitigen Territorialverhältnisse zu schlichten. Für den Congreß gab es hier zunächst nichts zu thun; der legitime Herrscher, in dessen Namen der Befreiungskampf geführt worden war, kehrte in die Mitte seines Volkes zurück.

Etwas verwickelter lagen die Dinge in Italien; doch gelang auch hier die Neuordnung ohne viel Mühe. Das Königreich Neapel war, nachdem der unglückliche Versuch des Königs Murat, sich in der vornehmen Gesellschaft der alten Dynastenhäuser Europas zu behaupten, mißlungen und die Oestreicher am 21. Mai 1815 in die Hauptstadt eingerückt waren, an sein bourbonisches Herrscherhaus wieder ausgeliefert worden, das im October 1815 die Genugthuung genoß, den gestürzten napoleonischen Herrscher als Rebellen erschießen zu lassen. Ebenso bekam der König von Sardinien seine festländischen Besitzungen zurück, welche durch die Rückerstattung von Savoyen und Nizza und durch die Einziehung der Republik Genua eine sehr werthvolle Ergänzung erhielten. Hergestellt wurde auch der Kirchenstaat: doch blieb Avignon und Venaissin französisch und in zwei festen Plätzen seiner Provinzen, oder wie man in diesem Priesterstaat sagt, seiner Legationen, Comacchio und Ferrara, erhielten die Oestreicher das Besatzungsrecht: Grund genug für den Papst, auch gegen die Wiener Verträge, wie einst gegen den westfälischen Frieden einen ohnmächtigen Protest zu erheben. Toscana kam als eine östreichische Secundogenitur an des Kaisers Bruder Ferdinand und Modena an seinen Vetter Franz IV., Piacenza, Parma und Guastalla an die Kaiserin Louise, Napoleon's Gemahlin, aber zu ihrem Glücke zugleich östreichische Erzherzogin: nach ihrem Tode sollte es an die spanische Linie der Bourbons kommen, die alsdann Luca an Toscana abzutreten haben würde. Der östreichische Einfluß, gestützt auf die zwei unmittelbar von ihm beherrschten großen Provinzen, überwog so in Italien durchaus; eine Einheit im politischen Sinn bestand für dieses Land nicht, das nur in Sprache und Litteratur, und in den Erinnerungen einer längst entschwundenen Vergangenheit einen gemeinsamen Sammelpunkt besaß, ehe es in dem Hasse gegen die Fremdherrschaft einen weiteren und fruchtbareren finden sollte.

Zwei Länder waren noch übrig, für welche dem Congresse neben der Aufgabe, ihnen die territorialen Verhältnisse zu regeln, noch die zweite sich erhob, auch für das gegenseitige Verhältniß dieser Territorien in einer Neuordnung ihrer politischen Gesammtverfassung zu sorgen: die Schweiz und Deutschland.

In dem ersteren Lande, das wegen seiner Lage zwischen Oestreich und Frankreich, Deutschland und Italien von besonderer Wichtigkeit war und dessen Zustände durch eines der heilsamsten Werke napoleonischer Staatskunst, die Mediationsacte vom 19. Februar 1803, georbnet worden waren, gingen während des Wiener Friedenswerkes in den einzelnen Kantonen Gebiets- und Verfassungsstreitigkeiten ihren Gang, welche ohne Einschreiten des Congresses und den von diesem eingesetzten Schweizer Ausschuß nicht zum Austrag zu bringen schienen. Aus diesen Verhandlungen ging die Schweiz als ein Staatenbund von 19 Kantonen, zu denen noch Wallis, Genf und das preußische Fürstenthum Neufchatel als drei weitere kamen, hervor. Die Verfassung gab, ein Rückschritt gegen die Mediationsacte, der Souveränetät der Kantone wieder größeren Spielraum und stellte unter diesem Bündel kleiner, kleinerer und kleinster Gemeinwesen eine politische Verbindung fest, die keiner gesunden Entwicklung fähig war, da sie nur zu Gewährleistung der Verfassungen und Gebiete der 21 souveränen Kantone dienen, nicht aber zu einer gemeinsamen Gesetzgebung und gemeinsamen Vertretung nach den Bedürfnissen der Gesammtheit die geeigneten Organe schaffen sollte. Freilich war es nicht das versammelte Europa, welches der Schweiz diese Einheit besorgen konnte, wenn nicht ein Drang nach derselben unter der Bevölkerung selbst vorhanden war.

Einen ähnlichen Gang nahmen die Verhandlungen, welche die Neugestaltung Deutschlands betrafen. Was die Gebietsregulierungen angeht, so behielt Sachsen zwei Fünftel seines ursprünglichen Gebietes und, wem das Freude machte, den Königstitel; Baiern erhielt das Großherzogthum Würzburg, das Fürstenthum Aschaffenburg, die Rheinpfalz und einen Theil von Fulda: die Unterhandlungen, welche über einzelne dieser Erwerbungen mit Oestreich geführt werden mußten, fanden erst am 14. April 1816 ihre endgültige Erledigung. Würtemberg behielt was es der napoleonischen Freundschaft verdankte, einschließlich des Königstitels; ebenso Baden, dessen Fürst schon 1806 seinen Kurfürstentitel mit dem moderneren eines Großherzogs vertauscht hatte. Wo einfache Wiederherstellung genügte, wie in Kurhessen, geschah diese; Hannover erhielt von Preußen das Bisthum Hildesheim, die Stadt Goslar, die Landschaft Ostfriesland, die niedere Grafschaft Lingen und einige kleinere Gebiete, und sein Kurfürst, der König von Großbritannien, nahm auch für Hannover den Königstitel an. Die Herzoge von Weimar, von Oldenburg, von Mecklenburg wurden mit dem Titel Großherzoge vergnügt; der Großherzog von Hessen bekam für seine Abtretungen an Preußen ein Gebiet von 140,000 Seelen, mit Mainz am linken Ufer des Rheins und es waren somit an der Hut der Rheingrenze Preußen, Baiern, Baden, Hessen und Nassau betheiligt. Im Ganzen zählte das Deutschland, welches aus den Stürmen des letzten Jahrzehnts nunmehr gerettet, wenn auch nicht unbeschädigt, hervorging, außer den deutschen Territorien derjenigen Staaten, welche zugleich europäische Mächte waren — Oestreich, Preußen, Dänemark und Niederlande — 4 Königreiche, 1 Kurfürstenthum, 6 Großherzogthümer, 14 Herzog- und Fürstenthümer von allerlei Größen, und 4 freie Reichsstädte: Bremen, Hamburg, Lübeck, Frankfurt a. M.: immerhin eine Vereinfachung und Verbesserung der Zustände, wenn man sich erinnert, wie ein Jahrhundert früher Deutschland, die reichsritterschaftlichen Gebiete nicht eingerechnet, etwa 300 souveräne Territorien und darunter vielleicht 80 von weniger als 12 □M. Umfang gezählt hatte.

Allein diese Verbesserung reichte nicht weit. Die Aufgabe, für diese sämmtlichen Staaten, die in allen Größen, zwischen 3 □M. und 5000 □M., zwischen 6000 und zehn Millionen Einwohnern, über die geduldige Landkarte gestreut waren, eine gemeinsame politische Form zu finden, war durch jene Herabminderung ihrer Gesammtzahl auf ein weniger lächerliches Maaß nicht leichter geworden. Und doch mußte eine solche Form gefunden werden, denn Deutschland, wie sehr seit Jahrhunderten durch Verwitterungs- und Neubildungsprocesse im Innern, durch Gewaltstöße von Außen aufgelockert, und dem Auseinanderfallen in seine Atome nahe, war doch noch nicht zu einem bloßen geographischen Begriffe wie Italien geworden. Die glorreiche Wiedergeburt seines geistigen und litterarischen Lebens, wie die gemeinsam erduldete Schmach der Knechtschaft und deren gemeinsam bewirkte Abschüttelung, hatte das Nationalbewußtsein, das dem Erlöschen nahe gewesen, wieder zu einer neuen Gluth entfacht. Dieser wiedererweckte vaterländische Sinn, durch die großen Ereignisse in mächtigen Schwung gesetzt, überflog in vielen edlen und phantastischen Gemüthern, welche in die Betrachtung der einstigen Größe des Vaterlands, wie sie sich dasselbe dachten, mit schwärmerischer Liebe sich versenkten, und von dort sich glänzende Idealbilder einer nicht minder großen Zukunft holten, die Schwierigkeiten der prosaischen Wirklichkeit, und forderten kurzer Hand die Wiederherstellung von Kaiser und Reich. Demgegenüber hatte schon der sechste Artikel des ersten Pariser Friedens trocken und geschäftsmäßig erklärt: „Die deutschen Staaten werden unabhängig und durch ein föderatives Band vereinigt sein." Noch ward der Gedanke einer Herstellung von Reich und Kaiserthum auf dem Congresse selbst mit Lebhaftigkeit aufrecht gehalten. Eine rührige und mächtige Partei, viele Fürsten, ein großer Theil des Adels, selbst — nur freilich in seiner Weise und mit seinen Vorbehalten der Papst — waren für diese Herstellung. Gegen dieselbe aber waren vor Allem die Rheinbundfürsten, vornehmlich Baiern und Würtemberg, die sich in einer Erklärung vom 20. October 1814 mit cynischer Offenheit gegen die Absicht erklärten, „aus verschiedenen Völkerschaften, wie Preußen und Baiern, gleichsam Eine Nation schaffen zu wollen"; gegen dieselbe waren die auswärtigen Mächte, denen aus vielen Gründen ein straff geeinigtes Deutschland, wenn dessen Herstellung möglich gewesen wäre, nicht genehm sein konnte, und gegen dieselbe war endlich überhaupt die Macht der Wirklichkeit — die Verhältnisse, wie sie, nicht durch irgend eines Menschen Willkür oder Bosheit, sondern durch eine Entwicklung von Jahrhunderten thatsächlich sich gestaltet hatten. Derjenige vor Allen, an welchen man bei einer solchen Wiederherstellung zuerst denken mußte, Kaiser Franz, wollte nichts von der Krone wissen, deren Gewicht zwar leicht, deren Last aber groß war; — einer Krone, die er selbst im Jahre 1806 als eine nutzlose und drückende Bürde bei Seite gelegt hatte, und die seither nicht angenehmer geworden war. Auf der andern Seite erklärte Humboldt in einer Denkschrift unumwunden, daß Preußen seinerseits einem wirklichen Kaiser, der die Macht und nicht blos den Namen hätte, sich nicht würde unterwerfen können. Metternich, der, wie sein Herr, jeder idealen Auffassung staatlicher und vaterländischer Dinge unzugänglich war, meinte sogar, daß „ein ausgedehntes System von Verträgen und Bündnissen zwischen den deutschen Fürsten, zum Schutze gegen außen und untereinander ohne Rücksichtsnahme auf die innere Verwaltung" dem Bedürfnisse genügen würde. Indeß mühte man sich in Denkschriften, Verhandlungen, Broschüren und Protocollen an dem Gegenstande ab; von der einheitlichen Verfassung kam man auf eine dualistische, auf die Idee, Oestreich und Preußen an die Spitze zu stellen; dann auf eine Föderation mit fünf Häuptern als oberste Leitung; auf eine Erneuerung der alten Kreiseintheilung; dann ließ man die „volle Freiheit und Selbstständigkeit" der Glieder zu, aber mit einheitlichem Oberhaupt; zuletzt blieb doch nur die Vielheit ohne Oberhaupt, wie überhaupt ohne jede wirksame Form der Einheit übrig. Ueber dem vergeblichen Bemühen, eine staatliche Einheit für eine Nation zu finden, welche nicht nur in viele Glieder getheilt, sondern auch durch die verhängnißvolle Zweiheit Oestreich-Preußen gespalten, und durch den, damals für den Augenblick allerdings zurückgedrängten Gegensatz des Katholischen und Protestantischen entzweit war, verstrich die Zeit, ohne daß es gelungen wäre, diese Quadratur des Cirkels zu entdecken; was schließlich als Frucht der Berathungen, die man zuletzt, um nur zu Ende zu kommen, hatte übereilen müssen, herauskam, war niedergelegt in einer „deutschen Bundesacte" (8. Juni 1815), welche nicht einmal als besondere deutsche Verfassung bezeichnet, sondern in die allgemeinen Acten des Wiener Congresses eingereiht war. Ihre einzelnen Bestimmungen werden wir kennen lernen; der zweite Artikel bezeichnet als Zweck des neugeschaffenen deutschen Bundes „die Erhaltung der äußeren und inneren Sicherheit Deutschlands und der Unabhängigkeit und Unverletzlichkeit der einzelnen deutschen Staaten." Ein deutsches Reich gab es nicht mehr, mit sammt seiner Krone war es versunken; und wenn sie neu gefunden oder vielmehr neu geschaffen werden sollte, so konnte dies nicht heute und nicht morgen und vor Allem nicht hier in Wien geschehen.

Dies waren im Wesentlichen die Schöpfungen des Wiener Congresses. Die großen Hoffnungen, mit denen man in den Kampf gegen den Unterdrücker Europas eingetreten war, hatten sich nicht erfüllt. Der gewaltige Völkerkrieg war allmälig wieder mehr und mehr zu einem Kabinetskrieg geworden, und ebenso führten auf dem Congresse mehr und mehr die Interessen der Fürsten, der Dynastieen und nicht die der Völker, welche nur für das monarchische Selbstgefühl und die höfische Schmeichelei mit jenen zusammenfielen, das große Wort. Bei der Festsetzung der Gebiete verfuhr man im Allgemeinen ganz ohne Rücksicht auf Wünsche und Bedürfnisse der Bevölkerungen, die nur sehr nebenbei in Frage kamen; man verfuhr nach dynastischen Rücksichten, oder wie das von Talleyrand erfundene, vieldeutige und seither vielgebrauchte Stichwort lautete, nach Rücksichten der Legitimität und neben diesen nach finanziellen und statistischen Gesichtspunkten, nach Quadratmeilen, Seelenzahl und Steuerkraft, wie sie der statistische Ausschuß ermittelte. „Ew. Majestät", sagte jemand dem König von Dänemark, „hat sich alle Herzen gewonnen"; — „alle Herzen," erwiderte dieser, „leider aber keine einzige Seele." Ganz wie in früheren Tagen wurden Völker vertheilt und vertauscht wie Heerden, man redete von halben und Drittelseelen, mit welch letzterer unschmeichelhafter Bezeichnung die Unterthanen der mediatisirten Reichsunmittelbaren gemeint waren; man verstand sich selbst noch besser auf diese Vertauschungen, als früher, seitdem man bei Napoleon in die Schule gegangen war.

Neben den Gebietsregulirungen nahmen die allgemeinen Interessen der Völker nur einen bescheidenen Raum ein. Ein Artikel der Schlußacte erklärte den Negerhandel für abgeschafft, ein paar andere stipulirten freie Schiffahrt auf Strömen, die verschiedene Länder durchschneiden, und auch in der deutschen Bundesacte erinnerten sich einige wenige ihrer 20 Artikel, daß man auch dem Volke etwas schuldig sei, wo die Fürsten so reich bedacht worden waren. Die Machthaber selbst schienen ein Gefühl davon zu haben, daß diese kahlen Festsetzungen über wiederhergestellte Throne und vertauschte Länder außer Verhältniß stehen zu den gebrachten Opfern, und daß ein allzuschroffer Gegensatz walte zwischen der begeisterten Stimmung, mit welcher man in den Kampf eingetreten war, und der Ernüchterung, welche beim Ergebnisse des Wiener Congresses über Jeden kommen mußte. Es war als müßte etwas geschehen, um dem idealen Schwung der jüngst verlebten Zeit, der in den Gemüthern noch nachwirkte, wenn nicht gute Thaten, so doch gute Worte zu geben, und die ersten Hoffnungen mit neuen hinzuhalten. Aus dieser Stimmung heraus ward das wunderliche politisch-religiöse Bündniß oder Programm geboren, welches am 26. September des Congreßjahres als Vertrag der heiligen Allianz von den Monarchen Rußlands, Oestreichs und Preußens ohne Zuziehung eines Ministers abgeschlossen und unterzeichnet ward. Im Eingang sagt dieses Actenstück, daß die drei Monarchen sich feierlich sowohl in der Regierung ihrer Staaten, als in ihrer auswärtigen Politik zu den christlichen Principien der Gerechtigkeit, der Milde und des Friedens bekennen wollten: der Inhalt der drei folgenden Artikel war der, daß die drei Monarchen demgemäß sich als Brüder behandeln und unterstützen, auch ihre Völker — ihre Völker und Armeen, hieß es wunderlicherweise — in demselben Geiste der Brüderlichkeit, als Väter einer Familie regieren würden; daß sie ihren Völkern demgemäß gleichfalls empfehlen, sich täglich mehr in der Uebung der christlichen Pflichten zu befestigen, gemäß der Einen christlichen Religion, welche sie, die Monarchen, Vertreter ihrer drei verschiedenen Hauptformen, als die eine wahre nachdrücklich bekannten. Sie forderten zugleich alle gleichgesinnten Monarchen auf, dieser Allianz beizutreten: mit Ausnahme des Sultans, dem man nicht zumuthen konnte, sich zur christlichen Religion zu bekennen und des Papstes, der nicht wohl mit schismatischen und ketzerischen Fürsten eine Allianz eingehen konnte, deren theologische Basis von sehr zweifelhafter Orthodoxie war und nicht recht mit der Lehre von der Einen unfehlbaren Kirche, deren Haupt er sich glaubte, stimmen wollte. Die meisten Fürsten traten bei; die englische Regierung stimmte den ausgesprochenen Grundsätzen zu, an denen, wenn sie gehalten wurden, in der That nicht viel auszusetzen war; den förmlichen Beitritt zu einem Vertrage, der keiner war, lehnte sie ab.

Man hat in der darauffolgenden Zeit des Unmuths und der Enttäuschungen diese heilige Allianz wie eine versteckte absolutistische Verschwörung gegen die Gewährung constitutioneller Rechte an die Völker behandelt und geurtheilt, daß sie von Anfang an in diesem unaufrichtigen Geiste geschlossen worden sei; boshafte Stimmen haben gleich an die guten Vorsätze erinnert, mit denen nach dem Sprüchwort der Weg zur Hölle gepflastert sei. Dieses Urtheil einer verbitterten Zeit ist nicht richtig; weder für den Kaiser Alexander, von welchem der Gedanke ausging und der ein hochgesinnter, weich empfindender und für religiöse Gefühlseindrücke sehr empfänglicher Mann war, noch für den König von Preußen, in welchem das Unglück und die schweren Opfer des Krieges die ernste Religiosität, die von Anfang an in seiner Natur lag, gezeitigt hatten, noch auch für den Kaiser Franz, den es wenig kostete, ein Bekenntniß so allgemeiner Art auszusprechen, das schließlich ebenso gut, wie das revolutionäre Programm der Freiheit, Gleichheit und Brüderlichkeit sich jeder Politik anbequemen ließ.

Dasselbe harte und verdammende Urtheil, wie über diesen seinen Schlußstein, hat man auch über den Congreß und sein ganzes Werk ausgesprochen. Es mag sein, daß über den Lustbarkeiten dann und wann der Ernst der Geschäfte litt — der würtembergische Gesandte, Herr von Linden, entschuldigte sich wohl in französisch geschriebenen Billets, wenn er wichtige Sitzungen über Jagdpartien versäumte, und ähnliche Züge ließen sich viele anführen —; es mag sein, daß übler Wille, kleinlicher Sinn, Frivolität und Armseligkeit jeder Art thätig genug waren, das Werk zu verpfuschen: indeß auch der beste Wille und die ernsteste Gesinnung, an denen es doch auch nicht fehlte, hätten schwerlich bei der ungeheuren Schwierigkeit der Aufgabe mehr zu Stande gebracht als der Congreß, wie er war, zu Stande brachte — eine neue äußere Form und Ordnung der europäischen Dinge. Dies leistete der Congreß, mehr nicht; aber wenn er auf der einen Seite aus der großen Zeit nicht mehr schaffen konnte, so konnte er auch auf der andern Seite die Wirkung nicht hemmen, welche aus diesen großen Zeitereignissen sich weiterhin für das europäische Leben von selbst ergaben.

Vor Allem, er konnte die zwei großen Thatsachen nicht ungeschehen machen, welche den Anfangs- und Endpunkt der so eben durchlebten Epoche bildeten — die französische Revolution von 1789 und die nationale Erhebung der Völker in den Jahren 1812—1814. Durch jene war ein neues Princip in die Welt eingetreten: nennen wir es mit einem wie Alles auf der Welt viel mißbrauchten Wort das demokratische, das Princip der politischen Selbstbestimmung des Volkes, und, wie die Wege der Vorsehung wunderbar sind, in Kraft dieses selben Princips hatten die Völker Europas, England, Spanien, Rußland, Deutschland, sich gegen den neuen Despotismus erhoben, der aus der Verzweiflung und dem schmählichen Mißbrauch der neuen Freiheit bei dem französischen Volke hervorgegangen war. Die Bewegungen von 1789 hatten dem Streben nach politischer Freiheit und Selbstbestimmung, das unbewußt oder halbbewußt längst in allen höher angelegten Naturen lebte, plötzlich den Charakter des Bewußten gegeben und damit seine Kraft verzehnfacht. Die Bewegung von 1813 und diejenigen, welche ihr zum Durchbruch verholfen hatten, hatte zugleich das Nationalitätsprincip entbunden gegenüber dem barbarischen Versuche einer Universalmonarchie, wie sie der unreine Ehrgeiz und die dämonische Kraft Napoleon's und der von ihm und von ihrer eigenen Eitelkeit verleiteten französischen Nation dem Erdtheil hatte aufzwingen wollen.

Aus der gemeinsamen Erhebung hatten die Völker Europas das belebende und stärkende Gefühl der Gemeinsamkeit ihrer Interessen, ein europäisches Gesammtgefühl, wie es in dieser Stärke nie zuvor vorhanden gewesen, gezogen. Ihrer gemeinsamen Anstrengung, einer europäischen Erhebung, war der eine Theil der Aufgabe — die Herstellung der Unabhängigkeit der Völker des Welttheils — gelungen, und dieser Erfolg war zwar nicht vollständig und nicht ohne Mängel, aber dennoch in dem Werke des Wiener Congresses besiegelt. Die andere Aufgabe, neben der Unabhängigkeit der Völker auch ihre Freiheit zu gründen, wie die überschwänglich Hoffenden verlangten, hat der Congreß nicht gelöst und es war ein Irrthum, ihre Lösung von ihm, von irgend einem einzelnen Mächtigen und Klugen, oder von einer Versammlung von Mächtigen und Klugen, zu erwarten. Denn die Freiheit, welche von jetzt an das millionenfach wiederholte Stichwort des Jahrhunderts war, ist nicht ein einfaches Gut, das von selbst mit gewissen Staatseinrichtungen verbunden wäre, und das, wie der Unverstand und die gedankenlose Phrase voraussetzt, mit Einführung einer geschriebenen Verfassung, mit ausgedehntem Wahl- und Stimmrecht und anderen äußeren Festsetzungen von selbst sich einstellte: vielmehr umfaßt der vielumspannende Name vor Allem eine ganze Reihe sittlicher Eigenschaften und Kräfte, deren Entfaltung zwar durch Gewährung oder Versagung gewisser politischer Rechte, durch einzelne Gesetze und einzelne Männer erheblich gefördert oder gehemmt werden mag, die aber schließlich doch wie jede Kraft und jede Tugend, dem Einzelnen wie dem Volke nur gewonnen werden kann durch lange, schwere und vor Allem ehrliche Arbeit.

Für diese Arbeit, die eine ganze Reihe von sittlichen Aufgaben in sich schloß, war das Feld jetzt geöffnet.

Die Fortschritte und Erfolge, die Rückschläge und Mißerfolge der verschiedenen Völker beim Ringen um dieses eine Gut der Freiheit, das in Wahrheit der Inbegriff und die Krone aller staatlichen Güter ist, bildet, wie überhaupt das vorwiegende Interesse geschichtlicher Betrachtung, so auch den Mittelpunkt der scheinbar so weit auseinander gehenden, so unendlich vielseitigen, so schwer unter Einen Begriff zu fassenden Bestrebungen der Zeit, deren Gang wir folgen und zu einer

Uebersicht bringen wollen, obgleich wir noch mitten in ihrem reißenden Flusse stehen und von ihren Wirbeln umtost sind.

Suchen wir uns, in den letzten Theil einer langen Wanderung eingetreten, zuerst über das Verhältniß dieses Zeitabschnitts zum Ganzen der Weltgeschichte äußerlich zu orientieren.

Der Anfangs- wie der Endpunkt geschichtlicher Entwicklung entzieht sich dem Auge des Betrachters und spottet der Versuche, sie in bestimmten Thatsachen und Zahlen festzuhalten. Wie weit rückwärts in die Vergangenheit wir mit den Mitteln der Wissenschaft den Strom der Menschengeschichte verfolgen mögen, endlich kommt ein Punkt, wo wir, umgeben von einer Wildniß, die in dichten Nebel gehüllt ist, nicht weiter bringen können. Die historische Forschung kann diesen Strom erst ins Auge fassen von da an, wo er aus dieser Region der Nebel und Wildnisse heraustritt: sie folgt ihm dann durch alle seine Krümmungen und Windungen, indem sie seinen Lauf zu erkunden und sicher zu bestimmen sucht, bis zu seinem Ende. Aber wo ist sein Ende? Wie der Anfangspunkt dessen, was wir die Weltgeschichte nennen, unbestimmbar ist, so ist es auch ihr Endpunkt, der jeden Tag und jede Stunde und jede Minute sich ändert. Gleicht die Geschichte in ihrem Anfang einem Strome, dessen Quellgebiet nicht erforscht ist, dessen Ursprung in undurchdringliche Wildnisse, unnahbare Gebirgshöhen sich verliert, so gleicht sie ebenso an ihrem Ende dem Mündungsgebiet eines solchen Stromes, das täglich und stündlich wechselt, das seine Wasser, hier neues Land absetzend, dort schon vorhandenes zertrümmernd oder wegschwemmend, unaufhörlich verändert. Der Schlußpunkt der Weltgeschichte ist die jetzige Stunde, der jedesmal gegenwärtige Augenblick; denn in jedem Augenblick geschehen im Leben der Menschheit Ereignisse, wichtig genug, um dem künftigen Beschauer Stoff zu zusammenfassender weltgeschichtlicher Betrachtung zu geben.

Man hat sich bekanntlich gewöhnt, das Ganze der Weltgeschichte in Geschichte des Alterthums, des Mittelalters, der Neuzeit einzutheilen. Wie unvollkommen immer, genießt diese Eintheilung das Recht der Verjährung: und sie hat den Vorzug, ungefähr wie die nicht minder willkürliche Eintheilung der Erde in fünf Welttheile, daß sie von Jedermann gekannt und als einstweilige Grundlage wissenschaftlicher Verständigung angenommen ist. Die Geschichte der Neuzeit nun, deren jüngsten Abschnitt wir darstellen wollen, haben Einige nicht passend mit einem vergleichungsweise untergeordneten Ereigniß, der Einnahme Constantinopels durch die osmanischen Türken, begonnen (1453), andere mit etwas mehr Recht mit der Entdeckung der neuen Welt durch Christoph Columbus (1492), die Meisten richtig mit einem weniger augenfälligen Ereigniß, welches aber die großen

Gegensätze, die von da an die Zeit beherrschten, zwar nicht erst ins Leben rief, aber zuerst zum offenen Ausdruck brachte, und damit Mittelpunkte und Principien neuer Gestaltungen im Leben der Einzelnen und der Völker schuf: — der Veröffentlichung von Luther's Thesen wider die Kraft des Ablasses (31. October 1517).

Die neue Zeit, welche mit diesem, in seinen Formen so einfachen, in seinen Wirkungen so ungeheuren Ereigniß begann, scheint sich von selbst in drei große Abschnitte zu gliedern, 1517—1648, 1648—1789, 1789 bis auf die heutige Stunde. Der erste dieser Abschnitte, 1517—1648, ist die Zeit der religiösen Wirren. Die großen Gegensätze des Katholicismus und des Protestantismus kämpfen auf Tod und Leben, bis sie, nachdem die Parteien ihre Kräfte erschöpft, und erkannt haben, daß sie sich einstweilen gegenseitig dulden müssen, in einem Frieden oder Waffenstillstand, dem westfälischen (1648) sich verglichen. In dem Zeitraum, der nun folgt, 1648 bis 1789, tritt die religiöse Idee in den Hintergrund, die Staatsidee in den Vordergrund: es ist die Zeit des fürstlichen Absolutismus, wo der Staat, in der Person des Fürsten sich energisch zusammenfassend, rücksichtslos sein souveränes Recht den fügsamen wie den widerstrebenden Elementen gegenüber zur Geltung bringt. Aber auch ihm ist von der Vorsehung sein Maaß und seine bestimmte Zeit gesetzt, und indem er für ewige Zeit zu bauen meint, bereitet er seinen eigenen Sturz vor. Hier bricht ein wohlmeinender Despotismus selbst dem Lichte die Bahnen, auf denen es in die Herzen der Völker bringt: dort reizt ein übermäßiger Druck die Gemüther und schärft den Blick für die Schäden des Gemeinwesens, über welche die, jedem Druck unerreichbare, siegreich vordringende Geistesarbeit erleuchteter Männer den Stab bricht, und so öffnet sich in dem Lande, wo beides, der Druck der Gewalt und die unruhige Beweglichkeit der Geister, am größten war, in Frankreich, der Strom einer neuen Ideenwelt entrüstet Bahn, und führt eine neue Epoche, von deren Ebbe und Fluth unser eigenes Leben bestimmt wird, eine Periode tiefer Bewegungen ganzer Völker, ein Zeitalter der Revolutionen herauf (1789).

Mit dem Jahre 1815 endet der erste Abschnitt dieses Zeitalters der Revolutionen. Die erste derselben rief das Volk Frankreichs und allmälig alle anderen Völker zum Kampfe wider die Reste des Feudalsystems und wider den Despotismus, der sich auf dessen Trümmern erhoben hatte; aber die Maaßlosigkeiten und Greuel, im Namen der Freiheit begangen, legten das Volk, das diesen Freiheitsruf erhoben, in die Fesseln eines neuen Despotismus, der ganz Europa, Fürsten und Völker, in seine Kreise bannte. Die Kraft der Völker, von ihren eigenen Fürsten aufgerufen, befreite in einem Riesenkampfe der Nationalgeister mit dem militärischen Genie Eines Mannes Europa und Frankreich von diesem neuen Despotismus und führte damit, indem die Völker und Länder sich selbst zurückgegeben wurden, in einen neuen Abschnitt dieser Geschichte hinüber. Wir stellen diesen neuesten Abschnitt der Geschichte in seinen drei Entwickelungsstufen dar, welche die Erzählung selbst als natürlich abgegrenzte rechtfertigen wird, und welche durch die Jahre 1815, 1830, 1848, 1863 und 1871 bezeichnet werden.

Erster Abschnitt.
Die Restauration.
1815—1820.

In dem Kampfe gegen das Universalreich Napoleon's, welcher die Rechte der verschiedenen Nationalitäten mit barschem Soldaten- und Tyrannenstolze verkannte, hatten sich, sagten wir, die Völker Europas mehr als zu irgend einer Zeit als Eines, als europäische Staatenfamilie gefühlt und die Urkunde der heiligen Allianz hatte in ihrer Weise diesem Gefühle einen von Vielen freudig begrüßten Ausdruck gegeben. Jetzt aber, wo die gemeinsame Gefahr verschwunden, eine neue friedliche Ordnung eingerichtet war, kehrte gleichsam jedes dieser Völker in seine befreite, wiederhergestellte und neuhergerichtete Heimath zurück: zurück in die Gränzen, wie sie hier die Weisheit, dort die Thorheit, dort ein Compromiß zwischen beiden anderswo die baare Nothwendigkeit gut oder schlecht gezogen hatte.

In Vielem war Europa neu und anders geworden; die großen Gegensätze, welche Natur und Geschichte auf seinem Boden gezogen, waren die alten geblieben. Drei große Völkergruppen, vielfach mit anderen Bestandtheilen versetzt, vielfach in einander übergreifend und sich mischend, bilden die europäische Familie, und geben, verbunden mit mannigfachen Einflüssen klimatischer, religiöser, politischer Art den einzelnen Staaten ihr eigenthümliches Gepräge. Die weiten Ebenen des Ostens nimmt der slavische Stamm ein, der seine Hauptkraft in dem großen Russenreiche zusammengefaßt, mächtige Trümmerstücke in dem polnischen Schiffbruch an die Nachbarreiche verloren hat, und der in dem völkerreichen Oestreich und der Türkei viele Millionen zählt. Der Süden des Welttheils, die beiden großen westlichen Halbinseln des Mittelmeeres und der westlichste Theil des Festlandes, von den

Vogesen bis zum atlantischen Ocean, ward den Romanen als Wohnsitz, der Norden und die Mitte wurde den vielgetheilten Nationen germanischen Stammes zum Erbtheile. Nirgends sind die Staaten ausschließlich durch einen dieser Stämme gebildet; in einzelnen, wie in Belgien, der Schweiz, haben sie sich neben einander gelagert, aber im Ganzen kennzeichnet doch Natur und Geschichte scharf den Unterschied slavischen, romanischen und germanischen Volksthums und Staatswesens, welchen religiöse Verschiedenheit noch deutlicher hervortreten läßt: und so dürfen wir in dieser Unterscheidung immerhin einen der Fäden erkennen, welche uns in den labyrinthischen Gängen der vielverschlungenen Geschichte dieses Zeitabschnitts leiten können. Neben diesen, im emphatischen Sinne europäischen Staaten hat sich ein fremdartiges asiatisches Staatswesen, das Reich der osmanischen Türken, in der südöstlichen Ecke des Welttheils eingenistet, welches den Blick von selbst, wenn auch nur gelegentlich, nach den asiatischen Ländern hinüberleitet. Denn noch ist die Geschichte der Welt vorzugsweise die Geschichte Europas, aber sie ist es nicht mehr ausschließlich: mehr und mehr drängen sich auch die übrigen Erdtheile, drängt sich vor Allem die großartige Entwickelung der amerikanischen Welt neben dem alten Europa dem Blick entgegen. Und so erweitert sich der Schauplatz der Geschichte immer mehr, wie äußerlich so innerlich, und die Darstellung, will sie sich nicht ins Gränzenlose verlieren, wird eine Menge von Ereignissen und Kräften nur flüchtig berühren können, bei andern sich begnügen müssen, den Sinn für geschichtliche Auffassung menschlicher Verhältnisse überhaupt nur angeregt zu haben.

A) Germanische Völker und Staaten.
1. Scandinavien.

Am wenigsten greifen unter den Staaten germanischen Charakters in dieser Zeit die scandinavischen in den Gang der Weltgeschichte ein. Der Gedanke, die drei scandinavischen Staaten zu einem Bunde zu vereinigen, der in der kalmarischen Union (1397) einst verwirklicht war und der so nahe zu liegen scheint, tauchte in dieser an politischen Projekten und Parforcekuren so fruchtbaren Zeit nicht einmal ernstlich auf, und Schweden, Norwegen und Dänemark blieben drei völlig gesonderte und selbstständige Staaten, wenn gleich die beiden ersten seit 1814 einen gemeinsamen Herrscher, Karl XIII. besaßen, dem im Februar 1818 der ehemalige Marschall von Frankreich und Sohn eines gascognischen Advokaten, Karl XIV. Johann, folgte. Norwegen, sahen wir, willigte in die Vereinigung mit Schweden nur um den Preis einer Verfassung, welche unter allen monarchischen Constitutionen, die unser in dieser Beziehung so fruchtbares Zeitalter hervorgebracht hat, die bei weitem freisinnigste ist und die, weil sie dem Liberalismus als Ideal und gewissermaßen als Modell für ihre constitutionelle Doktrin diente, mit einigen Zügen hier am Eingang des Abschnitts, der sich vorzugsweise um den Kampf des Constitutionalismus und des Absolutismus drehte, angedeutet werden darf. Der König, der sich zur lutherischen, als der Staatsreligion, bekennen muß und in jedem Jahre nach Norwegen zu kommen gehalten ist, hat die ausübende Gewalt, die er, selbst unverantwortlich, durch einen verantwortlichen Staatsrath, den neben einem Staatsminister mindestens sieben norwegische Männer bilden, verwalten läßt. Der Staatsminister und zwei Staatsräthe begleiten den König nach Schweden und bilden dort seinen norwegischen Rath: eine mäßige Civilliste, Begnadigungsrecht, Ernennung der Beamten in Heer, Justiz und Verwaltung, Recht der Ordensverleihung, Oberbefehl über Heer und Flotte, das Recht Krieg zu erklären und Frieden zu schließen, bilden seine Prärogative. Die gesetzgebende Gewalt übt er nur in Gemeinschaft mit dem **Storthing**, der Volksvertretung. Wählbar in dieses ist jeder Norweger über 30 Jahre, der seit mindestens zehn Jahren im Lande seinen Aufenthalt hat; zum Wählen berechtigt jeder norwegische Bürger, der das 25. Lebensjahr überschritten hat und seit fünf Jahren im Lande wohnhaft und mit Grundbesitz ansässig ist. Je 50 Wähler in den Städten, 100 auf dem Lande wählen einen Wahlmann; die Wahlmänner acht Tage später zusammentretend, ein Viertel ihrer Zahl als Abgeordnete: diese sind für drei Jahre gewählt, erhalten Diäten und Reisegelder aus der Staatscasse und dürfen während der Dauer des Storthings nicht verhaftet werden. Der Storthing theilt sich selbst in zwei Kammern: ein Viertel seiner Mitglieder, durch Wahl des Storthings bezeichnet, bilden den **Lagthing**, die übrigen drei Viertel den **Odelsthing**. Gesetzesvorschläge, von der Regierung und irgend einem Mitgliede des Storthing eingebracht, vom Odelsthing und demnächst vom Lagthing angenommen, erhalten Gesetzeskraft durch königliche Bestätigung. Zweimal kann der König sie versagen, wird aber ein so abgelehnter Vorschlag auch in der dritten von drei aufeinanderfolgenden ordentlichen Sessionen vom Storthing in seinen zwei Häusern angenommen, so erhält er Gesetzeskraft auch ohne königliche Bestätigung. Die Steuern und Staatsausgaben prüft und bewilligt der Storthing.

Die Entlegenheit und geringe Bedeutung des dünnbevölkerten Landes schützte diese demokratische Verfassung, welche keinerlei Anziehungskraft über dessen Grenzen hinaus ausübte.

In **Schweden** begünstigte die Geschichte des Staats und die geographische Lage des Landes, das seit dem Verluste der östlichen und südlichen Ostseeküsten außerhalb der politischen Strömungen Europas lag, das Uebergewicht des Adels und der Geistlichkeit, und die Gliederung der Reichsvertretung in vier schroff geschiedene Stände, des Adels, der Geistlichkeit, des Bürger- und des Bauernstandes, deren Verhandlungen einen sehr förmlichen und umständlichen Charakter trugen, erhielt ein System des Beharrens, das dem materiellen Fortschritt nur geringen, dem politischen kaum irgend welchen, dem religiösen, bei der ausschließlichen Herrschaft des Lutherthums, gar keinen Spielraum ließ.

Anders waren die Lebensbedingungen Dänemarks, das durch die Herzogthümer Holstein und Lauenburg in die Entwickelungen der deutschen Politik und damit in die allgemeine Strömung des europäischen Lebens hineingezogen wurde. Doch blieben in der nächsten Zeit unter Friedrich VI. (1808—1839) die Zustände unverändert und die Keime künftiger schwerer Verwicklungen, welche in dem eigenthümlichen Verhältnisse des Herzogthums Schleswig zur dänischen Monarchie einerseits und zu dem benachbarten deutschen Herzogthum Holstein andererseits lagen, hatten noch nicht angefangen sich zu entfalten.

2. England.

In England, wo der verhängnißvolle Streit zwischen Königsmacht und Volksrecht schon längst durch einen für das Gemeinwesen vortheilhaften Vergleich geschlichtet war, und das sich deshalb in diesem Zeitalter der Revolutionen in einer ganz unvergleichlich günstigen Lage befand, waren seit geraumer Zeit die Tories am Ruder. An der Spitze des Ministeriums stand seit dem Jahre 1812 Lord Liverpool, von dessen Kollegen im Amte Lord Castlereagh der bedeutendste, der Kanzler Lord Eldon der beschränkteste war; die Regierung führte der Prinz von Wales als Regent im Namen Georg's III., der schon 1760 den Thron bestiegen hatte, aber die meiste Zeit und seit 1811 aufs Neue durch Geisteskrankheit gehindert war, das Scepter selbst zu führen. Der lange Krieg gegen die Revolution und ihren Erben, in welchem England seit 20 Jahren mit geringen Unterbrechungen an der Spitze gestanden, hatte die inneren Fragen in den Hintergrund gedrängt, und das ganze Regierungssystem mehr, als dem wachsamen, auf seine Rechte eifersüchtigen Sinn des Volkes lieb war, dem der festländischen Staaten genähert; es ist nun natürlich, daß ein solcher Krieg, indem er zum Zusammenfassen aller Staatskräfte zwingt, die Macht der Regierung stärkt und die der berathenden und gesetzgebenden Körperschaften einigermaßen zurückdrängt. Mit Mißbehagen fing man an zu berechnen, daß im Jahre 1816 der Heeresbestand die in England unerhörte Höhe von 176,000 Mann erreicht habe und nicht vermindert werde, obgleich die Staatsschulden seit 1792 auf das vierfache angewachsen sei. Von den beiden herrschenden Parteien stand die freisinnigere, die Whigs, dem Staatsruder fern im Hintergrund, es fehlte ihr augenblicklich an hervorragenden Staatsmännern und sie verfügte im Ober= wie im Unterhause nur über eine verhältnißmäßig geringe Zahl von Stimmen.

Indeß waren die großen Erschütterungen der letzten Jahrzehnte — die Unabhängigkeitserklärung und das rasche Aufblühen der einstigen britischen Colonieen in Amerika, und die französische Revolution — nicht spurlos an diesem Lande vorübergegangen, das seine insulare Lage, seine Geschichte, seine eigenthümliche, aus aristokratischen, demo= kratischen und monarchischen Elementen einzig gemischte Verfassung sowie die persönliche Unabhängigkeit, welche, neben und mit dieser Ver= fassung, festbegründeter und weitverbreiteter Wohlstand seinen Bür= gern verlieh, fremden Einflüssen sonst wenig zugänglich machte. Neben den alten Parteien hatte sich eine neue demokratische Partei ge= bildet, welcher die konservativen Staatszustände und auch der ge= mäßigte Liberalismus der Whigs, die im Grunde doch auch nur eine aristokratische Partei waren, kein Genüge thaten. Diese Partei fand für ihre Grundsätze einen gewichtigen theoretischen Verfechter in dem Philosophen Jeremias Bentham (1756—1832), der kühn und scharf denkend wie Rousseau, aber dem Geist seines Volks und seiner Zeit gemäß praktischer als dieser, in zahlreichen tiefeindringenden Schriften die Fragen von Staat und Gesellschaft prüfte, an alle bestehenden Rechts= und Staatszustände den Maßstab der Gemein= nützigkeit legte und den demokratischen Fundamentalsatz mit Nach= druck aussprach, nach welchem für alle politischen Einrichtungen, alle Regierungs= und Verwaltungsverhältnisse nur die eine Frage ent= scheidend sein soll: was bringt der größtmöglichen Zahl den größt= möglichen Nutzen?

Diese Frage war in diesem erkorenen Lande politischer Freiheit gleichwohl nichts weniger als überflüssig. In den festländischen Staa= ten hatte die Staatsgewalt, energisch zusammengefaßt in der Person des Fürsten, unterstützt durch den weitverbreiteten Trieb nach Aufklär= ung in den leitenden Kreisen des Volks, während der zweiten Hälfte des 18. Jahrhunderts mit rauhem Besen den Wust mittelalterlicher Mißbräuche in Justiz, Verwaltung und Unterrichtswesen ausgefegt; hier in England hatte ein solcher aufgeklärter Despotismus nie Platz greifen können. Die Macht des Königs war beschränkt, und der eigentliche Souverän in diesem Lande, die beiden Häuser des Parlaments, hatten weder die Kraft noch auch das Interesse, eine durchgreifende Reform des Staatswesens, in welchem die Sinecuren, die enormen Besoldungen für geringe Leistungen, die kostspielige Justiz, veraltete Formen und

Schlendrian aller Art in üppiger Blüthe stand, ernstlich zu versuchen. Im Gefängnißwesen, in der Rechtspflege, fast in allen Verwaltungs=zweigen hatten sich so eine Masse alter und neuer Mißbräuche aufgehäuft, welche jetzt, nach wiederhergestelltem äußerem Frieden, die schärfer gewordenen Blicke auf sich zogen. Aber wenn hier Besserung geschafft werden sollte, so konnte es nur durch das Parlament geschehen, welches thatsächlich dem König die Minister auferlegte, und alle Staats= und Gesetzesangelegenheiten in letzter Instanz entschied. Das Parlament selbst jedoch, vor Allem das Unterhaus, welches das Volksinteresse in erster Reihe zu vertreten hatte, war von diesen Mißbräuchen selbst am meisten ergriffen und beherrscht, und weit entfernt, wie es hätte sein sollen, der ungefälschte Ausdruck des wirklichen geläuterten Volkswillens zu sein. Man berechnete, daß unter den Mitgliedern des Unterhauses nicht weniger als 306, also nahezu die Hälfte, ihre Sitze dem Einfluß der Regierung und dem von 71 Peers und 91 Gemeinen verdankten, daß 28 andere durch Kompromisse einflußreicher Mitglieder der verschiedenen Parteien und weitere 21 durch 17 kleine Flecken gewählt wurden, deren keiner über 150 stimmberechtigte Wähler zählte, während die großen, mittlerweile erwachsenen Städte Manchester mit (damals) 165,000, Birmingham mit 115,000, Leeds mit 90,000 Einwohnern jeder Vertretung im Parlamente entbehrten: und daß mithin eben diejenigen Kreise, in denen vorzugsweise Kraft und Leben der Nation sich darstellte, nur höchst ungenügend vertreten waren. Mit Nothwendigkeit drängte sich also die Aufgabe in den Vordergrund, erst dieses Hauptwerkzeug alles politischen Fortschritts, das Unterhaus selbst, zu reformiren und die Parlamentsreform wurde so die Fahne, um welche sich zunächst die demokratische Partei und weiterhin alle denkenden, dem Verständniß des Zeitbedürfnisses zugänglichen Köpfe sammelten. Einer der demokratischen Führer, William Cobbet, der in Amerika seine Schule gemacht hatte, stellte bereits ein radikales Programm in dieser Frage auf, indem er allgemeines Wahlrecht, geheime Abstimmung und jährliche Wahlen verlangte.

Nachdruck kam in diese Agitation jedoch erst durch die materielle Noth, welche sehr unerwartet im Gefolge des Friedensschlusses sich einstellte, und welche das Gefühl des Mißbehagens, das die Menschen für politische Reformen empfänglich zu machen pflegt, in weite Kreise trug. Man hatte sich von der Wiederherstellung des Friedens goldene Berge versprochen und die Fabriken hatten in Erwartung eines ungeheuren Aufschwunges des Handelsverkehrs eine Unmasse von Waaren producirt, deren aufgestauter Strom sich nun, nachdem durch den Frieden die Dämme geöffnet waren, nach allen Seiten in voller

Masse dem Festlande zuwälzte. Allein die Erwartung trog: der lange Krieg hatte die Kräfte und Kaufmittel Europas erschöpft; die großen Bestellungen blieben aus; die Ausfuhr stockte plötzlich, und da das Angebot die Nachfrage weit überstieg, so sanken die Preise rasch: die Feuer in den Hochöfen wurden ausgelöscht, die Maschinen in zahllosen Fabriken standen still und die überflüssigen Arbeiter mußten entlassen werden, deren Zahl die Masse der entbehrlich gewordenen Matrosen und Soldaten vermehrte. Dazu kam denn auf der andern Seite die Preissteigerung der nothwendigsten Lebensmittel, welche zwar geschärft wurde durch die schreckliche Mißernte des Jahres 1816, seit 1799 der ungünstigsten, welche Europa durchzumachen hatte, in erster Linie aber doch die Folge einer unsinnigen Maaßregel der Gesetzgebung, eines Mangels an richtiger Erkenntniß der natürlichen Bedingungen des Zusammenlebens und Gesammtbedürfnisses der verschiedenen Volksklassen und der verschiedenen Nationen war. Daß freier Handel der beste Schutz gegen Hungersnoth sei, hatte einst Adam Smith ausgesprochen, aber sein Satz war, wie alle einfachen Wahrheiten, noch weit entfernt, Allgemeingut der leitenden Männer und Kreise zu sein. Vor dieser Zeit nämlich war die Getreideeinfuhr wenig beschränkt und darum und weil einige gute Ernten vorausgegangen waren, die Getreidepreise niedrig; die Landwirthe, welche bekanntlich das Lamentiren am besten verstehen, erfüllten darüber das Land mit ihren Klagen, die bei dem überwiegenden Einfluß des Grundbesitzes auf die Organe der Gesetzgebung lebhaften Anklang fanden, und so ward 1815 ein altes „Korngesetz" vom Jahre 1670 mit Modificationen erneuert, welches die Getreideeinfuhr auf so lange untersagte oder durch enorme Schutzzölle unmöglich machte, als der Preis des einheimischen Getreides unter 80 Schilling das Quarter stehe. Das thörichte Gesetz, welches nur das augenblickliche Interesse einer Klasse der Bevölkerung im Auge hatte, steigerte das Elend, dem man nun mit Suppenanstalten, Brodvertheilung und ähnlichen lobenswerthen, aber der furchtbaren Noth gegenüber unzureichenden Bethätigungen der Privatwohlthätigkeit zu steuern suchte, ohne seine Quelle verstopfen zu können, über deren besondere Natur und Lage man sich keine klare Rechenschaft gab.

Diese vielgestaltige Noth schärfte allenthalben in der Masse den kritischen Blick für die Mängel an den bestehenden Einrichtungen. Die Einsichtigeren unter den demokratischen Führern, wie Cobbet, suchten die ungezügelte Kraft und wilde Leidenschaft, welche da und dort, in Suffolk, Norwich, Birmingham und sonst, sich in zwecklosen Aufläufen und Gewaltthätigkeiten gegen Mühlen, Bäckerläden, Dreschmaschinen unter dem Geschrei „Brod oder Blut" Luft machte, einem politischen Zweck dienstbar zu machen und die Massen zu belehren, daß sie eine dauernde Verbesserung ihrer Lage nur von der Reform der nationalen Vertretung und diese nur von einer andauernden, ernsthaften, aber die Schranken der Gesetze achtenden Agitation erwarten könnten. So predigte sein „Wochenregister" (weekly-register), das in ungeheuren Auflagen verbreitet, in einer Sprache, die Alles sagte und doch dem Strafgesetz keine Handhabe bot, sich unmittelbar an die Arbeitermassen wandte. Allenthalben namentlich in den großen Fabrikstädten, die, weil ihr Aufblühen von jüngerem Datum war, als die Wahlgesetze Altenglands, des Rechts einen Vertreter ins Parlament zu senden noch entbehrten, wurden große Volksversammlungen zum Zwecke der Förderung der Parlamentsreform gehalten und es gelang den Führern einigermaßen, die Masse vom sinnlosen Tumultuieren abzuhalten. Allein ganz konnte es bei der herrschenden Noth und Aufregung doch an solchen Tumulten nicht fehlen. So kam es am 2. December 1816 zu Spafields, welches jetzt einen Bestandtheil von London bildet, bei Gelegenheit einer solchen Reformversammlung zu unruhigen Auftritten, tollen Versuchen auf das Börsengebäude und den Tower, und Verhaftungen, und als am 28. Januar 1817 der Prinz-Regent von der Eröffnung des Parlaments nach Hause fuhr, wurde sein Wagen unter wilden Rufen „nieder mit dem Ministerium, nieder mit dem Prinz-Regenten" von einer aufgeregten Menge mit Koth und Steinen beworfen und ein Schuß aus einer Windbüchse zerschmetterte ein Fenster des königlichen Wagens. Gegen alle diese und ähnliche Ausschreitungen hätte ohne Zweifel eine kraftvolle Handhabung der bestehenden Gesetze genügt. Die Minister aber, denen die Reformagitation weit mehr Bedenken einflößte, als die Brodtumulte, bei denen sie zum Theil selbst, wie man nicht bezweifeln kann, unreine Hände ins Spiel gemischt hatten, benutzten die Gelegenheit, um sich außerordentliche Vollmachten zur Aufrechthaltung der öffentlichen Ruhe vom Parlament übertragen zu lassen. Sie verlangten die Suspension der Habeas-corpus-akte, ließen die bei dem Tumult von Spafields Verhafteten wegen Hochverraths in den Tower werfen, und am 27. März 1817 erließ der Staatssecretär des Innern, Lord Sidmouth, ein Circular an alle Lordlieutenants der Grafschaften, wonach die Friedensrichter ermächtigt sein sollten, jede Person, die vor ihnen eidlich der Veröffentlichung einer gotteslästerlichen oder aufrührerischen Schrift beschuldigt werde, zu verhaften und unter Bürgschaft zu nehmen, ohne erst, wie das Gesetz verlangte, deren Versetzung in Anklagezustand durch die große Jury abzuwarten.

Das Parlament genehmigte mit großer Majorität die verlangten Ausnahmegesetze. Allein die Wahrsprüche der Geschworenen bei den zahlreichen Preßprocessen, die nun angestrengt wurden, zeigten, daß das Rechtsbewußtsein des Volkes nicht mit Ministern und Parlament sei. Unter diesen Preßprocessen, machte besonders der gegen einen Buchhändler, William Hone, Aufsehen, der wegen einer „gottlosen und frevelhaften Schmähschrift", in welcher er durch Parodierung von Bibelworten die christliche Religion herabgewürdigt habe, angeklagt war. Der unscheinbare Mann im schäbigen Rock vertheidigte sich selbst: unermüdlich während dreier Tage, Stunde um Stunde las er aus alten Folianten und Zeitungen, die er vor sich auf dem Tisch aufgehäuft hatte, Stellen vor, mit denen er bewies, daß nach den Grundsätzen der Anklage Luther und mancher andere fromme Mann und orthodoxe Bischof Pamphletist und Parodist gewesen: es half nichts, ihn zu unterbrechen, er behauptete sein gutes englisches Recht und in seinen drei Preßprocessen sprachen ihn die Geschworenen seines Landes frei. Machtlos war hier die Staatsgewalt an dem Bollwerk der bürgerlichen Freiheit, dem Geschworenengerichte, zerschellt: mit brausendem Hurrah empfing die versammelte Menge den bescheidenen Mann, der ruhig in einen Winkel Londons zu seinen Büchern zurückkehrte.

Mit Eintritt der Session des Jahres 1818 wurde die Suspension der Habeas-corpus-acte wieder aufgehoben. Männer von Gewicht, wie Romilly, Henry Brougham u. a. lenkten die Aufmerksamkeit auf die schweren Schäden auf mancherlei Gebieten, dem Strafrecht z. B., das noch immer den Taschendiebstahl mit dem Galgen bedrohte, dem Unterrichtswesen u. a. Die materielle Noth schwand allmälig und machte gedeihlicheren Zuständen Platz, die sich in großen Unternehmungen, Neubauten u. s. w. ankündigten: aber die Frage der Parlamentsreform verschwand nicht wieder von der Tagesordnung und die Verkehrtheit der Regierung diente nur dazu, die Kraft der Bewegung zu steigern ihre Förderung im Parlamente, dem sie in zahlreichen Petitionen großer Städte nahegelegt und von Francis Burdett 1819 zum ersten Male in einem förmlichen Antrage und weitgehenden Resolutionen unterbreitet wurde, gab den Whigs, deren Einfluß sichtbar im Wachsen war, das Mittel sich wieder in die Höhe zu arbeiten. Eine der Volksversammlungen, in welcher die große Frage besprochen wurde, zu Manchester am 16. Aug. 1819 abgehalten, gab Anlaß zu einer lächerlichen Scene, bei der etliche 40 Mann der berittenen Landmiliz oder Yeomanry, vom Magistrat ausgesendet, und in der ungeheuren Menge sich verlierend, von dieser zum Gegenstand ihres Spottes gemacht wurden. Aber das darauf folgende brutale Einschreiten einiger Schwadronen Husaren, die rücksichtslos von ihrer blanken Waffe Gebrauch machten, veranlaßte schwere Verletzungen: ein paar Todte, viele Verwundete, viele im Gedränge schwer Verletzte machten der aufgeregten Phantasie des Volks und der übertreibenden Parteiphrase diesen bösen Vorgang zum „Blutbad von Manchester" und während der eine der Minister, Lord Eldon, mit eherner Stirne von Hochverrath sprach, wo nicht einmal ein gesetzlicher Grund zum Einschreiten gewesen, benutzte der andere, Lord Sidmouth, dieses Ereigniß, um vom Parlament, als dieses im November wieder zusammengetreten war, eine Reihe von Gesetzen zu verlangen, welche in diesem Lande des freien Worts die öffentlichen Versammlungen auf die nächsten 5 Jahre von der Erlaubniß der Polizeibehörde abhängig machten, unter dem Volke, das mit Stolz das Wort: „Mein Haus ist meine Burg" im Munde führte, die Haussuchungen nach Waffen gestatteten, einen hohen Stempel auf Zeitungen legten, und rückfällige Verfasser „gottloser und aufrührerischer Flugschriften" mit der Strafe der Transportation bedrohten. Bei der Gährung, welche diese „Knebelbills" wie man sie nannte, rege erhielten, war es nicht zu verwundern, daß neben mehreren gefürchteten oder eingebildeten auch wirkliche Verschwörungen vorkamen. Eine solche, welche die Ermordung der Minister beabsichtigte, entgalt ihr Rädelsführer, ein Fleischer Thistlewood, einer von denen, in deren Augen selbst die Demagogen wie Hunt und Cobbet nur eitle Feiglinge und Schwätzer waren, mit vier seiner Mitschuldigen am ersten Mai 1820 mit dem Tode.

So wenig befriedigend standen die Dinge in England, als am Anfang jenes Jahres, 29. Januar 1820, der zweiundachtzigjährige Georg III., blind und blödsinnig, seine sechzigjährige Regierung schloß, und der seitherige Regent, als Georg IV., an seine Stelle trat.

2. Deutschland.
a. Allgemeine Zustände.

Am 8. Juni 1815 ward die Bundesacte, welche die politischen Verhältnisse Gesammt-Deutschlands regulieren sollte, unterzeichnet und bekannt gemacht. Die souveränen Fürsten und freien Städte — bestimmte dieses Instrument — mit Einschluß des Kaisers von Oestreich für seine deutschen Länder, des Königs von Preußen für seine sämmtlichen Staaten mit Ausnahme von Preußen und Posen, von Dänemark (für Holstein) und den vereinigten Niederlanden (für das Großherzogthum Luxemburg) treten zu einem beständigen Bunde, welcher den Namen des deutschen Bundes führt, zusammen. Dessen Zweck ist die Erhaltung der äußeren und inneren Sicherheit Deutschlands, der Unabhängigkeit und Unverletzbarkeit seiner einzelnen Staaten. Die einzelnen Bundesglieder haben gleiche Rechte und übernehmen die gleiche Pflicht, die Bundesacte unverbrüchlich zu halten. Eine permanente Bundesversammlung, gebildet durch die Bevollmächtigten der einzelnen Bundesglieder, nimmt ihren Sitz zu Frankfurt a. M. und Oestreichs Bevollmächtigter führt als Bundespräsidialgesandter den Vorsitz. Im engern Rathe, ihrer gewöhnlichen Form, besteht die Versammlung aus 17 Stimmen, von denen elf die größeren Staaten Oestreich, Preußen, Baiern, Sachsen, Hannover, Würtemberg, Baden, Kurhessen, Großherzogthum Hessen, Dänemark und die Niederlande führen, eine den großherzoglich und herzoglich sächsischen Häusern, eine Braunschweig und Nassau, eine den beiden Mecklenburg, eine Oldenburg, Schwarzburg und Anhalt zusammen, eine den beiden Hohenzollern, Liechtenstein, Reuß, Schaumburg-Lippe, Lippe-Detmold, Waldeck, eine den vier freien Städten Lübeck, Frankfurt, Bremen, Hamburg zukommt, und wo die absolute Mehrheit entscheidet. Wo es sich aber um Abfassung und Abänderung von Bundesgesetzen, von organischen Bundeseinrichtungen, von Krieg und Frieden, von Aufnahme eines neuen Bundesgliedes handelt, tritt das Plenum von 69 Stimmen zusammen und ein gültiger Beschluß erfordert hier zwei Drittel Mehrheit. In diesem Plenum führten Oestreich, Preußen und die Königreiche je vier, Baden, die beiden Hessen, Holstein, Luxemburg je drei, Braunschweig, Mecklenburg-Schwerin, Nassau je zwei, die übrigen „Staaten" je eine Stimme. Die einzelnen Bundesfürsten garantieren sich ihre Bundesländer, und nach erklärtem Bundeskrieg darf kein Mitglied mehr einseitig Unterhandlungen führen: im Uebrigen hatte jeder Bundesstaat das Recht, Bündnisse zu schließen, welches einst der westfälische Friede den einzelnen Reichsständen zugesprochen hatte, und mit derselben unfruchtbaren Klausel wie damals, daß solche Bündnisse nicht gegen die Sicherheit des Bundes und seiner Glieder gerichtet sein dürften. Streitigkeiten zwischen Bundesgliedern durften nicht mit Gewaltanwendung entschieden, sondern mußten vor den Bund gebracht werden, der in solchem Falle eine Commission niedersetzte, für welche man das barbarische Kanzleiwort Austrägalinstanz erfand. Die Einsetzung eines obersten Bundesgerichts, in welchem ein letzter Rest nationaler Zusammengehörigkeit gegeben gewesen wäre, war an dem Widerspruch der Rheinbundsfürsten gescheitert. Den mediatisirten ehemaligen Reichsunmittelbaren ward die Ebenbürtigkeit mit den souveränen Häusern zugestanden, nicht aber eine Curiatstimme am Bundestage, wie sie gehofft hatten. Die Häupter dieser Familien, welche den hohen Adel Deutschlands bildeten, sollten die ersten Standesherren in den Staaten sein, denen sie zugetheilt sein würden und sie behielten auf ihrem Eigenthum alle Rechte, welche nicht zu den sogenannten hohen Regierungsrechten gehörten. Die Rechte der übrigen Unterthanen waren in der Bundesacte nicht ganz mit Stillschweigen übergangen.

Der Artikel allerdings, welcher von den Landständen in den deutschen Staaten handeln sollte, und dem Preußen und die kleineren deutschen Fürsten eine ausführlichere Fassung geben wollten, schrumpfte unter östreichischem und weiterhin bairischem Einfluß zu dem dürftigen Satze Art. 13 zusammen „in allen deutschen Staaten wird eine landständische Verfassung stattfinden": aber sonst waren einige löbliche Festsetzungen getroffen. Art. 18 gestattete den Bürgern jedes Staats, Grundeigenthum in anderen Staaten zu erwerben, ohne höhere Kosten, als die eigenen Unterthanen des betreffenden Staates trugen, erlaubte freien Verzug von einem in den andern Staat und Eintritt in dessen Civil- und Militärdienst. Artikel 16 erklärte, daß die Verschiedenheit der christlichen Religionsparteien keinen Unterschied in dem Genuß der bürgerlichen und politischen Rechte begründe, eine lobenswerthe Bestimmung, wo sie gehalten wurde, auch wenn sich die Humanität der Bundesacte noch nicht auf die Juden erstreckte. Die Frage über Preßfreiheit und Nachdruck, über Handelsverkehr, gleiches Maaß und Gewicht, Bundesheer und viele andere, um deren Lösung man in vielerlei Petitionen den Wiener Congreß bestürmt hatte, wurden, da die Zeit in der That für ihre Schlichtung nicht reichte, der ferneren regelmäßigen Thätigkeit der Bundesversammlung überwiesen, von der Viele erwarteten, was Preußen in seiner Beitrittserklärung aussprach, daß sie sich weiterer Entwickelung und Ausbildung fähig zeigen würde.

Man mußte sich wohl dessen getrösten, was da werden könnte, denn daß diese Verfassung wie sie war, auch bescheidenen Hoffnungen nicht genügte, war nicht schwer zu zeigen. Es war deutlich genug, daß von der politischen Einheit Deutschlands, von der freilich seit Menschenaltern nur noch der Name bestanden hatte, auch dieser letzte Rest, der Name, verschwunden war, daß in der Bundesversammlung nicht ein Nationalwille, sondern nur der Wille der Einzelstaaten oder vielmehr der Einzelregierungen vertreten war, und also schließlich nur größerer oder geringerer Einfluß, den Macht oder Intrigue übte, das entscheidende Wort führen mußte; daß die beiden Uebel, an denen das alte Reich zu Grunde gegangen war, die Vielstaaterei und der Dualismus der beiden Großmächte ganz ungemindert fortbestanden, ja eine neue gesetzliche Sanction erhalten hatten. Indeß bei allen diesen Mängeln hatte diese Verfassung doch eine Eigenschaft, die man einen Hauptvorzug oder einen Hauptmangel nennen kann: sie entsprach den thatsächlichen Verhältnissen. Wenn in dieser Verfassung der Nationalwille nicht zur Geltung kam, so lag es daran, daß ein solcher Nationalwille noch nicht in Wirklichkeit existierte. Die alte deutsche Nationaleinheit, wie viel deren vorhanden gewesen, war verloren; die neue mußte erst in langwieriger Arbeit von der Nation selbst wieder geschaffen werden; allerdings eine weitaussehende, in diesem Volke ungewöhnlich schwierige, aber gleichwohl unerläßliche Arbeit, die einem Volke keine Regierung, und wäre sie selbst von einem Manne wie Stein geleukt, ersparen, keine aber auch verbieten kann.

Für diese Herstellung einer neuen deutschen Nationaleinheit war überall schon kräftig vorgearbeitet worden, nur nicht auf politischem Gebiet. Eben in den Zeiten, wo die letzten Trümmerstücke des alten Reichs in den Fluthen der Revolutionskriege versanken, hatte sich in den höchsten Regionen des Geistes, in Dichtung und Wissenschaft, jene Wiedergeburt des nationalen Lebens vollzogen, welche schon mit Luther im 16. Jahrhundert begonnen und nun mit den großen Classikern des 18. Jahrhunderts eine Art Abschluß erhalten hatte. Ueber allen Gegensätzen deutschen Lebens, dem Gegensatz der Confessionen, der Stämme, der Staaten, der Gesellschaftsklassen, entfaltete sich, von den Lessing, Herder, Göthe, Schiller geschaffen und bestimmt, eine bei aller Verschiedenheit '– Einzelnen wesentlich gleiche Art zu denken und zu empfinden, deren Wirksamkeit immer weiter und tiefer griff, und deren wachsenden Einfluß schon keine äußere Macht mehr zu hemmen vermochte. Es gab eine deutsche Nationallitteratur; eines Tags sollte es deshalb auch einen deutschen Nationalstaat geben. Hatte doch der jüngste von jener stolzen Reihe, Schiller, mit der ganzen Kraft eines gottbegeisterten Sehers, auf das handelnde Leben hingedrängt; alle seine dramatischen Dichtungen, die ihn vor Allem populär machten, entnahmen ihre Stoffe dem politischen Leben und athmeten dessen Energie; das letzte seiner Schauspiele, der Tell (1804), war so eben noch in der Erhebung des Jahres 1813 gleichsam in Wirklichkeit umgesetzt worden und der Schwung dieser Zeiten, ihre hochgespannten Empfindungen, ihre kühnen Hoffnungen setzten sich nun in den Gemüthern fest und trieben sie bald in Opposition gegen eine Wirklichkeit, welche jenen Idealen so wenig entsprach.

Es war für diese Bewegung ganz characteristisch, daß ihre Leiter oder die von ihr vorzugsweise Getriebenen hauptsächlich Professoren und Studenten, die Männer der Wissenschaft und die Jugend, waren. Sie fand ihre Organe besonders in drei Männern, in welchen der Geist der Freiheitskriege lebendig und in origineller Weise thätig war: Ernst Moritz Arndt, Joseph Görres, Ludwig Jahn. Von diesen Männern bewahrte Arndt den vaterländischen Sinn und Geist am reinsten und wirkte durch die Eigenthümlichkeit seiner kräftigen Sprache, seiner derben tüchtigen Persönlichkeit, die für alles Edle und Gesunde deutschen Wesens tief begeistert war. Görres, als Rheinländer und Katholik das Gegenbild zu dem norddeutschen und protestantischen Arndt, gab in seinem „rheinischen Merkur" dem Zorn über den unfreien, schwunglosen, kümmerlichen Geist, der sich so bald nach so großen Tagen der Erhebung der deutschen Regierungen bemächtigt, mit einer flammenden Beredtsamkeit Ausdruck, wie sie seit den Tagen Luther's und Hutten's auf die öffentlichen Dinge nicht mehr angewandt worden ist, und Jahn dachte, von dem richtigen Gedanken geleitet, daß dem tief eingewurzelten Philisterthum gegenüber vor Allem ein körperlich tüchtiges, kraftvolles Geschlecht herangebildet werden müsse, vom Turnplatz aus ein neues Deutschland zu gründen, indem er in frazzenhaft überspanntem Patriotismus in der alten Cheruskerzeit seine Ideale holte, und durch energische Pflege leiblicher Kraft eine Jugend bilde, „tugendsam und tüchtig, keusch und kühn, rein und ringfertig, wehrhaft und wahrhaft", und wie die Wortklingklänge alle heißen mochten, in denen er unerschöpflich war und von denen sein: „Frisch, fromm, fröhlich, frei", der Wahlspruch der Turnerei, dieser so eigenthümlich deutschen Einrichtung, geblieben ist. Die politischen Gedanken dieser und anderer ihnen verwandten Männer gingen nicht über einen sehr allgemeinen Idealismus und wenig klaren Freiheits-nthusiasmus hinaus, der reichlich und wie bei Jahn in bizarrer Weise mit Franzosenhaß versetzt war; Keiner von ihnen hatte in dem Chaos deutscher Möglichkeiten ein bestimmtes politisches Ziel vor Augen. Eben darum fanden sie unter der Jugend der deutschen Universitäten so vielen Anklang. Eine Verbindung bildete sich, gleichzeitig mit anderen Vereinen, zu Jena noch im Jahre 1815, unter dem Namen der deutschen Burschenschaft, — eine freie Vereinigung, wie es in der „Verfassung der allgemeinen teutschen Burschenschaft vom 18. Tage des Siegesmonds im Jahre des Herrn 1818" heißt, „der gesammten wissenschaftlich auf der Hochschule sich bildenden teutschen Jugend zu einem Ganzen, gegründet auf das Verhältniß der teutschen Jugend zur werdenden Einheit des teutschen Volkes," — eine Verbindung, deren Mitglieder über alle deutschen Universitäten verbreitet, in Sitte, Bart und Haartracht, Kleidung und allerlei Abzeichen kenntlich, in sehr vager Begeisterung für einen christlich germanischen Idealstaat schwärmten, und sich nach Jugendart gelegentlich anmaaßend und grob, dabei aber strebsam, für alles Edle, Kräftige, Männliche wirklich begeistert, von manchem Tieftrunk aus dem Quell der Dichtkunst und romantischen Wissenschaft berauscht, in einer großartigen Opposition gegen Zwingherren und Schergen, Söldlinge und Philister gefielen. Eine frische, freudige Kraft machte sich hier geltend, die wohl von selbst in ihre Schranken sich zurückgefunden hätte, und die man ohne Schaden in ihrer Weise

„für des Volks urtheil'ge Rechte
auf der Freiheit Rennlaufsbahn"

sich hätte tummeln lassen können. Allein den Regierungen war dieses freie

Regen unbequem und die engen Geister, denen schon in dem Kriege selbst zu viel des Freiheitsenthusiasmus gewesen war, sahen jetzt ihre Stunde gekommen. Noch im Jahre 1815 erschien eine Broschüre des preußischen Regierungsraths Schmalz über politische Vereine, in welcher der Tugendbund angegriffen und unter Anderem behauptet war, daß nicht die sogenannte Begeisterung, sondern nur das Pflichtgefühl des Volks, das gehorsam auf seines Fürsten Ruf zu den Waffen gegriffen habe, bei dem letzten Kriege von Wirkung gewesen sei: „Alles eilte zu den Waffen," ließ sich dieser Verfechter des servilen Philisterthums vernehmen, „wie man aus ganz gewöhnlicher Bürgerpflicht zum Löschen einer Feuersbrunst beim Feuerlärm eilt." Darüber entspann sich ein lebhafter Federkrieg, an welchem sich Männer wie der Theologe Schleiermacher und der Historiker Niebuhr betheiligten. Den gebührenden Lohn, einen Orden aus der Hand des Königs Friedrich von Würtemberg, erhielt Schmalz sogleich. König Friedrich Wilhelm von Preußen, dem jede lebhafte Erregung der Gemüther unbehaglich war, untersagte in einer Kabinetsordre die Fortsetzung des Streites, zugleich aber erhielt Schmalz auch von ihm einen Orden; am 3. Januar 1816 wurde der rheinische Merkur verboten; am 9. Januar der Tugendbund aufgehoben. Die jugendliche Schwärmerei aber, in welcher mittelalterlich-religiöse und modern-revolutionäre Ideen wunderlich durcheinander gährten, ward durch dergleichen Symptome nur in feurigeren Schwung gesetzt, und als die dreihundertjährige Jubelfeier der deutschen Reformation im Jahre 1817 alle Gedanken auf jene große Befreiungsthat des deutschen Geistes richtete, erging von Jena aus an alle deutschen Universitäten die Einladung zu einer Gedenkfeier auf der Wartburg, für welche der 18. October, als der Tag der Zertrümmerung des napoleonischen Jochs durch die Leipziger Schlacht, angesetzt war. Von allen deutschen Universitäten — nur das ferne Königsberg und die östreichischen fehlten — trafen Abgeordnete ein und etwa 500 Theilnehmer, die meisten aus Jena und Eisenach, sammelten sich in dieser letzteren am Fuße der Wartburg gelegenen Stadt. Paarweise zogen sie unter dem Geläute der Glocken nach der Höhe, wo dann im Rittersaale das schwungvolle Kriegslied der Reformationszeit „Ein feste Burg ist unser Gott" die Feier eröffnete, die einen durchaus würdigen, religiös gehobenen Charakter trug. Nachdem einige Reden gehalten, ein Festmahl eingenommen war, begab sich die Versammlung nach der Stadt zurück, zu einem Gottesdienste in der Stadtkirche; am Abend sollte noch auf der Höhe des Berges ein Octoberfeuer angezündet werden. Als um die brennende Flamme jugendliche Lust und Begeisterung sich ergingen, trat ein Berliner Student Maßmann, mit einem großen Korb voll Bücher heran — es waren

Schmalz' sämmtliche Werke, Kotzebue's Geschichte des deutschen Reichs, von Kamptz's Codex der Gensdarmerie und andere, welche nicht den Beifall der Burschenschaft hatten — der Student erinnerte an Luther's kühne That der Verbrennung der päpstlichen Bulle vor dem Elsterthore zu Wittenberg: so müsse auch mit diesen Zeugnissen eines unsauberen Geistes geschehen: unter dem kindischen Jubel der Umstehenden flogen sie Band nach Band ins Feuer, ihnen nach, noch einige andere Symbole, ein preußischer Gardeschnürleib, ein östreichischer Korporalstock, ein hessischer Zopf. In den regierenden Kreisen nahm man dieses harmlose Satyrspiel sehr ernsthaft, oder man gab sich die Miene, so zu thun; selbst ein Mann wie Stein erwies der kindischen Posse die Ehre, sich über sie zu ärgern. Das Spießbürgerthum in ganz Deutschland empörte sich über den Großherzog von Weimar, in dessen Territorium das Schreckliche geschehen war, und verglich ihn einem Manne, „in dessen Schenke die Leute ruhig sich prügeln und morden dürften," und zwei große Herren, der preußische Staatskanzler Fürst Hardenberg und der östreichische Gesandte am Berliner Hof, Graf Zichy, begaben sich nach Weimar, um dem Großherzog Vorstellungen zu machen, der ohnehin, seiner aufrichtig konstitutionellen Gesinnung wegen, übel angesehen war. Gleichzeitig klagte der Kaiserlich russische Staatsrath Kotzebue, der sich als Verfasser schlechter Lust- und Rührspiele einen Namen gemacht hatte, wegen Beleidigung durch die in Jena und Weimar erscheinenden freisinnigen Blätter, und der Großherzog war genöthigt, seine junge Preßfreiheit zu opfern und die Censur für alle über 18 Bogen haltende Druckschriften einzuführen; welche Verordnung die Stände mit richtigem Takte alsbald genehmigten. Als dann im September 1818 ein Congreß der Mächte zu Aachen zusammentrat, ward demselben ein von einem russischen Staatsrath, dem walachischen Bojaren Stourdza, verfaßtes Memoire „über den gegenwärtigen Zustand Deutschlands" vorgelegt, in welchem der revolutionäre Geist, der auf den deutschen Universitäten herrsche, zur Unterdrückung empfohlen war.

Man kann sich denken, wie die Thatsache, daß diese Schrift der Verhandlung über die deutschen Angelegenheiten auf dem Congresse zu Grunde gelegt wurde, die Gährung unter der Jugend steigern mußte, die hier mehr vaterländisches Ehrgefühl zeigte, als die deutschen Congreßmitglieder, die sich von einem russischen Spion über die Zustände Deutschlands belehren ließen. Diese Stimmung führte zu einer beklagenswerthen Handlung, welche weitere Maaßregeln der Unterdrückung veranlaßte. Ein junger Theolog, Karl Ludwig Sand aus Wunsiedel im Fichtelgebirge, hatte sich in den Kopf gesetzt, daß „der Baum der Freiheit mit Blut gedüngt werden müsse",*) wie man denn

---
*) Die thörichte Phrase, die auch in den späteren Tagen so manchem Pinsel

in den Kreisen der Burschenschaft, in denen er sich bewegte, mit dergleichen revolutionären Phrasen zu spielen liebte. Er ersah sich ein Opfer in jenem Kotzebue, der inzwischen vor der allgemeinen Verachtung, die ihn in Weimar verfolgte, nach Mannheim übergesiedelt war. Am 23. März 1819 ließ er sich bei ihm melden und stieß ihm dann mit den Worten „hier Verräther des Vaterlandes" dreimal den Dolch in die Brust. Auf der Straße angelangt, kniete er nieder, dankte Gott für seinen Sieg und versuchte unter dem Rufe „es lebe mein deutsches Vaterland" sich selbst zu tödten, was aber mißlang; von seinen Wunden genesen, bestieg er mit festem Schritte, ohne Reue, am 20. Mai 1820 das Blutgerüst. Er hatte bereits einen Nachahmer gefunden. Am 1. Juli 1819 war der nassauische Staatsrath von Jbell im Bad Schwalbach von einem gewissen Löning, einem Apotheker, meuchlerisch angefallen worden, aber dem Tode glücklich entgangen. Der Verurtheilung kam der Schuldige durch Selbstmord im Gefängnisse zuvor.

Diese vereinzelten Thaten des Wahnwitzes und der Ueberspannung gaben nun Anlaß und Vorwand zu Maaßregeln der Unterdrückung, zu denen in den allgemeinen Zuständen Deutschlands und in der Stimmung der großen Menge der Bevölkerung nicht der mindeste Grund vorlag.

Allerdings herrschte unter den Wenigen, welche sich mit wirklichem Herzensantheil für die Neugestaltung Deutschlands interessirten, eine tiefe Verstimmung über die mehr und mehr hervortretende Nichtigkeit des Bundestags. Am 5. November 1816 war derselbe eröffnet worden. Der östreichische Präsidialgesandte, Graf Buol-Schauenstein, verstand sich gut auf die Kunst, die man später in Oestreich zu großer Virtuosität gebracht hat, gläubige Gemüther mit patriotischem Biedermannston zu berücken und hinzuhalten. Man hoffte, daß wenigstens in Angelegenheiten der materiellen Wohlfahrt, Zoll- und Handelsgesetzgebung z. B., auf welche das Hungerjahr 1816 sehr nachdrücklich hinwies, die Versammlung eine wohlthätige Wirksamkeit entfalten werde: man war sehr nüchtern geworden, von einer Volksvertretung am Bunde war man schon auf bescheidene Hoffnungen und Projecte von Commissionen Sachverständiger, welche am Sitz der Bundesversammlung permanent und periodisch sich versammeln könnten, herabgestiegen, aber bald verstummten auch diese Stimmen vor der immer kläglicher sich gestaltenden Wirklichkeit. Wo eine Frage, wie selbst die wichtige der militärischen Organisation der Streitkräfte des Bundes auftauchte, vertröstete man auf die Zukunft oder wies sie an die Einzel-

zu Kopfe gestiegen ist, scheint von Bertrand Barrère herzustammen, dem schlechtesten und verächtlichsten unter den Oligarchen der französischen Schreckenszeit.

staaten. Man setzte etwa einen Ausschuß ein und beschloß die Meinungen der einzelnen Bundesregierungen einzuholen, auf deren Grund dann der Ausschuß ein Gutachten „als Vorbereitung einer demnächstigen weiteren Berathung des Gegenstands" ausarbeiten solle. Die Instructionen aber liefen spät, unvollständig oder gar nicht ein; die Sitzungen wurden seltener, die Ferien länger, Alles schlief ein.

Auch kann man nicht sagen, daß im Volke selbst eine a l l g e m e i n e Bewegung vorhanden gewesen sei, um die Dinge am Bunde in rascheren Fluß zu drängen. Die Mediatisierten, der hohe Adel war — mit wenigen Ausnahmen — weit entfernt von der Energie und dem großen politischen Sinn, mit welchem die englische Aristokratie die Leitung der Nation auf allen wichtigen Gebieten des Lebens als ihr angeborenes Ehrenamt zu betrachten und zu behandeln pflegte; — der niedere Adel, ebenso geistlos wie der Hochadel und ohne dessen große Mittel, begnügte sich, in den einzelnen Staaten seine bevorzugte gesellschaftliche Stellung auszubeuten, um die Throne zu kriechen und die Benefizien des Heer- und Staatsdienstes vorwegzunehmen; — der Bauer pflügte, säete, erntete gedankenlos, wie immer, und ließ sich den Frieden wohlgefallen — der Bürgerstand, seit lange zum trägen Philisterthum erstarrt, räsonnierte über die Beamten, denen er doch die Mühe des Regierens ausschließlich überließ; er schalt, kannegießerte, lamentierte, war aber selbst zum kleinsten Anfang selbstständigen politischen Handelns nicht zu bewegen: man hatte Mühe, für Adressen allgemein vaterländischer Tendenz selbst die dürftigste Zahl von Unterschriften zusammenzubringen. Dazu war das Reisen erschwert, wenig Zusammenhang und Verkehrswege zwischen den einzelnen Ländern, und die Presse, die große bewegende Kraft des politischen Lebens, noch in ihrer Kindheit wie der Buchhandel; in Städten wie Bonn und Koblenz war um das Jahr 1816 noch keine Buchhandlung zu finden, höchstens, daß etwa ein betriebsamer Buchbinder zugleich dem Bücherverkauf im bescheidensten Umfange oblag. Die Wahrheit ist: das politische Leben war fast ausschließlich auf den engen Kreis der Einzelstaaten und auch in diesen auf verhältnißmäßig kleine Kreise beschränkt.

b. Die Einzelstaaten.

Der Artikel 13 der Bundesacte, nach welchem in allen deutschen Staaten eine „landständische Verfassung stattfinden werde", oder wie die ursprüngliche Fassung hieß, sogar „sollte", wurde, außerordentlich dehnbar wie er war, in den verschiedenen Staaten auf sehr verschiedene Weise, hier rasch, dort zögernd, hier im Sinne des Eintritts in eine neue politische Entwicklung, dort im Sinne einfacher Wiederherstellung früherer Staatszustände ausgeführt. Als mustergültiges, aber sehr vereinzeltes Beispiel leuchtete der Freund Göthe's,

Karl August, der Großherzog von Weimar, vor. Er berief eine constituierende Versammlung (Mai 1816), der er seinen Willen erklärte, die für Deutschland aufgegangenen Hoffnungen zu verwirklichen, das Glück des Staates auf Eintracht, diese auf Gleichheit vor dem Gesetz, auf Ebenmaaß und Verhältniß in den Vortheilen wie in den Lasten des Staates bauen zu wollen. Wo vertrauensvoll gegeben und empfangen wurde, ward das Ziel leicht und in froher Stimmung erschritten; schon am 5. Mai 1816 wurde die von einer ständischen Deputation entworfene Verfassung angenommen und als Grundgesetz des kleinen Landes bekannt gemacht. Die drei Stände der Rittergutsbesitzer, Bürger und Bauern wählten die 31 Volksvertreter, die Ritter 11, die Bürger und die Bauern je 10; diese Volksvertretung bewilligte die Abgaben und controlierte die Verwendung der bewilligten Gelder; es durfte nichts von der Regierung erhoben werden, was nicht vom Landtag bewilligt worden war. Derselbe hatte unverkürzt das Recht, Beschwerden und Vorstellungen an die Regierung zu richten, zu jedem neuen Gesetz war seine Zustimmung nöthig und der Vorschlag zu neuen Gesetzen konnte von ihm wie vom Großherzog ausgehen. Bei Ablehnung eines Gesetzesentwurfs der Regierung mußte der Landtag die Gründe beifügen, welche für die Verwerfung maaßgebend gewesen waren; für den Großherzog genügte die einfache Verweigerung der Sanction. Er hatte das Recht, den Landtag zu vertagen oder aufzulösen; geschah das letztere, so mußte in spätestens drei Monaten zur Wahl einer neuen Versammlung geschritten werden, in welche die Mitglieder der aufgelösten gewählt werden konnten.

In dieser Verfassung wehte der Geist einer neuen Zeit, sie gab, was sie gewährte, ohne Mißtrauen und Vorbehalt. Nicht überall war man so großherzig und so verständig. In Oldenburg wurde die Einführung der von Bundeswegen verheißenen Verfassung ausgesetzt, aus dem naiven Grunde, weil man erst sehen wollte, wie sich die Verfassungen in anderen deutschen Ländern bewährten; anderswo, in den beiden Mecklenburg, Hannover, dem Herzogthum Braunschweig, Kurhessen und anderwärts stellte man einfach die alten Landstände wieder her; so auch in Sachsen, wo man es ganz beim Alten ließ, weil man den braven alten König, der seit 50 Jahren Freude und Leid mit seinem Lande getheilt hatte, und der gut und wohlmeinend regierte, nicht drängen wollte, und auch bei redlicher Verwaltung, freisinniger Handelsgesetzgebung und zunehmendem Wohlstand sich um die Schäden der Landesverfassung nirgends viel grämte. Demnach wurde hier im Jahre 1817 der alte abgelebte Landtag wieder einberufen und der einzige Fortschritt, der gemacht wurde, bestand darin, daß man die zuvor getrennten Stände der einzelnen Landestheile zu Einer

Versammlung vereinigte, die aber auch nur in Abtheilungen berieth. In Hannover wäre eine populäre Controle um so nöthiger gewesen, als bei der steten Abwesenheit des Königs die Minister allmächtig waren, die, lauter Herren vom Adel wie sich versteht, die Ehren und Aemter und Emolumente, über die sie verfügten, an ihre hohe Vetterschaft vertheilten und ein Weniges davon ihrer niederen Clientel zu Gute kommen ließen. Seit 1814 bestand dort in provisorischer Weise ein vereinigter Landtag, der aus 44 ritterlichen, 10 geistlichen, 29 städtischen und 3 bäuerlichen Vertretern zusammengesetzt war und sich jeden Winter versammelte. Daß erst auf dem fünften dieser Landtage Anträge auf Vorbereitungen zur Oeffentlichkeit der Verhandlungen, Abstellung der abscheulichen Strafe des Spießruthenlaufens, der Folter, des Reinigungseides, und Einführung eines neuen bürgerlichen Gesetzbuches durchgingen, beweist, wie langsam hier der Fortschritt ging, der erst im Jahre 1819 zu einer definitiven Verfassung führte, in welcher der Grundadel den Löwenantheil behielt, den er längst sich genommen.

Die Restauration des Alten geschah vielfach mit einem überspannten Haß gegen alles Französische, das in der Zeit der Fremdherrschaft eingedrungen und das keineswegs durchaus vom Uebel war; dagegen war von eigentlicher Grausamkeit, wie sie die Restaurationen in den romanischen Staaten so vielfach begleitete, keine Rede und nur etwa Kurhessen machte darin eine Ausnahme. Der im Jahre 1806 vertriebene Kurfürst Wilhelm I., jetzt ein siebenzigjähriger Greis, kehrte zurück. Das Volk spannte ihm im Uebermaaß der Freude die Pferde vom Wagen und zog selbst das Gefährt mit dem angestammten Landesvater nach der Residenz: sie wußten nicht, daß sie damit eine neue Leidenszeit, lange Jahre der unglücklichsten Ehe zwischen Fürst und Land, von der die deutsche Geschichte meldet, inaugurirten. Der Kurfürst ignorirte, was seither geschehen; die alten Uniformen, der Korporalstock, die gepuderten Haare, die Zöpfe — ein Fuß zwei Zoll lange verordnete der Tagesbefehl — wurden im Heere wieder eingeführt, die Officiere und Beamten in die Stellen zurückversetzt, welche sie vor 1806 eingenommen, alle Domänenveräußerungen unter der westfälischen Herrschaft für ungültig erklärt. Weniger scrupulös war der schmutzige Geizhals, der einst in Wien dem Obersten Dörnberg, der im Aufstande von 1809 sein Leben für ihn gewagt hatte, ohne zu erröthen ganze 200 Thaler Belohnung angeboten hatte, da, wo es sich um die unter dem Königthum der Franzosen neu eingeführten Steuern und Lasten handelte. Selbst liberal verstand er zu sein, wo das Interesse seiner Kasse mit ins Spiel kam, wie er den Juden in Ober- und Niederhessen die bürgerlichen Rechte einräumte, weil sie 100,000 Thlr. in seinen Fiscus zahlten. Unter diesen Umständen konnte der Streit mit den Ständen nicht ausbleiben, mit denen er um Geld- und Verfassungsfragen haderte; seit dem Jahre 1819 ruhte dieser Verfassungsstreit, ohne zu einem definitiven Abschluß gekommen zu sein, für die übrige Lebenszeit des Kurfürsten.

Einen lebhaftern Charakter trugen die Verfassungskämpfe u. Wirren, der Natur der Bevölkerungen entsprechend, in den südlichen Staaten. Im Großherzogthum Hessen, wo ein tüchtiger und geistig bedeutender Mann, Ludwig I., regierte, kam eine Verfassung spät, aber dann ohne schwere Kämpfe zu Stande. Die Stände, 1820 berufen, verwarfen den von der Regierung vorgelegten Entwurf; über einen unter dem Beirath der Stände veränderten neuen Entwurf vereinigten sich Großherzog und Landesvertretung noch im Laufe desselben Jahres. Auch das Nachbarländchen Nassau erfreute sich seit 1814 einer Verfassung mit zwei Kammern.

In Baden half ein bedenklicher Successionshandel die Verfassungsangelegenheit ins Trockene bringen. Der regierende Großherzog Karl Ludwig (seit 1811) hatte seine Söhne verloren. Der nächste Thronberechtigte, sein Oheim Ludwig August Wilhelm, war unvermählt; das alte Zähringer Haus war also dem Erlöschen nahe, und wenn dies geschah, so fiel der vormals pfälzische Theil des Landes mit den Städten Mannheim und Heidelberg an Baiern. Es gab aber eine Nebenlinie, die Grafen von Hochberg, welche aus einer nicht ebenbürtigen Ehe des Markgrafen Karl Friedrich (1787) entsprungen war. Der Graf Leopold von Hochberg, das Haupt dieser Linie, wurde von Fürst und Volk, welche ihr Territorium in ungeschmälertem Bestande festhalten wollten, als successionsfähig anerkannt und Karl Ludwig erließ im October 1817 eine dahin gehende Proclamation. Die Baierische Regierung, unzufrieden mit den ihr gewordenen Entschädigungen, legte gegen diese Anordnung der Successionsverhältnisse Protest ein; gegen diesen Protest suchte die badische eine feste Stütze am eigenen Volke durch Verleihung einer freisinnigen Verfassung zu gewinnen. Sie ward am 22. August 1818 verkündet: an ihrer Spitze stand als integrirender Bestandtheil das Hausgesetz der regierenden Familie. Die Privilegien waren aufgehoben, jeder Staatsbürger ohne Unterschied der Religion und der Geburt hatte die gleichen Ansprüche an Aemter und Würden des Staats; keine Veräußerung von Domänen durfte vorgenommen, keine Anleihe im Namen des Staates kontrahiert, keine Steuer ausgeschrieben werden ohne Bewilligung der Volksvertretung, für welche, wie durchweg für die neuen deutschen Verfassungen, das Zweikammersystem angenommen war. In der ersten Kammer sitzen die Prinzen des großherzoglichen Hauses, die Häupter der ehemaligen reichsunmittelbaren Häuser, der katholische Landes-

bischof und ein evangelischer Prälat, acht Abgeordnete des grund-
herrlichen Adels und zwei der Universitäten, sowie die vom Großherzog ernannten Mitglieder, deren Zahl jedoch acht nicht überschreiten
darf; in der zweiten, deren Verhandlungen öffentlich sind, die Abgeordneten der Städte und Aemter, 63 auf 8 Jahre gewählte Mitglieder. Im April 1819 trat der erste Landtag nach dieser Verfassung
zusammen, den Karl Ludwig nicht mehr erlebte; in der Volkskammer
machte sich alsbald ein kühner und freier Ton geltend und in ihrem
Schooße hauptsächlich wurde von dem Staatsrechtslehrer Karl von
Rotteck und Anderen die Doctrin des deutschen Liberalismus mit
seiner Opposition gegen das Zweikammersystem, gegen mittelbare
Wahlen und stehende Heere, seinen Irrthümern und seinen Wahrheiten ausgebildet. Auch die Ideen von einer allgemeinen deutschen
Gesetzgebung, die freilich von ihrer Verwirklichung noch sehr weit
entfernt waren, wurden hier, unter diesem regsamen Volke, in diesem
bedrohtesten schmalen Gränzlande gepflegt. In dem Streit mit Baiern
kam es dem Großherzog — seit December 1818 Ludwig August Wilhelm — zu Gute, daß die Kaiserin von Rußland eine badische Prinzessin war, und daß weder die Großmächte noch die deutschen Mittelstaaten Baiern, das auf dem Wiener Congresse mit der größten An-
maaßung aufgetreten war, eine Machtvergrößerung gönnten. Die
Angelegenheit war eine von denen, welche dem Aachener Congresse
vorlagen und wurde dahin ausgeglichen, daß Baden an Baiern das
Amt Steinfels in der Pfalz abtrat und zwei Millionen Gulden zahlte
und dafür von Oestreich die Grafschaft Gerolsdeck im badischen Mittel-
rheinkreis erhielt. Unter dem 10. Juli 1819 wurde Badens Territorial-
besitz von Oestreich, Rußland, Preußen und England gewährleistet.

In Baiern, wo die siebenzehnjährige Verwaltung des Ministeriums
Montgelas große Aenderungen durchgeführt hatte, wurde die Einführung einer Verfassung durch den eifersüchtigen Gegensatz gegen Preußen
beschleunigt. Da in Preußen die reactionären Strömungen die Oberhand gewannen, so gefiel man sich in Baiern darin, constitutionell zu
sein. Den Großstaaten einen Vorsprung in der öffentlichen Meinung
abzugewinnen, war eine Idee, mit der man dort gern spielte, ohne
sie allerdings in der Ausführung sehr ernsthaft zu nehmen. König
Maximilian Joseph entließ so sein absolutistisches Ministerium, dessen
Haupt Graf Montgelas war, und gab seinem Lande (26. Mai 1818)
eine ziemlich freisinnige Constitution, welche, wie dies seither bei jeder
guten und schlechten Gelegenheit von jedem der deutschen Mittelstaaten
geschah, die Selbstständigkeit Baierns als eines „auf ewige Zeiten"
für sich bestehenden Königreichs stark betonte. Alle Staatsbürger
werden in dieser Verfassung gleichmäßig den öffentlichen Lasten unter-

worfen und in ihrer persönlichen Freiheit gesichert; Gewissensfreiheit und unter den für nöthig erachteten gesetzlichen Beschränkungen Preßfreiheit ist ausgesprochen; Gleichheit vor dem Gesetze, gleiche Besteuerung, gleiche Militärpflicht. Die gesetzgebende Gewalt wurde vom König und den beiden Kammern, welche regelmäßig alle drei Jahre auf zwei Monate zusammentraten, geübt, — der Kammer der Reichsräthe, die ähnlich zusammengesetzt war wie die Badische erste, und in welcher, während die vom König ernannten Mitglieder nicht über ein Drittel der Gesammtzahl ausmachen durften, die ehemaligen Reichsunmittelbaren die Hauptrolle spielten; und der, nach einem verwickelten Wahlverfahren mit hohem Census auf allemal sechs Jahre gewählten Kammer der Abgeordneten, deren Gesammtzahl 135 betrug und in welcher auch besondere Vertreter des niederen Adels, der katholischen und protestantischen Geistlichkeit und der Universitäten saßen. Beschlüsse der Kammer bekamen Gesetzeskraft durch die königliche Bestätigung; das Recht der Initiative zu Gesetzesvorschlägen hatte nur der König. Unter den Edicten, welche zugleich mit der Verfassung als Beilagen und ergänzende Gesetze veröffentlicht wurden, befand sich auch das schon am 30. October 1817 vom König genehmigte Abkommen mit der römischen Curie, das Concordat. Dasselbe war den hierarchischen Interessen günstig und stand im vollen Gegensatze zu dem System des Grafen Montgelas, welcher mit schonungsloser Hand, Weizen und Unkraut zugleich ausraufend, den verderblichen Einfluß der Pfaffheit in Baiern gebrochen hatte. Es gab der katholischen Kirche volle Selbstständigkeit, den Bischöfen völlig freien Verkehr mit Rom, ein weitgehendes Recht der Aufsicht über die Schulen und das, was die Hierarchie schädliche Bücher nennt. Die Geistlichkeit war gleichwohl nicht zufrieden, der päpstliche Nuntius in München protestierte gegen diejenigen Verfassungsparagraphen, von denen er glaubte, daß sie dem Concordat widersprächen, und verbot den Geistlichen, den Eid auf die Verfassung zu leisten. Seit 1819 bemerkte man im Lande einen wachsenden Einfluß der Partei von Jenseits der Berge.

Am lebhaftesten und eigenthümlichsten entwickelte sich der Verfassungsstreit in Würtemberg. Hier regierte (seit 1797) König Friedrich I., ein kluger, energischer, schlechter Mann, der ächte Typus eines rheinbündnerischen „Sultans", wie ihn ein Geschichtschreiber mit einem, auch dem Freiherrn vom Stein diesen napoleonischen Vasallen gegenüber geläufigen Ausdruck bezeichnet. Mit einer Art von Stolz sah der zitternde Spießbürger auf den kraftvollen Tyrannen, der selbst Napoleon gegenüber eine gewisse Selbstständigkeit behauptet hatte: „unsere Fürsten", hörte der Buchhändler Perthes in jenen Tagen einen Stuttgarter Residenzbürger sagen, „sind immer böse Kerle gewesen und hätten wohl verdient, auf größeren Thronen zu sitzen." Friedrich I. besaß aber staatsmännischen Sinn, er erkannte, daß eine andere Zeit heraufstieg und eilte deren Forderungen entgegen und dadurch zuvorzukommen. Er ließ rasch durch seine Räthe eine Verfassung ausarbeiten und berief eine Versammlung von Vertretern des mediatisierten Adels und der Gemeinden seines Königreichs nach seiner Residenz Ludwigsburg. Diesen legte er am 15. März 1815 den fertigen Entwurf einer Verfassung, tadellos in rothen Saffian gebunden, vor, zu sofortiger Annahme, wie er nicht zweifelte. Allein er täuschte sich. Die Versammlung ließ die königliche Verfassung auf dem Tische liegen, und erklärte die altwürtembergische Verfassung, welche der König 1806 in der Blüthezeit seiner napoleonischen Selbstherrlichkeit gewaltthätig aufgehoben hatte, für zu Recht bestehend. Es war eine Verfassung voll alter Mißbräuche und verkehrter Bestimmungen, die sich längst überlebt hatte; außerdem war durch die Erwerbungen der napoleonischen Zeiten ein Neuwürtemberg hinzugekommen, für welches jene altwürtembergische Verfassung in keinem Falle zu Recht bestand; was der König darbot, war vernünftiger, zeitgemäßer, freisinniger: — Gesetzgebung und Besteuerung an die Zustimmung der zu Einer Kammer vereinigten Stände gebunden, Berathungen dieser Stände frei, der Zeitpunkt ihrer Eröffnung von der Willkür der Regierung unabhängig, — gleichwohl hielten die leitenden Männer an jener alten Verfassung mit hartnäckigem Eifer fest, und ein Geist wie Ludwig Uhland feierte in unsterblichen Gedichten das „alte gute Recht", das zwar alt, auch wohl Recht, aber keineswegs gut war. Ein langandauernder harter Kampf, mit der dem Volksstand charakteristischen eigensinnigen Zähigkeit von den alten, ständischen Familien und Häuptern geführt entspann sich, in dessen Verlauf allerdings die tiefen Schäden der Landeszustände zu Tage kamen, bei welchem aber der schlechtere Mann die bessere Sache vertrat, zu deren Durchführung er einen sehr bedeutenden, gediegenen und wahrhaft freisinnigen Mann, den Freiherrn von Wangenheim, in seine Dienste zog.

Am 30. October 1816 starb der König, ohne daß die Wirren beigelegt gewesen wären. Sein Sohn Wilhelm I., der mit einem festen Sinn und geraden Verstand den besten Willen und einen vertrauenerweckenden Charakter verband und der sich im letzten Kriege als tüchtiger Unterfeldherr einen guten Namen gemacht hatte, folgte. Er kam den Ständen mit königlichem Freisinn entgegen, indem er durch Wangenheim einen Verfassungsentwurf ausarbeiten ließ, von dem beide, Fürst und Minister hofften, daß er durch seine eigene Trefflichkeit durchdringen werde; er verband mit dessen Vorlegung die Erklärung, daß er nicht gezwungen, sondern gerne gebe, und daß er, wenn die Stände seinen Entwurf ablehnten, zuwarten wolle, gleichzeitig aber seinen Unterthanen alle die Rechte, welche der Entwurf festsetze, ein= räumen und, abgesehen von der Vertretung, sofort in Wirksamkeit setzen werde. Allein der altwürtembergische Starrsinn der Stände, verstärkt durch das Mißtrauen gegen den „Ausländer" Wangenheim — er war aus Coburg gebürtig, was dem altwürtembergischen Phi= lister als eine Art Sünde erschien — blieb ungebeugt, sie lehnten den Entwurf ab. Noch zwei Jahre dauerten die Unterhandlungen. Während dieses Interims bethätigte der König seine tüchtige Gesinnung durch rasch und kräftig durchgeführte Reformen in der Verwaltung, wirk= same Abstellung der vielen Mißbräuche, in denen sich die herrschende Schreibercaste selbstgefällig behagte, und durch eine freisinnige, selbst= bewußte auswärtige Politik den großen Mächten gegenüber. Endlich im Jahre 1819 kam auch die Verfassungsfrage durch Vereinbarung zwischen dem ständischen Ausschuß und einer königlichen Commission zum Abschluß. Am 24. September unterschrieben die Stände die neue Verfassung, welche der König am 26. bestätigte. Sie war, schon unter dem Einfluß der erstarkten europäischen Reaction, weniger frei= sinnig als die früher von den Ständen verschmähte, namentlich ließ die Zusammensetzung der zweiten Kammer zu wünschen übrig. Diese bestand aus den Abgeordneten der sieben „guten Städte" und denen der 64 Oberämter, welche nach einem überaus verkehrten Wahlsystem gewählt wurden, 13 Abgeordneten der Ritterschaft, den 6 evangelischen Generalsuperintendenten, hierorts Prälaten genannt, dem Kanzler der Landesuniversität, dem katholischen Landesbischof, dem ältesten katho= lischen Dekan und einem Mitglied des Domcapitels der Bischofsstadt Rottenburg, und sie war auf je 6 Jahre gewählt; die erste Kammer bildeten die königlichen Prinzen, die Häupter der ehemals reichsunmittel= baren Familien und die vom König ernannten Mitglieder, welche letzteren nicht über ein Drittheil der Gesammtzahl ausmachen durften. Die Initiative zu Gesetzesvorschlägen hat allein die Regierung; die Ver= handlungen der zweiten Kammer sind öffentlich und Steuerbewilli= gungsforderungen gehen zuerst an sie; der König beruft und vertagt die Kammern, löst er die zweite auf, so muß innerhalb 6 Monaten eine neugewählte zusammentreten.

Dieselben Ideen, das Princip des Staatsbürgerthums gegenüber dem Feudalismus, der Grundsatz der Rechtsgleichheit für Alle, der Theilnahme des Volks an Gesetzgebung und Besteuerung, lagen auch den Verfassungen der kleineren Staaten zu Grunde, die nicht im Ein= zelnen aufzuzählen sind. Man nimmt wahr, daß unter ihnen die Verfassungen der vier sogenannten freien Städte sich keineswegs durch besondere Liberalität ausgezeichnet haben, ein Beweis, daß es nicht fürstlicher Eigennutz und dynastischer Hochmuth allein oder auch nur vorzugsweise war, was der Freiheit und dem, was die liberale Doctrin dafür hielt, im Wege stand. Die Volksvertretungen waren überall ein Mittelding zwischen ständischen und parlamentarischen Körperschaften, gleich sehr mit gewissen Altersgebrechen von jenen, wie mit einigen Kinderkrankheiten von diesen behaftet, stark beeinflußt von der Entwicklung des Parlamentarismus in Frankreich, dessen beredte Vertreter anregend auf die unter den süddeutschen Bevölkerungen zahlreich sich findenden verwandten Geister wirkten.

c. **Die beiden Großmächte und der Sieg der Reaction.**

Indessen aber hatten die Dinge im Ganzen eine Wendung genommen, welche diesem jungen constitutionellen Wesen keine gedeihliche Entwicklung verhieß. Es leuchtet ein, daß es vor Allem darauf ankam, wie sich die beiden deutschen Großmächte, Oestreich und Preußen, zu dem Artikel 13 der Bundesacte, zu dem Prinzip des verfassungsmäßig beschränkten Regiments stellen würden.

In Oestreich bestand von Anfang an in dieser Beziehung auf Seiten der Regierenden der übelste Wille, und dieser üble Wille hatte bei der Indolenz der Bevölkerungen von Anfang an gewonnenes Spiel. Franz II., Kaiser seit 1792, zeigte wie ihn Kundige schildern in seinem Charakter eine eigenthümliche Mischung von Gutmüthigkeit und Herzenshärte, von Ehrlichkeit und Falschheit; bei gesundem Urtheil in Einzelfragen bewies er völligen Mangel an großen Gesichtspunkten; vielgeschäftig und von ausdauernder Arbeitsamkeit im Detail, neugierig, eifersüchtig Alles zu erfahren, um die Dinge je nach Umständen rasch und barsch zu entscheiden oder träge hinzuschleppen, auf der andern Seite jede tiefere Arbeit scheuend, unwissend, gleichgültig, war dieser Kaiser vor Allem ein vollkommener Egoist und nicht gemeint, von seiner Machtvollkommenheit etwas an das Volk abzugeben, dem er sich doch im Einzelnen zutraulich, freundlich, auch mitunter wohlmeinend in unzähligen Audienzen hingab, und bei dem er beliebt war, weil er in Lebensgewohnheiten, Auffassung, Sprache ein gewöhnlicher Wiener und nebenbei doch Kaiser von Oestreich war. Von geschichtlichen Nothwendigkeiten, von der Natur dieses Staates und den Gesetzen des Fortschritts unter den Menschen hatte dieser beschränkte und enge Geist, dem die im Habsburgischen Hause herkömmliche, dumpfe und lichtscheue Religiosität genügte und ihre Formen geläufig waren, keinen Begriff. Eine Constitution wäre ein Neues gewesen, das neue Aufgaben auch ihm gestellt hätte, und dieß allein hätte genügt, ihn von Concessionen an dieses Prinzip zurückzuschrecken. So war sein Spruch wie der der Wiener Bevölkerung „es halt beim

Alten zu lassen": diesen Spruch in das Gewand der Staatsweisheit zu kleiden, und als überlegene Staatskunst zu verkaufen, war die Aufgabe seines ersten Dieners, der, soweit Kaiser Franz überhaupt vertraute, sein volles Vertrauen besaß — des Fürsten Clemens Lothar Metternich. Dieser unheilvolle Mann, der durch eine dreißigjährige Politik der geistlosesten Stabilität die Katastrophen vorbereitete, von denen Oestreich seit 1848 heimgesucht wird, das treffendste Beispiel zu jenem bekannten Satz des schwedischen Staatsmannes, der wenigstens von solchen Zeiten wie die von 1815—1830 gilt — daß die Welt mit einem Minimum von Weisheit regiert werde — stammte aus einer alten rheinischen Adelsfamilie und war am 15. Mai 1773 geboren. Jung in östreichische Dienste getreten, stieg er, „ein ämabler junger Mensch und perfecter Cavalier" wie Kaunitz ihn genannt, und bald ein noch perfecterer Höfling, nach und nach zum Haus-, Hof- und Staatskanzler auf (1821), benutzte geschickt die ungewöhnliche Gunst der Zeit von 1813, um Oestreich wieder aus den Demüthigungen der napoleonischen Epoche emporzubringen und sich selbst den Ruf und Einfluß eines großen Staatsmannes, sowie das nöthige Geld für seine maaßlose Verschwendung zu verschaffen. Eine neue Ordnung der europäischen Dinge war hergestellt, an welcher er, dem ein weites Gewissen viele Wege öffnete, die ein Mann von feinerem Ehrgefühl nicht betreten haben würde, durch sein Talent des Vermittelns, Vertuschens und Intriguirens einen hervorragenden Antheil genommen hatte. Die Oberfläche des europäischen Lebens war geglättet und eine Ruhezeit eingetreten, die ihm, der es gut verstand sein Leben zu genießen, sehr wohl zusagte: diese Ruhe der Oberfläche zu erhalten, wenigstens so lange er lebte, ward leitender Grundsatz dieses Mannes, dem ebenso wie seinem Herrn jeder schöpferische Gedanke und jeder auf das Große und Dauernde gerichtete Ehrgeiz fehlte. Vielleicht verkannte er nicht, daß unter jener Oberfläche schwere Stürme sich sammelten und um gerecht zu sein, muß man hinzufügen, daß für den aus so mannigfachen, ja widersprechenden Elementen zusammengesetzten östreichischen Staat jedes Fortschreiten auf der Bahn der Volksfreiheit seine besonderen Gefahren hatte. So wurde sein Princip, soweit sein Einfluß reichte, „das Bestehende zu erhalten", ohne zu fragen, ob es gut oder schlecht war, und jede Anfechtung dieses Bestehenden durch die Künste der Polizei auszuwittern, zu bannen, und wo es nicht anders ging, mit brutaler Gewalt niederzuschlagen.

Dieses „System", wenn man System nennen will, was doch schließlich nur Trägheit und Unfähigkeit war, erschien besonders den italienischen Provinzen gegenüber nothwendig, und wurde hier, wie wir sehen werden, zu einer heillosen Virtuosität ausgebildet, welche auf die ganze Reichsverwaltung unheilvoll zurückwirkte. In den deutschen Ländern kam der schwunglose, nur nach Vergnügen jagende Sinn der Bevölkerung, namentlich der hauptstädtischen, von welcher ein erkorenes Werkzeug Metternich's, Friedrich Gentz, selbst urtheilte, daß Jagd, Pferde und Prater ihr die höchste Glückseligkeit bedeuteten, dieser Staatskunst der Einschläferung auf halbem Wege entgegen. Die Stürme der Revolution im Westen waren an dieser Bevölkerung ganz, die großen Anregungen der klassischen Litteraturperiode Deutschlands nahezu spurlos vorübergegangen. Der kurze Aufschwung von 1809, das ruhmvollste Jahr der östreichischen Geschichte im 19ten Jahrhundert, war ohne ernstere Nachwirkung geblieben, der Geist des letzten Kampfes, der für Oestreich kein Befreiungs-, sondern ein gewöhnlicher Kabinetskrieg gewesen war, nicht tiefer in das Volk eingedrungen. So machte denn hier der 13. Artikel der Bundesacte Niemanden Kopfzerbrechen. Die alten ständischen Vertretungen der „Postulatenlandtage" hatten sich zum Theil erhalten, zum Theil wurden sie, bequeme Verbündete im Nichtsthun, wiederhergestellt: so in Tyrol und Vorarlberg 1817, in Galizien 1817, in Krain 1818; aber diese Stände waren ganz bedeutungslos und man wußte sie so zu erhalten. Der Landtag von Ungarn wurde in 14, der von Siebenbürgen in 23 Jahren nicht einberufen. Das Regiment führte überall ein barsches, geistloses, träges und bestechliches Beamtenthum, dessen schlaffes Räderwerk von den Wiener Kanzleien aus in Gang gesetzt wurde. Diesem Beamtenthum war Alles unterworfen, selbst Adel und Geistlichkeit, wenn man gleich auf der andern Seite dafür Sorge trug, der letzteren durch Begünstigung von Klöstern, Wallfahrten und alles alten geistlichen Schlendrians, gelegentlich auch wohl durch Mißhandlung der Protestanten zu Willen zu sein: man zählte in Tyrol allein nicht weniger als 170 Wallfahrtsorte. Den Geist überall, wo er sich regen wollte, zu hemmen war man eifrig bemüht; nur etwa, daß man, um den Schein zu retten, einige gewandte Rhetoren nach Wien berief, wie Friedrich Schlegel und Friedrich Gentz, als die Männer, welche unter Stein's Anregung das rühmliche Nationalwerk der Monumenta Germaniae, der Sammlung der Quellen deutscher Geschichte, unternahmen, auch in Wien dessen Förderung anregten, schrieb jener, „der elende feige, in Wollüsten untergegangene Sophist Gentz", wie Stein ihn nannte, daß, wenn die Sache eine Organisation annehme, sie in Oestreich verdächtig werde, wo man, wie wünschenswerth die Belebung des historischen Geistes sein möge, doch immer fragen müsse, wozu die Geschichte gebraucht werden solle? Wo man für das Schulwesen etwas that, geschah es auf mechanische Weise, die eher geeignet war, den Geist zu tödten, als zu wecken. Die materielle Lage der Volksschullehrer war nirgends trauriger; der Unterricht bis auf Seite und Zeile im vorgeschriebenen Lehrbuch für jede Stunde festgesetzt, das ganze Unterrichtswesen der geistlichen Aufsicht preisgegeben. Ein Religionszeugniß, welches freilich nicht blos durch Beten und Singen, Beichten und religiöse Uebungen, sondern auch durch Bestechung feinerer und gröberer Art erlangt werden konnte, war zu jeder Beförderung nothwendig. Der Besuch fremder Universitäten ward in Italien schon 1817, in den übrigen Provinzen 1819 bei Geldstrafe untersagt; von Künsten wurde nur die Musik und das Theater gepflegt, von welchem man zugleich Alles fernzuhalten wußte, was höheren Geist wecken konnte. Es gehörte zu diesem Systeme, daß man sich damit wußte, in der Pflege der materiellen Interessen einen Ersatz für die Vernachlässigung der geistigen zu bieten: der verhängnißvollste Irrthum, den eine Regierung begehen kann. Allerdings geschah etwas für Wegeanlagen, Flußcorrectionen, Canalbauten; der Industrie suchte man durch hohe Zölle auf ausländische Industrieproducte Schwung zu geben: aber die elenden Finanzzustände, welche ein durchschnittliches Deficit von 50 Millionen Gulden jährlich charakterisirt, und denen man, Schulden mit Schulden abtragend, Nullen mit Nieten deckend, durch unehrenhafte Finanzmaaßregeln aufzuhelfen suchte, begünstigten Schwindel und Geldgier Einzelner und hemmten die gesunde Entwicklung der Gesammtheit. Die Landwirthschaft litt unter dem Druck der schlechtvertheilten directen Steuern, deren Reform zwar geplant, aber wie jede andere aus Trägheit nicht ausgeführt wurde, neben den indirecten, welche das Schutzzollsystem mit sich führte, und, wie ein geistvoller Geschichtschreiber sich ausdrückt, den noch indirecteren, welche der Bettel, der Luxus der Kirchen und Klöster, die Faullenzerei der Feiertage und der Wallfahrten auferlegte. Dafür war es kein Ersatz, daß das Licht von Außen, dem man den geraden Weg versperrte, durch allerlei Ritzen dennoch eindrang, wie es denn zum guten Tone gehörte, die Schriften gelesen zu haben und womöglich zu besitzen, welche die weltliche und die geistliche Polizei verbot; die Menschen gewöhnten sich — ein Uebel, das in Deutschland weit und lange Zeit gewuchert hat — nur daran, über alles Bestehende zu räsonniren, ohne an seine Besserung die werkthätige Hand zu legen.

Diesem politischen Systeme in Europa die Herrschaft zu sichern, mußte ein Hauptziel der östreichischen Regierung sein, da sie nur durch seine Allgemeinheit Oestreich, diesen aus Bruchtheilen verschiedener großer Nationen zusammengesetzten Staat, vor revolutionären Einflüssen bewahren konnte, und es gelang Metternich wirklich, diese armselige Politik des Stillstands und des Rückschritts den Monarchen, welche die heilige Allianz geschlossen hatten, als den eigentlichen Sinn und Inhalt jenes wunderlichen Vertrages zu unterschieben, eines Vertrages, den Metternich selbst zuerst als Gewäsche, (verbiage) bezeichnet hatte, eher fand, auf welche Weise sich demselben eine praktische Bedeutung abgewinnen lasse. Die kindische Revolutionsfurcht einerseits und die übertriebenen Vorstellungen von dem göttlichen Rechte der Fürsten andererseits kamen diesem Bestreben entgegen; um aber zunächst in Deutschland, woran Metternich vor Allem gelegen sein mußte, seinen Zweck zu erreichen, mußte auch die zweite deutsche Großmacht, Preußen, in einem dieser Auslegung der heiligen Allianz entsprechenden Gange gehalten werden.

Für Preußen hatte jener Artikel 13 der Bundesacte, die Verfassungsfrage, eine ganz hervorragende Bedeutung. Preußen war aus dem Kriege hervorgegangen als ein Staat mit fast ganz deutscher Bevölkerung; aber diese deutschen Länder, welchen Preußen das unschätzbare Gut staatlicher Einheit gab, waren von der russischen bis zur französischen Gränze ausgedehnt, mit den denkbar ungünstigsten Gränzen versehen: weit bedenklicher noch war, daß der größere Theil dieser Bevölkerungen neuerworben, dem preußischen Staate fremd sich gegen die neue politische Einheit, welche dieser Staat ihnen geben sollte, sträubten; Trümmerstücke von mehr als 100 alten deutschen Territorien, welche zum Theil, wie der preußisch gewordene Theil von Sachsen, Ein Beispiel von nicht wenigen, die neue Verbindung, in welche sie gestoßen waren, nichts weniger als freudigen Herzens eingegangen waren. Während mithin Oestreich einfach im Wesentlichen wieder wurde, was es zuvor gewesen, erhob sich für Preußen die schwere Aufgabe, sein Staatswesen so zu gestalten, daß sich auch die 4½ Millionen neuer Unterthanen darin heimisch fühlen könnten, — die Aufgabe, 4½ Millionen Deutscher aus den verschiedensten Territorien und Territorialfetzen zu Preußen zu machen.

Diese Aufgabe ward überaus rühmlich, aber freilich nicht so rasch wie der Liberalismus Preußen zumuthete und nicht ohne viele falsche Schritte und Fehlgänge gelöst. Die eine Ansicht, die dadurch nicht weniger oberflächlich wurde, daß ein berühmter Rechtsgelehrter, Herr von Savigny sie vertrat, ging dahin, daß Preußen eben seiner gefährdeten Lage wegen ein Militärstaat bleiben, seine Kräfte zusammenhalten, die Einheit und Energie des Regiments nicht lähmen lassen dürfe durch ständisches Dazwischenreden; auch seien, meinten diese Männer, die verschiedenen Theile noch zu ungleich, verständen sich noch zu wenig, um schon eine gemeinsame Reichsvertretung zu vertragen; wenigstens darin hatten sie Recht, daß es den meisten der neu erworbenen, zum Theil auch der alten Landestheile viel mehr darum zu thun war, ihre alten Sonderrechte und Sondermißbräuche zu conserviren, als ein neues gemeinsames Recht zu erlangen. Gegen diese Anschauung machten Andere, wie Gneisenau, der Kriegsminister von Boyen, der General von Beyme, Wilhelm von Humboldt, Stegemann, Eichhorn, die eigentlichen geistigen Führer der letzten Zeitbewegung, geltend, daß seitdem das preußische Heer ein Volksheer, das Volk in Waffen geworden sei, man Preußen nicht mehr einen Militärstaat im alten Sinne nennen dürfe; daß kein Mittel geeigneter sein könne, die verschiedenen Provinzen und ihre verschiedenartigen Bevölkerungen rasch zu einigen und zu verschmelzen, als ihre Sammlung unter einer Verfassung mit gemeinsamer Volksvertretung, welche wie Stein sich ausdrückte, Preußen, dem die geographische Einheit, die Volkseinheit und die Religionseinheit fehle, das unschätzbare Gut eines politischen Lebens sichern werde; daß überdies den König ein bestimmtes Versprechen binde, der Erlaß vom 22. Mai 1815, welcher eine Repräsentativverfassung und Landesrepräsentation verheißen ein Versprechen, das verstärkt worden sei durch den vielerwähnten Artikel der Bundesacte; sie hätten, wenn man damals schon den Muth gehabt hätte, sich die harte Wirklichkeit einzugestehen, hinzusetzen können, daß die Einführung einer freisinnigen Repräsentativverfassung schon darum für Preußen das Richtige sein müsse, weil Oestreich Alles daran setzte sie zu hintertreiben. Der König, durchaus wohlmeinend, gewissenhaft, gerecht, von absolutistischem Hochmuth weit entfernt, aber ohne Schwung, in seinem Urtheil ohne Selbstvertrauen und leicht bedenklich gemacht, war getheilten Sinnes. Er hatte der freisinnigen Gesetzgebung, mit welcher Stein und nach ihm Hardenberg die Grundlagen eines neuen Staatswesens gelegt hatten, kein Hinderniß entgegengesetzt und er verkannte die Gründe nicht, welche für eine Repräsentativverfassung sprachen; aber er war ruhebedürftig, eine gebundene, nüchterne, allem Außergewöhnlichen scheu ausweichende Natur, die nicht „turbirt" sein wollte, und deren innerstes Wesen der Aufregung parlamentarischen Lebens, den Adressen, Thronreden, Debatten entgegen war. Dabei stand dem Einfluß der vorwärts bringenden regsamen Geister, die dem König unbehaglich waren, eine Rückschrittspartei gegenüber, an deren Spitze der Fürst Wittgenstein, „ein Mann ohne Kenntniß und Gehalt" nach Stein's Urtheil, eine Partei, welche unter dem Adel und der Beamtenschaft vielen Anhang besaß und welche den Vortheil der Einigkeit vor den vielgetheilten Meinungen und Strebungen der Reformfreunde voraus hatte.

Unter solchen Umständen traf es eine dritte vermittelnde Ansicht bei dem König am besten, als deren Vertreter der Legationsrath Ancillon gelten kann. Eine Verfassung, allerdings, warum nicht; aber man muß sie reifen lassen, sie vorbereiten, nichts übereilen"; die Güter einer gerechten und einsichtigen Verwaltung, der diesem Staate unvertilgbar eingewurzelte Geist eines, wenn auch langsamen, doch stetigen Fortschritts mochte einstweilen genügen. Und zu leugnen war nicht: die dringendere Aufgabe, in diesem zur Hälfte neuen Staate eine einheitliche Verwaltung zu schaffen, war schon schwierig genug und sie mußte zuerst gelöst werden, ehe eine lebensfähige Repräsentativverfassung aufgerichtet werden konnte. In diesem Sinne, der unter dem Scheine gewissenhafter Prüfung, welcher sich Friedrich Wilhelm keineswegs zu entziehen gemeint war, einen Entschluß zunächst noch nicht nöthig machte, beschied deshalb der König die Adressen, welche ihm im Jahre 1817, wo er die Rheinprovinz besuchte, überreicht wurden und die weiteren, welche die in dieser Zeit lebhafte Agitation für das Verfassungswerk auch sonst hervorrief und bei denen der Feuereifer von Görres seine Rolle spielte. „Ich werde bestimmen," sagte die Cabinetsordre vom 21. März 1818, „wann die Zusage einer landständischen Verfassung in Erfüllung gehen soll und werde mich nicht durch unzeitige Vorstellungen im richtigen Fortschreiten zu diesem Ziele übereilen lassen." Und Schritte allerdings zu diesem Ziele wurden gemacht, denn es war keineswegs des Königs Absicht, das Volk um jene verheißene Verfassung zu betrügen; mit übermäßiger Gründlichkeit, aber mit ernstem Willen wurde die Frage fortwährend studirt und erwogen, im März 1817 der schon im Jahre 1808 begründete Staatsrath wieder hergestellt und aus dessen Mitte eine Commission zur Ausarbeitung einer Verfassungsurkunde ernannt. Noch hielten sich die beiden Parteien die Waage, und die Männer des Fortschritts machten ihr natürliches geistiges Uebergewicht geltend; aber schon im Laufe des Jahres 1818 neigte der König, erschreckt durch die Aufregung der Jugend und die freimüthige Sprache, die er am Rhein zu hören bekommen, zu den Männern des Stillstandes und des Rückschrittes: auf dem Congresse zu Aachen September bis November 1818 bestärkten sich die drei Monarchen in den Grundsätzen der heiligen Allianz und wandten, indem sie den Franzosen den Abzug der Occupationstruppen zugestanden, die Blicke den weit gefährlicheren Gegnern zu, welche der russische Staatsrath auf den deutschen Universitäten entdeckt hatte. So standen die Dinge; da kam im Frühling 1819 die unglückliche That Sand's und gab den Metternich und ihren Berliner Verbündeten gewonnenes Spiel. „Nun ist eine Verfassung in Preußen eine Unmöglichkeit", war Hardenberg's Ausruf, als die Kunde ihn erreichte.

Diese That, welcher bald darauf das verunglückte Attentat Löning's folgte, schien die Gesichtspunkte der Stourdza'schen Denunciation zu rechtfertigen. Friedrich Wilhelm III. war nicht stark genug, diesem Eindrucke zu widerstehen. Die Demagogenverfolgungen begannen Kaiser Franz regte den Gedanken einer Ministerversammlung im böhmischen Badeorte Karlsbad an, und nachdem Metternich mit dem König und dem schwachen Fürsten Hardenberg, einem Manne von mehr Geist als Charakter und ohne die sittlichen Kräfte, welche ein reines Leben verleiht, sich verständigt hatte, begannen im August sehr geheim die Berathungen, zu denen eine Anzahl Bevollmächtigter der deutschen Regierungen sich eingefunden hatten. Als den Gegenstand für diese Berathungen bezeichnete der östreichische Minister die Gefahren, welche dem Bund im Ganzen, und einzelnen Bundesstaaten durch die revolutionären Umtriebe und demagogischen Verbindungen drohten, und in einer Reihe geheimer Conferenzen wurden nun die Maßregeln besprochen und vereinbart, mit welchen diesen Gefahren begegnet werden sollte. Was hier unter vereinzeltem Widerspruch dessen Organ der würtembergische Beauftragte Graf Winzingerode war, ausgemacht wurde, brachte dann der östreichische Präsidialgesandte, Buol-Schauenstein am 20. September in Form bestimmter Anträge vor die Bundesversammlung und diesmal sollte die Welt überrascht werden durch die Schnelligkeit, mit welcher diese schläfrige Körperschaft zu handeln wußte, wenn es sich um eine große gemeinsame Action polizeilicher Unterdrückung handelte. Als einige kurhessische Unterthanen, Käufer von Domänen während der westfälischen Zeit, gegen das schreiende Unrecht ihres Kurfürsten, der die Kaufacte einfach ignorirte und für nichtig erklärte, Schutz beim Bundestage suchten, durfte sich der nichtswürdige Tyrann in einem groben Schreiben jede Einmischung der Versammlung verbitten; und es geschah Nichts, als im Hungerjahre 1816 die einzelnen Bundesstaaten durch unsinnige Getreideausfuhrverbote oder hohe Zölle sich gegenseitig aushungerten, und ein Antrag auf Verkehrsfreiheit für die nothwendigsten Lebensbedürfnisse eingebracht wurde, überließ man es der gütigen Natur, dem Nothstand durch eine neue Ernte ein Ende zu machen. Ebenso geschah nichts, als im Frühjahr 1817 tunesische Corsaren fast im Angesichte der deutschen Küsten deutsche Handelsschiffe aufbrachten; die Bundesversammlung wußte keinen Rath, und hatte nur fromme Wünsche, daß es den Seemächten gefallen möchte, die Barbaresken außerhalb des Mittelmeeres als Korsaren zu verfolgen. Bei der Verhandlung dieser geheim gehaltenen karlsbader Beschlüsse genügte eine einzige Sitzung, um eine Reihe von Maßregeln zu sanctioniren, welche die Verfassung des Bundes und alle Rechte der Einzelstaaten aufs Tiefste alterirten.

Diese Beschlüsse setzten eine Executivordnung fest, welche nothwendiger Weise die Ausführung von Bundesbeschlüssen zur Erhaltung der inneren Sicherheit, der öffentlichen Ordnung und des Besitzstandes gewährleisten sollte; sie verordneten die Anstellung besonderer Regierungscommissäre zur Ueberwachung der Universitäten, ihrer Professoren und Studenten; Professoren, die ihres bedenklichen Einflusses wegen von ihren Stellen entfernt würden, sollten an keiner anderen deutschen Universität angestellt, Studenten, welche von einer Universität aus gleichen Gründen verwiesen würden, an keiner andern zugelassen werden; sie verpflichteten die Regierungen, in der Presse keinen Angriff auf die Regierung und Verfassung eines Bundesstaates, nichts was die Sicherheit und das Ansehen anderer Bundesstaaten verletze, zu dulden; sie vindicirten der Bundesversammlung selbst das Recht, solche Schriften, welche der Ruhe oder der Würde oder der Sicherheit des Bundes und der Bundesstaaten gefährlich seien, zu unterdrücken, und führten, zunächst auf fünf Jahre, eine strenge Censur ein für alle periodischen Schriften und Bücher unter 20 Bogen; und sie bestellten endlich gegen die vorausgesetzten demagogischen Umtriebe eine aus sieben Männern bestehende Centraluntersuchungscommission, welche zu Mainz ihren Sitz nehmen sollte.

Noch im Spätherbst desselben Jahres folgten die Conferenzen deutscher Minister in Wien, mittelst deren der östreichische Staatskanzler das Werk, das in Karlsbad angesponnen worden, zu vervollständigen gedachte. Immerhin fand er hier von Seiten der Vertreter einiger Mittelstaaten, des baierischen Ministers von Zentner, des würtembergischen von Mandelslohe, des kurhessischen von Trott einige Opposition, die von dem Mißtrauen gegen jede Competenzerweiterung der Bundesversammlung eingegeben war; man fürchtete in Stuttgart und München weit mehr den Appetit der Großmächte, als die harmlosen Thorheiten der Demagogie; im Wesentlichen aber entsprach die hier vereinbarte Wiener Schlußacte, die, vom 15. Mai 1820 datirt, die Bundesacte vervollständigte, den östreichischen Gesichtspunkten und Interessen aufs Beste. Sie definirte den Bund als einen völkerrechtlichen unauflöslichen Verein, regulirte die Organisation der Bundesversammlung und ihre Thätigkeit in Bezug auf die vor sie gebrachten Beschwerden, auswärtige Verhältnisse, Militärwesen, Bundeskriege, gemeinsame Finanzangelegenheiten, Einwirkung auf die innere Einrichtung der Einzelstaaten; sie verfügte sogar im 54. ihrer 65 Artikel, daß die Bundesversammlung darüber zu wachen habe, daß der Art. 13 der Bundesacte betreffs der landständischen Verfassungen in keinem Staate unerfüllt bleibe, und (Art. 56), daß die in anerkannter Wirksamkeit bestehenden Verfassungen nur auf verfassungsmäßigem Wege wieder abgeändert werden könnten; aber die nun folgenden Artikel 57, 58, 59 zeigten deutlich genug, wie es mit diesen verfassungschützenden Bestimmungen in Wahrheit bestellt war. Der erste derselben besagte, daß, da der Bund aus souveränen Fürsten bestehe, diesem Grundbegriffe zufolge die gesammte Staatsgewalt in dem Oberhaupte des Staates vereinigt bleiben müsse, der Souverän nur in der Ausübung bestimmter Rechte an die Mitwirkung der Stände gebunden werde; der zweite, daß diese souveränen Fürsten durch keine landständische Verfassung in der Erfüllung ihrer bundesmäßigen Pflichten gehindert oder beschränkt werden dürften; und der dritte schärfte ein, daß dort, wo die landständischen Verhandlungen öffentlich seien, oder durch den Druck veröffentlicht würden, Garantieen gegen den Mißbrauch solcher Veröffentlichungen gegeben werden müßten.

Metternich konnte sich, was die deutschen Angelegenheiten betrifft, am Ziele glauben. Als er das große Werk der Karlsbader Beschlüsse zu Stande gebracht, meinte er, nun könne Jedermann nach Hause gehen und für lange Zeit im Frieden seinen Kohl bauen. Und so in der That konnte es scheinen, da es ihm gelungen war, vor Allen den mächtigsten der deutschen Staaten ganz in seine Bahnen herüberzuziehen. Denn in Preußen war es, als hätte man auf jede selbstständige deutsche Politik vollständig verzichtet: es verschwanden jetzt die Männer, wie Humboldt, Grolmann, Beyme, die im December 1819 verabschiedet wurden, gegenüber dem Wittgenstein, Graf Bernstorff und dem sich selbst untreu gewordnen Hardenberg, welche mit ganzer Fügsamkeit in das östreichische System eingingen. Die Form der Studentenröcke und Kragen beschäftigte in langen Sitzungen dieses Ministerium; Jahn ward verhaftet, E. M. Arndt suspendirt und mit Untersuchungen gequält, wobei es dem Untersuchungsrichter wohl begegnete, daß er in dessen Papieren Randbemerkungen von des Königs eigner Hand aus der Zeit der Befreiungskriege — „ein paar Exekutionen und die Sache hat ein Ende" und ähnliche — für revolutionäre Weisungen des Professors ansah; Professor de Wette in Berlin wurde wegen eines Trostbriefes an die Mutter des unglücklichen Sand — eines Briefes, der, an sich unanfechtbar, lediglich für eine schwerheimgesuchte Frau bestimmt war — seiner Stelle enthoben, und Görres, der eben im Jahre 1819 sein Buch „Deutschland und die Revolution" ausgehen ließ und in flammenden Briefen sein empörtes Herz ausschüttete, mußte nach der Schweiz flüchten. Ernstlicher Widerstand zeigte sich nirgends. Es verfing wenig, wenn da und dort etwa ein Mann von Ehre zu einem wirkungslosen Protest sich erhob; der wackere Dahlmann z. B. aus dem Directorium für das Stein'sche Unternehmen der Herausgabe der deutschen Geschichtsquellen, austrat, weil in demselben vier Bundestagsgesandte saßen und er nicht mit Leuten zusammen arbeiten wolle, die falsches Zeugniß abgelegt hätten wider die Lehrer der deutschen Hochschulen; oder wenn Humboldt im preußischen Staatsrath das staatliche Ehrgefühl wahrte, indem er dem Minister des Auswärtigen — es war Graf Bernstorff — das Recht bestritt, preußische Unterthanen unter ein auswärtiges Gericht, jene Mainzer Commission, zu stellen, und ebensowenig, daß in den Mittelstaaten einige Opposition sich regte, Würtemberg, Baden z. B. die Wiener Schlußacte gar nicht publicirten. Oestreich und Preußen waren einig, jede Freiheitsregung niederzuhalten; das angeblich so revolutionär gesinnte deutsche Volk sah ruhig den Dingen zu, und die Masse der Spießbürger freute sich, so wohl behütet zu sein; wenn nicht die Verschwörungen selbst, so fanden sich doch die wohldienerischen Beamten, ihnen nachzuspüren und die dienstfertigen Schurken, dabei als Spione und Denuncianten Handreichung zu thun; des russischen Verbündeten war man sicher und auch in den Staaten romanischer Nationalität schienen die Dinge einen befriedigenden Verlauf zu nehmen.

B. Romanische Staaten.
1. Frankreich.

Auf dem rasch umgestürzten, rasch wieder aufgerichteten Throne Frankreichs hatte Ludwig XVIII. zum zweiten Male Platz genommen. Zum zweiten Male waren also die Bourbonen durch die fremden Waffen zurückgeführt worden, zum zweiten Male hatte ihnen eine französische Niederlage die Thore ihrer Hauptstadt geöffnet. Daß dies den Haß und die Verachtung gegen dieses Königthum unter dem reizbaren Volk noch vermehren mußte, war nicht anders zu erwarten; je unnatürlicher die kriegerische Eitelkeit unter dem Kaiserreich gespannt worden war, desto peinlicher empfand man die Niederlage — die einzige, welche selbst ihre Schönfärberkunst nicht als einen Sieg darstellen konnte — für welche nun, französischer Art gemäß, irgend ein Mann oder eine Familie, eine Partei, eine Gesellschaftsclasse verantwortlich zu machen war.

Indeß, darin lag, wie nicht zu verkennen, für das restaurirte Königshaus Eine Schwierigkeit von vielen: die Hauptschwierigkeit war es nicht. Diese war vielmehr, daß auf dem Boden Frankreichs sich nun Parteien zusammenfanden, von denen jede ein ganz verschiedenes Frankreich im Auge hatte, und daß der rückkehrende König in Wahrheit nicht der König des Landes, sondern nur das Haupt einer dieser Parteien, für den Augenblick der mächtigsten, war. Die eine dieser Parteien, die royalistische, suchte, im Gefolge des Königs aus der Fremde zurückkehrend oder unter seinem Schutze wieder emportauchend, das Frankreich der Priester und der Edelleute, das alte Frankreich unter dem Lilienbanner, das unter dem besondern Patronat der Jungfrau Maria stand, das Frankreich vor 1789; und eine tiefe Kluft, ein Meer voll Blut, Jahre der Verbannung, des Elends, der bitteren Erinnerungen trennten diese Partei des alten Frankreichs von den Parteien des neuen, des Frankreichs der drei Farben, welche den Rundgang um die Welt gemacht hatten, — den Männern der Republik und des Kaiserreichs. Hier waren nicht Männer verschiedener Ueberzeugung, welche sich auf dem gemeinsamen vaterländischen Boden hätten vereinigen können, wie sonst wohl bei gesunden Zuständen eben durch die Reibung der Gegensätze das Wohl des Staates gefördert wird: hier waren Männer verschiedner Lager, für welche dieselben Worte nicht dieselbe Bedeutung hatten. Was der einen Partei ehrenvoll und rühmlich hieß, war der anderen infam; was der einen Symbol des Höchsten und Göttlichen, war der anderen ärgerlich oder lächerlich; was für Diese Wiedereinsetzung in die geheiligten Rechte, Wiedererstattung wohlerworbenen Eigenthums bedeutete, war für die Andere Raub und Beschimpfung und umgekehrt; und zwischen ihnen fluthete die Menge derer, welche jeder Regierung seit 1789 gedient hatten, und sich nun auch, zweideutige und gebrechliche Stützen, an die neue herandrängten.

Zeit, Einsicht und guter Wille der Regierenden hätten gleichwohl auch hier die Leidenschaften allmälig beruhigen können, und ein Element der Versöhnung war immerhin in der von Ludwig XVIII. verliehenen Charte vom 4. Juni 1814 gegeben. Sie wahrte dem Königthum, dessen Hand sie gegeben, ausgedehnte Rechte; der König befehligt Heer und Flotte, erklärt Krieg, schließt Frieden, Bündnisse, Handelsverträge, ernennt zu allen öffentlichen Aemtern, hat das ausschließliche Recht der Gesetzesvorschläge; aber sie hielt wesentliche Errungenschaften der Revolution fest und ließ der Mitwirkung und dem gesetzlichen Fortschritt der Nation einen genügenden Raum. Alljährlich treten die Kammern zusammen: die Pairskammer, zugleich höchster Staatsgerichtshof, deren Mitglieder der König auf Lebensdauer oder mit Vererblichkeit des Sitzes ernennt; die Kammer der Deputirten, 262 im Ganzen, aus denjenigen Franzosen, welche über 40 Jahre alt sind und über 1000 Fr. directe Steuern zahlen, auf allemal fünf Jahre gewählt von Wahlmännern, welche über 30 Jahre alt sind und über 300 Fr. Steuern zahlen. Diese Kammern bewilligen die Steuern je auf ein Jahr und üben die gesetzgebende Gewalt in Gemeinschaft mit dem König, dessen Minister ihnen verantwortlich sind. Die katholische Religion ist Staatsreligion, aber die Bekenntnisse sind frei; die Richter, vom König ernannt, unabsetzbar; Gleichheit vor dem Gesetz, Freiheit der Person, der Presse, Unverletzlichkeit des

Eigenthums; für Criminalvergehen Geschwornengerichte; gesunde Bewegung des politischen Lebens bei Schutz gegen Ueberstürzung, indem aus der Deputirtenkammer jährlich ein Fünftel der Mitglieder ausscheidet und durch Neuwahlen ersetzt wird.

Zu einem großen Werke der Heilung und der Versöhnung war der wiedergekehrte König berufen, zu einem Werke, schwieriger vielleicht als dasjenige, welches einst die Vorsehung Heinrich IV. auferlegt hatte; und er war dazu nicht völlig ungeeignet. Ludwig XVIII. besaß Verstand, die Erfahrung des Alters und des Unglücks, die Mäßigung und Versöhnlichkeit eines Gemüthes ohne starke Leidenschaften und überdies ein Verlangen nach Ruhe und Bequemlichkeit, deren er während zweier Jahrzehnte der Verbannung entbehrt hatte. In dieser Mäßigung bestärkte ihn der Einfluß der Sieger, denen, wie ihm selbst, der Schrecken der 100 Tage den ganzen Ernst der Lage geoffenbart hatte. Allein neben diesen Einflüssen machten sich lebhaft und geräuschvoll andere geltend. Ludwig war kinderlos; die Zukunft der Dynastie ruhte auf seinem um einige Jahre jüngern Bruder Karl Philipp Grafen von Artois, der Prinz und Edelmann des alten Schlages, nach den Ausschweifungen seiner Jugend dem Einflusse der Priester verfallen war, und der, selbst ein Mann untergeordneten Geistes, sich nun als das natürliche Haupt der rückkehrenden Emigranten fühlte, deren kurzsichtige Leidenschaft nach einer möglichst raschen, möglichst vollständigen Restauration der vorrevolutionären Zustände hindrängte. In diesen Kreisen hatte man von den ungeheuren Zeitereignissen, welche die Gestalt des Welttheils verwandelt hatten, keine Lehre angenommen und auf seinen frühern Anspruch verzichtet; man hatte Nichts gelernt, Nichts vergessen. Die Gemahlin des Herzogs von Angouleme, ältesten Sohnes Karl Philipp's, eine Tochter Ludwig's XVI., fuhr fort, die Trauerkleider um ihrer Eltern Geschick zu tragen, und gefiel sich darin, wie ein unversöhnter Rachegeist umherzuwandeln, und so bildete sich um „Monsieur" — diesen Titel führte der Graf von Artois nach der wiederhergestellten altköniglichen Etikette — ein Nebenhof und eine Nebenregierung, die man nach demjenigen Theile der Tuilerien, welche Artois bewohnte, die Partei des Pavillon Marsan nannte. Hier wurden die Listen der Personen angefertigt, die man dem König und seinen Ministern zur Anstellung und Beförderung empfehlen wollte, wie derer, welche zur Absetzung und Verbannung bestimmt waren; hier bildeten sich die „königlichen Ausschüsse" für die Departements, vermittelst deren man die Wahlagitationen in der Provinz leitete. Hier war der Mittelpunkt für Alles, was den Personen und den Sachen, die irgendwie mit den aus der Revolution hervorgegangenen Institutionen zusammenhingen, einen unversöhnlichen Haß und Krieg geschworen hatte.

Der König hatte bei seiner Rückkehr Talleyrand und Fouché in sein Ministerium gezogen, beide napoleonische Minister, von denen der Erstere allen Regierungen gedient hatte und allen ferneren gegen guten Lohn zu dienen bereit war, der Andre überdies an einem unglücklichen Tage für die Hinrichtung Ludwigs XVI. gestimmt hatte. Die Royalisten riefen nach Bestrafung Derer, welche während der 100 Tage die Probe der Treue nicht bestanden hatten; demgemäß wurden 30 Mitglieder der Pairskammer ausgeschlossen, und eine Proscriptionsliste von 57 weitern Strafbaren aufgesetzt; in raschen Gang kam die Reaction aber erst, als die Wahlen zur Deputirtenkammer vollendet waren und am 7. October 1815 eine Kammer zusammentrat, welche aus den leidenschaftlichsten Royalisten und Parteigängern des Pavillon Marsan, dem, was man dort die „reinsten Elemente" nannte, zusammengesetzt war und welcher der König selbst den Namen einer „Kammer, wie sie sonst nirgends zu finden", der chambre introuvable schuf. Vor dieser Versammlung konnten sich die Minister nicht halten. Die Regierung löste sich auf und der König bildete ein neues Ministerium, das zum Theil aus Günstlingen des Grafen von Artois bestand, und von dessen Mitgliedern der Präsident und Minister des Auswärtigen, der Herzog von Richelieu und der Polizeiminister Graf Decazes die bedeutendsten und beim König einflußreichsten Persönlichkeiten waren. Den Herzog von Richelieu, der als Emigrant in russische Dienste getreten war und dort sich Verdienste und Geschäftstüchtigkeit erworben hatte, erbat sich Ludwig vom Kaiser Alexander; er war ein uneigennütziger, ehrenhafter, bescheidener Mann, der, eben im Begriffe, auf seinen Posten als Generalgouverneur nach Odessa zurückzukehren, durch seinen Eintritt in das neue französische Ministerium ein wirkliches Opfer brachte. Decazes war noch ein junger Mann von angenehmen Formen, ein geschmeidiger Höfling, der unter Fouché seine Schule durchgemacht hatte und sich bald dem Könige, in dessen bequeme, nach Ruhe und leichter Unterhaltung verlangende Art er geschickt einging, unentbehrlich zu machen wußte.

Eine kurze Zeit erhielt sich die Einigkeit des Ministeriums mit der Kammer, welche in blindem Eifer vorwärts drängte, und die nicht allein Schutz gegen die Wiederkehr revolutionärer Zeiten, sondern auch — und zwar vor Allem — Rache für das Vergangene verlangte, das man am besten der Vergessenheit übergeben hätte. Am 16. October legte der Justizminister Graf Barbé-Marbois ein Aufruhrgesetz, am 18. der Polizeiminister ein Gesetz über die Suspension der persönlichen Freiheit vor, nach welchem die Regierung auf ein Jahr das

Recht erhielt, Jeden, der eines Verbrechens oder Vergehens gegen Thron und Staat beschuldigt sei, verhaften zu lassen, und in welchem die Befugniß, dieses Recht zu handhaben, jedem untergeordneten Beamten zugesprochen ward. Das Gesetz ward angenommen. Dem glühenden Eifer der „Ultras", der königlich noch „über den König hinaus" Gesinnten, war keine Strafe hoch genug; es gab Rasende, welche für das Aufpflanzen der dreifarbigen Fahne die Todesstrafe verlangten. Dabei bedachten sie sich nicht, wo es ihnen paßte, selbst die königlichen Prärogative zu mißachten, wie bei dem Gesetz, welches der Kriegsminister über die halbmilitärischen Ausnahmegerichte zur Aburtheilung politischer Vergehen, die sogenannten Prevotalhöfe, vorlegte, und in welchem das für solche Zeiten doppelt unentbehrliche Begnadigungsrecht des Königs beschränkt war. Denn nicht nach Gnade, nach Rache stand dieser Partei der Sinn. Die Processe gegen die Schuldigen der hundert Tage hatten bereits begonnen. Unter ihnen war der Schuldigste der Marschall Ney, der dem König die bündigsten Versicherungen gegeben hatte und dann doch an der Spitze seiner Truppen zu Napoleon übergetreten war; er war thöricht genug, aus der Schweiz, wo er durch einen Wink Talleyrand's gewarnt ein Asyl gefunden, nach Frankreich zurückzukehren. Er ward verhaftet, seine Schuld war unzweifelhaft; man mußte ihm den Proceß machen, und ein Kriegsgericht ward niedergesetzt, dem der Marschall Jourdan präsidirte. Es war glücklich genug, einen Vorwand zu finden, unter dem es der traurigen Nothwendigkeit, den berühmten Waffengefährten verurtheilen zu müssen, ausweichen konnte; als Pair von Frankreich konnte Ney nur von dem Pairshof gerichtet werden. Dieser verurtheilte ihn zum Tode und am 7. December 1815 wurde das Urtheil im Garten des Palais Luxemburg vollstreckt. Dasselbe Loos hatte der Oberst Labedoyere, der sein Regiment in Grenoble Napoleon zugeführt hatte, und den der König aus Furcht vor seiner Umgebung nicht zu begnadigen wagte. Glücklicher war der Graf Lavalette, der von Napoleon nach dessen Rückkehr die Stelle eines Generalpostmeisters angenommen und diesen Posten im Interesse der napoleonischen Sache ausgenutzt hatte. Die Pariser Assisen verurtheilten ihn zum Tode, aber es gelang seiner Frau, in den Kerker zu gelangen, dort die Kleider mit ihm zu tauschen, und so der royalistischen Rachgier ein Opfer zu entreißen, die freilich um Ersatz nicht verlegen war. In einigen der südlichen Departements beging der fanatisirte Pöbel im Namen des Königs jeden Gräuel gegen die dort zahlreichen Protestanten, und die Stadt Nimes mußte von östreichischen Truppen der Occupationsarmee gegen die dort hausenden royalistischen Bluthunde und Plünderer geschützt werden; in Avignon ermordeten sie in blinder Wuth den Marschall Brüne, dem gar nichts vorzuwerfen war, und die neue Gesetzgebung trug Sorge, daß es an weitern Opfern nicht fehlte. Man hatte beschlossen, den 21. Januar, den Todestag Ludwig's XVI., zu einem Tage allgemeiner Landestrauer zu machen, und es kam bei Gelegenheit dieses Beschlusses zu allerlei Scenen überspannten und theatralischen Schmerzes; zu würdigerer Feier jenes traurigen Ereignisses mußte die Regierung ihre gemäßigten Vorschläge in Betreff der „Regiciden", der Kammer zu Gefallen, schärfen, und dem Gesetze, welches im Allgemeinen die Anhänger der „Usurpation" Napoleon's amnestirte, den Zusatz anhängen, daß die rückfälligen Königsmörder, d. h. diejenigen, welche einst im Convent für Ludwig's XVI. Tod gestimmt und in den 100 Tagen sich Napoleon angeschlossen, auf immer vom Boden Frankreichs verbannt sein sollten.

Traurige Zustände im Lande waren die Folge dieses Fanatismus der Kammer. Jedes niedrige Rachegelüst ward ermuthigt, um so mehr, als die Regierung hier diesen Fanatismus theilte, dort sich von demselben wenigstens fortreißen ließ. Ein Rundschreiben des Polizeiministers Decazes vom 28. Mai 1816 bezeichnete als „Staatsfeinde" alle Diejenigen, welche sich der Verlegenheiten der Regierung freuten, oder in Mienen und Worten Haß und Verachtung gegen die treuen, friedlichen Einwohner „verriethen", und diese entsetzlichen Worte wurden dann ausgelegt von Beamten, welche entweder selbst zur herrschenden Partei gehörten, oder sich dieser gefällig erweisen wollten, oder, wenn sie nicht den gebührenden Eifer in der Verfolgung der „Feinde des Staats" zeigten, selbst ihr verdächtig zu werden fürchten mußten. Freilich war das Land, wie es nach den Umwälzungen seit 1789 nicht anders sein konnte, voll von Leuten, die, wie beispielsweise die 40,000 Officiere und Beamte der alten Armee, welche durch die Auflösung und Neugestaltung des Heeres außer Thätigkeit gesetzt waren, unzufrieden zu sein Grund hatten, und selbst wenn sie es wider menschliche Natur und Vermögen nicht gewesen wären, doch die Vermuthung erweckten, daß sie es seien; gegen solche wurde nun mit allen Mitteln, welche einer siegreichen Partei und einer allmächtigen Bureaukratie zu Gebote stehen, ein zugleich gräulicher und lächerlicher Krieg geführt. Mit der Beamtenschaft, die gewohnt war, jedem Wink und jeder Miene, welche die Centralregierung in Paris zeigte, zu folgen, verbündete sich der religiöse Fanatismus, dessen so lange niedergehaltene Flamme jetzt mit Macht emporschlug. Um in dem der Kirche entfremdeten Lande das, was diese Eiferer Religion nannten, herzustellen, hatte sich in Paris eine sogenannte Congregation gebildet, die ihre Zweige allenthalben in die Provinzen erstreckte, und deren Mitglieder nun um die Kreuze, welche sie statt der Freiheitsbäume aufpflanzten, alle die Leidenschaften, nur in andern Formen, versammelten, von denen einige Jahrzehnte früher diese umgeben gewesen waren. Der Großpriester und Orakelsprecher dieser Congregation war der Marquis de Bonald, der diesem Treiben in einer mystisch-abgeschmackten Staatstheorie einen pseudowissenschaftlichen Hintergrund zu geben versuchte: und auch an Zeichen und Wundern fehlte es nicht, namentlich nicht an wunderbaren Bekehrungen, wie man denn den Marschall Soult in einer Procession hinter dem Marienbilde her mit brennender Kerze in der Hand durch die Straßen von Paris gehen sah. Gemachte und wirkliche Verschwörungen gaben Anlaß zu gerichtlichen Verfolgungen, zu tumultuarischen Mordscenen, zu Unfug und Blutvergießen. „Es lebe Gott", — so schrieb der Commandant von Grenoble, General Donnadieu, als er einen Aufstand des Landvolks des Dauphiné, das sich unter Führung eines Advokaten Didier der Festung bemächtigen wollte, mit rascher Energie unterdrückt hatte — „seit drei Tagen hat das Blut nicht aufgehört zu fließen. Es lebe der König! Die Leichname seiner Feinde bedecken alle Straßen in der Umgegend von Grenoble."

Noch war die Wirklichkeit nicht ganz so schlimm, wie die Kraftworte dieses knechtischen Dithyrambus; das aber durfte die Regierung sich nicht verhehlen, daß man der Parteiwuth so nicht weiter die Zügel schießen lassen dürfe. Das Gefühl der Pflicht und Verantwortlichkeit, welches die Verwaltung der höchsten Stellen nothwendig begleitet, erweckt von selbst auch in leidenschaftlichen Gemüthern einige Mäßigung. Hier aber geberdeten sich die Ultras, der Majorität in der Kammer sicher, als die Herren und Meister, betrachteten die Minister nur als Vollstrecker dieses ihres imperatorischen Parteiwillens, und waren sehr geneigt, auch dem König selbst, trotz aller Lebhaftigkeit ihrer königlichen Gefühle, diesen Willen aufzuerlegen, wo sein System mit dem ihrigen sich kreuzte. Zum ersten Zwiespalt kam es bei der Berathung des neuen Wahlgesetzes, welches der Minister des Innern, Vaublanc, den die Partei sonst zu den ihrigen zählte, der Kammer vorlegte. Dem Plane der Regierung, welcher dahin zielte, den Beamten einen wesentlichen Einfluß auf die Wahlen zu verschaffen, und der zugleich an der allmäligen Erneuerung der Kammer durch das jährlich ausscheidende und wieder zu ersetzende Fünftel festhielt, setzten die Führer der Majorität einen andern entgegen, nach welchem das letztere System einfach durch die Gesammtneuwahl von fünf zu fünf Jahren ersetzt werden sollte; sie wußten sich im Augenblicke noch stark genug, die Wahlen nach ihrem Willen zu lenken, und es paßte ihnen besser, sich jetzt die Macht auf fünf Jahre gleichsam garantiren zu lassen. In diesem Zeitraum durften sie hoffen, einen guten Theil ihres Parteiprogramms, das noch viele unerfüllte Wünsche zählte — unter Anderm war namentlich die Restauration des alten Kirchenthums nur eben erst begonnen — mit Sicherheit durchsetzen zu können. Indeß, das Wahlgesetz kam nicht zu Stande und die Partei täuschte sich überhaupt über die Gränze ihrer Macht und über den Umfang dessen, was in ihrem Sinne erreichbar war. Sie hatte durch ihr zuchtloses Treiben nicht blos die Besorgniß und die Verzweiflung ihrer Gegner im Lande wider sich erweckt, sondern auch die aus verständigern Elementen bestehende Pairskammer, die Minister, den König selbst, dem sie allzu sichtbar den Grafen von Artois vorzogen und vor Allem die auswärtige Diplomatie, welche die Bedürfnisse der Lage unbefangener würdigte, gegen sich aufgebracht. Ihr Minister Vaublanc wurde entlassen und sein Posten an einen Mann von gemäßigterer Gesinnung, Lainé, übertragen. An den Hof kam ein neues Element durch die Vermählung des Herzogs von Berry, des zweiten Sohnes von Artois, mit einer neapolitanischen Prinzessin, Caroline, welche mehr Lebenslust und weniger Nachedurst besaß und dem König mehr zusagte, als die Herzogin von Angouleme in ihren Trauerkleidern, und deren Lebhaftigkeit einen erfreulichen Contrast gegen die steife und forcirte Frömmigkeit des Pavillon Marsan bildete, von welcher Ludwig XVIII., der zu gut wußte, wie es bei dieser frommen Gesellschaft hinter den Coulissen aussah, kein Freund war. Er that jetzt einen kühnen und verständigen Schritt: nach einem Memoire von Decazes, der sein besonderes Vertrauen genoß, löste er mit Ordonnanz vom 15. September 1816 die „unfindbare" Kammer auf.

Ein gemäßigteres System war damit eingeleitet. In der neuen Kammer, welche im November zusammentrat, hatten die Ultras nicht mehr die Majorität. Die neue Mehrheit ging auf die Absichten des Ministeriums ein. Lainé schlug ein Wahlgesetz vor, nach welchem die Zwischenstufe der Wahlmänner wegfiel. Wahlberechtigt sei jeder Franzose, der über 30 Jahre alt ist und mindestens 300 Fr. directe Steuern zahlt; wählbar, wer über 1000 Fr. directe Steuern zahlt. Die allmälige Erneuerung war beibehalten. Dieses Wahlgesetz, nach heftigen Debatten angenommen, schuf etwa 100,000, den mittleren Ständen angehörige Wähler, etwa 17,000 Wählbare und gab somit der neuen Ordnung Frankreichs eine Grundlage von noch immer nur sehr geringer Breite, die sich indeß durch Steigerung des Wohlstandes, Ermäßigung des Census nach und nach hätte ausdehnen lassen. In der That beruhigte sich nun, nachdem der erste Eifer der Ueberköniglichen sich ein wenig abgekühlt hatte, das Land etwas, wenngleich die herrschende Theurung neue Unruhen und Verschwörungen, übertreibende Anzeigen und zahlreiche Verhaftungen, neue Bluturtheile und rasche Vollstreckungen derselben hervorrief. Die Kammersitzung von 1817/18 verlief verhältnißmäßig ruhig. Die Prevotalhöfe wurden, nach reichlicher Ernte, aufgehoben, das Gesetz über die Beschränkungen der persönlichen Freiheit nicht erneuert; die Presse ward glimpflicher behandelt; die Beamtenernennungen zeigten weniger schroffe Parteitendenz. Auch das vom Kriegsminister Gouvion St. Cyr vorgelegte Rekrutirungsgesetz bewies die Rückkehr von Parteitendenzen zu sachlichen Gesichtspunkten. Es machte unter der ausloosungspflichtigen Jugend, aus welcher das Bedürfniß an Mannschaften, soweit ihm nicht durch freiwillige Einzeichnung in die Werbelisten genügt war, gedeckt werden sollte, zwischen Bürgerlichen und Adel keinen Unterschied, und eröffnete auch den alten napoleonischen Officieren Aussichten. Dies ward angenommen, dagegen drang die Regierung mit ihrem Preßgesetze nicht durch, welches auch nichtperiodische Schriften der Beschlagnahme aussetzte, und für die Journale die Fortdauer der Censur auf drei Jahre begehrte. Das Gesetz sollte der Regierung eine Waffe sowohl gegen die Liberalen, oder, wie sie damals hießen, die Unabhängigen, Independenten, wie nach Umständen gegen die Ultras geben, und man erlebte deshalb das Schauspiel, das sich seither nicht selten wiederholt hat: die wüthendsten Gegner der Freiheit sich in freisinnigen Aeußerungen überbieten zu sehen. An dem vereinigten Widerspruch dieser beiden Parteien und an der theilweisen Ablehnung durch die Pairskammer scheiterte das Gesetz. Gleichwohl schien eine Versöhnung auf dem Boden der Charte gelungen und das Ministerium hatte dem Lande einen großen Erfolg seiner Politik anzukündigen: den Abzug der Occupationstruppen zwei Jahre vor der durch die Verträge festgesetzten Zeit.

Am Ende September des Jahres 1818 nämlich waren, wie schon erwähnt, die Vertreter der Mächte, welche den zweiten Pariser Frieden unterzeichnet hatten, in Aachen zu einem Congresse zusammengetreten. Der König von Preußen, dem diesmal die Rolle des Wirthes zufiel, die Kaiser von Oestreich und von Rußland erschienen persönlich, England war durch den Herzog von Wellington, Castlereagh und Canning, Frankreich durch den Herzog von Richelieu vertreten. Schon am 1. October konnte der Letztere berichten, daß die Räumung des französischen Gebiets zugestanden sei, einige Tage später waren die Bedingungen geregelt, unter welchen sich Frankreich auch seiner Geldverbindlichkeiten aus dem letzten Kriege, mit wesentlichen Erleichterungen und Begünstigungen, entledigen konnte und mehr noch: König Ludwig, der auf dem wackligen Throne mehr geleistet hatte, als man ihm vielleicht zugetraut, ward förmlich in die heilige Allianz aufgenommen, deren System mehr und mehr aus den Allgemeinheiten heraustrat und bestimmte Züge annahm. Ein geheimes Protocoll, von den Vertretern der fünf Mächte, auch von England, unterzeichnet, constatirte die Einigkeit der fünf Mächte in dem Bestreben, den allgemeinen Frieden zu erhalten und die Absicht, sich dabei gegenseitig zu unterstützen. Ein Patronat der fünf Großstaaten über die Gesammtangelegenheiten des Welttheils, eine europäische Pentarchie constituirte sich; fernere Zusammenkünfte wie diese zu Aachen wurden in Aussicht genommen, wo eine Störung des allgemeinen Friedens eine Verständigung wünschenswerth erscheinen lasse. Neben diesem Vertrag der fünf Mächte aber erneuerten vier derselben, Rußland, Oestreich, England, Preußen, während sie mit Genugthuung erklärten, daß der Eintritt Frankreichs in ihr Concert dem Frieden Europas das Siegel aufdrücke, doch jenen Vertrag einer Quadrupelallianz, den sie einst noch inmitten des Krieges gegen Napoleon am 1. März 1814 zu Chaumont auf 20 Jahre abgeschlossen hatten, und dessen Zweck nach der ursprünglichen Fassung die Befreiung Europas von dem politischen Druck, den Frankreich seither geübt, gewesen war. Sie faßten also in demselben Augenblick, in welchem sie Frankreich einen so nachdrücklichen Beweis wiedergekehrten Vertrauens gaben, doch die Möglichkeit ins Auge, daß von dorther eines Tages der Friede Europas aufs Neue gestört werden könne.

Die Zugeständnisse von Aachen waren ein großer Erfolg des Ministeriums Richelien. Im November 1818 zogen die letzten Truppen des Occupationsheers ab, die Fahne Frankreichs wehte wieder auf allen seinen Festungen. König und Bevölkerung empfanden es mit gleicher Genugthuung, daß jetzt das Land sich selbst zurückgegeben war.

Ungefähr gleichzeitig erfolgten die Wahlen, welche das ausscheidende Fünftel der Deputirtenkammer ersetzen sollten, und so stark war schon die liberale Strömung, daß die Ueberköniglichen allenthalben unterlagen, die Independenten siegten. Unter den 55 Neugewählten zählte man 22, oder, wie Andre rechnen, gar 35 entschieden Liberale und nur vier Ultras. Unter den Gewählten befanden sich auch Lafayette und der Advokat Manuel, deren Namen einen Gegensatz gegen das bourbonische Königthum überhaupt, nicht blos gegen dieses oder jenes Verwaltungssystem anzudeuten schienen. Bei Hofe, wo man weit empfindlicher war, als sich mit der Lage einer Dynastie, die wieder neue Wurzeln im Lande fassen sollte, vertrug, gerieth man in Aufregung; Denkschriften aus dem Pavillon Marsan sahen den Staat bereits einer neuen furchtbaren Revolution zutreiben, und ein solches Memoire, von einem der Ueberköniglichen, Herrn von Vitrolles, verfaßt, hatte schon dem jüngsten Congreß vorgelegen. Der Herzog von

Richelieu selbst, der im Herzen doch den Ultras näher stand, als den Liberalen, hielt bestürzt auf seinem Wege inne; man ward irre an dem seither befolgten Systeme der Mäßigung und eine Krisis trat ein, in deren Folge das Ministerium sich auflöste.

Dieselbe verlief indeß anders, als man vermuthen durfte. Der Günstling des Königs, Decazes, erhielt den Auftrag, eine neue Regierung zu bilden, an deren Spitze dem Namen nach als Conseilspräsident der General Dessolles trat. Decazes, dem die Ultras die Auflösung der unfindbaren Kammer nicht verziehen, machte die Festhaltung des Wahlgesetzes und die Durchführung der Charte zu seinem Programm; es erfolgte eine entschieden liberale Schwenkung. Eine Amnestie öffnete den Verbannten, außer den „Königsmördern" die Rückkehr; freisinnige Gesetze, ein Gesetz über die Verantwortlichkeit der Minister, die Zurücknahme der Ausnahmegesetze über die Presse und ihre Ersetzung durch liberale Bestimmungen wurden der Kammer vorgelegt und der Widerstand, welcher von der Decazes besonders feindseligen Pairskammer sich erhob, wurde durch eine sehr radikale Maßregel, welche im Lager der Königlichen die äußerste Erbitterung hervorrief, gebrochen — die Ernennung von 60 neuen Pairs, deren Namen der Moniteur vom 6. März 1819 bekannt machte.

An den Liberalen wäre es jetzt gewesen, durch äußerste Mäßigung von ihrer Seite den König in dieser Richtung festzuhalten. Allein es zeigte sich hier wie bei jeder spätern Probe, daß diese staatssinnige Mäßigung nicht etwa blos einer Partei, sondern dem französischen Geiste überhaupt fremd ist. Die entfesselte Presse, allerdings gereizt durch den Gegensatz gegen die Ultras, die ihrerseits die Herausforderungen nicht sparten, mißbrauchte vielfach das freie Wort; nach dem Zwange, dem sie unter dem napoleonischen Regiment unterworfen war, that sie sich jetzt um so mehr gütlich. Eben um jene Zeit sang Beranger (geb. 1780) seine Chansons, die mit scharfem Gift und boshaftem Hohn gegen das regierende Haus getränkt waren und schmiedeten die Flüchtlinge ihre abenteuerlichen Pläne zur Beseitigung der Dynastie. Die schlimme Eigenschaft der politischen Parteien in Frankreich, die auch auf das übrige Europa so lange einen verderblichen Einfluß geübt hat, entweder Alles oder Nichts zu wollen, trat grell hervor. Die oppositionelle Stimmung, erbittert durch den überall mächtigen Geist der Reaction, der in den gleichzeitigen Karlsbader Beschlüssen sich offenbarte, verstärkte sich, statt sich zu beruhigen; und unter den 54 für 1819/20 neugewählten Deputirten waren abermals nicht weniger als 28 entschiedene Liberale. Aber was schlimmer war: unter den Neugewählten befand sich, von Grenoble geschickt, der frühere Abbé und Bischof Gregoire, der einst das Todesurtheil, das der Convent über Ludwig XVI. gesprochen, obwohl er selbst nicht mitgestimmt, nachträglich gebilligt hatte, und unter dessen fanatischen Declamationen die Worte, die er am 21. September 1792 gesprochen, unvergessen waren, „daß die Könige dasselbe in der moralischen Ordnung seien, was die Ungeheuer in der physischen": wer sich die Mühe nahm, in den Sitzungsberichten nachzusuchen, konnte eine ganze Blumenlese solcher verrückten Dinge zusammenbringen. Die Wahl dieses Mannes, der übrigens, von dieser Idiosyncrasie abgesehen, gar so schlimm nicht war*), war in diesem Augenblick eine thörichte und beinahe frevelhafte Herausforderung des Königthums. Der Graf von Artois, der seit geraumer Zeit mit seinem Bruder auf gespanntem Fuße gelebt, sah seine Zeit gekommen, „da sehen Sie, Sire", sagte er dem König, „wohin man Sie führt." „Ich weiß es, mein Bruder", entgegnete Ludwig, „und ich werde meine Maßregeln danach nehmen." Die Kammer ward eröffnet. Die Wahlprüfungen führten alsbald zur Beanstandung der verhängnißvollen Wahl, die übrigens nur gelungen war, weil eine Anzahl der Ultras selbst lieber ihre Stimmen dem Regiciden als einem Ministeriellen gegeben hatten. „Wir wollen keine Königsmörder", rief man rechts vom Präsidenten, der Seite der Ultras; von der Linken entgegnete Benjamin Constant, daß ja der König selbst einen solchen und dazu einen schlimmeren, einen Mann der Schreckenszeit — Fouché war gemeint — zum Minister gehabt, daß die Charte verbiete, einen Franzosen wegen früher gehegter politischer Meinungen zu verfolgen, daß es Zeit sei, nicht weiter die Gegenwart und die Zukunft eines ruhebedürftigen Volks den Erinnerungen aus der Vergangenheit aufzuopfern; es half nichts, die Ausschließung Gregoires wurde mit großer Stimmenmehrheit beschlossen.

Der König hatte als erste Maßregel gegen den Geist, der sich in dieser Wahl kund gegeben, von seinen Ministern das Zustandebringen eines neuen Wahlgesetzes verlangt. Sie waren noch mit der Berathung desselben beschäftigt, als ein neuer Schlag fiel, der die Gestalt der Dinge völlig änderte und ein blutiges Zeugniß gab von dem unversöhnlichen Hasse, der noch in vielen Kreisen der Bevölkerung gährte. Es war am 13. Februar 1820, Nachts 11 Uhr, als der Herzog von Berry, der zweite Sohn des Grafen von Artois, auf welchem, da der ältere Herzog von Angouleme, kinderlos war, die Hoffnung der Dynastie beruhte, aus dem Opernhause trat, wohin er die Herzogin begleitet hatte: unter der Schwelle traf ihn ein Messerstich in die Brust. Mit dem Ruf „ich bin ermordet" sank er zusammen. Man brachte ihn nach

---

*) Vgl. unter anderen Klüpfel, Gustav Schwab Leipzig 1958 p. 139.

einem Cabinet neben der königlichen Loge; am Morgen war er verschieden. Der Mörder war ergriffen worden: ein Sattler Louis Pierre Louvel; mit kaltem Blute bekannte er die Absicht, die ihn zu der That an dem Manne, der ihm kein Leids gethan, und der als ein leutseliger, gutmüthiger Prinz bekannt war, getrieben hatte — in dem Herzog die ganze Dynastie der Bourbonen zu treffen, in der er seit 1814 die Feinde Frankreichs erblicke. Nicht die Liebe zur Freiheit also oder selbst zu einem Schattenbilde oder Zerrbilde derselben hatte diesen Arm bewaffnet, sondern der gallische Hochmuth, der es nicht verwinden konnte, daß die Bourbonen durch das siegreiche Ausland zurückgeführt worden waren.

Mitschuldige im strengen Wortsinn hatte Louvel nicht. Es war die That eines einzelnen Fanatikers, in dessen trüben, durch allerlei Leserei überreiztem Kopfe sich eine weit verbreitete Gährung zu einem blutigen Entschlusse verdichtet hatte; aber der Fanatismus der Königlichen sah überall Mitschuldige im weiteren Sinn. Ihre Wuth kannte keine Gränzen und sie richtete sich hauptsächlich gegen Decazes, dessen System der liberalen Concessionen die revolutionären Mörderhände so dreist gemacht, dessen Fuß jetzt im Blute ausgleite, wie eine der rhetorischen Hyperbeln Chateaubriands lautete; schon gleich am 14. stellte ein Rasender in der Kammer den Antrag auf Anklage des Ministers und der Graf von Artois weigerte sich, länger in den Tuilerieen wohnen zu bleiben, so lange ein Minister, welcher der Mitschuld an der ungeheuren That angeklagt werden müsse, dort aus- und eingehe; andere sprengten das Gerücht aus, der Minister selbst habe im Solde des Herzogs von Orleans die Mörderhände gedungen.

Dieser Stimmung in den höchsten Kreisen gegenüber konnte sich Decazes nicht behaupten. Er ward vom König in allen Gnaden entlassen, und der Herzog von Richelieu übernahm zum zweite Male die Geschäfte. Er ließ das Ministerium zunächst unverändert, legte aber, um die Aufregung der Königlichen zu beschwichtigen, zwei Ausnahmegesetze, welche die Freiheit der Person und der Presse auf einige Zeit außerordentlichen Beschränkungen unterwarfen, und ein neues Wahlgesetz vor, welches letztere darauf hinauslief, den Höchstbesteuerten den Haupteinfluß zu verschaffen, den Grundbesitz noch mehr als bisher zu bevorzugen, und die seither berechtigte Wählerschaft erheblich zu verringern. Die Verhandlungen waren außerordentlich stürmisch und zahlreiche Volkshaufen umwogten das Sitzungsgebäude. Tumulte, Raufereien, brutales Einschreiten der Polizei waren an der Tagesordnung. Schon bei den Berathungen im März hatte einer der liberalen Redner, der General Foy, in ächt französischer Wendung gewarnt, nicht die Freiheit der Bürger am Grabe eines Bourbons als

Hekatombe zu opfern; jetzt erhob er und mit ihm andere, unter ihnen Royer-Collard, das Haupt der sogenannten Doctrinärs, der consequenten konstitutionellen Theoretiker und Systematiker, ihre beredte Stimme, um vor der Annahme dieses Gesetzes zu warnen, welches zwei Fahnen und zwei Nationen schaffe, indem es das Wahlrecht zu einem Privilegium der Reichen mache, die schon ohnehin der Bevorzugungen genug besäßen. „Die Jakobiner des Königthums", rief Benjamin Constant, „werden das Königthum stürzen, wie einst die Republik durch ihre Jakobiner gestürzt ward." Die Waage schwankte, da die liberale Partei unter dem letzten Ministerium erstarkt, zu einer selbstständigen Macht gereift und an Talenten reich war. Ein neuer Vorschlag aus der Mitte der Kammer selbst ging dahin, daß zwei Wahlcollegien gebildet werden sollten, die der Arrondissements und die der Departements; in jenen sollten die nach dem bisherigen Gesetz wahlfähigen Bürger nach dem bisherigen Wahlverfahren die bisherige Zahl von Deputirten, 258, ernennen, in diesen das höchstbesteuerte Viertheil der Wähler, für sich allein als Departementscollegium vereinigt, 172 weitere, so daß also die Gesammtzahl auf 430 stiege. Dieser Vorschlag erreichte, was die Minister wollten: die großen Grund- und Geldbesitzer erhielten ein doppeltes Wahlrecht, und in dieser Form ward das Gesetz am 12. Juni angenommen.

Einige Tage vorher, am 7. Juni, war Louvel hingerichtet worden. Seinen Zweck, in dem Herzog von Berry die Dynastie zu treffen, hatte er nicht erreicht: am 29. September 1820 gab die Herzogin einem Sohne das Leben, dessen Geburt die Royalisten wie ein Wunder, wie ein sichtbares Unterpfand der göttlichen Gnade begrüßten. Die Diplomatie beglückwünschte den neuen Bourbon Heinrich, Herzog von Bordeaux, in den ausgesuchtesten Worten amtlicher Höflichkeit als das „Kind Europas."

Aber die Zukunft war verhüllt. Die Aufregung in Paris und in den Provinzen dauerte fort, neue Stürme standen bevor. Denn in den Nachbarländern waren unterdessen Ereignisse eingetreten, welche die Gegensätze, die sich in Frankreich bekämpften, mit Nothwendigkeit noch reizen und schärfen mußten.

2. Spanien und Portugal.

Die politische Lage in Spanien war um die Zeit, wo der Sturz Napoleon's eine neue Ordnung der europäischen Dinge herbeiführte, von Widersprüchen voll. Den Kampf gegen den dem Lande aufgedrungenen Napoleoniden hatte ein Volk durchgefochten, das, in seiner Masse von den Ideen der neuen Zeit völlig unberührt, fanatisch royalistisch und fanatisch katholisch gesinnt, von Geistlichen und Mönchen geleitet war. Inmitten dieses Kampfes nun, der nur einen ganz nationalen und nicht einen politischen Charakter trug, war es geschehen, daß jene Versammlung der Cortes, auf den äußersten Winkel der spanischen Erde, nach Cadix, zurückgedrängt, dem Lande eine Verfassung entworfen hatte, (20. März 1812 verkündet), die einestheils unter dem Einfluß der Principien von 1789, anderntheils unter Einwirkung des Mißtrauens gegen den zu befreienden König entstanden, von moderner Freisinnigkeit strotzte; einer Freisinnigkeit, die bis zum Unsinnigen, ja für dieses Land bis zum Wahnsinnigen ging. Das Verkehrteste, was die französische Constitution von 1791 geschaffen, war hier aufgenommen und überboten, wie beispielsweise jene ganz thörichte Bestimmung eines noch völlig kindischen Liberalismus, der aus lauter Despotenfurcht die ersten Forderungen gesunder Staatskunst, ja die wesentlichsten und natürlichsten Rechte des Volks selbst hintangesetzt — jene Bestimmung, nach welcher Niemand in zwei aufeinanderfolgende Cortesversammlungen gewählt werden durfte. Der König durfte die Cortes nicht auflösen, die Cortes dagegen durften sich ohne königliche Ladung selbst versammeln. Die Minister konnten nicht zu Mitgliedern der Cortesversammlung gewählt werden, der König seine Minister nicht aus Mitgliedern der Cortes nehmen; gleich als wenn es eine Sünde wäre, zugleich das Vertrauen des Königs und des Volkes zu besitzen. Diese Verfassung von 1812, an welcher sich der romanische Liberalismus und in seinen Kinderjahren auch der deutsche noch lange erbaute, war aber von den Mächten als zu Recht bestehend anerkannt worden. Der König hatte sie beschworen, und jetzt 1814 hatte die ersehnte Stunde geschlagen, wo Don Fernando VII. seinem Volke wiedergeschenkt wurde, die Constitution ins Leben treten sollte.

Kaum jedoch hatte der König den Fuß diesseits der Pyrenäen niedergesetzt, als er sich von Leuten umdrängt sah, die ihm jene Verfassung, welche unter anderem auch die Inquisition beseitigte, als ein Werk des Teufels bezeichneten. Eine Denkschrift, verfaßt von dem Marquis von Matafloridà, unterschrieben von 60 Mitgliedern der Cortes — man nannte dieselben nach den Anfangsworten des Memoires, die von einer alten Sitte der Perser sprachen, die Perser — athmete denselben Geist: diese Verfassung, welche sie selbst mitunterzeichnet und beschworen hatten, werde eine Quelle des Unheils für das Land sein. Zu Valencia wurde ihm diese Schrift, welche seinen eigenen geheimen Gedanken und Wünschen entgegenkam, überreicht; bis dahin hatte er an sich gehalten; aber hier, wo ein absolutistisch gesinnter General, Eliv, befehligte, wo er auf die Truppen, wie auf das von der Geistlichkeit bearbeitete Volk zählen konnte, dessen Jubel in grellem Gegensatze stand gegen die mißtrauischen Vorsichtsmaßregeln, mit denen die Cortes seine Rückkehr verclausulirt hatten — hier gewann er Muth und lüftete die Maske, ohne sie schon völlig abzuwerfen. Am 4. Mai 1814 erließ er ein Decret, in welchem er die Verfassung von 1812 als einen Eingriff in die Rechte des Königs und der Kirche für aufgehoben, die in Gemäßheit dieser Verfassung zu Madrid versammelten Cortes für aufgelöst, und jeden, der sich dem widersetze, als einen des Verbrechens beleidigter Majestät Schuldigen erklärte, zugleich aber die Berufung „rechtmäßiger" Cortes nach der alten Weise, Geistlichkeit, Adel, Städte in ständischer Gliederung — zusicherte, und zugleich, wie denn auch fernerhin die schönen Worte nirgends gespart wurden, Sicherheit der Person und des Eigenthums, Preßfreiheit und Trennung des Hof- und des Staatshaushalts zusagte; noch am selben Tage lagen 21 Cortesmitglieder und andere Notabeln im Kerker. Keine Hand rührte sich für die Verfassung, hinter welcher in Wahrheit nur ein kleiner Bruchtheil der Nation, eine Anzahl Beamte, Generale und Officiere, der Kaufmannsstand, hier und da ein Pfarrer, ein Theil des hohen Adels stand; auf dem ganzen Wege von Valencia nach Madrid gab sich keine andere Bewegung kund, als ungezügelter Enthusiasmus für den wiedergekehrten katholischen König; von Aranjuez bis Madrid zog die Menge den königlichen Wagen und schon mischte sich der Ruf „Tod den Liberales" — denn hier in Spanien ist dieses berühmte Wort entstanden — in die Lebehochs auf den König.

So begann ein Regiment, das selbst in den classischen Zeiten der Mißregierung und des Despotismus, unter den ersten römischen Cäsaren, kaum seines Gleichen findet. Ferdinand VII. selbst machte jedem der Nichtswürdigen, die ihn umgaben, den Preis der Schande streitig. Er war grausam gegen die Unterworfenen, wie er kriechend gegen den Starken gewesen, der ihn selbst unterworfen hatte; feig, heuchlerisch, mißtrauisch; „ohne jedes Gefühl, ohne Erbarmen, ohne Ehre und Scham", nennt ihn ein Geschichtschreiber, „den vollkommensten Schurken" hat ihn ein König genannt. Seine niedrige Gesinnung, die ihn seine täglichen und vertrauten Gesellschafter unter den Verworfensten seiner Dienerschaft suchen hieß, prägte sich in den gemeinen Zügen seines häßlichen Gesichtes aus und ein verächtlicher Köhlerglaube vollendete, was diesem Bilde eines der abscheulichsten Tyrannen, die je einen Thron entehrt haben, etwa noch fehlte. Hinter und über seinen Ministern, die er, an seiner Macht wie ein schadenfroher Bube sich ergötzend, unaufhörlich wechselte, stand, aus allerlei zweideutigen, lasterhaften, geld- und stellengierigen Menschen zusammengesetzt, den Freigelassenen der Schlechtesten unter den römischen Kaisern vergleichbar, eine Nebenregierung, die „Camarilla", deren Weizen jetzt in der Verfolgung der Josephinos und der Constitutionellen blühte. Diese beiden Klassen, unter denen die aufgeklärtesten und besten Männer Spaniens sich befanden, sahen sich im besten Falle von allen Stellen ausgeschlossen, und für die Menge der Sollicitanten und Stellenjäger gab es nun ein vortreffliches Mittel, unbequeme Concurrenten bei Seite zu schieben: man durfte sie nur als Constitutionelle oder Afranzesados verdächtigen. In beiden Fällen war es nicht schwer, sie auch als muthmaßliche Freidenker der Wachsamkeit der Männer des geistlichen Gerichts zu empfehlen. Denn auch für diese waren die Tage Philipp's II. und seiner nächsten Nachfolger wiedergekehrt. Die Mönchsklöster wurden wiederhergestellt, das schreckliche Tribunal für Verbrechen, die nur der menschliche Wahn geschaffen, die Inquisition, mit der gern gegebenen Zustimmung des päpstlichen Stuhls, in seiner ganzen Machtvollkommenheit wieder aufgerichtet, ein neuer Großinquisitor in der Person des Bischofs von Almeria, Mir Campillo, bestellt. Ihre Kerker füllten sich rasch. Bald glaubte man bis zu 50,000 zählen zu können, welche dem Tribunal verfallen waren, darunter Viele, denen der Tyrann seine Rückkehr auf den Thron seiner Väter verdankte. Mit der geistlichen wetteiferte die weltliche Tyrannei: alle, welche unter König Joseph oder der von den Cortes eingesetzten Regentschaft angestellt worden waren, bis zum letzten Beamten herab, wurden abgesetzt; den Käufern von Nationalgütern außer der Annullirung des Kaufactes noch überdies ein Strafgeld auferlegt; die geheimen Gesellschaften, unter denen die Freimaurer den Gewalthabern besonders — und von ihrem Standpunkt aus mit Recht — gefährlich schienen, verboten; die Afranzesados und alle diejenigen, welche der Camarilla als solche anzusehen gefiel, aus Spanien verbannt, auf die Galeeren geschickt, in die Kerker der afrikanischen Garnisonsorte oder „Presidios" geworfen.

Freilich nöthigte bald die unter diesem Systeme des Wahnwitzes rasch sich ins Unerträgliche steigernde Noth und Verlegenheit in Verwaltung und Finanzen doch wieder, von Zeit zu Zeit zu einsichtigen und tüchtigen Männern zu greifen, wie der im December 1816, wo die Restaurationsregierung bereits mit ihrer Weisheit zu Ende war, berufene Finanzminister Don Martin de Garcia, der sich, gestützt durch den am Hofe allmächtigen russischen Gesandten, unverhältnißmäßig lange, bis zum September 1818, hielt. Denn Ferdinand liebte es sonst, seine Minister rasch zu wechseln und nie war ihr Sturz ihnen näher, als wenn er ihnen am freundlichsten that; zwischen 1814 bis 1819 zählt man nicht weniger als 30 solcher nach Despotenlaune gestürzten, erhobenen, wieder gestürzten, wieder erhobenen Größen, und so gesellte sich zu allem Unheil auch noch dies, daß die Tyrannei, unter welcher das Land verkam, nicht einmal den Charakter der Stetigkeit und Sicherheit trug. Die Zustände des Landes, an dessen Ruin schon Jahrhunderte der Mißregierung und der unter dem Einfluß der Trägheit und der geflissentlich gepflegten Unwissenheit sich verschlechternde Volkscharakter arbeiteten, waren entsetzlich; kein Reisender auf keiner Straße sicher; unter allen Gewerben nur das Räuberwesen blühend, das die Phantasie des Volkes mit einer Art von Romantik umgab und dessen Genossen sich wie andere Professionen standesmäßig in Parteigänger, Straßenräuber und gemeine Strauchdiebe gliederten; die Einnahmen deckten nur ein Drittel der Ausgaben; die Beamten und Officiere erhielten ihren Gehalt nicht ausbezahlt, lebten wie die Lilien auf dem Felde oder bettelten; geschweige daß für nützliche Arbeiten etwas übrig blieb in diesem Staate und unter diesem Volk, das ganz in den Händen der geistlichen Kaste war, aus deren Mitte sich gelegentlich Stimmen hören ließen, welche Flußcorrectionen und ähnliche Werke für sündhafte Eingriffe in Gottes Schöpfung erklärten. Wo es sich um Hinrichtungen, um raffinirte Peinigungen von Menschen handelte, machte sich diese Kaste aus Eingriffen in Gottes Schöpfung und Ordnung weniger, und die Sprache der von ihr beeinflußten Blätter überbot selbst diejenige des Père Duchesme oder Ami du peuple aus der französischen Schreckenszeit; in einem derselben z. B. wird der König aufgefordert, ein zweiter Kambyses zu sein: „die Haut des ungerechten Beamten werde zum Ueberzug des Sessels, auf welchen sich sein Nachfolger zu setzen hat," schließt diese Tirade, welche den Geist jener Presse kennzeichnet, die sich mit besonderem Stolz die katholische nannte. Das Beste an dieser Regierung war, daß sie wie jeder guten Eigenschaft, so auch der Energie entbehrte, und deshalb Manches geschehen ließ, was sie zu hindern nicht zu einsichtig und nicht zu wohlmeinend, sondern einfach zu dumm und zu träge war. Man würde die Geschichte Spaniens in diesem Jahrhundert gar nicht begreifen können, wenn man sich nicht erinnerte, daß der Staatsgewalt hier die durchgreifende Schneide ebenso fehlte, wie sie die Grausamkeit gegen die Einzelnen im höchsten Grade besaß, daß an sehr vielen Orten Regierung und Verwaltung einfach nach traditionellen lokalen Eigenthümlichkeiten ohne Rücksicht auf eine oberste Leitung gut oder schlecht geübt wurde, um daß in Spanien mehr als irgendwo die Mehrzahl der Menschen dem Staate fremd und gleichgültig gegenüber stand. So hört man doch wieder andere Stimmen bald aus dieser bald aus jener Stadt oder Provinz, welche aussagen oder andeuten, daß die Inquisition nur ein leerer Name gewesen sei, daß es von verbotenen Büchern wimmle, daß ganze Schiffsladungen von Schriften Rousseau's, Voltaire's, Diderot's nach Spanien gehen, daß es zum guten Ton gehöre, auf König und Geistlichkeit zu schmähen. Selbst die gebannte und geächtete Constitution von Cadix kam allmälig wieder zu Ehren unter einem Volke, das seit lange sich gewöhnt hatte, für die erbärmliche Gegenwart sich mit phantastischen Zukunftsbildern zu trösten. Wohin das königliche Regiment führte, das lag bald klar vor Augen; vielleicht daß die gezwungenen Fasten aufhörten und die alten Silberflotten wiederkamen, wenn nur erst die Constitution von 1812 eingeführt war. Diese Stimmung war namentlich in der Armee verbreitet. In ihr war mit dem Machtgefühl auch das Ehrgefühl noch lebendig und sie hatte zur Unzufriedenheit vielen Grund, da dem König jede Aber ritterlichen Sinnes so völlig fehlte, daß er sich um sein Heer überhaupt gar nicht kümmerte. Er war noch derselbe, wie in seiner Gefangenschaft, wo er, während ganz Europa von Waffenlärm widerhallte, seine Vormittage damit zubrachte, einen Rock von weißer Seide für die Mutter Gottes von Valencay, eigenhändig zu sticken. Die Dinge waren aber in Spanien dahin gediehen, daß es gegen die ungeheuren Uebel der Zeit kein Heilmittel gab, als Eines, das fast schlimmer war, als das Uebel, — Soldatenaufstände unter der Führung und im Interesse politisirender Generale.

Seit Herbst 1814, also noch im Jahre der Rückkehr Ferdinands, hatten diese Versuche begonnen, aber sie waren insgesammt mißlungen. So die Empörung eines der berühmtesten unter den Guerillaführern im Unabhängigkeitskriege, General Mina, der in Navarra die Fahne der Freiheit erhob, aber bald genöthigt war, sich auf den Boden Frankreichs zu retten; so die des nicht minder berühmten Guerilleros Don Juan Porlier in Galizien, der nach kurzem Erfolg überwältigt und gehenkt wurde (1815); so 1817 die Militärverschwörung in Catalonien, deren Urheber, General Lascy, erschossen ward, ungeachtet der Sieger von Baylen, General Castannos, für ihn bat; so 1819 die Erhebung unter Oberst Vidal in Valencia, welcher der obenerwähnte General Elio auf seine Weise ein Ende machte. Vidal ward gehenkt und seine Genossen als Verräther von hinten erschossen; Andere starben unter der Folter oder verschwanden in den Klöstern, die man als Gefängnisse benutzte, wo die gewöhnlichen Gefängnisse nicht ausreichten. Aber diese Verschwörungen gährten fort und es blieb nicht unbemerkt, daß der König, so oft eine solche Wolke am Horizont sich zeigte, alsbald einlenkte und mildere Saiten aufzog, so lange die Gefahr dauerte. Die Stunde kam endlich doch, wo das Glück mit den verwegenen Ehrgeizigen oder Verzweifelten war.

Denn die einzige Hülfe lag in der That in der offnen Empörung. Von außen konnte sie nicht kommen, obgleich alle Höfe, selbst die absolutistischen, sich an dem verruchten Treiben scandalisirten und die

Wände des englischen Parlaments, wo die Stimme der beleidigten europäischen Menschheit sich rückhaltlos geltend machen konnte, widerhallten von ingrimmigen Verwünschungen dieses „abscheulichen und blutgierigen Despotismus", dieses „fluchwürdigen Usurpators", dieses „fühllosen, fluchwürdigen Wichtes", des „abscheulichen und verächtlichen Tyrannen"; denn gegen Worte war man in Madrid mit siebenfachem Erze gepanzert; von innen auf friedlichem Wege nicht, da die Leidenschaften zu sehr erhitzt und der König ein Schurke war. Die Regierung hatte ein ansehnliches Truppencorps bei Cabix zusammengezogen, welches bestimmt war, unter dem Oberbefehl des Generals O'Donnell, Grafen von Abisbal, nach den La Plata-Gegenden überzusetzen. Denn diese waren im Jahre 1816 den übrigen Provinzen des spanischen Amerika gefolgt und hatten sich für unabhängig erklärt. Die große Bewegung, welche dort über dem Ocean die spanischen Colonieen getrieben hatte, das Beispiel der englischen nachzuahmen, war bereits nicht mehr zu hemmen noch rückgängig zu machen; gleichwohl war die ganze auswärtige Politik der Restaurationsregierung von dem Gedanken dieser „Wiedereroberung von Indien", beherrscht. Deshalb haßte Ferdinand die Engländer, von denen er eine baldige Anerkennung der abgefallenen Provinzen fürchtete, verband sich dagegen mit Rußland, von dem er einige Kriegsschiffe kaufte, die sich aber bei näherer Besichtigung als schlechte Waare für gutes Geld erwiesen, und trat in die heilige Allianz, gegen welche sich sein Selbstständigkeitsdünkel lange gesträubt hatte, jetzt ein, weil die Allianzmächte auf der Höhe ihrer Macht dem Gedanken nicht unzugänglich waren, das Legitimitäts- und Stabilitätsprincip bei gelegener Zeit auch auf die neue Welt auszudehnen.

Unter jenen Truppen um Cadix herrschte Unzufriedenheit; die Aufgabe, für welche sie bestimmt waren, war ihnen verhaßt; von 1811—1819 waren 42,000 Mann nach den Colonieen geschickt worden und wie es gleichwohl dort drüben stand, was aus jenen Truppen geworden, konnten ihnen die Kranken und Verwundeten sagen, die von dort zurück nach Cadix gebracht worden, wenn sie es nicht schon von Agenten der abgefallenen Provinzen gehört hatten. Eine Verschwörung bildete sich, deren Häupter die Obersten Antonio Quiroga und Rafael Riego waren, und der auch O'Donnell nicht fremd war. Der Letztere aber, bei Hof in Verdacht gerathen, beschloß im letzten Augenblick, sich durch den Verrath der Sache, der er halb sich angeschlossen, sicherzustellen: er ließ die Verschworenen am 8. Juli 1819 plötzlich verhaften, gab ihnen aber aus guten Gründen Zeit, ihre Papiere zu vernichten. Ein Orden belohnte seine zweideutige Treue, der Oberbefehl aber wurde ihm abgenommen und dem alten

General Calleja übertragen. Die Untersuchung führte zu Nichts und die meisten der Verschworenen wurden wieder freigegeben. Die Einschiffung der Truppen stand bevor; da ermannte sich im letzten Augenblicke einer der Führer, Riego, der gleichfalls freigekommen war, ließ sein Bataillon Asturien am 1. Januar 1820 Morgens 8 Uhr nach der Messe in der Kirche von Las Cabejas de San Juan auf der sogenannten Isla de Leon zusammentreten, redete die Truppen an und ließ sie der Constitution von 1812, als dem rechtmäßigen Grundgesetz des Reichs, Treue schwören. Sie leisteten Folge; alsdann führte er sie nach dem Hauptquartier Arcos de la Frontera, wo er den General Calleja mit seinem ganzen Stabe gefangen nahm. Dann befreite er Quiroga, der nun den Befehl über die jetzt zu einer Macht von 7000 Mann angewachsenen Aufständischen übernahm. Allein der weitere Erfolg entsprach den Erwartungen nicht. Der Versuch, Cadiz zu nehmen, mißlang durch die energischen Maßregeln des königlich gesinnten Generals Freyre; die Bevölkerungen blieben theilnahmlos, und als Riego mit den Zuverlässigsten einen Streifzug durch Andalusien unternahm, riß Desertion unter seinen Leuten ein; am 11. März, nachdem er genöthigt gewesen, sich ins Gebirge zu werfen, mußte er dem armseligen Rest seiner Truppen selbst die Erlaubniß geben, sich zu retten wie und wo sie konnten.

Aber in diesem Lande regierte der Zufall; in dem Augenblicke, wo der Aufstand an seiner Quelle versiegte, hatte er bereits an anderen Orten Alles mit sich fortgerissen. Die Nachricht von der Erhebung in Andalusien hatte am entgegengesetzten Ende der Halbinsel gezündet; ein Funke, von irgend einem Winde dorthin getragen, ließ die Flamme, die im Süden schon erstickt war, im Norden hoch aufschlagen; in Corunna in Galizien ward die Verfassung proclamirt, von da verbreitete sich die Bewegung über die ganze Nordküste, ergriff Aragonien und Catalonien; Mina, zurückgekehrt, erhob die Fahne in Navarra, und jener O'Donnell, der den König täuschte und an die Spitze der Truppen in der Mancha gestellt wurde, setzte sich, zum dritten Male Verräther, mit den Resten der Aufständischen in Andalusien in Verbindung. Allenthalben wurden die reactionären Behörden vertrieben, die konstitutionellen Ausschüsse oder Juntas wieder eingesetzt; die Kerker der Inquisition öffneten sich und gaben ihre Gefangenen heraus; nicht lange, so näherte sich der Aufstand der Hauptstadt. Die Regierung dachte den Sturm zu beschwören, indem sie durch ein Decret die Cortes in ihrer alten ständischen Gestalt, was der König vorlängst versprochen aber nicht gehalten hatte, berief. Ferdinand wandte sich an den General Ballesteros, der kurz zuvor seines Amtes als Kriegsminister entsetzt und aus Madrid verbannt worden war. Dieser sagte ihm unumwunden, daß hier nichts helfe, als nachgeben oder abdanken. Der König entschloß sich; am 8. März verkündete er, da es das Volk so wolle, die Constitution von 1812, deren Freund er immer gewesen. Es charakterisirt den Boden, auf dem dieses Drama spielte, daß der neue Justizminister Garcia de la Torre Mühe hatte, das Decret zu unterzeichnen, weil die Folter ihm die Gelenke gelähmt hatte. Das Volk aber war noch nicht zufrieden und fing an zu drängen; am 9. zwang den König eine tumultuarische Menge, die jetzt den Demagogen nachlief wie früher den Mönchen, sofort den Eid auf die Verfassung zu leisten, und sich, bis die rechtmäßigen Cortes versammelt werden könnten, mit einer provisorischen Junta von Verfassungsfreunden zu umgeben. Die politischen Gefangenen wurden ihrer Haft entlassen, die Presse entfesselt, die Truppen auf die Constitution vereidigt, die Inquisition beseitigt. Von der Hauptstadt, wo das Volk jetzt den „heiligen Codex" — die Verfassung von Cadix — verehrte und sich auch vor diesem Fetisch wie vor so manchem andern auf die Kniee warf, verbreitete sich die Trunkenheit der Begeisterung weiter über die Provinzen; die Stiergefechte, die Feuerwerke, die Processionen feierten allenthalben den Sieg der Freiheit, der wenigstens durch kein Blutvergießen befleckt ward, und ohne Störung gingen die Wahlen zu den Cortes vorüber, welche am 9. Juli 1820 zusammentraten, um die neue konstitutionelle Aera im Lande Philipps II. zu beginnen.

Diese so schnell und leicht gelungene Umwälzung erstreckte, wie wir sehen werden, ihre Wirkungen auf alle übrigen romanischen Staaten und erfüllte über den ganzen Welttheil hin die Gemüther mit neuen Hoffnungen oder Befürchtungen. Zunächst äußerte sich dieser Einfluß, obwohl ohne daß eine unmittelbare Einwirkung stattgefunden hätte, in Portugal.

Eines der Königreiche, welches auf der pyrenäischen Halbinsel im Kampf gegen die Araber erwachsen, hatte Portugal seine volle Selbstständigkeit behauptet, oder nach kurzer Zeit wiedererrungen, während die übrigen selbstständigen Staaten der Halbinsel längst zu dem einen Königreich Spanien zusammengewachsen oder zusammengeschmiedet worden waren. Der jetzige König, Johann VI. (König seit 1816), hatte sich, als im Jahre 1807 die napoleonische Politik auch dieses entlegenste der europäischen Länder bedrohte, mit seiner Familie nach Brasilien eingeschifft und war, auch als die Nachrichten vom Sturze der napoleonischen Ordnung dorthin gelangten, in Rio de Janeiro geblieben. Schon dies erregte in Portugal Unzufriedenheit: man klagte, daß portugiesisches Geld nach Brasilien gehe, während man es seither in der Ordnung gefunden hatte, wenn brasilisches nach Portugal ging. Der portugiesische Stolz sträubte sich dagegen, daß das

Hauptland von der Colonie aus regiert werde; noch näheren und unmittelbareren Anlaß zur Unzufriedenheit gab die Regierung in Lissabon selbst.

Dem Namen nach verwaltete diese eine Regentschaft von fünf Mitgliedern, unter dem Vorsitze des Patriarchen von Lissabon. Der eigentliche Herr und Meister war der Oberbefehlshaber des portugiesischen Heeres, der englische General Lord Beresford. Gegen diesen war namentlich die Stimmung im Heere gereizt, weil er die englischen Officiere den einheimischen vorziehe, was Eigennutz und Nationalstolz, die beide in der Brust des Portugiesen sich die Herrschaft streitig machen, gleich sehr kränkte; ein Drittheil sämmtlicher Officierstellen, murrte man, sei von Engländern eingenommen, und so bildete sich im Laufe des Jahres 1817 eine Militärverschwörung, deren Haupt ein tüchtiger, von Beresford gekränkter General Dom Gomez Freyre war, und die sich die Ermordung Beresfords und der englischen Officiere zum Ziele setzte. Dies war ein einfaches Mittel und hierlands nicht ungebräuchlich; aber der Engländer war nicht der Mann, sich überraschen zu lassen. Ein verfehltes Attentat bei einer Musterung hatte ihn aufmerksam gemacht; in der Nacht vom 25. Mai wurden die Verschworenen in der Hauptstadt wie in den Provinzen gleichzeitig verhaftet. Bei dem Processe kam der ganze Haß gegen den englischen Gewalthaber in seiner vollen Heftigkeit zu Tage: gegen ihn, erklärten nicht wenige der Gefangenen sehr unumwunden, hielten sie Alles für erlaubt. Aber die Macht war sein und er brauchte sie schonungslos: der außerordentliche Gerichtshof, welchen die Regierung eingesetzt hatte, verurtheilte Dom Freyre und elf Mitschuldige, alles Männer von altem portugiesischem Adel, zum Tode; nach der Hinrichtung sollte den Leichnamen der Kopf abgehauen, die Körper verbrannt, die Asche ins Meer oder in den Fluß gestreut werden; so wollte es, wie Beresford sich nachmals entschuldigte, das bestehende Gesetz des Landes; und am 19. October 1817 sah man auf dem St. Annenplatze zu Lissabon das gräuliche Schauspiel einer sieben Stunden langen Execution. Das Volk ward eingeschüchtert, einige Jahre vergingen ruhig; aber der Haß steigerte sich und ihn schärfte das überhandnehmende Elend in dem mehr und mehr verarmenden Lande, das mit demselben Fluche der Mönchsherrschaft und der von ihr unzertrennlichen Unwissenheit selbst in noch höherem Grade geschlagen war, als das Nachbarland. Für die jämmerlichen Zustände des Landes, die elende Polizei, die elende Justiz, die 230,000 Geistlichen bei etwa drei Millionen Einwohnern, die ungezählten Diebe, Bettler und Räuber, konnte Beresford nichts. Die Zustände unter ihm waren nicht besser und waren nicht schlechter geworden als zuvor; aber die

Stimmung ward bedrohlicher und Beresford beschloß, selbst nach Rio zu reisen, um sich dort neue Instructionen und Vollmachten zu holen. Man brauchte nun auf den offnen Aufstand nicht mehr lange zu warten. Am 23. August 1820 — die gelungene Umwälzung der Dinge in Spanien vor Augen — gaben die Truppen in der Stadt Oporto unter Führung des Obersten Sepulveda, das Zeichen. Eine provisorische Regierung, eine Junta, sollte sofort die Zügel ergreifen, bis die alsbald zu berufenden Cortes zusammentreten und eine Verfassung schaffen würden: im Namen des Königs, dann an Don Joao und dem Hause Braganza sollte festgehalten werden. Die Regierung zu Lissabon schickte den General Amarante mit 5—7000 Mann gegen die Empörung; aber wie derselbe dem Sitze des Aufstandes sich näherte, zwangen ihn die Truppen selbst, sich der Junta von Oporto zu unterwerfen. Acht Tage später, am 7. September, kam dieselbe Stimmung auch in Lissabon zum Durchbruch; unter Vivas auf König und Verfassung wurde auch hier eine Junta eingesetzt, die sich am 27. September mit der von Oporto vereinigte. Als dann im October Beresford zurückkehrte, mit unumschränkten Vollmachten ausgerüstet, fand er keinen Gehorsam mehr. Die Landung ward ihm verweigert; auch die Drohung mit dem Einschreiten Englands verfing nichts; er mußte umkehren und begab sich nach England, wohin ihm eine Anzahl englischer und portugiesischer Officiere folgte.

Die englische Regierung fand sich zu einem Einschreiten nicht bewogen. Sie überließ die Entscheidung dem rechtmäßigen Könige in Rio. Dom Johann schwankte: blieb er in Brasilien, so mußte er fürchten, Portugal zu verlieren; ging er nach Portugal, so drohte Brasilien ihm abzufallen. Denn hier hatte die Uebersiedelung des Hofes günstig und belebend gewirkt und das Land, welches seit einer Reihe von Jahren sich als das Hauptland ansehen durfte und welches ringsumher auf beiden Continenten von Amerika die Beispiele kräftig und unwiderruflich vollzogener Emancipation von Europa sah, wollte nicht wieder zum Range einer bloßen Colonie herabsinken. Der Ehrgeiz von Johann's VI. Sohn, Dom Pedro, kam dem auf die Lösung des Verhältnisses zu Europa gerichteten Wunsche der Brasilianer entgegen; unterstützt von tumultuarischen Kundgebungen des brasilianischen Volkes drängte er den schwachen König, sich nach Europa einzuschiffen, um seine Autorität in Portugal wiederherzustellen. Es geschah, Johann VI. ließ den älteren seiner Söhne, Dom Pedro, als Regenten in Rio zurück und schiffte sich ein; am 3. Juli 1821 warf das Schiff, welches ihn mit den übrigen Gliedern der königlichen Familie nach Europa getragen, im Angesichte von Lissabon Anker.

Dort hatten die außerordentlichen Cortes, welche am 27. Juni

1821 zusammengetreten waren, die neue Verfassung nach dem Modell der spanischen mittlerweile fertig gebracht und erst als König Johann diese Verfassung anzunehmen sich verpflichtet hatte, ward ihm gestattet, den Boden seines Landes zu betreten. Die Regentschaft ward aufgelöst und der König setzte ein constitutionelles Ministerium ein.

3. Italien.

Das unglücklichste Loos bei der allgemeinen Liquidation, welche dem großen Kriegs- und Glückspiele der napoleonischen Kämpfe folgte, hatte Italien gezogen. Die napoleonische Herrschaft hatte hier viel alten Wust und Unrath ausgefegt, und wenn sie auch die Kräfte des Landes rücksichtslos im eigenen Interesse ausbeutete, dennoch vielfach belebend gewirkt. Napoleon selbst hatte demselben, soweit seine selbstsüchtige Natur dessen fähig war, eine gewisse landsmännische Sympathie gezeigt. Vor Allem aber, diese Fremdherrschaft hatte dem Lande einen bedeutungsvollen Namen geschaffen, der für sich allein ein ganzes Programm für die Zukunft enthielt: es hatte eine Zeit lang ein Königreich Italien gegeben. In diesem Namen, so wenig ihn die thörichte Politik Napoleon's zu einer Wahrheit werden ließ, lag ein Fingerzeig, ein Wink der Vorsehung, gleichsam ein Wechsel auf die Zukunft, den das 19. Jahrhundert in nicht allzuferner Zeit einzulösen bestimmt war. Aber auf dem Congresse war davon die Rede nicht. Dieses Land hatte keine Vertreter seiner Hoffnungen und Bedürfnisse vor dem versammelten Europa; die Verträge von 1815 vernichteten jenen Namen, und Italien wurde wieder, was es seit Jahrhunderten gewesen, ein geographischer Begriff. Das Land zerfiel abermals, wie es sein Loos seit Theodorich dem Großen gewesen, in eine Anzahl selbstständiger Staaten, für welche selbst ein so lockerer Bund, wie der deutsche war, zunächst nicht in Frage kam, und, wo er geplant wurde, nur im Interesse der neuen, drückenderen Fremdherrschaft, welche jetzt die französische ablöste, der östreichischen, geplant werden konnte.

In dem zerrissenen Lande dominirte der östreichische Einfluß. In Oberitalien, dem lombardisch-venetianischen Königreiche, war diese östreichische Herrschaft eine unmittelbare, und es schien dem oberflächlichen Blick nicht allzuschwer, hier die alte Bande wieder anzuknüpfen. Ein halbes Jahrhundert früher, in den Zeiten Maria Theresia's, hatte das Land sich bei seiner Verbindung mit Oestreich wohl befunden und die Proclamation, mit der am 1. April 1815 Kaiser Franz die Bevölkerung seines neuen Königreichs begrüßte, versuchte auch in der That, den Ton alter Freundschaft anzuschlagen. Sie gab der italienischen Nationalität, „auf welche mit Recht so großer Werth gelegt werde", gute Worte; gelegentlich erinnerte sich der Kaiser wohl, daß er ja selbst ein geborener Italiener sei. Allein die Zeiten hatten sich geändert; dieses Volk war nicht mehr dasselbe wie 1789; ein gegenseitiges Mißtrauen trennte Regierte und Regierende. Die Regierung Metternich's verfuhr hier wie überall; es wurde ein Schein von Vertretung des Landes eingerichtet, sogenannte Provinzialcongregationen, und zwei Centralcongregationen zu Mailand und zu Venedig. Ein Vicekönigthum wurde 1818 zu Mailand bestellt, aber das Amt, bedeutungslos an sich, ward noch bedeutungsloser durch seinen Träger, Erzherzog Rainer, der ein bloßer Figurant war; und als jene Congregationen sich mit Bittschriften regten, wurden sie zurückgewiesen, noch ehe sie sich auch nur unbequem machen konnten. In wenigen Jahren hatte sich die östreichische Regierung durch eine Reihe verkehrter Maßregeln, durch unverständige Einführung östreichischer Gesetze und Gesetzbücher, durch Fehlgriffe in Personenfragen, durch völlige Unfähigkeit, auf den Geist der Bevölkerung einzugehen, in eine Lage gebracht, wo alle Regierungsthätigkeit sich mehr und mehr auf die Ausbildung eines niederträchtigen Polizei- und Spionirsystems beschränkte, das plump und geschickter im Erfinden als im Beobachten, ins Innere des Familienlebens hineingriff und dadurch einen Haß hervorrief, der unter wachsendem Druck sich mehr und mehr verdichtete, und bald jede Versöhnung ausschloß: auch dann noch, als spät genug die östreichische Regierung den Beweis liefern konnte, daß die Landschaften, welche unmittelbar unter ihrem Scepter standen, besser verwaltet waren, als die unter den einheimischen Fürsten. Denn die Verantwortung für alles Schlimme, was in ganz Italien geschah, bürdete der Volksinstinct, im Einzelnen ungerecht, aber freilich im Ganzen richtig, der östreichischen Fremdherrschaft auf.

Am geringsten war jener Einfluß im benachbarten Königreiche Sardinien. Man trieb hier die Reaction auf seine eigene Weise und Rechnung. Der wiederhergestellte König Victor Emanuel beeilte sich, die Dinge alsbald wieder auf den alten Fuß zurechtzustellen; ein Edict vom 21. Mai 1814 befahl kurz und bündig die Beobachtung der Constitutionen von 1770, ohne Rücksicht auf irgend ein anderes Gesetz. Die seit 1792 in Sardinien angesiedelten Franzosen wurden in Masse vertrieben, selbst die in der Zwischenzeit nach französischen Gesetzen entschiedenen Processe wurden einer Revision unterzogen. Und was etwa der König, ein gutmüthiger Mann, und nicht ohne Mitgefühl für einzelne Uebel, aber viel zu beschränkten Geistes, um allgemeine Nothstände zu würdigen, übersah, dafür sorgte die Adels- und Pfaffenpartei, in deren Händen er war. Da gab es Leute, welche nicht übel Lust hatten, die Pobrücke bei Turin wieder abzubrechen, welche Napoleon zu bauen begonnen hatte. Fabriken wurden ausgeräumt, und die Gebäude den Mönchen und Nonnen zurückgegeben; den Unterricht verwalteten die Jesuiten, und für Beförderung im Dienst war fleißige Betheiligung an den kirchlichen Ceremonien und die Protection der königlichen Beichtväter das beste Mittel. Gegen Hungersnoth und andere Landplagen kämpfte man vor Allem mit Processionen an, bei welchen die Eifrigsten wohl mit Dornenkronen auf den Köpfen erschienen. Indeß dieses Volk, kräftig, arbeitsam, militärisch-tüchtig wie kein anderes in Italien, war nicht so leicht zu verderben, und auch am Hofe kannte man einigermaßen die Geschichte des Landes, welche seiner Dynastie eine besondere Stellung und Aufgabe zuwies; gegen den östreichischen Einfluß zeigte man sich spröder als anderswo und wollte von einem italienischen Bunde unter Oestreichs Vorsitz, wie man in Wien ihn eine Zeit lang plante, nichts wissen; selbst der Curie gegenüber hielt man an gewissen alten Vorrechten der sardinischen Krone fest und auch im Innern trat einige Besserung ein, als der einsichtige Prospero Balbo das Ministerium übernahm.

Von Anfang an weniger schroff war die Reaction im Großherzogthum Toscana. Ferdinand III., ein milder und wohldenkender Fürst, lenkte in die guten Traditionen der leopoldinischen Zeiten zurück. Man ließ die Menschen und die Dinge dort gehen, so lange sie sich nicht allzu unbequem machten, unter höflicher Ueberwachung durch die Spionenkaste der Sbirren, aber ohne Nachsucht und Todesstrafen und ohne übergroße Nachgiebigkeit gegen östreichische Einmischung. Desto besser verstand es Herzog Franz IV. von Modena, das östreichische Polizeisystem nachzuahmen und zu überbieten; ein in seiner Art genialer Despot, der es ungern ertrug, daß ihm nicht ein größeres Land zum Ruiniren zu Theil geworden war. Auch die Kaiserin Louise in Parma empfing, wie einer Erzherzogin ziemte, ihre Weisungen aus ihres Vaters Cabinet zu Wien; sie nahm ihr Schicksal nicht allzu tragisch, überließ den gestürzten Kaiser, ihren Gemahl, seiner Gefangenschaft; den sie damals hatte, ein Graf Neipperg, der war nicht ihr Mann; unter seiner Beihülfe regierte sie das kleine Land mit Milde. Von Luca mag das Eine genügen, daß dort auf allemal 82 Seelen ein Geistlicher kam, während selbst in Parma nur je unter 188 ein Geistlicher war. Es ward eben hier in Italien als ein unbestrittenes Gesetz deutlich, daß je mehr Geistliche in einem Lande, desto geringer die Zahl Derer, welche lesen und schreiben können.

Das Herz des italienischen Landes bildete der Kirchenstaat, der einzige der geistlichen Staaten, welcher aus der großen Sündfluth der letzten Zeiten nahezu in seinem alten Bestande wieder aufgetaucht war; freilich auch er nur, um, noch ehe drei Viertel des Jahrhunderts um waren, demselben unerbittlichen Gesetze, das die andern verschlungen, zu verfallen. Dieses Land hatte eine zweifache Bedeutung und einen doppelten Charakter. Es war der Fußschemel der päpstlichen Macht und es war ein italienisches Fürstenthum. Nun war mit der alten europäischen Ordnung der Dinge auch das Papstthum restaurirt worden, und unter allgemeinem Enthusiasmus kehrte der edle Greis, der 62jährige Papst Pius VII., dem 6 Jahre des Märtyrerthums, in der Gewalt Napoleon's standhaft ertragen die Sympathieen auch der Protestanten gewonnen hatten, nach seiner Stadt Rom zurück.

Wenn man von dieser hohen Warte, diesem alten Mittelpunkte erst eines weltlichen, dann eines geistlichen Universalreichs sich umsah, wie viel in den Stürmen der Revolution verloren gegangen, wie viel aus denselben noch gerettet war, so mußte allerdings der Gräuel der Verwüstung groß erscheinen. Eine ganze Reihe fester Pfeiler der römischen Kirche, die geistlichen Fürstenthümer in Deutschland, waren verschwunden, einem geschichtlichen Gesetze folgend, das seit 1555, seit 1648 immer mehr den Charakter eines unaufhaltsamen unwiderstehlichen Naturgesetzes annahm; in den romanischen Ländern hatte die Franzosenherrschaft unter Stiftern und Klöstern furchtbar aufgeräumt; zahllose Pfarreien in allen Ländern waren unbesetzt, oder verarmt, oder verschwunden. Aber die Zeiten waren jetzt einem neuen Aufschwunge der geistlichen Macht günstig geworden. In den Völkern selbst, vor Allem den deutschen, hatte Noth und Kampf den religiösen Geist neu belebt und der kahle nüchterne Rationalismus, welchen das 18. Jahrhundert dem 19. vererbt hatte, genügte den tieferregten Gemüthern nicht mehr. Eine ansehnliche und mächtige Partei oder Schule, welche die Litteratur beherrschte, die romantische, pries mit schwärmerischem Enthusiasmus das poesieerfüllte Mittelalter im Gegensatz gegen die prosaische Neuzeit. Der Adel, dem die Revolution die Axt an die Wurzel gelegt, erinnerte sich der Zeiten des Ritterthums und war sehr bereit, bei dem Versuche dasselbe wiederherzustellen oder in neuen Formen festzuhalten, die hierarchische Bundesgenossenschaft anzunehmen; vor Allem aber, die Regierenden waren allenthalben durch die Feindschaft, welche die Revolution in Frankreich und wo sie sonst Einfluß geübt, gegen alles Kirchenwesen gezeigt hatte, scheu gemacht und zu der Erkenntniß gebracht worden, daß die Religion oder der Schein derselben das beste Mittel sei, das Volk in Gehorsam zu halten. Englands, Preußens und Rußlands Einfluß hatte dem Papst die Legationen zurückgegeben, welche Oestreich gern für sich behalten hätte; Ketzer und Schismatiker hatten den Kirchenstaat wieder aufgerichtet.

Gewiß, die katholische Kirche hätte ein weites Feld und die günstigften Verhältnisse vor sich gehabt, wenn ihre Leiter einen sichern Blick für dasjenige besessen hätten, was die andersgewordene Zeit verlangte, wenn sie mit Mäßigung wiederhergestellt, mit Einsicht Veraltetes hätten fallen lassen. Persönlich besaß Pius VII. jene Mäßigung, und sein erster Rathgeber, Cardinal Consalvi, nicht wenig von dieser Einsicht; aber hier mehr als irgendwo auf Erden war der Geist des Systems, das Princip, stärker als Einsicht und guter Wille der Einzelnen. Edle schwärmerische Geister, wie der vortreffliche Wessenberg in Constanz, der Bisthumsverweser des Primas Carl von Dalberg konnten von einem Bunde der Kirche mit der Wissenschaft reden und mit gewissenhaftestem Ernst eine innere Reform der Kirche, der sie gar sehr bedurft hätte, anstreben; aber ein solcher Bund war ein Irrthum und eine Reform dieser Kirche eine Täuschung. Diese Kirche war alt und sie, welche den Anspruch machte, die allgemeine nicht etwa zu werben, sondern zu sein, hatte ihren bestimmten Apparat von Mitteln, die ihr Wesen ausmachten und die sie nicht nach der veränderten Zeit ändern konnte; sie hatte ihre unverrückbaren Formen und Werkzeuge, ihre Mönche, ihre Glaubenssätze, Glaubensgerichte, ihre Bullen und ihre Unfehlbarkeits-Prätentionen; sie mußte sein, wie sie war, nach dem Worte der Jesuiten, oder nicht sein. So war es ziemlich gleichgültig, welcher Art der Papst war, der das Werk der Restauration in die Hand nahm: Paul IV. hätte nicht viel anders handeln können, als Pius VII. Die Congregation für Reinhaltung des Glaubens oder die Inquisition ward alsbald wiederhergestellt; die Bulle vom 7. August 1814, Sollicitudo omnium, riefen auf einstimmiges Bitten der christlichen Welt, wie es hieß, die Jesuiten, „kräftig und erfahrene Ruderer an Petri Schiff", wieder zu neuem Leben; ein Edict vom 15. August that dasselbe mit den übrigen geistlichen Orden; alle politischen Bücher wurden den Gläubigen verboten, und im Jubeljahre der deutschen Reformation erschienen päpstliche Decrete, in denen unter anderen die aufblühenden Bibelgesellschaften als eine hochverschmitzte Erfindung (vaferrimum inventum) und als eine Pest, die man nach Möglichkeit ausrotten müsse, bezeichnet wurden. Wie gänzlich der päpstliche Stuhl der alte geblieben, wie völlig an dieser Stelle alle Wandlungen der Geschichte spurlos vorübergegangen waren, das zeigte sich selbst in so lächerlichen Kleinigkeiten, wie darin, daß der Papst zu Ende des Jahres 1815 von der Krone Neapel den Tribut des Zelters, das aufgeschirrte weiße Pferd als Zeichen der Anerkennung des alten Lehensverhältnisses wieder verlangte. Man mochte da und dort „aus Rücksicht auf die Zeitumstände" darauf verzichten, irgend welchen bestimmten einzelnen Machtanspruch geltend zu machen oder allzustark zu betonen; man verstand sich in den in jenen Jahren mit Frankreich, Baiern und anderen Staaten entweder verhandelten oder zum Abschluß gebrachten Concordaten zu zeitweiligen Concessionen, auch machte Pius VII. selbst im Jahre 1816 dem Christenthum und dem humaner gewordenen Geist der Zeit das Zugeständniß, die Blutstrafen für Ketzerei als abgeschafft zu erklären; aber man hütete sich wohl, dem Princip, auf welchem diese Kirche oder wie sie selbst sagte, d i e Kirche schlechtweg ruhte — daß nämlich ihr, dieser Kirche, die sich die allgemeine nannte, alle Dinge unterthan sein sollten, weil es sich zieme, daß das Weltliche dem Göttlichen unterthan sei und nicht umgekehrt — auch nur ein Titelchen zu vergeben. Von dieser Anschauung, die Allem, was dieser Kirche widerstrebte oder ihr fremd war, nur eine relative und provisorische Existenz zuerkannte, — kein Recht anerkannte, außer dem einen absoluten Recht der Kirche — war die Politik der päpstlichen Curie beherrscht, und was diese Politik außer ihrer Consequenz stark machte und ihr trotzdem, daß ihre Wurzel langsam aber sichtbar im Absterben begriffen ist, auf lange hin noch viele Erfolge im Einzelnen sicherte, war dies, daß sie mehr als irgend eine andere Macht in jedem Lande auf eifrige und übereifrige Werkzeuge und Vollstrecker zählen konnte, — Werkzeuge und Diener eines Absolutismus, der den Klügsten und den Einfältigsten, jeden an seiner Stelle, gleich gut gebrauchen und hinter jede Zahl so viele Nullen als er wollte, setzen konnte.

Man hätte die Erwartung hegen müssen, daß der italienische Staat, welchen der Statthalter Christi regierte, in Verwaltung, Rechtspflege, Unterricht den anderen Staaten als ein Muster voranleuchte. Aber diese Erwartung hegte in Wahrheit Niemand. Mit den maßlosen Ansprüchen der Curie bildete die Wirklichkeit in Beziehung auf die Verwaltung des kleinen Territoriums, an dem sie ihre Probe machen sollte, einen beschämenden und für den, der lernen wollte, belehrenden Gegensatz. Der Kirchenstaat gewann sich, kaum hergestellt, bald wieder den wenig beneidenswerthen Vorzug, den er bis zu seinem Einsturz behauptet hat, unter allen Staaten der Christenheit der am schlechtesten regierte zu sein. Eine unsinnige Reaction hob sofort und mit einem Schlage alle französischen Gesetze auf, schaffte die Straßenbeleuchtung in Rom und die Schutzpockenimpfung ab: den Commentar hierzu lieferten die Bauern, welche um Bologna die Reisfelder als eine französische Einrichtung zerstörten; bald zählte man in Rom in einem Monat mehr Verbrechen, als in Jahren französischer Herrschaft. Der Kirchenstaat war in 19 Verwaltungsbezirke oder Legationen getheilt, von denen die vier nördlichen, von je einem Cardinal regiert, vorzugsweise diesen Namen trugen; Verwaltungsbezirke, deren priesterliche Chefs die ganze Unfähigkeit und Beschränktheit bewiesen, die Menschen eigen zu sein pflegt, welche, statt von den Dingen zu lernen,

Allem die Vorurtheile ihrer Kaste aufdrängen wollen. Das kanonische Recht in der Hand widersetzten sie sich, wo etwa Consalvi wie in der Gerichtsverfassung, die ein gräuliches Chaos war, zu reformiren versuchte. Wie es mit Finanz- und Volkswirthschaft stand, kann man sich denken, da man in diesem Eldorado der Dummheit volkswirthschaftliche Schriften auf den Index verbotener Bücher setzte; das Räuberwesen aber nahm so sehr überhand, daß man im September 1817 zu Rom die Namen von 57 Raubmördern auf einmal angeschlagen fand, auf deren Kopf ein Preis gesetzt war, und daß im Jahre 1820 mehr Verbrecher in den Gefängnissen lagen, als das Land Soldaten zählte. Die Villen des Stadtgebiets von Rom selbst waren vor den Banditen nicht mehr sicher. Vergebens bot man, um die Landplage zu hemmen, geistliche und weltliche Waffen, Excommunication, Verzeihung, Bestechung der Führer, Schlüsselsoldaten gegen sie auf; einige Abhülfe brachte es endlich, daß man eine Anzahl der Häuptlinge durch höfliche Unterhandlungen sicher zu machen wußte, an einen bestimmten Ort lockte und dann durch eine bereit gehaltene Macht überfiel.

In dieser und einigen anderen Beziehungen machte das Königreich beider Sicilien dem Kirchenstaate den Rang streitig. König Ferdinand IV., oder wie er sich jetzt nannte, der Erste, war am 7. Juni 1815 nach Neapel zurückgekehrt; wenigstens vor der Rückkehr seiner schrecklichen Gemahlin Caroline, welche im Jahre 1814 zu Wien gestorben war, bewahrte ein günstiges Geschick das Land. Die französische Herrschaft, welche vielen alten Unrath fortgeschafft hatte, war von günstiger Wirkung gewesen, die Steuerfreiheit der adeligen Güter, die Gerichtsbarkeit der Barone war abgeschafft worden, der Grundwerth sehr gestiegen. Zunächst machte sich eine lebhafte Unzufriedenheit in Sicilien bemerkbar, wo man über die Aufhebung der von den Engländern gegebenen Verfassung grollte, und die Vereinigung der Insel mit dem Festland unter Einer Regierung als Unterdrückung empfand. Aber auch auf dem Festlande wurden die Zustände, namentlich durch das hier alteinheimische, jetzt wiederauflebende Räuberwesen, das sich mit einer gewissen Gemüthlichkeit breit machte — wenn man sich gar nicht mehr helfen konnte, nahm die Regierung wohl eine Räuberbande in ihren Sold und verrieth sie dann — bald von der Art, daß man zu dem in diesen südlichen und katholischen Ländern beliebten Mittel der Geheimbünde schritt, unter welchen der schon früher gegen die Franzosen gebildete Verein der Carbonaria eine hervorragende Rolle spielte. Dieser Bund nahm jetzt, da man bald verlernte von Ferdinand, einem unwissenden, feigen, dummpfiffigen Bauernkönig, etwas zu hoffen, die Elemente der Opposition gegen die Regierung auf, entlehnte von der Freimaurerei die Logen, Grade, Ceremonieen und die Geheimnißkrämerei; die Formen, Namen und Symbole entnahm man dem Köhlergewerbe. Die Versammlungsorte nannte man Baraccas, Hütten, ihr Inneres Vendita vom Kohlenverkauf, die Umgebung war der Wald und die Eingeweihten verstanden sich vollkommen, wenn davon die Rede war, daß man den Wald von Wölfen reinigen müsse. Dieser Bund war in den höheren Klassen, unter den Besitzenden und namentlich im Heere, das ähnliche Ursachen zur Unzufriedenheit hatte, wie in Spanien oder Portugal, sehr verbreitet. Alle Welt ließ sich aufnehmen, die Polizei schritt launisch bald mit Rücksichtslosigkeit ein, bald ließ sie gewähren und schon im Jahre 1817 forderte man in geheimen Aufrufen eine Verfassung, und zwar war es die spanische Verfassung von 1812, welche das Ideal der liberalen „Secte" bildete, von der die Wenigsten einen Begriff davon hatten, daß die freieste Verfassung der Welt einem unfreien und verdorbenen Volke nichts helfen kann. Indeß war eine solche immerhin der erste Anfang, um aus unleidlichen Zuständen und vor Allem aus dem Unwesen der sich befehdenden geheimen Gesellschaften selbst herauszukommen.

Auch hier gab die spanische Revolution das Signal zum Losschlagen. In der Nacht vom 1. auf den 2. Juli 1820 rief ein Dragonerlieutenant Morelli zu Nola die Constitution aus. Die Farben der Carbonaria, die schwarzrothblaue Fahne wurde entfaltet; zu Avellino, der Hauptstadt der Provinz, wohin die Menge, jenen Morelli und ein paar Andere an der Spitze, sich wälzte, wiederholte sich dies von einer größeren Truppenzahl und mit namhafteren Führern. Die Carbonaris sahen auf den General Wilhelm Pepe als ihr Haupt, den der König selbst mit der Organisirung einer Miliz gegen das Räuberwesen betraut hatte, und der, Officier in Napoleon's und Murat's Diensten, sehr bereit zu einer großen Rolle war. Eben ihm, als einem populären General, übertrug nun der König, nach Beschluß eines Kriegsraths, den Befehl gegen die Aufständischen, zog aber, mißtrauisch geworden, diese Ernennung wieder zurück, und dies bestimmte den ruhmgierigen General, der sich von allen Seiten umworben und umschmeichelt sah, nunmehr selbst an die Spitze der Bewegung zu treten, die bei der Unthätigkeit und Schwäche des Hofes doch nicht mehr zu hemmen war. Denn als es Ernst wurde, verzagte alsbald Regierung und König; Ferdinand gab nach und versprach, was die Leute wollten, eine Constitution: aber dies war nicht genug, man verlangte eine bestimmte Constitution, oder wie das Volk nicht übel sich das ungewohnte Wort zurechtlegte, eine bestimmte Caution, die berühmte spanische, von der freilich kaum irgendwo eine Uebersetzung existirte, und die Niemand kannte. Es half dem König Nichts, daß er ich krank stellte, und seinen Sohn zum Reichsverweser machte, der dann in seinem Namen eine Verfassung versprach, die mit der spanischen übereinstimmen werde: am 9. Juli hielt der zum Generalissimus ernannte Wilhelm Pepe seinen Einzug in die Hauptstadt, hinter ihm her Truppen, Milizen, Mönche, Schaaren von Landvolk. Der Reichsverweser und der Hof fanden für gut, nun selbst Farben und Abzeichen der Carbonaria anzulegen, und der König, „Ferdinand I., von Gottes Gnaden und kraft der Verfassung König beider Sicilien," beschwor nun auf das Evangelium die Verfassung, und da es gut war, wenn man einmal am Schwören war, auch mit Nachdruck zu schwören, so rief er noch überdies des Himmels Blitze auf sich herab, wenn er lüge oder seinen Eid breche. Ohne Blutvergießen ward die Umwälzung vollendet. Alles schien in Glück und Einigkeit zu schwimmen und wenigstens dies mochte dem leichtlebigen und fröhlichen Volke von Neapel an der neuen Verfassung wohlgefallen, daß sie zu Festaufzügen und Illuminationen reichlichen Anlaß gab.

Weniger unblutig entwickelten sich die Dinge in Sicilien. Das Schiff, welches die neuen Nachrichten vom Festlande nach Palermo brachte — schon bemerkte man an der Mannschaft und den Passagieren die Carbonarifarben — kam eben an, als man dort sich anschickte (14. Juli), das Fest der heiligen Rosalie, der sicilischen Nationalheiligen zu begehen. In die Freude über den Umschwung der Dinge, mischte sich hier sofort der Gedanke an die Herstellung der Unabhängigkeit der Insel, die Wiederaufrichtung eines eigenen Parlaments, und die Heilige selbst trug am folgenden Tage das gelbe Band, die Farbe Siciliens. Das Verlangen nach Trennung von Neapel brach sich stürmisch Bahn unter der zahlreichen aufgeregten Menge, welche das Fest herbeigezogen. Die Behörde widersetzte sich den Kundgebungen, am 16. kam es zu schweren Unordnungen, bei denen ein plünderungslustiger Pöbel sich der Forts bemächtigte und die Gewalt in die Hände nahm. Der Statthalter, von angesehenen Einwohnern unterstützt, entschloß sich zum Kampfe. Vier blutige Tage folgten, aber die Truppen wurden überwältigt, der Statthalter und die Beamten retteten sich an Bord eines Schiffes und am 18. war die Anarchie siegreich, aus deren Chaos nur mit Anstrengung eine Regierungsjunta hervorging, die den Fürsten Villafranca an ihre Spitze stellte. Dieser Junta unterwarf sich nach und nach unter allerlei blutigen Scenen die übrige Insel, und darauf gestützt verlangte nun eine Abordnung derselben in Neapel Siciliens Unabhängigkeit unter dem dritten Sohne des Königs, der den Titel eines Grafen von Syrakus führte. Allein zu Neapel wollte man nur die getrennte Verwaltung, nicht die volle Unabhängigkeit zugestehen. Man schickte sich an, die

Insel mit Waffengewalt zurückzuerobern, und General Florestan Pepe ward mit 9000 Mann hinübergesandt. Er drang von Messina her gegen Palermo vor. Unterhandlungen und Kämpfe führten zu keinem Ergebniß. Die Stadt, in welcher der Pöbel, verstärkt durch befreite Galeerensclaven und ähnliche Elemente, das Regiment führte und eine neue Junta eingesetzt worden war, wurde zu Lande angegriffen und von der See her bombardirt; erst als der Hunger sie zu peinigen begann, wurde von Neuem unterhandelt und am 5. October an Bord eines englischen Schiffes eine Capitulation abgeschlossen, nach welcher die neapolitanischen Truppen die Castelle besetzen und demnächst eine sicilianische Versammlung sich schlüssig machen sollte, ob sie ein besonderes sicilianisches oder ein mit Neapel gemeinsames Parlament haben wollte. Diese Capitulation, welche nach dem, was vorausgegangen, überaus günstig war, wurde jedoch zu Neapel, wo unterdessen ein Parlament zusammengetreten war, unter dem Druck der Volksstimmung verworfen, und ebenso wenig war die radicale Partei auf der Insel mit derselben zufrieden; man wollte dort so wenig von einer sicilischen Unabhängigkeit etwas wissen, wie hier von einer Vereinigung mit Neapel unter irgend welcher Form. Verstärkungen wurden nun unter General Coletta nach Sicilien geschickt, und so gelang es, die Ruhe auf der Insel herzustellen, die nun völlig, trotz der freisinnigsten Constitution des Gesammtreichs, unter einen Militärdespotismus fiel. Da und dort wurden Abgeordnete für das neapolitanische Parlament gewählt, die aber nicht annahmen.

So hatte also das constitutionelle Princip ein zweites Land im Süden, freilich nur zur Hälfte erobert, und, von Sicilien abgesehen, war die Umwälzung leicht und unblutig von statten gegangen. Die neue Regierung und Regierungspartei bemühte sich auch allenthalben, soweit dies möglich war, eine unverbrüchliche Ordnung aufrecht zu halten, um jeden Vorwand einer fremden Einmischung, welche zu fürchten war, zu beseitigen. Allein schon zogen sich die Wolken von mehr als einer Seite zusammen. Die nächstbetheiligte, und in gewissem Sinne nächstbedrohte Macht, Oestreich — denn mit der Freiheit Neapels begann die Revolution und mit der Unabhängigkeit Italiens mußte sie enden — Oestreich machte kein Hehl daraus, daß es nicht gesonnen sei, die Folgen einer so gefährlichen Revolution ruhig hinzunehmen. Zunächst legte es in seinen eigenen Territorien seine schwere Hand auf jede Freiheitsregung und Alles, was mit der Carbonaria zusammenhing oder zusammenhängen konnte; zum Einschreiten in Neapel aber besaß es eine Art Rechtstitel in einem Tractat vom 12. Juni 1815, in welchem der König von Neapel sich verpflichtet hatte, in seinen Staaten keine Aenderung zuzulassen, welche mit den monarchischen Institutionen und mit den vom Kaiser von Oestreich für ihre italienischen Staaten adoptirten Grundsätzen im Widerspruch stände; aber Metternich wollte sicher gehen, und trug Bedenken, sich allein an die Brandstätte zu wagen. Ein Einschreiten Oestreichs sollte sanctionirt werden durch einen gemeinsamen europäischen Beschluß, und diese Zustimmung Europas hoffte Metternich auf einem Congresse zu erlangen, zu welchem die Mächte nach Troppau im östreichischen Schlesien geladen wurden.

Für die Haltung dieses Congresses und mithin für die fernere Entwickelung der italienischen Dinge war die Frage entscheidend, wie R u ß l a nd sich zu der durch die Revolution in Spanien und Neapel geschaffenen Lage verhalten, ob sein Kaiser Alexander den Grundsätzen der heilgen Allianz treu bleiben würde.

C. Der Osten.
Rußland und Polen.

Dem großen Barbarenreich, das erst seit einem Jahrhundert in die weltgeschichtliche Bewegung eingetreten, hatten die Ereignisse von 1812—15 eine eigenthümliche Rolle zugewiesen. Hier hatte die Macht Napoleon's sich gebrochen, und in dem Kampfe, welchen die europäischen Völker, ermuthigt durch jene erste schwere Niederlage ihres Zwingherrn, für die Freiheit erhoben hatten, war dem russischen Heere und Volk und seinem Kaiser eine Aufgabe zugefallen, an welche noch ein Menschenalter zuvor für diese Macht Niemand hätte denken dürfen. Zum ersten Male trat das große Slavenreich als eine wirkliche europäische Macht auf. Ja mehr: Alexander war in Wahrheit das leitende Haupt der großen Coalition gewesen; mit hohen Ehren, mit erweiterter und gesteigerter Macht, in gewissem Sinne mit einer universellen Stellung gleich der Napoleon's war er aus dem Kampfe hervorgegangen. Auch die zahlreichen und einflußreichen Officiere des russischen Heeres, von denen eine nicht geringe Zahl auch nach beendigtem Kriege mit den Occupationstruppen in Frankreich geblieben war, hatten lange genug unter dem Einfluß der westeuropäischen Verhältnisse gestanden, und brachten andere Anschauungen und Ideen nach ihrem Lande zurück. Vor Allem aber: durch die Erwerbung des größten Theils von Polen war die Möglichkeit einer engeren, dauernden und fruchtbaren Verbindung mit dem westlichen Europa gegeben. Und so hätte es scheinen können, daß für dieses große Reich unter einem so leicht entzündlichen, begabten, für große und umfassende Ideen so zugänglichen Manne eine neue Aera angebrochen sei, daß das Werk Peter des Großen und Katharina der Zweiten mit einem neuen Eifer, unter reineren und höheren Gesichtspunkten, mit tiefergreifenden Erfolgen wieder aufgenommen werden würde.

Alexander war allerdings ein Mann der Ideale und dieser Idealismus war durch den Schweizer Laharpe, den ihm seine Großmutter Katharina zum Erzieher gegeben, in dem weich empfindenden Manne geweckt und genährt worden. Er sprach wohl davon, mit seiner Frau sich am Rheine niederzulassen und da als einfacher Privatmann mit guten Freunden der schönen Natur zu leben, wie er es denn überhaupt liebte, seinen lebhaften Empfindungen lebhafte Worte zu geben, Worte, die, vielleicht der wahre Ausdruck der Stimmung des Augenblicks, doch zu nichts verpflichteten. Allein, er war ein Mann ohne Tiefe und darum ohne Folgerichtigkeit und Wahrhaftigkeit. Napoleon, in dessen Freundschaft er sich eine Zeit lang wohl gefiel, nannte ihn einen byzantinischen Griechen, oder auch mit dem Namen seines berühmten Schauspielers, den Talma des Nordens, und soviel war richtig, daß es weniger seine Sache war, schwere Aufgaben ernst, aufopfernd, mit Beharrlichkeit zu lösen, als vielmehr die Rolle gut zu spielen, in welche die wechselnden Zeitereignisse ihn warfen. Indeß schuf er, von einem wirklichen edlen Willen beseelt, manches Gute, seit 1808 unter dem Einflusse eines genialen Emporkömmlings, Michael Speransky, eines Pfarrerssohns und Mannes von großen Entwürfen, deren Grundlage die Aufhebung der Leibeigenschaft war. Diese war ohne Zweifel die Vorbedingung für jeden wirklichen Fortschritt im russischen Reich, aber zugleich, wie wir später uns vergegenwärtigen werden, ein Werk von furchtbarer Schwierigkeit. Einiges, wie die Herstellung eines Civilcodex, führte er wirklich durch; mit Anderem, wie mit Schaffung einer Volksvertretung und Aristokratie nach europäischer Art spielte er blos, und es gab eine mächtige Partei und unter ihr tüchtige und redliche Männer, welche von all' diesem europäischen Wesen, als ungeeignet für die völlig andersgearteten russischen Verhältnisse, nichts wissen wollten. Die schwersten Uebel, an denen das russische Reich krankte, waren die stumpfe Trägheit der Masse auf der einen, die Verdorbenheit der regierenden Classen auf der anderen Seite; von seiner Beamtenschaft, die freilich in einem Staate mit Despotismus oben und Leibeigenschaft unten Versuchungen ausgesetzt ist, die für Fleisch und Blut zu stark sind, brauchte Alexander selbst das unschmeichelhafte Wort: sie würden ihm selbst seine Kriegsschiffe stehlen, wenn sie nur wüßten wohin damit. Zum Kampfe gegen diese ungeheuren Uebel aber hätte es der vollen und folgerichtigen Anwendung der ungeheuren Macht bedurft, welche Reichsverfassung und Volksnatur dem Czaren gaben, sowie die Concentrirung aller Kräfte auf diese Eine Aufgabe. Statt dessen trennte sich der Kaiser bald von Speransky, der 1812, da man in Rußland nicht ungestraft anderer Meinung sein darf, als der Czar, aus der

Hauptstadt verbannt ward. Dann kam der französisch-russische und europäische Krieg und Alexander vergaß und verabsäumte seine besondere russische Aufgabe über der großen europäischen Rolle, welche ihm nun zufiel. Er hatte sich um die Zeit der napoleonischen Invasion einer mystischen Religiosität zugewendet, und diese Richtung mußte in den Aufregungen der folgenden Jahre sich verstärken, wo eben ein solcher Mann wie Alexander eines höheren Haltes mehr als sonst bedürftig war. Dieser Neigung hatte sich dann eine abenteuernde Frömmlerin, die Frau von Krüdener, bemächtigt und unter dem Einfluß dieser Frau, deren Frömmigkeit, wenn sie ächt gewesen wäre, würdigere Gegenstände in den durch die Kriege hervorgerufenen Leiden und Nothständen hätte finden können, fing er an, in einer Art von Messiasrolle, als Gründer und Leiter einer christlichen Politik, sich zu gefallen. Diesen Wind wußte, wie wir sahen und weiterhin finden werden, Metternich geschickt in seine Segel zu fangen. Er verstand es, die heilige Allianz, in welcher des Kaisers Eitelkeit und Frömmigkeit zugleich ihr Genüge fand, mit schlauer Gewandtheit dahin zu benutzen, daß er jede Frage, die ihm unbequem wurde, nach Bedürfniß zu einer europäischen machen konnte. In Rußland, wo bei den ungeheuren Kräften des Stillstandes ein unabläßiges Vorwärtsbringen von Seiten des Einzigen, der in diesem Reiche ohne Gefahr Fortschrittsgedanken hegen durfte, durchaus nöthig gewesen wäre, blieben in Folge dieser überall eingreifenden Allerweltspolitik die Dinge stehen oder gingen rückwärts; ein ungeheures Heer, das hier, wo es am Nöthigsten gewesen, nicht zugleich als Bildungsschule für die Masse des Volkes benutzt wurde, verschlang die Staatseinnahmen, und half das unglückliche System aufrecht halten, nach welchem alle Beamte einen militärischen Charakter trugen, und selbst die Curatoren an den Universitäten meist Generale waren; ein verkehrtes Zoll- und Handelssystem sperrte den westeuropäischen Einfluß ab; und daß auch der Landbau, mit dem sich wohl 30—35 von den 50 Millionen, welche Rußland damals zählen mochte, beschäftigten, nicht gedeihen konnte, so lange die Leibeigenschaft jede höhere Seelenkraft darniederhielt, war natürlich. In dieser wichtigsten aller russischen Lebensfragen aber wurde kein weiterer Fortschritt mehr gemacht.

Auch die Erwerbung Polens brachte keine neuen Lebenskeime in dieses Reich. Höchstens, daß die unruhige, neuerungssüchtige, verschwörungsluftige Regsamkeit der Unzufriedenen unter dem polnischen Adel einzelne russische Vornehme und Officere zur Nachahmung reizte; im Großen und Ganzen stießen die beiden Nationen, Zweige Eines Stammes und doch getrennt durch Geschichte, Volkscharakter und Religion, sich gegenseitig ab. Alexander behandelte die Polen gerechter und klüger, als Napoleon, der ihnen für das Blut, das ihre Jugend seinen Interessen opferte, niemals mehr als gute Worte gegeben hatte. Allerdings konnte auch Alexander ihre ausschweifenden Wünsche, die jede Wirklichkeit überflogen, nicht befriedigen. Selbst sein Jugendfreund Fürst Czartorisky, träumte von einer Verbindung aller ehemals polnischen Provinzen unter dem Großfürsten Michael als unabhängigem König. Statt sich einzugestehen, daß ihre eigene Verdorbenheit und Unfähigkeit — die Liederlichkeit ihres Adels, die fanatische Unduldsamkeit ihrer Priester, die stumpfe Sinnlichkeit und Unwissenheit des Volks, unter dem kein solider vorwärtsstrebender Bürgerstand aufkam, — weit mehr als fremde Gewaltthat und Tücke ihren Staat zu Grunde gerichtet hatte, statt jetzt auf dem ansehnlichen Boden, der ihnen geblieben, die saure Arbeit allmäligen Fortschritts zu beginnen, wollten die Polen nach ihrer Weise Alles oder Nichts — vor Allem Nichts thun, als etwa fechten, renommiren, und sich in nutzlosen Verschwörungen aufregen. Das Land wurde zunächst als ein erobertes verwaltet. Aber Alexander wußte der Nationaleitelkeit zu schmeicheln durch ein schön aufgeputztes Heer, freundliche Worte, wie in jenem Aufruf vom 25. Mai 1815, und die Veröffentlichung des Grundrisses einer Verfassung, in welcher verantwortliche Minister, unabhängige Richter, freie Presse und freie Religionsübung zugesichert waren. Freilich sorgte er dafür, daß ein gefügiger Statthalter und gefügige Minister ihm das Land verwalteten, dem man diese Rechte einzuräumen sich anschickte. Vollzogen ward diese Verfassung, nach welcher ein Reichstag, aus einem Senat von 30 vom König auf Lebenszeit ernannten Mitgliedern und einer Kammer der sechzig aus dem Adel erwählten Landboten bestehend, alle zwei Jahre zu vierzehntägiger Sitzung versammelt, dem König zur Seite stehen sollte, erst im Jahre 1818: am 27. März dieses Jahres ward der erste Reichstag zu Warschau versammelt. Auch in dieser neuen Rolle gefiel sich Alexander. Mit einer berühmt gewordenen, schwungvollen Rede eröffnete er diesen Reichstag: daß ihm freie Einrichtungen allezeit am Herzen gelegen hätten, daß er mit Gottes Hülfe hoffe, ihren heilsamen Einfluß auf alle Länder auszudehnen, die Gott seiner Fürsorge anvertraut habe. Aber als nun die Polen diese Worte ernstlich nahmen, als die freien Vorstellungen aus der Mitte des Reichstags kamen, da mißfiel der Ton derselben dem nur an die Sprache der Schmeichelei und der Unterwürfigkeit gewöhnten Ohren des Czaren und wurde mit Strenge getadelt. Seine Verstimmung war vollständig und der reactionäre Umschlag schon eingetreten, als der Kaiser die Einladung zu dem neuen Troppauer Fürstentage erhielt.

Zweiter Abschnitt.

Revolutionen und Reactionen in den Jahren 1820—1830.

A. Romanische Staaten.

1. Italien.

In jenem schlesischen Gebirgstädtchen trat also im October 1820 abermals der hohe Rath Europas zusammen. Die Monarchen von Rußland, Preußen und Oestreich erschienen persönlich, Alexander vom Großfürsten Nicolaus, Friedrich Wilhelm von seinem Thronfolger begleitet. England war durch seinen Gesandten in Wien, Lord Stewart, Frankreich durch seinen Petersburger und Wiener Gesandten, Graf de la Ferronoy und Marquis be Caraman vertreten. Die wichtigste Frage für die Versammlung bildeten die Vorgänge in Spanien und Neapel. Die Gesichtspunkte, unter denen die verschiedenen Mächte diese beiden Fragen, die neapolitanische und die spanische, betrachteten, konnten nicht dieselben sein, und es trat hier zum ersten Mal ein Gegensatz bedeutungsvoll hervor, der von großem Einfluß auf die fernere Entwickelung der europäischen Dinge sein sollte, der Gegensatz der beiden West- und der drei Ostmächte. Den drei Ostmächten, Rußland, Oestreich, Preußen bot jene neapolitanisch-spanische Frage eine Gelegenheit, die heilige Allianz practisch zu machen, den einst gegen Napoleon, den Erben und Fortsetzer der Revolution, geschlossenen Bund zu verallgemeinern, und die in Wien aufgerichtete Ordnung der Dinge gleichsam zu einer naturnothwendigen, göttlichen zu stempeln. England dagegen war einst in jene Allianz mit den Ostmächten nur zu dem Einen scharf bestimmten Zweck der Bekämpfung der napoleonischen Uebermacht eingetreten, und es widersprach seiner geographischen Lage, seiner staatlichen Eigenthümlichkeit, seiner ganzen Vergangenheit, sich in eine gemeinsame Oberaufsichtspolitik der Großmächte über die mittleren und kleineren Staaten einzulassen, von der man nicht wissen konnte, wo sie ihre Gränzen fand; Frankreich aber seinerseits konnte unmöglich vergessen, daß die heilige Allianz einem Kriege entsprungen war, den man allerdings die Höflichkeit gehabt hatte, einen Krieg gegen Napoleon zu nennen, der aber darum nicht minder ein Krieg gegen Frankreich gewesen war. So war denn Lord Stewart dahin instruirt, daß England nichts weiter zu erinnern finde, wenn Oestreich in seinem eigenen und besonderen Interesse eine Einmischung in die neapolitanischen Angelegenheiten nöthig glaube; auf eine Verpflichtung zu gemeinsamem europäischem Einschreiten aber solle er sich nicht einlassen, und ähnlich war die Stellung der Franzosen. Selbst Alexander war Anfangs nicht besonders günstig für die östreichischen Anschauungen gestimmt, nach welchen diese Macht nicht für sich, sondern im Auftrag Europas in Neapel einschreiten wollte; allein es traf sich glücklich, daß eben die Meldung von der Meuterei eines Garderegiments in St. Petersburg einlief, von welcher Metternich noch früher unterrichtet war, als Alexander selbst. So war es, obgleich jener Tumult nur aus localen Gründen entstanden war und die meuternden Soldaten schwerlich von Riola und der Isla de Leon viel wußten, nicht schwer, dem russischen Kaiser, für den eine gemeinsame Action im Namen seiner heiligen Allianz doch immerhin ein verlockender Gedanke war, zu zeigen, welche Gefahren für alle Welt, und auch für Rußland, ja für Rußland ganz besonders, das in Spanien und Neapel gegebene Beispiel der Militärrevolutionen mit sich führe. Mit dem König von Preußen hatte Metternich noch geringere Mühe. Was Oestreich und Rußland wollten, das war auch Friedrich Wilhelm recht. Demgemäß wurde von diesen drei Mächten ein Protokoll unterzeichnet, in welchem sie, unbeirrt durch Englands und Frankreichs Bedenken, ihren Entschluß aussprachen, den durch den revolutionären Geist bedrängten Fürsten beizustehen, und „abgenöthigte Neuerungen mittelst bewaffneter Intervention wieder auf den vorigen Stand zurückzuführen"; in einem Circular vom 8. December 1820 wurde noch feierlicher und salbungsvoller der Kampf gegen die tyrannische Macht der Rebellion und des Lasters angekündigt. Im Januar des folgenden Jahres sollte der Congreß zu Laibach in Krain fortgesetzt werden, wohin auch der König von Neapel eingeladen war.

Dieser klägliche Fürst hatte im Juli 1820 betheuert, daß er mit dem Wunsche seines Volkes nach einer Constitution von Herzen übereinstimme. Mit Anfang October trat gemäß dieser Verfassung das Parlament zusammen. In seinen Berathungen über die Verfassungsangelegenheiten trat in bedenklicher Weise die Neigung hervor, diese Constitution, welche doch sicher demokratisch genug war, noch demokratischer zu machen. Der König seinerseits gab der herrschenden Partei alle guten Worte und erlangte so die Zustimmung des Parlaments, welche nach der Verfassung nothwendig war, zu jener Reise nach Laibach; zum Ueberfluß ließ man ihn vor der Abreise die Verfassung noch einmal beschwören. Dergleichen Versammlungen pflegen gutem Rathe wenig zugänglich zu sein; sie hätten sonst besser gethan, wenn sie, wie England rieth und Metternich fürchtete, durch bereitwilliges Eingehen auf Modificationen der Verfassung im Sinne stärkerer Betonung ihrer monarchischen Elemente der Intervention des Auslandes den Vorwand entzogen und der Vermittelung Englands und Frankreichs Raum geschaffen hätten. Man hat vielleicht mit Recht bemerkt, daß die liberale Partei klüger verfahren wäre, wenn sie statt der spanischen Constitution von 1812 die französische Charte auf ihre Fahne geschrieben und zum Verfassungsmodell für ihr Land genommen hätte: sie würde den Dienst in diesem Lande ebenso gut gethan haben, als die spanische und hätte vielleicht Frankreichs Unterstützung gesichert. Ferdinand selbst war froh, aus den Händen der Carbonaris entronnen zu sein; sein Minister des Auswärtigen, der Herzog di Gallo, welcher nach constitutioneller Vorschrift ihm auf dem Congresse hätte zur Seite stehen sollen und sich demgemäß auch auf den Weg gemacht hatte, wurde in Görz zurückgehalten und unter Bewachung gestellt; es war Metternich's Absicht, mit dem König allein ins Reine zu kommen. Dies war nicht schwer; für das Beschimpfende was in dieser ganzen Reise, in der Art, wie man seinen Minister, seinen Sohn, den Statthalter, sein ganzes Land, ihn selbst behandelte, gelegen war, hatte Ferdinand, dem Königs- und Mannesehre ein fremder Begriff war, keinen Sinn: ihm sollte es ganz recht sein, unter dem Schutz östreichischer Bajonette zurückzukehren und keine Revolution mehr fürchten zu müssen.

Die Intervention, von den Bevollmächtigten der übrigen italienischen Souveräne befürwortet, wurde von den drei Mächten dem Prinzregenten, der in Neapel in Abwesenheit seines Vaters die Regierung führte, angekündigt. Der Letztere selbst schrieb an seinen Sohn, daß er außer Stande sei, sich dem Willen der Mächte zu widersetzen. Die Sache schien ihm demgemäß abgemacht, so sagte er seinem Minister, der endlich vor ihn gelassen wurde und den er gar nicht zu Worte kommen ließ; „ich weiß wohl, daß Dir dies nicht gefällt, aber ich bin mit meinen Alliirten einig, reise nur gleich wieder ab"; mit seinem Gewissen, daß ihn um den offenbaren Meineid hätte strafen sollen, hatte er keine Noth, dafür gab es Gelübde und Gebete an die Mutter Gottes zu Florenz, die er darzubringen nicht verfehlte.

In Neapel erregte die Nachricht von der beschlossenen Intervention Entrüstung und Schrecken. Auch der Prinzregent, ein vollendeter Meister in der Heuchelei wie sein Vater und mit seiner Familie in der Hand der Carbonari, spielte den entrüsteten Verfassungstreuen, und im Parlamente machte sich die Erbitterung mit den kräftigsten

Worten Luft: daß der König nicht frei, daß die Sache des neapolitanischen Volkes die Sache aller freien Völker sei, daß sie, die Neapolitaner, niemals mit dem Feinde, der ihr Gebiet zu besetzen komme, Frieden schließen würden. Durcheinander rief ein beredter Sprecher den Schatten des Zaleukus, Scipio und Hannibal auf und daß Neapel, wenn es falle, sinken würde wie die Sonne, um strahlender wieder aufzustehen; zutreffender war die Bemerkung, daß die Congreßbeschlüsse gegen Neapel der Selbstständigkeit aller kleineren Staaten ein Ende machten. Auch im Lande machte sich eine lärmende Kriegsbegeisterung geltend; der classische Boden gab die Namen für die Freiwilligenbataillone, die neuen Bruttier, Hirpiner, Samniter, welche nach einer neuen Cremera, neuen Thermopylen verlangten, für die es auch an manchem Leonidas, und an modernen Fabiern oder Deziern nicht zu fehlen schien. So geräuschvoll war diese Begeisterung, daß sich selbst das Ausland täuschen ließ, und man in den Kreisen der englischen Whigs und der französischen Liberalen, wo mit Entrüstung die freiheitsfeindliche Allianz der drei „nordischen" Mächte und die einigermaßen klägliche Rolle, welche der eigene Staat in dieser Angelegenheit spielte, verurtheilt wurde, einen großartigen Volkskrieg erwartete, und den Oestreichern Verderben weissagte.

Eine erfolgreiche Vertheidigung Neapels wäre indeß, wenn man es einmal verschmähte, eine englische und französische Vermittelung auf Grund bedeutender Modificationen der Verfassung anzurufen, nur so möglich gewesen, daß man dem Angriffe zuvorkam und in kühner Offensive die constitutionelle Bewegung dem ganzen übrigen Italien mittheilte. Dies hinderte die schlechte militärische Verfassung des Landes, dessen Lähmung durch die Lage der Dinge in Sicilien, die geringe Fähigkeit der Führer und die rasche Energie der Oestreicher. Die Katastrophe erfolgte schnell. Anfangs Februar 1821 setzten sich 60,000 Oestreicher unter General Frimont in Bewegung; unbekümmert um päpstliche und toscanische Proteste rückten sie vorwärts. Das neapolitanische Heer, dem der König den Befehl zugesandt, sich mit den östreichischen Truppen zu vereinigen, stand in zwei Abtheilungen unter Wilhelm Pepe in den Abruzzen, unter Carascosa bei San Germano in der Ebene, und deckte den Zugang zur Hauptstadt. Aber wo eine Militärrevolution voraufgegangen, sind die Truppen nicht zuverlässig, weil ihre Hauptstärke, die Disciplin, erschüttert ist; einzelne Bataillone lösten sich schon bei der bloßen Kunde vom Anrücken des östreichischen Heeres auf; bei Rieti, auf päpstlichem Gebiete, wohin Pepe vorgerückt war, kam es dann am 7. März zu einem kurzen Kampfe, der mit der völligen Auflösung des neapolitanischen Heeres endigte oder beinahe begann. Wenige Tage nachher war das Heer wie von der Erde verschwunden; die Truppen unter Carascosa ließen es gar nicht zum Kampfe kommen, sie liefen ohne Schuß auf die üble Nachricht von Rieti auseinander und auch die Festung Capua ergab sich wenige Tage später (21. März). Am 19. März hatte das neapolitanische Parlament mit etwa 26 Mitgliedern seine letzte Sitzung gehalten und verschwand mit Hinterlassung eines sehr würdig abgefaßten aber fruchtlosen Protestes gegen das verletzte Völkerrecht; am 24. hielten 30,000 Oestreicher, denen das Volk mit Oelzweigen entgegen kam, ihren Einzug in Neapel und eine vorläufige Regierung ward eingesetzt, welche Alles, was seit dem 15. Juli 1820 geschehen war, für ungültig erklärte.

So war hier der Sieg der Reaction bereits entschieden, als im Nordwesten der Halbinsel, in Piemont, die Revolution gleichfalls zum Ausbruch kam. Die carbonaristische Bewegung hatte hier eine wichtige, wenngleich nur halbe Eroberung gemacht in dem präsumtiven Thronerben, Karl Albert, Prinzen von Savoyen-Carignan, der einer Seitenlinie entsprossen und nach dem Erlöschen der Hauptlinie, die nur noch auf vier Augen, des kinderlosen Königs und seines gleichfalls kinderlosen Bruders, stand, zur Nachfolge berufen war. Was den einundzwanzigjährigen, talentvollen und ehrgeizigen Prinzen der Revolution in die Arme führte, war vor Allem der Haß gegen Oestreich, dessen Pläne und Intriguen, ihn von der Thronfolge auszuschließen, ihm nicht unbekannt waren. Die Zustände Sardiniens waren weit erträglicher als die Neapels oder Spaniens, zugleich aber war das Freiheitsbedürfniß dort lebhafter empfunden, der Haß gegen das gefährliche und gefürchtete Oestreich, das man hart vor den Thoren des eigenen Landes hatte, gespannter; besonders unter dem Militär war dieser Haß lebendig, da unter demselben Gerüchte von einer Convention umliefen, nach welcher die festen Plätze des Königreichs demnächst von den Oestreichern besetzt werden sollten. Am 10. März 1821 kam die Empörung unter den Truppen zu Alessandria zum Ausbruch, und es wurde hier, am 11. auch zu Turin das Idol der Liberalen, die spanische Verfassung von 1812, ausgerufen. Der schwache König, zwischen Nachgeben und Widerstand einen Augenblick schwankend, fühlte sich doch dem Sturm nicht gewachsen und legte die Krone zu Gunsten seines Bruders Karl Felix nieder, indem er zugleich bis zu dessen Entscheidung die Regentschaft in die Hände des Prinzen von Carignan übergab, der nun auch am 13. die spanische Verfassung, vorbehaltlich zu vereinbarender Aenderungen, proclamiren ließ. Allein die Stellung des Prinzen, als Hauptes und Leiters der Revolution, war bereits unhaltbar und unmöglich geworden. Der Schlag bei Rieti war gefallen, die Oestreicher auf dem Wege nach Neapel; ein Brief des neuen Königs Karl Felix, vom 16. März aus Modena datirt, dessen Fürst der erste aller Parteigänger Oestreichs war, erklärte schroff und streng, daß er die gemachten Neuerungen nicht anerkenne und mit Hülfe der drei nordischen Mächte Alles wieder auf den alten Fuß zurückbringen werde. Konnte der kleine, isolirte Staat, ohne Verbündete, ohne ernsten Enthusiasmus in der Masse seiner Bevölkerung selbst, aufkommen gegen das siegreiche Heer Oestreichs, hinter welchem fast ganz Europa stand? Unter diesen Umständen blieb Karl Albert nichts übrig, als sich von der schon verlorenen Partei und Sache zu trennen, die ihn in den Abgrund zog. Den Gang der Dinge hätte er doch nicht zu ändern vermocht; er rettete so wenigstens sein Thronfolgerecht und damit die Zukunft seines Landes, vielleicht Italiens; indem er nach Nizza entwich, zeigte er der Regierungsjunta in Turin an, daß er seinen Posten als Reichsverweser niederlege, und künftighin das Beispiel des tiefsten Gehorsams gegen den König geben werde.

Seine Abreise, zusammen mit den Hiobsposten aus dem Süden, wirkten entmuthigend. Tüchtige und patriotische Männer, wie der Kriegsminister Santa Rosa, verfochten noch kurze Zeit eine verlorene Sache mit dem Muthe der Verzweiflung; aber am 8. April ward das constitutionelle Heer unter Oberst Regis von den royalistischen Truppen unter General de la Torre und den Oestreichern unter Bubna bei Novara zerstreut und zwei Tage später hielt der königlichgesinnte piemontesische General seinen Einzug in Turin. Er verfuhr mit Schonung. Da König Victor Emanuel, der wenigstens die Abneigung gegen Oestreich mit den Carbonaris theilte, seine Abdankung aufrecht hielt und am 18. April in bindender Weise seinen Entschluß bestätigte, so nahm Karl Felix nunmehr die Zügel der Regierung zu Händen und die Orgieen der Reaction konnten jetzt auf der ganzen Halbinsel beginnen.

Die östreichischen Bayonette beherrschten alles Land von den Alpen bis zum libyschen Meer. Eine Abtheilung ihres Heeres unter General Walmoden stand in Sicilien, der größere Theil hielt noch mehrere Jahre lang Neapel besetzt; in Sardinien blieben kraft einer Convention, welche der neue König zu Novara am 14. Juli 1821 mit Bevollmächtigten von Rußland, Oestreich und Preußen abschloß, ihrer 12,000 als Hülfscorps Sardiniens, welche auf Verlangen sofort verstärkt werden konnten, und hielten eine Anzahl Städte besetzt.

In Neapel hielt König Ferdinand erst am 13. Mai seinen Einzug. Sein Ministerium hatte aber das Werk der Rache bereits begonnen, und gab dem Pöbel seine Feste, indem es Carbonaris und Verdächtige, die Abzeichen des Carbonarismus auf dem entblößten Rücken, auf Esel gebunden durch die Straßen führen und an den

Straßenecken auspeitschen ließ; die östreichischen Generale selbst mußten der losgelassenen Wuth der Menge steuern und deren schreckliche Werkzeuge zügeln. Durch Decret vom 1. Juli ward das neapolitanische Heer aufgelöst, und wendete sich zum Theil dem nationalen Gewerbe dieses Bodens, dem Räubertum zu; bis es neu gebildet war, blieben die Oestreicher im Lande, deren letzte 10,000 erst im Jahre 1827 abzogen. Der König selbst hob die Verfassung auf, weil er zu ihrer Annahme gezwungen worden sei; für die Officiere und viele andere Beamte, welche doch im gleichen Falle wären, ließ er diese Entschuldigung nicht gelten: mit Hinrichtungen, Einkerkerungen, Gütereinziehungen, Verbannung auf Strafinseln, wo sie täglich 32 Bohnen und 1½ Pfund Schwarzbrod erhielten, schritt man gegen sie ein; auf die Köpfe von Pepe und Carascosa, die sich glücklich gerettet hatten, wurde ein Preis gesetzt. Am 26: Mai gab dann der König eine Constitution nach seiner Weise. Eine Staatsversammlung mit berathender Stimme, für beide Reichshälften getrennt, ward eingeführt, deren Mitglieder der König ernannte. Eine Commission zu Neapel wachte über die schädlichen Bücher, die freilich, wenn das neue Regierungssystem sich behauptete, nicht lange mehr schaden konnten, da man darauf auszugehen schien, das Lesen selbst auszurotten: denn zu gleicher Zeit wurden die öffentlichen Schulen aufgehoben und die Lehrer verabschiedet, weil ein neues Unterrichtssystem eingeführt werden sollte; Privatinstitute mußten ihren Unterricht bei offenen Thüren halten.

Auch in Piemont war die Reaction vollständig, wenn sie auch nicht ganz den bösartigen Charakter trug, den ihr in Neapel die grausame Volksart verlieh, und die Rücksicht auf den Thronerben, den zu verderben der östreichischen Polizeikunst nicht gelang, immerhin einige Rücksichten auferlegte. Doch ließ der harte und stolze Charakter des neuen Königs und die Proclamation vom Tage seines Einzugs in Turin (17. October), in welcher er sich an die „ehrwürdigen Diener eines Gottes, der die Hirngespinnste des modernen Philosophismus zu Schanden macht", wandte, die contrerevolutionäre Partei das Beste hoffen. Gegen Officiere und Beamte, die sich compromittirt hatten, wurde mit Strenge, doch im Ganzen innerhalb der Schranken des Gesetzes eingeschritten, die Zukunft des Landes aber, die Schule, ward dem Einfluß der Jesuiten hingegeben und, gleich als wäre dies nicht genug, die Masse des Volks mit beispiellosem Cynismus der Unwissenheit überliefert; im Jahre 1824 wurde verordnet, daß nur wer nicht weniger als 1500 Lire besitze, Lesen und Schreiben lernen durfte, eine höhere Schule durfte nur besuchen, wer ein Jahreseinkommen von 1500 Lire nachweisen konnte.

In den kleineren Staaten war die Reaction entsprechend, hier milder, dort härter. In Toscana trat keine Aenderung ein. In den östreichischen Territorien wurde nun erst das grausame Polizeisystem, welches mit Nothwendigkeit seine Werkzeuge vom Minister bis zum letzten seiner Spione herab zu Nichtswürdigen macht, recht ausgebildet, und die Tage kamen, wo die hartherzige Barmherzigkeit des Kaisers Franz — den sie in Wien „unsern guten Kaiser Franz" nannten und den der so maßvolle deutsche Geschichtschreiber, der diese traurigen Zeiten der östreichischen Fremdherrschaft mit gewissenhaft=abwägendem Urtheil geschildert hat (Reuchlin) „den Wütherich Franz" nennt — mailändische Edle zu 20jährigem Kerker begnadigte, wo einige unbedachte Worte den Anlaß geben konnten, ein Menschenglück zu zerstören, wo die Männer, welche den Stolz einer nach ihrer Auferstehung ringenden Nation bildeten, in den Kerkern von Venedig oder auf dem Spielberg in Mähren gepeinigt wurden, wo unter Seufzern und Flüchen die Grundlage der Einheit Italiens in Millionen Herzen gelegt ward, — der Haß gegen die Fremdherrschaft, welche man Jahrhunderte lang mit Resignation ertragen hatte, die aber unerträglich zu machen dem Fürsten vorbehalten war, der sich mit seinen beiden Bundesgenossen an jenem 26. September 1815 so feierlich zu den christlichen Principien der Gerechtigkeit und der Milde verpflichtet hatte.

Der Welt wurde ein Theil dieser Scheußlichkeiten bekannt durch das Buch eines sanftmüthigen und frommen Mannes, Silvio Pellicos Gefängnisse (Le mie prigioni 1832), eines Mannes, der 1820 in Mailand verhaftet nach dem Kerker unter den Bleidächern des Dogenpalastes zu Venedig und dann, nachdem ihm unter allen Vorbereitungen zur Hinrichtung das Todesurtheil verkündet worden war, nach dem Spielberg gebracht wurde und 1830 freikam; genauer kann man sie in den 1848 bekannt gewordenen „geheimen Papieren" verfolgen, aus denen man sieht, wie sauer sich es diese Gesellschaft werden lassen mußte, die nöthigen Unruhen und Verschwörungen zu entdecken und zu erfinden, mit denen sie ihr niederträchtiges Leben fristete, wie sie denn z. B. herausbrachte, daß die Verleihung der Constitution in Baiern Gährung unter dem Landvolk der Lombardei hervorrufe, und wie sie sich gelegentlich, denn auch boshaft war dieses Gesindel, für die Schande ihres Daseins damit schadlos hielt, daß sie mit allem Behagen alles Respectwidrige berichtete, was dieser oder jener obscure Verschwörer über des Fürsten Metternich's Durchlaucht und selbst über des Kaisers Allerhöchste Person auszusagen gewagt habe.

Jene pseudochristliche Politik feierte in den Beschlüssen und Thaten des Laibacher Congresses ihre Triumphe und sie rühmte sich in der Schlußerklärung vom 12. Mai 1821 ihres leichten Sieges über die

Revolution, den sie, gewohnt den Namen Gottes vergeblich zu führen, der göttlichen Vorsehung zuschrieb, welche das Gewissen der Schuldigen mit Schrecken geschlagen habe. In Italien allerdings war man zunächst fertig; die allgemeine Geschichte hat für die nächsten Jahre von diesem Lande wenig zu erzählen. Die Regentenwechsel, welche in dem Zeitraum von 1821—1830 eintraten — in Toscana folgte 1824 Leopold II. auf den wackeren Ferdinand III., in Neapel 1825 Franz I. auf Ferdinand I., der nach 75 Jahren eines schimpflichen Lebens im 65. Jahre seiner Regierung starb, im Kirchenstaat 1823 Papst Leo XII. auf Pius VII. — änderten wenig oder nichts an dem allgemeinen Stande der Dinge. Dann und wann machte der römische Stuhl durch irgend ein Zeichen seines unveränderten Geistes und Lebens von sich reden, so im Jahre 1823, wo der neue Papst in seinem Antrittsschreiben die Bischöfe ermahnte, vor Allem die sträfliche Duldung gegen Andersgläubige nicht um sich greifen zu lassen, und selbst das Beispiel dazu gab, indem er die Juden, denen die Franzosenherrschaft den Wohnort in der Stadt freigegeben, wieder in ihr Judenviertel zurückzwang und sie nöthigte, ihre alten Abzeichen wieder anzulegen, oder im Jahre 1825, wo die Straßen mit Wallfahrern sich bedeckten, um der Gnaden theilhaftig zu werden, welche in diesem großen Jahre des Heils und der Versöhnung, einem jener Jubeljahre, mit denen die Curie von Zeit zu Zeit den Eifer ihrer Gläubigen erfrischt, in Rom bereit lagen, und somit billiger zu haben waren, als sonst, wo sie an eine Wallfahrt nach Jerusalem geknüpft gewesen waren. Sonst hörte die Welt von Italien wenig. Dagegen war in Spanien die Revolution noch immer siegreich und der Thätigkeit der Fürstencongresse stand hier noch ein Feld bereit. Ein solcher abermaliger Congreß war auch in der Schlußerklärung von Laibach für das folgende Jahr bereits angekündigt.

2. Spanien.

König Ferdinand hatte zu Madrid, während im Lande die Freudenfeste über die hergestellte Verfassung fortdauerten, am 9. Juli 1820 die Cortes mit großem Gepränge und mit einer Rede eröffnet, in welcher er unter lebhaftem Beifall seine constitutionelle Gesinnung betheuerte. Die Liberalen beuteten ihren Sieg aus, den sie bis dahin nicht mit Blut befleckt hatten, liberale Beamte ersetzten die servilen, die Inquisition war abgeschafft, Mönchsklöster aufgehoben, die Jesuiten verbannt, Kirchengut eingezogen, die 1814 wiederhergestellten Adelsvorrechte verschwanden, und Alles schien zu der neuen Ordnung zu stehen. Allein hier wäre ein verfassungsmäßiges Regiment nicht möglich gewesen, selbst wenn die Verfassung besser, der König aufrichtiger gewesen wäre; denn die Herzen der Masse des Volks beherrschte die

Geistlichkeit, für welche die Beseitigung des neuen Zustandes der Dinge eine Lebensfrage war. Dieser Classe aber, welche allenthalben durch ihre bewundernswürdige Organisation und durch das Geheimniß, mit dem es ihr leicht wird, Alles zu umgeben, was sie nur halb oder gar nicht dem Tageslicht preisgeben will, gefährlich ist, wurde es leicht zu conspiriren und jede von ihr angezettelte Verschwörung hatte einen geheimen Verbündeten an dem König, der mit Ungeduld des Augenblicks wartete, wo er wieder frei sein würde. Im Bunde mit diesen Elementen, der Geistlichkeit, dem städtischen Pöbel, dem Landvolk, besaß er noch immer eine Macht, so enge Schranken ihm auch die Constitution ziehen mochte.

Der Zwiespalt konnte nicht lange ausbleiben. Die Sieger selbst wußten ihre anfängliche Mäßigung nicht zu behaupten. Geräuschvoll drängten sich die Männer der geheimen Gesellschaften jetzt ans Licht und beuteten die entfesselte Presse mit südländischer Maßlosigkeit aus; von den Tischen der Cafés herab hielten leidenschaftliche Demagogen ihre wilden Reden und ein unsinniger Eifer, Alles auf den Fuß des Jahres 1812 zurückzubringen, eine Art demokratischer Orthodoxie machte sich breit und sperrte, wie es die Art von Orthodoxieen ist, der Mäßigung und der gesunden Vernunft den Weg. Unter der siegreichen Partei selbst trat eine Spaltung ein zwischen den Exaltados, die an dem Beispiel der französischen Jakobiner von 1792 sich erhitzend, in wilden Träumen der Rache an den Verfassungsfeinden sich ergingen, die man wie wilde Thiere verfolgen müsse, und den Moderados oder Gemäßigten, welche die tüchtigsten und wackersten Männer Spaniens wie Martinez de la Rosa, Graf Torenos und andere in ihrer Mitte zählten und die richtig erkannten, daß die trostlose Lage Spaniens, das Werk von Jahrhunderten, nicht an Einem Tage zu bessern sei, und man schon darum Mäßigung üben müsse, damit einige Ruhe und Stetigkeit in die Verwaltung des Landes komme. Allein um eine solche Besserung der Landeszustände in ernstlichen Angriff zu nehmen, hätte es der Selbstbeherrschung und des guten Willens von allen Seiten und vor Allem der ehrlichen Mitwirkung des Königs bedurft. Dieser jedoch erkannte den Vortheil wohl, den ihm die Lage des Ministeriums gewährte, das mit der besiegten Reaction und mit der siegreichen Revolution zugleich zu kämpfen hatte und das auf die Dauer dieser verzweifelten Aufgabe sicher nicht Herr werden konnte. So verabschiedete er im März sein Ministerium (Argnelles), indem er, schlau genug, zugleich die Cortes aufforderte, selbst ihm die Männer ihres Vertrauens zu bezeichnen. Da dies nicht geschah, die Cortes vielmehr es vorzogen, sich ablehnend auf die Gränzen ihrer verfassungsmäßigen Competenz zu berufen, so ernannte er aus der Partei der Moderados ein neues Ministerium unter Roman Feliu, das den heimlichen Intriguen des Königs auf der einen, dem leidenschaftlichen Gebahren der radikalen Partei auf der andern Seite gegenüber noch unbedeutender und ohnmächtiger als das frühere war. Die liberale Partei war gereizt und erbittert, die servile ermuthigt durch die Haltung der Mächte auf dem Laibacher Congreß, an verschiedenen Orten kam es schon zu offenen Feindseligkeiten zwischen Servilen und Liberalen, und im Mai 1821 geschah zu Madrid eine Greuelthat, welche deutlich zeigte, wie nutzlos freie Staatseinrichtungen bei einem Volke sind, welches nur von seiner zügellosen Leidenschaft Rath zu nehmen gewohnt ist und unter dem nur ganz Wenige die Selbstbeherrschung kennen, welche vor Allem nothwendig ist, wo die Gesetze herrschen sollen. Ein Domherr Vinesa war wegen einer Verschwörung gegen die Verfassung, eines Planes zu einem Staatsstreich, zu zehn Jahren Galeere verurtheilt worden. In gewissen Kreisen der Exaltados fand man diese Strafe zu mild und ein mordlustiger Pöbelhaufe sammelte sich vor dem Kerker, in welchem der Priester lag, überwältigte die Wache, drang ein und erschlug den Unglücklichen mit Brecheisen und anderem Geräth, welches eben zur Hand war. Was aber schrecklicher war, als die That selbst: von den spanischen Sansculotten oder, wie man sie hier nannte, Decamisados, wurde sie in wilden Worten als ein Sieg der Freiheit gefeiert und von einem ihrer Clubs ein Orden vom Hammer ersonnen, der diese Art von Patrioten an den glorreichen Tag erinnern sollte, an dem ein wehrloser „Verräther" mit einem Hammer vollends getödtet worden war.

Mittlerweile aber war in Frankreich eine Aenderung des Systems zu Gunsten der Royalisten erfolgt: die Wahlen zur Deputirtenkammer im Spätherbst 1821 fielen dort ganz überwiegend auf Ueberkönigliche. Mit Hoffnung und Furcht verfolgten die spanischen Parteien die dortige Entwickelung der Dinge. Dem erwachenden Uebermuth der Servilen glaubte die Gegenpartei mit verdoppeltem Haß und Nachdruck entgegentreten zu müssen. Die Revolution schärfte sich wieder und in den neuen Cortes, welche am 15. Februar 1822 zusammentraten, hatten die Exaltados die Mehrheit. Diese radikale Mehrheit entwickelte eine unruhige Thätigkeit in allerlei Reformen, deren Spitzen sich überall gegen die Geistlichkeit kehrten, und freilich kehren mußten in einem Lande, wo ein Erzbischof von Sevilla 3 Millionen Einkünfte bezog, während der Staat eine Schuldenlast von 14 Milliarden verzinsen sollte, wo die Beamten, auch die Pfarrer, hungerten, während die Mönche praßten und allein in Catalonien z. B. 5—6000 dieser verderblichen Drohnen neben nur 1500 Pfarrern lebten. Zugleich machten sie sich an eine neue Unterrichtsordnung, ein Strafgesetzbuch, eine Verbesserung der

Steuer- und Handelsgesetzgebung: nothwendige Dinge ohne Zweifel in einem Lande, wo der Unterricht Null, die Verbrechen häufig, die Steuern ungleich vertheilt und schlecht abgewogen waren. Aber dies Alles war unfruchtbar, da selbst die allererste Bedingung guter Gesetze, die Ermittelung dessen, was thatsächlich besteht, damit wirklichen Bedürfnissen mit wirklichen Kräften und nicht blos mit Worten begegnet werde, hier fehlte; deutlich war nur die Größe der Uebel im Ganzen, die Leere des Schatzes, die Steigerung der Noth durch die schlechte Ernte des Jahres 1821, die Ueberhandnahme von Gewalt, Raub und allen schlechten Gewerben, unter denen der riesige Schmuggel noch das ehrenhafteste war. In gesunden Staatsgemeinschaften erhält die Thätigkeit der Privaten einen höheren Sinn durch ihre Beziehung auf das Ganze: hier diente diese Beziehung auf das Ganze nur als Deckmantel für jeden schlechten Trieb des Einzelnen. An der französischen Gränze war schon offener Aufruhr und Bürgerkrieg zwischen „Spaniern" und „Christen", zwischen Constitutionellen und Absolutisten, zu welchem ein früherer Guerrillaführer, der Pfarrer Merino, von Burgos aus das Signal gegeben hatte.

Zu ihrem ersten Präsidenten hatten die Cortes, zur Mäßigung unfähig wie zu vielem Anderen was Noth that, Riego gewählt, den Mann, welcher im Jahre 1820 die constitutionelle Erhebung in der Isla de Leon begonnen hatte. Der König zitterte vor Furcht und Zorn; aber er bezwang sich und berief nun an die Spitze der Regierung den besten Mann der Moderados, Martinez de la Rosa. Was eine vernünftige Staatskunst vorschrieb war diesem nicht unbekannt, und es war, ob vielleicht durchzuführen unmöglich, doch zu erkennen nicht schwer: Herstellung der Ruhe im Lande durch eine geordnete, energische Verwaltung, und Abwendung einer Intervention des Auslandes durch Aenderung der Verfassung im gemäßigten Sinne; die französische Regierung, konnte man wissen, war nicht so einmüthig auf ein Einschreiten in Spanien erpicht, wie ihre Partei es war. In diesem unglücklichen Lande aber herrschte nicht die Vernunft, sondern die Leidenschaft; in der Mitte Juni 1822 geschah es, daß einige der absolutistischen Parteihäupter sich der Festung Seeo d'Urgel in Catalonien am oberen Segre bemächtigten, und dort eine Regierung in ihrem Sinne, eine apostolische Junta, einrichteten. Diesem Schlag an der Gränze folgte ein Gegenschlag in der Hauptstadt. Es bestand ein Plan in der Umgebung des Königs, gewaltsam sich der unumschränkten Gewalt wieder zu bemächtigen. In den ersten Tagen des Juli kam es in Madrid zu unruhigen Auftritten; der Ruf nach dem „reinen König", nach Herstellung des Absolutismus erscholl, in welchen ein Theil der königlichen Garde einstimmte, und welchem König und Hof nicht fremd waren. In der Nacht vom 6. auf den 7. machten die Garden einen Ausbruch; aber Milizen, Volkshaufen, andere Truppen, welche constitutionell gesinnt oder von constitutionellen Officieren befehligt waren, drängten sie nach dem Palast zurück; der König zögerte, sich an ihre Spitze zu stellen, nachdem sie von den Liberalen geschlagen waren; auf weiterer Flucht wurde ein Theil gefangen, ein anderer niedergehauen. Vor dem Throne selbst aber machten, anders als in Frankreich, die Sieger Halt. Der König hatte auf den Sieg seiner Garden gehofft; jetzt ging er alsbald vom Trotz zur verzagten Unterwürfigkeit über. Er dankte den Truppen, welche seine Garden entwaffneten, seinen Palast besetzten, entließ sein Ministerium und ließ ein neues aus der Mitte der Freunde Riego's, den Exaltados, welche jetzt die Lage beherrschten, bilden.

Dieses neue Ministerium, an dessen Spitze San Miguel, der frühere Stabschef Riego's stand, verfuhr nicht anders, als die früheren; sie hielten den König in Madrid zurück, aber zu dem Schreckenssystem, nach welchem die Redner ihrer Partei in den Clubs und in der Presse riefen, mochten auch sie sich nicht entschließen. Inzwischen machte der absolutistische Aufstand im Norden, in Catalonien, weitere Fortschritte; hier aber besaß die Regierung einen Mann, der der Lage gewachsen war, General Mina. Im September begann dieser, mit unumschränkter Vollmacht versehen, seinen Feldzug gegen die Glaubensarmee; von Erfolg zu Erfolg schreitend, unterwarf er in den drei Herbstmonaten den Norden völlig und zwang die Regentschaft von San Seeo d'Urgel zur Flucht über die französische Gränze.

Unterdessen war, im October 1822, wie zu Laibach beschlossen, der neue Fürstencongreß zu Verona zusammengetreten. Persönlich erschienen die beiden Kaiser, der König von Preußen, von Sardinien, von Neapel und die kleineren italienischen Fürsten; England war durch den Herzog von Wellington, Frankreich durch ein übel zusammenstimmendes Paar, den Vicomte von Montmorency und den Vicomte de Chateaubriand, vertreten. In Neapel und Sardinien ließ die Ruhe nichts zu wünschen übrig und man konnte eine Verminderung der östreichischen Truppen in dem ersteren, baldigen Abzug derselben aus dem letzteren Lande in Aussicht nehmen; eine neue überaus schwierige Frage, welche unterdessen aufgetaucht war, die griechische, wurde einstweilen durch Abweisung des Abgesandten der aufgestandenen Griechen in den Hintergrund geschoben; das wichtigste Problem, welches der unberufenen Geschäftigkeit des Congresses gestellt war, bildete die Frage, was in Spanien geschehen solle.

England nahm, nur entschiedener noch, zu dieser Frage dieselbe Stellung, welche diese Macht im vorigen Jahre zu Laibach gegenüber der öftreichifchen Intervention in Italien eingenommen hatte; denn die Politik des Laibacher Congreffes hatte unter dem englischen Volke die größte Unzufriedenheit hervorgerufen. Man war dort unehrerbietig genug gewesen, spöttisch zu fragen; wenn denn die Mächte so eifrig seien, Revolutionen zu unterdrücken, was sie zu jener Revolution sagten, kraft deren Alexander I. den russischen Thron bestiegen habe? Die drei nordischen Mächte ließen sich durch solche Stimmen nicht irren. Sie waren für die monarchische Restauration auch in Spanien. Zu diesem Entschlusse trug hauptsächlich bei, daß auch die Revolutionen in Italien im Namen jener unglücklichen spanischen Verfassung von 1812 geschehen waren; wie sehr man immer, auch in diesen Kreisen, den König Ferdinand verachten mochte, er war legitimer Monarch, er war gefangen, nicht einmal nach Ilbefonso lasse man ihn, um dort die Gebirgsluft zu genießen, welche seiner kranken Frau nothwendig sei; eine solche Grausamkeit durfte sich allenfalls ein König gegen Unterthanen, nimmermehr aber Unterthanen gegen einen König erlauben; Spanien, sagte Alexander sei jetzt die Hauptquelle der Revolution und des Jakobinismus.

Es kam darauf an, wie sich Frankreich, die einzige Macht, von welcher der Natur der Sache nach die Restauration des Absolutismus in Spanien durchgeführt werden konnte, zu der Frage eines bewaffneten Einschreitens stellen werde.

8. Frankreich.

Dort hatte, wie wir sahen, die Ermordung des Herzogs von Berry den Sturz des liberalen Systems und seines zweideutigen Vertreters, Decazes herbeigeführt. Die Wahlen nach dem neuen Gesetz im Herbst 1820 waren völlig zu Gunsten der Königlichen ausgefallen, und brachten eine Kammer, ähnlich der unfindbaren von 1816; unter 430 Abgeordneten musterten die Liberalen kaum 80 der ihrigen. Dem gegenüber sah sich der Herzog von Richelieu zunächst genöthigt, zwei Notabilitäten der Ultras, Villèle und Corbière, als Minister ohne Portefeuille in die Regierung zu ziehen; aber es zeigte sich bald, daß dieses Zugeständniß die Partei nicht befriedige. Im Sommer 1821 kam die Nachricht vom Tode Napoleon's, welche die Gemüther heftig aufregte, und für den Moment ablenkte. Man schaute einen Augenblick vom täglichen Leben und Treiben auf, um sich die Einzelnheiten des Ereignisses zu vergegenwärtigen, dessen Schauplatz die kleine Insel im Weltmeer soeben gewesen: wie der gestürzte Gewaltige, von einem in seiner Familie erblichen unheilbaren Uebel befallen, am 3. Mai die Sterbesacramente von der Hand eines italienischen Priesters empfangen; wie in der Nacht vom 4. auf den 5. ein anhaltender, furchtbarer Orkan die Insel durchtobte, während der Kaiser im Sterben lag; wie man, ehe er, wenig vor 6 Uhr Abends am 5. seinen Geist aushauchte, noch deutlich von seinen Lippen die Worte „Armee" und „Frankreich" vernommen habe, und wie einige Tage später der Sarg, der den großen Leichnam umschloß, von 24 englischen Unterofficieren getragen, nach dem einsamen Thale, wo an einem von zwei Cypressen beschattetem Quell der Lebende noch sich selbst seine Grabstätte ausgesucht hatte, gebracht wurde, während die Kanonen der Strandbatterieen der Wasserwüste ringsumher die Kunde zudonnerten, daß man den rastlosen, weltbewegenden Krieger zu seiner letzten Ruhestätte bringe.

Die gewaltige Romantik dieses Lebens und dieses Todes erweckte den Bourbonen einen Feind, den man anfangs wenig achtete, der aber im Stillen zu einer Macht im Volksleben heranreifte: den Napoleonscultus — die Vergötterung des großen Soldaten, den man bald auch mit dem Nimbus liberaler, ja demokratischer Ideen umgab. Schon unmittelbar unter dem Eindruck der Todesnachricht bildeten sich Verschwörungen, zu Béfort, zu Saumur, im Elsaß; sie wurden ohne Schwierigkeit unterdrückt, die Rädelsführer hingerichtet, während die eigentlichen Häupter, wie Lafayette u. A. frei ausgingen, und die geheimen Gesellschaften, die Brutstätten immer neuer Verschwörer, fortbestanden und fortfuhren den politischen Geist des französischen Volkes zu vergiften und die schlechteste seiner nationalen Gewohnheiten, sich im Namen der Freiheit zu verschwören, großzuziehen. Diese Verschwörungen dienten dazu, dem Verlangen der Ultras, daß endlich eine starke, eine „rein" königliche Regierung gebildet werde, Nachdruck zu geben. Tumultuarisch brach es sich in den Debatten der Kammer Bahn, und als nun bei den Ergänzungswahlen von 1821 die Partei abermals einen eclatanten Sieg erfocht, unter 88 Neuzuwählenden 60 der ihrigen durchbrachte, da wußte sich Ludwig XVIII., trotz seiner besseren Erkenntniß, ihrer nicht länger zu erwehren. Er überließ ihr das Ruder, indem er die bisherige Verwaltung verabschiedete.

Das geistige Haupt des neuen Ministeriums, das an die Stelle der Verwaltung Richelieu's trat, war Joseph de Villèle: der einzig mögliche Minister einer unverbesserlichen Partei, ein kenntnißreicher, klarer Kopf und ein vortrefflicher Geschäftsmann, der, vor 1789 in der Marine thätig, lange Jahre auf der westindischen Insel Bourbon gelebt hatte, und dann, unter dem Kaiserreich zurückgekehrt, ruhig beobachtend Jahre lang die Menschen und die Dinge studirte, ehe er sich von der hochgehenden Fluth der royalistischen Reaction, der er sich anschloß, an die hohe Stelle tragen ließ, die ihm Gelegenheit gab, seine bedeutenden Talente wie seine schweren Fehler zu entfalten. Die bedeutendsten neben ihm waren der Minister des Innern Corbière, und der Siegelbewahrer Peyronnet. (December 1821).

Die nunmehr siegreiche Partei hatte die Vorgänge in Spanien mit Aufmerksamkeit verfolgt, und ihr Fanatismus war mit der Frage, die hier ihrem Lande gestellt war, leicht fertig. Sie sah dieselben Gegensätze in Spanien sich bekämpfen wie in Frankreich; sie sah in Spanien die ihr widerwärtige Partei siegreich; daß dort die Liberalen im Namen der Kirche und des katholischen Glaubens bekämpft wurden, war ganz nach ihrem Sinn, denn auch sie war ganz darauf gestellt, Politisches und Kirchliches beständig zu vermischen und durcheinander zu wirren. Schon bei der Intervention in Italien hätte sie ihre Regierung unmittelbar betheiligt gewünscht und so verlangte sie um so dringender jetzt das Einschreiten Frankreichs, je früher, desto besser. Villèle, der die Finanzen und die allgemeine Politik der Regierung leitete, war nicht ihrer Ansicht. Wie royalistisch immer, er war doch ein Staatsmann, der wußte, daß eine auswärtige Action einer Großmacht wie Frankreich nichts ist, das man über das Knie brechen darf; ein klarer, berechnender Kopf, ein guter Verwalter, üb erschlug er besonnen die Kosten des Abenteuers, das man im Namen des Königs, der Kirche, ja Gottes und seiner Heiligen selbst von ihm forderte. Der König dachte wie er; aber nicht er und nicht der König, sondern die royalistische Partei war es, welche herrschte; ein Theil der Minister, Montmorency, der einst in der Nationalversammlung von 1789 liberal, jetzt doppelten Eifer im Sinne der Reaction zeigte, der Kriegsminister Herzog von Belluno waren für die Intervention, und die Führer der Mehrheit in der Kammer forderten lauter und lauter, daß man den spanischen König aus der Gefangenschaft der Revolution befreie. Dieser Zwiespalt zeigte sich in sehr auffälliger Weise auch bei den beiden Bevollmächtigten, welche Frankreich auf dem Veroneser Congresse vertraten. Chateaubriand, der Instruction gemäß, welche die Gesandten anwies, der französischen Regierung freie Hand vorzubehalten, war gegen die Intervention oder er that wenigstens als sei er gegen dieselbe, während sein College, der Minister des Auswärtigen, Montmorency, sie befürwortete, ja mit Eifer empfahl, wie er auch im täglichen Verkehr mit den Abgesandten der apostolischen Junta von Seo d'Urgel stand. Zunächst richteten nun die Mächte, außer England Noten an die spanische Regierung, in welchen sie sich das Recht vorbehielten, den Folgen, welche sich aus den Zuständen Spaniens ergeben könnten, durch geeignete Maßregeln zu begegnen; in einem Protocolle wurden dann die Ereignisse und die Bedingungen dargelegt, unter welchen die Ostmächte dem kriegerischen Vorgehen Frankreichs gegen Spanien — denn zunächst nur eine Action Frankreichs war vorausgesetzt — beitreten würden, und eine Circularbepesche vom 14. December 1822, von den Ministern Oestreichs, Rußlands und Preußens, Metternich, Nesselrode und Bernstorff, unterzeichnet, setzte die Höfe von den Ergebnissen des Veroneser Congresses in Kenntniß und erklärte, daß die Mächte auch in Beziehung auf Spanien ihren bekannten Grundsätzen treu bleiben würden; Grundsätzen, die bei dieser Gelegenheit zum Ueberfluß aufs Neue ausgesprochen wurden. Im Grunde also war damit die Entscheidung nach Paris verlegt, dem Ermessen der französischen Regierung anheimgegeben, die auf diesem Congresse zum ersten Male wieder im Vollgefühle ihrer Bedeutung erschien; und dies, daß wenn es zum Einschreiten kam, dieses Einschreiten wenigstens nicht geradezu in Kraft eines Actes europäischer Jurisdiction erfolgte, war das einzige Ergebniß, dessen sich die englische Politik rühmen konnte, welche sich, seitdem am 16. September 1822 Georg Canning das Auswärtige übernommen, von den Tendenzen der heiligen Allianz mit wachsender Entschiedenheit abwendete.

Die Noten der vier Höfe erregten bei der in Madrid herrschenden Partei begreifliche Entrüstung. In höflichem Tone wurde die französische Note, in nachdrücklichem die der übrigen Mächte dahin beantwortet, daß Spanien sich nicht in anderer Leute Angelegenheiten mische und mithin berechtigt sei, das Gleiche von diesen Anderen zu verlangen; man verfehlte nicht, daran zu erinnern, daß Kaiser Alexander selbst einst die jetzt in Spanien herrschende Verfassung anerkannt habe. In Folge dieser Erwiderungen, deren Mittheilung in der Cortessitzung vom 9. Januar 1823 den lautesten Beifall hervorrief, verlangten die Gesandten der drei nordischen Mächte ihre Pässe. Noch machte die englische Regierung, sehr im Einverständnisse mit Villèle und seinem König, einen Vermittlungsversuch und rieth in Madrid zu einer Modification der Verfassung; die Dinge waren dahin gediehen, daß irgend ein Zugeständniß von Seiten der spanischen Regierung gemacht werden mußte, wenn die französische Intervention noch vermieden werden sollte; allein die Einmischung der Mächte war in so brüsker Form erfolgt, daß sie dem spanischen Stolze jedes Nachgeben erschwerte oder unmöglich machte. So ward denn auch der französische Gesandte abgerufen, und das Beobachtungscorps an den Pyrenäen, das unter dem Vorwand eines Militärcordons wegen des gelben Fiebers zusammengezogen worden war, zu einem Heere von 100,000 Mann vermehrt, welches beim ersten Befehl sofort die Gränze überschreiten konnte.

Am 28. Januar 1823 wurden zu Paris die Kammern wieder eröffnet. Die Rede des Königs, der ankündigte, daß 100,000 Franzosen bereit seien, unter einem Prinzen seines Hauses — der Herzog von

Angouleme war zu dieser Ehre ausersehen — zu marschieren, um den Thron von Spanien einem Enkel Heinrich's IV. zu erhalten, wurde von den wohlgefüllten Bänken der Ultras mit einem Lebehoch auf alle Bourbons erwidert; sie zürnten dem Minister, daß er so lange gezaudert, einen so gottwohlgefälligen Entschluß zu fassen. Sie schwärmten für diesen Ritterdienst, den man dem Königthum und der Kirche erweise und auch der zweideutige Chateaubriand, der nach der Rückkehr vom Congresse an des entlassenen Montmorency Stelle ins Ministerium getreten war, billigte jetzt den legitimistischen Heereszug, den ersten unter dem weißen Banner, der den Bourbonen kriegerischen Ruhm verheiße, und damit, wie er sich ausmalte, die Stellung der Dynastie in Frankreich befestigen werde, deren Unsicherheit noch immer die stets sich erneuernden Verschwörungen bekundeten. Dagegen gab nun auch die Opposition den Bedenken, die sich im Lande regten, in der Kammer beredten Ausdruck. Sie machte aufmerksam, daß die französische Charte am Ende nicht fester stehe, als die spanische Constitution; daß es eine unwürdige Rolle sei, die man Frankreich hier spielen lasse; daß die Einmischung keine Handlung selbstständiger Politik, sondern nur die Ausführung eines Beschlusses der Tripelallianz sei; „Ihr seid nur der Widerhall des Zornes der Preußen und der Kosaken" rief General Foy der Rechten zu, indem er zugleich die Befürchtung aussprach, daß bei dieser Gelegenheit Frankreich selbst möglicher Weise fremde Truppen, wenn auch unter dem Namen von Verbündeten, im Lande haben werde. Heftiger noch traten die Gegensätze sich gegenüber, als am 24. Februar die Erörterung des Gesetzesentwurfs begann, welcher einen Credit von 100 Millionen Francs für die außerordentlichen Ausgaben des Jahres 1823 verlangte. In würdiger und beredter Weise erhob sich Royer-Collard, ein ernster philosophisch geschulter Mann von strengen Grundsätzen und reinstem Charakter, gegen diesen Krieg, den, sagt er, die Nation auf ihre eigenen Kosten gegen sich selbst führe. Ein solcher Krieg, der die angeborene Würde der Nation so tief verletzt, kann nicht im Plane des Königs liegen; er gehört einer Partei an, welche die Restauration stets nur als eine Züchtigung aufgefaßt hat und fortwährend bemüht war, sie zur Erniedrigung Frankreichs zu wenden; General Foy sagte „geradezu, daß der Präsident des Ministerraths denke wie er und seine Freunde, daß weder Regierung noch Nation diesen Krieg wolle, der auch in einem Lande wie Spanien und nach den Erfahrungen einer nicht sehr entfernten Vergangenheit keine Aussicht auf Erfolg habe. Villèle und Chateaubriand antworteten, und der Letztere fand das Wort, welches der Rechten wohlgefiel, und das auch seither, wo die vernünftigen Gründe fehlten, stets gefällig zur rechten Zeit sich eingestellt hat: es sei die Revolution, welche man in Spanien bekämpfe, sie, die auf allen ihren Schritten die Bourbonen verfolge und jetzt dort in jenem Lande sich ein neues Opfer suche. Die Debatte des folgenden Tages führte eine Scene von sehr ernsten Folgen herbei. Der Deputirte Manuel, der zum größten Verdruß der Ultras in der Vendee gewählt worden war, welche sie als die besondere Domäne des Royalismus betrachteten, brandmarkte in seiner Rede die Regierungsweise des spanischen Königs lebhaftes und anhaltendes Murren von der rechten Seite begleitete seine Worte. Als er fortfuhr: „Ihr wollt das Leben König Ferdinand's retten und bedenkt nicht, daß die Stuarts gestürzt wurden, weil sie Frankreichs Beistand suchten, daß das Haupt Ludwig's XVI. fiel, weil die Fremden sich in Frankreichs Sache mischten" — da brach ein Tumult los, der den Redner hinderte fortzufahren, und den Präsidenten, nach vergeblichen Anstrengungen den Sturm zu beschwören, die Sitzung aufzuheben nöthigte. Die Majorität, vom Parteifanatismus so völlig beherrscht, daß sie keiner nüchternen Prüfung der Dinge mehr fähig war, weigerte sich länger mit einem Abgeordneten zusammenzusitzen, der, wie sie sehr willkürlich Manuel's Worte interpretirte, dem Königsmord eine Lobrede halte. Ein Antrag auf Ausschließung von der Kammer wurde gestellt und ein Ausschuß zu dessen Berathung niedergesetzt. Der Berichterstatter Labourdonnaye beantragte als einstimmige Ansicht des Ausschusses die Ausschließung, aber eine Ausschließung, zu welcher übrigens der Kammer das Recht schwerlich zustand, würde eine Neuwahl nothwendig gemacht haben; und wie, wenn Manuel dann von Neuem gewählt würde? Man kam auf den unsinnigen und despotisch-willkürlichen Antrag, Manuel auf ein Jahr auszuschließen. Der Abgeordnete erklärte, daß er der Kammer ein solches Recht bestreiten müsse, daß er nur der Gewalt weichen werde. Ein Antrag, welcher Manuel „auf die Dauer der Session" von der Kammer ausschloß, ward gleichwohl von einer großen Mehrheit unter stürmischem Widerspruch der Linken, aber ohne Einrede von Seiten der Regierung angenommen. Des folgenden Tags erschien Manuel in der Sitzung. Der Präsident forderte ihn auf, sich zu entfernen; er blieb. Die Rechte verließ mit dem Präsidenten, der den Huissiers den Befehl gab, Manuel hinauszuschaffen, den Saal; die Huissiers konnten nicht zu Stande kommen und holten eine Abtheilung Nationalgarden; auch diese, von Lafayette mit Nachdruck angeredet, zauderten. Darauf drang eine Abtheilung Gensdarmen ein; sie drängten nach einem Wortwechsel einiger Abgeordneten mit ihrem Obersten den Abgeordneten Manuel endlich zum Saale hinaus. Die Liberalen erklärten, nach dieser schmählichen Scene, welche sie mit Recht eine Frevelthat nannten und die einen der zahllosen Beweise bildet, einen wie schweren und hoffnungslosen Kampf in diesem Lande die Principien der Repräsentativverfassung mit der leidenschaftlichen Natur des Volkes kämpften, nicht weiter an den Berathungen Theil nehmen zu können und überließen für den Rest der Session der Rechten das Feld allein.

Die Mittel für die spanische Expedition wurden bewilligt und am 7. April 1823 überschritten die Franzosen, 95,000 Mann mit 21,000 Pferden, in fünf Armeecorps getheilt, unter dem Oberbefehl des Herzogs von Angouleme die Bibassoa.

Den heftigen Ausbrüchen des castilianischen Stolzes im Saale der Cortes und auf den Straßen von Madrid, welche eben wie zwei Jahre früher in Neapel in allerlei großwortigen Tiraden, namentlich der Presse, ihren Widerhall fanden, entsprach keine wirkliche Kraftanstrengung der Nation. Am 23. April wurde die französische Gränzüberschreitung mit einer spanischen Kriegserklärung erwidert. Dieselbe war bereits von Sevilla aus datirt; denn man hatte den Widerstand damit beginnen müssen, die Hauptstadt aufzugeben. Die Finanzen in kläglichster Verwirrung; im Auslande zwar viel Sympathie, aber wenig Credit; Heerwesen, feste Plätze, Artillerieparks, Flotte, Alles in Unordnung, die Kriegslust gering, so hatte man, eine Niederlage noch vor dem Krieg, noch am 19. Februar beschlossen, daß die Cortes mit dem König nach Sevilla sich zurückziehen sollten, wohin der Sitz der Regierung verlegt wurde. Der König stellte sich diesmal krank, um der Reise zu entgehen, aber es half ihm nichts; der liberale Arzt, den die Cortes consultirten, meinte, die Bewegung werde ihm ganz zuträglich sein, und so mußte er mit.

Aber auch dort war des Bleibens nicht lange. Die Franzosen fanden wenig Hindernisse auf ihrem Wege. Eine erste Schwierigkeit, die zu befürchten war, die mangelhafte Verpflegung in dem armen, mit Straßen und Verkehrsmitteln schlecht ausgestatteten Lande, wurde glücklich beseitigt. Der Herzog von Angouleme schloß mit einem geschickten Speculanten und Geldmacher Ouvrard seine Lieferungsverträge und dieser zog alsbald die Habgier in den Bund mit dem Glaubenseifer, indem er zu Tolosa eine Anzahl Anhänger des absoluten Königs versammelte und für rasche Lieferung der Lebensbedürfnisse die höchsten Preise verhieß und baar bezahlte. Auf dem Straßenpflaster lagen die Goldhaufen aufgeschüttet, ein unwiderstehlicher Anblick, der, vom Gerücht vergrößert, von allen Seiten, aus allen Dörfern die Lebensmittel herbeizauberte, deren Zufluß, einmal durch jenes wirksamste Mittel in Bewegung gesetzt, auch dann nicht wieder stockte, als die Preise wieder auf ihre gewöhnliche Höhe herabfielen. Verrath lähmte von Anfang an die liberale Sache. Darüber, daß sie gegen ein französisches Heer das offene Feld nicht würden halten können, machten sich ihre Generale wohl selbst keine Illusion; um aber den „kleinen Krieg", der früher gegen dieselben Feinde so wirksam gewesen, mit Erfolg anzufachen und zu nähren, hätten sie der Geistlichkeit bedurft, die diesmal gegen sie war. Vielmehr operirten alsbald im Rücken ihrer schwachen Truppenkräfte Guerillas von der apostolischen Partei, in Altcastilien unter dem Pfarrer Morino, in Unteraragonien unter Ullman und Bessieres; der Haß der Geistlichkeit gegen die Liberalen verschaffte den Franzosen in jedem Dorfe Verbündete. Nachdem deren Haupttheer das Baskenland, das seine patriarchalischen Provinzialrechte, seine Fueros, höher hielt, als die neumodische Constitution, ohne Widerstand durchzogen hatte, schlug es die große Straße nach Madrid ein, in ihrem Gefolge die Mitglieder und Werkzeuge der apostolischen Junta, welche allenthalben ihre Decrete und Proclamationen anschlugen.

Schon am 23. Mai rückte die Vorhut unter Foissac=Latour in Madrid ein, sehnlich von den Einwohnern erwartet, denen die Haltung des Pöbels Besorgniß einflößte; am folgenden Tage der Herzog von Angouleme selbst. Pöbel und Mönche hatten ihre Wuth bereits an den Verfassungstafeln und dem Palast der Cortes ausgelassen; der „Rath von Castilien" und der „Rath von Indien", welchen der Herzog die Anordnung der inneren Angelegenheiten überließ, setzte eine Regentschaft mit dem Herzog von Infantado an der Spitze, ein; die Einkerkerungen, die Meuchelmorde neben den öffentlichen Hinrichtungen die Flucht der Verdächtigten nahmen ihren Gang; die französischen Officiere selbst empfanden Ekel an dem vornehmen und niedrigen Gesindel, dem ihr Heereszug die Opfer ins Netz jagte und ans Messer lieferte. Das französische Heer setzte seinen Vormarsch auf Sevilla weiter fort. Die Cortes mußten jetzt ihre kräftigen Worte und energischen Decrete, in denen sie während 6 Wochen sich gütlich gethan, einstellen; ein Zwangsanlehen von 200 Millionen Realen ward nicht ausgeführt, da wo der Zwang fehlte, auch die Realen ausblieben; sie verlegten ihren Sitz weiter nach Cadix und schifften sich auf dem Quadalquivir dorthin ein; hinter ihnen her erschallten die Glocken, welche das Volk von Sevilla zur Erhebung für den absoluten König riefen. Dieser selbst hatte sich jedoch gleichfalls unter einer Escorte zu der unfreiwilligen Reise nach Cadix bequemen müssen, wo er auf das Strengste bewacht wurde. Diese Stadt, einst im Kampfe gegen Napoleon das letzte Bollwerk der spanischen Unabhängigkeit, war dieses Mal nicht zu langer Belagerung eingerichtet; es ist wie ein Wunder, daß sie sich dennoch drei Monate hielt. Die Besatzung war klein, sie hatte wenig Geschütze und Munition und nur ein Linienschiff nebst einigen Kanonenbooten zur Verfügung; auf Entsatz, auf wirksame Hülfe von außen, auf einen Umschlag des Kriegsglücks im übrigen Spanien war schon keine Hoffnung mehr. Die liberalen Führer hatten sich der Reihe nach, nach längerem oder kürzerem Zögern und Fechten, der Regentschaft unterworfen. O'Donnell, kein Neuling in der Kunst des Fahnenwechsels, verrieth die constitutionelle Sache noch vor dem Einzug der Franzosen in Madrid. Am 10. Juli schloß General Morillo, noch an der Spitze von 3000 Mann seines Armeecorps, mit den Franzosen ab, am 4. August capitulirte Ballesteros, der mit den Resten seiner Truppen bis zu den Quellen der Guadiana ins Gebirge von Caporla zurückgedrängt worden war; nur Einer rettete die Ehre Spaniens, Mina, der, während die Franzosen schon auf Sevilla marschirten, seinerseits die französische Gränze überschritt und in die Cerdagne, die Landschaft am obern Tet, einfiel, (Anfang Juni), und dann, wieder zurückgekehrt, sich in Barcellona zu langem Widerstand festsetzte.

Am 16. August langte der Herzog von Angouleme vor Cadix an; die Seeseite sperrte die französische Flotte. 14 Tage später, am 31., Nachts zwischen zwei und drei Uhr gelang es, den wichtigsten Punkt der Außenwerke der feindlichen Stellung, den Trocadero, eine Schanze auf der Landenge, welche den Zugang zum inneren Hafen von Cadix beherrscht, durch Ueberfall zu nehmen; bis an die Schulter im Wasser, in tiefer Stille drangen die französischen Grenadiere vor, mit ihnen ein erlauchter Freiwilliger, Karl Albert Prinz von Carignan, der diesen Feldzug mitmachte, um sich in der legitimistischen Welt wieder hoffähig zu machen. Nach einem heftigen Gefecht, Mann gegen Mann, warfen sich die Spanier, aus ihren Schanzen herausgeschlagen, in ein letztes Fort; um neun Uhr war auch dieses von den Franzosen genommen. Noch besaßen die Liberalen an dem König eine Art Geisel und dies zwang den französischen Oberfeldherrn, etwas säuberlich mit ihnen zu verfahren. Es kam zu Verhandlungen; der Herzog drohte, daß er, wenn dem König und der königlichen Familie ein Leid geschehe, alle Abgeordnete und alle Beamte würde über die Klinge springen lassen. Zugleich aber ließ er den Hauptführern insgeheim Geldmittel zur Auswanderung anbieten; er hatte es eilig, diesem kostspieligen Kriege ein Ende zu machen. So lösten sich denn am 28. September die Cortes auf und gaben dem Könige seine Freiheit zurück. Noch aber verzögerten die Milizen von Madrid und Cadix die Freilassung; sie waren naiv genug, sich, gleich als ob dies etwas helfe, von dem König eine unbedingte Amnestie zusichern zu lassen. Der König gelobte und unterzeichnete „bei seinem königlichen Wort" Alles, was sie wollten, dann begab er sich nach dem französischen Lager, wo ihn der Herzog von Angouleme an der Spitze seines Stabes begrüßte; hinter ihm her erscholl der Siegesruf der Mönche und der „königlichen Freiwilligen": „Tod den Schwarzen."

Von diesen hatte sich eine Anzahl der am meisten Compromittirten geflüchtet. Mit Ingrimm sah der Tyrann, dessen Rachgier sie getäuscht, dem Fahrzug nach, das sie dem freien Meere entgegentrug; er konnte sich trösten, es blieben ihm Opfer genug übrig. Am 10. October nahm ein königliches Decret Alles zurück, was seit dem 7. März 1820 geschehen sei und eine unsinnige Ordonnanz erging, daß auf seiner Reise nach Sevilla sich ihm kein Constitutioneller auf fünf spanische Meilen Entfernung nähern dürfe; um so besser für sie, je mehr spanische Meilen zwischen ihnen und dem König lagen. Als dann der letzte Widerstand allmälig erlosch, am 1. November Barcellona capitulirte, und der gefürchtetste der liberalen Führer Mina, nachdem er einen Vertrag und die nöthigen Sicherheiten, daß derselbe auch gehalten würde erlangt hatte, sich nach England begeben, am 5. und 11. auch Cartagena und Alicante, die letzten Orte, in denen noch Widerstand geleistet wurde, ihre Thore geöffnet hatten, da konnte die Reaction aufs Neue ihre Feste feiern.

Von den Franzosen ließ sich Ferdinand dabei nicht stören. Wie der Herzog von Angouleme durch eine Verordnung die Wuth der Rache eindämmen wollte, indem er die Vollziehung der Strafurtheile an die Einwilligung der französischen Commandanten in den Städten mit französischer Besatzung band, sah er sich von den Zeloten in Frankreich selbst gehemmt; König Ferdinand seinerseits versprach Alles, um Nichts zu halten: fast unter des Herzogs Augen wurden die Vorbereitungen zur Hinrichtung des Obersten Riego getroffen, den das tückische Glück den Königlichen in die Hände geliefert hatte und der einige Tage nach des Herzogs Abreise auf einem Eselswagen zum Richtplatz geschleppt und mit dem Strang hingerichtet wurde. „Es lebe die Religion, es lebe der König!" heulte die Menge bei der Leiche. Als dann am 13. November König und Königin in Madrid einzogen, da fehlte diesem Triumphator auch der Pöbel nicht, der sich vor den königlichen Wagen spannte und zu jeder Grausamkeit dem rückkehrenden Tyrannen im Voraus die Vollmacht gab.

Ferdinand bestätigte alle Verfügungen, welche die Regentschaft während seiner Abwesenheit getroffen. Sein Beichtvater, Victor Saez, ein Mönch, trat an die Spitze der neuen Regierung, die sich auf die Mönche und die königlichen Freiwilligen stützte, welche dem hergestellten Absolutismus anstatt des aufgelösten Heeres eine neue Armee bildeten. Gegen Aufstandsversuche sicherten ihn die 45,000 Franzosen, welche kraft eines am 9. Februar 1824 mit der französischen

Regierung geschlossenen Vertrages bis zur Reorganisation der spanischen Armee unter General Bourmont noch zwei Jahre im Lande blieben. Diese Occupationstruppen waren zu einer für ehrliche Soldaten traurigen Rolle verdammt; sie waren selbst in den größeren Städten nicht im Stande, Plünderungen, Einkerkerungen, Verfolgungen jeder Art zu hindern, mit welchen die siegreiche Partei die Negros, wie sie ihre Gegner nannte, heimsuchten; der Triumpheinzug, den der Herzog von Angouleme am 2. December 1823 in Paris hielt, war in der That von zweifelhaftem Werth. Die Mächte der heiligen Allianz hatten hier einen Zustand geschaffen, der in nichts besser, in tausend Beziehungen schlimmer, scheußlicher, gräulicher war, als die Orgien der französischen Terroristen im schlimmsten Jahre der französischen Revolution. Unter den Decreten, mit denen der König und sein Beichtvater diese Gräuel sanctionirten, mag dasjenige vom 9. October 1824 den Preis der Schande verdienen, welches alle, die sich seit dem 1. October 1823 durch Waffenerhebung oder durch Handlungen irgend welcher Art als Feinde des Thrones erwiesen, für Majestätsbeleidiger und des Todes schuldig erklärte. Man glaubte schon im Juli 1823, also noch vor diesem Decret, eine ganze Armee von Verhafteten, 44,000, zählen zu können.

4. Portugal.

Diese Erfolge des Absolutismus in Spanien und Frankreich wirkten nun naturgemäß nach Portugal hinüber. Die constituirenden Cortes, welche dort zu Lissabon seit Februar 1821 tagten, wußten nichts Besseres zu thun, als für ein Land, dem alle Constitutionen der Welt nicht helfen konnten, so lange nicht eine kräftige Verwaltung die nothwendigsten Vorbedingungen eines gesetzlichen Lebens schuf, möglichst radikale Verfassungsparagraphen auszuhecken, Volksjouveränetät, Einkammersystem, suspensives Veto des Königs und Verfügungen über Verfügungen zu erlassen. Der gutmüthige König ließ sie gewähren, und nahm es ruhig hin, auch wo sie seine Gebuld zu offenbaren Beleidigungen mißbrauchten, wie etwa, wenn diese Freiheitshelden beschlossen, daß kein Abgeordneter den König besuchen oder ihm die Hand küssen dürfe. Die Masse des Volkes sah diesem gesetzgeberischen Treiben wie einer fremden Sache, die sie nichts anging, zu. Anders diejenigen, deren Interessen mit der alten Welt der Mißbräuche verwachsen waren, die zahllosen Mönche z. B., denen jede Schmälerung des frommen Müßiggangs, die Beschränkung der Feiertage z. B., deren das portugiesische Jahr nicht weniger als 139 zählte, ein Aergerniß war; vor Allem war dem constitutionellen Wesen ein Theil der königlichen Familie selbst feindlich gesinnt, die Königin Karlotta und des Königs jüngerer Sohn Dom Miguel. Jene, eine Schwester des spanischen Ferdinand, und dieses Bruders würdig, fand es mit ihrem Gewissen, das ihr sonst wenig Ungelegenheiten machte, nicht vereinbar, die Verfassung zu beschwören; in Wahrheit hatte sie wie der freche und lasterhafte Knabe Dom Miguel eine natürliche Abneigung gegen eine Staatsform, welche die Zügellosigkeit der Herrscherlaunen in Schranken zu weisen bestimmt und recht eigentlich zum Schutze des Volkes gegen solche Persönlichkeiten, wie diese beiden, erfunden ist. Ein Artikel der Verfassung verlangte in einem solchen Falle von Widerstreben gegen die Verfassung, daß das betreffende Glied der königlichen Familie das Land verlasse. Der König hatte im gegebenen Fall gegen die Vollziehung dieses Paragraphen nichts einzuwenden; er sicherlich hätte am wenigsten verloren, wenn derselbe vollzogen worden wäre.

Allein die Königin spiegelte Krankheit vor und die Sache zog sich in die Länge; die Stimmung der Mächte war bekannt, gleich nach der Verkündung der neuen Verfassung war der östreichische und der russische Gesandte abgereist und als nun auf dem Congreß zu Verona die Intervention in Spanien in bestimmte Aussicht genommen wurde, erhob ein Anhänger der Königin, der Graf Amarante, am 26. Februar 1823 zu Villa real, am nördlichen Duerouser in der Provinz Tras os Montes, wo die Familie der Silveira, der er angehörte, begütert war, die Fahne des Aufruhrs im Namen des Absolutismus, oder, wie man sich diesmal ausdrückte, im Namen der Wiedergeburt, der Regeneration. Das Unternehmen glückte nicht, die Empörer wurden über die spanische Gränze gedrängt, hofften indeß hier auf die Unterstützung durch die mittlerweile eingedrungenen Franzosen. Diese Hoffnung war irrig, da der Herzog von Angouleme und seine Regierung die Empfindlichkeit Englands zu schonen hatte, welche Macht, gereizt schon durch die Behandlung der spanischen Angelegenheiten auf dem Veroneser Congreß, mit Mißtrauen die Entwickelung der Dinge auf der Halbinsel betrachtete und an den portugiesischen Angelegenheiten ein besonderes Interesse nahm: nur die Regentschaft zu Madrid leistete ihnen, so viel sie konnte, Vorschub. Es bedurfte indessen auch der unmittelbaren Einmischung nicht. Die neue portugiesische Constitution hatte nicht geleistet, was man sich von ihr versprochen hatte; die wandelbare Stimmung des leidenschaftlichen, unwissenden, arbeitsscheuen Volkes hatte längst umgeschlagen. Die verfassungsfeindliche Partei hatte namentlich die Truppen mit Erfolg bearbeitet, und die liberale Sache hatte Niemanden, keine eigene Partei und nur wenige einzelne Männer, auf welche Verlaß war. So konnte sich im Mai 1823 Dom Miguel offen gegen die Constitution erklären. Er entwich aus der Hauptstadt, sammelte Truppen und bald zog auch jener Sepulveda, welcher einer der Hauptureheber der Revolution von 1820 gewesen, an der Spitze einiger

Tausende dem Hauptquartier des Prinzen in Villafranca zu. Ebendahin ward am 30. Mai der König selbst von aufgewiegelten Truppen entführt, — uneinig mit sich selbst, von den noch übrigen Soldaten durch den Ruf nach dem „absoluten König" ins Gedränge gebracht — und er erließ von dort am 3. Juni eine Proclamation, in welcher er die „verruchten Cortes" für aufgelöst und die „reine Monarchie" für hergestellt erklärte. Zwei Tage später kehrte er als absoluter Monarch in seine Hauptstadt zurück, die er als constitutioneller verlassen. Von den Mitgliedern der aufgelösten Cortes war eine Anzahl nach England entwichen, obwohl der König selbst keine Gedanken der Rache hegte. Die Anhänger und Beförderer der Contrerevolution wurden belohnt, der Graf Amarante z. B., der mittlerweile aus Spanien zurückgekehrt war, zum Marquis von Chaves erhoben; die Klöster wurden wieder hergestellt und die Klostergüter zurückgegeben; ein neues Ministerium unter dem Grafen Palmella gebildet und eine Junta niedergesetzt, welche diejenigen Verfügungen der Cortes bezeichnen sollte, welche nicht mit dem monarchischen Princip vereinbar seien. Dom Miguel, zum Oberbefehlshaber des Heeres ernannt, war eine zeitlang der gefeierte Held der Reaction in ganz Europa.

Auch die Königin Karlotta kehrte am 18. Juni, noch ehe ihr Bruder aus den Händen der Liberalen in Cadix befreit war, nach Lissabon zurück. Das schändliche Weib haßte ihren Gemahl, der seinerseits mit gutem Grund die Furie fürchtete, die zu Allem fähig war; sie ging darauf aus, an seiner Stelle ihren Sohn Miguel zu erhöhen, der ein Fürst nach ihrem Herzen zu werden versprach. Ein monarchisches Schreckensystem im Sinne dieses würdigen Paares war unmöglich, so lange der gutartige Dom Johann regierte, höchstens ein armseliger Meuchelmord wie der an des Königs gemäßigtem Rathgeber, dem Marquis von Loulé gelang; man mußte ihm also durch einen Staatsstreich die Zügel vollends entwinden. Am 30. April 1824 bemächtigte sich Dom Miguel der Häupter der gemäßigten Partei. Die Minister des Königs, denen der Schlag eigentlich gegolten, fanden noch Zeit, sich auf ein englisches Kriegsschiff, die „Windsor=Castle", die im Tajo vor Anker lag, zu flüchten. Ebendahin floh am 9. Mai, mit Hülfe des englischen und französischen Gesandten, auch der König, der seinem unnatürlichen Sohne das Schlimmste zutraute. Diesmal aber zersprang der absolutistischen Partei der allzustraffgespannte Bogen in der Hand. Sie hatte vergessen, mit einem Factor zu rechnen, auf den sie allzusicher zu zählen gewöhnt war. Das niedere Volk der Hauptstadt verehrte seinen König mit einer Art Abgötterei; als dieser nun von seinem Zufluchtsorte aus die frevelhaften Pläne Derer enthüllte, die ihm am nächsten hätten stehen sollen, da sah sich Miguel plötzlich von Allen verlassen, vom Vielen bedroht, und es blieb ihm nichts übrig, als selbst zu seinem Vater zu eilen und dessen Verzeihung zu erbitten. Er ward nun selbst eine zeitlang auf jenem englischen Schiffe in Gewahrsam gehalten; mit der Gemüthsruhe vollendeter Unverschämtheit lag er im Fenster der Cajüte und blies den Rauch seiner Cigarre in die Luft.

Man konnte seine „unerfahrene Jugend" zum Vorwand nehmen, um ihm Verzeihung zu gewähren, denn er war in der That, obgleich ein ausgelernter Bösewicht, erst 22 Jahre alt; doch fand man für gut, ihn außer Landes auf Reisen zu schicken. Er begab sich über Frankreich nach Wien, um sich unter den Augen Metternich's für eine spätere Fortsetzung seiner Rolle vorzubereiten. Seine Mutter ward in ein Kloster verwiesen, was ihr wenig paßte; sie sträubte sich unter dem Vorwand einer Krankheit und soll, um diese Krankheit zu beweisen, sogar die Sterbesacramente genommen haben. Die Verfassungsfrage wurde zunächst dahin erledigt, daß der König auf englischen Rath am 4. Juni 1824 eine Verfassung gab, in welcher die Cortes in ihrer alten Form und Gliederung nach drei Ständen, die Cortes von Lamego, wie man sie nach ihrem Versammlungsorte, einer Stadt südlich vom mittleren Duero nannte, wiederhergestellt wurden. Das Land blieb ruhig bis zum Tode des Königs, der am 10. Mai 1826 eintrat.

B. Der Osten.
1. Die Türkei. Beginn des griechischen Aufstandes.

Im Wesentlichen hatte so die heilige Allianz im Süden und Südwesten Europas ihr Ziel erreicht. Sie hatte nach einem Princip verfahren, das ebenso einfach als verkehrt war: daß Alles, was von Fürsten ausgeht, recht, Alles, was gegen die fürstliche Vollgewalt sich wendet, unrecht sei. Es war ihr nicht schwer geworden, denn es handelte sich um Völker, in denen nur erst ein Theil der höheren Gesellschaftsclassen von einem lebhaften Verlangen nach einer freien und würdigen Staatsordnung ergriffen war; ihre vereinzelten Versuche entbehrten der nachhaltigen Kraft, welche nur eine lange, allseitige, in die Tiefen hinabreichende, über alle Kreise der Nation sich erstreckende Verbreitung solchen politischen Bewegungen zu geben vermag. Nicht so leicht sollte den Mächten die Aufgabe im Osten gemacht werden, wo mittlerweile ein Kampf ausgebrochen war, der die Alliantzmächte in einen schweren Zwiespalt mit den christlichen Grundsätzen bringen mußte, welche ihre Fahne zierten, und der die sinnlose Staatskunst des bloßen Festhaltens an dem, was einmal bestand, kläglich zu Schanden machen sollte.

Seit beinahe 400 Jahren schmachtete hier eine zahlreiche christliche

Bevölkerung auf dem durch so viele große Erinnerungen geweihten Boden der alten Griechenwelt unter dem Joche eines fremden Barbarenvolkes. Das türkische Reich war seit lange dem gemeinen Loose aller Barbarenherrschaften verfallen. Die Herrschaft der Osmanen, asiatischer Eroberer, welche im 15. und 16. Jahrhundert diese Ländergebiete überfluthet hatten, breitete sich, noch immer mehr ein Feldlager als ein Staat, über ein mannigfaches Völkergemisch, das innerlich zu durchdringen ihr unmöglich war. Diese Krieger hatten sich nicht, wie sonst geschieht, wo Staaten durch Eroberung gegründet werden, in Ackerbauer verwandelt; in den fruchtbarsten Erdstrichen der Welt lagen neun Zehntel des Landes unbebaut. Die kriegerische Kraft der Osmanen aber war zum größten Theile verraucht, und nur die stumpfe Trägheit, der gedankenlose Hochmuth barbarischer Sieger übrig geblieben. Die Masse des Osmanischen Volkes selbst war sich des Verfalls seiner Kraft einigermaßen bewußt, den sie doch mit fatalistischer Ergebung wie eine Schickung des Höchsten ertrug. Längst hatte die Zerbröckelung und Verwitterung begonnen, indem wie einst im persischen Reiche nach den Zeiten des Cyrus und Darius die einzelnen Satrapen sich unabhängig zu machen strebten, von denen um die Zeit, welche unsere Erzählung erreicht hat, Ali Pascha in Albanien, Mehemed Ali in Aegypten die bedeutendsten waren. Die christlichen Bevölkerungen, welche von den Türken verächtlich unter dem Namen der Rajah oder Heerde zusammengefaßt wurden, waren durch die Gesetze zu einem Zustand der Halbsclaverei verdammt; das Besteigen eines gesattelten Pferdes z. B., das Tragen von Waffen ihnen untersagt; aber die Indolenz der Herrscher, grausamer aber fahrlässiger Kerkermeister, milderte die Schärfe dieser Gesetze und der Gegensatz der Religionen, wie stark er in Tracht, Sitte und gegenseitigem Abscheu sich aussprach, führte wohl im Einzelnen da und dort zu blutigen Thaten des Fanatismus, niemals aber zu solchen Massenverfolgungen, wie sie in Spanien oder Frankreich von rechtgläubigen Regierungen gegen ketzerische oder ungläubige Unterthanen verhängt worden sind.

Allein selbst wo der unmittelbare Druck erträglich, da war doch schon der Gedanke unerträglich, daß Muhamedaner über Christen Barbaren über die Nachkömmlinge der alten Hellenen herrschen sollten. Dazu kam denn, daß unter den von Hause aus intelligenteren und überdem von den Einflüssen des westeuropäischen Lebens berührten Griechen und den sonstigen christlichen Bevölkerungselementen allmälig Handel und Wohlstand sich hob und daß sie in ihrer kirchlichen Organisation ein starkes Band der Einheit besaßen, welches die zerstreuten und vereinzelten Bevölkerungen zusammenhielt und ihr Selbstgefühl bewahrte. Durch diese kirchliche Organisation aber waren sie zugleich mit Rußland verbunden, dessen Politik seit Peter dem Großen stetig auf Schwächung des türkischen Reiches gerichtet war und in dieser Richtung zwar nicht rasch aber unaufhaltsam fortschritt, und welches seit dem Frieden von Bukarest im Jahre 1812 und den bald folgenden Ereignissen größer und gewaltiger dastand als je zuvor. Dazu gesellten sich die allgemeinen Anregungen, die in der mächtig bewegten Zeit seit 1789 lagen, einer Zeit, in welcher alle Völker zu einem Bewußtsein oder einer Ahnung ihrer natürlichen Lebensbedingungen, ihrer Ansprüche auf die allgemeinen Güter der Gesittung und ihrer besonderen, die ihnen ein Blick auf ihre Vergangenheit zeigte — erwachten. Die alten Erinnerungen an hellenisches Volksthum und hellenische Großthaten belebten sich wieder, und wo ein kühner Mann, wie etwa Schiller in seinen Vorlesungen zu Jena, seine griechischen Zuhörer zur Wiedererringung ihrer Freiheit ermahnte, da kamen sie dem entgegen, was schon in den Herzen Vieler erglüht und zum unaustilgbaren Glauben geworden war. Ein Streben nach höherer Bildung ward allgemeiner unter dem griechischen Volke; an dem wiederaufgesuchten Zusammenhange mit dem Alterthum belebten und stärkten sich die Hoffnungen auf die Zukunft. Im guten Glauben hielten sich die leitenden Kreise des griechischen Volkes für ächte Nachkommen der alten Hellenen, ein Anspruch, den ihnen mißgünstige Gelehrsamkeit, doch schwerlich ganz mit Recht und in jedem Fall ohne Wirkung, absprach: „in der 647. Olympiade," im Jahre 1809, ward auf der Insel Korfu eine jonische Academie gegründet und überall knüpfte man so in ähnlichen Wendungen an die ruhmvolle Vergangenheit an. Die Jugend, angeregt durch die Sympathieen, welche der griechischen Sache überall in Europa entgegengebracht wurden, begeisterte sich an den Kriegsliedern eines neuen Tyrtäos, des Tessaliers Rhigas, der nicht lange vor dieser Zeit (1798) das Opfer scheußlicher türkischer Wuth und Grausamkeit geworden war, und ein wissenschaftlicher Verein, der schon seit dem Anfang des 19. Jahrhunderts in Paris und Athen (1812) bestand, die Hetärie der Musenfreunde, gewann nun während des Wiener Congresses, der wie so viele, so auch die griechischen Hoffnungen lebhaft anregte und jämmerlich täuschte, eine erhöhte Bedeutung. Aus ihm entwickelte sich ein politischer Verein, die Gesellschaft der Philiker, eine Art von Carbonaria mit allerlei wunderlichen Bezeichnungen und Abstufungen — Lehrlinge, Priester, Hirten, Oberhirten, Eingeweihte, Höchsteingeweihte — dem aber bedeutende und vielvermögende Männer, der russische Minister Johann Kapodistria und russische Officiere, wie General Fürst Alexander Ypsilanti, beitraten, und der nun rasch in einer großen Anzahl Mitglieder sich über die christlichen Bevölkerungen des türkischen Reiches verbreitete. Die Männer dieser

Verbindung und mit ihnen die Masse der griechischen Bevölkerung setzten ihre Hoffnung auf Kaiser Alexander, der ihre namhaftesten Häupter in seiner Umgebung hatte, und welcher gelegentlich wohl von „seinen Griechen" sprach und davon, daß er nicht ruhig glaube sterben zu können, wenn er nicht etwas für diese seine Griechen gethan; sein schwärmendes Christenthum wie sein russischer und sein persönlicher Ehrgeiz machten ihn zum geborenen Freunde des griechischen Volkes, und es lag für einen russischen Herrscher nahe genug, für Griechenland eine ähnliche Stellung zu beanspruchen und zu erstreben, wie sie ihm den gleichfalls von orthodoxen Christen bewohnten Donaufürstenthümern gegenüber schon der Friede von Kuztschuck-Kainardsche (1774) gegeben hatte. Es schien, als warte Alexander nur auf ein Zeichen vom Himmel, um offen die griechische Sache zur seinigen zu machen, die unterdrückten christlichen Brüder vom Joche barbarischer Ungläubiger zu befreien.

Wenigstens an irdischen Zeichen, daß jetzt die rechte Stunde gekommen, war kein Mangel. Die Griechen erblickten ein solches schon in dem Kampfe, der zwischen dem Sultan Mahmud und seinem rebellischen Pascha, dem „schwarzen Ali" von Janina ausgebrochen war. Ali Pascha, auf der Höhe seiner Macht angelangt, zu der ihm Gewalt und Hinterlist, Geduld, Tapferkeit, Verrath, jedes gute und jedes schlechte Mittel hatte helfen müssen, gebot als ein thatsächlich unabhängiger Fürst über weite Strecken des türkischen Reichs, Albanien, Thessalien, einen Theil von Macedonien. Wie in Aegypten Mehemed Ali trieb er auf seine Weise mit Förderung der Industrie, Einrichtung von Schulen, Sicherung der Straßen durch eine furchtbare Justiz europäische Civilisation unter einem Volke und auf einem Boden, wo selbst ein Peter der Große nicht fertig geworden wäre, so daß enthusiastische Engländer, die ihn auf seinem Bergschloß besuchten, in ihm einen neuen Pyrrhus erstanden glaubten. Endlich aber reizte er den Sultan durch seinen mächtig um sich greifenden Ehrgeiz und seine trotzige Selbstständigkeit dergestalt, daß im März 1820 die Acht über ihn ausgesprochen wurde, und ein türkisches Heer sich in Bewegung setzte, um diese Acht zu vollstrecken. Nichts konnte den griechischen Hoffnungen gelegener kommen, als dieser Kampf im osmanischen Lager selbst.

Kaiser Alexander ließ es geschehen, daß der Fürst Alexander Ypsilanti, aus einer großen griechischen Familie, einer seiner Adjutanten, und der Freund seines Günstlings des Corfioten Capodistria, an die Spitze der Hetäria trat. Kühne Pläne wurden unter den Häuptern berathen. Von Themistokles und Miltiades, von Achilles und Thrasybulos war viel die Rede, und bis zum Gedanken eines Handstreichs auf Constantinopel — Bewaffnung der dortigen Griechen, Sprengung des Arsenals, Ermordung des Sultans auf dem Wege nach der Moschee, — verstiegen sich die in fieberhafte Aufregung versetzten Gemüther. Aber gehandelt mußte werden, nachdem man so lange bedacht und beredet, und man entschloß sich, den Aufstand in den Donaufürstenthümern zu beginnen, welche von christlichen Hospodaren unter türkischer Oberhoheit regiert wurden, aber längst unter russischem Einfluß standen, und das nächste Ziel des russischen Ehrgeizes bildeten. Nach dem Tode des Hospodaren der Walachei, Alexander Sutsos, der im Januar 1821 erfolgte, erhob dort in den Dörfern am rechten Ufer der Aluta ein walachischer Bojar, Theodor Wladimiresko einen Aufstand, der zunächst gegen die „Bedrücker des Landes", die Phanarioten oder den griechischen Beamten- und Geldadel, aus dessen Mitte die Hospodaren genommen zu werden pflegten, gerichtet war. Während er sich Bukarests, der Hauptstadt der Walachei, zu bemächtigen trachtete, überschritt im März 1821 Alexander Ypsilanti, der aus dem russischen Militärdienst ausgeschieden war, den Pruth, zog ohne Widerstand in Jassy, der Hauptstadt der Moldau ein, deren Hospodar, Michael Sutsos, selbst Mitglied der Hetärie, sich ihm anschloß. An den Straßenecken von Jassy las man die feurige Proclamation, welche die Hellenen zum Kampfe rief wider die weichlichen Nachkommen des Darius und Xerxes und welche sehr deutlich von der großen Macht sprach, welche sie schützen werde. Die schwarz-weiß-blaue Fahne mit dem Kreuze und der vielberühmten Inschrift: „In diesem Zeichen werden wir siegen" ward erhoben und unter diesem Zeichen eine nicht geringe Anzahl Türken, welche das Unglück hatten in christliche Hände zu fallen, getödtet. Am 13. März brach der Fürst, mit nicht viel über 1000 Mann, von Jassy gegen Bukarest auf, um dort mit Wladimiresko, der sich für die griechische Sache erklärte, zusammen zu operiren. Aber er verstand es nicht, das rumänische Volk und seine Großen zu gewinnen, welche nicht viel Sinn für die griechische Freiheit hatten, und seine Hoffnungen, soweit sie Rußland und seinen Kaiser betrafen, waren auf Sand gebaut. Kaiser Alexander hatte mit dem Gedanken, seine christlichen Brüder zu befreien, gespielt, so lange es nicht mehr als ein Gedanke war. Als er die Nachricht von Ypsilanti's Unternehmen erhielt, hatte er mit Herablassung geäußert: „ich habe es stets gesagt, dieser würdige Jüngling hat edle Gesinnungen", aber als Fürst Alexander, von Jassy aus, einen Brief an ihn richtete, hatte er ihm die Mißbilligung seines Unternehmens ausdrücken lassen, und ihn bedeutet, daß dies nicht der richtige Weg sei, ohne sich freilich dazu herbeizulassen, ihm einen richtigeren zu zeigen. Am 9. April wurde der Fürst sogar nach Rußland zur Verantwortung gefordert, und Griechen und Walachen zu schleuniger Unterwerfung unter die Pforte ermahnt. Diese hatte ihrerseits am 28. März 1821 einen großen Divan zur Berathung der Angelegenheit nach Constantinopel berufen, und der Patriarch von Constantinopel, wie die Metropoliten von Jerusalem, Cäsarea, Nicomedien, Adrianopel und Angora erhielten Befehl, den Fürsten und alle Theilnehmer des Unternehmens mit dem Anathem zu belegen. Dies geschah; Mißmuth und Desertion riß unter Ypsilanti's Streitern ein; die Walachen hatten keine Lust, ihr Land zum Kriegsschauplatze gemacht zu sehen, und sahen nicht ab, was ihnen von dem griechischen Fürsten Gutes kommen solle; der Fürst von Serbien, Milosch, auf den man gerechnet, ließ vielmehr Ypsilanti's Agenten verhaften und die Hoffnung, mit Wladimiresko zusammen zu operiren, löste sich auf durch dessen Verrath, der freilich dem Bojaren selbst das Leben kostete, zugleich aber dem ganzen Unternehmen jede Aussicht benahm. Von überlegenen türkischen Streitkräften, welche die Paschas von Ibrail und Silistria heranführten, gedrängt, zog sich Ypsilanti nach der siebenbürgischen Gränze hin. Die Katastrophe, welche dem Aufstande hier ein Ende machte, erfolgte bei dem walachischen Dorfe Dragetschau, am 19. Juni 1821. Die Walachen, Wladimiresko's Erbschaft, verließen ihn mitten im Gefecht; mit wenigen Trümmern rettete sich Ypsilanti auf östreichisches Gebiet, wo er verhaftet wurde. Die östreichische Regierung, damals wie später ausgezeichnet durch ungroßmüthiges Benehmen gegen politische Flüchtlinge, ließ ihn auf die ungarische Festung Muncacz bringen, wo ihm ein elendes Loch unter den Zinnen des Daches angewiesen wurde; hier, nachher in Theresienstadt, verbrachte er seine letzten Jahre, bis er, endlich freigegeben, 1828 zu Wien starb. Auch die Insurgentenhaufen in der Moldau wurden durch überlegene Truppenkräfte der Pforte zum Theil nach heroischem Kampfe vollends überwältigt, und die Gräuel einer türkischen Reaction, die ihr Handwerk denn doch noch ganz anders verstand als jede europäische, ergossen sich nun über die Fürstenthümer, die diesmal kein russischer Einfluß b.schützte.

So endete dieses Vorspiel einer großen Tragödie, scheinbar erfolglos, aber die Wirkung des gegebenen Zeichens auf die Bevölkerungen des eigentlichen Griechenlands war eine gewaltige. Dort in den Bergen des Peloponnes war ein günstigerer Boden und ganz andere Elemente kriegerischer Erhebung, als in den Ebenen der Donau; eine Bevölkerung von Hirten, Bauern und Räubern, bedürfnißlos, kriegerisch, abgehärtet, gewohnt der Führung patriarchalischer Häuptlinge und Volksältesten (Demogorenten), dem Wort ihrer Priester, die arm und unwissend waren wie sie, zu folgen. Einzelne Stämme, wie die Mainoten, waren nie völlig unterworfen worden. Aufs Beste ergänzten sich hier die beiden Elemente, welche fortan die Erhebung bestimmten, die Klephtenpartei in ihrer kriegerisch-nationalen Unmittelbarkeit, und die Hetäristen mit ihren europäischen Freiheitsideen und ihren etwas künstlich wiedererweckten althellenischen Erinnerungen, die bei der anderen Partei und in der Masse des Volks unbewußt in frischer Natürlichkeit fortlebten. Von ihren Bergen stiegen unter Führung ihres Häuptlings Petros Mauromichalis — aus einem Geschlecht, wie der Führer selbst sich rühmte, so alt wie die fünf Spitzen des Taygetos — die räuberischen Krieger der Maina, in die messenische Ebene und sammelten sich im Lager von Calamata. Im arkadischen Gebirge erhob sich ein anderer Haufe unter Kolokotronis, auch seine Familie genoß eines besonderen Ruhmes, der den Enkel zum Führer in diesem Kriege wohl geeignet erscheinen ließ: seit Menschengedenken war kein Kolokotronis eines natürlichen Todes gestorben. Zur selben Zeit, im April 1821 erhob auch der kriegerische Erzbischof von Patras, Germanos, die Fahne, auf welcher vom ersten Augenblick an als klare und unwiderrufliche Loosung die Vertreibung der Türken aus Griechenland um jeden Preis, mit jedem Opfer, — Sieg oder Tod, nicht als Heldenphrase, sondern als bittere, unabänderliche Wirklichkeit und Nothwendigkeit — geschrieben stand. Von Morea verbreitete sich der Aufstand nach Livadien oder Mittelgriechenland. Am 7. April mußte sich die türkische Garnison von Athen in die Citadelle, die Akropolis, zurückziehen, am 13. war Theben in der Gewalt der Insurrection; ein anderer Häuptling Odysseus erhob die Fahne in Phokis und am Oeta, und in diesen Gegenden kam es am 4. Mai zu einem jener alle romantischen Erinnerungen der alten Hellenenzeit neubelebenden Kämpfe, wo auf dem geweihten Boden der Thermopylen Athanasius Diakos, zuletzt nur noch mit zehn Gefährten gegen hundertfache Uebermacht kämpfte, bis er endlich verwundet in die Hände der Albanesen Omer Briones fiel, und mit ungebrochenem Heldenmuth einen martervollen Tod erlitt. Allenthalben, auch in Thessalien und Macedonien schlug die Flamme aus dem erhitzten Boden, entscheidend aber war der Beitritt des Inselmeeres, des Archipelagus, und vor allem der drei Eilande Hydra und Spezzia an der argolischen Küste und Psara bei Chios, welche längst, ohne daß die Türken in ihrer stumpfen Trägheit es bemerkt hätten, zum Schutz ihres aufblühenden Handels eine Kriegsmarine sich geschaffen hatten, die sich beim Ausbruch des Krieges auf 176 bewaffnete Fahrzeuge belief, und mit der sie bald an gekaperten türkischen Handelsschiffen sich bereicherten. Von Hydra aus erging ein Aufruf an alle Inseln des ägeischen Meeres, von Insel zu Insel trugen begeisterte Patrioten den Ostergruß des neuerstehenden Hellas, und durch die reichen Kaufleute dieser Inseln kam ein Element der Ordnung in die Bewegung, der zugleich die weitreichenden europäischen Verbindungen und die reichen Geldmittel jener Kaufherren neue Kräfte zuführten.

Die Nachricht von diesem Aufstande erregte in Constantinopel die ganze Wuth des Barbarenthums. Sie hätte nicht überraschen sollen, denn Jetermann hatte diese allgemeine Verschwörung bei hellem Tageslichte sehen können, und auch an guten Freunden, welche die Pforte warnten, hatte es dieser nicht gefehlt. Aber mit dem gewohnten orientalischen Stumpfsinn hatte man die Dinge ihren Gang nehmen lassen, bis jetzt die Kunde von der vollbrachten Thatsache die Rachgier weckte. Sie fand alsbald ihr Opfer. Der Patriarch von Constantinopel, Georgios, ward am Ostertage nach der heiligen Messe, am 23. April, von wüthenden Haufen vom Altare gerissen, und in seinem vollen geistlichen Ornate am Portale der Kathedrale aufgehängt, sein Leichnam dann von Juden durch die Straßen geschleift und ins Meer geworfen; Kirchen wurden niedergerissen, ein paar Hundert reiche Kaufleute hingerichtet; waffenlos sah sich die griechische Bevölkerung der Hauptstadt der Wuth bewaffneter Fanatiker preisgegeben. Von der Hauptstadt verbreitete sich der Fanatismus über die Provinzen, mit Mord und Plünderung fiel überall türkischer und jüdischer Pöbel über die Griechen her, beraubte und schändete ihre Kirchen; immer neue Nachrichten von Gräueln aller Art, in Smyrna, auf Cypern, auf Creta hielten in ganz Europa die Aufregung wach, die schon durch die schreckliche That vom 23. April genugsam aufgestört war; unter den Griechen selbst löschte sie gleich im Anfang vollends jeden Gedanken einer Versöhnung aus, wenn eine solche überhaupt bei solchen Gegensätzen denkbar gewesen wäre.

Die europäischen Mächte waren in einer peinlichen Lage. Ueberall und von Anfang an waren die Sympathien der Unterthanen mit den Griechen, und selbst der hartherzigste Staatsmann konnte sich der Empfindung nicht völlig verschließen, daß hier nicht, wie man sich sonst überall einzureden liebte, ein Haufe Jacobiner muthwillig gegen eine bestehende Ordnung anstürme, sondern daß hier die Menschheit selbst gegen eine furchtbare hassenswürdige Tyrannei sich empöre. Nur Metternich und sein Gebieter bewährten auch hier ihre eherne Stirne: sie sahen auch hier nur den allgemeinen Kampf des Jacobinerthums gegen die Legitimität, nur in einer neuen Form; von irgend einer Sympathie mit edlen Idealen der Vergangenheit, irgend einem menschlichen Mitgefühl mit gegenwärtigen Leiden war bei diesen selbstsüchtigen und niedrig gearteten Seelen nicht die Rede.

Den Vorwand, mit welchem sie jene Anschauung vor sich selbst rechtfertigten, gab ihnen die Stellung, welche Rußland zu dem beginnenden Kampfe mit einer Art von Naturnothwendigkeit nehmen mußte. Der russische Gesandte in Constantinopel, Stroganow, sah sich unmittelbar von der entfesselten Wuth des Osmanenthums bedroht; die Pforte war schon durch die gelinde Beurtheilung und Ahndung, welche Ypsilanti's Unternehmen in St. Petersburg fand, schwer gereizt, und einen Augenblick erwartete man allgemein, daß es, ehe viele Tage vergingen, zum Kriege zwischen Rußland und der Pforte kommen werde. Die russischen Forderungen in Betreff der Streitfragen, welche die gespannte Lage sofort hervorrief, wurden von der türkischen Regierung in hohem Tone abgewiesen. Der Gesandte brach seine Beziehungen zur Pforte ab; Rüstungen wurden gemacht, und in einem Ultimatum vom 28. Juni, das am 18. Juli 1821 zu Constantinopel überreicht wurde, fiel bereits ein Wort, welches den geheimsten Gedanken der russischen Politik aussprach: „ob eine fernere Coexistenz der Türkei neben den anderen europäischen Staaten möglich sei." Frankreich und Preußen hielten noch an sich; Oestreich und England, die ungeheure Gefahr erkennend, eilten, das glimmende Feuer zu löschen und stimmten die Pforte nachgiebiger. Die gleichzeitigen oder kurz vorausgegangenen Revolutionen in Neapel, Piemont und Spanien gaben dem Kaiser Alexander den Grund oder den Vorwand, sich von dem Volke, das auf ihn hoffte, abzuwenden. „Warum nicht warten?" fragte er den Grafen Capodistria. „Sire, wenn man leidet, wählt man nicht lange den Augenblick der Befreiung; sie sind Christen, sie fallen als Märtyrer." „Unselige Verhältnisse", brach der Kaiser ab, „die mir nicht gestatten, meinem Herzen und meinem Glauben zu folgen."

Die Griechen blieben also zunächst sich selbst überlassen. Ein Kampf begann voll tragischer Furchtbarkeit, eine neue Ilias, voll von romantischem Interesse. Drei Felseneilande, einige Bergkantone gegen ein Riesenreich; fast keine regelmäßigen Kräfte auf Seiten der Griechen, Truppen, heute Räuber und Hirten, morgen Krieger, die an einem Tage in Beute schwelgten, um dann wieder Monate lang von ein paar Oliven und Maisbrod zu leben; hier scheint der Aufstand unter Blut und Feuer erstickt, im nächsten Augenblick flackert die Flamme an 100 Stellen von Neuem auf; wie im Homerischen Gedicht kämpft man um die Leichen der Freunde zu retten, oder um den Kopf eines erschlagenen Feindes als Siegeszeichen heimzubringen; die Vorposten der streitenden Parteien treffen zu friedlichem Plaudern zusammen, und tauschen ihre Lebensmittel mit einander; ehe der Kampf um Tod und Leben beginnt, fordert man den Gegner in höhnendem Zwiegespräch heraus: wilder Haß und ritterliche Großmuth, kindische Unbotmäßigkeit und Treue bis zum Tod, heroische Tapferkeit, unsterblichen

Ruhmes werth, und schmähliche Feigheit wechseln. Einmal genügt der Alarmruf „die Türken kommen", um Tausende in wilder Flucht zu zerstreuen; ein andermal fechten wenige Dekaden gegen ebenso viele Hunderte und nun das Groteske dieses Kampfes zu vollenden, sieht man neben der Palikarentracht der Häuptlinge der Gebirgsdörfer die westeuropäischen Revolutionäre und Freiheitsfreunde mit Frack und Brille. Das erste Kriegsjahr nahm einen ziemlich ermuthigenden Verlauf. Zur See waren die Griechen, geleitet von einem Rathe, der zu Hydra seinen Sitz hatte, überlegen; am 18. Juni hatten ihre Brander einen ersten Erfolg; am 11. October ward die türkische Flotte bei Zante geschlagen. Zu Lande hatten sich die Türken, überrascht von der Gewalt des allerwärts sich erhebenden Aufstandes, in die festen Plätze geworfen. Im Juni kam Demetrius Ypsilanti, ein Bruder Alexanders, den Nachstellungen der Polizei glücklich entgangen, mit 50 in Europa ausgerüsteten Gefährten und ansehnlichen Geldmitteln im Lager vor Tripolizza an: das Volk begrüßte ihn als seinen Retter und Führer, er ward zum Archistrategen gemacht. Der Kampf wurde nun, wenn auch ohne festen Plan, mit Nachdruck geführt. Monembasia und Navarin fielen im August; der wichtigste Platz im Peloponnes war Tripolizza, wohin sich die Hauptmacht der Türken gezogen hatte. Versuche, die Stadt zu entsetzen, schlugen fehl; nach längerer, unregelmäßiger Belagerung, die bald schlaff, bald kräftig geführt ward, wurde sie zum Falle reif. Die Beutegierigen sammelten sich; noch während der eröffneten Unterhandlungen gelang die Einnahme plötzlich am 5. October, und drei Tage lang hauste die entfesselte Wuth der Rache in der Stadt, aus welcher Kameele, Maulthiere, Weiber den Raub in die Berge trugen. Ende October besaßen die Türken im Peloponnes nur noch Patras und Rhion, Modon und Koron, Nanplia und die Akropolis von Korinth.

Reicher an Wechselfällen war das folgende Jahr 1822. Zunächst galt es, für das in der Befreiung begriffene Land eine Regierung zu bilden, dem Aufstand eine bestimmte Form und Gestalt zu geben. Demetrius Ypsilanti und der Fürst Alexander Maurokordatos, der seinerseits an der Spitze einer Regierung stand, die sich im westlichen Theile von Mittelgriechenland gebildet hatte, verständigten sich und so kam ein Nationalcongreß aus Abgeordneten der befreiten Landschaften in Argos zusammen, der dann nach Piada beim alten Epidauros verlegt ward und hier am 1. Januar 1822 „vor Gott und den Menschen durch das Organ seiner legitimen Repräsentanten, welche in diesem durch das Volk zusammengerufenen Nationalcongreß vereinigt sind" die Unabhängigkeit Griechenlands feierlich proclamirte. Die Regierung sollte ein Directorium von 5 Mitgliedern unter dem

Vorsitz des einsichtigen und bedeutenden Maurokorbatos, vor dem Ypsilanti bereits in den Hintergrund getreten war, führen; die gesetzgebende Gewalt bildete eine Versammlung von 70 Abgeordneten, an deren Spitze Demetrius Ypsilanti als Präsident gestellt wurde. Man begann, was nicht minder nöthig war als diese Verfassung, „das organische Statut" von Epidauros, die Streitkräfte zu organisiren; ein reguläres Regiment, die Taktiker; ward errichtet und ein Philhellenencorps, europäische, wie man hier in der Ausdrucksweise des Orients sagte, fränkische Freiwillige, sammelte sich unter dem Befehl des vormals würtembergischen Generals Normann, der einst bei Leipzig an der Spitze einer Cavalleriebrigade zu den Alliirten übergetreten, und deshalb bei seinem König in Ungnade gefallen war, und der mit 46 anderen Officieren am 7. Februar bei Navarin griechischen Boden betrat. Einen Verlust erlitt die griechische Sache durch den gleichzeitigen Fall Ali Paschas von Janina, obgleich nur mittelbar ein Bündniß zwischen dem ehrgeizigen Gewaltherrscher von Epirus und den Führern der griechischen Erhebung bestand. Die überlegenen Truppenkräfte, welche der Sultan gegen den Geächteten aufbot, hatten ihn auf seine Felsenburg Janina zurückgedrängt, und hielten ihn dort wie ein Raubthier in seiner Höhle umstellt. Als seine Streiter zu einem geringen Rest zusammengeschmolzen waren, zog er sich in einen Thurm zurück, entschlossen, sich im äußersten Falle mit seinen Schätzen in die Luft zu sprengen. Gleichwohl blendete den 84jährigen, der doch in den Künsten des Verraths erfahren war wie Einer, die Liebe zum Leben; er ließ sich durch trügerische Versprechungen der Begnadigung aus diesem Zufluchtsorte herauslocken und empfing dann (5. Februar 1822), während er mit dem Officier seines Besiegers Churschid Pascha unterhandelte, den Todesstreich. Sein Haupt wurde nach Constantinopel geschickt und dort unter dem Jubel der osmanischen Bevölkerung an der Schwelle des Serails ausgestellt. Indeß brauchte Churschid Pascha gegen Ali's Verbündete, das Bergvolk der Sulioten und ihren tapferen Führer Markos Botjaris noch ein halbes Jahr und konnte es nicht hindern, daß während dieser Zeit in Mittelgriechenland auch die Akropolis von Athen den griechischen Aufständischen in die Hände fiel (21. Juni). Doch war inzwischen die Pforte nicht müßig gewesen, und bald erzitterte die Welt unter dem Eindruck der grauenhaften Unthat, deren Schauplatz die Insel Chios war. Die türkische Flotte unter dem Kapudan Pascha Kara Ali richtete sich, mit Landungstruppen an Bord, gegen diese reiche und wohlgelegene Insel, die sich übrigens dem Aufstand noch nicht einmal förmlich angeschlossen hatte. Die wenigen griechischen Schiffe auf der Rhede suchten vor der ungeheuren Uebermacht das Weite, samische

Truppen unter Logothetis zogen sich nach dem Innern zurück. Die Türken wurden ausgeschifft, 7000 Mann, und hausten nun in Stadt und Land wie losgelassene Raubthiere; es war ein Blutbad, wie es selbst die gräuelvollsten Kriege Westeuropas auch nicht annähernd kennen; nach Myriaden zählten die Erschlagenen, Erſäuſten, in die Sclaverei Verkauften, wenige Tauſende die Geflüchteten, einige Hunderte, aus einer Bevölkerung von 100,000, die Zurückgebliebenen. Dies war im April; einige Genugthuung gewährte es immerhin, daß es am 18. Juni zwei griechiſchen Brandern, geführt von Conſtantin Canaris und Georg Pepinis, gelang, das Admiralſchiff der noch vor Chios ankernden Türkenflotte anzuſtecken. Der Unhold, welcher die Gräuelthat von Chios vollbracht hatte, gab eben den Officieren der Landtruppen ein Feſt am Bord des glänzend illuminirten Schiffes, als die Rache ihn ereilte; mit mehr als 2000 Mann flog er in die Luft. Erſchreckt zog ſich die türkiſche Flotte nach den Dardanellen zurück.

Indeß ſchien ſich das Geſchick der Griechen auf dem Feſtlande zu vollenden. In Weſthellas bei dem Dorfe Peta, in der Nähe von Arta, erlitt ihr Heer, welches den Sulioten Hülfe bringen ſollte, 3 - 4000 Mann unter Maurokorbatos, am 16. Juli gegen Omer Brione eine Niederlage, bei welcher ein Drittel der Taktiker, und wohl drei Viertel der übrigen Truppen auf dem Schlachtfelde blieben, der Reſt ſich bis auf Wenige zerſtreute. Gleichzeitig war der Paſcha von Drama, Mahmud, vom Norden her mit einem ſtarken Heere durch die Thermopylen gedrungen, ein neuer Xerxes; durch das Kephiſſosthal, Böotien, Attika wälzte ſich die osmaniſche Heeresfluth daher. Den Fall der Akropolis von Athen zu hindern kam auch er allerdings zu ſpät; allein er rückte weiter in den Peloponnes, um an ihrem Hauptherde die Flamme der Empörung zu erſticken; Niemand ſchien ihm widerſtehen zu können. In dieſem Land und dieſem Krieg aber trat das Unwahrſcheinlichſte am häufigſten ein; mitten in ſeinem Siegeslaufe hielt ihn Mangel und Krankheit auf; ein paar griechiſche Haufen beſetzten das ſchon aufgegebene Akrokorinth und Argos wieder; wie er rückwärts ging, fielen ihn die Klephtenſchwärme von allen Seiten an, ſein ganzes Gepäck, das er auf zahlloſen Saumthieren, Pferden, Kameelen mit ſich führte, fiel den Griechen in die Hände; am 8. Dezember ſtarb er ſelbſt zu Korinth. Auch die Niederlage in Weſthellas ward durch einige heldenmüthige Führer wieder gut gemacht. Maurokorbatos mit 25, Markos Botſaris mit 35 Bewaffneten retteten ſich nach Meſolonghi am nordweſtlichen Winkel des korinthiſchen Golfs; hier waren ſie entſchloſſen zu ſterben. Während ſie die feindlichen Führer Omer Brione und Juſſuf Paſcha mit Unterhandlungen täuſchten, gelang es, einige Lebensmittel und Truppenhülfe in die Stadt zu bringen; 360 Bewaffnete mit ein paar Kanonen erwarben sich den Ruhm, den Andrang von 11,000 Türken aufzuhalten, welche am 12. Januar 1823 mit Hinterlassung ihres Lagers die vergebliche Belagerung aufgeben mußten.

Gegen Aller Erwartung war so das Volk, dessen Sache man schon aufgegeben hatte, der drohenden Vernichtung entgangen. Und während die zu Verona versammelten Fürsten Europas gegen ihre Verzweiflung taub waren, und ihre Gesandten, den Grafen Metaxas und einen Franzosen Jourdain, gar nicht vorließen, brach sich allenthalben unter den Bevölkerungen der europäischen Staaten die Sympathie für die halbverlorene Sache Bahn: in Deutschland, der Schweiz, Italien, Frankreich, den Niederlanden, England, Rußland bildeten sich Griechenvereine, welche Geldmittel sammelten, und mit denselben die begeisterten Freiwilligen oder die abenteuernden Wildfänge ausrüsteten, welche nach Griechenland zogen, um diesen classischen Boden der Freiheit zu vertheidigen. Der erlauchteste dieser Freiwilligen, der berühmte englische Dichter Lord Byron, traf am 5. Januar 1824 zu Mesolonghi ein.

Das Jahr 1823 verfloß ohne bedeutende Ereignisse auf dem Kriegsschauplatz. Allerdings trat neben der Erschöpfung der Griechen ihre beklagenswerthe politische Unfähigkeit, die Unmöglichkeit, eine geordnete Regierung, eine wirksame einheitliche Leitung des Befreiungswerkes zu gewinnen, in kläglicher Weise zu Tage. Es kam im Peloponnes sogar zum förmlichen Bürgerkriege; die Regierung war ohne Macht, ohne Geld, in sich gespalten. Der Streitigkeiten zwischen der Partei der Kapitäne und der Politiker, dem nationalgriechischen und dem fränkischen Element, der Eifersucht und Uneinigkeit unter den einzelnen Häuptlingen war kein Ende. Aber vielleicht lag eben darin, zusammen mit der Natur des Landes, ein Element der Stärke dieser eigenthümlichen Bewegung: der verzweifelteste und hoffnungsloseste aller Kriege ist der mit einem anarchischen Bergvolk. Es war der Kampf des Herkules mit der Hydra, welchen die Türken hier zu bestehen hatten; wo sie Ein Haupt abschlugen, wuchsen in diesen Gebirgslabyrinthen, diesem Inselmeere sieben neue; nur eine völlige Vernichtung des Volks konnte sie zu Herren in diesem Lande machen. Zu einer solchen Vernichtung aber war bei der gänzlichen Zerrüttung des osmanischen Staatsorganismus dem Sultan selbst die Kraft ausgegangen, und am Ende des Jahres 1823 sah er sich zu einem Heilmittel gedrängt, das für ihn möglicher Weise schlimmer war, als das Uebel, das er bekämpfen wollte: er mußte sich entschließen, die Hülfe des mächtigsten seiner Vasallen, des Paschas von Aegypten, Mehemed Ali, in Anspruch zu nehmen.

Dieser Mann, 1769 in einem macedonischen Städtchen geboren, war als Diener der Pforte in diesem, durch seine Lage für eine unabhängige Herrschaft vorzugsweise geeigneten, schwer zu hütenden Lande in die Höhe gekommen und noch im Jahre 1818 hatte er derselben einen wesentlichen Dienst geleistet durch die Niederwerfung der kriegerischen Secte der Wechabiten in Arabien, gegen welche der Sultan lange vergeblich gekämpft hatte, in der Schlacht bei Dejareh; aber er hatte mehr und mehr über dem Herrschen das Dienen vergessen, in Aegypten sich eine selbstständige Macht gegründet, in den 15 Jahren seiner Verwaltung ein Heer und eine Administration nach europäischem Muster mit Hülfe europäischer, namentlich französischer Officiere und Abenteurer geschaffen, und er fühlte sich noch lange nicht am Ziele. Er hatte bei dem seitherigen Kampfe gegen die griechische Insurrection dem Sultan geleistet, was er schuldig war, nicht mehr; jetzt mußte der Großherr selbst in seiner Bedrängniß sich an seinen Vasallen wenden, der eine große Aussicht vor seinen Augen sich öffnen sah. Er schickte 6000 Mann nach Kreta und dämpfte durch diese Macht den dortigen Aufstand. Sein Stiefsohn Ibrahim ward im Januar 1824 von der Pforte zum Pascha von Morea ernannt, sollte sich aber dieses Paschalik erst erobern. Große Rüstungen wurden nun in Aegypten gemacht und bald war eine Flotte von 54 Kriegsschiffen mit 18,000 Mann Landungstruppen bereit, mit denen der Aegypter zunächst von Kreta aus die drei hegemonischen Inseln zu Falle bringen, und alsdann zur Wiedereroberung des Peloponnes schreiten wollte. So raschen Verlauf nahmen die Dinge nicht. Die Insel Psara allerdings wurde durch die vereinigte türkisch-ägyptische Flotte zu Falle gebracht und ihr Loos war, wie man sich denken kann; die 600 Rumelioten, welche sich in dem festen Kloster Hagios Nikolaos zwei Tage lang verzweifelt wehrten und sich dann im Augenblick des Unterliegens zugleich mit den Stürmenden in die Luft sprengten, zogen noch das beste Loos; aber die griechische Seemacht unter den kühnen und geschickten Nauarchen Miaulis und Sachturis operirte so glücklich in dem den Griechen vertrauten und heimischen ägeischen Meer, daß die ägyptische Flotte in diesem Jahre, für welches man die Unterwerfung von Morea geplant hatte, dieses Ziel ihrer Operationen gar nicht zu Gesichte bekam, und unverrichteter Dinge nach Kreta zurücksegeln mußte. Die griechischen Schiffe hatten an der asiatischen Küste der feindlichen Flotte Abbruch gethan und Angesichts der Tausende, welche Samos gegenüber an der Küste Asiens sich gesammelt hatten, um, wenn die türkische Flotte siegreich wäre, sich über die Insel herzustürzen, vielmehr durch ihre Brander ein paar der türkischen Schiffe in die Luft gesprengt und so für die Verheerung von Psara einige Rache genommen; sonst aber hatte die furchtbare Gefahr, die durch das Eingreifen des Aegypters drohte, sie nicht zum Zusammenfassen ihrer Kräfte und zu einheitlichem Handeln gebracht. „Was sollen wir," rief einmal einer der griechischen Nauarchen im Angesicht der türkisch-ägyptischen Seemacht verzweifelnd aus, „ein kleiner Hund gegen zwei große Tiger?" Die Zeit, welche man zu Operationen gegen den unthätigen Feind hätte verwenden können, ward in Zwietracht und Bürgerkrieg schmählich vergeudet; Inselbewohner, Festländer, Moreoten befehdeten sich; gegen die Regierung, an deren Spitze jetzt als Präsident Konduriotis stand, erhob sich in offenem Aufruhr der alte Kolokotronis; so versäumte man es, sich der Plätze, welche die Türken noch im Peloponnes inne hatten, Patras, Koron, Modon zu bemächtigen und als zu Anfang 1825 die Empörung niedergeworfen war, war es bereits zu spät.

Denn mitten im Winter brach nun Mehemed Ali's Adoptivsohn, Ibrahim Pascha, von Kreta mit Flotte und Landungstruppen auf, erschien an der Südwestküste von Morea, schiffte seine Truppen am 5. Februar 1825 vor Modon aus und löste die beiden nächsten Aufgaben, den Entsatz von Patras und die Einnahme von Navarin glücklich gegen die von diesem Winterfeldzug überraschten Griechen. Zur See waren die letzteren auch in diesem Jahre glücklich. Ihre Flotte wagte sich bis an die ägyptische Küste, bis vor Alexandria, mit dem kecken Plane, die dortigen Rüstungen zu zerstören. Dies gelang nicht; dagegen entwickelte sich nun allmälig eine furchtbare Anarchie zur See durch die Ueberhandnahme der Seeräuberei, welche sich aus der Menge derer, welche dieser schreckliche Jahr um Jahr sich hinziehende Vertilgungskrieg heimathlos machte, unaufhörlich verstärkte, und die durch die Natur jener insel- und schlumpfwinkelreichen Meere begünstigt wurde. Der europäische, besonders der östreichische Handel nach der Levante ward dadurch auf das Empfindlichste geschädigt und es wurde so den europäischen Mächten auch von dieser Seite her auf sehr einleuchtende Weise nahe gelegt, wie sehr sie durch die Verschleppung dieser Angelegenheit sich selbst schädigten. Die Symptome mehrten sich, daß diese armselige Politik des Nichtsthuns nicht allzulange mehr dauern werde. Als die Aegypter von der Küste nach dem Innern des Peloponnes vordrangen, Tripolitsa wieder einnahmen, und nun vor Nauplia rückten, machten sie doch vor diesem Platze Halt, weil sie befürchteten, der Befehlshaber des dortigen englischen Stationsgeschwaders, Hamilton, möchte einschreiten. Der Kampf zog sich wieder in die Gegend von Tripolitsa, wo die Aegypter von den Schaaren des seiner Haft wieder entlassenen Kolokotronis in Schach gehalten wurden; allein die ägyptische Truppenmacht blieb so im Herzen des Landes, und Ibrahim verfolgte mehr und mehr rücksichtslos den furchtbaren Plan eines vollständigen Vertilgungskrieges, der, wenn er weitergeführt wurde, nichts als den nackten Boden dem Halbmond wieder unterworfen haben würde.

In Mittelgriechenland, wo der Pascha von Widdin, Mehemeb Redschid, den Befehl führte, concentrirte sich, nach wechselnden Erfolgen im Osten, der Kampf um Mesolonghi, welches seit Mai 1825 zum zweiten Male zu Wasser und zu Lande belagert wurde. Diese Belagerung lenkte die Blicke von ganz Europa auf sich; hier wurde in der That das Schicksal Griechenlands entschieden. Die türkische Regierung selbst erkannte es, und es kamen von Constantinopel die gemessensten Befehle, die Stadt um jeden Preis zu nehmen: mit dem Gebot „entweder Mesolonghi falle oder Dein Kopf", war dem neuen „Seriasker" oder Oberbefehlshaber sein Commando übertragen worden. Allein die Türken waren zu Städtebelagerungen ungeschickt, von der Seeseite her machten sie keine Fortschritte, und zu Lande waren sie auch erst am 25. Juli so weit, daß sie zu einem Sturme schreiten konnten. Dieser Sturm und ein zweiter am folgenden Tage ward abgeschlagen, jede Capitulationsanerbietung mit voller Entschlossenheit abgewiesen; am 2. August neuer Sturm, dreistündiges heftiges Gefecht, abermalige Flucht der Türken, die eine Menge Todter in den Breschen zurückließen. Am folgenden Morgen hört man, daß in der Nacht die griechische Flotte von den Thürmen Mesolonghis aus signalisirt worden sei und vernimmt Geschützfeuer von Südwesten her, das allmälig in Zwischenräumen näher kommt; die türkische Flotte hat bis auf wenige Schiffe die Rhede verlassen: Tags darauf wird die Sache zur Gewißheit: als der Nebel sinkt, sieht man 40 griechische Segel gerade auf Mesolonghi zusteuern. Von der Seeseite also war die Belagerung aufgehoben, Lebensmittel und Kriegsvorräthe in beträchtlicher Menge wurden ausgeschifft, zu Lande dagegen ward sie eifrig fortgesetzt. Allein der Türke kann nicht zum Ziele kommen; am 27. October sind die Schanzen verlassen, man hat sich entschließen müssen, die Belagerung in eine Einschließung zu verwandeln. Mittlerweile aber wurde der Widerstand auf Morea vollends gebrochen, und in der zweiten Hälfte des November erschien eine große türkisch-ägyptische Flotte in den Gewässern von Mesolonghi. Reschid Pascha nahm seine früheren Stellungen wieder ein, die Beschießung begann aufs Neue und am 25. December erschienen zum ersten Mal auch ägyptische Truppen vor der Stadt. Was den Türken allein nicht gelungen, sollte den vereinigten Türken und Aegyptern, befehligt von den zwei tüchtigsten Feldherren, über welche das osmanische Reich damals verfügen konnte, gelingen und Ibrahim Pascha, welcher von Morea herübergekommen, vermaß sich „den Zaun dort", wie er die Linien von Mesolonghi verächtlich nannte, in wenigen Tagen zu nehmen.

Inzwischen aber war ein Ereigniß eingetreten, welches, verbunden mit dem wachsenden Drängen der öffentlichen Meinung im westlichen Europa, den griechischen Dingen eine wesentlich andere Gestalt zu geben bestimmt war. Kaiser Alexander, der den Entschluß, den ihm sein Herz vorschrieb, nicht zu finden wußte, war am 1. December 1825 gestorben. Zu Taganrog am asowschen Meere, auf einer Reise nach der Krim begriffen, wohin er seine Gemahlin begleitete, war er von einem Gallenfieber ergriffen worden, das er eigensinnig mit ärztlichen Mitteln zu bekämpfen sich weigerte, bis es zu spät war; und ein neuer Czar beherrschte jetzt das große Russenreich. Von der Haltung dieses neuen Herrschers hing das fernere Schicksal Griechenlands vor Allem ab.

2. Rußland. Fortsetzung des griechischen Freiheitskampfes.

Alexander I. hinterließ keinen zur Erbfolge berechtigten Sohn; der nächste am Throne war der zweite Sohn Kaiser Paul's I., Alexander's Bruder Constantin. Derselbe war seit 1820 von seiner Gemahlin, einer coburgischen Prinzessin, geschieden und mit einer polnischen Gräfin in morganatischer Ehe vermählt, deren Kinder nach russischen Reichsgesetzen nicht erben konnten. So hatte die Krone für Constantin keinen Reiz, der er, nur etwa zum Herrscher über ein reines Barbarenvolk gemacht, nicht gewachsen war und sich nicht gewachsen fühlte; und er hatte den Entschluß, auf dieselbe zu verzichten, bereits im Januar 1822 in förmlicher und verpflichtender Weise ausgesprochen. Diese Erklärung hatte Kaiser Alexander am 2. Februar angenommen und genehmigt, und in einem Manifest demgemäß den jüngeren Bruder Großfürsten Nicolaus zum Thronfolger erklärt. Dieses wichtige Actenstück wurde aber aus Gründen, die unbekannt geblieben sind, nicht publicirt; in drei Exemplaren war es an verschiedenen Orten, im Archiv des Reichsrathes und des Senates zu Petersburg und in einer Kirche zu Moskau niedergelegt, und im ganzen russischen Reich wußte man nicht anders, als daß Großfürst Constantin Alexander's Nachfolger sein werde. Man machte den Letzteren auf die Gefahren aufmerksam, welche aus der Nichtpublicirung erwachsen könnten. Der Kaiser antwortete mit dem sonderbaren Worte: „man müsse die Sache Gott anheimstellen, der die Dinge besser zu ordnen verstehe, als wir schwache Sterbliche." Jetzt kam die bedeutungsvolle Nachricht von seinem Tode in Petersburg an; sofort ließ Nicolaus die Garde dem älteren Bruder als rechtmäßigen Nachfolger huldigen, und so geschah im übrigen Reich von den Truppen und Beamten, während der Großfürst Constantin, der nicht daran dachte, seinen Entschluß zu ändern, in Warschau als Oberbefehlshaber des polnischen Heeres den jüngeren Bruder als Czaren und König von Polen ausrief. Das Testament ward nun eröffnet; Constantin erklärte nochmals, daß er bei seinem Entsagungsentschlusse beharre und schickte den jüngsten der Brüder, Großfürsten Michael, mit dieser Erklärung nach Petersburg. Nicolaus mußte sich zur Uebernahme der Krone entschließen und einen Thron besteigen, zu dem er, so wenig als einer der übrigen Söhne Paul's I., irgend welche Neigung hatte, auf welchem er aber eine bedeutende Rolle in der Geschichte unseres Jahrhunderts zu spielen berufen war.

Kaiser Nicolaus war am 25. Juni 1796 geboren. Er war nicht für den Thron, sondern für ein militärisches Commando erzogen; seit 1817 mit einer Tochter Friedrich Wilhelm's III. von Preußen, Charlotte, vermählt, welche bei ihrem Eintritt ins russische Kaiserhaus und damit verbundenen Uebertritt zur griechischen Kirche den Namen Alexandra Feodorowna angenommen hatte. Der neue Kaiser brachte die strenge spartanische Zucht, die beschränkten Gesichtspunkte und die arbeitswillige Tüchtigkeit einer durchaus soldatischen Natur mit auf den Thron; das Schwärmerische, Idealistische, aber auch die Eitelkeit und Unwahrheit, welche in seines Bruders Wesen gelegen, war ihm fremd. Er übernahm die Herrschaft mit einer Art von Resignation, als eine schwere Pflicht, welche die Umstände gegen seine Neigung ihm auferlegten. Eine traurige Nothwendigkeit zwang ihn, seine Regierung mit Blutvergießen zu beginnen.

Das Uebel der geheimen Gesellschaften, ein Symptom politischer Unreife, welches die Regierungen wie ungeschickte Aerzte durch übertriebene Aengstlichkeit und zu starke Gegenmaßregeln reizten und verschlimmerten, hatte auch in Rußland Wurzel geschlagen, und wucherte, ein zweckloses Unkraut, unter den jüngeren Officieren und Beamten fort, unter denen es eine Art Modekrankheit wurde, den Unzufriedenen zu spielen. Die westeuropäischen Ideen und Phantasieen, vielfach unklar wie sie an sich waren, drangen hier auf Umwegen in getrübter und gebrochener Gestalt ein; die unruhige Beweglichkeit des slavischen Volkscharakters, die Erinnerung an die manchen Verschwörungen die auf russischem Boden gelungen waren, und die zwar dem Reiche kein Heil, wohl aber den Verschwörern im glücklichen Falle Fürstentitel und Herzogskronen eingetragen hatten, der Mangel an Befriedigung für so manchen berechtigten Ehrgeiz, bei edleren Naturen auch eine reinere Humanitätsschwärmerei, förderte diese Umtriebe, bei denen constitutionelle, dann und wann selbst republikanische Träumereien im Spiele waren. Irgend einen klaren, den thatsächlichen Verhältnissen und den wirklichen Bedürfnissen des Volkes angepaßten politischen Plan und

Zweck verfolgten diese Geheimbündler nicht. Die große und wichtige und sehr praktische Gelegenheit, welche der griechische Aufstand bot, benutzten sie nicht; sie spielten mit gefährlichen Projecten und wilden Reden, bis es gefährlicher war, umzukehren als auszuharren. Alexander, von Natur großmüthig, schritt nicht mit Strenge gegen dieses Treiben ein; außerdem ließen die russischen Zustände Schlupfwinkel und Hinterthüren genug offen, mittelst deren Mancher hoffen durfte, sich im Nothfalle zu retten. So gewannen diese Verschwörungen eine weite Verzweigung und Verbreitung. Man unterschied einen nördlichen Bund, dessen Mittelpunkt Petersburg, und einen südlichen, dessen Mittelpunkt die Festung Tultschin war; die einen, wie der Schriftsteller Nicolaus Turgeniew dachten die Wiedergeburt des russischen Reiches auf friedlichem, andere wie der Oberst Paul Pestel auf dem Wege der Gewalt zu bewirken; andere planten eine demokratische Verfassung nach Art der vereinigten Staaten von Nordamerika für diesen alten Staat, dem Eroberungsrecht und Despotismus seit langen Jahrhunderten den unvertilgbaren Charakter aufgedrückt hatte: und jetzt bei den unklaren Zuständen, welche das Interregnum nach Alexander's Tode herbeiführte, schien die Gelegenheit etwas zu unternehmen günstiger als jemals zu hoffen gewesen; aber freilich mußte nun auch die Ausführung übereilt werden.

So kam es am 26. December 1825 in Petersburg zu einer seltsamen Aufruhrscene. Ein moskauisches Garderegiment ließ sich an diesem Tage, wo der neue Kaiser den Huldigungseid der Garde entgegennehmen wollte, durch Vorspiegelungen verschworener Officiere, daß hier eine Usurpation zum Schaden des rechtmäßigen Czaren beabsichtigt werde, bestimmen, die Huldigung zu verweigern. Aus seiner Mitte wurden Hochrufe auf den Kaiser Constantin laut, in welche sich andere auf die Constitution mischten; es charakterisirt diese bizarre Situation, daß viele der Soldaten mit diesem letzteren Worte, mit welchem der gemeine Russe keinen Begriff zu verbinden weiß, die Gemahlin Constantin's zu feiern meinten. Die Sache wurde bedenklich, da andere Truppen, ein Gardegrenadierregiment und Compagnieen der Gardemarine sich anschlossen. Auf dem Platze vor dem Senatsgebäude, bei dem Standbild Peter's des Großen nahmen die Meuterer, von denen ein guter Theil betrunken war, ihre Aufstellung. Kaiser Nicolaus, dem der Gedanke peinlich war, seine Regierung mit Blutvergießen zu beginnen, umstellte sie mit treugebliebenen Truppen, versuchte aber zuerst, sie durch Belehrung zu ihrer Pflicht zurückzuführen. Allein dieses Mittel verfing nichts; der General Miloradowitsch, der zu ihnen sprechen wollte, wurde von einem der Verschworenen, Lieutenant Krochowsky, niedergeschossen; auch der Metropolit von Petersburg, der in vollem Ornat und unter Vorantragung des Kreuzes an sie herantrat, richtete nichts aus. Es wurde spät, die Dämmerung brach ein: man mußte sich zu dem Mittel entschließen, das der eben angekommene General Toll dem Kaiser mit den Worten angab: „Hier würden Kartätschen gut thun" oder „man müßte diese Canaille mit Kartätschen bedienen." So geschah es: drei Salven aus einigen Feldstücken wurden gegeben, das Viereck der Meuterer wurde gesprengt, sie lösten sich in wilder Flucht auf oder suchten reuig des Kaisers Gnade, die Leichen der Gefallenen warf man in die Newa. Gegen die geheimen Verbindungen wurde nun mit Nachdruck eingeschritten. Die Theilnehmer der Bünde von Petersburg und Tultschin wurden verhaftet, fünf der Schuldigsten, Murawiew Apostol und Oberst Pestel darunter, den man in förmlichem Gefecht überwältigen mußte, büßten ihre Schuld am Galgen, die übrigen wurden nach Sibirien, die meuterischen Regimenter nach dem Kaukasus geschickt, einige begnadigt. Die Untersuchung hatte wenigstens das Gute, daß eine Menge Mißbräuche ans Licht kamen, denen nun der neue Kaiser mit festem Willen und ernster Strenge entgegentrat. Am 22. August 1826 ward Nicolaus in Moskau gekrönt. Die rasche Unterdrückung des Aufstandes, von dessen Gefährlichkeit man sich im Auslande übertriebene Vorstellungen machte, erwarb dem neuen Kaiser den Ruf großer Kaltblütigkeit und Energie, obwohl er in Wahrheit weder das Eine noch das Andere bewiesen; bei ihm selbst befestigte die Erfahrung, die er hier gemacht, den Widerwillen gegen alles westeuropäische Wesen, den er bis zu seinem Lebensende mit der ihm eigenen Beschränktheit des Geistes und Festigkeit des Charakters beibehielt.

Man hätte denken sollen, daß ihn diese Stimmung auch in der wichtigsten Frage der auswärtigen Politik, der griechischen, der Metternich'schen Auffassung zugänglich gemacht haben würde.

Die Lage der Griechen war im Winter 1825—26 eine überaus peinliche. Eins freilich stand fester als je: daß auf diesem Boden Sieger und Besiegte niemals wieder zusammenleben konnten, und ebenso unverkennbar war die Hoffnung auf ein endliches Einschreiten Europas im Steigen. Unter den Völkern war der philhellenische Eifer trotz aller Enttäuschungen, trotzdem daß Vieles in der Wirklichkeit weit prosaischer sich ausnahm, als in den Visionen der ersten Begeisterung, nicht erkaltet. In Deutschland, welches freilich als politische Macht wenig in Betracht kam, ging diese Stimmung bis zur Schwärmerei, welche in W. Müllers Griechenliedern (1820) und anderen gleichzeitigen Erzeugnissen einen vollen Widerhall fand, und viele bedeutende und von der Nation hochgeachtete Männer, Professor Thiersch in München, der alte Voß in Heidelberg, der Freiherr von Gagern in der darmstädtischen Kammer gaben ihr einen beredten Ausdruck. Die unbarmherzigen Worte des veroneser Circulars hatten dieses Feuer nicht ausgelöscht und seit 1825 saß sogar ein entschiedener Philhellene, Ludwig I., auf dem Throne des größten der deutschen Mittelstaaten, Baierns; in Berlin betheiligten sich allmälig selbst die höchsten Kreise an den Sammlungen, welche sogar in Wien hatten gestattet werden müssen; in England empörte sich die öffentliche Stimmung mehr und mehr gegen die toryftische Politik, welche der heiligen Allianz im Wesentlichen überall zu Willen gewesen sei, und auch die mit wachsendem Nachdruck von dieser Richtung ablenkende Politik Canning's schien der ihr vorauseilenden öffentlichen Meinung einen zu langsamen Gang zu gehen. Bei den griechischen Anleihen war jetzt der englische Geldmarkt betheiligt, eine nicht geringe Zahl englischer Männer von Rang hatte ihren Arm der griechischen Sache zur Verfügung gestellt und Lord Byron, der bedeutendste und bekannteste unter ihnen, so eben durch seinen frühen Tod inmitten des heroischen Volks (zu Mesolonghi 19. April 1824) die Verirrungen seines Lebens gesühnt. Schon im December 1824 hatten die Griechen durch Canning beruhigende Zusagen erhalten, daß man sie nicht fallen lassen werde und in Griechenland selbst reifte der Plan, das Land kurzweg unter englischen Schutz zu stellen. Dies hinwiederum förderte in Frankreich den philhellenischen Eifer, und seit 1825 gab es dort eine philanthropische Gesellschaft zur Unterstützung der Griechen, bei welcher auch eifrige Royalisten, wie Chateaubriand, der im Jahre 1806 das Land selbst bereist hatte, sich betheiligten. In die Sammlungen kam Nachdruck und einheitliche Organisation durch den wackeren und aufopfernden Genfer Banquier Eynard. Dies reichte eben aus, die Hoffnung hinzuhalten in einer Lage, wo wenig anders mehr übrig blieb, als diese Hoffnung. Aber die europäische Intervention mußte bald kommen, wenn sie den Griechen noch frommen sollte; die Lage begann immer verzweifelter zu werden.

Die Belagerung von Mesolonghi war von den Türken mit entschiedenem Nachdruck wieder aufgenommen worden, denn Ibrahim Pascha hatte erkannt, daß der Zaun so leicht nicht einzustoßen war, wie er gedacht: er mußte dem Türken, der sich aufs Zuschauen beschränkt hatte, die Genugthuung gewähren, seine Mitwirkung wieder in Anspruch zu nehmen. Er bot den tapferen Vertheidigern am 13. Januar 1826 die Capitulation; sie ward abgeschlagen wie der Sturm, den er am 27. Februar unternahm. In heroischem Kampfe, unsterblichen Ruhmes werth, bethätigten die Vertheidiger ihre Entschlossenheit: vielleicht noch eine kurze Zeit, so kam der Entsatz: im nahen Gebirge stand Karaiskakis mit zahlreichen Schaaren, die gefürchtete Flotte der Griechen konnte zurückkehrend von der See her Rettung bringen. Aber die vorliegenden Inseln waren vom Feinde besetzt und die Flotte konnte nicht mehr in die Lagunen eindringen. Von dieser Seite war keine Hoffnung mehr; ein Versuch, von den Höhen her den bedrängten Brüdern Hülfe zu bringen, den 800 Freiwillige von Karaiskakis Truppen machten, wurde von den Türken gleichfalls rechtzeitig bemerkt und vereitelt, in der Stadt selbst hatte Feindesschwert, Hunger und Kälte ihr Aeußerstes gethan; es gab kein Brod und kein Obdach mehr: der letzte Entschluß mußte gefaßt werden. Die Kranken und Schwachen blieben zurück, die übrigen setzten sich, Frauen und Kinder in der Mitte, die kühnsten der Männer voran, eine Stunde nach Sonnenuntergang in der Nacht vom 22. auf den 23. April nach den feindlichen Linien in Bewegung, um mitten durch diese einen Ausweg zu suchen. In dem furchtbaren Nachtkampfe, der mit allen Waffen geführt wurde, erreichten etwa 1300, ein paar hundert Frauen mit ihnen, die Berge und waren gerettet; die übrigen hatten wenigstens ihr Leben theuer verkauft. Der Kampf setzte sich nach der Stadt fort, wo Feuer und Schwert fortwütheten, bis sie nichts mehr zu verzehren fanden. Einen alten Primaten Kapsalis sah man auf seinen Stab gestützt die Straßen durcheilen: er brachte von Alten und Kranken zusammen, was er finden konnte und schloß sich mit ihnen in die Patronenfabrik ein: dort bereiteten sie sich, geistliche und patriotische Lieder singend, zum Tode vor, bis die Feinde auch dorthin kamen; mit den Eindringenden sprengten sie sich in die Luft.

Einige Tage vorher, am 18. April, war der Nationalcongreß zu Piada zusammengetreten. Alle Mittel versiegten, die neue Regierung von 11 Mitgliedern, die man bestellte, fand als sie am 26. in Nauplia einzog, baare 16 Piaster in der Kasse, ohne daß sie es wußten, war aber die günstige Wendung in den Geschicken des Landes bereits eingetreten.

Während der Kämpfe und ihrer Wechselentscheidungen hatte sich ein langer Faden unfruchtbarer diplomatischer Verhandlungen von Monat zu Monat und von Jahr zu Jahr fortgesponnen, dessen Verwicklungen und Entwirrungen im Einzelnen zu folgen kein Interesse hat. Die östreichische Regierung, beherrscht von der dreifachen Furcht vor Rußland, vor der Revolution und besonders vor einem Kriege, welcher die ganze Schwäche und Jämmerlichkeit der Metternich'schen Verwaltung blosgelegt haben würde, hatte mit allen Mitteln und Künsten, meist unterstützt von Preußen, dessen auswärtige Politik, ohnehin ganz im östreichischen Schlepptau, von dieser Frage noch nicht unmittelbar berührt wurde, jede thätige Unterstützung der Griechen, jede ernste Intervention in der heiklen Frage zu hintertreiben gewußt, und bei dem unklaren schwankenden Wesen Alexander's I. war ihr dies auch gelungen. Die Besorgniß, daß aus dem griechischen Aufstande ein russisch-türkischer Krieg sich entwickeln könnte, war gegründet, und das Bestreben, dies um jeden Preis zu hindern, gerechtfertigt: aber die Art und Weise, in welcher die östreichische Regierung operirte, brachte ihre Politik bei aller Welt in Mißkredit und Verachtung. Und jetzt hatte sich die Lage der Dinge wesentlich geändert, Kaiser Nikolaus hatte für jene weitschichtige, europäisch-christliche Idealpolitik seines Vorgängers keinen Sinn. Seinem Wesen entsprach nur eine energisch russische Politik und unter den russischen Großen ward längst eine entschiedene Kriegspartei die Yermoloff, Pozzo di Borgo, Capodistria, die gestützt auf die Traditionen der russischen Geschichte, schon Alexander I. stark beeinflußt hatten. Die englische Politik aber war jetzt von Canning geleitet, einem wirklichen Staatsmann, der Metternich's Haß mit wohlbegründeter Verachtung erwidernd, den höheren christlichen Ideen nicht unzugänglich, zugleich sich sagte, daß so lange die griechische Frage nicht wirklich gelöst sei, es jederzeit in Rußlands Belieben stehe, bei erster günstiger Gelegenheit dieselbe zum Vorwand einer Vergewaltigung der Pforte zu nehmen, — daß eine solche Lösung mithin im eigenen Interesse der Türkei liege, deren Erhaltung zugleich ein wichtiges englisches und sowie die Dinge lagen, selbst europäisches Interesse war. Ein anderer Mann als Metternich hätte sich mit England, dessen Interesse mit dem östreichischen zusammenfiel, leicht verständigt; bei den legitimistischen Schrullen, von denen dieser kümmerliche Geist beherrscht war, erwies sich dies als unmöglich. So verständigte sich jetzt vielmehr, über Metternich's Kopf weg, England und Rußland. Die englische Regierung sandte den Herzog von Wellington nach Petersburg, um dem neuen Kaiser zu seiner Thronbesteigung Glück zu wünschen. Sie hatte in ihm für Nicolaus den richtigen Unterhändler gewählt.

Am 4. April 1826 endigten diese sehr geheim geführten Unterhandlungen mit der Unterzeichnung eines Protokolls, nach welchem die beiden Regierungen dahin übereinkamen, daß Griechenland, ein zur Türkei gehöriges Land bleiben, einen jährlichen bestimmten Tribut an die Pforte zahlen, aber von Autoritäten regiert werden sollte, die sich das Land unter Zustimmung der Pforte selbst erwählen werde; vollkommene Handels- und Gewissensfreiheit werde herrschen; die Höfe von Wien, Berlin und Paris sollten zum Beitritt zu dieser Convention eingeladen, die Türkei nöthigen Falls zu ihrer Annahme gezwungen werden.

Der englische Gesandte in Constantinopel, Stratford Canning, ein Verwandter des Ministers, bemühte sich, die türkische Regierung für diese Lösung vorzubereiten. Man war in Petersburg, als Wellington ankam, eben damit beschäftigt gewesen, der Pforte ein Ultimatum zuzufertigen, in welchem die russischen Forderungen zusammengefaßt waren — Forderungen, bei denen es sich hauptsächlich um die Zurückziehung der türkischen Truppen aus den Donaufürstenthümern handelte. Der englische Gesandte, der Vertreter der einzigen Macht, welcher die Pforte aufrichtige Freundschaft zutraute, konnte es wagen, den türkischen Ministern die Annahme dieses Ultimatums zusammt der griechischen Pacification anzurathen und hierzu Englands gute Dienste anzubieten. Aber man hatte es hier mit steinharten Köpfen zu thun. Sie waren bereit, alle russischen Forderungen zuzugestehen, nicht aber die griechische Pacification. Hier war man zu Constantinopel auf beiden Ohren taub; auch die türkische Regierung hatte doch schließlich eine Autorität, eine Selbstachtung, eine politische Integrität zu wahren, die sie zu gefährden fürchtete, wenn sie den griechischen Rebellen nachgeben, eine Nachgiebigkeit in dieser Frage, meinte sie, würde nur die Folge haben, daß man der Pforte nur immer neue Fragen stelle, bis man zu jener Hauptfrage gelange, auf welche die russische Note einst hingewiesen, ob überhaupt ihre Coexistenz neben den übrigen europäischen Mächten möglich sei. Die Pforte wäre, gaben ihre Minister zu verstehen, längst mit den griechischen Aufständischen fertig, wenn diese nicht beständig aus der Haltung der Mächte neue Ermuthigung und Hoffnung zögen.

So gaben sie, der veränderten Haltung Englands wohl kundig, nach der einen Seite hin nach, gingen in fügsamem Tone auf das russische Ultimatum ein, ertheilten Befehl zur Räumung der Fürstenthümer und schickten Bevollmächtigte nach Akjerman in Bessarabien, wo in Gemeinschaft mit russischen Bevollmächtigten die Differenzen zwischen beiden Reichen geschlichtet werden sollten. Auch hier mußten die Russen die Drohung sofortiger Besetzung der Fürstenthümer zur Hülfe nehmen, ehe die Türken nachgaben: am 7. October 1826 aber kam doch der Vertrag von Akjerman zu Stande, in welchem die Pforte Alles zugestand, genaue Einhaltung des Bukarester Friedens, Ueberweisung der Hauptmündung der Donau an die Russen, freien Handel in der Türkei und Schutz gegen die Piraterie der Barbaresken, Wahl der Hospodare der Walachei und Moldau durch die Bojaren auf sieben Jahre, deren Wahl dann der Zustimmung der Pforte und des Kaisers von Rußland bedürfen werde. Am 24. October ratificirte der Sultan; er hoffte damit abermals der Gefahr einer Einmischung in seine griechischen Angelegenheiten entgangen zu sein, mit denen er fortwährend allein fertig zu werden sich schmeichelte.

Er wurde indeß trotz aller Ueberlegenheit an Truppen nicht fertig; um so weniger, als er im Frühling 1826 sich eines Theils seiner

Streitkräfte selbst beraubt hatte. Sultan Mahmud trug sich nämlich schon längst mit einer weittragenden Reform, von der er sich Vieles versprach, der Ersetzung des Janitscharencorps, das eine Art Staat im Staate bildete, und, furchtbar durch seinen Namen und sein uraltes Ansehen bei den Gläubigen, ein Brutnest der schlimmsten Mißbräuche war, durch eine europäische Truppenorganisation. Er machte den Versuch, ohne Anwendung von Gewalt zu diesem Ziele zu gelangen, indem er ein neues Fußvolk errichtete und den Janitscharen gebot, von jedem ihrer Bataillone 150 Mann an diese neue Truppe abzugeben. Aber diese barbarischen Prätorianer ließen sich nicht durch Worte täuschen: sie erhoben einen Aufstand, zogen ihre Macht auf der alten Rennbahn der byzantinischen Zeit zusammen und forderten die Köpfe derer, welche dem Großherrn den üblen Rath gegeben hätten. Darauf aber war man gerüstet: Truppen waren zusammengezogen, die grüne Fahne des Propheten — die majestätische Cypresse im Garten des Sieges nennen sie türkische Dichter — ward entfaltet, was nur im Augenblick drohender Gefahr für den Islam geschieht, und mit diesem aufregenden Symbol, das man vor die Moschee, in welcher der Sultan sein Hauptquartier nahm, pflanzte, waren alle Gläubigen zur Unterstützung ihres Beherrschers aufgerufen. Die Ulemas, die Kenner und Ausleger des Rechts und der Religion, traten zusammen und bewiesen aus dem Koran die Rechtmäßigkeit der vom Sultan beabsichtigten Reform des Heerwesens, die Acht ward über die Meuterer ausgesprochen und ein blutiger Kampf am 15. und 16. Juni endigte mit ihrer Niederlage, welche dann das Schwert des Henkers, das acht Tage lang in harter und ununterbrochener Arbeit blieb, vollendete. Gründlich räumte Schwert und Feuer auf, nachdem sie einmal entfesselt waren. Die Kaserne auf dem Platze Etmeidan, wo die Aufrührer getödtet oder erstickt worden waren, blieb Ruine, selbst die Leichensteine mit der Filzärmelmütze, dem Abzeichen der verfehmte Truppe, wurden zerschlagen, ein Befehl erging, nach welchem der Name Jenitscheri nicht mehr laut ausgesprochen werden durfte: Alles athmete auf, von einem furchtbaren Drucke befreit und pries „den erhabenen, gewaltigen und furchtbaren Padischah", der das Fundament aller Reformen in diesem Reiche zu legen gewagt hatte, die Europäisirung der Truppen. Mahmud selbst rühmte sich den europäischen Gesandten gegenüber, wie rasch er seine Revolution vollendet habe, ganz anders als in Europa zu geschehen pflege: und ohne Zweifel war der Schritt den er gethan, ein unerläßlicher und heilsamer, aber für den Augenblick wirkte die Niederwerfung der Janitscharen nur lähmend und während des ganzen Sommers 1826 machte die Unterdrückung des griechischen Aufstandes keine Fortschritte.

Die moslemische Flotte hatte wie gewöhnlich keinen Erfolg aufzuweisen, Ibrahim Pascha, der sich von Mesolonghi wieder nach dem Peloponnes gewendet hatte, setzte seine Verheerungen fort, ohne jedoch dadurch irgend etwas Weiteres zu erreichen und Reschid Pascha, der Genosse seines Sieges vor Mesolonghi, der nach Osthellas gegangen war, rückte zwar in Athen ein, konnte aber die dortige Akropolis nicht nehmen, da er von Constantinopel keine Verstärkungen erhielt. So gestalteten sich die Dinge zu Anfang des Jahres 1827 doch wieder günstiger für die Griechen. Sie kamen wieder in den Besitz fast des ganzen mittleren Landes, mit Ausnahme der Städte Mesolonghi, Anatoliko, Vonitsa und Lepanto. Der König von Baiern schickte ihnen eine Anzahl bairischer Officiere und Unterofficiere; die Geldmittel aus dem Westen strömten reichlicher zu; am 18. März traf Lord Cochrane, der sich im Dienste der südamerikanischen Freiheit die ersten Lorbeeren gepflückt, und welchem ein großer militärischer Ruf vorausging, auf griechischem Boden ein und übernahm die Führung der Seemacht, General Church, ein anderer dieser englischen Condottieri und Freiheitsenthusiasten, den Oberbefehl über die Landtruppen, weder das eine noch das andere eine beneidenswerthe Stellung. Doch auch die inneren Verhältnisse besserten sich: aus den zwei Nationalversammlungen von Aegina und Hermione wurde wieder eine, die am 7. April in der Nähe des alten Trözen zusammentrat, eine Verfassung berieth und zum Abschluß brachte, und am 11. den Grafen Johann Capodistrias, der seit 1822 aus dem russischen Dienst ausgeschieden, seither in Paris und sonst für die griechische Sache thätig gewesen war, zum „Kybernetes an der Spitze des griechischen Staatswesens" ($\varkappa v \beta \varepsilon \rho v \eta \tau \eta \varsigma$ $\dot{\varepsilon} \pi \grave{\iota}$ $\varkappa \varepsilon \varphi \alpha \lambda \tilde{\eta} \varsigma$ $\tau \tilde{\eta} \varsigma$ $\dot{E} \lambda \lambda \eta v \iota \varkappa \tilde{\eta} \varsigma$ $\pi o \lambda \iota \tau \varepsilon \iota \alpha \varsigma$) ungefähr mit den Rechten des Präsidenten der nordamerikanischen Union wählte; bis er eintreffe, wurden die Geschäfte einer Verwaltungscommission von drei Männern übertragen, der freilich die Verwaltungsgeschäfte nicht viel Mühe machten. Noch einmal drohte die Gefahr: Lord Cochrane, von dem man nach seiner Vergangenheit Alles erwartet hatte, bewährte sich auf diesem neuen Boden nicht: sein Versuch, die Akropolis von Athen zu entsetzen, endete mit einer vollständigen Niederlage, in deren Folge am 5. Juni, unter französischer Vermittlung und Bürgschaft die Besatzung capitulirte.

Jetzt aber war auch von Seiten der Diplomatie endlich ein entschiedener Schritt vorwärts gethan worden. Das Petersburger Protokoll war am 6. Juli zu einem förmlichen Vertrage geworden, der zu London von England, Rußland und Frankreich unterzeichnet ward. Diese Mächte verpflichteten sich in demselben, Unterhandlungen mit der Pforte zum Zweck der Pacificirung Griechenlands zu beginnen, wobei man für dieses Land eine ähnliche politische Existenz wie die der Donaufürstenthümer war, im Auge hatte. Während dieser Unterhandlungen sollten die beiden kriegführenden Parteien Waffenstillstand halten; ein geheimer Artikel setzte fest, daß die Contrahenten die entschiedensten Maßregeln gegen diejenige Partei ergreifen würden, welche ihre Vermittlung nicht annehme und nicht binnen vier Wochen Waffenstillstand schließe. Gegen wen dieser Vertrag sich kehrte, war nicht zweifelhaft; deshalb führten auch die Unterhandlungen mit der Pforte zu nichts, welche nun einmal schlechterdings von einer europäischen Intervention in ihren „inneren Angelegenheiten" nichts wissen wollte. Man mußte die Noten der Gesandten, welche der Reiseffendi, der Minister des Auswärtigen, anzunehmen sich weigerte, auf seinem Sopha liegen lassen; aber während die Pforte sich noch mit dem Gedanken tröstete, daß auch dieser Schritt ohne Folgen bleiben werde, wie die seitherigen, und Metternich, den seine Söldlinge eben damals mit vollen Backen als den größten Staatsmann des Continents priesen, auf eigene Hand ohne zu merken wieviel die Uhr geschlagen, neue Vermittlungsversuche anspann, um die Zeit zu gewinnen, in welcher dem griechischen Aufstand vollends das Lebenslicht ausgeblasen werden könne, war das entscheidende Ereigniß geschehen, welches der überraschten Welt bewies, daß es außer Protokollen und Noten auch noch Thaten gab. Die vereinigte türkisch-ägyptische Flotte war am 20. October im Hafen von Navarin nach vierstündigem Kampfe vernichtet worden.

Eine combinirte englisch-französisch-russische Flotte unter den Admiralen Codrington, de Rigny und Heyden nämlich war beauftragt worden, die Stipulationen des Petersburger Vertrages zur Ausführung zu bringen. Die Instructionen an die Admirale waren nicht gerade durch Klarheit ausgezeichnet: Gewalt sollten sie nur anwenden, hieß es, wenn die Türken die Verbindungen mit Gewalt würden behaupten wollen, welche zu unterbrechen die vereinigte Flotte bestimmt war, da sie ja Waffenruhe erzwingen sollte; ein gewisser Spielraum, so ward anerkannt, sei bei der eigenthümlichen Gestalt der Dinge den Admiralen nothwendig und ihnen im Voraus gewährt: der Charakter ihrer Instructionen, bemerkte der Franzose de Rigny witzig, hänge ab von einem Glase mehr oder weniger, das sein College Codrington trinken werde, der, als der älteste im Commando, den Oberbefehl über die vereinigte Flotte führte. Die türkisch-ägyptische Flotte von Alexandria ausgelaufen, landete in den ersten Septembertagen ihre Vorräthe und Truppen im Hafen von Navarino, an jener Stelle in der südwestlichsten Ecke des Peloponnes, die schon im Alterthum durch ein bedeutungsvolles Ereigniß des peloponnesischen Krieges berühmt geworden ist; ebendort erschien nun das verbündete Geschwader. Am 21. September versuchte eine türkische Flottenabtheilung den Hafen zu verlassen, Cobrington wies sie zurück. Die Führer suchten nun den Aegypter zu einem Waffenstillstand zu bewegen. Ibrahim zeigte eine ruhige Auffassung seiner seltsamen und höchst außerordentlichen Lage: politische Mittheilungen entgegenzunehmen, sagte er, sei er, der Diener der Pforte, nicht berechtigt; er werde Eilboten nach Constantinopel an den Sultan, nach Alexandrien an seinen Vater senden und bis diese zurück seien, Waffenruhe halten. Aber dieser Standpunkt war nicht haltbar. Die Griechen kostete es nichts, den Waffenstillstand, der ausdrücklich zu ihren Gunsten ausgemacht war, anzunehmen und sich damit unter den Schutz der Mächte zu stellen; für die Türken bedeutete die Annahme des Waffenstillstands so viel wie Unterwerfung unter deren Willen. Als nun die Lebensmitteltransportfahrzeuge, welche nach Patras und Mesolonghi bestimmt waren, in der Nacht vom 2./3. October von Cobrington zurückgewiesen wurden, nahm Ibrahim seinen grauenhaften Verwüstungskrieg im Peloponnes wieder auf; ebenso aber erhoben sich auch die Griechen zu neuer kriegerischer Thätigkeit: sie wußten, daß sie jetzt nichts mehr zu fürchten hatten.

Bei den Admiralen überwog, der Wenn und Aber ihrer Instruktion ungeachtet, die Ueberzeugung von der Nothwendigkeit eines Schlages, wenn die Türken Vernunft annehmen sollten. Ibrahim hatte sein Wort gebrochen, und er führte den Krieg auf eine Weise, welche wie ein barbarischer Hohn gegen das 19. Jahrhundert und das europäische Culturbewußtsein erschien, indem er selbst die Fruchtbäume des unglücklichen Landes mit der Wurzel vernichten ließ — es mußte gehandelt werden. Man entschied sich, mit der Flotte in den Hafen von Navarin einzulaufen: vielleicht daß eine solche Demonstration den Aegypter geschmeidig machte: auf alle Fälle sollte die Flotte zum Kampfe gerüstet sein. Fällt von türkischer Seite ein Schuß, so wird das betreffende Fahrzeug wieder beschossen und vernichtet, so war die Weisung Cobrington's, der diese delicate Action leitete.

Am 20. October Mittags, bei günstigem Winde begann die verbündete Flotte, das Admiralschiff die Asia voran, die Enge südlich der Insel Sphakteria zu passiren. Bald lagen die Flotten, die türkische an Zahl weit überlegen, in Schlachtordnung einander gegenüber. Krieg war nicht erklärt; ja nachdem schon die ersten Flintenschüsse gefallen waren, parlamentirte man noch durchs Sprachrohr: aber das Unheil war schon im Zuge. Kanonenschüsse fielen von einem ägyptischen Schiffe auf ein englisches; jetzt löste das ägyptische Admiralschiff seine Kanonen gegen die Asia, da gab der Engländer das Zeichen: und nun hallte vier Stunden lang der Donner der Geschütze, aus denen in dem engen Raume kein Schuß verloren ging, mit niegehörter Furchtbarkeit in dem ringsumschlossenen Meeresbecken wieder. Knall auf Knall folgten sich die Explosionen, die bis nach Zante und Cerigo hin gehört wurden, den Nachmittag, den Abend, die Nacht hindurch; und am Morgen des 21. waren von den 82 Schiffen der türkisch-ägyptischen Flotte noch 27 übrig; der Hafen war von Trümmern und Leichen bedeckt. Ibrahim kam am 21. zur Stelle und sah sich die Niederlage an. Ihm ging sie nicht so sehr zu Herzen; es war des Sultans Schade mehr als der seinige, der hier angerichtet war.

Die Nachricht von dem ungeheuren Ereigniß aber flog durch die Welt. Die Griechen jubelten: eine späte aber volle Rache war ihnen geworden, und auch in St. Petersburg gab man sich keine Mühe, seine Freude zu verbergen, die es nur erhöhen konnte, daß man in Wien nicht Worte genug über diese Unthat, „die alle Kennzeichen des Meuchelmords an sich trage," zu finden wußte. In Frankreich ließ die kindische Sucht nach Kriegsruhm, welche dieses Volk verzehrt, keine andre Empfindung als die der Genugthuung aufkommen; dagegen war man in London peinlich von der Nachricht berührt, wenn gleich auch hier die im übrigen Europa vorwaltende Stimmung sich geltend machte, welche mit Recht diese Schlacht ohne Krieg als einen Sieg des öffentlichen Gewissens gegenüber der unverantwortlichen Hinschleppung der griechischen Frage durch die Kabinete feierte. Indeß die Thronrede vom 29. Januar 1828 hatte Recht, als sie die Navariner Schlacht als ein fatales Ereigniß (untoward event) bezeichnete: sie mußte mit einer Art Naturnothwendigkeit den russisch-türkischen Krieg herbeiführen, den man seither mit allen Mitteln zu verhindern gesucht hatte.

Denn was geschehen, war mehr als ein mächtiges Barbarenvolk ertragen konnte. Die Wuth des Sultans, als ihn endlich die unglaubliche Nachricht erreichte, kannte keine Gränzen. Eine kurze Zeit hielt er an sich: er ließ seinen Zorn zunächst an den unirten Armeniern aus, die mitten im Winter, ein trauriger Zug, aus Constantinopel vertrieben wurden. Am 5. November aber erklärte er alle Verträge mit den europäischen Mächten für aufgehoben und ließ die Gesandten der drei Mächte, die ihm seine Flotte vernichtet hatten, wissen, daß ihm ihre Anwesenheit in Constantinopel gleichgültig sei; am 8. December verließen sie die Stadt. Der Vertrag von Akjerman ward gekündigt und in einem Ferman an die Gemeindenotabeln seines Reiches vom 27. December gab Sultan Mahmud seinem Groll einen Ausdruck, der an Deutlichkeit nichts zu wünschen übrig ließ. „Wenn es wahr ist," hieß es in diesem Actenstück, „wie jeder Verständige zugibt, daß die Moslemin von Natur die Ungläubigen hassen, so ist es nicht minder wahr, daß diese gebornen Feinde der Muselmänner sind, und besonders die Russen, deren Reich der Erzfeind der Pforte ist."

Diese Kundgebung, obwohl dieselbe zunächst nur an Unterthanen der Pforte gerichtet war, beantwortete der Czar, vorwärts gedrängt durch die Stimmung des russischen Volkes, eigenen Ehrgeiz und die ung.wöhnliche Gunst der Lage, am 26. April 1828 mit einer Kriegserklärung. Er erklärte jedoch gleichzeitig, um die übrigen Mächte zu beschwichtigen, daß er es nur gezwungen thue, und daß er in jedem Falle auf irgend welche Eroberung und Gebietserweiterung verzichte. Eben zur rechten Zeit hatte Rußland den Krieg, in welchen es seit dem Jahre 1826 mit Persien verwickelt war, nach zwei glücklichen Feldzügen siegreich beendet. Im November 1827 war der Friede fertig, aber von der Pforte beeinflußt, hatte der Schah Feth-Ali mit der Ratification gezögert, und so erneuerte der russische Feldherr Paskewitsch, der im Jahre 1782 zu Pultawa geboren noch zu mancher bedeutungsvollen Aufgabe aufgespart war, die Feindseligkeiten. Der neue Friede zu Turkmantschai, am 10. Februar 1828 abgeschlossen, legte den Besiegten außer der Abtretung der Provinzen Eriwan und Natchitschewan die Zahlung von 80 Millionen Rubeln Kriegskostenentschädigung auf; dem siegreichen Feldherrn brachte er von der am 19. October 1827 erfolgten Einnahme der Festung Eriwan einen seiner Ehrennamen Eriwansky, dem russischen Reich eine neue Provinz Armenien und die Vermehrung seines Einflusses über sämmtliche armenische Christen in Persien und der Türkei.

Im Allgemeinen berührten diese Vorgänge auf so entlegenem Schauplatze die Gemüther in Europa wenig: nur hielten sie das unbestimmte aber unheimliche Gefühl einer stetig und drohend anwachsenden Macht Rußlands wach, und man sah deswegen auch den kriegerischen Operationen gegen die Türkei mit Mißbehagen zu, wenn gleich diesem Mißbehagen die Sympathieen für die Griechen, denen schließlich doch nur auf diesem Wege geholfen werden konnte, die Waage hielten.

Die Pforte hatte keine Flotte und kein Heer, um ihrem Grimm Nachdruck zu verschaffen. Der in Schwung gesetzte religiöse Fanatismus lieferte ihr aber rasch die Soldaten, die nun so schnell als möglich nach den Pässen des Balkan, in die Festungen an der Donau geschickt wurden, während man gleichzeitig gegen die in Constantinopel anwesenden Franken strenge Ausweisungsmaßregeln verhängte, und den Bosporus allen fremden Schiffen schloß. Allzuschnell ging es auch in Rußland nicht, wo in den letzten Lebensjahren Alexander's auch die Heeresmaschine eingerostet war, und die Länge der Wege in dem ungeheuren Reich der Mobilisirung und Vereinigung der Truppen große Hindernisse in den Weg legte.

Nicht früher als am 7. Mai überschritten die ersten russischen

Truppen den Pruth. Der alte Graf Wittgenstein führte den Oberbefehl über das russische Heer, das auf 150,000 Mann auf dem Papiere geschätzt wurde und dem die Türken in Europa wenig mehr als 50,000 Mann wirklicher Truppen entgegenzusetzen hatten. Mit dieser unzureichenden Macht die Donaufürstenthümer halten zu wollen, war undenkbar. Den ersten Widerstand fanden die Russen erst am Strome selbst, dessen Unterlauf, durchschnittlich etwa 2000 Fuß breit, durch eine Linie starker Festungen Widdin, Nicopoli, Rustschuk, Silistria, Rassowa, Hirsowa, Braila, Ismail gedeckt wird. Ist diese Linie genommen, so steht einer Invasion die zweite schwierigere des Balkan entgegen, die im Osten bis zum schwarzen Meere reicht, und in deren Mitte die starke Festung Schumla liegt. Zunächst gewann der Krieg die Gestalt eines Festungskrieges, eines ziemlich hartnäckigen Kampfes um die erste dieser beiden Linien, und der erste Erfolg, den die Russen hier erlangten, war die Einnahme von Braila, das sich am 18. Juni 1828 ergab; die Besatzung erhielt freien Abzug nach Silistria. Der Kaiser selbst war mit großem Gefolge mittler Weile beim Hauptheer eingetroffen, welches die Donau überschritt und während die Donaufestungen Silistria und Widdin cernirt wurden, gegen Schumla und Varna operirte. Die letztere Festung ward zu Land und auch zur See belagert, indem die russische Flotte, der die Türken seit dem Schlage von Navarin keine nennenswerthe Seemacht mehr entgegenzusetzen hatten, am 14. Juni Anapa an der Ostküste des schwarzen Meeres genommen hatten und nun von Osten her vor Varna erschien. Die Türken vertheidigten sich gut: der russische Oberbefehlshaber, nunmehr Fürst Menzikoff, wurde selbst am 20. August schwer verwundet und mußte den Befehl an General Woronzoff abgeben. Der Kaiser war persönlich zur Stelle: Entsatztruppen von Constantinopel her auf der einen, von Schumla her auf der andern Seite waren im Anzuge und mit Mühe wurde die Entschüttung abgewendet. Die Belagerung ging weiter: in der Nacht vom 6./7. October war eine russische Abtheilung bereits eingedrungen, wurde aber von herbeieilender Uebermacht größtentheils niedergemacht, der Rest wieder hinausgeworfen. Die Jahreszeit rückte vor, man kam nicht zum Ziele; aber die Uneinigkeit hinter den Festungswällen gab den Russen gleichwohl den Sieg. Am 10. erschien Jussuf Pascha, der Commandant von Varna, im russischen Lager, und stellte sich, da die Festung nicht länger haltbar sei und der Kapudan Pascha, Izzet Mohamed, dennoch nicht capituliren wolle, unter den Schutz des russischen Kaisers. Haufenweise verließ am folgenden Morgen die Besatzung, dem gegebenen Beispiel des Verrathes folgend, die Stadt, während Mohamed mit 300 Tapfern, zum Aeußersten entschlossen, sich in die Citadelle warf.

Kaiser Nicolaus gewährte diesen Männern und ihren Führern freien Abzug und zog am 12. in die Festung ein.

Aber dies war auch der einzige nennenswerthe Waffenerfolg des Jahres auf dem europäischen Kriegsschauplatze. Die Türken vor Schumla zur Schlacht im offenen Felde zu verlocken gelang nicht, und zur Ueberwältigung der starken Festung, die amphitheatralisch auf dem nördlichen Abhang des Balkan gelegen eine Stadt von 50,000 Einwohnern umschloß, war die russische Truppenmacht nicht zahlreich genug. Auch der Versuch, sie von der Verbindung mit Adrianopel abzuschneiden, mißlang; am 26. August machte ein erfolgreicher Angriff der Türken gegen das Corps des Generals Rüdiger die Straße dorthin unter schwerem Verlust der Russen wieder frei. Das russische Heer war hart mitgenommen, die Hauptfestungen, Silistria und Schumla, behaupteten sich und an weiteren Vormarsch gegen Süden war mit den vorhandenen Kräften nicht zu denken. Die Stellung auf dem rechten Donauufer war somit nicht haltbar, nur Varna wurde behauptet, und der mit so großen Hoffnungen begonnene Feldzug endigte wenig ehrenvoll mit einem Rückzug auf das linke Stromufer. Die Türken hatten mehr geleistet, als ihre wenigen Freunde und vielen Feinde von ihnen erwartet hatten.

Glücklicher waren die russischen Waffen in Asien, wo Paskewitsch im Juni mit nicht mehr als 12,000 Mann den Feldzug eröffnete. Sie genügten gegen die 30,000 Feinde, die mangelhaft ausgerüstet und schlecht geführt waren: am Geburtstag seines Kaisers erstürmte Paskewitsch mit nur 250 Mann Verlust die von den Türken für uneinnehmbar gehaltene Festung Kars, welche die Feigheit des Commandanten Emin Pascha ihm preisgab (5. Juli.) Eine kurze Zeit lähmte die Russen die Pest, welche die Besiegten den Siegern hinterlassen hatten: dann brach Paskewitsch wieder auf und brachte in einer Reihe glänzender Operationen noch mehrere der furchtbaren Bergfesten zu Fall, bis (seit Mitte October) der frühe und strenge Winter Hocharmeniens, dessen Härte einst in alten Tagen Xenophon erfahren, beiden Parteien eine lange Waffenruhe aufzwang.

Während des Winters bemühte sich Metternich, dem weiteren gefährlichen Vordringen Rußlands womöglich durch eine Allianz der vier übrigen Mächte einen Riegel vorzuschieben. Es widersprach allerdings dem östreichischen Lebensinteresse, wenn die Russen in den Fürstenthümern sich vollends ganz häuslich einrichteten, und die Donaumündungen in ihre Gewalt bekamen: „niemals" hatte schon Joseph II. gesagt, „kann Oestreich dulden, daß die Russen im Besitz der Moldau und Walachei bleiben". Man rüstete insgeheim. Allein die Allianzbemühungen blieben ohne Erfolg. Weder England noch

Frankreich gingen auf die östreichischen Gesichtspunkte ein, denn für sie lag die Gefahr in weiterer Ferne; auch Preußen, sonst so willfährig, ging diesmal seinen eigenen Weg. Allein vorzugehen, fehlte dem Oestreich Metternich's, das nicht einmal zu Manoeuvern, geschweige denn zu einem Kriege das Geld hatte, die Kraft und seinen Leitern der Muth; nicht aber fehlte seinem berühmten Staatsmann, als er mit dem russischen Gesandten eine Unterredung über die Angelegenheit hatte, die eherne Stirn, jedes Interventionsgelüste von Seiten des östreichischen Kabinets rundweg in Abrede zu stellen. Herr von Tatitschew war höflich und klug genug, diesen Versicherungen zu glauben, obgleich er die Beweise des Gegentheils in der Tasche hatte: und er unterließ es, ein Gespräch über ein „Factum" zu verlängern, das, wie er mit feiner Bosheit nach Hause berichtete, „künftighin in das Gebiet der Geschichte gehöre."

Inzwischen rüstete die Pforte nach besten Kräften, um dem Stoße des nächsten Feldzugs zu widerstehen. Die Stimmung Europas ward ihr günstiger, besonders da von ihrer Seite der Krieg weniger barbarisch, als in früheren Zeiten geführt wurde. Izzet Mehemed Pascha wurde an die Spitze des Heeres gestellt, das jedoch, der äußersten Anstrengungen ungeachtet, an regelmäßigen Truppen wenig über 40,000 Mann zählte, neben denen die große Zahl irregulärer Streitkräfte nur wenig ins Gewicht fielen, dem großen russischen Heere gegenüber, das durch nachrückende Verstärkungen auf 150,000 Mann mit 500 Geschützen stieg: wenn gleich auch bei einem russischen Heere stets der Zweifel gestattet blieb, ob die Soldaten in den Listen auch wirklich alle auf den Beinen standen. Wichtiger noch war, daß der Kaiser, der niemals das mindeste Feldherrntalent zeigte, so gern er auch als Feldherr gelten wollte, dem Heere diesmal fern blieb und dessen Führung dem Grafen Diebitsch überließ, einem höchst ausgezeichneten Feldherrn, der 1785 in Schlesien geboren, auf der Berliner Cadettenschule gebildet und seit dem Jahre 1801 in russischen Diensten war. Am 8. Mai 1829 überschritten die Russen bei Hirsowa die Donau wieder, und gelangten am 17., dem Lauf des Flusses aufwärts folgend, vor Silistria, welches sie einschlossen. Das türkische Heer hatte sich unterdessen bei Schumla gesammelt. Der Oberbefehl hatte dort bereits wieder gewechselt, und an Izzet's Stelle war Reschid Pascha, der Belagerer von Mesolonghi und „Seriasker" von Rumelien getreten. Sie blieben unthätig; erst Mitte Mai setzten sie sich gegen das Corps des Generals Roth in Bewegung, das zwischen Varna und dem befestigten Flecken Paravadi stand. Es gelang ihnen auch, diesem Corps eine Niederlage beizubringen, welche 1600 Todte und 4 Geschütze kostete. Das wichtige Paravadi konnten sie, in allen

Bewegungen regelrechten Angriffs unerfahren, nicht nehmen. Der türkischen Unfähigkeit vertrauend, brach Diebitsch mit 21,000 Mann und 94 Geschützen auf, indem er vor Silistria ein Beobachtungscorps ließ: er setzte sich mit General Roth in Verbindung und schob sich, indem er in der Nacht vom 9./10. Juni in einer Entfernung von nicht mehr als 3 Stunden an dem türkischen Lager vorüberzog, auf halbem Wege zwischen Paravadi und Schumla in den Rücken des Großveziers, den er so vom letztgenannten Orte abschnitt. Die Türken wagten, als sie ihre wirkliche Lage erkannten, um das wichtige Schumla zu retten, die Schlacht, welche Diebitsch suchte: am 11. Juni 1829 bei Kulewtschi. Von 7 Uhr Morgens bis 3 Uhr Nachmittags dauerte der Kampf, der Anfangs für die Türken günstig stand; um 3 Uhr war ihre Kraft gebrochen und die Flucht begann, nur wenig gestört von den durch achtstündiges Fechten gleichfalls ermüdeten Russen.

Gleichwohl blieb von dem osmanischen Heere wenig mehr übrig, da die schwerste Probe des Soldaten — geordneter Rückzug nach verlorener Schlacht — für türkische Truppen allzuschwierig war; aber auch die Lage der Russen war nicht so, daß sie ihren Sieg sofort nach Süden hätten weiter verfolgen können. Diebitsch bot Friedensunterhandlungen, welche Reschid, als einfacher Kriegsmann zu politischen Dingen ungeschickt und vor Allem nicht bevollmächtigt, ablehnte. Bald aber erhielt der russische Feldherr die Nachricht vom Fall Silistrias, der endlich am 30. Juni erfolgt war, und durch welchen die Truppen frei wurden, die seither vor dieser Feste gelegen. Indem er diese zur Beobachtung von Schumla verwendete, und mit überlegenem Geschick den Türken die Meinung beibrachte, als solle diese Festung nun mit Macht angegriffen werden, setzte er sich mit dem übrigen Heere in Marsch, um über den Balkan Adrianopel zu erreichen. Ohne Widerstand auf seinem Wege zu finden, überstieg er das schwierige Gebirg; er hatte den Kamm schon erreicht, als Reschid merkte, daß er umgangen war, und am 19. August sah das russische Heer die große Stadt mit ihren Moscheen und Gebetsthürmen in der Ebene zu ihren Füßen liegen. Adrianopel war mit Vertheidigungsmitteln reichlich ausgerüstet: und eine Stadt von 80,000 Einwohnern, in der 10,000 Mann Truppen unter einem tapfern Führer, Halil Pascha, sich befanden, hätte den 30,000 Russen erfolgreichen Widerstand leisten können. Aber der Feind erschien völlig unerwartet, und ob er 30,000 oder 300,000 Mann stark war, wußte Niemand zu sagen. Diebitsch verblüffte die Türken, indem er kategorisch eine kurze Frist zur Uebergabe stellte, und verneinenden Falls mit sofortigem Sturmangriff drohte. Am 28. August, ohne daß ein Schwertschlag gefallen, zog er ein. Die türkischen Truppen waren während der Nacht auf der Straße nach Constantionpel abgezogen.

Auch aus Asien lauteten die Nachrichten ungünstig für die Pforte. Das Kriegsziel der Russen auf diesem Theile des Kriegsschauplatzes war Erzerum, die Hauptstadt von Großarmenien; sie war gedeckt durch das schwer zu überschreitende Saganluggebirge, dessen Uebergänge leicht zu sperren gewesen wären. Aber die Unfähigkeit der Türken war selbst dieser leichten Aufgabe nicht gewachsen. Wenn man den nördlichen Weg einschlagen wollte, bedurfte es nur geringer Kunst, um ihnen den Glauben beizubringen, als beabsichtige man den Abzug auf dem südlichen Wege; so machte es Paskewitsch, brachte sein ganzes Heer mit 60 Stück Geschütz und 3000 Wagen über das Gebirge, ohne dabei auf einen feindlichen Posten zu stoßen, warf in zwei Schlachten, am 1. und 2. Juli, im Thale des oberen Euphrat angelangt, die türkischen Truppen auseinander, traf am 7. ohne ferneren Kampf im weiten Araxesthale, in welchem Erzerum liegt, ein und empfing am 9., nach sehr kurzem Beschießen der Wälle, die Schlüssel der Stadt und der Citadelle. Auch die Hoffnung auf eine persische Diversion zu Nutzen des schwerbedrängten Reichs, eine Hoffnung, die sich auf einen Pöbelauflauf in Teheran gründete, bei welchem das russische Gesandtschaftspersonal mißhandelt oder ermordet worden war, zerrann in Nichts. Der Schah schickte seinen Enkel nach St. Petersburg und ließ in demüthigen Formen Verzeihung des Geschehenen erbitten. Die Kraft des osmanischen Reiches war gebrochen. Auch als der Sultan das alte Wahrzeichen früherer Siege, des Propheten Fahne, aufs Neue aufpflanzte, antwortete diesem feierlichen Aufrufe an den Glaubenseifer und Siegesstolz früherer Tage Niemand mehr. Viele Türken erkannten in der erlittenen Niederlage nur die gerechte Strafe des Höchsten für die Reformen und europäischen Einrichtungen, in denen gegen den wahren Geist des Islam der Sultan sich gefalle; unter den Resten des zertrümmerten Janitscharencorps in der Hauptstadt wie in den Provinzen gährten Verschwörungen, und während schon die russischen Vorposten bis auf wenige Stunden von Constantinopel streiften, sah man täglich im Bosporus die Leichen von Solchen treiben, welche während der Nacht hingerichtet worden waren. Niemand aber fiel es ein, sich über die wirkliche Lage der Dinge zu unterrichten und sich darüber klar zu werden, ob sie wirklich für die Russen so glänzend, für die Türken so hoffnungslos war, wie es den Anschein hatte.

Dies war nach dem Urtheil des befähigtsten Kenners, Moltke, zunächst in militärischer Beziehung keineswegs der Fall. Die Türken hatten ihre unbezwingliche Hauptstadt, deren außerordentliche natürliche Stärke durch ausreichende Befestigungswerke noch erhöht worden war. — Befestigungen, in deren Vertheidigung die Türken doch sonst stets höchste Ausdauer und Tapferkeit bewiesen; und auf der anderen Seite war der Zustand des durch Anstrengungen, Mangel und Krankheiten gezehnteten russischen Heeres von der Art, daß es nimmermehr einen Sturm oder ernstlichen Angriff auf Constantinopel hätte wagen dürfen; nicht mehr als 15,000 Mann, behauptet man, hätten zu diesem Angriff verwendet werden können — ja daß „vielleicht eine Verlängerung dieser Lage nur um wenige Tage genügt hätte, um ihr Heer von der Höhe des Sieges in den Abgrund des Verderbens zu stürzen."

Und nicht minder bedenklich war die politische Seite dieser Lage. Selbst wenn Constantinopel genommen wurde — was dann? die Stadt zu behalten, war unmöglich, es hätte Europa gegen Rußland in die Waffen gerufen — sie wieder aufzugeben, aber hätte Rußlands Zauber in den Augen der christlichen Bevölkerung des türkischen Reiches vernichtet.

Allein in den Augen der Türken war die Lage für sie hoffnungslos, in den Augen der europäischen Mächte war sie im höchsten Grade gefährlich. Der Kaiser Nicolaus seinerseits zeigte sich zum Frieden geneigt und hatte während des Sommers bei einem Besuche in Berlin neuerdings die Versicherung gegeben, daß er sich in seinen Forderungen auf das Unerläßlichste beschränken werde. Die Cabinette hatten ihre Beziehungen zur Pforte wieder aufgenommen und setzten ihr zu, sich mit dem Feinde zu verständigen. Hier war Gelegenheit für die preußische Politik, Europa, Rußland und der Türkei einen guten Dienst zu erweisen und der König von Preußen, am wenigsten unmittelbar bei der Sache betheiligt, hatte zu diesem Zwecke den General Müffling nach Constantinopel geschickt. Müffling stellte den türkischen Autoritäten, mit denen er unterhandelte, die militärische Lage ganz so dar, wie sie die Russen erscheinen lassen wollten, und Diebitsch unterstützte diese Auffassung durch die kecke Miene, die er zeigte, und durch kühne Angriffsbewegungen; er gab sich den Anschein, als thue er ein Uebriges, wenn er auf Unterhandlungen eingehe, während er wohl wußte, daß er mit den 20,000 Mann wirklich kriegsfähiger Truppen, die ihm zur Verfügung standen, Constantinopel schwerlich würde nehmen können und daß selbst wenn ihm wider Erwartung die Eroberung gelänge, er sein Land und seinen Kaiser in schwere Verwickelungen mit den übrigen Mächten bringen würde, von denen die Engländer bereits eine starke Flotte im ägeischen Meere hatten.

Am 1. September begannen so die Friedensunterhandlungen, die am 14. mit dem Frieden von Adrianopel endigten, welcher aus

16 Artikeln und einer Separatconvention bestand. Rußland, dies waren seine wesentlichen Bedingungen, stellte der Pforte die in Europa gemachten Eroberungen zurück. Der Pruth bildete, wie seither, die Gränze der beiden Reiche; nur die Inseln in der Donaumündung verblieben Rußland, das aber auf denselben keine Festungswerke anzulegen sich verpflichtete; in Asien dagegen erhielt Rußland die festen Plätze an der Ostküste des schwarzen Meeres, Poti und Anapa, und im Binnenlande, wo die Gränze auf eine ihm vortheilhafte Weise regulirt wurde, die Festungen des Paschaliks Achalzych und Achalkalaki; den russischen Unterthanen ward vollste Handelsfreiheit im türkischen Reiche zugesichert. In Bezug auf die Donaufürstenthümer Moldau, Walachei, auch Serbien, wurden die Bestimmungen, über welche man im Vertrage von Akjerman übereingekommen, erneuert: die Moldau und Walachei sollten ihre Hospodare künftighin statt auf sieben Jahre auf Lebenszeit ernennen, ihre inneren Angelegenheiten selbstständig verwalten, auch zur Aufrechthaltung der innern Ordnung eine eigene Miliz halten dürfen: und da überdies kein Moslem in diesen beiden Ländern seinen Wohnsitz anschlagen durfte, so waren dieselben thatsächlich von der Pforte unabhängig und dem russischen Einfluß noch mehr als bisher geöffnet. Ueber eine Kriegskostenentschädigung wollte man sich weiterhin vergleichen: die zehn Millionen Dukaten, welche festgesetzt wurden, brachten die erschöpfte Türkei noch lange in ein Verhältniß thatsächlicher Abhängigkeit von dem übermächtigen Nachbarreiche, dessen Beherrscher es sich noch als Mäßigung anrechnen durfte, daß er ihr nicht völlig den Garaus gemacht hatte. Empfindlicher aber war der Pforte, daß nunmehr auch die griechische Frage endgültiger Lösung entgegenging.

3. Griechenland. Ende des Kampfes.

Was Griechenland betraf, so enthielt der Friede von Adrianopel einen letzten Schritt zu seiner endgültigen Befreiung; nur vergebens sträubte sich die Pforte, diesen Gegenstand in den russischen Frieden aufzunehmen. Der Pascha von Aegypten hatte sich geweigert, seinen Sohn Ibrahim von Morea abzuberufen. Da erschien im August 1828 der Sieger von Navarin, der englische Admiral Codrington, vor Alexandria und nöthigte den Aegypter, die in seinem Lande befindlichen griechischen Sclaven freizugeben und den Befehl zur Räumung Griechenlands an die ägyptischen Truppen zu ertheilen. Während Ibrahim sich zur Räumung anschickte, erschien zum Ueberfluß noch der französische General Maison mit 14,000 Mann, an welche die Türken die von ihnen noch besetzten festen Plätze in Morea auslieferten (August 1828) und die somit hier keine Gelegenheit zu Kriegsthaten mehr fanden. Im zehnten Artikel des Friedens von Adrianopel nun erkannte die Pforte die Bestimmungen der drei Mächte an, welche im Vertrag vom 6. Juli 1827 und in dem Protocoll vom 22. März 1829, das die Gränze des künftigen Vasallenstaates bestimmte, niedergelegt waren; sie willigte ein, daß Griechenland zur Pforte in einem ähnlichen Verhältnisse stehen sollte, wie die Donaufürstenthümer: Unabhängigkeit im Innern und Zahlung eines jährlichen Tributs von 700,000 Thlr.

Definitiv erledigt war die griechische Frage damit jedoch noch keineswegs. Am 18. Januar 1828 war der neue Kybernetes von Griechenland, Graf Capodistrias, in Nauplia eingetroffen und bemühte sich nun, in dem jämmerlich zugerichteten Lande, in welchem Hunger, Anarchie, Land- und Seeraub — so viel es noch zu rauben gab — ihr Wesen trieben, geordnete Zustände und eine regelmäßige Verwaltung herzustellen: eine Aufgabe, zu der er ein feines, gewinnendes Wesen, einen reinen Willen und eine unverdrossene Arbeitsamkeit mitbrachte. Eine Nationalversammlung, im Juli 1829 nach Argos berufen, legalisirte seine Beschlüsse; man hatte es zu machen gewußt, daß sie ihrer großen Mehrzahl nach aus ergebenen Anhängern des Präsidenten bestand. Das Schicksal des Landes aber ruhte in den Händen der Großmächte, welche gleich nach dem Frieden zu einer Conferenz in London zusammentraten. Das Endprotocoll ward hier am 3. Februar 1830 von England, Frankreich und Rußland unterzeichnet und damit die Schlußscene dieses großen Dramas eingeleitet. Dieses Schlußprotocoll zerschnitt auch den letzten Faden noch, durch welchen Griechenland nach den Bestimmungen des Friedens von Adrianopel mit der Türkei zusammenhängen sollte. Griechenland ward für einen völlig unabhängigen und tributfreien Staat erklärt, welchem die Schutzmächte einen König zu besorgen unternahmen. Die Pforte machte keine Schwierigkeiten mehr; sie erklärte ihren Beitritt am 24. April 1830. Um sie für den Tribut zu entschädigen, auf den sie damit verzichtete und von dem sie doch schwerlich viel zu sehen bekommen hätte, wurden die Gränzen des neuen Staates noch enger gezogen, als in dem Protocoll vom 22. März 1829 geschehen war; die Nordgränze sollte statt der Linie vom Golf von Arta (W.) bis zu dem von Volo (O.) eine südlicher, vom Ausfluß des Aspropotamo, westlich von Mesoloughi, über Brachori zum Golf von Zeitun gezogene sein.

Zum König war der Schwiegersohn des Königs von England, Herzog Leopold von Coburg, ersehen, dem aber das Schicksal einen anderen Thron bestimmt hatte, auf dem er reichliche Gelegenheit fand, seine hervorragende Befähigung zum Regenten zu bethätigen: Dem armen Griechenland, das sich nach einem König sehnte, der endlich den schrecklichen Leiden und der peinlichen Ungewißheit eines Jahrzehnts ein Ende machen könnte — „wo ist der Herr?" hatten schon im Jahre 1821 die griechischen Hirten und Bauern gefragt, als man sie zum Kampf um die Freiheit begeisterte — dem unglücklichen Griechenland sollte diese Gunst des Geschickes nicht zu Theil werden. Leopold hatte sich am 11. Februar 1830 zur Annahme der Krone bereit erklärt. Er stellte aber als Bedingung eine freigebigere Regulirung der Gränzen, und bewies mit dieser Forderung allein schon, daß er verstand, wohin dieses Volkes eigentliches Wünschen zielte. Das englische Parlament, in seiner Mehrheit dem neuen Staate zugeneigt, würde sich haben bereit finden lassen, demselben noch Candia und die unter britischem Protectorate stehenden jonischen Inseln zuzuweisen; aber in dieser Frage war es nicht das Parlament, welches das entscheidende Wort zu sprechen hatte. Das englische Ministerium, Aberdeen und Wellington, waren wie Metternich dafür, das Land völlig unabhängig zu stellen, aber ihm dafür desto engere Gränzen zu ziehen, und der schwergedemüthigten Pforte nicht mehr abzunehmen, als unumgänglich nothwendig sei. Ein Schreiben Capodistrias', der hier seinem Lande einen üblen Dienst erwies, malte mit breitem Pinsel die großen Schwierigkeiten der Aufgabe dem Prinzen aus, der in seiner persönlichen Lage nicht den mindesten Antrieb hatte, eine Veränderung zu suchen — eine Krone von so drückendem Gewicht und so zweifelhaftem Werthe besonders eifrig zu wünschen. Da ihm nun die Gebietsforderungen nicht zugestanden wurden, mit deren Erlangung er seinen neuen Unterthanen ein würdiges Willkommgeschenk hätte darbringen können, so verzichtete er und machte am 15. Mai die Schutzmächte mit diesem seinem Entschlusse bekannt. Einstweilen blieb so der „russische Präfect", wie mürrische Stimmen den Grafen Capodistrias nannten, am Ruder; jene Ablehnung schien einen neuen Sieg der russischen Politik zu bedeuten, die seit dem Tode Alexander's in dieser Frage am klügsten und erfolgreichsten operirt hatte.

C. Die germanischen Staaten.

Mit diesem allerdings noch nicht vollständigen Abschluß der griechischen Erhebung war das System der heiligen Allianz an einer wichtigen Stelle durchlöchert. Mit jener thörichten und fast kindischen Anschauungsweise, in jeder Auflehnung eines Volkes gegen jedwede wenn auch noch so abscheuliche Regierung eitel jacobinischen Muthwillen zu sehen, und jede wenn auch noch so erbärmliche Ordnung der Dinge blos deswegen, weil sie einmal bestand, aufrecht zu halten, war man hier, bei der ersten schwierigeren und verwickelteren Frage, nicht durchgedrungen. An der heroischen und verzweifelten Entschlossenheit des griechischen Volkes, an den laut ausgesprochenen und allgemeinen Sympathien der gebildetsten und edelsten Männer Europas, und an dem, in historischen Verhältnissen begründeten, durch die Gemeinschaft des religiösen Bekenntnisses gerechtfertigten Interesse der nächstbetheiligten russischen Macht war diese armselige Staatskunst gescheitert, die hier nicht lange die christliche Maske beibehalten konnte, welche sie in der Urkunde der heiligen Allianz vorgenommen hatte. Mit Genugthuung begrüßte man in Europa diese Wendung der Dinge, wie spät sie eingetreten, und einen Sieg der Freiheit allerdings durfte man in gewissem Sinne die so gewonnene Unabhängigkeit Griechenlands wohl nennen, wo auf einem von alter Freiheitsromantik getränkten Boden ein zwiefach verhaßtes Joch zertrümmert worden war. Aber freilich, es war weder ein sehr vollständiger, noch ein sehr weittragender, noch ein sehr reiner Sieg; das wirkliche Griechenland erwies sich als ein ganz anderes, als das ideale, das man „in Morgenträumen", wie der deutsche Dichter sagte, geschaut hatte; und überdies dieser Sieg war theuer erkauft. Der Friede von Adrianopel hatte die Macht Rußlands außerordentlich gesteigert und damit ein Bollwerk des Absolutismus befestigt, welches im weiteren Verlauf der Dinge den freiheitsfeindlichen Kräften und Bestrebungen einen sehr ausreichenden Ersatz für die sich auflösende heilige Allianz bieten sollte. Und dies geschah zur selben Zeit, wo, wie wir sehen werden, im Westen, in Frankreich, diesem Lande welches seit 1789 der Entwickelung bürgerlicher Freiheit bald kräftige Antriebe zu geben, bald schwerste Gefahren zu bereiten bestimmt war, eine blinde priesterlich-absolutistische Reaction sich anschickte, die Errungenschaften des 18. Jahrhunderts und der aus der Revolution von 1789 sich entwickelnden Völkerbewegungen mit Stumpf und Stiel auszurotten.

Diese Gefahren abzuwenden, der Freiheit, d. h. dem stetigen ruhigen Fortschritt der Menschheit eine sichere Stätte zu bereiten, dies war das Vorrecht der germanischen Völker und Staaten; und die besonnene, die Bürgschaft des endlichen Sieges in sich selbst tragende Art und Weise, wie dies innerhalb der germanischen Welt geschah, bietet einen bei allem Verdrießlichen und Unvollkommenen, das wir im Einzelnen zu verzeichnen haben, doch im Ganzen erfreulichen und erhebenden Gegensatz zu dem starren nur dann und wann von einzelnen Zuckungen unterbrochenen Dahinleben der Völker des slavischen Ostens, wie zu dem wilden Wechsel, dem haltlosen Hin- und Hertaumeln zwischen einem Aeußersten des Despotismus und einem anderen Aeußersten zügelloser Freiheit in den romanischen Staaten.

1. Scandinavien.

Der scandinavische Norden nahm an dieser Fortschrittsarbeit keinen hervorragenden Antheil. Dänemark war seit der seltsamen Revolution von 1660 eine absolute Monarchie, und seine Bevölkerung zeigte unter der milden und gerechten Regierung Friedrich's VI. (1808—39) kein Verlangen nach einer Constitution, von der man im übrigen Europa so vielfach alles Heil erwartete. Die Finanzen waren geordnet, die Verwaltung gut; das Militär auf ein knappstes Maß von ca. 6000 Mann zurückgeführt; nur die Seemacht, dem Geiste der Nation sehr zu Danke, ansehnlich. Dabei aber erfreuten sich Handel, Gewerbe, Wissenschaft, Volksunterricht einsichtiger Pflege; das Wort war frei, die Presse wenig beschränkt, die Rechtspflege unabhängig und öffentlich; man erstaunte, als man im Jahre 1820 erfuhr, daß dieses zufriedene Land auch einige Verschwörer hervorgebracht habe, welche Dänemark mit einer Constitution „wie alle Heiden ringsumher" hatten versehen wollen; sie wurden zum Tode verurtheilt, aber vom Könige begnadigt. Nicht ganz so friedlich ging es in den deutschen Gebieten Schleswig und Holstein ab; doch war, was hier geschah, nur ein schwaches Vorspiel späterer schwerer Verwickelungen.

In Schweden bestieg im Jahre 1818 Carl Johann den Thron, der Einzige, der den goldenen Reif behalten durfte, den er sich in den Napoleonischen Zeiten geangelt hatte. Das Einzige, worin man ihn diesen Ursprung seines Königthums entgelten ließ, war, daß sein Sohn keine Frau aus den alten Dynastengeschlechtern erhielt; derselbe heirathete im Jahre 1823 die Tochter des ehemaligen Vicekönigs von Italien. Er regierte gut, ließ sich die Pflege der materiellen Interessen des Landes angelegen sein und suchte sich vornämlich die russische Gunst zu erhalten; daß er von leidenschaftlichen Demagogen keinerlei Bedrängniß erfuhr, dafür sorgte die über die Maßen verwickelte Verfassung, welche die Reichsvertretung zur Unfruchtbarkeit verdammte und dem Fortschritt nur den allergeringsten Spielraum ließ. Erst in der Mitte der zwanziger Jahre begann es sich aus der Mitte des Bauernstandes mit Bitten und Beschwerden zu regen.

Nur an Einer Stelle, einer wenig gefährlichen, in Norwegen, blieb das liberale, ja selbst demokratische Princip siegreich; auch darüber ärgerte sich die überall sonst triumphirende Reaction. Man beging dort sogar die erstaunliche Ketzerei, den Adel förmlich abzuschaffen; 1818 erneuerte der Storthing den Beschluß, den er 1815 zum ersten Male gefaßt; zweimal warf der König das stumpfe Schwert, das ihm die Constitution gelassen, sein suspensives Veto, dazwischen; aber der Storthing beschloß es zum dritten Male und damit war die Sache erledigt. Vergebens ersuchte der König, diese Erledigung noch auszusetzen; auch seine persönliche Anwesenheit verfing nichts und ebensowenig, daß er im Jahre 1824 seinen Sohn Oscar als Vicekönig nach

Norwegen schickte. Die Vorschläge, welche r durch diesen machen ließ — Einführung des absoluten Vetos und Gründung eines neuen Adels — wurden verworfen, und der Kronprinz wurde wieder abgerufen; auch die ferneren Versuche in dieser Richtung blieben fruchtlos.

2. England.

In England vollzog sich das Einlenken in die Bahnen wirklichen Fortschritts auf dem mühevollen Wege einer nicht blos äußerlichen, sondern die Menschen und die Dinge innerlich umgestaltenden und veredelnden Freiheit im dritten Jahrzehnt des 19. Jahrhunderts mit wachsender Entschiedenheit. Hier war man, was politische Freiheit im engeren Sinne betrifft, am weitesten fortgeschritten und vor Allem: was man von diesem Gute besaß, war unwiderruflich gesichert. Dagegen hatte man in materieller, socialer und geistiger Freiheit noch um so mehr zu erobern.

Die Regierung Georg's IV., der am 20. Januar 1820 seinem Vater gefolgt war, begann mit einem Scandal schimpflichster Art, bei dem zu verweilen ernster Geschichtserzählung wenig ziemte, wenn er nicht zum Beweise diente, einestheils wie tief in diesem Lande das Königthum gewurzelt war, dem selbst ein solcher Vorgang Nichts von seiner berechtigten Autorität und Bedeutung im wohlgefügten Organismus dieses Gemeinwesens rauben konnte, und anderntheils, wie festgegründet hier die Macht des Gesetzes und der ehrenhaften Sitte stand, vor welcher selbst der erste Mann im Staate, der Träger der Krone und ein dienstwilliges Ministerium, das seit acht Jahren die Macht in Händen hatte, sich beugen mußten.

Georg IV. verbarg unter dem Aeußeren eines vollendeten Gentleman eine gemeine Seele. Ein Spieler und Wüstling, tief verschuldet, abgestumpft gegen das Urtheil der Menschen, lebte er seit 1795 in unglücklicher Ehe mit der Prinzessin Caroline von Braunschweig. Eine Tochter entsproß dieser Ehe, Charlotte, später Gemahlin des Prinzen Leopold von Coburg; sie starb, zum Schmerze des Landes, im Jahre 1817. Schon ehe dieses traurige Ereigniß, welches schöne Hoffnungen auf ein edles Familienleben an höchster Stelle zerstörte, eintrat, hatte die Mutter der Prinzessin, welche längst von ihrem Gemahl getrennt lebte, das Land verlassen, und überließ sich auf ihren Reisen den Grillen ihrer phantastischen, doch nicht bösartigen noch lasterhaften Natur. Georg, der sie haßte, wollte sie los sein, und da sie in Erwartung des Thronwechsels, der sie zur Königin machen mußte, dem Gedanken einer Scheidung sich nicht zugänglich zeigte, so sammelte er, entschlossen, jenen Zweck um jeden Preis zu erreichen, Stoff zu einem Scheidungsprocesse und ließ sie auf ihrer Villa am Comersee, wo sie meistens lebte, mit Spähern umstellen; man mag sich denken, welches Lumpengesindel es war, das sich zu solch einem Geschäfte hergab. Georg III. starb, der Regent wurde König; es fiel auf, daß der Name der Königin im Kirchengebete ausgelassen wurde. Heimlich ließ der König seiner Gemahlin ein Jahrgehalt von 50,000 Pfund Sterling anbieten, wenn sie auf Titel und Rechte einer Königin verzichten wolle; im Weigerungsfalle drohte man ihr mit dem Processe, zu dem noch immer Material herbeigeschafft ward. Einen Scandal hatte man schon bereit; man wollte wissen, daß sie mit einem ihrer Diener, einem Italiener Bergami, in allzuvertrautem Umgang lebe. Es gelang nicht, sie zu bewegen; entrüstet über jenes Angebot, entschloß sie sich zur Rückkehr und weil die Regierung, welche, nachdem sie sich lange gesträubt, jetzt entschlossen war mit dem König in den Sumpf zu waten, ihr ein Schiff verweigerte, fuhr sie auf dem gewöhnlichen Packetboot von Calais nach Dover, wo sie im Juni 1820 landete. Dem Volke von England, zu dessen rühmlichen Eigenschaften es gehört, daß es stets geneigt ist, die Partei des Schwächeren gegen den Stärkeren zu ergreifen, imponirte der kühne Schritt; „sie muß unschuldig sein", war das allgemeine Wort; es empfing sie als seine Königin, im Triumphe, unter dem Geläute aller Glocken, fuhr sie in London ein. Und diese Huldigungen dauerten eine geraume Zeit lang fort; ihre Residenz in Portman Street wurde nicht leer von Deputationen aus Stadt und Land, welche kamen, um Adressen zu überreichen. Gehoben durch diese Sympathiebeweise blieb die Königin jeder Vermittelung unzugänglich, auch der des Unterhauses, welche der vortreffliche Wilberforce ihr antrug; sie ließ es darauf ankommen, was der König wagen würde, der, selbst wenn alle Beschuldigungen und niedrigen Klatschgeschichten wahr gewesen wären, doch der Letzte war, der einen Stein wider sie aufheben durfte. Die Regierung, aus welcher nur Ein Mitglied, Canning, bei dieser Gelegenheit auszuscheiden Selbstachtung genug hatte, machte die Angelegenheit nunmehr vor dem Hause der Lords anhängig, dessen Ausschuß am 4. Juli dahin berichtete, daß Stoff für eine ernste Untersuchung vorhanden sei, und die Bill, welche Enthebung von Rang und Attributen des Königthums und Auflösung der Ehe des Königs mit Caroline von Braunschweig verlangte, passirte die erste Lesung. Das Land gerieth in Aufregung, als nun die Schaar der Belastungszeugen, Bediente und Bosen, Eselstreiber, Schiffsleute, deutsche, französische und italienische Couriere, in London erschien; man mußte sie wie Gefangene escortiren, damit ihnen nicht das Volk den Rücken zerschlug; und diese Aufregung wuchs, als nun wirklich am 17. August der abscheuliche Proceß begann und das Zeugenverhör zuerst alles Buhlerische und Schändliche mit breiter Ausführlichkeit den Richtern und Zuhörern vorführte — Woche um Woche — dann aber es den Vertheidigern der Angeklagten mehr und mehr gelang, die gebundenen Elenden in den Netzen ihrer eigenen Lügen und Widersprüche zu fangen. Das non mi ricordo, das häufig und immer häufiger dem in die Enge getriebenen italienischen Gesindel über die Lippen kam, wurde zu einer Art Sprüchwort im Lande. Die Vertheidiger waren Henry Brougham und Denman; sie entledigten sich ihrer Aufgabe in einer Weise, welche die Männer selbst wie den Staat ehrte, in welchem das freie Wort so viel Macht besaß, und welche, wie groß oder gering die Verschuldung der Königin war, wenigstens die gleich oder mehr Schuldigen unter ihren Feinden und Anklägern, namentlich den König selbst, wenn noch etwas von Ehre in dieser durch Lüste verderbten Seele lebte, niederschmettern mußte; Henry Brougham trug kein Bedenken, die gewichtigen Worte aus dem Tacitus zu citiren, in welchen der große römische Geschichtschreiber das Verfahren Nero's gegen sein Weib Octavia erzählt. Nach längeren Debatten kam am 6. Novbr. die Bill in zweiter Lesung zur Abstimmung. Nur 28 Stimmen Mehrheit waren für die Regierung. Wenn die Bill vor die Gemeinen kam, so wußte man, war die Königin entschlossen, die Gegenklage anzustellen, und nicht minder wußte man, daß es einer solchen nicht an Stoff und nicht an Beweisen fehlte; was mußte man erleben, wenn dann auch das Privatleben des Königs mit derselben Unerbittlichkeit dem gerichtlichen Verfahren blosgelegt wurde! Es kam nicht so weit; bei der dritten Lesung sank die Majorität auf neun, 108 Ja, 99 Nein; Lord Liverpool erhob sich und gab die Erklärung ab, daß die Regierung die Bill in sechs Monaten wieder in Erwägung ziehen, d. h. nach der parlamentarischen Kunstsprache fallen lassen wolle. Die Demonstrationen im Lande waren zahlreich und überschwenglich; die Königin aber war nicht weise genug, sich, wie sie gesollt, mit dieser Ehrenrettung zu begnügen. Sie sollte es bald empfinden, daß ein großes Volk sich nicht lange mit derlei Dingen befassen kann und daß alle seine Sympathieen ihr die Stellung in der Gesellschaft doch nicht wiedergeben konnten, welche sie durch tact- und würdeloses Benehmen, wo nicht durch Schlimmeres verwirkt hatte. Als sie am 19. Juli 1821, wo die Krönung des Königs, der sich während des Processes in Windsor verkrochen hatte, stattfinden sollte, vor der Westminsterabtei erschien, um auch ihre Krönung als gebührendes Recht in Anspruch zu nehmen, sah sie sich abgewiesen, ohne daß die versammelte Menge, auf das Schauspiel einer Königskrönung mit all' seinem mittelalterlichen Pompe erpicht, ihr weitere Theilnahme gezeigt hätte. Einige Wochen später starb sie, des Lebens überleid; noch ihr Leichenconduct gab Anlaß zu Tumult und Blutvergießen; ihr Sarg wurde nach Braunschweig gebracht und dort beigesetzt.

Man hatte von diesem Scandal und der schweren Niederlage, welche die Regierung dabei erlitten, eine Aenderung des Ministeriums erwartet, gegen welches der im Volke schon längst verbreitete Haß mächtig gewachsen war. Diese Aenderung trat aber erst ein Jahr später ein, als ein neues Ereigniß die Stimmung des Landes mächtig aufregte: am 12. August 1822 hatte sich der bedeutendste Mann der Regierung, der Minister der Auswärtigen, Lord Castlereagh, jetzt Marquis von Londonderry, mit einem Federmesser die Halsader durchschnitten. Man hatte längere Zeit schon Spuren von Geistesstörung an ihm wahrgenommen. Die fixe Idee peinigte ihn, er sei von Feinden umgeben, die ihm nach dem Leben trachteten; seine wirklichen Feinde waren geneigt zu glauben, es sei der Anblick des trotz aller Niederlagen immer wieder siegreich sich erhebenden, von ihm so lange und doch so vergeblich bekämpften Liberalismus, der ihn zur Verzweiflung getrieben. „Es ist Alles aus", war sein letztes Wort, als der Arzt ins Zimmer trat. Das von ihm verfochtene System allerdings, längst von der Nation mit Widerwillen getragen, war mit seinem Tode abgethan, um nicht wieder aufzustehen, und weit über England hinaus erstreckte sich die Wirkung dieses Todesfalls, der allenthalben ein peinliches Aufsehen erregte.

Die Whigs schöpften Hoffnungen, allerlei Bewegung und Intrigue machte sich geltend in den hohen Kreisen, welche dem Staatsruder nahe waren; Lord Londonderry's Nachfolger aber war dem König diesmal von der öffentlichen Meinung Englands deutlich genug bezeichnet, und der Regierung, die eines hervorragenden Talents an der wichtigen Stelle, die jener Todesfall leer gelassen, nicht entbehren konnte, von der Lage der Dinge als eine Nothwendigkeit auferlegt: es war Georg Canning, mit welchem zum ersten Male wieder ein Staatsmann ersten Ranges, ein Mann von hohem und freiem Sinne, der den Geist seines Landes und seines Jahrhunderts verstand, in das Getriebe der europäischen Dinge entscheidend eingriff. Am 16. September 1822 ward er ernannt, Lord Liverpool und der Herzog von Wellington hatten dem widerwilligen König die Nothwendigkeit dieser Wahl begreiflich gemacht.

Georg Canning war 1770 zu London geboren. Sein Vater, einer Familie des niederen Adels entsprossen, mußte Schulden halber sein ererbtes Gut in Irland aufgeben und starb früh; seine Mutter, als junge Wittwe mittellos, entschloß sich als Schauspielerin die Bühne zu betreten, was ein ernstliches Hinderniß für den Sohn war, in der mit allen lächerlichen Vorurtheilen erfüllten englischen

Gesellschaft emporzukommen. Auf der anderen Seite näherte ihn was diese in ihrem aristokratischen Dünkel die Niedrigkeit seiner Geburt nannte, dem Volke und es blieb nicht unbemerkt, als er im Jahre 1816 in einer Rede nach seiner Wahl zu Liverpool die Worte sprach: „Vertreter des Volks bin ich Einer aus dem Volke, nicht beglaubigt durch patricische Gönnerschaft oder Empfehlung einer Partei." Sein eiserner Fleiß, sein hervorragendes Talent, das die altenglische, auf gründliche Vertrautheit mit dem classischen Alterthum gegründete Schulbildung im Etontcollege entwickelt hatte, lenkte frühzeitig die Aufmerksamkeit auf ihn; mit 23 Jahren ward er ins Parlament gewählt und 1796 von Pitt als Staatssecretär in sein Ministerium gezogen. Wiederholt Mitglied der Regierung und dann wieder in unabhängiger Stellung machte er eine vielseitige staatsmännische Schule durch: erhaben über die Vorurtheile seines Landes, aber von tiefer Kenntniß seiner Eigenthümlichkeit und seiner Bedürfnisse, der Sache bürgerlicher und religiöser Freiheit aufrichtig, aber nicht mit dem hitzigen Enthusiasmus des Parteimannes ergeben, der meint, daß man in jedem Augenblicke Alles fordern, Alles wagen, Alles angreifen könne, sondern ihr dienend mit Besonnenheit und klarer Einsicht, die zu rechter Zeit kühn und energisch zu handeln, zu rechter sich zu bescheiden, zu mäßigen, zu warten weiß. Im Jahre 1809 war er auf längere Zeit fern vom Amt und Gesandter in Lissabon; im Jahre 1816 trat er wieder, weil die Regierung eine Stütze im Unterhause brauchte, als Präsident des indischen Controleamts ins Ministerium, schied aus, weil er sich an der Verfolgung der Königin nicht betheiligen wollte, was den König sehr wider ihn aufbrachte; und ward nun von der Regierung, welche sein Talent verwerthen und ihn doch zugleich dem Sitze der Macht fern halten wollte, zum Generalgouverneur von Indien gemacht, wo sich ihm ein weiter und großartiger Wirkungskreis eröffnet haben würde. Dorthin war er eben abzureisen im Begriff, als ihn am 11. September der Premierminister Lord Liverpool im Namen des Königs ersuchte, das Ministerium der auswärtigen Angelegenheiten und die Leitung des Hauses der Gemeinen, das Erbe Londonderry's, zu übernehmen.

Dies war der Mann, der nun fünf Jahre lang, vom Herbst 1822 bis zum August 1827, die auswärtige Politik Großbritanniens leitete, die innere wesentlich mitbestimmte, der ganzen Action seines Landes in diesem Zeitraum das Gepräge seines Geistes aufdrückte, ungeachtet er erst gegen Ende seiner Laufbahn (im April 1827) nach dem Rücktritt Lord Liverpool's als erster Lord des Schatzes auch dem Range nach an die Spitze des Ministeriums trat. Wir sind den Spuren seiner Thätigkeit in den bisher erzählten Ereignissen begegnet.

Sein Eintritt bezeichnet einen Wendepunkt in der europäischen Politik, nicht blos in der seines Vaterlandes: langsam vorwärts, nie rückwärts schreitend zerstörte er ruhig und fest die reactionäre Tendenzpolitik der heiligen Allianz, ohne in den Fehler zu verfallen, ein Uebel mit einem anderen Uebel zu vertreiben, der reactionären Allerwelts- und Interventionspolitik eine liberale Allerwelts- und Interventionspolitik entgegenzusetzen. Von seinem hohen und freien Standpunkte aus übersah er mit Klarheit die Gegensätze, welche das europäische Leben in seinen Tiefen bewegten. Er erkannte vollkommen, welche ungeheure Macht die liberalen Ideen entfalten könnten, wenn die Regierung eines mächtigen Landes sich offen als Partei mit Schild und Schwert auf ihre Seite stellte; aber er wußte auch, daß damit der Sache der Freiheit selbst am wenigsten gedient sein würde; daß die Freiheit sich wohl mit Gewalt unterdrücken, aber nicht mit Gewalt einführen läßt, und daß, wenn seine Politik der Freiheit wirklich frommen sollte, sie zugleich eine auf die Erhaltung des Friedens gerichtete sein mußte. Wir haben gesehen, wie er auf dem Congreß von Verona Wellington klar und bestimmt instruirte, daß England, dessen Politik sich schon in den letzten Tagen Castlereagh's gegen die Anmaßungen der Congresse in allmälig schärfer werdendem Tone erklärt hatte, sich bei einer Intervention in Spanien niemals betheiligen werde. So verhinderte er die europäische Intervention; die besondere französische hätte er nur um den Preis eines Krieges verhindern können, den er mied, aber er ließ die französische Regierung nicht in Zweifel, daß eine Erstreckung dieser Intervention auf Portugal England in Waffen bringen würde. In derselben Rede vom 14. April 1823, wo er dieses aussprach, erklärte er, daß England eine Cession spanischer Colonieen, über welche Spanien thatsächlich keine Macht mehr ausübe, niemals dulden werde. Er rechtfertigte diese Politik in einer anderen Rede, die er in diesem selben Jahre der spanischen Invasion zu Plymouth hielt, und welche in ihrer edlen, klaren, maßvollen und darum um so gewichtigeren Sprache allenthalben wohl verstanden und gewürdigt wurde. „Unser letztes Ziel," sagte er, „war der Friede der Welt; aber es soll nicht gesagt sein, daß wir Friede halten, weil wir den Krieg fürchten, oder nicht auf denselben vorbereitet sind. — Unsre gegenwärtige Ruhe ist nicht mehr ein Beweis unserer Unfähigkeit zu handeln, als der Zustand der Trägheit und Unthätigkeit, in welchem ich diese mächtigen Colosse, welche in den Gewässern Ihrer Stadt schwimmen, sehe, ein Beweis dafür ist, daß sie der Kraft beraubt seien, sich zum Handeln zu erheben."

Und er hatte nicht nöthig, an die „schlafenden Donner" der britischen Kriegsschiffe zu appelliren, denen er die ruhig gesammelte Kraft der englischen Politik verglich; er besaß ein minder gewaltsames, aber völlig ausreichendes Mittel, die unverständige Tendenzpolitik, welche im übrigen Europa die Oberhand gewonnen, an ihre Vergänglichkeit zu erinnern: die Anerkennung der freigewordenen Colonieen Spaniens als unabhängige Staaten.

Zum zweiten Male griff hier in bedeutungsvoller Weise die neue Welt in die Geschicke der alten ein, und bewies nachdrucksvoll, daß eine Zeit gekommen oder nahe war, wo jeder herrschende Mann und jedes herrschende Volk sein Anrecht auf die Herrschaft durch die Zufriedenheit der Beherrschten beweisen, oder wenn er dies auf die Dauer nicht konnte, verlieren mußte.

Spanien besaß im Anfang des 19. Jahrhunderts noch den größten Theil von Amerika, etwa 250,000 ☐Meilen mit etwa 17 Millionen. Das Beispiel der englischen Colonieen in Nordamerika, der Umsturz des alten Thrones im Mutterlande, die Ungewißheit, in welche die europäischen und die spanischen Zustände insbesondere durch die französische Revolution und ihre Folgen geworfen wurden, — endlich und vor Allem die notorisch schlechte und immer schlechter werdende Regierung — das Alles hatte schon zu Ende des 18. Jahrhunderts einzelne Erhebungen und Aufstände hervorgerufen, deren Werk, ehe seine ersten 25 Jahre um waren, das 19. Jahrhundert vollendete. Seit 1810 war diese auf Losreißung von Europa gerichtete Bewegung allgemein und unwiderstehlich. Das Signal gab Mexiko; dem Einzelnen der Bewegungen in diesen ungeheueren Räumen folgt unsere Erzählung nicht, die später Gelegenheit finden wird, die Geschichte der außereuropäischen Länder, soweit sie auf den allgemeinen Gang der Menschengeschichte von Einfluß gewesen ist, in kurzem Ueberblick zu vergegenwärtigen; 1822 ward dort die förmliche Trennung von Spanien ausgesprochen, und ein neuer Kaiser aus einheimischem Stamm Iturbide gewählt, dem aber bald ein republikanischer Gegner, General Santa Ana, gegenübertrat. Um dieselbe Zeit hatten auch die Colonialstaaten an der Südwestküste des mexikanischen Golfs unter der Führung Simon Bolivars von Caraccas ihre Befreiung vollendet, und sich zu einer Republik Columbia vereinigt (1820), die sich eine Verfassung nach dem Muster der nordamerikanischen Union gab: 1823 wurden die letzten Spanier von dort vertrieben. Buenos-Ayres hatte sich 1816 unabhängig erklärt; von dort ergriff die Bewegung den Westen, Chile, welches im Jahre 1818 seine Unabhängigkeit proclamirte und erkämpfte, und Peru, wo sich die Spanier am längsten hielten; eine letzte Schlacht im Jahre 1824 machte auch Peru frei, das sich in zwei Staaten spaltete, und von denen der eine Oberperu, nach dem Namen des Mannes, der das meiste Verdienst um die südamerikanische Unabhängigkeit hatte, und als der Washington des romanischen Amerika geehrt wurde, sich die Republik Bolivia nannte, der eben dieser Mann im Jahre 1826 eine Verfassung gab.

Die Reaction in Europa und ihre hauptsächlichsten Vertreter faßten diese Bewegung wie eine Art von persönlicher Beleidigung auf und zeigten Lust, ihre Macht mit thörichter Verkennung der Naturgesetze auch über den Ocean hinüber zu erstrecken. Die drei Allianzmächte wollten entweder die unbedingte Restauration der spanischen Herrschaft oder wenigstens die Aufrechthaltung des monarchischen Princips durch Einsetzung bourbonischer Prinzen, und sie waren geneigt, die Sache zum Gegenstand der Berathungen eines Congresses zu machen; weder die handgreifliche Lächerlichkeit, die darin lag, daß Preußen oder Oestreich sich um die Regierungsform eines Landes bekümmerte, von dem sie durch die Breite zweier Weltmeere und zweier Continente geschieden waren, noch die warnende Stimme des damaligen Präsidenten der nordamerikanischen Union, James Monroe (1817 bis 1825), daß das Zeitalter europäischer Staatengründungen auf amerikanischem Boden geschlossen sei, hätte sie von der Thorheit abgebracht, aber die Stimme des gesunden Menschenverstandes hatte diesmal einen Verbündeten an den mercantilen Interessen Englands und an der ruhigen Energie seines leitenden Staatsmannes.

Der englische Handel nämlich stand sich besser bei dem ungehemmten Verkehr, den die freigewordenen Staaten suchen mußten, als bei dem engherzigen und beschränkten Geiste der früheren spanischen Handelspolitik, welche die Erzeugnisse englischer Industrie ausschloß, und schon waren große Interessen vieler Einzelnen mit der neuen Ordnung der Dinge im ehemals spanischen Amerika unauflöslich verknüpft. Canning sagte dem französischen Gesandten am britischen Hofe, Herrn von Polignac, der sich zum Organ jener Interventionsideen der heiligen Allianz machte, daß die Regierungsform, unter welcher ein Volk leben wolle, Niemanden etwas angehe als dieses Volk selbst, erklärte sich entschlossen eine europäische Intervention in jenen Ländern niemals zuzulassen, ernannte im Jahre 1823, zur höchsten Entrüstung der continentalen Mächte, britische Consuln für die neuen Staaten, um die Interessen des britischen Handels daselbst wahrzunehmen, und ließ dieser mittelbaren Anerkennung am 1. Januar 1825 die förmliche Anerkennung von Mexico, Columbia und Buenos Ayres folgen. „Ich rief die neue Welt ins Dasein", so sagte er mit gerechtem Stolze in einer vom lautesten Beifall der liberalen Seite des Parlaments begrüßten Rede, in welcher er diesen Meisterzug seiner Politik entwickelte, „um das Gleichgewicht der alten herzustellen." Aehnlich verfuhr er in der griechischen Frage, wo er die schwierige Aufgabe hatte, das Interesse der englischen Politik, welches gebieterisch die möglichst ungeschwächte Erhaltung der türkischen Macht erheischte, mit dem Interesse der Menschlichkeit und der Freiheit, welches ebenso gebieterisch die Unabhängigkeit Griechenlands verlangte, zu vereinigen. Welcher Energie aber seine Politik fähig war, die er im Allgemeinen mit dem Wort characterisirte, daß Englands Weltstellung eine neutrale und darum vermittelnde, nicht blos zwischen streitenden Nationen, sondern auch zwischen streitenden Principien sein müsse, zeigte sich in seiner Behandlung der verwickelten portugiesischen Angelegenheiten, welche wir kennen lernen werden.

Es war mit sein Verdienst, daß England nun mit wachsender Entschiedenheit seinen inneren Angelegenheiten sich widmen und die Früchte des Friedens reifen lassen konnte, und darin liegt die Rechtfertigung des großen Staatsmannes gegen den Vorwurf, daß er in manchen Angelegenheiten, wie in der griechischen, nicht die rasche Energie gezeigt habe, welche die mit Recht erregte und erhitzte öffentliche Meinung Europas und zum Theil seines eigenen Landes von ihm verlangte. Mit dem Wahlspruch, den er auf einem Festmahle zu Hartwich aussprach und der als ein wahres Zeit- und Schlagwort in Millionen Herzen wiederklang: „Bürgerliche und religiöse Freiheit über die weite Welt" (all over the world) war es ihm ein voller und heiliger Ernst: aber er wußte auch, daß nichts der ruhigen Entwickelung dieser Freiheit gefährlicher war, als die Ablenkung der Gemüther durch die Aufregungen eines großen Krieges, von dem er nicht ohne Grund fürchtete, daß er ebenso sehr ein Krieg der Meinungen als der Völker sein werde.

Die Bedeutung eines so reichbegabten Mannes von so reinem Character und an so hervorragender Stelle kann nicht leicht zu hoch angeschlagen werden; sie wird naturgemäß auch auf das Gesammtleben der Nation einen heilsamen Einfluß üben, und so zeigt denn auch in der That die innere Geschichte Englands in den Jahren 1820—30 einen entschiedenen, wenn auch langsamen und nicht gleichmäßigen Fortschritt auf allen Gebieten. Kurz nach Canning traten zwei andere Männer in das Ministerium ein, welche in die innere Politik des Landes ebenso gesunde Grundsätze brachten, wie Canning in die äußere: Robinson als Kanzler der Schatzkammer und Hustisson als Präsident des Handelsamtes, und ebenso ward im Jahre 1822 die Stelle von Lord Sidmouth, dem Staatssecretär des Innern, durch einen anderen Staatsmann von bedeutender Zukunft besetzt — Robert Peel, der mit den beiden Genannten eine schätzbare Eigenschaft gemein hatte, die vermöge des Partei- und Coterieengeistes in England seither wenig zu ihrem Rechte gekommen war: die Fähigkeit nämlich, durch unbefangene Prüfung der Dinge zu lernen und sich dieser Lernfähigkeit nicht zu schämen. Er hatte diese Fähigkeit schon im Jahre 1819 bei Gelegenheit der Bankfrage bewiesen, wo er zum Schrecken aller Orthodoxen der Torypartei, welcher er angehörte, unumwunden erklärte, wie ein objectives Studium der Sache ihn überzeugt habe, daß die Gegner der seither von ihm und seiner Partei verfochtenen Ansicht Recht hätten. Es wurde diesen Männern nicht leicht, zwischen dem unvernünftigen Geschrei leidenschaftlicher Demagogen, welche König, Kirche und Aristokratie zum Besten dessen, was sie das Volk nannten, gern confiscirt hätten, auf der einen Seite, und zwischen der starren und verbissenen altenglisch-conservativen Bornirtheit, welche bei jeder kleinsten Abweichung von den alten Vorurtheilen den Untergang von Staat und Kirche prophezeiten, ihren Weg zu finden. In Einem aber war England allerdings doch weit voraus, und um dies eine hatten die übrigen Völker es zu beneiden, daß hier jede gesetzgeberische Arbeit, jede wichtige Landesangelegenheit durch das Parlament ging und mithin Alles, was im Staate Wichtiges geschah, zuerst die Probe einer öffentlichen Discussion durch eine Versammlung zu bestehen hatte, die, wie verbesserungsfähig immer das Wahlgesetz dem sie entsprang sein mochte, doch eine gute Zahl der besten und erleuchtetsten Männer in ihrer Mitte zählte. Und diese Probe war nicht die einzige. Die Verhandlungen des Parlaments fanden ihre Ergänzung, Vorbereitung, Weiterleitung in den Discussionen der Presse und der öffentlichen Versammlungen. Viele Mißbräuche, Irrthümer und Nothstände harrten in diesem Lande der Freiheit noch der Abstellung und Aufklärung, — Irrthümer und Nothstände, welche in manchem minder freien Lande entweder schon längst beseitigt waren, oder durch einen Cabinetsbefehl scheinbar mit einem Federstrich beseitigt werden konnten; hier aber gab die längst eingelebte parlamentarische Regierungsweise die Garantie, daß, wie langsam auch immer, doch unaufhaltsam und unaufhörlich fortgeschritten wurde, und daß selten ein langer Stillstand eintrat, niemals ein gemachter Fortschritt wieder rückgängig gemacht ward. Denn wo ein veraltetes Gesetz hier abgeschafft wurde, da war es durch Presse, Vereinsrecht und parlamentarische Erörterung vorher schon im Bewußtsein der Nation kritisch vernichtet, ehe es auch factisch vernichtet wurde.

Bis zum Jahre 1825 war es keine Hauptfrage, welche das Interesse des Landes in Anspruch nahm, wenn es gleich dem bewegten öffentlichen Leben hier niemals an Stoff fehlte. So war seit 1821 die Frage der Parlamentsreform wieder Gegenstand lebhafterer Besprechung, zu deren Anregung ein Wahlscandal des Fleckens Grampound dem

Lord John Russel den Anlaß gab, so wurde um dieselbe Zeit die Agitation gegen den Sclavenhandel wieder aufgenommen, dessen Abschaffung der Wiener Congreß einst decretirt, aber durch dieses sein Votum schwerlich sehr gefördert hatte. Im Gegentheil, die Opposition Englands und des von ihm beeinflußten übrigen Europas hatte nur den Preis der Waare und die Grausamkeit, mit der man dieselbe behandelte, gesteigert. Die Zufuhr von Sclaven geschah heimlich, aber auch die britischer Pflanzer der westindischen Colonieen erhielten auf diesem Wege ihre Sclaven. Das Verbot des Sclavenhandels war eine halbe Maßregel und alle die edlen Vorfechter einer guten Sache, die Wilberforce, Clarkson, Macaulay redeten vergeblich, wenn nicht die Sclaverei selbst, nicht blos der Handel mit Sclaven aufgehoben wurde. Seit 1823 wo Fowel Buxton die Angelegenheit vor das Parlament brachte, geschahen ernste Reformen in dieser Richtung und die Regierung begann ernstlich sich um die Behandlung der Sclaven zu bekümmern und da und dort den Sclavenhaltern in die geschwungene Peitsche zu fallen. Die Entrüstung über die Niederträchtigkeiten, denen der wackere Missionär John Smith, der das Evangelium Schwarzen und Weißen geprebigt hatte, in den Kerkern westindischer Sclavenhalter erlegen war, hielt die öffentliche Aufmerksamkeit auf diesen Punkt gerichtet.

Man fing in England an, die Wirkungen des wiederhergestellten Friedens kräftiger zu fühlen. Aber der Druck der Auflagen war hart, man rechnete dem seitherigen Finanzminister Bansittart nach, daß seit dem Ende des Krieges die öffentliche Schuld um eilf Millionen Pfund zugenommen habe. Die neuen Männer im Amt mußten also darauf denken, die Lasten leichter zu machen. Das Eine Mittel lag in Herabsetzung der Steuern wo sie möglich war, und der neue Minister Robinson, gewohnt die Dinge optimistisch anzusehen, kündigte im Jahre 1823 die Aufhebung einer ganzen Reihe geringerer doch lästiger Abgaben — Salz-, Leder-, Malztaxen — an; das andere wichtigere und sicherere war, die Steuerfähigkeit des Volkes zu erhöhen, was geschehen oder wenigstens erleichtert werden konnte durch eine verständige Handelsgesetzgebung und Handelspolitik. In dieser Beziehung hatte das Volk selbst, nicht blos ja selbst nicht einmal vorzugsweise seine Leiter und Regierer sich loszumachen von der ebenso tief eingewurzelten wie thörichten Meinung, daß man den Handel und die Industrie eines Landes am besten fördere durch engherziges Ausschließen der Erzeugnisse aller anderen Länder mittelst hoher Schutzzölle, anstatt vielmehr den Austausch der Erzeugnisse der verschiedenen Länder zum Vortheile Aller durch möglichste Entlastung des gegenseitigen Verkehrs möglichst zu fördern. In diese letztere Bahn des freien Handels, der den gesunden Industriezweig fördert, den ungesunden künstlich am Leben erhaltenen tödtet, durch die Verwohlfeilerung der Producte der großen Masse der Menschen zu Gute kommt und die verschiedenen Völker einander näher bringt, trat England seit 1823 mit wachsender Entschiedenheit ein. Immer mehrere Personen lernten die Verhältnisse statt vom beschränkten Standpunkte eines besonderen Interesses, — der Landwirthschaft etwa oder gar irgend einer besonderen Gattung von Industrie — vielmehr unter umfassenderen und allgemeineren Gesichtspunkten betrachten. — Es war schwierig, das verschlungene System localer Interessen, die zu sehr allgemeinen Mißbräuchen geworden waren, friedlich zu entwirren, und Stein um Stein von dieser so harmlos aussehenden Zwingburg abzutragen. An einzelnen Orten hatten die Magistrate das Recht, die Höhe der Arbeitslöhne festzusetzen; bald da bald dort fiel nun dieses Recht und sofort fühlten sich eben diejenigen, welche dasselbe hatten schützen sollen, selbst erleichtert. Und wie im Kleinen so war es im Großen des Verkehrs von Volk zu Volk. Die Grundsätze der Navigationsacte von 1651, nach welcher gewisse Waaren nur auf britischen Schiffen nach England gebracht werden durften, hatten, da andere Regierungen im Laufe der Zeit sehr natürlich zu entsprechenden Repressalien schritten, unter Anderem die äußerst lächerliche Folge, daß britische Schiffe mit Ballast nach amerikanischen Häfen, amerikanische mit Ballast nach britischen fuhren, um beiderseits mit Waarenladungen heimzukehren, statt daß es doch einleuchtend wie Columbus' Ei hätte sein sollen, daß es vernünftiger sei, wenn das britische Schiff britische Waaren nach Amerika, das amerikanische amerikanische Waaren nach England brachte; daß die leere Fahrt die Waare vertheuerte und also mittelbar von den Käufern und Verbrauchern der Waare d. h. vom Volke bezahlt wurde, fiel Niemanden ein. Die preußische Regierung erwarb sich das Verdienst, die Dinge auf den vernünftigen Weg zu lenken. Eine Note ihres Gesandten sprach die Absicht dieser Regierung aus, anstatt gegenseitiger Restriktionen und Repressalien vielmehr auf gegenseitige Erleichterungen hinzuarbeiten, und diese verständige Anschauung kam zuerst zum Durchbruch durch Huskisson's Bill der Gegenseitigkeit der Gebühren, welche in Beziehung auf diese, alle Waaren mochten sie auf britischen oder anderen Schiffen eingeführt sein einander gleichstellte (6. Juni 1822). Die Schiffseigenthümer erhoben ein großes Geschrei; die Erfahrung aber, die man hier auf diesem Gebiete machte, daß trotz dieses Geschreies die Zunahme der britischen Tonnenzahl in den ersten 21 Jahren nach dieser Bill 45% betrug, während sie in den letzten 19 Jahren des Systems der gegenseitigen Beschränkungen nur 10% betragen hatte, konnte man auch auf jedem anderen machen; ganz abgesehen davon, daß die allmälige Herabsetzung und Abschaffung der

Zölle ganz von selbst dem colossalen und entsittlichenden Schmuggel ein Ende machte, der in allen Buchten und Schluchten der südlichen Küste Englands seine Nester und Höhlen hatte. Wir brauchen, da wir keine Geschichte des Handels schreiben, diese heilsame Wendung zum Besseren nicht auf den einzelnen Gebieten zu verfolgen; wir bemerken nur, daß jeder Fortschritt dieses Princips der Handelsfreiheit, wie hier so überall, dem heftigen Widerstreben der zunächst Interessirten abgezwungen werden mußte. Die Gegner schalten Huskisson, der seinerseits sich auf gesunde Vernunft und bald auf gesunde Erfahrung berufen konnte, einen „hartherzigen Metaphysiker"; aber es war ein fruchtbarer Kampf, der von Erkenntniß zu Erkenntniß führte, und das allgemeine Gedeihen, das die Schlußrede der Parlamentssession von 1824 rühmte, rechtfertigte auf glänzende Weise die Finanz- und Handelspolitik der neuen Männer. Wer England im Jahre 1824 durchwanderte, konnte in den besser bestellten Feldern, dem vervollkommneten Wirthschaftsgeräth, den wohlangelegten zahlreichen Magazinen und Kaufläden jeder Art selbst in den kleinsten Städten und Flecken, an dem Aeußern der Häuser, der größeren Wohnlichkeit und reicheren Ausstattung ihres Inneren, den Teppichen, Porcellantellern und Gläsern anstatt der Steinböden, hölzernen Teller und Trinkhörner den wachsenden Wohlstand der Mittelclassen gewahren. Allerdings erlebte England unmittelbar darauf im Jahre 1825 die Schrecken einer Handelskrisis. Der Unternehmungsgeist, durch den Frieden, den Fortschritt und den Ueberfluß mächtig angeregt, überstürzte sich, wie zehn Jahre früher; nicht zufrieden auf dem langsamen Wege redlicher Arbeit und soliden Sparens zu Wohlstand zu gelangen, erging sich der Speculationstrieb in wilden und abenteuerlichen Projecten, welchen die Leichtgläubigkeit bereitwillig das Geld darbrachte. Vor Allem nach den Ländern der südlichen Hemisphäre richtete sich dieser Speculationstrieb und so kopflos war der Drang nach Handelsgewinn mitunter, daß Bettwärmer aus Birmingham und Schlittschuhe aus Sheffield unter den Artikeln waren, mit denen man in Rio de Janeiro und Buenos Ayres Geschäfte zu machen hoffte. Der Rückschlag war furchtbar, das Unheil in einem Lande, das ganz auf den Handel gestellt ist, unermeßlich; eine Firma nach der anderen stellte ihre Zahlungen ein, und riß in ihr Verderben zahlreichere kleinere mit; ein Bankbruch folgte dem anderen fünf, sechs Wochen lang, bis die Zahl der falliten Banken 60 oder 70 betrug; und überall hörte man von Schritten der Verzweiflung, zu welchen der jähe Umschlag der Dinge enttäuschte Habgierige, betrogene Leichtgläubige getrieben. Indeß solche Zeiten gingen vorüber; über das einzelne Elend schritt die Zeit hinweg und diese schreckliche Heimsuchung, indem sie für einige Zeit durch Schaden klug machte, diente verbunden mit dem heißen Sommer 1826, der die Ernte in einzelnen Fruchtgattungen erheblich schädigte, dazu, auch an der verkehrtesten der verkehrten Handelsbeschränkungen, den Kornzöllen, zu rütteln und zugleich ein anderes Mittel gegen den Pauperismus, die Auswanderung, der Aufmerksamkeit der Regierung und des Parlaments zu empfehlen, welches im März 1826 auf Antrag Wilmot Hortons ein Comité zur Untersuchung dieser wichtigen Angelegenheit niedersetzte. Allmälig, nachdem die Zahl der Bankbrüche 2500 erreicht hatte, nach viel Unruhen, Maschinenzerstörungen, gewaltsamem Einschreiten des Militärs kam man über die bösen Tage und Monate hinweg.

Allein ein anderes Uebel war in diesem mächtigen, blühenden und fortschreitenden Gemeinwesen, welches nicht seit Tagen und nicht seit Monaten zählte — eine wunde Stelle, welche Jahrhunderte zu erweitern, andere Jahrhunderte zu vergiften geschäftig gewesen waren, und an deren Heilung englische Staatsmänner erst seit wenigen Generationen dachten. Es war die Stellung der Katholiken, welche in diesem Staatswesen auch die Stellung Irlands heißen konnte; denn nur dies, daß die katholische Frage zugleich auch die irische war, gab diesem Problem für England seinen eigenthümlichen und seinen gefährlichen Charakter.

Es ist ein trauriges Zeugniß für die menschliche Natur, daß es eben dem englischen Staate, dem vorzugsweise protestantischen und freien, vorbehalten war, in der Stellung der katholischen Bevölkerung Irlands ein Gegenstück zu den berühmtesten Beispielen religiöser Unduldsamkeit und Unterdrückung in den romanischen Staaten zu liefern. Das Unglück war, daß hier ein dreifacher Haß zusammenwirkte: der Haß des Besiegten gegen den Eroberer, der Racenhaß des Celten gegen den Sachsen, und der Religionshaß des Katholiken gegen den Protestanten, eine Dreifaltigkeit des Hasses, welche das Unrecht von sieben Jahrhunderten auf beiden Seiten geschärft hatte. Im 12. Jahrhundert unter Heinrich II. war die Insel erobert worden; unter Elisabeth, im 16. Jahrhundert, kam der religiöse Gegensatz: England, das herrschende Land, wurde protestantisch, während es in der unterworfenen Insel zur Zeit ihres Regierungsantritts nicht 60 Protestanten gab. Und schon begann die Occupation irischen Landes durch protestantische Engländer, es folgten die Zeiten, wo Cromwell mit schonungsloser Hand die „Kananiter" ausrottete, und ihre Ländereien seinen Heiligen gab; dann kam die Revolution von 1689 und Irland hatte das Unglück, sich für den katholischen König, den England ausgestoßen, zu erheben, und, trotz französischer Hülfe, die Schlacht zu verlieren, in welcher abermals um Irlands Schicksal das Loos geworfen wurde. Und nun schüttete das englische Parlament volle Schaalen des Zornes und des Wehes über die unselige Insel aus, Confiscationen, Entwaffnung, Verbannung der Priester, furchtbare Strafen gegen Katholiken, die es wagten, Schule zu halten, gegen Priester, welche eine Ehe zwischen Papist und Protestant schließen würden. Der vielgestaltige Jammer läßt sich mit wenigen Worten sagen: der Papist, d. h. der eingeborene Ire lebte auf seinem eigenen Boden von der Gnade einer Regierung, die jeden Augenblick ihn zwang, sie nicht nur als eine fremde, sondern geradezu als eine feindliche anzusehen. Kaum ¹/₇ des Bodens war in Folge der Confiscationen, der Bedrückung und, muß man hinzusetzen, in Folge der Trägheit und des Leichtsinns der Bevölkerung selbst in ihren Händen geblieben, und doch konnten sie sich von demselben nicht trennen. Der Ire wurde nicht Kaufmann, nicht Seefahrer, er bezahlte unter heimlichen Flüchen den Pachtzius dem meist protestantischen Grundherrn und fuhr fort, als Hirt oder Ackerer den Boden zu bewohnen oder zu bestellen, der, wie ihm die unter dem ganzen Volke lebendige Tradition sagte, von Gottes und Rechts wegen ihm gehörte. Und trotz des namenlosen Druckes wuchs die katholische Bevölkerung in weit stärkerem Maße als die englischen Colonisten; gegen das Ende des 18. Jahrhunderts mochte das Verhältniß etwa dies sein, daß sieben Millionen irischer Katholiken gegen 800,000 Protestanten, meist Glieder der anglikanischen Kirche, standen. Es war gelungen, die ersteren vom Range von Unterthanen zu dem von Sclaven herabzudrücken, und was das Schlimmste war, es schien hier auch jede Möglichkeit abgeschnitten, ohne Aufruhr, Verschwörung, Anschluß an einen mächtigen auswärtigen Feind, der sich etwa wider England erhob, zu einer menschenwürdigen Existenz zu gelangen. Denn es gab zwar ein irisches Parlament zu Dublin: aber seine Mitglieder mußten den sogenannten Suprematéid leisten, d. h. die Obergewalt des Königs von England in Kirchensachen anerkennen, was, da es dem katholischen Glauben widerstreitet, von selbst die Katholiken ausschloß.

Der erste Hoffnungsstrahl ging dem unglücklichen Lande auf mit dem Abfall der nordamerikanischen Colonieen. Die ersten Zugeständnisse wurden gemacht, die Eröffnung katholischer Schulen gestattet, Sicherheit der Person, Fähigkeit des Erwerbes und Besitzes ohne die seitherigen barbarischen Beschränkungen gegeben, sogar ein katholisches Priesterseminar zu Maynooth aus Staatsmitteln gegründet; die legislative Autorität des englischen Parlaments über Irland beschränkt, und die Appellationen an englische Gerichte aufgehoben, Wahlrecht zum irischen Parlament und zum Geschworenenamt den Katholiken zugestanden, und der staatsmännische, klar- und weitblickende Geist des jüngeren Pitt gedachte die Empörung von 1798 zu benutzen, um dem ganzen verkehrten und verderblichen Zustande mit einer großen und durchgreifenden Maßregel ein Ende zu machen: Aufhebung der Sonderstellung der Insel durch Union des irischen und englischen Parlaments und gleichzeitige volle Emancipation, d. h. Aufhebung der letzten noch übrigen Rechtsbeschränkungen der Katholiken.

Allein nur der erste Theil dieses Planes gelang (1800). Der zweite scheiterte an der Bigotterie Georg's III., der meinte, daß sein Krönungseid, der ihn zur Aufrechthaltung der anglikanischen Kirche verpflichtete, ihm keinerlei Erleichterung seiner katholischen Unterthanen gestatte, und damit war die Sachlage nur verschlimmert. Das Eine Gute hatte indeß jene Union und Pitt's Gedanke dennoch, daß jetzt die Frage einmal gestellt, daß die Sache der Vernunft und der Menschlichkeit von namhaften Männern im Parlament und in der Presse mit wachsender Energie verfochten wurde, und die Ueberzeugung sich immer mehr im Volke und immer höher hinauf in die leitenden Kreise verbreitete, daß diese Angelegenheit zum Austrag gebracht werden müsse. Die religiöse Ueberzeugung oder vielmehr der Aberglaube des Souveräns stand jetzt nicht mehr im Wege; in jeder Session wurde, und zwar von Männern der Regierung, Lord Castlereagh und Canning selbst auf die Dringlichkeit der Lösung hingewiesen. Man konnte keine Regierung mehr bilden, in der nicht einzelne Mitglieder für die Emancipation gewesen wären. Die Gegner derselben verloren allmälig, wie sich in wiederholten Abstimmungen zeigte, die Mehrheit im Unterhause, und nur das Oberhaus und die Macht des Vorurtheils im Volke selbst stand noch hindernd im Wege.

Indeß hatte das katholische Volk Irlands selbst die Sache kräftig in die Hand genommen und fand das leitende Haupt in einem gewaltigen Volkstribun, dem Advocaten O'Connel und ein friedliches, aber unwiderstehliches Mittel bot sich in der katholischen Association, die 1823 zu Dublin gegründet, in einer Menge von Zweigvereinen sich über das irische Land ausbreitete. Geboren 1774, jetzt bereits den Fünfzigen nahe, vereinigte Daniel O'Connel in sich alle Eigenschaften, welche den Tribun dieses Volkes machten. Er stammte aus altceltischem Blut; eine glühende Heimathsliebe, ein tiefgewurzelter Haß gegen die „Sachsen", eine nie fehlende, an Bildern und übertreibenden Phrasen reiche Beredtsamkeit, die gleich schlagbereit und gleich scrupellos in englischer wie in irischer Zunge war, treffender Witz und treuherziger Humor, Advocatenschlauheit und Pfaffenlist vereinigt machte ihn bald zum populärsten Manne bei allen Ständen seines Volks, Bürgern, Bauern, Priestern. Auch hatte er die

Witterung der Zeit, und kannte die englischen Dinge wie die unwiderstehliche Macht einer folgerichtig durchgeführten Agitation im britischen Staatswesen; indem er sich streng und klug innerhalb der gesetzlichen Schranken hielt, war er doch wie sein Volk völlig entschlossen, sich nicht länger Steine für Brod, Versprechungen für Thaten bieten zu lassen. Georg IV. war im Jahre 1821 selbst in Irland gewesen, und dort aufs Loyalste empfangen worden. Man hatte dann den Marquis von Wellesley, einen Bruder des Herzogs von Wellington und Gesinnungsgenossen Canning's, als Vicekönig nach der Insel geschickt, der durch gerechte und milde Verwaltung die Aufregung zu beschwichtigen hoffte. Aber vergebens: auch er konnte das außerordentliche Mittel der Suspension der Habeas-corpus-Acte, das hier nachgerade zum ordentlichen geworden war, nicht entbehren. Seit 1824 gab O'Connel die Loosung der Auflösung der Union mit England, des Repeal, aus und bethätigte seine Macht, indem die von ihm geleitete Association es dahin brachte, daß die Excesse und Tumulte aufhörten, die sich seither in ununterbrochener Folge an einander gereiht hatten, was bisher weder der Strenge noch der Milde der Statthalter gelungen war. Das Volk gehorchte seinen eigenen Führern, welche in Dublin eine vollständige Regierung eingerichtet hatten, die Petitionen bestellte und empfing, Beschwerden prüfte, eine förmliche Volkszählung anordnete, und eine freiwillige Steuer, die sogenannte katholische Rente erhob.

In der Eröffnungsrede der Session des Jahres 1825, am 3. Februar, ließ der König selbst auf die Wichtigkeit der Beruhigung Irlands hinweisen, welche er von der Weisheit des Parlaments erwarte. Am 15. setzte Canning, der leitende Minister, den Stand der Frage und seine eigenen Gesichtspunkte auseinander; im März brachte Francis Burdett in einer Reihe von Resolutionen die Frage vor das Haus und legte auf Grund derselben eine Bill vor, welche die Rechtsunfähigkeiten der Katholiken aufhob, eine Staatsunterstützung für den katholischen Clerus, und auf der anderen Seite, um die Sache der conservativen Partei annehmlicher zu machen, die Erhöhung des Wählercensus von 40 Schillingen auf zehn Pfund vorschlug. Die Gemeinen nahmen die Bill mit 268 Stimmen gegen 141 an. Allein das Oberhaus erwies sich wiederum als der feste Hort des Vorurtheils, und der präsumtive Thronerbe, der Herzog von York, sprach sich mit größtem Nachdruck gegen die Emancipation aus, indem er an die Gewissensscrupel seines königlichen Vaters im Betreff des Krönungseides erinnerte und erklärte, daß dies auch seine Principien seien, denen er treu bleiben würde, „wie auch immer", setzte er mit deutlicher Hinweisung auf seine etwaige Thronbesteigung hinzu, „meine Lebenslage sein wird, so wahr mir Gott helfe." Mit einer Mehrheit von 48 Stimmen unter 308 anwesenden Lords wurde am 18. Mai die Bill im Oberhause verworfen.

Noch einmal also waren die Hoffnungen getäuscht und es sollte, was vielleicht für die ganze fernere Entwickelung der Dinge verhängnißvoll geworden ist, Canning nicht beschieden sein, diese wichtige Frage zum Abschluß zu bringen. Sein staatsmännisches Leben näherte sich seinem Gipfel. Er hatte sich selbst dem König unentbehrlich gemacht; durch seine Behandlung der portugiesischen Angelegenheiten, die weiterhin im Zusammenhang dargelegt werden sollen, hatte er bei dem Volke enthusiastische Zustimmung erregt, und im April 1827 trat er, als Lord Liverpool der Premierminister im Februar erkrankt war, an die Spitze des Ministeriums, aus welchem die strengen Tories, Wellington und Peel, ausschieden. Er behielt die Leitung des Hauses der Gemeinen; Mr. Robinson, jetzt Lord Goderich, vertrat die Regierung im Oberhause. Man durfte sich von dieser Verwaltung, der stärksten seit den Tagen Pitt's, unter einem solchen Haupte Bedeutendes versprechen; eine entschiedene Wendung zu Gunsten der liberalen Ideen stand bevor und man sah mit Erstaunen die Führer der seitherigen Opposition auf den ministeriellen Bänken; aber dieses edle und wohlthätige Leben war an seinem Ziele. Am 8. Aug. 1827 starb Canning auf dem Landsitze des Herzogs von Devonshire zu Chiswick, nahe bei London. Er ward, von Freunden und Gegnern betrauert, unter den großen Männern Englands in der Westminsterabtei beigesetzt.

Zunächst trat Lord Godrich an die Spitze der Regierung. Aber er zeigte sich der Aufgabe nicht gewachsen, eine Coalition zusammenzuhalten, welche nur einem Genius, wie dem Canning's, sich gefügt hätte, und dessen Politik fortzusetzen; und in der Mitte Januar 1828 ward kein geringerer Mann als der Herzog von Wellington mit der Bildung eines neuen Ministeriums beauftragt. Das Cabinet erhielt einen überwiegend toryistischen Charakter, doch wurden die tüchtigsten Kräfte von Canning's Anhang, Huskisson, Grant, Lord Palmerston zu Anfang noch beibehalten, da sich in der alttoryistischen Weise, wie sie etwa Lord Eldon charakterisirt, nicht mehr regieren ließ. Der bedeutendste Mann neben dem Herzog war Sir Robert Peel, der Minister des Innern und Führer des Unterhauses, den Canning wohl selbst als seinen „rechtmäßigen Nachfolger" bezeichnet hatte und der unter den englischen Staatsmännern des 19. Jahrhunderts eine kaum minder bedeutende Stellung einnimmt als dieser. Selbst nicht von adeliger Geburt — er war der Sohn eines reichen Baumwollfabrikanten — war er doch in strengsten toryistischen Grundsätzen aufgewachsen und seither ein grundsätzlicher Gegner der Katholikenemancipation gewesen; wie der Premierminister in dieser Frage dachte, war bekannt.

So wurde zwar nicht die mäßige Zahl der tiefer Eingeweihten, wohl aber das große Publicum höchlichst überrascht, als die Rede vom Thron, mit welcher der Lordcanzler am 5. Februar 1829 die Session eröffnete, die Stelle enthielt, daß Se. Majestät dem Hause empfehle, die Lage Irlands in Betracht zu ziehen, und zu untersuchen, ob sich die Entfernung der bürgerlichen Beschränkungen, denen Sr. Majestät katholische Unterthanen unterliegen, bewerkstelligen lasse im Einklang mit der Sicherheit der übrigen Institutionen in Kirche und Staat.

Das Cabinet Wellington selbst also war entschlossen, die Emancipation durchzuführen, welche seine hervorragendsten Mitglieder seither bekämpft hatten. Ein Vorspiel dazu war schon im Jahre 1828 die Aufhebung der Corporations- und Testacte gewesen, welche Lord John Russel am 26. Februar jenes Jahres beantragt hatte. Nach der einen, die unter Karl II. eingeführt war, war der städtische Beamte verpflichtet nachzuweisen, daß er das heilige Abendmahl nach anglikanischem Ritus empfangen habe, und mithin Katholiken und Dissidenten aus den städtischen Corporationen ausgeschlossen; nach der anderen, der Testacte, die gleichfalls in jene Zeit eines gerechtfertigten Mißtrauens gegen Anschläge eines papistisch-gesinnten Königthums hinaufreicht (1673), hatte jeder öffentliche Beamte das Dogma der Transsubstantiation, eine Fundamentallehre des katholischen Bekenntnisses, förmlich abzuschwören. Beide Acten waren längst veraltet und führten zu nichts als zu widerwärtigen Gesetzesumgehungen und niederträchtiger Heuchelei am Altare. Die Regierung verschloß sich der besseren Einsicht nicht mehr. Man vertauschte die gehässige Eidesformel und Abendmahlprobe mit einer Declaration: jeder Beamte sollte auf Verlangen der Regierung geloben, den Einfluß seines Amtes nicht zum Schaden der anglikanischen Kirche zu mißbrauchen. Ohne viel Schwierigkeit passirte diese Bill, welche längst überwundener Thorheit ein Ende machte, das Unterhaus, und da sich die Regierung der Mitwirkung einiger der hochkirchlichen Bischöfe versichert hatte, auch, ohne namentliche Abstimmung, das Oberhaus.

Viel dringender als diese Abschaffung schon veralteter Statute war die Durchführung der Emancipation, an der in Wahrheit die Ruhe des Staates hing. In Irland nämlich hatte die Agitation nach Verwerfung von Burdett's Bill durch das Oberhaus fortgedauert, war nach Canning's Tod lebhaft wieder aufgebraust und O'Connel selbst that jetzt, wo Wellington am Ruder und mithin von einem sachten Auftreten kein Erfolg zu erwarten war, den kühnen Schritt, als Candidat für das Parlament in der Grafschaft Clare aufzutreten, deren seitheriger Vertreter, Vesey Fitzgerald, ein einflußreicher, hochgeachteter Mann und Freund der Emancipation, sich nach englischem Gesetze, weil er Handelsminister geworden war, einer Neuwahl unterziehen mußte. Es sollte sich jetzt zeigen, welche ungeheuere Macht der Agitator sich gegründet hatte. Seine Reise nach seinem Wahlort Ennis (Munster) war ein Triumphzug, kein Exceß störte; im Angesicht ihrer Grundherren stimmten die Bauern und Pächter für den katholischen Candidaten. Der Sheriff verkündete ihn als rechtmäßig gewählt (5. Juli 1828). Er beherrschte, das war Jedermann deutlich, die Massen mit schrankenloser Gewalt; bei der nächsten allgemeinen Wahl stand es in der Hand dieses Mannes, die Millionen Irlands als eine geschlossene Macht seinen englischen Bedrückern entgegenzustellen. Von allen Seiten faßte man jetzt dort auf der Insel katholische Candidaten für das Parlament in Aussicht; O'Connel stellte mit seinem Wahlsieg die englische Regierung in die Wahl zwischen Emancipation oder gewaltsame Unterdrückung; und den Bürgerkrieg in Irland zu beginnen, das war etwas, wovor selbst der feste Wille und die starke Hand des eisernen Herzogs, wie sie Wellington nannten, zurückschreckte.

Der klare militärische Blick des Ministers sah, daß die Position nicht mehr haltbar war und er entschloß sich zum Nachgeben. Der König, von verschiedenen Seiten bearbeitet, nach einem matten Versuche, wider den Stachel zu löcken, ergab sich in sein Schicksal, und so wurde am 5. März 1829 von Robert Peel die Bill zur Erleichterung der Katholiken vorgelegt. Es war ein voller Entschluß, den hier wirkliche Staatsmänner gefaßt hatten. Peel hatte demselben seinen Wahlsitz für Oxford, an dem sein Herz hing, zum Opfer gebracht: „ich erhebe mich als Minister des Königs," begann er, „getragen durch die gerechte Autorität, welche dieser Stellung gebührt, um den Rath zu rechtfertigen, welchen ein einträchtiges Cabinet Sr. Majestät ertheilt hat." Diesmal also war es Ernst; an die Stelle des Suprematseides trat für den Katholiken, der in's Parlament eintrat, eine eidliche Erklärung, die bestehenden Einrichtungen des Staates aufrecht erhalten, die der Kirche nicht beeinträchtigen zu wollen. Alle Aemter, mit Ausnahme derjenigen eines Regenten, des Lordcanzlers für England und Irland, des Vicekönigs von Irland und wie sich von selbst verstand, derjenigen, welche zur anglikanischen Kirche in irgendwelcher unmittelbaren Beziehung standen, sollten den Katholiken zugänglich sein. Zugleich sollte das Wahlrecht an einen Census von 10 Pfund statt von 40 Schillingen geknüpft werden, und ward die Ausbreitung des Mönchswesens über das Reich, das Eindringen von mehr Jesuiten, als schon da waren, der Gebrauch von bischöflichen Titeln Englands Seitens des katholischen Clerus untersagt. In einer vierstündigen Rede rechtfertigte Peel seine Bill im Unterhause, dem er in klarer und aufrichtiger Sprache erzählte, wie er selbst, so lange ein Gegner der Emancipation, dazu gekommen sei, sich zu ihrem Gedanken zu bekehren; wie die gegenwärtige Lage, wo diese Frage alle Regierungen spalte — denn seit lange lasse sich keine Regierung mehr bilden, welche über diesen so wichtigen Punkt einhellig sei — allenthalben in England, in gefährlichem Grade in Irland die Gemüther errege und den gesellschaftlichen Verkehr vergifte, nicht länger andauern könne; wie die Zeit zu umfassenden Concessionen gekommen sei; und er traf glücklich den rechten Punkt, indem er allen Scheingründen und leeren Worten gegenüber betonte, daß gerade deswegen, weil der Jammer und die Gewaltthätigkeiten und Gesetzlosigkeiten, welche die Hinschleppung dieser Frage seit so vielen Jahrzehnten zum Gefolge gehabt, eine „alte Geschichte" seien, man es nunmehr endlich auf eine Veränderung ankommen lassen müsse. In kurzen Worten, unumwunden wie es einem Manne ziemte, der, wo er sich einmal entschloß, ganze Entschlüsse faßte, äußerte sich der Herzog im anderen Hause: es bleibe nichts übrig, als die Emancipation oder der Bürgerkrieg. „Ich bin Einer, Mylords, sagte er, welcher wahrscheinlich einen längeren Zeitraum seines Lebens im Kriege zugebracht hat, als die meisten Menschen, und besonders, möchte ich sagen, im Bürgerkriege; und ich muß sagen, daß, wenn ich auch nur einen Monat bürgerlichen Krieges von dem Lande, dem ich anhänge, abwenden könnte, ich deshalb mein Leben opfern wollte." Am 31. März wurde die Bill im Hause der Gemeinen bei 462 anwesenden Mitgliedern mit einer Majorität von 178 Stimmen in dritter Lesung unter Verwerfung aller Amendements genehmigt; am 10. April ebenso im Oberhause mit 213 gegen 189; am 14. wurde sie durch die königliche Sanction Gesetz des Landes. Ein Bann, der lange auf dem Lande gelegen und manche tüchtige Kraft dem Dienste des Königs fern gehalten hatte, war hinweggenommen: acht katholische Lords, darunter vier aus uralten Häusern, nahmen sofort ihre Sitze im Oberhause, die so lange Jahrhunderte leer gestanden, wieder ein.

Der conservative Unverstand und die hochkirchliche Beschränktheit und Heuchelei prophezeite den Untergang der Welt oder, was ihnen gleichbedeutend war, den Untergang von Kirche, Aristokratie und König von diesem Gesetze; mit einem der Eiferer, dem Earl of Winchelsea, hatte Wellington selbst wegen persönlicher Schmähungen einen Zweikampf auszufechten. Diese Prophezeiung traf nicht ein, niemals erreichte das katholische Element im Unterhause auch nur die Stärke, welche im Verhältniß gestanden hätte zur Zahl der katholischen Bevölkerung des Reiches; aber ebensowenig trat ein, was redliche Patrioten von dem Gesetze hofften: die aufrichtige Versöhnung und Einigung des Volkes von England und Irland. Die Gerechtigkeit kam zu spät, sie kam nicht aus freien, sondern aus widerwilligen Händen, und vor Allem: sie fiel auf einen unfruchtbaren, durch jahrhundertelange falsche Behandlung felsenhart gewordenen Boden. Selbst wenn die kleinlichen Beschränkungen, wie die Erhöhung des Census, durch welche bei 200,000 Wählern ihr Wahlrecht genommen wurde, und die noch kleinlichere Chicane, durch welche man bestimmte, daß der neue Eid erst von solchen Katholiken geleistet werden durfte, die n a ch diesem Gesetze gewählt worden waren, und durch welche man also den gefürchteten O'Connel zwang sich einer Neuwahl zu unterziehen, nicht gewesen wären: so würde dennoch die Maßregel unzureichend gewesen sein, den Haß des katholischen, celtischen und enterbten Volkes gegen das protestantische und germanische, das sich mit dem Ruin des irischen bereichert hatte, zu löschen, und es sollte sich bald zeigen, daß hinter der religiösen und politischen Frage, die man gelöst glauben konnte, eine sociale verborgen liege, deren Lösung der Charakter des irischen Volkes unmöglich machte — daß hier mannigfache und schwere Sünden der Väter an den Kindern und Enkeln „bis ins tausendste Glied" heimgesucht wurden.

Diese Maßregel war das letzte bedeutende Gesetz, das von Georg IV. sanctionirt wurde. Er war längst kränklich und hinfällig und erschwerte durch seine Launen und seine Trägheit in Folge seiner körperlichen Abspannung seinen Ministern das Regieren nicht wenig. Am 26. Juni 1830 starb er, im 68. Jahre seines Lebens, nachdem er zehn Jahre als König, 19 Jahre im Ganzen regiert hatte.

Im Volke erregte sein Hinscheiden wenig Theilnahme. Von dem, was unter seiner Regierung Gutes geschehen, durfte er sich nicht eben viel zurechnen; nur einmal, bei der schimpflichsten Gelegenheit, sahen wir ihn eine Energie entwickeln, die er keiner der großen Staatsfragen, welche unter ihm ihre Lösung erwarteten, auch nur annähernd widmete. Aber es war das besondere Glück Englands, daß hier auf die Persönlichkeit des Fürsten, obwohl sie keine gleichgültige Sache war, doch verhältnißmäßig weniger ankam, als anderswo; daß der Fürst hier in einer Lage war, wo er, wenn er wollte, sehr viel Gutes, dagegen aber, selbst wenn er wollte, wenig Uebles thun konnte. Für das Gute wie für das Uebele, das geschah, trug das Volk selbst die Verantwortung. Seine Stimme konnte sich geltend machen, das Maß seiner Einsicht oder seiner Beschränktheit bestimmte wesentlich den Gang der öffentlichen Dinge. Die ersten 15 Jahre nach dem Frieden waren hier nicht ungenutzt geblieben, wenngleich der Fortschritt ein langsamer gewesen war. In den materiellen Dingen war er sichtbar genug: schon war die Dampfkraft, ihre gewaltigen Schwingen regend, bei der Hebung der Kohlenschätze des Bodens thätig; seit 1820 diente die Locomotive der Beförderung von Gütern, dann durch angehängte einzelne Wagen, in langsam stetigem Fortschritt, auch der Beförderung von Reisenden; gegen 1400 Maschinenwebstühle im Jahre 1820 zählte man deren 55,000 im Jahre 1830; in dem zum Theil erbitterten Kampfe zwischen Maschinenarbeit und Handarbeit überwältigte die erstere immer entschiedener ihre ohnmächtige Gegnerin, und ebenso war das mächtige Aufblühen der Städte gegenüber dem Zurückbleiben ja Zurückweichen der ländlichen Bevölkerung unverkennbar und führte zu lebhaften gerechten und ungerechten gegenseitigen Vorwürfen. Ein höchst wohlthätiges Werk vollbrachte Peel, überhaupt ein ausgezeichneter Verwalter, im Jahre 1828 durch die Reorganisation der hauptstädtischen Polizei, welche im übrigen Lande als Beispiel wirkte und von dem Neid des festländischen Reisenden, dessen Gedächtniß voll war von Erinnerungen an die niederträchtigen Paßplackereien, die plumpe Rohheit oder gemeine Bestechlichkeit der Polizei und ihrer Werkzeuge auf dem Continent, wie ein Wunder und unerreichbares Ideal angestaunt wurde. Weniger sichtbar war der Fortschritt im Unterrichtswesen, wo der Staat, noch in den Banden anglikanischer Rechtgläubigkeit, Nichts that, und der Eifer der Privaten nicht ausreichte, um die träge und unwissende Masse zu zwingen, daß sie ihre bettelnde, vagabundirende, verwahrloste Jugend den zahlreicher sich öffnenden Schulen übergebe. Ein wichtiger Schritt geschah im Jahre 1828, wo durch einen Verein, dessen eifrigstes Mitglied Henry Brougham war, eine neue Universität, die London University, auf neuen freisinnigen Principien errichtet, den Hochburgen des Anglikanismus, den alten Universitäten Oxford und Cambridge und ihren Mißbräuchen entgegengesetzt wurde. Doch gab sich die hochkirchliche Partei, der anzugehören fashionabel war, nicht besiegt: sie setzte der neuen Universität ein Institut nach ihren Grundsätzen, Kings college, gegenüber, und nahm also hier, wie überall, in der Presse, im Parlament, auf der Tribüne der öffentlichen Versammlungen und Vereine den Kampf auf, der das englische Leben sehr zu seinem Heile in frischer Bewegung erhielt. Ein entschiedener Fortschritt war, daß erst jetzt durch das Verdienst eines unternehmenden und energischen Buchdruckers Hansard ausführliche und genaue Berichte über die Parlamentsverhandlungen ins Publicum kamen, und daß neben den zahlreicher und zahlreicher werdenden Parteiblättern in dem größten und berühmtesten aller damaligen Tagesblätter, der Times, ein unabhängiges Organ gegeben war, das nicht unter der Herrschaft des sonst so mächtigen Parteigeistes stand. Vor Allem aber zeigte sich der Fortschritt in der Regierung des Landes selbst und in den Kreisen des Parlaments, aus dem die Regierenden genommen wurden. Das alte System war durchbrochen; neue Männer, durch eigenes Verdienst, nicht durch den erblichen Einfluß großer Familien getragen, waren ins Cabinet eingetreten oder im Parlament in die Höhe gekommen und hatten neue, belebende Ideen in das politische Leben und Treiben geworfen. Die ersten Schritte auf der Bahn der Handelsfreiheit waren gethan; auf den verschiedensten Gebieten, in der noch völlig barbarischen Criminaljustiz durch Sir Samuel Romilly, Sir James Mackintosh und Robert Peel, im Erziehungswesen durch Henry Brougham, waren Anstöße zum Besseren gegeben. Die Abschaffung der Sclaverei in den Colonieen war angebahnt. Vor Allem aber: durch die Aufhebung der Testacte und durch die Emancipationsbill war Bresche gelegt in das verderbliche Staatskirchenthum, welches das Recht, dem Lande in bestimmten Stellen zu dienen, abhängig machte von einer bestimmten Ansicht über die göttlichen und übersinnlichen Fundamente der irdischen Dinge; und nicht der geringste Sieg des neuen Geistes war, daß die wichtigsten jener Fortschritte durch Minister gemacht waren, welche sich ihnen ihr Leben lang widersetzt hatten. Es war an sich vielleicht der bedeutendste Fortschritt in diesem Lande, daß die orthodoxen Parteibekenntnisse ihre Macht zu verlieren begannen, daß die Männer der Regierung einzusehen anfingen, daß das Landesinteresse dem Parteiinteresse vorgehe, daß ein Mann wie Peel seine ganze Kraft an die Durchführung liberaler Maßregeln setzte, weil eine ernste Prüfung ihn belehrt hatte, daß er geirrt und daß dasjenige, was er und seine Partei bisher bekämpft hatten, das Vernünftige und Heilsame war. Mit solcher Gesinnung, solcher Erfolge bewußt, konnte man hier mit ziemlicher Ruhe dem ausbrechenden Sturme zusehen, der das Königthum des Nachbarlandes entwurzelte und das ganze europäische Leben mit neuem Gährungsstoffe erfüllte.

3. Deutschland.

Langsamer, weniger augenfällig auf den verschiedenartigen und zum Theil labyrinthischen Wegen, aber nichtsdestoweniger unverkennbar schritt auch in Deutschland das staatliche Leben vorwärts; sehr viel zu langsam für die idealistische Ungeduld, und doch rasch genug, wenn man die ungeheuren Schwierigkeiten bedenkt, welche gerade in diesem Lande dem stetigen politischen Fortschritte entgegenstanden. „Ihr habt," so heißt es in dem Briefe eines Schweden an einen deutschen Mann aus jenen Tagen nicht unrichtig, „ihr habt sehr viel eingebildete Uebel, und viel wirkliches Gute; weil ihr aber hypochondrisch seid, so werdet ihr ärgerlich, wenn euch Jemand sagt: lieber Freund,

es steht wirklich nicht so schlimm mit dir." Diese unzufriedene, hypo=
chondre Stimmung charakterisirt in der That das Deutschland des drit=
ten Jahrzehnts im Gegensatz gegen die Zeit, welche unmittelbar auf
die Befreiungskriege folgte. Sie war allerdings vollkommen berechtigt,
wenn man die gemeinsamen Angelegenheiten Deutschlands ins Auge
faßte, und an dieselben den nationalen Maßstab, den Maßstab für
ein wirkliches, eine fertige Nation umschließendes Gemeinwesen legte.
Wir haben gesehen, wie durch die Wiener Schlußacte die deutsche
Verfassungsfrage zum Abschluß gekommen war, und in Folge der
Karlsbader Beschlüsse der Bundestag wenigstens nach Einer Seite, der
polizeilichen, eine wirkliche Thätigkeit entfaltete. Im November 1819
war jene Centraluntersuchungscommission zu Mainz wirklich ins Leben
getreten und hatte ihr Geschäft mit dem Fleiße, den deutsche Beamte
gemeinhin der ihnen aufgegebenen Sache, und wenn sie die schlechteste
ist, zu widmen pflegen, in Angriff genommen. Nach allen Richtungen
wurde geforscht und gesucht, richterliche und polizeiliche Behörden über
ganz Deutschland hin in Anspruch genommen, jede Spur mit amts=
eifriger Thätigkeit verfolgt, vermuthet, combinirt, raffinirt: aber der
Geheimbund, den man suchte, wollte sich nicht finden. Der Dichter
hatte Recht, wenn er den „Bundschmeckern" mit gutem Humor, der
den Deutschen auch in solchen Zeiten nicht verläßt, einen geheimsten
Geheimbund benuncirte, der ihnen vor Augen lag:

„Das ist der große Bund unzähl'ger Sterne,
Der sich in stillen Nächten angesponnen;
Und wie mir Späher jüngst zu wissen thaten,
So steckt dahinter selbst das Licht der Sonnen."

Jene im Finsteren schleichende Partei, vor welcher man den Regie=
rungen so bange zu machen gewußt hatte, mußte sich die finsterste
Finsterniß ausgesucht haben: die Ausbeute, welche die Commission in
ihrem Berichte vom 1. Mai 1822 dem Bundestage vorlegte, war in
der That nicht der Rede werth. Indeß immerhin war so viel Gährung
in den Tiefen des Lebens der Nation vorhanden und trat auch in
mancherlei Schaumblasen so weit an die Oberfläche, daß die Groß=
mächte davon Anlaß nehmen konnten, den Bundestag weiter für jene
polizeilichen Maßregeln auszunutzen. Das Veroneser Circular wurde
demselben mitgetheilt, und von östreichischer Seite Zustimmung zu
dessen Grundsätzen und Maßregeln beantragt. Die Opposition der
Mittelstaaten, diesmal sehr ernstlich gemeint, ließ es jedoch zu nicht
mehr als einer höflichen Danksagung kommen; nur mit dessen „weisen
und erhaltenden" Grundsätzen, also nicht mit den genommenen Maß=
regeln selbst erklärte der Bundestag sich einverstanden, und eine Note
der würtembergischen Regierung an ihre Gesandten drückte in sehr

hohem Tone das Befremden aus, daß man so wichtige Dinge ver=
handelt habe, ohne den deutschen Bund dazu zu berufen, „obgleich
derselbe nur zu den Mächten des ersten Ranges gezählt werden könne,"
die Nation hatte den Schaden, sie durfte für den Spott nicht sorgen.
Noch gab man sich von dieser Seite nicht völlig gefangen. Es waren
besonders die Gesandten einiger dieser Mittelstaaten, der württember=
gische Gesandte Freiherr von Wangenheim, der großherzoglich hessische
von Harnier, und der kurfürstlich hessische von Lepel, welche sich bei
den Verhandlungen unbequem machten, und dabei gelegentlich von dem
bairischen und sächsischen und dem einen oder anderen der kleineren unter=
stützt wurden. In der Frage der Bundeskriegsverfassung, einer der we=
nigen, die man einigermaßen ernsthaft behandelte, und die auch am 9. April
1821 in 24 Artikeln zum Abschluß kam, setzten die Mittelstaaten auch
wirklich ihren Zweck gegen die östreichisch=preußische Absicht durch. Die
Contingente der beiden Großstaaten wurden auf je drei Armeecorps be=
schränkt, und die der übrigen Staaten von den großstaatlichen sorgfältig
getrennt gehalten. Im Ganzen sollte das Bundesheer aus 300,000 M.
schlagfertigen Truppen bestehen, wozu noch 150,000 M. Reserve kamen,
1 1/2 % der Bevölkerung, also „was wohl", meinten die militärischen
Weisen, „für Vertheidigungskriege ausreichen dürfte," und patriotische
Schönfärber konnten sich des Gedankens getrösten, daß „Deutschland"
noch niemals im Lauf seiner Geschichte ein so zahlreiches Heer be=
sessen habe. Im Uebrigen war jene Opposition wenig werth; wie sich
zeigt, wenn man einige der Angelegenheiten ins Auge faßt, welche
den Bundestag des dritten Jahrzehnts beschäftigten. So im Jahre
1821 eine Streitigkeit zwischen der preußischen Regierung und der
von Anhalt=Köthen, wo die Ohnmacht der Bundesversammlung, wer
immer Recht gehabt haben mag, sich deutlich offenbarte: nach ein paar
Jahren schloß die Sache mit dem „Ausdruck gerechter Hoffnung, daß
nun auch die noch in Irrung befangenen Nebenpunkte in kurzer Zeit ihre
wünschenswerthe Erledigung finden möchten." Im Jahre 1823 brach=
ten die westfälischen Domänenkäufer ihre Sache von neuem vor den
Bundestag und Herr von Wangenheim als Berichterstatter des Aus=
schusses entwickelte mit Kraft und Klarheit die Ansicht, die jedem nicht
vorsätzlich Blinden einleuchten mußte: daß der Staat nicht aufhört, wenn
der Fürst stirbt oder aus seinem Lande fliehen muß; daß doch nicht alle
Hessen sich vor dem fremden Eroberer nach Prag oder Wien flüchten konn=
ten, wie ihr Kurfürst; daß es deshalb für sie nothwendig war, sich der neuen
Ordnung und ihren Gesetzen zu fügen und daß es ein Unrecht und eine
Thorheit war, sie für diesen Gehorsam gegen eine Herrschaft, welche die
Gewalt der Thatsachen ihnen auferlegt, nicht eigene Wahl und Schuld
herbeigeführt, büßen zu lassen; einen Gehorsam, der für sie ein ein=

faches Naturgesetz war. Diese Lehre vom „ewigen Staate" rief bei dem östreichischen Hofe große Mißbilligung hervor, und nach einiger Verschleppung wurden die Rechtsuchenden abgewiesen. Nicht besser ging es den Prälaten und der Ritterschaft von Holstein, welche um dieselbe Zeit (December 1822) wegen Verschleppung ihrer Verfassungsangelegenheit und verschiedenen Unrechtfertigkeiten klagten. Der Vertreter der sächsischen Herzogthümer Graf Beust und Herr von Wangenheim wollten dem König von Dänemark eine sechsmonatliche Frist zur Abstellung der Beschwerden gestellt wissen, und der hannoversche Gesandte trat, weil es sich dieses Mal um adelige Herren handelte, dem Antrage bei; aber der östreichische Bevollmächtigte — es war seit Ende 1822 an Stelle Buol's der Freiherr von Münch=Bellinghausen, ein Vertrauter des Fürsten Metternich, getreten — war der Meinung, daß ein so schwieriges Werk, wie die Ausarbeitung einer Verfassung, nicht reiflich genug erwogen werden könne, und von einer Frist vollends, die man einem Bundesgliede setze, gar nicht die Rede sein dürfe. Er verbreitete sich über die Beispiele des Tages, wo man die Völker zu „wahrer Zufriedenheit" übergehen sehe, wenn sie durch eigene Kraft oder fremde Hülfe der ihren Fürsten mit verbrecherischer Hand aufgedrängten Constitutionen wieder ledig würden. Die Reclamanten wurden auf die „vertrauensvolle Erwartung" der Verfassung verwiesen, die der König für Holstein zu geben zugesagt habe.

Seit dem Congreß von Verona trieb Oestreich mit größerem Nachdrucke in das reactionäre Fahrwasser hinein. Seit Juli 1824 wurde die Veröffentlichung der Protocolle beschränkt, indem man den ausführlichen Bericht nur für die Gesandten drucken ließ, der übrigen Welt nur Auszüge zum Besten gab. Im gleichen Jahre wurden die Bestimmungen in Beziehung auf Ueberwachung der Presse und der Universitäten, welche im Jahre 1819 auf fünf Jahre getroffen worden waren, auf unbestimmte Zeit verlängert, und die Mainzer Commission konnte somit ihren geschäftigen Müßiggang weiter fortsetzen. Es fanden sich auch endlich wirklich einige Verschwörer, ein Jünglingsbund bildete sich, dem ein Abenteurer etwas von einem nicht vorhandenen Männerbunde vorgespiegelt hatte, und aufs Neue fühlten sich feurig patriotische, abenteuerlustige Studenten auf einer Reihe von Universitäten groß und glücklich in dem Gedanken, geheimen Oberen unverbrüchliche Treue, künftigen Verräthern den Tod, der guten Sache unbebedingtes Stillschweigen geschworen zu haben, und gelegentlich Deutschland, wie vor Alters, in Kreise zu zerlegen und deren Oberste zu ernennen. Dies und Aehnliches wurde nun auf Bundestagen berathen, von denen einer — der 28. Mai 1822 war der denkwürdige Tag — zu Würzburg von neun, ein zweiter zu Nürnberg am

12. und 13. October von 20 Bundesgenossen besucht war. Im November 1823 erfolgte eine Anzeige dieser gefährlichen Dinge in Berlin: eine Immediatcommission zu Köpenick ward niedergesetzt, die Ergebnisse ihrer Ermittelungen wurden den Gerichten zugefertigt, die dann eine Anzahl von Mitgliedern des Jünglingsbundes zu Festungsstrafen von längerer oder kürzerer Dauer verurtheilten. Nicht überall wurde es so ernsthaft; in Süddeutschland namentlich, wo unter den Beamten eine gewisse ironische Auffassung des Berufs nicht selten war und wo das stark ausgebildete Wirthshausleben so manches unnütze Wort gebar und wieder verschlang, konnte man wohl erleben, was dem Buchhändler Perthes auf einer Reise im Jahre 1823 zu Mainz widerfuhr, daß an öffentlicher Wirthstafel die Angelegenheiten des Staates und des Bundes mit voller und zügelloser Redefreiheit besprochen wurden, und man hinterher die Entdeckung machte, daß der Tischnachbar, mit welchem man diese wundersame Erscheinung am Sitze der Centraluntersuchungscommission besprochen hatte, ein Mitglied dieser selben gefürchteten Körperschaft gewesen war.

Mehr und mehr bohrte sich die Ueberzeugung in die Gemüther ein, daß die deutsche Bundesverfassung ein Dornstrauch war, von dem Niemand Feigen zu pflücken erwarten durfte. Allmälig hörte man auf, sich für das, was am Bunde verhandelt wurde, überhaupt zu interessiren; wo man des „hohen Bundestages" erwähnte, geschah es mit einem stets wachsenden Gefühle der Verachtung, mehr noch als des Hasses; und diese Verachtung war das Erste, worin sich die politisch-denkenden Köpfe der ganzen Nation begegneten: die erste Regung eines wiedererwachenden politischen Gemeingefühls der Nation. Der Geist des Fortschritts, welchem hier im Centrum jede Aussicht versperrt war, sah sich zurückgeworfen auf die Peripherie, in die Einzelstaaten. Das constitutionelle Princip, ein gebrechliches Fahrzeug, hier von Anfang an leck, dort schlecht gezimmert, dort aus alten und neuen Brettern nothdürftig zusammengefügt, begann seine Fahrt: ein volles Jahrzehnt fast überall mit dem ungünstigsten Winde, zwischen allerlei Klippen und Untiefen von nicht immer kundigen Steuerern gelenkt. Immerhin ist es der Mühe werth, sich dieses noch sehr kümmerliche constitutionelle Wesen in den hauptsächlichsten der deutschen Staaten zu vergegenwärtigen. Nicht viel Erfreuliches gibt es zu erzählen; doch muß Eines anerkannt werden, was in den späteren Parteikämpfen nicht immer anerkannt worden ist: wenn auf der Einen Seite nirgends schöpferische Kräfte, nirgends Begeisterung für einen großen politischen Gedanken, nirgends ein tiefer, wahrer Patriotismus bei den Regierungen hervortritt, so auf der anderen Seite auch nur wenig von dem bösen Willen, der Leidenschaft des Hasses und der Rache, die in den romanischen Staaten so gewöhnlich waren. In den größeren der norddeutschen Mittelstaaten, **Hannover** und **Sachsen**, bewegten sich die Dinge wesentlich in den alten Geleisen, obgleich in dem ersteren Lande am 7. December 1819 die neue Organisation der Stände fertig geworden war: eine Verfassung mit zwei Kammern, welche das Recht der Steuerbewilligung, der Gesetzesberathung, das Petitionsrecht hatten, deren Verhandlungen aber nicht öffentlich waren. Das Land wurde, wie bisher, von England aus durch den Grafen Münster regiert. In der ersten Kammer überwog der Adel, in der zweiten die Beamten, und die Verhandlungen fanden so wenig Theilnahme im Volk, daß der Druck der Landtagsprotocolle seit 1821 aus Mangel an Abnehmern eingestellt wurde, was für die Litteratur freilich kein empfindlicher Verlust war. Allmälig sammelte sich im Lande viel Unmuth über die Bevorzugung der Adeligen, Verkümmerung des Gemeindelebens, den Rückgang der Gewerbe, die schlechte Steuervertheilung und Ueberbürdung der unteren Volksclassen bei vermeintlichen großen Ueberschüssen des königlichen Domanialetats, der vom Landesetat ganz getrennt war; zu irgend einem nachdrücklichen Vorwärtsdrängen führte diese Unzufriedenheit jedoch nicht. In Sachsen war man ruhig und zufrieden, bei geordneten Finanzzuständen, mäßigem Wohlstande. Die ständischen Verhandlungen schleppten sich geschäftsordnungsmäßig und langweilig dahin; nur in den Jahren 1824—27 brachten versuchte Uebergriffe der katholischen Hierarchie einiges Leben und einige Aufregung hervor: es war der einzige Punkt, in welchem die lutherische Bevölkerung des Landes dem sonst hochgeachteten Königshause mißtraute, das sich in einer üblen Stunde seiner Geschichte (1697) von dem Bekenntniß seines Volkes getrennt und sein protestantisches Erstgeburtsrecht um ein werthloses Linsengericht, die polnische Königskrone, verkauft hatte. Am 5. Mai 1827 starb der alte König nach einer unerhört langen Regierung (seit 1763) von 64 Jahren, in seinem 76. Lebensjahre; ihm folgte ein anderer 71jähriger Greis, sein Bruder **Anton**, fromm und gutmüthig wie sein Vorgänger, unter dem Alles, auch die Klagen über die abgelebten Verfassungsformen, beim Alten blieb. Etwas mehr machte das kleine Herzogthum **Braunschweig** von sich reden. Herzog **Friedrich Wilhelm**, der im Jahre 1815 bei Quatrebras gefallen war, hatte zwei unmündige Prinzen, Karl und Wilhelm, hinterlassen. Die vormundschaftliche Regierung für den ersten übernahm, als Haupt des Hauses, der Prinzregent von England. Die Erziehung des jungen Herzogs ward vernachlässigt; der Freiherr vom Stein bezeichnet ihn als einen „unsittlichen, dünkelvollen, frechen

Deutschland. Mittel- und Kleinstaaten. 197

und leeren jungen Mann", der nun in heftigem und meisterlosem Zorn sich in einen Streit mit dem englischen Könige stürzte, als dieser Miene machte, die Vormundschaft eigenmächtig zu verlängern. Er erreichte durch den Fürsten Metternich, der an diesem Seitenstück zu dem portugiesischen Miguel Gefallen fand, daß er am 30. October 1823 die Regierung seines kleinen Landes antreten konnte. Es charakterisirt den boshaften und schlechterzogenen Gesellen, daß er sich wohl damit amüsirte, in seinem Garten nach dem Bildniß des Grafen Münster, in welchem er seinen Hauptfeind sah, mit der Pistole zu schießen. Der Scandal kam vor den Bundestag und er ward angehalten, dem König von Hannover Genugthuung zu leisten. Schlimmer war, daß er bald auch mit seinen Ständen Händel anfing, willkürlich in die Finanzverwaltung eingriff, seine Beamten auf nichtswürdige Weise chicanirte und allmälig alle Welt auf eine Weise gegen sich aufbrachte, die demnächst zu einer auf deutschem Boden bis dahin unerhörten Katastrophe führen sollte. In Kurhessen gelangte am 17. Februar 1821 der zweite in der Reihe nichtswürdiger Tyrannen, welche mitten im 19. Jahrhundert dieses gute deutsche Land wie ein türkisches Paschalik behandelten, Wilhelm II., zur Regierung. Dieser gab bald, nachdem zu Anfang einige Verbesserungen im Volke Hoffnungen erweckt hatten, Aergerniß durch rohe Hintansetzung seiner Gemahlin, einer Schwester des Königs von Preußen, zu Gunsten einer raubgierigen Maitresse, Emilie Ortlöpp, die er zur Gräfin Reichenbach machte; seine Willkürlichkeiten griffen tief in Privatverhältnisse ein und wurden in dem kleinen Territorium, wo der Arm des Fürsten Jeden erreichen konnte, um so peinlicher empfunden. Da stand etwa ein Fabrikgebäude auf einem Platze, den der Fürst lieber frei gesehen hätte: er ließ es also ohne viel Umstände niederreißen; oder es suchte ein Beamter Urlaub nach, um in einem der nahen Bäder dieses länderreichen Stückes deutscher Erde eine Kur zu gebrauchen: der Kurfürst verordnete ihm anstatt des ausländischen das inländische Bad Hofgeismar, das eben so gut, ja noch besser sei. Uebrigens bewiesen die Gerichte ausdauernden Muth im Kampfe gegen die Uebergriffe des gewissenlosen Landesherrn. Besser standen die Dinge im Großherzogthum, wo indeß auch eine Trübung der Verhältnisse zwischen Fürst und Volk eintrat, da sich der sonst wackere und tüchtige Justizminister Grolmann in die reactionäre Richtung hineinziehen ließ, und man hier, wie überall in Deutschland, erst wieder lernen mußte, daß eine freimüthige Sprache mit loyaler Gesinnung wohl vereinbar ist. Außerdem litt das Land schwer an den Folgen der territorialen Zersplitterung dieses Theiles von Deutschland, welche bei dem verkehrten Zollsystem dem Volke es unmöglich machte, durch

Handelsthätigkeit die Nahrungsquellen zu suchen, die der karge Boden versagte.

Auch im eigentlichen Süddeutschland, den Ländern südlich vom Main, entwickelte sich das Verfassungsleben nicht ganz im Einklang mit den vielverheißenden Anfängen. In Baden allerdings wirkte der französische Constitutionalismus, der in Ebbe und Fluth wenigstens den imponirenden Charakter des politischen Lebens eines Großstaates nicht verleugnete, unmittelbarer als sonstwo auf die beweglicheren Gemüther, und die Forderungen der französischen Liberalen wurden hier in der zweiten Kammer, die unter allen deutschen ständischen Versammlungen in ihrer Mitte die größte Zahl hervorragender Talente besaß, mit Nachdruck gestellt und mit Beredtsamkeit vertheidigt; allein der Druck der allgemeinen deutschen Lage, die soldatisch-barsche Natur des neuen Großherzogs Ludwig, das Uebergewicht des Adels in der ersten Kammer ließen es auch hier nur zu einem Scheine verfassungsmäßigen Regiments kommen. Im Jahre 1823 wurde die zweite Kammer aufgelöst und nun durch alle Mittel der Einschüchterung und der Bestechung eine Kammer zusammengebracht, die, am 24. Febr. 1825 zusammengetreten, die Erklärung des Großherzogs entgegennahm, daß den Beschlüssen des hohen Bundestages gemäß die Regierungsrechte in den Händen des Fürsten vereinigt bleiben müßten, die ständische Mitwirkung sich also innerhalb genau bestimmter Gränzen zu bewegen habe, und welche dann auch durch ihre Zusammensetzung der Regierung die Bürgschaft gab, daß sie für die nächsten 6 Jahre, für welche die Kammer gewählt war, auf ruhige Tage zählen konnte.

In Würtemberg, wo der Kampf um das „alte gute Recht" so kühne und rücksichtslose Streiter auf den Plan geführt hatte, erwiesen sich die Stände, nachdem einmal die Verfassung ins Leben getreten war, nichts weniger als unbequem. Im Jahre 1821 entwarf der Abgeordnete für die neuwürtembergische Stadt Reutlingen, welche ohnehin nicht für besonders loyal galt,*) Professor Friedrich List, ein energischer Charakter und unumwundener Sprecher, einen ziemlich radicalen Reformplan, den er in Form einer Petition der Reutlinger

---

*) Eine der Anekdoten, an denen dieser Boden besonders fruchtbar ist, weiß von dem ersten Besuch des Königs Friedrich I. in der alten Reichsstadt zu erzählen, wo die Bürgerschaft einen sinnreichen Ausweg zwischen ihren wahren Gefühlen und der Nothwendigkeit eines loyalen Empfangs fand. Als der neue Landesherr sich den Thoren näherte, schallte ihm aus dem Munde wohlgewaschener Jugend die Festkantate entgegen, deren erster Vers mit den Worten begann:
„Hängt ihn auf an unsern Thoren."
Erst der vierte Vers brachte die Ergänzung:
„Den Ehrenkranz für Friedrich's Haupt."

Bürgerschaft an die Kammer brachte und der nicht weniger als 40 Forderungen und diese nicht in den üblichen servilen Formen aufstellte. Der Schrecken, die Entrüstung über dieses ungeheure Wagniß war groß, und die bureaukratische Orthodoxie in der Kammer warf noch eifriger als die Regierungskreise mit Jakobinismus und Sansculottismus um sich. Der geniale und kühne Mann, dessen Gedanken weit über die engen Gränzen Würtembergs hinausschweiften, der in einer nur das Nächste und Unmittelbar-Drängende egoistisch bedenkenden Welt die Regeneration Deutschlands durch ein „nationales Wirthschaftssystem" plante und prophezeite und der den Entwurf eines deutschen Eisenbahnnetzes im Kopfe trug zu einer Zeit, wo man eine Eisenbahn zwischen Leipzig und Dresden noch einen Riesengedanken nannte, galt dem Stuttgarter Spießbürgerthum und der würtembergischen Beamtenweisheit, die Alles, was über die Mittelmäßigkeit hinausstrebt, über die Gränze treibt, für einen schiefen und abenteuerlichen Kopf: eine peinliche Untersuchung ward eingeleitet, und noch ehe in dieser Sache in letzter Instanz vom Obertribunal in Stuttgart entschieden war, List mit 56 Stimmen gegen 30 aus der Kammer ausgeschlossen. Die Regierung war im Ganzen freisinniger als das Land; es contrastirt seltsam, daß der König in der Rede, mit welcher er am 26. Juni 1821 den Landtag schloß, die Wendung gebrauchte, daß er den Tag segne, an dem durch freien Vertrag die Verfassung ins Leben getreten sei, und daß auf der anderen Seite einzelne Oberämter in Petitionen den Wunsch aussprachen, keine Abgeordneten mehr wählen zu dürfen: wie es denn lange in spießbürgerlichen Kreisen ein beliebtes Thema bildete, über die erschreckliche Kostspieligkeit der Landtage zu räsonniren und zu berechnen, wie viele Kreuzer oder Pfennige jedes im Ständesaale gesprochene Wort dem Lande koste; die für ein Land von 360 ☐M. in damaliger Zeit horrende königliche Civilliste von 850,000 fl. berechnete der loyale Unterthan nicht, da sie mittelbarer Weise so vielen seiner Gevatter und Freunde und vielleicht ihm selber zu Gute kam und in der That in guten Händen war. Das Land gedieh im Ganzen wohl unter einer redlichen und einsichtigen Finanzverwaltung, der König galt weit über die Gränzen des Landes hinaus als Muster eines constitutionellen Regenten, und er war es auch, namentlich insofern, als er innerhalb der Schranken der Verfassung wirklich regierte, sich von den Bedürfnissen seines Landes persönlich unterrichtete und in die Geschäfte selbst das wohlerwogene Urtheil und die consequente Thatkraft eines verständigen, etwas eigensinnigen, aber geraden und tüchtigen Mannes hineintrug; in einzelnen Fällen, wie z. B. dem Judengesetz von 1828, welches den Juden einen Theil der staatsbürgerlichen Rechte sichern sollte, erwies sich die Regierung freisinniger, als es die Kammer war. Mit Festigkeit behauptete Wilhelm I. seine eigene Selbstständigkeit und die seines Landes der zunehmenden Vergewaltigung der kleineren Staaten durch die Reactionspolitik der Allianzmächte gegenüber; bis an die Gränzen des Möglichen widersetzte er sich den Tendenzen des Veroneser Congresses; die Presse war ziemlich frei und ihre Sprache zog sogar die Mißbilligung des Bundestages nach sich, und erst als die Höfe von Wien, Berlin und St. Petersburg 1823 ihre Gesandten von Stuttgart abriefen und mit noch entschiedeneren Maßregeln drohten, gab der König nach und entließ seinen Bundestagsgesandten von Wangenheim und seinen Minister des Auswärtigen von Wintzingerode. Zu einem entscheidenden Schritt nach vorwärts, der auch im übrigen Deutschland eine namhafte Wirkung hätte erzielen können, war aber die Macht des Landes zu gering, selbst wenn die Bevölkerung regsamer und weniger selbstvergnügt und in sich abgeschlossen gewesen wäre, als sie es in der That war. Dieses Verdienst war dem mächtigsten der deutschen Mittelstaaten, Baiern, vorbehalten.

Die ersten Hoffnungen, zu welchen das große Gepränge, mit dem hier die neue constitutionelle Ordnung der Dinge eingeweiht worden war, aufzufordern schien, erfüllten sich freilich nicht. Die Kammer der Reichsräthe ließ alsbald keinen Zweifel daran aufkommen, daß sie es für ihre Hauptaufgabe ansehe, dem „Andrängen der Volksherrschaft" einen Damm entgegenzusetzen. Den Antrag auf Oeffentlichkeit und Mündlichkeit im Gerichtsverfahren, der von der Abgeordnetenkammer mit großer Mehrheit angenommen wurde, legte sie als ungeeignet bei Seite; ein anderer Antrag, der allerdings weit über das Ziel des Erreichbaren und ohne Zweifel auch des Wünschenswerthen hinausging, daß nämlich auch das Militär wie die übrigen Staatsbürger auf die Verfassung beeidigt werden sollte, und der von dem unermüdlichen Justizrath von Hornthal, neben Hofrath Behr dem bedeutendsten Führer der freisinnigen Partei, gestellt wurde, rief zwar nicht geringes Aufsehen hervor, blieb aber ohne weitere practische Folgen. Es gelang, die arg zerrütteten Finanzen wieder in einige Ordnung zu bringen, und die ständischen Verhandlungen hatten wie überall wenigstens den Erfolg, überlieferte oder neuansetzende Mißbräuche im Staatswesen bloßzulegen und sie dem Volke, das nur sehr langsam zum Bewußtsein politischer Pflichten erwachte, das viel wichtiger und viel fruchtbarer ist, als das Bewußtsein politischer Rechte, lebendig gegenwärtig zu halten. Am 13. October 1825 aber starb der alte gutmüth'ge König Max Joseph, und mit seinem Nachfolger Ludwig I. kam ein Mann auf den Thron, der, was immer seine Fehler waren, einen idealen Schwung in seinem Wesen hatte und damit ein Element in die vaterländischen Dinge brachte, das man auf den Thronen des damaligen Deutschlands vergeblich suchte. In Wien, wo man die Originalität überhaupt nicht und am wenigsten auf deutschen Thronen liebte, hielt man ihn für einen übelorganisirten Kopf, und es ward in Deutschland weiterhin Mode, über seine freilich nicht gerade classischen Gedichte, seinen bizarren Stil und sein forcirtes Teutschthum zu spotten; aber dieser Mann bedeutete doch zum Mindesten etwas, er war kein bloser Figurant; er hatte in Rom, wo er hauptsächlich in Künstlerkreisen verkehrte, gelernt, frei unter Menschen als Mensch sich zu bewegen; er theilte mit warmem Herzen die Sympathien aller besseren Geister der Nation für die griechische Sache; er hatte doch in einer noch durchaus knechtischen und philisterhaften Zeit Humor genug, mitzulachen, wenn etwa die Studenten bei Fackelzügen, die sie ihm brachten, einen der harmlos-grimmigen Revolutionsrefrains anstimmten, und er hatte wieder den für die damalige Zeit sehr originellen Gedanken, an höchster Stelle Begeisterung für ein einiges Teutschland, wenn auch sehr im Allgemeinen und ohne bestimmte Pläne, zu bekennen. In der eigentlichen Politik allerdings war er ohne Consequenz und ohne schöpferischen Geist. Er ließ es sich angelegen sein, sofort nach seiner Thronbesteigung eine Commission einzusetzen, welche die in Baiern hochnöthige Aufgabe bekam, Ersparungen durch vernünftige Organisation des öffentlichen Dienstes auszumitteln, und wohnte persönlich ihren langen Sitzungen bei; er sprach auch die löbliche und in erster Aufwallung sicher ganz ernst gemeinte Absicht aus, die Freiheit der Presse innerhalb ihrer gesetzlichen Schranken nicht weiter zu belästigen; im Allgemeinen aber waren ihm diese Dinge zu langweilig und es blieb doch so ziemlich beim Alten. Seine wahren Verdienste lagen anderswo. Sehr zeitgemäß war die Entschließung, kraft welcher im October 1826 die Universität Landshut nach München verlegt und dadurch Beides, die Universität und die Hauptstadt, zu neuem Leben erweckt wurde. Bedeutende Männer, Schelling, Thiersch, Oken, Görres, Schubert, wurden berufen, und die Universitätsstatuten in einem durchaus freien Sinne entworfen; die Frequenz stieg gleich im ersten Winter auf 1400 Studenten, und wenn auch nicht alle Blüthen reiften, so war doch soviel erreicht, daß ein Licht, das seither unter dem Scheffel gestanden, an seine rechte Stelle, auf seinen rechten Leuchter gestellt, und in einem Lande, in welchem pfäffische Unwissenheit noch sich allzubreit machen konnte, ein neuer Herd des Wissens und geistiger Befruchtung aufgerichtet ward. Aecht war aber vor Allem des Königs Begeisterung für eine Wiedergeburt der vaterländischen Kunst und für Baierns Beruf, diese vaterländische Kunst zu pflegen. Der Gedanke, in einer „Walhalla" die Bilder der nationalen Heroen Deutschlands zu vereinigen, beschäftigte den König, der sich in dieser rühmlichen Rolle wohlgefiel, schon seit 1813; er ward im Jahre 1830 durch den unter Klenze's Leitung bei Regensburg errichteten, dem Pantheon nachgebildeten Tempel ausgeführt, und der König selbst gab in seinem seltsam= manierirtenStil dieBeschreibung dazu; inMünchen aber erhoben sich der Reihe nach die Prachtgebäude edler Kunst, welche die Stadt zum Ziel kunstliebender Reisenden und, in Zeiten wo das deutsche Volk nicht viele gemeinsame Besitzthümer hatte, in der That zu einem Besitzthum der Gesammtnation machten, dessen sie sich mit Freude bewußt war: die Glyptothek, 1816—30 unter Klenze's Leitung gebaut, die Pina= kothek, zu welcher am 7. April 1826 der Grundstein gelegt wurde, die Aukirche, ein Muster des gothischen, die Ludwigskirche, ein Muster des romanischen Stils, und so vieles Andere, was die lebendige Kunst= thätigkeit edler Geister, wie Cornelius, Heß, Julius Schnorr, Rottmann, Schwanthaler, unter des Königs reger und begeisterter Theilnahme und, man muß es freilich gestehen, einigermaßen auf Kosten anderer Interessen des Landes schuf, das einige Ursache hatte zu klagen, daß die Hauptstadt über Gebühr bevorzugt werde.

So geschah da und dort viel Löbliches und es war eine bedeutungs= volle Eigenthümlichkeit des deutschen Lebens, daß dieses Volk, zersplit= tert wie kein anderes, sich einer Lenkung nach Einem Sinn und Einem Ziel versagte, ebendarum aber keinem wirklichen Despotismus ver= fallen konnte. Wo so zahlreiche Culturmittelpunkte sind wie in Deutsch= land, war es unmöglich ein System wie das der Carlsbader Beschlüsse lange folgerichtig durchzuführen. Ein großes Volk, das eine reiche Vergangenheit hat, kann unmöglich lange stille stehen; in Deutschland aber war dies schon darum unmöglich, weil die vielen kleinen und mittleren Staaten, ihre Residenzen, ihre Fürsten, ihre Universitäten, ihre Beamten, alle ihre Eigenthümlichkeiten und Kräfte mit einer Art Nothwendigkeit in ein Verhältniß der Rivalität traten und ein Theil auf den anderen eine Anregung übte, die nie ganz erlahmen konnte. Aber ein Anderes noch war, was das System des einfachen Beharrens unmöglich machte: es war der Gegensatz der beiden Groß= mächte, der unaufhaltsam und unvermeidlich die deutschen Dinge in Fluß brachte und vorwärts trieb.

Was Oestreich betrifft, so gab dieses Land kaum je im ganzen Lauf seiner Entwickelung der Geschichte so wenig zu erzählen, wie im dritten Jahrzehnt des 19. Jahrhunderts. Niemand fragte, wie dort bei den Wandlungen der hohen Politik die Bevölkerung gesinnt oder gestimmt sei. Seine italienischen Provinzen waren ruhig; die Hand der Gewalt lag schwer auf der ganzen Halbinsel; auch Galizien blieb im Wesentlichen unberührt von der Gährung, die fortwährend im

Königreich Polen herrschte; nur in Ungarn, von dessen Existenz seit einem Jahrzehnt die Welt nichts mehr zu wissen schien, fing ein Widerstand sich zu regen an, der zeigte, daß dieses große völkerumschlingende Reich noch zu einem anderen Geschick als zu thatlosem Verliegen aufgespart war. Eine Zeit lang, unter Maria Theresia, hatte es geschienen, als sei wie Italien so auch Ungarn wirklich auf dem Wege, sein reizbares Nationalgefühl so weit zu vergessen, daß eine innere Verschmelzung mit dem deutschen Theile Oestreichs im Bereiche der Möglichkeit liege. Aber die rücksichtslose Uniformirungs- und Organisationspolitik Joseph's II. hatte das Volk gereizt, und dasselbe zeigte sich von da an schwieriger zu behandeln. Jedoch hatte Ungarn in der Zeit der Napoleonischen Kriege treu zum Reiche gestanden, und Metternich's Einschläferungspolitik schien Anfangs Erfolg zu haben. Man ließ Jahr um Jahr verstreichen, ohne den Reichstag zu berufen. Allein auf die Länge gelang dies bei dem unruhigen Volke und seinem stolzen Adel nicht, und es bedurfte hier keiner geheimen Gesellschaften, da die Comitatsverfassung, welche seit alter Zeit das Land in eine Anzahl selbstständiger Verwaltungsbezirke zerlegte, allen Wünschen und Strebungen im Volke ein berechtigtes und thätiges Organ gab. Und die Versammlungen dieser Comitate, deren geräuschvoll aufgeregtes Treiben die Hauptunterhaltung der Edelleute bildete, wenn sie lange genug auf ihrem einsamen Edelhofe gesessen, blieben nicht stumm; es waren verlorene Worte, wenn Kaiser Franz einer solchen Comitatsregierung in dem barbarischen Latein, das hier Amtssprache war, den Bescheid gab (1820): totus mundus stultizat et relictis suis antiquis legibus constitutiones imaginarias quaerit; eben auf diese alten Gesetze und auf eine sehr wirkliche, nicht erst gesuchte und imaginäre Constitution berief man sich hier, und im Namen dieser alten Constitution mußte Kaiser Franz aus diesem Lande Worte hören, wie sie keinem der von ihm so ängstlich behüteten Fürsten von den modernen Liberalen gesagt worden sind. Versuche, diese Verfassung zu ändern, mißlangen; die kaiserlichen Commissäre, die man an die Stelle der erblichen oder selbstgewählten Comitatsbeamten schickte, sahen sich durch den allgemeinen passiven Widerstand, die Verachtung, den stillen oder lauten Hohn der Bevölkerung gelähmt; als man dazu schritt, Truppen auszuheben ohne den Reichstag, dem die Constitution das Recht der Truppen- und der Geldbewilligung zuwies, stieg die Unzufriedenheit, und doch nöthigte die gespannte Lage, in welcher der Kaiserstaat durch die griechische Frage seit 1825 Rußland gegenüber sich befand, mit Ungarn im Einverständnisse zu bleiben. So ward, was seit 13 Jahren nicht geschehen, ein Reichstag berufen und von Kaiser Franz selbst eröffnet, der sich zu diesem Behuf, was dem sparsamen Haushalter sauer genug geworden sein mag, ein ungarisches Costüm angeschafft hatte. Dieser Reichstag dauerte, unter den heftigsten Klagen und Reden, von 1825—27 und endigte, nachdem die Regierung der Form nach für die seitherigen verfassungswidrigen Maßregeln eine Genugthuung gegeben, doch mit Bewilligung ihrer wesentlichsten Forderungen. Es war freilich richtig, wenn man sagte, daß dieses Land Wichtigeres zu thun habe, als zu politisiren; wenn irgendwo, so lagen hier die Grundlagen eines gedeihlichen Staatslebens — Verkehrswege, Verwaltung, Schulen, Rechtspflege — im Argen und standen zum großen Theil noch auf einer geradezu barbarischen Stufe. In dieser Beziehung ergriff ein Mann des hohen Adels, Graf Stephan Szechenyi, eine ruhmvolle Initiative, indem er im Jahre 1826 das Einkommen Eines Jahres, 60,000 fl., zur Gründung einer ungarischen Academie zur Verfügung stellte, und da sein Beispiel weitere Zeichnungen hervorrief, durch diesen Erfolg ermuthigt, dem Geiste und dem unruhigen Thätigkeitstriebe seiner Landsleute eine neue Bahn anwies, allerlei nützliche Vereine, zunächst für Pferderennen, Viehzucht, Hebung der Landwirthschaft anregte. Angetrieben durch Beifall und Theilnahme und vor Allem durch das eigene Bewußtsein, zur rechten Stunde das Rechte gethan zu haben, nahm er die Feder zur Hand und sagte in eindringlichen Schriften seinem Volke, daß es und warum es hinter anderen Völkern noch weit zurück sei; eine um so ehrenwerthere Freimüthigkeit, je unliebsamer jene Wahrheiten einem stolzen, halbgebildeten Adel, einem eitlen, noch unwissenden Volke zu Gehör standen. Dem polnischen Volke hat keiner seiner großen Patrioten, keiner seiner Wort- und Säbelhelden diese Wahrheiten jemals zu sagen gewagt, und doch hing die Zukunft dieses wie jedes Volkes daran, ob sie, so lange es noch Zeit war, diese Wahrheit annehmen und ihr gemäß handeln würden.

In den deutschen Provinzen Oestreichs mangelte die Erkenntniß nicht so ganz, worin sie selbst und worin der ganze Staat noch zurück sei; aber von irgend einer Energie des Wollens sah man Nichts. Hier gewahrte man Nichts von dem heftigen Parteikampf wie etwa in Frankreich; hier gab es keine Ultras nach rechts und nach links; selbst die unklare, aber der Zukunft vorarbeitende Begeisterung und feurige Gährung, welche unter der deutschen Jugend im Reiche wirkte, war hier unbekannt; kein Windhauch bewegte die Oberfläche des großen Sumpfes. Die Bewegung in Ungarn hatte auf die übrigen Provinzen keinen Einfluß geübt; nur auf Umwegen, etwa durch die französischen Zeitungen gelangte ihr Geräusch in diese wohlgehüteten Länder. Fast willenlos bequemte sich die Bevölkerung dem, was die Regierung anordnete; die Vorgänge im russisch-türkischen Kriege z. B., welche östreichische Lebensinteressen berührten, regten hier nur die Börse und die Staatskanzlei auf, bei der Masse der Bevölkerung weckte sie höchstens eine oberflächliche Neugier. Diesen deutschen Provinzen gegenüber konnte sich die Regierung gestatten, was sie sich den Ungarn, selbst den Polen gegenüber nie gestattet haben würde; als der Kaiser im Jahre 1826 von schwerer Krankheit genas, welche den Mann, der nie jung gewesen, früh vollends zum Greise machte, zeigte sich ihre Loyalität in vollster Glorie. Eine Besserung in den Finanzen zeigte sich insofern, als Anleihen jetzt leichter zu beschaffen waren als einige Jahre früher. Man führt Aeußerungen des Kaisers an, nach welchen derselbe nicht ohne Vorgefühl der Gefahren gewesen wäre, welche dem Reiche aus künftigen Zusammenstößen seiner verschiedenen Stämme und Völker erwachsen konnten. „Mich und den Metternich hälts noch aus," soll er einmal gesagt haben; daß diesen Gefahren aber am besten begegnet werde durch kräftigen Fortschritt, durch Hebung vor Allem der deutschen Volkskraft, durch Weckung selbstständiger Talente, die selbst zu handeln wissen, wenn die Commandoworte von oben her im Sturm verhallen — das war hier eine unbekannte Weisheit. Die Summe der Regierungskunst war hier, die Gedanken nicht über das Nächste hinausschweifen zu lassen, das Bestehende einfach zu erhalten, und, um keinen Widerstand aufkommen zu lassen, nicht einmal Kritik und Tadel zu dulden. Im Jahre 1824 stand diese greisenhafte Politik auf ihrem Gipfel; von allen Seiten kam man, um dem Fürsten Metternich zu huldigen, als er in jenem Jahre nach seinem Schloß Johannisberg kam, das ihm im Jahre 1816 Kaiser Franz zum Dank für „die in der letzten Periode der gänzlichen Beendigung der europäischen Angelegenheiten Mir und dem Staate geleisteten wichtigen Dienste" wie es bezeichnend genug in der Urkunde heißt, geschenkt hatte.

Zu dieser gänzlichen Beendigung der europäischen Angelegenheiten durfte die österreichische Politik namentlich auch dies rechnen, daß es ihr gelungen war oder schien, die Politik der zweiten deutschen Großmacht so ganz ins Schlepptau zu nehmen. Preußen schien auf eine selbstständige europäische Politik so gut wie ganz verzichtet zu haben. Man hat nachträglich oder auch wohl gleichzeitig diese für einen Staat, der soeben noch in dem großen Kriege so Gewaltiges geleistet hatte, schwer begreifliche Politik des Nichtsthuns für eine sehr tiefdurchdachte ausgeben wollen: man wolle die Leitung der deutschen Angelegenheiten möglichst Oestreich überlassen, nur dann und wann bei populären Gelegenheiten seine Selbstständigkeit zeigen; der angeborene Selbstständigkeitstrieb der deutschen Staaten, auch der kleineren, werde schon von selbst erwachen, und Preußen, wenn einmal ein Bruch erfolge, dann auf diese, deren größeren Theil es ohnehin militärisch umfasse, zählen können; es wäre nicht das erstemal in der deutschen Geschichte gewesen, daß sich die Eifersucht der Territorien gegen die habsburgische Uebermacht gekehrt hätte, die jetzt freilich keinen so drohenden und gewaltthätigen Charakter zeigte, wie etwa in den Tagen des Interims (1548) oder des Restitutionsedictes (1629), aber dennoch sich fühlbar genug machte. Dies war freilich, selbst wenn wirklich derlei Gesichtspunkte in den leitenden Kreisen maßgebend waren, keine große und kühne Politik, wie damals und später unbillige Urtheiler, welche den richtigen Gedanken von der Bedeutung Preußens als des deutschen Zukunftsstaates sich angeeignet hatten, ohne zu bedenken, daß eine so ungeheure Aufgabe nicht mit ein paar Gesetzen und ein paar Regimentern Soldaten zu lösen ist, in jedem Augenblick sie von diesem Staate, gleich als wäre ein Staat so verantwortlich und so frei in seinem Handeln wie ein Individuum, zu verlangen kein Bedenken trugen. „Es fehlte wenig," heißt es in einem Briefe aus jenen Tagen „so hätte man mit Gott gegrollt, wie wenn er den Preußen ein gutes Recht, in jedem Zeitabschnitte einen außerordentlichen König zu haben, vorenthalte." In Wahrheit aber hatte dieser Staat zunächst sein eigenes Haus zu bestellen, seine Kräfte zu sammeln, seine neuen Gebiete mit seinen alten zu verschmelzen, und zu diesem Zwecke war ihm ein gutes oder wenigstens leidliches Verhältniß mit Oestreich unentbehrlich. Der außerordentliche König sowohl, als der „feste, sichere mit sich und Gott einige Mann", den eine andere gleichzeitige Aeußerung für Preußens Lenkung verlangte, fehlte freilich; was aber nicht fehlte, war eine auf gesunder Grundlage ruhende Staatsordnung und eine arbeitsame, einsichtige, untilgbar den Trieb nach Erkenntniß und damit nach wirklichem Fortschritt in sich tragende Bevölkerung.

Es war der große Fehler jener Zeit wie der Folgezeit, Alles von den Herrschenden, von König und Ministern zu erwarten, sei es zu hoffen oder zu fürchten, und nicht zu bedenken, daß Könige und Minister immer nur Einzelne sind, die ein ganzes Volk nicht unterdrücken und nicht befreien können, wenn dieses Volk sich nicht selbst unterdrücken oder befreien lassen will. Viel wichtiger, als daß augenblicklich hier ein König ohne großen Ehrgeiz und Minister ohne große Thatkraft regierten, war, daß dem Volk, das diesen Staat bildete, soviel Keime von selbstständiger Triebkraft inne wohnten, daß langer Stillstand oder Rückschritt eine Unmöglichkeit war. Die Aufgabe, welche Preußen durch die Verträge von 1815 zugefallen war: das zerrissene und zerklüftete, aber doch ganz überwiegend deutsche Land zu einem kraftvollen Staate zusammenzufassen und so ein großes Stück staatlich geeinigten Deutschlands zu schaffen, um welches, wenn die Zeit erfüllt war, die übrigen Glieder sich sammeln konnten, diese Aufgabe ward nicht rasch und nicht durch eine geniale Staatskunst gelöst, aber sie ward auch keinen Tag ganz verabsäumt. Der so nahe liegende, gerade für diesen Staat so fruchtbare Gedanke **allgemeiner Reichsstände**, der sich früher oder später eines Tages mit einer Art von Naturnothwendigkeit verwirklichen mußte, verschwand in den Tagen der Karlsbader Beschlüsse, wie es schien auf lange Zeit; doch aber unterzeichnete der König, nachdem er sich schon für die Karlsbader Beschlüsse entschieden und anstatt Humboldt, auf welchen man hoffte, den dänischen Grafen Bernstorff zu seinem Minister des Auswärtigen gemacht hatte, am 17. Januar 1820 eine Erklärung von großer Tragweite, nach welcher keine neue Staatsschuld contrahirt werden sollte ohne Sanction der künftigen Reichsstände, indem zugleich die anerkannte Staatsschuld auf die, fünf Jahre nach einem ungeheuren Krieg mäßige Summe von 181 Millionen Thalern fixirt war. Die Bürgschaft, die hierin lag, war man in jener Zeit geneigt gering anzuschlagen; einstweilen schien es als ob ganz im Gegensatz zu der erhofften Einigung des preußischen Deutschlands durch eine Gesammtverfassung und Gesammtvertretung vielmehr die Vereinzelung und der Provinzialismus begünstigt werden solle. Am 5. Juni 1823 erschien ein Gesetz, das, am Geburtstage des Königs bekannt gemacht, die Einführung von **Provinzialständen** anordnete, und solche traten denn auch in sämmtlichen Provinzen des Staates ins Leben: im October 1824 in Brandenburg, Pommern, Preußen, ein Jahr später, 2. October 1825, in Schlesien, im Jahre 1826 in Rheinland und Westfalen, 1827 in Posen und im „Herzogthum" Sachsen. Ihre Zusammensetzung war nicht eben nach sehr freisinnigen Grundsätzen bestimmt. Sie waren ausdrücklich bestellt als „gesetzmäßiges Organ der verschiedenen Stände der getreuen Unterthanen in jeder Provinz," und unter diesen verschiedenen Ständen war dem der großen Grundbesitzer — und das hieß damals wenigstens noch dem Abel — eine unverhältnißmäßige Bedeutung eingeräumt, wie denn z. B. in derjenigen Provinz, in welcher Städte wie Berlin, Potsdam, Frankfurt a. b. O. lagen, in Brandenburg die städtische Vertretung nur 23, die bäuerliche 12, die der Ritterschaft dagegen mit Zuzählung von 4 Standesherren 35 Stimmen erhielt. Dabei waren die Befugnisse dieser Versammlungen von mäßigem Umfang. Ihre Competenz beschränkte sich auf die Berathung von Gesetzentwürfen, welche Veränderungen im Personen- und Eigenthumsrecht und in der Besteuerung zum Gegenstand hatten; ihre Petitionen und Beschwerden mußten von der Regierung angenommen, geprüft und beantwortet werden. Dies war nicht viel, immerhin aber genug, um einigermaßen als Schule für künftige ernsthaftere Repräsentativinstitutionen zu dienen. Von größerem Werthe, wenn auch minder augenfällig war die einfache Thatsache der einheitlichen Verwaltung so weit gedehnter und so verschiedenartiger deutscher Gebiete, welche auf allen Feldern des Staatslebens, in Administration, Rechtspflege, Militärwesen, Verkehrsleben, höherem Schulwesen Beamte aus dem fernsten Osten nach dem Rhein und umgekehrt warf, und dadurch eben in den leitenden Kreisen der Gesellschaft den bornirten altpreußischen und altdeutschen Territorial- und Provinzialgeist brach, die verschiedenen Provinzen wenigstens in einer großen Anzahl Einzelner einander näher brachte und das Gemeingefühl, das Staatsbewußtsein weckte, mit wie großem Mißtrauen auch anfangs die „Preußen" in den neuerworbenen Landschaften, in Westfalen und vor Allem am Rheine aufgenommen wurden. Von weit höherer, umfassenderer und durchgreifenderer Bedeutung war aber ein Drittes. Es gibt zuweilen im Leben der Staaten Einrichtungen, die im Augenblick ihrer Entstehung von Wenigen vollständig gewürdigt, und kaum auf irgend einen einzelnen Staatsmann und Gesetzgeber zurückzuführen, doch das eigentliche Geheimniß gesunder und kraftvoller Entwickelung solcher Staaten enthalten, und durch welche, dem Ei des Columbus in der vielerzählten Anekdote vergleichbar, ein großes Problem wie spielend gelöst wird. Eine solche Einrichtung erkennen wir z. B. auf dem Boden der alten Geschichte in der eigenthümlichen Zusammensetzung des römischen Senates, welche auf eine völlig ungezwungene aber geniale Weise, wie sie kein einzelner Gesetzgeber hätte ersinnen können, das demokratische, aristokratische und monarchische Element in dieser Körperschaft zu einer unvergleichlichen Harmonie verband und dadurch den Grund zu der weltgeschichtlichen Größe des römischen Staates legte. Ein solches Ei des Columbus war ferner im englischen Gemeinwesen die Sitte, daß nur der älteste Sohn den Adelstitel erbt, die übrigen Söhne dem Bürgerstande zutreten; eine Einrichtung, die, indem sie den Zusammenhang zwischen Adel und Gemeinen auf wirksame Weise festhielt, zugleich eine wirkliche Aristokratie schuf, und doch die schroffe Trennung einer Adelskaste und eines Bürgerstandes, welche anderen Staaten so verhängnißvoll geworden ist, nicht aufkommen ließ. Ein solches Juwel, das unendlich mehr werth war, als alle verfrühten Verfassungsparagraphen und Ständeversammlungen zusammengenommen, so unscheinbar es sich auch ausnahm, besaß der preußische Staat in dem Grundsatze der allgemeinen Wehrpflicht.

Mit sicherem Instincte richtete sich der reactionäre Geist auch gegen diese Schöpfung der Freiheitskriege. Die allgemeine Dienstpflicht, sagten diese Leute, bringe das Heer in eine zu nahe Berührung mit dem Volke; die Landwehr aber vollends sei eine wahre Volksbewaffnung, — eine bewaffnete Macht, über welche in gefährlichen Zeiten der

König keine Gewalt habe. Aber diesmal siegte der gute Genius des preußischen Staates zum Heile Deutschlands. Mit siegreichen Gründen wies eine Denkschrift des Obersten von Witzleben nach, wie die allgemeine Dienstpflicht vielmehr ein Band sei, welches das ganze Volk umschließe und dessen Enden doch der Fürst in seinen Händen halte; wie die Landwehr, deren Führer der König ernenne, und die zum größeren Theil aus Denen, welche erst im stehenden Heere geschult worden, bestehe, ebendarum niemals dem Throne gefährlich werden könne. Die allgemeine Wehrpflicht wurde als Princip der Heeresorganisation beibehalten und so diesem Staate ein Gut bewahrt, dessen Werth in den schwersten Stunden der deutschen Geschichte, die noch bevorstanden, voll erkannt worden ist. Ihre Bedeutung aber war auch schon damals dem Auge, selbst von Laien, sichtbar. „Eine wahre Freude ist es," so schreibt im Jahre 1825 ein deutscher Mann von offenem Auge und unbefangenem, welterfahrenem Sinn, „das jetzige preußische Militär zu sehen, —— die vielen feinen, geistigen Gesichter, denen man begegnet, erinnern daran, daß auch die jungen Leute der höheren und höchsten Stände ihr Dienstjahr leisten müssen; überall habe ich nur anständige Haltung bei dem Militär bemerkt, bescheiden gegen die Bürger und diese höflich gegen die Soldaten, in denen sie ihre Angehörigen erkennen." Hier in der That war ein Problem gelöst, das nur einmal in der Geschichte, in der Blüthezeit des römischen Staates nicht minder glücklich gelöst war — ein Soldatenheer, das zugleich ein Bürgerheer war. Aber wie hoch der militärische Werth dieser Einrichtung anzuschlagen war, der politische Werth derselben war noch ein unvergleichlich höherer. Indem sie alle Staatsangehörige in der höchsten und würdigsten Pflicht, dem Staate mit Blut und Leben zu dienen, vereinigte, schuf sie diesem Staate eine wahre demokratische Grundlage; sie war eine Schule der Entsagung für die höheren, eine Schule der Einsicht für die niederen Stände, eine Schule der Kraft und des Gehorsams für Alle. Wenn eine verständige, mit dem geläuterten Volkswillen einträchtige Regierung dieses Gebäude krönte, dessen Grundlage so tief und so gesund gelegt war, so mußte die Kraft dieses Staates unwiderstehlich sein.

Hier war eine fruchtbare Saat, die geräuschlos reifte, bis ihre Stunde gekommen war. Es war eine Einrichtung, die vorerst einen besonderen Vorzug des preußischen Staates bildete, ohne irgendwo Nachahmung zu finden. Dagegen kamen die Fortschritte auf einem anderen Gebiete der Entwickelung des gesammten Deutschlands unmittelbar zu Gute. Der innere Verkehr Deutschlands war damals noch durch Zollschranken zwischen den 38 einzelnen Territorien gehemmt, und wir sahen bereits, in welch unheilvoller Weise diese Erbschaft aus den Zeiten der unbeschränkten Territorialmacht bei Gelegenheit einer allgemeinen Calamität, wie der des Jahres 1816, wirkte, wo wesentlich diese Sperre die schwere Theurung zur furchtbaren Hungersnoth werden ließ: ganz abgesehen von dem schimpflichen, lächerlichen und empörenden Zwange, dem sich jeder Reisende an jeder der unzähligen Zollstätten unterwerfen mußte, wo es nicht etwa gelang, der Grobheit der Beamten und der Plackerei unaufhörlicher Durchsuchung durch Bestechung zu entgehen. Das Unheil hatte sich glücklicherweise zu breit an den Weg gepflanzt, um übersehen werden zu können; am Bundestage war wiederholt davon die Rede gewesen, und die badische Regierung hatte auf den jüngsten Ministerconferenzen zu Wien eine vom Staatsrath Nebenius verfaßte Denkschrift überreicht, in welcher eine commercielle Einigung Deutschlands mit Ausnahme Oestreichs zu Einem gemeinsamen Zollverbande empfohlen war. Aber der Bundestag war so völlig mit Unfruchtbarkeit geschlagen, daß selbst Reformen dieser Art nicht durch ihn in's Werk gesetzt oder auch nur in Gang gebracht werden konnten; als bei den Wiener Conferenzen der Ausschuß für diese Angelegenheit in seinem Berichte zu dem Ergebniß kam, sie dem Bundestag zu überweisen, soll selbst in jener würdig=vornehmen Gesellschaft Gelächter ausgebrochen sein. Es gab hier wie überall sonst nur Einen Weg zum Ziel: Vorgehen des mächtigsten rein deutschen Staates, ohne irgend welche Rücksicht auf das sogenannte Centralorgan Deutschlands.

Preußen erwarb sich dieses Verdienst. Schon am 16. Juli 1816 hob es innerhalb der eigenen Staaten die Wasser= und Binnenzölle auf; durch Vertrag vom 21. Juni 1821 zu Dresden vereinigten sich die Elbuferstaaten Oestreich, Preußen, Sachsen, Hannover, Anhalt, Hamburg, Mecklenburg, Dänemark, daß alle Zölle auf der Elbe von da an, wo sie schiffbar wird bis in die See, aufgehoben sein sollten, (während der schönste der deutschen Ströme noch lange Jahrzehnte an seinen schimpflichen Ketten trug); und am 26. Mai 1818, einem gesegneten Tag in der deutschen Geschichte, demselben, an welchem die Cabinetsordre unterzeichnet wurde, welche die neue rheinische Hochschule in Bonn in's Leben rief, erging ein Gesetz, das gleich in seinem ersten Paragraphen den großen Grundsatz der Handelsfreiheit aussprach. Diesen Grundsatz, der an die Stelle des thörichten Systems gegenseitiger Absperrung und Ausschließung aus neidischer Concurrenz das gesunde Princip freundnachbarlichen Anschlusses, gegenseitiger Förderung und Unterstützung aufpflanzte, war nun die preußische Regierung bemüht auf dem einzig vernünftigen Wege freier Vereinbarung innerhalb ihrer Machtsphäre zur Geltung zu bringen, mit Vermeidung des Bundestages, wo jede Verbesserung des langweiligsten Todes endloser Verschleppung starb. Der zwischen Preußen und einigen der kleinen thüringischen Staaten bestehende Zollverband wurde durch einen Vertrag vom 8. März 1828 auf Hessen-Darmstadt ausgedehnt, während seit 1827 bereits eine Zolleinigung im Süden zwischen Baiern und Würtemberg bestand, der sich auch die hohenzollern'schen Fürstenthümer angeschlossen hatten. Der Versuch, durch einen mitteldeutschen Handelsverein (Kassel, am 24. September 1828) zwischen Sachsen, Hannover, Kurhessen, Braunschweig, Oldenburg, Bremen, Frankfurt und einigen der kleineren Länder, das preußische Zollsystem zu kreuzen, erwies sich wenig lebensfähig; immer mehrere Staaten schlossen sich dem letzteren an, und indem am 27. Mai 1829 die beiden Handelsgebiete, das preußische und das süddeutsche, sich vereinigten, ward den Binnenländern im Süden der Weg in die preußischen Seehäfen, Preußen eine Straße bis zu den Alpen gesichert; es waren 18 Millionen Deutsche zu einem System commercieller Freiheit verbunden, die Grundlage eines deutschen Zollvereins gelegt, und damit die Basis einer wirthschaftlichen Einheit Deutschlands gegeben, welche ein erster Anfang und ein sicheres Unterpfand bereinstiger politischer Einheit war. Und schon zeigten sich auch auf anderen Stellen bedeutsame Vorboten davon, daß man zur Gewinnung der politischen Einheit den rechten Weg zu suchen und zu finden begann: den Weg gemeinsamer, nutzbringender Thätigkeit auf solchen Gebieten, die nicht unmittelbar die Politik berührten. Die Versammlungen deutscher Aerzte und Naturforscher, welche auf Oken's Betrieb seit 1828 jährlich abwechselnd in Städten Nord- und Süddeutschlands zusammentraten, eröffneten die Reihe jener deutschen Wanderversammlungen, welche ein wirksameres Bindemittel der verschiedenen Stämme und Einzelinteressen bildeten, als die unfruchtbare Gemeinsamkeit des Hasses und Mißtrauens gegen die Regierungen, die im Allgemeinen und auf die Dauer nicht viel besser und nicht viel schlechter sind als das Volk, das ihnen gehorcht, und die nur durch den Mangel an Einsicht und Thatkraft im Volke selbst die Macht zu schaden, so viel sie deren besitzen, erhalten.

Dritter Abschnitt.

Die Julirevolution.

In den Staaten und Völkern romanischer Nationalität ist die Oberfläche des politischen Lebens stets bewegter, als unter den germanischen Völkern, deren phlegmatische Natur, wenig geneigt zu jähen

Ausbrüchen der Leidenschaft, geduldig jeden Stoff langsam zu verarbeiten und sich zu Allem, auch zu ihren politischen Aufgaben, die nöthige Zeit zu gönnen pflegt. Von Jahr zu Jahr, von Generation zu Generation, von Jahrhundert zu Jahrhundert schaffen sie unermüdlich an den Problemen, welche einst die religiöse Reformation, die in Deutschland ihren Ursprung genommen, der Menschheit gestellt hat, und an den immer neuen, die mit Nothwendigkeit aus jener ersten grundlegenden That der neueren Geschichte entspringen. Die romanischen Nationen, welche die Reformation von sich gewiesen oder nach kurzem, heftigem Kampfe unterdrückt haben, entbehren, wenigstens bis jetzt, dieser Stetigkeit des Arbeitens; in vulcanischen Ausbrüchen, deren Verlauf, Dauer und Zeit unberechenbar ist, erregen sie das europäische Leben und setzen es in rascheren Fluß, selten zu ihrem eigenen Heile, immer zu bedeutsamer Förderung des Ganzen. Auch jetzt wieder ging von ihnen ein neuer Anstoß zur Förderung der politischen Freiheit aus, die man schon in die engsten Schranken gebannt zu haben glaubte; wir fassen diesen Umschwung der Dinge im Süden, der mit der sogenannten Julirevolution in Frankreich sich vollendet, unter diesem Namen hier zusammen.

Zunächst in Spanien nahmen die Dinge einen wesentlich anderen Gang, als jener Sieg des Legitimitätsprincips, der mit den Erfolgen der französischen Invasionsarmee gegeben schien, hatte erwarten lassen.

1. Spanien.

Es charakterisirt vor Allem Ferdinand VII., daß von Dankbarkeit gegen die Franzosen, die ihn gerettet, bei ihm keine Rede war. In dieser Beziehung hatte sich das Tuileriencabinet vollständig verrechnet; der östreichische, der russische, selbst der englische Gesandte hatte, nachdem die französische Intervention diesen würdigen „Enkel Heinrich's IV." in seine monarchische Vollgewalt wieder eingesetzt hatte, an seinem Hofe weit mehr Einfluß, als der französische.

Er hatte, wie wir sahen, nach seiner zweiten Restauration ein Ministerium gebildet, an dessen Spitze ein fanatischer Mönch, Victor Saez, sein Beichtvater, das Auswärtige leitete. Indeß hatten die Rathschläge der Allianzmächte, denen eine allzuweit gehende Reaction in diesem Lande Bedenken einflößte, weil sie nach kurzer Zeit nothwendig wieder revolutionäre Gegenwirkungen hervorrufen mußte, doch so viel Einfluß, daß Ferdinand dieses Ministerium mit einem etwas gemäßigteren vertauschte, an dessen Spitze der Marquis Casa Irujo stand. Die Lage des Landes war schrecklich genug; an die Stelle des aufgelösten Heeres und der revolutionären Bürgergarde waren die königl. Freiwilligen getreten, deren Kern die Glaubensbanden des letzten Bürgerkrieges bildeten, ein Kern, an den sich zuchtlose Fanatiker aus den höheren Ständen und zahlreiches Gesindel aus den niederen anschlossen. Wer immer für einen Constitutionellen gelten konnte, sei es auch nur, daß sein Besitz die Habgier der Apostolischen reizte, war jeder Gewaltthat, der Plünderung, dem Gefängniß, dem Tode preisgegeben. Einige Sicherheit der Personen zurückzuführen, war unerläßlich, wenn hier überhaupt noch von einem Staate die Rede sein sollte; selbst die geistliche Grausamkeit, die schwer zu ermüdende, gab Zeichen der Ermattung, und als der König nicht zum Einlenken zu bewegen war, ermannte sich der Rath von Castilien, der sich einen Theil seiner würdigen und unabhängigen Stellung aus früheren Tagen gerettet hatte, und erließ ein Schreiben an die Generalcapitäne der Provinzen, welches ihnen befahl, die Verfolgungen gegen die Constitutionellen nunmehr einzustellen. Diesem Versuche gegenüber bildete sich, vom König selbst begünstigt, eine Nebenregierung, die apostolische Junta, welche unter dem Einflusse des entlassenen Ministers Saez ihre Verbindungen mit den vornehmsten Geistlichen des Reichs und den mächtigsten royalistischen Bandenführern benutzte, und die an dem muthmaßlichen Thronfolger, dem Infanten Don Carlos, dem Bruder des kinderlosen Königs, ihre besondere Stütze hatte. Auch der französische Befehlshaber der Occupationstruppen, General Burmont, war ihr geneigt; als aber dieser durch einen militärischen Mann, den General Digeon, ersetzt wurde, gewann die Regierung, an deren Spitze nach Jrujo's Tode der Justizminister Ofalia getreten war, den Muth, beim Könige, der Jedermann, auch der Junta, mißtraute, eine Amnestie (Mai 1824), die Verweisung einiger Häupter der Apostolischen, sowie die Verhaftung einiger ihrer Bandenführer durchzusetzen. Allein es wurde dieser Partei nicht schwer, durch einige Hinterthüren und bald wieder offen zu Einfluß zu gelangen. Sie hatte ihre Anhänger im Ministerium selbst, und war übermächtig in dem neuen Rathe von Castilien, den der König, der ihm sein selbstständiges Vorgehen nicht vergaß, umgestaltet hatte. Die gemäßigten Minister, Ofalia und der Kriegsminister de la Cruz, erhielten ihre Entlassung und an des Letzteren Stelle trat „General" Aymerich, ein fanatischer Bandenführer der apostolischen Partei. Diese Partei, von Geistlichen gelenkt, erstrebte die volle Herstellung der Inquisition, in welcher sie das einzige Mittel sah, den unzuverlässigen König völlig ihren Zwecken dienstbar zu machen. Die Interessen der Hierarchie gehen einen langen Weg mit denen des weltlichen Despotismus zusammen: endlich kommt doch ein Punkt, wo die Herrschsucht sie entzweit. Der König, der Gefahr wohl kundig, überraschte sie nun mit einem Gegenzuge, indem er (11. Juli 1824) seinen Botschafter am englischen Hofe Zea Bermudez, ins Ministerium rief, ein Mann von Verstand und Geschäftskenntniß, der entschlossen war, einen geordneten Zustand in Spanien zurückzuführen. Ihn unterstützte die französische Regierung, die mit Abberufung ihrer Truppen drohte, wenn nicht die Capitulationen mit den constitutionellen Generalen gehalten, eine Amnestie bewilligt und die Entschädigungen für die von Frankreich aufgewendeten Kosten sicher gestellt würden. Zea Bermudez wandte die Gefahr durch einen neuen Vertrag mit den Franzosen ab und gewann eine kräftige Stütze, indem er den energischen Recacho zum Oberintendanten der Polizei machte, sowie im Juni 1825 die Entlassung des Kriegsministers Aymerich durchsetzte. Die apostolische Partei, in ihren Hoffnungen betrogen und aufs Aeußerste gereizt, suchte Bermudez erst durch ihren Einfluß bei Hofe und dann durch offenen Aufruhr zu stürzen. Allein der Aufstand, den im October 1825 in ihrem Namen Bessieres erhob — ein Abenteuer französischen Ursprungs, der sich im Kampfe gegen die Constitutionellen auf seine Weise hervorgethan — mißglückte und gab nur der Regierung Gelegenheit, in Madrid selbst mit ihren Anhängern aufzuräumen. Recacho hatte den ungeheuren Umfang der Verschwörung und ihre Häupter aufgedeckt, deren vornehmstes der erste Prälat des Reichs, der Erzbischof von Toledo, war. Die Wirkung dieser Entdeckung auf den König war jedoch eine andere, als man hätte erwarten sollen. Die feige Seele Ferdinand's schreckte zurück vor einem offenen Bruch mit der mächtigen Priesterpartei, die, von allem Anderen abgesehen, über das zukünftige Schicksal dieser seiner armen Seele selbst verfügte; am 25. October 1825 ward Bermudez entlassen und an seine Stelle der Herzog von Infantado berufen, den die apostolische Partei zu den Ihrigen zählte. Er war es nicht so völlig; einer der reichsten Granden vom höchsten Adel, war er doch nicht gemeint, den Priestern und ihrem Pöbel das Regiment zu überlassen. Das reorganisirte Heer ward wieder auf 50,000 Mann gebracht und die Freiwilligen neu organisirt, wobei es gelang, die schlimmsten Elemente zu entfernen, und als Officiere derselben nur solche zuzulassen, welche von Adel oder Grundbesitzer und dabei der Kunst des Lesens, Schreibens und Rechnens mächtig waren. Eine verhältnißmäßig ruhigere Zeit trat ein, auch als im August 1826 der Herzog aus dem Amte schied. Die apostolische Verschwörung aber wirkte im Stillen weiter, von Tortosa aus geleitet, wo Saez als Bischof residirte; erst im Juli 1827 fand sie die Kraft wieder zu einer neuen Schilderhebung, die sich bald über ganz Catalonien ausbreitete. Das traurige Einerlei dieser spanischen Schilderhebungen zu erzählen, ist müßig; der König übertrug dem energischen Grafen de Espanna den Oberbefehl und erschien Ende September selbst an der Spitze einer Truppenmacht, um den Empörern den Glauben zu benehmen, den ihre geistlichen Leiter ihnen beigebracht hatten: daß der Aufstand von ihm gebilligt werde. Die Rebellion ward niedergeschlagen, die niedrigen Anhänger verfielen der Strenge des Kriegs- und Racherechts, die Urheber und Leiter gingen frei aus; nur der Bischof von Tortosa war eine Zeit lang Gefangener in seinem Palaste.

Die Partei nahm sich diese Wendung im liberalen Sinne, die im Herbst 1827 eintrat, nicht sehr zu Herzen; sie konnte warten, die Zukunft schien ihr sicher. Der König war ohne Kinder, nicht mehr jung, gichtbrüchig; wenn er starb, reifte ihre Ernte, da sie den Thronfolger Don Carlos, einen unendlich bornirten, aber sehr lenksamen, dabei loyalen, ehrbaren, in seiner Art gewissenhaften Mann, ganz in ihren Händen hatte. Um diese Hoffnung aber betrog sie der König. Als seine dritte Gemahlin, eine sächsische Prinzessin, trotz der heißen Gebete der Apostolischen und trotz der besten Reliquien, die man gleich ins Krankenzimmer schaffen ließ, im Mai 1829 starb, vermählte sich der 46jährige König zum vierten Male. Seine neue Gemahlin, die 23jährige neapolitanische Prinzessin Maria Christina kannte die Gedanken der Apostolischen und war von vornherein und durch ihre ganze Stellung ihre Gegnerin; die Liberalen verfehlten nicht, sich diese Wendung zu Nutze zu machen. Sie bereiteten ihr, als sie den Boden ihrer neuen Heimath betrat, wie einer Retterin aus schwerer Noth einen enthusiastischen Empfang. Sie wußte den König bald völlig zu beherrschen, und wollte dem Kinde, zu dem sie Aussicht hatte, auf alle Fälle die Thronfolge, sich selbst den Fortgenuß der Macht sichern. Die spanischen Gesetze, seit Philipp V. (1713) schlossen die Frauen vom Throne aus, aber die alte castilianische Successionsordnung ließ sie zu und gab der Tochter des Königs vor ihrem Oheim den Vorzug. Unter Karl IV. war diese Ordnung wiederhergestellt worden durch einen Beschluß der Cortes (1789), den man seither geheim gehalten hatte. Jetzt suchte man ihn hervor und eine **pragmatische Sanction** des Königs vom 29. März 1830 stellte die castilianische Erbfolge wieder her. Mit großer Feierlichkeit, mit Wappenherolden und Trompetenschall wurde das neue Gesetz in Madrid bekannt gemacht. Die Proteste der übrigen Bourbonenhöfe Paris und Neapel, sowie die der Infanten Don Carlos und Don Francisco kümmerten den König, der endlich in der Neapolitanerin seine Meisterin gefunden hatte, nicht viel; am 10. October genas diese einer Tochter, welche den Namen der ruhmreichsten unter den spanischen Herrschern, Isabella, erhielt und welcher sofort der Titel, der in Spanien den Thronfolger bezeichnet — Prinzessin von Asturien — beigelegt wurde.

Daß die apostolische Partei über diese Verfügung, welche aus

königlicher Machtvollkommenheit ein ihrer Absicht so günstiges Reichs=
gesetz änderte, in nicht geringe Entrüstung gerieth, war nicht anders
zu erwarten; indeß war es doch nur das eigene Netz, in das sie fielen.
Es war der „reine König", der unumschränkte, dem sie so viel von
seiner Machtvollkommenheit gesprochen, der hier entschieden hatte;
und nicht sie hatten ein Recht zu klagen, wenn ihnen nun eine verliebte
Laune des Despoten die Frucht so vieler Gräuel entriß, die Zukunft
unter den Füßen wegzog. Aber auch a n König Ferdinand selbst rächte
sich der innere Widerspruch, der sich ergiebt wenn man die edle und
würdige Institution des Königthums beschlossen und verhaftet glaubt
der oft so unwürdigen Persönlichkeit, welche in irgend einem gege=
benen Augenblick den erhabenen Namen trägt. Sein Leben lang hatte
er die Constitutionellen gehaßt und verfolgt, an allen Fingern seiner
Hand klebte ihr Blut; und jetzt mußte er, wenn er starb, sein Kind und
dessen Ansprüche ihrer zweifelhaften und eigennützigen Treue hinter=
lassen. Er selbst hatte seinen Feinden wieder eine dynastische Fahne,
in diesem monarchischen Lande das erste Erforderniß einer Partei,
zurückgegeben; dem beklagenswerthen Lande aber war die Aussicht
auf alle Gräuel des Bürgerkrieges nunmehr auf lange hin gesichert.

2. Portugal.

In Portugal hatte der Tod Dom Johanns (10. März 1826) zwei
Throne, den portugiesischen und den brasilianischen gewissermaßen
zur Verfügung seines ältesten Sohnes Dom Pedro, der in Rio die
Regierung führte, gestellt. Sie beide zu behalten war jedoch seit den
Ereignissen von 1820 eine Unmöglichkeit und im Jahre 1825 war
unter englischer Vermittelung ein ausdrücklicher Vertrag zu Stande
gekommen, nach welchem die beiden Kronen nie wieder auf einem
Haupte vereinigt sein sollten; er bestätigte das Werk der brasilianischen
Cortes von 1822, welche die Unabhängigkeit des Landes von Por=
tugal aussprachen, und mit dem Regenten eine sehr freisinnige Ver=
fassung — mit Zweikammersystem, Suspensivveto, Preßfreiheit, Ge=
schworenengerichten, Ministerverantwortlichkeit — vereinbarten, die
sich auf diesem Boden besser bewährte, als die Constitutionen in den
romanischen Ländern Europas. Der neue Herrscher verlieh ent=
sprechend auch den Portugiesen unter dem 23. April 1826 eine sehr
freisinnige Verfassung, die Charta de ley, und verzichtete auf seinen
europäischen Thron zu Gunsten seiner Tochter Maria da Gloria. Den
Gefahren, die ihren Ansprüchen durch seinen jüngeren Bruder Dom
Miguel drohten, der seit seinem mißglückten Usurpationsversuch zu
Wien verweilte, suchte und glaubte er dadurch zu begegnen, daß er
dem 7jährigen Kinde den um 17 Jahre älteren Oheim zum Gemahl
bestimmte, und die Rechtsgültigkeit seiner Entsagung an die Bedin=

gung knüpfte, daß Jener die Charta beschwöre und die Heirath accep=
tire; so lange bis die letztere vollzogen, blieben seine, des Königs,
eigenen Rechte vorbehalten, und da dieses bei dem Altersunterschiede
des Paares noch geraume Zeit dauern mußte, so wurde seine Schwester
Maria Isabella als Regentin von ihm mit der Führung der Ge=
schäfte betraut. Sie proclamirte die neue Verfassung, die freisinnig
genug war; der König blieb in ihr nur noch eine Art von vermittelnder
und schiedsrichterlicher Macht, kein unmittelbarer Einfluß auf die
Gesetzgebung mehr; aber die Freisinnigkeit einer Verfassung war ein
sehr zweifelhafter Vorzug in diesem Lande, welches für die Freiheit
noch so unreif war, und Ein Artikel, welcher freie Religionsübung
garantirte, brachte die geistliche Kaste in Harnisch, der es nicht schwer
wurde, die Constitution dem unwissenden Landvolk und der zahl=
reichen Classe der kleinen Landedelleute, deren Interessen die neue
Charte zu verletzen schien, als ein Werk des Teufels darzustellen.
Ein erster Aufstandsversuch des Marquis von Chaves allerdings ward
unterdrückt und im October 1826 konnte die Regentin die Kammern
eröffnen. Unterstützt von der apostolischen Partei in Spanien jedoch
kehrte Chaves zurück; im Süden und im Norden des Landes erhob
sich gleichzeitig drohend der Aufstand aufs Neue und griff so bedenk=
lich um sich, daß die Regentin den Schutz des befreundeten Englands
anzurufen sich veranlaßt fand. Und diesmal nicht vergebens. Am
Freitag Abend, den 8. December 1826, erhielt die englische Regie=
rung die Depesche. Georg Canning, das leitende Haupt dieser Re=
gierung, hatte es längst ausgesprochen, daß er in dem altverbünde=
ten Lande keine spanische Intervention in keiner Form dulden werde;
am 11. waren die Regimenter unter General Clinton auf dem Marsch
nach ihren Einschiffungsorten und am 12. hielt der große Minister
im Unterhause jene gewaltige Rede, welche in der ganzen Welt wider=
hallte, und den an sich für die Geschicke Europas wenig bedeutenden
Ereignissen in jener entlegenen Ecke des Welttheils eine weit über
ihre nächste Tragweite hinausreichende Wichtigkeit verlieh. Canning
benutzte die Gelegenheit, um seine ganze Politik zu rechtfertigen: eine
Politik des Friedens, die aber an der Vertragstreue gegen das seit
lange mit England verbündete Land ihre Gränze habe; jetzt sei
der Bündnißfall eingetreten und es würde nur ein klägliches Spiel
mit Worten sein, wenn man sagen wollte, hier liege keine Interven=
tion Spaniens vor, weil die Truppen, welche gegen Portugals recht=
mäßige Regierung aufgestanden seien, portugiesische wären; „es sind
portugiesische Truppen, aber die Waffen hat ihnen Spanien geliefert."
„Wir wollen die Verfassung, die sich Portugal gegeben, nicht mit Ge=
walt und nicht gegen den Willen des Landes aufrecht halten, aber

wir wollen sie auch nicht durch Andere mit Gewalt und gegen den Willen des Landes umstoßen lassen." Seine Worte sollten die spanische Regierung schrecken und warnen; aber sie schreckten auch alle die, welche seither für die absolutistischen und freiheitsfeindlichen Principien in die innere Politik anderer Staaten mit Gewalt sich eingedrängt hatten. „Unsere Stellung", sagte der Minister mit Bedeutung, „ist nicht nur Neutralität zwischen kämpfenden Nationen, sondern zwischen streitenden Grundsätzen und Meinungen; noch immer fürchte ich, daß der nächste Krieg in Europa, sobald er über die engen Gränzen von Portugal und Spanien hinausgeht, ein Krieg der schrecklichsten Art, weil ein Krieg der Meinungen, sein wird"; in einem solchen Kriege wird England es nicht hindern können, daß unter seiner Fahne alle Unzufriedenen jedes Landes, mit dem England sich in Feindschaft befinden möchte, sich sammeln würden. „Aber", schloß er diesen Theil seiner Rede, „es ist Eines, eines Riesen Stärke besitzen, und ein Anderes, sie wie ein Riese gebrauchen. Das Bewußtsein, daß wir diese Macht besitzen, gibt uns Sicherheit. Unsere Sache ist es nicht, Gelegenheiten aufzusuchen, sie zu zeigen"; er rief, um den stolzen Gedanken auszudrücken, der das Geheimniß seiner Politik und der englischen überhaupt enthielt, wenn sie gleich von verschiedenen Ministerien mit sehr verschiedenem Glück und Geschick geübt worden ist, die prachtvollen Verse Virgil's zu Hülfe, in welchen der römische Dichter den Hüter der Stürme, Aeolus, beschreibt, der mit sicherer Hand das Scepter hält und ihre Wuth in festem Gewahrsam zügelt: „thäte er es nicht, sie würden Länder und Meere und des Himmels Höhen im Wirbel dahin tragen und durch die Lüfte zerren."

Er verfuhr dieser weisen Politik gemäß, er zeigte des Riesen Stärke, ohne sie wie ein Riese zu gebrauchen. Am 1. Januar 1827 landete das englische Armeecorps unter Clinton zu Lissabon und elf englische Linienschiffe legten sich in der Tajomündung vor Anker. Die Nachricht von ihrer Ankunft genügte, um das weitere Umsichgreifen des Aufstandes zu hindern. Noch stand der Marquis von Chaves mit 10,000 Mann zur Schlacht bereit auf dem Wege nach Coimbra am Mondego. Die constitutionellen Truppen, etwa 7000, rückten gegen ihn heran; am 9. Januar kam es zum Kampfe, den die einbrechende Dunkelheit trennte. Aber in der Nacht verbreitete sich unter den Miguelisten die Nachricht vom Herannahen der Engländer; sie reichte hin, ihr Heer zu zerstreuen. Die Engländer hatten nicht nöthig, thätig einzugreifen. Ihre bloße Anwesenheit erleichterte den constitutionellen Generalen, Saldenha u. a., die Niederwerfung der Aufständischen, und die spanische Regierung, welche Canning's Rede verstanden hatte, entwaffnete diejenigen, welche über die Gränze gedrängt wurden, und lieferte ihre Waffen der portugiesischen Behörde aus. Soweit hatte England auf den Hülferuf der Regentin eingegriffen. Inzwischen hatte Dom Miguel die Verfassung beschworen, und sich mit seiner Nichte verlobt; am 5. Juli 1827 ernannte ihn Dom Pedro zum Reichsverweser. Am 22. Febr. 1828, nachdem er sich, in London präsentirt, und bei dem Ministerium, das kein Canning mehr leitete, insinuirt hatte, landete er in Lissabon. Er wiederholte seinen Eid in feierlicher Sitzung der Reichsstände, ernannte ein gemäßigtes Ministerium und hielt sich zurückgezogen. Aber man bemerkte bald, daß die Schreier, welche täglich vor dem Palaste „es lebe der unumschränkte König" riefen, nicht mehr wie zuerst, weggewiesen oder bestraft, daß die constitutionellen Beamten und Officiere durch Anhänger der Gegenpartei ersetzt wurden; und als die englischen Truppen, deren Aufgabe nach Auflösung des spanischen Beobachtungscorps an der Gränze beendigt war, abgezogen waren, warf er die Maske vollends ab. Die Abgeordnetenkammer war am 13. März aufgelöst und eine Commission zur Berathung eines neuen Wahlgesetzes eingesetzt worden. Am 3. Mai berief der Reichsverweser die drei Stände des Königreichs, die „Cortes von Lamego" nach den alten Ordnungen. Man sah nun, worauf der würdige Sohn seiner Mutter zusteuerte. Die Gesandten der Mächte stellten, einer so offenkundigen Ueberschreitung der dem Reichsverweser zustehenden Rechte gegenüber, einstweilen ihre Functionen ein, und die Truppen in Oporto erhoben sich für die Rechte Dom Pedro's IV., ihres rechtmäßigen Herrschers, dem sie geschworen hatten. An Zulauf fehlte es nicht; bis auf 7000 stieg die Macht der constitutionellen Truppenkräfte: wohl aber fehlten die entschlossenen Führer, deren einige gleich bei den ersten Schritten Dom Miguel's entwichen waren. Dieser sammelte unterdessen seine Kräfte; Pöbel und Landvolk bewaffneten sich, und am 24. Juni erlitten die constitutionellen Truppen in der Nähe von Coimbra eine Niederlage durch die Miguelisten unter Povoas. Sie gingen auf Oporto zurück, wo nun einige Häupter der Constitutionellen, der Marquis von Palmella, die Generale Saldanha, Villaflor, Stubbs, von ihrer Flucht zurückgekehrt, sich vergeblich bemühten das entmuthigte Heer wieder zu sammeln. Es blieb ihnen nichts anderes übrig, als der absolutistischen Rache sich durch abermalige Flucht zu entziehen; der Rest des constitutionellen Heeres, 4000 Mann, trat auf spanischen Boden über, und die miguelistischen Schaaren rückten in Oporto ein.

Der Thronraub konnte sich nun ungestört vollziehen. Die neuen Stände, zu Lissabon zusammengetreten, faßten, jeder für sich, den Beschluß, daß nach den Grundgesetzen des Königreichs Dom Miguel zum

Throne berufen sei; am 7. Juli empfing der Usurpator ihre Huldigung als König. So war das Land der Tyrannei eines Menschen überliefert, der selbst einem Ferdinand den Preis gemeiner Gesinnung mit Erfolg streitig machen konnte, an Rohheit und Brutalität ihn sogar noch übertraf. Die Einkerkerungen, die Justizmorde, die Deportationen waren an der Tagesordnung und erreichten Ziffern von erschrecklicher Höhe. Es war ein Despotismus, der sich auf Pöbel und Geistlichkeit stützte; doch hatte die Art, wie Dom Miguel die Krone gestohlen, dem Legitimitätsprincip selbst zu frech ins Gesicht geschlagen, als daß die Mächte ihn anerkennen durften; nur der Eine spanische Gesandte blieb in Lissabon zurück.

Ganz Portugal gehorchte; nur auf der Insel Terceira, einer der Azoren, hatte der Statthalter Cabrera die Rechte Dom Pedro's und seiner Tochter aufrecht erhalten. Wiederholte Versuche des Usurpators, die Insel zu unterwerfen, scheiterten. Die Häupter der constitutionellen Partei sammelten sich dort, und im März 1830 setzte Dom Pedro daselbst eine Regentschaft ein, die aus dem Marquis Palmella, dem Rechtsgelehrten Guerreiro, und dem General Villaflor bestand. Im Namen dieser rechtmäßigen Regierung von Portugal nahm der Letztere von der ganzen Inselgruppe Besitz.

3. Frankreich.

a. Letzte Regierungsjahre Ludwig's XVIII.

Das Gelingen der spanischen Intervention steigerte in Frankreich den Siegesrausch der ultraroyalistischen Partei zum höchsten Taumel. Das Heer hatte sich dem Prinzen, der es führte, nirgends versagt, ein Versuch, die Truppen zu verführen, den einige sanguinische Freiheitsmänner bei seinem Vormarsch über die Bidassoa gemacht, war kläglich gescheitert, und die Stimmung in seinen Reihen hatte sich in der That sehr gebessert. Jetzt, wo dem Bourbon gelungen, woran Napoleon auf der Höhe seiner Macht gescheitert war, die Bezwingung Spaniens, und wo in diesem Lande die Revolution am Boden lag — jetzt war die Zeit gekommen, wo man mit Sicherheit die letzten Consequenzen der im Jahre 1815 erfolgten Restauration ziehen zu können glaubte, — vor allem die Wiederherstellung des altkatholischen Frankreichs; nach der Herstellung der Kirche die des Adels: und bis auf den Boden des Landes dachte man diese Restauration zu erstrecken. Die Häupter der großen Adelshäuser Frankreichs sahen sich schon wieder als königliche Statthalter an der Spitze der alten Provinzen, welche wieder an die Stelle der revolutionären Departements treten müßten. Diese chimärischen Pläne theilte weder der leitende Minister Villèle, noch der König. Aber Ludwig XVIII. war hinfällig, und der Minister mußte darauf denken, sich für einen neuen König möglich zu erhalten; er mußte mit der royalistisch-theokratischen Hochfluth gehen, wenn er nicht untersinken oder auf das Trockene gesetzt werden wollte. Eine Ordonnanz erschien, welche die Kammer auflöste; des Sieges bei den Neuwahlen war man gewiß. Mit dem Eifer der siegreichen Partei vereinigte sich die ungeheure Macht der Regierung und das Empressement der Behörden. Den Präfecten waren bei Strafe der Absetzung gute Wahlen befohlen; es hätte der kleinen Künste, der Drohungen, der Einschüchterungen, der Listenfälschung kaum bedurft. Der Erfolg war vollständig. In der Kammer, welche am 23. März 1824 zusammentrat, bildeten die Liberalen eine verschwindende Minderheit von etwa 15 Stimmen, unter diesen wenige ihrer großen Häupter: General Foy, Casimir Perier, Benjamin Constant, Royer-Collard; zu zwei Dritteln bestand die übrige Kammer aus Altadeligen, unter denen viele ehemalige Emigranten. Den Emigranten war von Villèle zugesichert worden, daß er die seither immer wieder vertagte Entschädigungsfrage nunmehr in die Hand nehmen, die letzten Wunden der Revolution, wie die Thronrede sich ausdrückte, schließen wolle. Die Zeit war günstiger als jemals zuvor, jetzt, wo man in dieser neuen Kammer die unfindbare von 1816 wiedergefunden hatte, und Villèle, ein guter Rechner und auf die Erfolge seines Finanzsystems mit Recht stolz, hatte ein Mittel erdacht, wie man die Ansprüche der Emigranten einigermaßen befriedigen konnte, ohne das Land weiter zu belasten. Zu gleicher Zeit konnte er aber der Versuchung nicht widerstehen, in diesem günstigen Augenblicke, wo die ungeheure Majorität der Abgeordnetenkammer royalistisch und ministeriell gesinnt war, das Wahlgesetz in einer Weise zu ändern, welche diesem behaglichen Zustand eine ungestörte und längere Dauer verhieß.

So wurden denn den Kammern alsbald diese zwei wichtigen Gesetzesentwürfe vorgelegt, das Rentengesetz und ein neues Wahlgesetz.

Das erstere wurde zuerst in der zweiten Kammer verhandelt. Das Kunststück, mittelst dessen Villèle den Staat um etwa 28 Millionen jährlicher Ausgaben erleichtern, und so das Geld zu einer Entschädigung im Betrage von einer Milliarde für die Emigranten gewinnen wollte, war eine Conversion der Rente, wie sie seither nicht selten beliebt worden ist, wo eine Regierung eine große Ausgabe dem Volke plausibel machen, oder ein unbequemes Deficit beseitigen wollte. Der französische Staat verzinste den größten Theil seiner Schuld nominell mit 5 %; thatsächlich sogar höher, da er einst bei Contrahirung seiner Schuld seine Schuldverschreibungen nicht zum vollen Nennwerth begeben hatte. Das Geld war aber damals wohlfeiler zu haben, da der Zinsfuß in Frankreich, wie im übrigen westlichen Europa zwischen 3 und 4 % stand. Der Plan der Regierung bestand nun darin, die

5procentige Schuld des Staates in eine 3procentige zu verwandeln, den Gläubigern die Wahl zu stellen, ob sie ihr Capital zum vollen Nennwerth zurückerhalten, oder in die Conversion ihrer Rententitel aus 5procentigen in 3procentige willigen wollten, in welch letzterem Fall ihnen die neuen Schuldverschreibungen zum Course von 75 berechnet werden sollten: 100 Francs neue Rente trugen mithin thatsächlich 4 %, während je 100 Francs der alten 5 % getragen hatten; die Differenz gewann der Staat und konnte im Sinne der herrschenden Macht darüber verfügen. Gegen diesen Entwurf war in der That wenig einzuwenden. Der Staat hatte, wie jeder andere Schuldner, das Recht, seinen Gläubigern das theure Geld zu künden, wenn er wohlfeileres haben konnte. Es mochte dem Gläubiger unbequem sein, aber er hatte kein Recht sich zu beklagen; gegenüber dem Staatsinteresse konnte das Interesse der Staatsgläubiger, welche doch immerhin nur einen kleinen Theil der Gesammtnation ausmachten, nicht entscheidend sein und nur dies war die Frage, daß die Regierung das ersparte Geld in einer dem Gesammtinteresse entsprechenden Weise verwende. Das Gesetz ward in der Deputirtenkammer gegen 138 Stimmen angenommen. Es gelangte zu den Pairs: die Commission, welche dasselbe zu prüfen hatte, war ihm günstig; aber im Plenum erhob sich heftiger Widerspruch. Die Gegner, Graf Roy, Finanzminister unter der Verwaltung Decazes, der Erzbischof von Paris u. A. vertraten das Interesse der Rentenbesitzer, unter denen viele Verwaltungen frommer Stiftungen waren, deren Einkünfte, wie nicht zu leugnen, durch das neue Gesetz um ein Fünftel geschmälert wurden; werden nicht, fragte der Erzbischof, die Almosen ebenso um ein Fünftel geschmälert werden? — was denn freilich ein schlechtes Argument und ein schlechtes Lob für die Emigranten war, denen der Minister die Differenz bestimmt hatte. Aber die Gegner siegten; mit 120 gegen 105 Stimmen wurde hier das Gesetz verworfen.

Ein besseres Schicksal hatte das Wahlgesetz. Nach diesem sollte künftig die Erneuerung der Abgeordnetenkammer durch das jährliche Ausscheiden und Neuwählen eines Fünftheils einfach ersetzt werden durch allgemeine Wahlen von sieben zu sieben Jahren, während seither allgemeine Neuwahlen nur von fünf zu fünf Jahren bestimmt gewesen waren. Die Pairs nahmen das Gesetz mit großer Mehrheit an; bei den Abgeordneten stieß es auf Widerspruch; und nicht blos bei den wenigen Liberalen, sondern auch bei einem Theil der Royalisten, welche besonnen genug waren einzusehen, daß die Sicherheit des Thrones auf anderen Grundlagen ruhe, als auf einem Wahlgesetze, dessen Tendenz weit mehr dahin ging, dem Minister seine Mehrheit und Macht auf sieben Jahre zu sichern, als dem Königthum im Volke Stützen zu geben. Von liberaler Seite ward mit großer Beredtsamkeit und mit vollem Nachdruck auf die Kurzsichtigkeit hingewiesen, in einem Lande wie Frankreich, in einer Zeit wie das sturmbewegte 19. Jahrhundert, das politische Leben eines großen Staates auf sieben Jahre festbannen zu wollen. „Vor sieben Jahren waren Minister — wo sind sie? Gab es seit einem halben Jahrhundert ein System, das sieben Jahre gedauert, ein Ministerium das sieben Jahre Bestand gehabt, eine Wahrheit oder einen politischen Namen, den man sieben Jahre lang anerkannt hätte?" fragte Royer-Collard; „was wollen die Minister mit ihrer allgemeinen siebenjährigen Erneuerung?" ergänzte General Foy, „was sie wollen? Dem Gesetze der Sterblichkeit wollen sie entgehen, das von der Restauration bis auf heute die mittlere Dauer eines ministeriellen Lebens auf zwei bis drei Jahre setzte." Die Kraft der Wahlkammer, betonte man, beruhe auf der Berührung mit dem Volke; durch die jährliche Erneuerung zu einem Fünftheil behalte die Kammer diesen Contact mit dem Volke und belebe sich immer von neuem ohne zu gewaltsame Erschütterung; von royalistischer Seite stieß man sich an der Untergrabung der Charte, deren unversehrte Erhaltung ein Lebensinteresse des Königthums sei: es sei nicht wohlgethan, ohne Noth die Stetigkeit des politischen Lebens so gewaltsam zu unterbrechen. Der Minister aber war seiner Mehrheit, seiner 300 Spartiaten, wie man spottete, sicher; mit 292 gegen 87 Stimmen wurde das Gesetz votirt.

Man hatte einen Augenblick geglaubt, daß die Niederlage des Rentengesetzes bei den Pairs Villèle zu Fall bringen werde; die Durchbringung des wichtigeren Wahlgesetzes verscheuchte diese Erwartung. Im Gegentheil: Villèle benutzte die Gelegenheit, um sich seines Rivalen im Cabinet zu entledigen, dessen Freunde in der Pairskammer gegen sein Rentengesetz gestimmt hatten, und mit welchem er seit der Frage der spanischen Intervention, wo Chateaubriand ihn getäuscht hatte, in einem gespannten Verhältniß stand, das überdem in der grundverschiedenen Natur beider Männer seine Wurzel hatte; auf dem Wege zur Audienz erhielt Herr von Chateaubriand ein Billet, in welchem der Conseilspräsident ihm sehr lakonisch, ohne Vorwort und ohne Nachwort eine Ordonnanz des Königs mittheilte, welche ihn, Herrn von Villèle, interimistisch mit dem Portefeuille des Auswärtigen beauftragte an der Stelle des Herrn Vicomte de Chateaubriand. Seines Gegners hatte Villèle sich so entledigt; vor seinen Freunden konnte ihn Niemand schützen. Es war ein Irrthum, wenn er glaubte, daß er die Mehrheit beherrsche; es war der religiöse Fanatismus, der pfäffische Aberglaube und Ehrgeiz, die kindische Leidenschaft gegen alles von der Revolution Geschaffene, was diese Mehrheit beherrschte, — eine Mehrheit, die nunmehr ihrerseits den Minister selbst in Richtungen trieb, die sein unumwölkter Verstand, sein kühler Kopf verdammte. Der Sturm jener antirevolutionären Leidenschaften trieb das Schiff, das mehr und mehr seiner Lenkung sich versagte, vorwärts, neuen Gefahren, schweren Katastrophen entgegen.

Zunächst waren es die kirchlichen Dinge, welche die Kammer nach ihrem Sinne geordnet wissen wollte. Die Geistlichkeit, ermuthigt durch die Vorgänge in Spanien, gereizt durch die Spuren und gelegentlichen Aeußerungen des antikirchlichen und antichristlichen Geistes, den sie überall in den Gemüthern noch mächtig sah, der eifrigsten Sympathieen zwar nicht des Königs aber des Thronfolgers und des Hofes gewiß, drängte vorwärts. Rückgabe der Civilstandsregister an die Geistlichkeit, Vermehrung der Einkünfte der Bischöfe, Herstellung der Klöster ward in Petitionen verlangt, die bei der Mehrheit ein bereites Entgegenkommen fanden; und so brachte der Justizminister Peyronnet zunächst einen Gesetzesentwurf ein, der auf Kirchendiebstahl schwerere Strafen setzte, als auf gewöhnlichen Diebstahl. Es war ein Versuch, wie weit man gehen könne; allein da bei der Stimmung der Pairskammer kein Erfolg abzusehen war, so zog die Regierung den Entwurf, der auf der anderen Seite der Abgeordnetenkammer viel zu wenig bot, wieder zurück; nicht zum Verdrusse Villèle's, der zufrieden war, wohlbehalten den Schluß der Session erreicht zu haben. Er befestigte sein Ministerium durch einige ihm ergebene Persönlichkeiten von geringer Bedeutung; da der Zustand des Königs von der Art war, daß von einem Tage zum anderen ein Thronwechsel eintreten konnte, so fuhr er fort, im Sinne des Grafen von Artois zu verwalten. Vor Allem mußte man dem gefährlichsten Gegner pfäffischer Politik, der freien Presse, entgegenwirken; es geschah, indem man einzelne Blätter, sowohl der liberalen, als der ultraroyalistischen Opposition mit den Mitteln der geheimen Fonds und des königlichen Hausministeriums erkaufte, und indem man 14 Tage nach Schluß der Kammersitzungen die Censur durch königliche Ordonnanz einführte, wozu das Preßgesetz von 1822 die Regierung ermächtigte. Zugleich wurde ein eigenes Ministerium des Cultus geschaffen, und dasselbe einem Priester, dem Bischof von Hermopolis, Grafen Frehssinous, übertragen, ein Erzbischof, Cardinal de la Fare, zum Staatsminister ernannt. Das Schlimmste war, daß zu dem Departement des Cultus auch die Aufsicht über das gesammte Unterrichtswesen gehörte, und also auch auf diesem wichtigen, ja in gewissem Sinne wichtigsten Gebiete der Einfluß desjenigen Standes maßgebend wurde, der unter allen zur Beaufsichtigung des höheren Unterrichts am wenigsten sich eignet, weil er sich am leichtesten durch Worte und äußere Geberden täuschen läßt.

und jedes unbefangene Streben nach Wahrheit entweder geradezu als Feindseligkeit gegen die in seinem Sinn schon längst gegebene und entschiedene kirchliche Wahrheit verfolgt, oder doch als einen bedenklichen Anfang zu solcher Feindseligkeit beargwöhnt.

Eine eifrige Parteithätigkeit ging den Regierungsmaßregeln zur Seite. Die Congregation nahm ihre Thätigkeit von neuem auf: Missionen wurden gehalten, die Gebets- und Legendenbücher und Tractätchen verdrängten in den Schaufenstern der Buchhändler mehr und mehr die Schriften Rousseau's und Voltaire's und an hundert Symptomen erkannte man, daß ein Regime im Anzuge war, dem man sich mehr noch, als dem bisherigen durch Frömmigkeit oder den Schein der Frömmigkeit empfehlen konnte.

b. Anfänge Karl's X.

In der That ging es mit Ludwig XVIII. zu Ende. Seine fromme Familie hatte ihn endlich dahin gebracht, sein Seelenheil durch Beichten und geistlichen Beistand, von dem er lange nichts wissen wollte, in Sicherheit zu bringen. Aerztliche Kunst erhielt ihn noch eine Weile; dem Volke wurde seine Hinfälligkeit so lange als möglich geheim gehalten; indeß hatte er bereits den Befehl an die Minister ertheilt, ihre Vorträge seinem Bruder zu halten. Er raffte sich noch einmal auf, um seinen Bruder zu ermahnen, daß er sein Beispiel befolge; wie Heinrich IV. habe er zwischen den Parteien lavirt und dadurch den Thron erhalten; es erfüllte ihn mit einer letzten Genugthuung, daß er, glücklicher als dieser, in seinem Bette sterbe. Er versammelte die Glieder seiner Familie um sich und ertheilte ihnen seinen Segen; als er des fünfjährigen Herzogs von Bordeaux ansichtig wurde, hörte man ihn sagen: „möchte mein Bruder diesem Kinde die Krone bewahren."

Am 16. September 1824 starb Ludwig. Der erste Arzt des Hofes sprach die bekannte Formel, in welche die altfranzösische Monarchie ihre Unsterblichkeitsansprüche kleidete: „der König ist todt, es lebe der König"; die Flügelthüren zu dem anstoßenden Zimmer, in welches Prinzen und Hof sich zurückgezogen hatten, öffneten sich: „Messieurs, der König," rief der voranschreitende Kammerherr; die Anwesenden warfen sich auf die Kniee und geleiteten dann Karl X. nach seinem Cabinet, das er eine Stunde später verließ, um wie die altmonarchische Etikette vorschrieb, mit der gesammten königlichen Familie nach St. Cloud zu fahren und sich dort der Trauer zu überlassen.

Was man von dem neuen König, der mit 67 Jahren nunmehr auf dem Throne sich niederließ, zu erwarten habe, darüber konnte Niemand im Unklaren sein. Heuchelei und Mangel an Offenheit hatten niemals zu den vielen Fehlern des Grafen von Artois gehört. Er machte kein Hehl daraus, daß er sich auf die Kirche und auf die Aristokratie zu stützen gedenke; in seinem engen Kopfe war für keinen anderen Gedanken Raum, als den einer möglichst vollständigen Wiederherstellung der altfranzösischen Monarchie. So lange sein Bruder lebte, der bei allen seinen Schwächen doch wirklich König gewesen war und einiges Verständniß für die Bedürfnisse einer von Grund aus veränderten Zeit und Gesellschaft gehabt hatte, war es sein Stolz gewesen, der erste Edelmann des Reiches zu sein, und er blieb es auch, nachdem er König geworden. Er besaß die gewinnenden Formen, die feine Liebenswürdigkeit eines altfranzösischen Adeligen, die er Niemanden, auch dem Geringsten gegenüber je verleugnete; äußerlich, sehr im Gegensatze zu seinem Bruder, obwohl ein hoher Sechziger, noch eine ritterliche Erscheinung; auch war er gutmüthig und hätte gerne als ein von seinem Volke geliebter König regiert, schmeichelte sich auch lange und bis zuletzt ein solcher zu sein; aber gegen jedes Verständniß der neuen Zeit schützte ihn die Unwissenheit und Beschränktheit, die er mit seiner Geistlichkeit theilte, und deren engen Gesichtskreis die Jahre des Exils, welche bedeutenderen Menschen eine Quelle reicher und sicherer Erkenntniß sind, nur noch enger gemacht hatten. Von der tiefen Kluft, die ihn von der großen Mehrheit der Mittelclassen des französischen Volkes trennte, hatte er keine Ahnung.

Indeß war er entschlossen, das Vermächtniß seines Bruders, die Charte, heilig zu halten, und so erklärte er den Mitgliedern der beiden Kammern, die ihm in St. Cloud vorgestellt wurden. Als er dann von dort aus den feierlichen Einzug in seine Hauptstadt, seine „gute Stadt Paris" hielt, genoß er die Freudenbezeigungen, welche das schaulustige Volk der Straße keinem neuen Herrscher versagt, und erhöhte und verlängerte diese flüchtige Freude durch eine Ordonnanz, welche die Aufhebung der Censur verfügte, sowie durch einzelne Begnadigungen und Wiederherstellungen Verfolgter.

Diese hoffnungsreiche Stimmung dauerte jedoch nicht lange. Die Erneuerung höfischer Titel, die peinliche Befolgung des altmonarchischen Ceremoniels mit allem längst verblaßten und vergessenen Firlefanz forderte den gallischen Witz heraus; die Entlassung einer großen Anzahl höherer Officiere, welche unter der Republik und dem Kaiserreiche ihre Grade erlangt hatten, erweckte Groll und Rachegedanken. Am 22. December 1824 eröffnete der neue König die erste Session der Kammern unter seiner Regierung. In der Thronrede fand sich eine Stelle, welche die Tendenzen dieser Regierung offenbarte: „die Entwickelung unseres Wohlstandes," sagte der König, „wird durch die Verbesserungen unterstützt werden, welche die Religion und die wichtigsten Theile unserer Gesetzgebung erheischen. Mein Bruder fand eine große Beruhigung darin, daß ihm gestattet war, die Mittel zur Heilung der letzten Wunden der Revolution vorzubereiten; jetzt ist der Augenblick gekommen, seine reifen Entwürfe auszuführen."

Die Gesetze, welche mit diesen Worten gemeint waren, wurden den Kammern vorgelegt: den Pairs zwei, welche die Verbesserungen betrafen, welche nach den Worten der Thronrede „die Religion" erheische; den Abgeordneten drei, welche sich auf die Civilliste, die Entschädigung für die Emigranten und die Grundsätze nach denen dieselbe erfolgen sollte, und die Umwandlung der Rente bezogen.

Dem Gesetze über die Civilliste, das sonst weiter kein Interesse hat, war eine Bestimmung zu Gunsten des Herzogs von Orleans beigefügt: die Apanagegüter der Linie Orleans sollten als solche wieder anerkannt werden. Ludwig XVIII. hatte im Jahre 1814 dem Herzog diese Güter zurückgegeben, aber keine weitere Annäherung zwischen der jüngeren und der älteren Linie des Hauses Frankreich zugelassen. Er mißtraute dem Sohne Herzog Philipp's, der einst im Convent für den Tod seines Königs und Verwandten gestimmt hatte, und die vorsichtige Loyalität Ludwig Philipp's blendete ihn nicht, der sich selbst und die Welt zu gut kannte, um nicht auch den klugen Herzog einigermaßen zu durchschauen. Der Natur Karl's X., der im Exil so wenig als sonstwo etwas gelernt hatte, war jenes Mißtrauen fremd, und hier auf dynastischem Boden war er zu aufrichtiger Versöhnung bereit; eine etwas malcontente, frondirende jüngere Linie schien gleichsam mit zu dem alten Inventar der französischen Monarchie zu gehören. Das Prädicat Königliche Hoheit wurde dem Herzog und seiner Familie alsbald nach Karl's Regierungsantritt zuertheilt, und auch der Kammer, welche den Sohn des berüchtigten Philipp Egalité mit unverhohlenem Mißtrauen betrachtete, ließ er durch Villèle seinen persönlichen Willen so entschieden zu erkennen geben, daß die Mehrheit dem Gesetze zustimmte.

Das zweite Gesetz hatte Jedermann erwartet. Die Frage der Emigrantenentschädigung mußte endlich aus der Welt verschwinden, schon aus dem volkswirthschaftlichen Grunde, weil jene Güter, unter dem Drucke der noch ungelösten Frage, im Handel weit unter ihrem eigentlichen Werthe standen. 30 Millionen Renten, also ein Capital von einer Milliarde, sollten diesem Zwecke geopfert werden; bei Berechnung der Verluste sollte das bewegliche Vermögen, das sich der Schätzung entzog, außer Frage sein und nur die liegenden Gründe, und diese nach ihrem wahrscheinlichen Werthe zur Zeit der Confiscation, berücksichtigt werden. Die Debatten trugen einen aufregenden Charakter, da sie auf die Zeiten der Revolution zurückgreifen und die ganze Verschiedenheit in den Grundanschauungen der Parteien auf die Oberfläche treten laſſen mußten. Die Einen, in der Kammer wenige, deſto mehrere im Lande, wollten überhaupt von einer Entſchädigung nichts wiſſen; die Emigration, ſo dachten und ſo ſagten ſie, ſuchte im Auslande den Krieg und zwar den Krieg im Gefolge eines auswärtigen Heeres; die Confiscation ihrer Güter mithin war ein Act der Nothwehr, denn Niemand verargt es einem Volke, den Feind ſeiner Hülfsmittel zu berauben, die ihm die Macht zu ſchaden geben. Die Motive mögen edel, die Verluſte hart geweſen ſein, aber edle Motive und harte Verluſte ſind in Zeiten ſo raſchen Wechſels etwas Gewöhnliches; die Geſetze aber, welche einſt jene Confiscationen verhängten, hat die Charte beſtätigt, wie alle übrigen; die Sache iſt abgethan, weshalb ſie wieder ans Licht zerren? Wenn wir die Emigranten entſchädigen, warum nicht auch die Staatsgläubiger, die Inhaber der ehemals käuflichen Aemter, die Kaufleute, welche durch die verſchiedenen Phaſen der Revolution auch ihrerſeits ſchwer geſchädigt worden ſind? warum nicht die Nachkommen der Hunderttauſende von Proteſtanten, welche die Aufhebung des Edicts von Nantes ihrer Güter beraubt hat? Mit vieler Feinheit wies General Foy auf die bedenklichſte Seite des Geſetzes hin, daß es nämlich den König ſelbſt, „den einſt ein Orcan von der Monarchie losriß“, gewiſſermaßen als Parteihaupt, als den Erſten der Emigranten erſcheinen laſſe; derber nannte der Advocat Dupont die Entſchädigung eine nachträgliche Kriegsſteuer, die ihren Platz angemeſſener in den Verträgen mit dem ſiegreichen Auslande gefunden hätte: „die berechtete Claſſe, welche alle Zugänge zum Throne blokirt hat, welche die Pairskammer beherrſcht und ſeit dem Wahlgeſetz von 1820 auch die Wahlkammer dominirt, und mit ihr die Emigration decretiren ſich heute eine Milliarde; morgen wird die Geiſtlichkeit kommen und auch ihre Entſchädigung für die Vergangenheit, ihre Ausſtattung für die Zukunft verlangen.“ Aber der Entwurf hatte auch Gegner von ganz anderer Art. Die Heißſporne der ultraroyaliſtiſchen Partei, wie de la Bourdonnaye, verwarfen denſelben, weil er den Käufern der confiscirten Güter das Eigenthumsrecht an die Güter gebe, denen die Charte nur den Beſitz geſichert habe; nicht Geld, ſondern die Güter in natura, meinte ein Anderer, müßten den Emigrirten zurückgegeben werden, und nicht die Emigrirten, ſondern die Käufer wären zu entſchädigen; Andere gingen nicht ſo weit, verlangten nur eine höhere Entſchädigung. Es war eine der Gelegenheiten, bei denen ſich zeigte, daß zwei feindliche Lager, nicht blos zwei widereinanderſtrebende Parteien ſich in Frankreich gegenüber ſtanden. Mit Mäßigung nach beiden Seiten vertheidigte Villèle ſein Geſetz, das keine Strafe und keine Belohnung, ſondern eine Maßregel der Staatsnothwendigkeit, der

Schlußstein der Restauration, der Vereinigung aller Franzosen sei. In der That ließ sich ebensoviel für die Sache als wider sie sagen und diesmal gelang es ihm: mit geringen Aenderungen wurde das Entschädigungsgesetz von einer großen Mehrheit votirt.

Ebenso wurde der neue Rentenumwandlungsentwurf genehmigt; wer die Entschädigung wollte, mußte auch die Conversion wollen, obgleich Villèle selbst gegen Metternich es ein schlechtes Gesetz nannte: sein vorjähriges sei sehr gut gewesen, man habe es nicht gewollt, er müsse nun das schlechtere durchsetzen. Man stellte jetzt den Rentenbesitzern frei, ihre 5procentigen Papiere unter nomineller Vermehrung ihres Capitals gegen 3procentige, ohne eine solche gegen 4¹/₂procentige umzutauschen; dagegen sollte die Tilgungscasse angewiesen sein, ihre Mittel ausschließlich auf den Rückkauf solcher Papiere zu verwenden, welche unter Pari ständen, das hieß 3procentiger. Dies trieb natürlich deren Cours in die Höhe und lockte zur Conversion, gab aber zugleich dem Börsenspiel einen großen Antrieb und erregte somit, wie ein boshafter Redner bemerkte, großes Frohlocken in Jerusalem.

Die Pairskammer nahm die drei Entwürfe nach der Fassung der Abgeordnetenkammer an, und die eine Reihe der „Verbesserungen," welche die Thronrede verhieß und verlangte, war damit erledigt. Von weit höherer Bedeutung waren die Vorlagen, welche sich auf die Religion bezogen. Auf diesem Boden wurde wieder einmal eine Schlacht geliefert in dem großen Kampfe des Jahrhunderts zwischen Vernunft und Irrwahn, zwischen Humanität und Barbarei, zwischen Christenthum und Pfaffenthum.

Die eine dieser Vorlagen, das **Gesetz wider Kirchenfrevel** zeigte deutlich, was die Nationen zu erwarten haben, in denen die Priesterschaft einen überwiegenden Einfluß auf die weltlichen Geschäfte erlangt hat und wo die Gesetze unter deren Einfluß entstehen. Es forderte als Strafe für die Entweihung heiliger Gefäße den Tod; für die Entweihung der Hostie — protestantische und jüdische Unterthanen Karl's X. mochten sich bei Zeiten unterrichten, was mit diesem Worte bezeichnet wurde — dieselbe Strafe, unter den schrecklichen Formen, wie sie die Hinrichtung der wegen Vatermordes Verurtheilten, denen unter Anderem, ehe sie zum Tode gingen, die rechte Hand abgehauen wurde, begleiteten; für gewaltsamen Einbruch in die Kirchen der Staatsreligion den Tod, für Einbruch in die „Tempel" der übrigen Religionsgesellschaften Zwangsarbeit.

Es ist unnöthig zu zeigen, wie ungeheuerlich ein solches Gesetz gerade in diesem Lande war, wo der Gegensatz gegen das katholische Kirchenthum einen Voltaire und einen neuen Cultus mit Vernunftgöttinnen hervorgerufen hatte und wo eine ganze Generation unter dem schroffsten Gegensatze gegen alles Christliche aufgewachsen war. Das unglaubliche Gesetz rief denn auch, wie zu erwarten, heftigen Widerspruch hervor. In der Pairskammer ward es zuerst erörtert: mit beredten Worten wies Graf Mole darauf hin, daß das Christenthum allein auch für Diejenigen beten heiße, welche andere Religionen mit dem Schwerte zu vertilgen gebieten, daß ein Gesetz verwerflich sei, das, ganz diesem Geiste des Erbarmens entgegen, im Namen des Christenthums neue Blutgerüste errichte; Andere legten dar, daß ein so barbarisches Gesetz mit Nothwendigkeit bald zum völligen Umsturz des großen Grundsatzes der Gewissensfreiheit führen müsse; auch Chateaubriand, eifriger katholischer Christ und Royalist, aber zu edelgebildet und zu geistvoll, um ganz sich dem herrschenden Pfaffenthum zu überliefern, erklärte sich gegen einen Gesetzesentwurf, der die Menschlichkeit verletze, ohne die Religion zu schützen. Noch gräulicher wo möglich als das Gesetz selbst war die Vertheidigung, die es fand. Schon der Justizminister hatte bei der Einbringung des Gesetzes in der Pairskammer sich auf das Beispiel der alten Aegypter berufen und dabei die Worte gebraucht: „wehe uns, wenn wir weniger Ehrfurcht und Frömmigkeit gegen den wahren Gott zeigen als die Heiden gegen ihre Götzen;" ein anderer Redner schlug vor, daß der wegen Heiligthumsschändung Verurtheilte anstatt des schwarzen Schleiers, mit dem man dem Vatermörder den Kopf zu verhüllen pflegte, bei seinem Gang zum Tode einen rothen Schleier trage, damit das Verbrechen und seine Strafe recht augenfällig sei; der Vicomte de Bonald lästerte: „der Erlöser hat für seine Henker um Gnade gebeten, aber sein Vater hat ihn nicht erhört, er hat die Strafe sogar auf ein ganzes Volk ausgedehnt," und meinte, wie „die Guten" ihr Leben der Gesellschaft als einen Dienst schulden, so schulden es ihr „die Bösen" als ein abschreckendes Beispiel; der Heiligthumsschänder aber werde durch das Todesurtheil nur vor seinen „natürlichen Richter" gestellt. So trat überall die „erste Lüge" hervor, auf welcher aller Glaubenszwang und alles weltliche Richten dessen, was der Herr und Stifter der christlichen Gemeinde geistlich zu richten geboten hat, beruht — die Lüge, welche die Begriffe göttlich und kirchlich kurzweg als gleichbedeutend nimmt und nun für jede Verkehrung und Verzerrung des Natürlich-Menschlichen und Vernünftig-Christlichen gewonnenes Spiel hat. Eine Ungeheuerlichkeit, die Strafe des Vatermordes für den Kirchenschänder, beseitigten die Pairs; auch den weiteren Gesetzesentwurf, welcher den Nonnenklöstern gestattete, unter Autorisation des Königs Güter zu erwerben, machten sie unschädlich, indem sie statt „Autorisation durch den König" „Autorisation durch das Gesetz" verbesserten; im Uebrigen aber hatten sie nicht den Muth, der mächtig andringenden geistlichen Strömung sich entgegenzuwerfen und nahmen das Sacrilegiumsgesetz an.

In der zweiten Kammer trug Royer-Collard den Preis davon, indem er nachwies, was daraus entstehen müsse, wenn Glaubenssätze, welche bestreitbar seien und ewig bestritten würden, Verbrechen machen sollten. — wenn man ein Dogma, wie hier geschehe, zum Staatsgesetz machen wolle — daß man, wie heute die Kirchenschändung, so morgen die Lästerung und die Ketzerei mit Gesetzen und gesetzlichen Strafen ahnden müsse, daß man mit diesem Gesetze Eine Religion, die katholische, als die gesetzlich allein zulässige und mithin alle anderen als gesetzlich unzulässig und strafbar erklären müsse. Seine Rede war ein Ereigniß, indem sie klarer und mit tieferer Begründung als irgend wer sonst die innere Nichtigkeit und Thorheit dieses abscheulichen Gesetzes darthat. Er sprach verlorene Worte; mit 210 gegen 95 Stimmen wurde das Gesetz angenommen, das den weltlichen Arm der Priestermacht und der Rachgier der von ihr beherrschten Partei zur Verfügung stellte, den Priester, wie Royer-Collard sagte, zum König machte (April 1825).

Die erste Arbeit war gethan und nun konnte Karl X., wie er in der Thronrede angekündigt, seiner Thronbesteigung die höhere Weihe geben lassen, indem er sich, wie die alten Könige Frankreichs, in der Kathedrale zu Rheims feierlich krönen ließ. Mit größtem Ernst wurde die Sache behandelt: die Kammer bewilligte zwölf Millionen für das große Schauspiel, und die Tricots und aller Schmuck, der dabei paradiren sollte, wurden öffentlich ausgestellt. Jenes Fläschchen mit dem heiligen Salböl, das einst, als Chlodwig der erste katholische Frankenkönig gesalbt werden sollte, eine Taube vom Himmel herabgebracht haben sollte, war allerdings in den Stürmen der Revolution zerbrochen worden und einige kirchenschänderische Frevler hatten sich mit dem Oele die Stiefel geschmiert; aber es war protocollarisch festgestellt, daß ein Priester und einige fromme Bürger die Scherben gesammelt hatten, an denen noch Tropfen des wunderbaren Oeles klebten, das glücklicherweise die Kraft hatte, sich selbst zu erneuern. So wurde die Ceremonie zur Zufriedenheit und, da sie von 8—12 Uhr dauerte, zur vollen Sättigung auch des Gläubigsten vollbracht; der Erzbischof hielt die alte Krone Karl's des Großen über dem Haupte Karls X. und am folgenden Tage machte der Fürst, der sich jetzt erst als voller König und Gesalbter des Herrn betrachtete, noch von einem anderen kostbaren Vorrechte der legitimen Könige Frankreichs Gebrauch, indem er 121 Kropfleidende berührte.

Des Königs, der Mehrheit in den Kammern, der Regierung und des eigenen Einflusses unter dem Volke gewiß, drang nun die theokratische Partei mit verstärktem Nachdruck vor. Die Congregation dehnte sich mehr und mehr aus; es gehörte zum guten Ton in der hohen Gesellschaft, die Kinder in den zahlreichen von Jesuiten geleiteten höheren Schulen, zu St. Anne b'Auray, St. Acheul, Montrouge, Vorbeaux, Billoin erziehen zu lassen; die Kanzeln hallten wieder von Invectiven gegen Revolution und Kaiserthum, und wer irgend ein Amt begehrte, that wohl, sich mit seinem Pfarrer, Bischof, Erzbischof gut zu stellen, fleißig zur Beichte zu gehen und dies sich bescheinigen zu lassen. In Paris erlebte man wieder das langentbehrte Schauspiel großer Processionen; die pfäffische Spionage, das Missionswesen, die Kirchenfeste und Umzüge nahmen eine höchst lästige Ausdehnung an; ein eigenmächtiger Hirtenbrief des königlichen Großalmoseniers erklärte eine der wichtigsten Errungenschaften der Revolution, die Civilehe für nichtig,und wollte, indem er zugleich mit Drohungen der Excommunication nicht kargte, die zum Heile der Welt abgeschaffte Menge der kirchlichen Feier- und Faullenztage noch mit einigen neuen vermehrt wieder einführen; und während man aufs Neue eine Jagd auf die französischen Classiker veranstaltete, erbaute man sich in diesen Kreisen an einem Unsinn, der nur etwa an den überspanntesten Hervorbringungen brahmanischer oder buddhistischer Theologie seines Gleichen fand, dem Eloa des Grafen de Vigny, der von allerlei Abenteuern einer von Jesu geweinten Thräne zu erzählen wußte. In den Kirchen wurden die kupfernen und zinnernen Gefäße, wo sie sich noch fanden, mit silbernen und goldenen ersetzt; sicherlich die Zeiten der triumphirenden Kirche waren jetzt gekommen, und auch der Mann fehlte nicht, welcher dieses siegreich vordringende Kirchenthum in Schriften vertrat, neben denen die Chateaubriand's harmlose Hervorbringungen eines frommen und eitlen Schwärmers waren. Dieser Mann war der Abbé Lamennais, 1792 zu St. Malo in der Bretagne geboren, welcher mit feuriger Rhetorik der vernunftstolzen Zeit das Princip der Autorität, wie dasselbe in der römischen Kirche Gestalt gewonnen, entgegenhielt und sich so in Eifer schrieb und redete, daß er sogar der Regierung, welche das Sacrilegiumsgesetz durchgebracht hatte, vorwarf, sie verschwöre sich gegen den Katholicismus.

Was diesen Mann so in Harnisch brachte und den Ingrimm der ganzen Partei und der leitenden Kaste fortwährend wach erhielt, war die Beobachtung, daß es trotz aller äußeren Erfolge doch mit der inneren Umkehr und Bekehrung derjenigen Classe, welche unverkennbar durch Geist, Besitz und die Menge der Talente, über welche sie verfügte, der Gesellschaft ihren Charakter aufdrückte, nicht recht vorwärts gehen wollte. Die Franzosen haben diesen Classen, welche durch die Revolution zur Macht gekommen und, unter Napoleon zurückgedrängt, während der Restauration um die Charte sich sammelten, den Namen der Bourgeoisie gegeben; es war der „dritte Stand" der ersten Revolutionsjahre, von welchem diese Revolution ausgegangen, dem sie wesentlich zu Gute gekommen war. Diese Classen hatten, von den Excessen der Revolution befreit oder zurückgekommen, doch deren Geist und viele ihrer Ideen behauptet. Vor Allem die religiösen Anschauungen des alten Frankreichs hatten sie gänzlich abgeworfen und unglücklicherweise mit der Bigotterie und der Verfolgungssucht der alten Zeit auch den religiösen Sinn, den wahren, ernsten, tiefen Geist des Christenthums verloren, und begnügten sich, an Rousseau und mehr noch an Voltaire geschult, die alte Kirche und was mit ihr zusammenhing mit frivolem Witz oder grimmigem Hasse zu verneinen, ohne von dieser Verneinung, die bei den Meisten doch auch nichts anderes war, als ein blinder oder halbblinder Autoritätsglaube nur negativer Art, zu einer reineren religiösen Erkenntniß fortzuschreiten. Der Geist des Protestantismus, welcher den germanischen Völkern eignet und der, festhaltend an der Idee der christlichen Wahrheit wie sie in den ersten Urkunden der christlichen Gemeinschaft sich offenbarte, doch unablässig und ohne auf die Dauer an irgend ein besonderes kirchliches Bekenntniß sich zu binden, nach Erkenntniß strebt — der alle Dinge zu erforschen sucht, auch die Tiefen der Gottheit nach dem Wort des Apostels — dieser Geist fehlte dem französischen Liberalismus im Großen und Ganzen völlig, wenn auch einzelne Männer, wie Royer-Collard, oder Guizot etwas davon besaßen. Es war ein großes Unglück, daß dem so war; die furchtbaren Geschicke, denen Frankreich entgegenging, die Unfruchtbarkeit aller seiner Revolutionen ist zum Theil hieraus zu erklären. Aber es war so und für den Augenblick gab es z. B. den Liedern Beranger's eine so große Macht, daß sie dem in den mittleren Schichten der Gesellschaft herrschenden Geiste entsprechend, ohne tieferen Gehalt rhetorisches Pathos, giftigen Hohn, frivolen und unsittlichen Witz in genialer Weise verbanden; es war der allgemeine Sinn, den sie aussprachen. Eine Gelegenheit, den kirchlichen Processionen gegenüber auch ihre Macht zu zeigen und zu mustern, gab der liberalen Bourgeoisie der Tod des Generals Foy, eines ihrer ehrenwerthesten Vorkämpfer in der Deputirtenkammer. Sie benutzte den Tag seiner Bestattung, den 28. November 1825, zu einer colossalen Demonstration. Fünf Stunden lang, unter strömendem Regen dauerte der unabsehbare Zug, der unter ernstem Schweigen nach dem Kirchhof Père la Chaise sich bewegte. Marschälle und Pairs von Frankreich, Banquiers, Abgeordnete, viele Tausende aus allen Ständen bildeten den Zug; am Grabe forderte Casimir Perier die Versammelten auf, die Schuld der Nation an den großen Bürger zu bezahlen, der eine Wittwe und fünf unmündige Kinder mittellos hinterlasse. In einigen Monaten war eine Million gezeichnet; es blieb nicht unbemerkt, daß auch der Herzog von Orleans sich mit 10,000 Frcs. betheiligt hatte. Andere hatten noch mehr gezeichnet, Casimir Perier das Doppelte, ein Auberer der großen Banquiers, Lafitte, das Fünffache. Und dies war unter allem Unerträglichen das Unerträglichste: die Macht des Geldes war gleichfalls, darüber konnte kein Zweifel sein, bei den Liberalen, bei der Bourgeoisie. Sie war es nicht blos in dem Sinne, daß die Bourgeoisie die reichsten Leute in ihren Reihen zählte und in ganz Frankreich über die Macht des Capitals im größten Umfange verfügte, sondern noch in einem anderen. Wo es auf Gelderwerb, auf Wunsch und Streben möglichst bald. reich zu werden ankam, war alle Welt Bourgeois. Auch der Edelmann vom ältesten Adel fühlte dann eine bürgerliche Ader in sich: und in den Künsten der Börse, dem Speculiren auf das Steigen oder Fallen der Courfe standen auch die Ultras der Monarchie und Theokratie ganz auf der Höhe des plebejischen Jahrhunderts; man wollte wissen und es ist auch wohl nicht zu bezweifeln, daß die Regierung die Ergebenheit mehr als Eines Deputirten durch zeitgemäße Winke über die allgemeine Lage, ob es räthlicher sei, à la hausse oder à la baisse zu speculiren, erkaufte. Doch aber war es nicht dies allein, was der liberalen Sache bei allen einzelnen Mißerfolgen und Niederlagen die Zuversicht und damit die Kraft des Sieges gab. Den hierarchischen Bestrebungen gegenüber vertrat der Liberalismus auch wirklich die Sache der Humanität und der Vernunft und es gab ehrliche Männer unter den Conservativen selbst, wie z. B. Herr von Montlosier ein solcher war, welche sich in ihrem Gewissen gedrungen fühlten, gegen das Umsichgreifen der übermächtigen Priesterpartei sich auszusprechen; er that dies in einer Reihe von Artikeln, welche in einem Tageblatt royalistischer Färbung erschienen. Die nächste Veranlassung dazu gab der eben in Scene gehende geistliche Schwindel des Jubeljahres, welchen die Regierung mit großem Ernst behandelte; wie denn die Besatzung von Paris, da es mit den bloßen Einladungen nicht gehen wollte, zu den Bußübungen förmlich commandirt wurde.

Was aber hier in maßvoller Sprache gesagt wurde, das wiederholten in heftiger und wirksamer Polemik die zahlreichen Journale, welche der liberalen Partei zur Verfügung standen. Und hier überflügelten sie ihre plumpen Gegner weit, deren eigentliche Pläne, Meinungen und Mittel ohnehin das Licht der Oeffentlichkeit nicht vertrugen, und die überdies die große Menge ihrer Anhänger unter Denen hatten, für welche Journale und Bücher nicht geschrieben waren. Gegen allzu giftige und derbe Angriffe konnte man freilich die Gerichte anrufen, und so nahm in der That der Generalprocurator zwei der liberalen Journale, den Courier français und den Constitutionel in Anspruch, weil sie darauf ausgingen, die katholische Religion zu untergraben und eine neue Revolution herbeizuführen. Aber dieser Schritt führte zu einem Processe, der die allgemeine Aufmerksamkeit erst recht auf jene Artikel richtete, zu glänzenden Vertheidigungsreden, welche dasjenige, was die Journale gesagt hatten, nur noch nachdrücklicher und von wirksamerer Stelle aus wiederholten, und schließlich zu einer Freisprechung, welche eine empfindliche Niederlage der Regierung war. Denn in den Motiven wurde mit deutlichen Worten gesagt, daß den Zeitungen, auch wo ihre Sprache das richtige Maß überschreite, mildernde Umstände zu Gute kämen, die ihre Erbitterung zu entschuldigen dienten — die Einführung religiöser Gesellschaften, welche die Gesetze des Landes verbieten, und die Verbreitung von Lehren, welche seine Freiheiten bedrohten, durch einen Theil der Geistlichkeit.

Indeß der Krieg gegen die Revolution und den Liberalismus war einmal eröffnet und mußte durchgefochten werden. Man kann nicht sagen, daß der Feldzug von Seiten der Regierung und der herrschenden Partei auch nur mit mäßiger Geschicklichkeit geleitet worden sei, und die Verblendung war vollständig, wie denn z. B. der Verfasser des unsinnigsten unter den vielen unsinnigen Hirtenbriefen, welche die Geistlichkeit gegen die Presse schleuderte, der Bischof Tharin von Straßburg, eben damals zum Erzieher des Herzogs von Bordeaux bestellt wurde.

Unter allen Symptomen, welche den veränderten Geist der Zeiten charakterisiren, war keines mehr in die Augen springend, keines aber auch den Männern, deren Ideale in der Vergangenheit lagen, verhaßter, als die Verwischung der äußeren Formen, in denen sich sonst die Ständeunterschiede ausgeprägt hatten. Dagegen war auf geradem Wege nicht anzukommen; man konnte die gelben Westen, die Federhüte und Degen der Edelleute nicht durch einen legislativen Act zurückführen; aber man glaubte doch von einer Seite die fortschreitende Demokratisirung der Gesellschaft aufhalten zu können — man glaubte sich im Stande, der zunehmenden Theilung des Grundbesitzes zu wehren, welche den großen Grundbesitz — die festeste Stütze des Thrones nächst der Kirche nach dem Aberglauben der gegenrevolutionären Partei — allmälig gänzlich zu verschlingen drohte. Diese Wahrnehmung veranlaßte die thörichte Idee, durch ein Gesetz mitten im 19. Jahrhundert, unter einem Volke, das unter allen wahren und vermeintlichen Gütern, die ihm die Revolution gebracht, keines höher hielt, als die Gleichheit, einen Adel wiederherzustellen, wie er nur in England sich durch glückliche Verhältnisse und eigenes Verdienst ungebrochen erhalten hatte.

So ward den Pairs beim Wiederzusammentritt der Kammern im Jahre 1826 eine von dem Justizminister Peyronnet, einem gedankenarmen Formalisten, ausgearbeitetes Erstgeburtgesetz vorgelegt, nach welchem bei einem Vermögen, von welchem 300 Francs Grundsteuer und mehr gezahlt würden, derjenige Antheil, welchen das Gesetz nicht als Pflichttheil den Kindern zuweise, von der Theilung unter die Kinder eximirt werden und vorzugsweise dem erstgeborenen Sohne zufallen solle. Es war nicht schwierig, das Unsinnige dieses Entwurfes aufzuzeigen. Wenn man aus den Erstgeborenen eine neue Aristokratie schuf, so bildete man gleichzeitig aus den hintangesetzten Nachgeborenen eine gefährliche Demokratie, (so Graf Molé); man versetzte, wie Graf Pasquier ausführte, den Familienvater in eine schiefe und den Frieden der Familie gefährdende Stellung; man verstieß ohne Noth, mitten in ruhiger Zeit, auf empfindliche Weise gegen die Sitten der Nation und „Gesetze, die zu den Gewohnheiten und Meinungen einer Nation nicht passen," äußerte ein sehr gemäßigter Redner, „sind nur Worte und nichts weiter." Es war nur ein Beweis der eigenen Beschränktheit, wenn der Minister den letzteren Satz bestritt; die Pairs, welche überhaupt mehr Besonnenheit und staatsmännischen Sinn verriethen als die Deputirtenkammer, verwarfen den Entwurf; ein Beschluß, der in Paris, wie in der Provinz Illuminationen und andere lärmende Freudenbezeugungen hervorrief. Ein einzelner Abschnitt des Entwurfes hatte Gnade gefunden, der wenig Bedeutung besaß und dessen Annahme nur die Folge hatte, daß die Sache nun auch an die zweite Kammer gelangte, und auch hier die Principien des Entwurfes mit Heftigkeit erörtert wurden. Einer der Ultras war hier ungeschickt genug, die liberale Bourgeoisie ganz unmittelbar zu reizen, indem er darauf hinwies, daß jetzt ein neues Lehenswesen, wie er sich ausdrückte, eine Feudalität des beweglichen Eigenthums und des Gewerbefleißes, die ihre Vasallen und ihre Leibeigenen habe, wie die alte, und sie in einer drückenderen Lage halte als die frühere, entstanden sei, eine Feudalität, deren Fortschritt man aufhalten müsse, ehe sie ihr Bündniß mit der Revolution vollzogen habe.

Dies war ein Gedanke, in dem sich in einem späteren Stadium des Jahrhunderts Aristokratie und Proletariat begegnen sollten, und der sowohl in Frankreich als anderwärts zu eigenthümlichen Bündnissen zwischen Reaction und Radicalismus geführt hat; einstweilen aber führte die royalistisch-theokratische Partei den Kampf allein, und es galt, diesem fortschreitenden „Lehensadel des beweglichen Eigenthums" seine Hauptmacht, die Presse, wo nicht ganz zu brechen, doch zu schmälern. Ein Versuch der theokratischen Partei, mit Geldunterstützung aus königlicher Casse unternommen, den Gegner auf diesem

Felde mit gleichen Waffen zu bekämpfen, gelang nicht; die Kunst, eine innerlich verkehrte Sache in täglicher öffentlicher Discussion mit gewandten, unterrichteten Gegnern in so günstigem Lichte erscheinen zu lassen, daß sie wenigstens dem oberflächlichen Blick als vernünftig, als haltbar erscheint, ist schwierig, und sie war damals noch nicht zu der Virtuosität ausgebildet worden, die sie jetzt erreicht hat; man mußte sich zu dem plumperen Mittel entschließen, die Presse der Gegner, die man nicht widerlegen und nicht durch eine bessere ersetzen konnte, durch ein neues drakonisches Preßgesetz zu tödten. Ein solches ward der Kammer vorgelegt, sein unwürdiges Seitenstück zu dem Sacrileggesetz der vorigen Session. Jede Druckschrift sollte vor ihrer öffentlichen Ausgabe bei der Direction des Buchhandels deponirt werden; 5 Tage vor Veröffentlichung wenn unter, 10 Tage wenn über 20 Bogen stark; für den ersten Bogen sollte 1 Fr., für alle folgenden zusammen 10 Fr. Stempel bezahlt werden, was, wie man nachwies, die Pariser Journale bis auf drei ruinirt haben würde. Der Begriff der Verleumdung, gegen welche der Staatsanwalt ohne Klage und ohne daß der Verleumdete selbst es verlangte, einschreiten konnte, war so gefaßt, daß jedes freie Wort der Kritik als Verleumdung verfolgt werden konnte. Dieses Gesetz fand, noch ehe es zur Discussion kam, heftigen Widerstand in der Presse selbst, die in Wahrheit hier um ihr Leben kämpfte. Auch in der Kammer gab es nicht blos unter der kleinen liberalen Minderheit Männer, die einsahen, daß dies ein unmögliches Gesetz war, weil es bei der hohen Entwickelung, welche die französische Presse bereits erlangt hatte, unmittelbar die Interessen von Hunderttausenden schädigte — von der mittelbaren Schädigung der Millionen abgesehen. Die Anhänger des Entwurfs brachten wenig anderes vor, als allgemeine Klagen über die Zügellosigkeit der Presse und am consequentesten von Allen war der Deputirte Salaberry, welcher die Buchdruckerkunst verdammte — die einzige Plage, sagte er, mit der einst Gott Aegyptenland nicht heimgesucht habe — und der das Gesetz noch zu schwach fand, um die „Feinde des öffentlichen Wohles, welche zugleich Feinde unseres Gottes und unseres Königs sind", zu zügeln. Benjamin Constant bediente sich desselben Arguments, indem er sagte, daß es viel richtiger sein würde, gleich die Ausübung der Buchdruckerkunst überhaupt zu verbieten. Tiefer faßte Royer-Collard die Frage, indem er mit großem Ernst darauf hinwies, wie weit es im Lande seit der Restauration gekommen sein müsse, wenn solche Debatten jetzt möglich seien. Nicht gegen die Preßfreiheit, sondern gegen jede Freiheit sei dieses Gesetz gerichtet: „im innersten Wesen dieses Gesetzes liegt der Sinn, daß es an dem großen Schöpfungstage unklug gewesen sei, den Menschen als ein freies und vernünftiges Wesen in die Welt eintreten zu lassen — — man kann diese große Verletzung bürgerlicher Rechte nicht anders vertheidigen, als indem man zugleich den göttlichen Gesetzen Hohn spricht — — die Unterdrückung der Presse, auf solche Grundsätze gestützt, ist nichts anderes, als das Manifest einer furchtbaren Tyrannei, die in ihrem Wesen alle anderen Unterdrückungen enthält." Sehr treffend bemerkte er, daß ein so ungeheuerliches Gesetz beweise, wie die Regierung nicht mehr die Regierung des Landes, nicht mehr die des Königs oder auch nur die einer Partei sei, sondern daß in ihr eine Faction den Ton angebe. „Ich werde diese Faction nicht nach ihrem Namen fragen, ich beurtheile sie nach ihren Werken. Heute schlägt sie uns die Zerstörung der Preßfreiheit vor, vergangenes Jahr hatte sie aus dem Mittelalter das Recht der Erstgeburt ausgegraben, im Jahre vorher das Gesetz über die Heiligthumsschändung. So macht sie fortwährend nur Rückschritte — sie strebt durch den Fanatismus, die Bevorrechtung und die Unwissenheit nach der geistlosen Herrschaft, welche durch die Barbarei begünstigt wird." Billèle hatte dem wenig entgegenzusetzen. Indem er, ein Mann klaren und nüchternen Urtheils, nicht erröthete, den Satz auszusprechen, daß die Freiheit der Presse der einzige Tyrann sei, welcher auf Frankreich laste, und ihr alles Unheil beimaß, welches die Wohlfahrt des Landes störe, bestätigte er in Wahrheit die Anschauungen Royer = Collard's. Peyronnet, der beschränkt genug war, an sein Gesetz selbst zu glauben, sprach besser: „Wir bedürfen der Freiheit gewiß — und vieler Freiheit — aber wenn es eine andere Freiheit gibt, die sich mit einem Namen brüstet, der ihr nicht gebührt, den sie entehrt — eine Freiheit, die verwegen genug ist, die Gnade Grausamkeit, die unerschütterliche Güte Tyrannei, die wahre Gottesverehrung Aberglauben, die Wohlfahrt Elend, die treue und regelmäßige Vollziehung der Gesetze Willkür, die ausgedehnteste Sicherheit, die man jemals in einem Lande genossen hat Sclaverei zu nennen, wenn diese hundertmal wiederholten Lügen endlich die Stelle der Wahrheit behaupten, wenn das Wahre als falsch, die Tugend als Laster, die Treue als Verrath, die Seelenstärke als Schwachheit, die Liebe zur Pflicht als Feigheit ausgelegt wird, so sage ich ohne Leidenschaft und ohne Furcht, daß diese Freiheit eine Plage der Völker ist, und daß wir die Pflicht haben, sie unter Aufsicht zu nehmen und in Schranken zu halten," — beredte Worte, wenn sie wahr gewesen wären. Die Kammer milderte einigermaßen die allzu schroffen Bestimmungen des Entwurfs und nahm ihn so mit 233 gegen 134 Stimmen an.

Allein jede Aussicht, denselben auch bei den Pairs durchzubringen, schwand alsbald. Die Commission, welche darüber zu berichten hatte, änderte ihn so, daß er das gerade Gegentheil von dem geworden wäre, was die Minister wollten, und um sich dieser Niederlage nicht auszusetzen, zogen sie ihn zurück, ehe er zur Berathung kam. Die Nachricht verbreitete sich: alsbald wiederholten sich, nur noch tumultuarischer als nach dem Fall des Primogeniturgesetzes, die Freudenbezeigungen; am folgenden Abend war ganz Paris illuminirt und auf den Straßen drängte sich die aufgeregte Menge, die da und dort mit der Polizei in Conflict gerieth.

Wenige Tage später fügte der König den Fehlern seiner Minister einen weiteren hinzu. Man kam auf die Gedanken, die frohe Stimmung des Volkes über die Zurückziehung des Preßgesetzes zu benutzen, um dem König den Genuß einer populären Huldigung zu verschaffen, nach welcher der eitle und gutmüthige Mann verlangte, und ordnete deshalb auf den 29. April 1827 eine große Revue der Nationalgarde an. Die Sache ging gut: wo der König, an der Spitze eines glänzenden Gefolges, mit dem Dauphin und dem Herzog von Orleans die Reihen entlang ritt, erscholl mit Lebhaftigkeit das vive le roi; an einer Stelle aber mischten sich in diese Acclamationen die Rufe: Nieder mit den Ministern und den Jesuiten. „Ich bin hierher gekommen, um Huldigungen, nicht um Lehren zu empfangen," entgegnete der König, als sich der Ruf in seiner unmittelbaren Nähe vernehmen ließ; der Ministerrath ward versammelt und schon am folgenden Tage erschien die Ordonnanz, welche die Nationalgarde auflöste. Eine Maßregel von unglaublicher Thorheit, welche den Bürgerstand mit Erbitterung und Besorgniß erfüllte und dem ziemlich harmlosen Spielzeug dieser Bürgerwehr eine Bedeutung verlieh, welche sie zuvor kaum besessen hatte.

Noch fügte die Regierung der Reihe ihrer Niederlagen eine weitere hinzu durch eine an sich lobliche Maßregel, welche zu ihrem sonstigen System nicht paßte. Der Justizminister schlug vor, den Listen, aus welchen die Geschworenen erloost wurden, die Wählerlisten zu Grunde zu legen, die demnach alljährlich von den Behörden aufgesetzt, publicirt und von den Gerichten controlirt werden sollten; die Pairs fügten noch die Bestimmung hinzu, daß in der Geschworenenliste neben den Wählern auch Diejenigen einzutragen seien, welche sich durch wissenschaftliche Bildung oder großen Umfang ihres Geschäftsbetriebes auszeichneten, und das Land erhielt so ganz unerwartet eine Garantie gegen die Unredlichkeiten, mit denen man seither bei Aufstellung der Wählerliste verfahren war.

So schloß die folgenschwere Session von 1826/27. Unter den treffenden und harten Worten, welche gefallen, war keines wahrer, als das Royer-Collard's, daß die Regierung eine Faction und nicht mehr eine Regierung des Landes oder des Königs sei. Als Chef einer Faction, nicht als Leiter der Politik eines großen Landes, dessen Lage wegen der hart sich befehdenden Parteigegensätze stets weiser und versöhnender Mäßigung bedurfte, erwies sich in diesem kritischen Augenblicke der leitende Minister Villèle. Er beschloß, den Zwiespalt, der sich zwischen den Pairs und der Majorität der Wahlkammer gezeigt hatte, durch eine großartige Pairsernennung zu beseitigen; eine Maßregel, zu der der König nach der Charte unzweifelhaft das Recht besaß, die aber darum nicht minder gewaltsam und bedenklich war. Er mußte aber, wenn er seinen Zweck erreichen wollte, diese neuen Pairs größtentheils aus den ihm ergebenen Mitgliedern der Deputirtenkammer ernennen, und glaubte, durch Berichte wohldienerischer und kurzsichtiger Beamten wie durch seine eigene Eitelkeit getäuscht, bei einer Neuwahl der Mehrheit sicher zu sein. So that er den verhängnißvollen Schritt: eine königliche Ordonnanz vom 6. November 1827 löste die Wahlkammer auf, eine zweite vom gleichen Tage ernannte mit Einem Schlage nicht weniger als 76 Pairs. Gleichzeitig wurde die Censur, die unmittelbar nach Schluß der Session eingeführt worden war, wieder aufgehoben, und der Zusammentritt der neuen Kammer auf den 5. Februar 1828 angesetzt.

Die Wahlbewegung, längst vorbereitet, begann, und sie gewann bald eine Stärke, welche jeder Beherrschung durch die gewöhnlichen Künste spottete. Die liberale Strömung war durch die ungeheuerliche Legislation der letzten Jahre in Fluß gekommen und die Partei mußte diesmal siegen oder sich auf eine Tyrannei gefaßt machen, aus der es keinen Ausweg, wenigstens keinen verfassungsmäßigen Ausweg mehr gab. Aber ihre Position war diesmal gut. Sie konnte mit Recht sagen, daß sie das bestehende Recht, die Charte vertheidige, welche die Regierung zwar nicht dem Buchstaben, aber ihrem wesentlichen Geiste und Sinne nach bedrohte; ihrem Programme aber, das sie in die Worte: die Charte und nichts als die Charte, zusammenfaßte, stimmte auch ein ansehnlicher Theil conservativer, gläubiger und gut bourbonisch gesinnter Royalisten von der Färbung des Herrn von Chateaubriand bei, welche Villèle haßten und ihm vor Allem vorwarfen, daß er durch die massenhafte Pairsernennung das Ansehen dieser Kammer untergraben und die eigentliche Bedeutung dieses Theils der gesetzgebenden Gewalt vernichtet und damit dem Königthum eine seiner festesten Stützen geknickt habe. In den Vereinen, welche die Wahlbewegung leiteten, dem Verein der Freunde der Preßfreiheit, der Gesellschaft Aide-toi, le ciel t'aidera saßen Conservative, wie Chateaubriand und der Herzog von Broglie neben den Liberalen, und das Ergebniß war eine Niederlage der Regierungspartei, wie sie vollstänbiger bei keiner Wahl erlebt worden ist. In Paris waren alle acht Deputirte Liberale, darunter die gefeiertsten Namen der Partei: Royer-Collard, der in sieben Wahlkreisen gewählt ward, Dupont de l'Eure, die Banquiers Lafitte und Casimir Perier, der Schriftsteller Benjamin Constant. Entsprechend war es allenthalben; die alte Mehrheit war vollkommen zersprengt; auch der Versuch, die unruhigen Auftritte, welche die Wahlen, oder, wie Manche argwöhnten, die Polizei in Paris hervorgerufen, als gefährliche Bedrohung des Thrones durch den Aufruhr darzustellen, verfing nichts; Villèle mußte das Ruder fahren lassen, an welches er sich so fest angeklammert hatte. Am 3. Januar 1828 erhielt das Ministerium, dessen Haupt er gewesen, seine Entlassung. Der Marineminister Chabrol, der zurückblieb, erhielt den Auftrag, dem Könige neue Minister vorzuschlagen. Die Liste, welche der König genehmigte, enthielt Graf Roy als Finanzminister, Graf Portalis Siegelbewahrer, Graf de la Ferronays Auswärtiges; den Unterricht, welcher vom Cultus getrennt wurde, erhielt Herr von Vatimesnil, das Kriegsministerium de Caux; der bedeutendste war der Minister des Innern Vicomte de Martignac, der 1776 geboren, ursprünglich Advocat, unter Villèle eine höhere Verwaltungsstelle bekleidet hatte und Civilcommissär bei der spanischen Interventionsarmee gewesen war, ein gewandter, geschäftserfahrener Mann von höchst achtbarem Charakter und gewinnendem Wesen, der nunmehr volle Gelegenheit hatte, zu zeigen, ob er Anspruch auch auf den Namen eines Staatsmannes habe. Denn selten war einem Minister eine schwierigere Aufgabe gestellt.

Er löste sie nicht erfolgreich, aber in einer für ihn selbst rühmlichen Weise und nimmt unter den nicht allzuvielen selbstlosen, ehrlichen und wirklich einsichtigen Staatsmännern Frankreichs einen hervorragenden Platz ein. Der König hatte kein Hehl daraus gemacht, daß er sich von seinen früheren Ministern nur ungern trenne. „Herrn von Villèle's System," hatte er gesagt, „ist das meinige;" er wollte jetzt den Versuch machen, mit einigen Concessionen die erregte Volksstimmung zu beschwichtigen; auch dies nur vorläufig, bis auf bessere Zeiten. Vielen Glauben an diese Politik der Concessionen hatte er nicht; im Hintergrunde seiner Gedanken stand immer der Artikel 14 der Charte, nach welchem der König das Recht besaß, diejenigen Verordnungen zu erlassen, welche die Sicherheit des Staates erheische; mit diesem Artikel meinte er in jedem Augenblicke, ohne seinen Eid zu verletzen, die königliche Vollgewalt zurücknehmen zu können. Indeß ließ er den Ministern, von deren Fähigkeiten er, beschränkt wie er selber war, keinen hohen Begriff hatte, zunächst freie Hand. Einige populäre Entfernungen und Ernennungen, die Niedersetzung einer Com-

miſſion zur Unterſuchung der meiſt von Jeſuiten geleiteten geiſtlichen Vor-
bereitungsſchulen und Aenliches ſollten die öffentliche Meinung vorläufig
gewinnen. Die Thronrede, mit welcher diesmal die Kammer eröffnet
wurde, hielt ſich in Allgemeinheiten. Unter den Candidaten, welche
die Kammer für den Präſidentenſitz präſentirte, wählte der König
Royer-Collard, welcher durch ſeinen reinen Charakter, ſeine Grund-
ſatzfeſtigkeit und die Aufrichtigkeit ſeines conſtitutionellen Royalismus
auch dem Könige, der ſonſt mit der ganzen Bornirtheit ſeines Weſens
in jedem Manne von liberalen Grundſätzen einen Jacobiner zu ſehen
geneigt war, Vertrauen einflößte. Zunächſt war die Kammer ſelbſt
noch wenig orientirt. In der Antwortadreſſe auf die Thronrede wurde
die Phraſe gebraucht, daß die Klagen Frankreichs das bedauernswerthe Syſtem (déplorable) zurückgewieſen hätten, welches die Verheißungen Sr. Majeſtät zur Täuſchung gemacht; mit 34 Stimmen
Mehrheit ward ſie angenommen. Der König war entrüſtet: er ſprach
davon, die Kammer ſofort aufzulöſen. Die Miniſter mußten mit ihrer
Entlaſſung drohen; ſo bezwang er ſich und antwortete der Deputation
der Kammer mit Tact und ohne Härte.

Das Miniſterium, aus welchem die letzten Elemente der vorigen
Verwaltung ausſchieden, konnte mit wachſender Sicherheit ſeinen
Weg weiter gehen. Es legte, durch gleichgeſtimmte Männer Hyde
de Neuville (Seeweſen) und Biſchof Feutrier (Cultus) verſtärkt, der
Abgeordnetenkammer einen Geſetzesentwurf über jährliche Durchſicht
der Geſchworenen- und Wählerliſten und einen anderen über die
Preſſe vor; beide, dem König nicht ohne Mühe abgewonnen, bewieſen
den ernſten Willen, der ächten geſetzlichen Freiheit einen Weg ohne
Hinterhalte zu bahnen. Das erſtere, beſtimmt die Freiheit der Wahlen zu ſichern, ging bei den Abgeordneten mit großer Mehrheit durch;
auch in der erſten Kammer, deren Phyſiognomie ſich durch den Pairs-
ſchub Villèle's weſentlich geändert hatte, wurde es mit großer Mehrheit genehmigt. Das neue Preßgeſetz hob alle ſeitherigen Beſchränk-
ungen auf, namentlich die Befugniß der Regierung, zwiſchen den
Seſſionen willkürlich die Cenſur zu verhängen; nur die Cautionen
bei Begründung eines neuen Journals waren beibehalten. Die Rede,
mit welcher der Miniſter, der das Geſetz ausgearbeitet hatte, Portalis,
daſſelbe empfahl, gab die geſündeſten Grundſätze kund: die Seele einer
conſtitutionellen Regierung ſei die Oeffentlichkeit, und dieſe nur da
aufrichtig, wo die Journaliſtik kein Monopol ſei, ſondern frei ſich bewegen könne; Strafen gegen den Mißbrauch nach Urtheil durch die
Gerichte genügten; die Caution für ein Journal rechtfertigte er damit, daß auch jedes andere größere öffentliche Unternehmen gewiſſen
Bürgſchaften unterworfen werde. Einige Redner der Linken ſprachen

sich gegen das Gesetz aus, das ihnen nicht weit genug ging. Sie ließen sich sogar zu der beleidigenden Aeußerung hinreißen, daß dasselbe durch die Faction, welche mächtiger sei als die Minister selbst, diesen dictirt worden sei. Die Mehrheit aber folgte dieser Thorheit, zu welcher sich parlamentarische Parteien so leicht hinreißen lassen, diesmal nicht; sie begnügte sich, die Höhe der zu stellenden Caution von 200,000 Fr. auf deren 120,000 herabzuhandeln und einige Strafsätze zu mildern, und nahm dann, 266 gegen 116 Stimmen, dasselbe an. Auch die Pairs stimmten zu, 139 gegen 71, und die Debatten in beiden Kammern leisteten das, was eine solche Debatte im Schooße einer Versamlung der Vertrauensmänner einer gebildeten Nation leisten soll: sie beleuchteten eine große Frage des öffentlichen Wohls von den verschiedenen möglichen Standpunkten aus, kühlten so die Leidenschaften ab und klärten die Geister auf. Von größerer Wichtigkeit noch war die sogenannte Jesuitenfrage. Das Ministerium hatte zunächst einige Acte baarer Gerechtigkeit gethan, indem es die von der Villèle'schen Verwaltung lahmgelegten Lehrer, die Cousin, Guizot, Recamier, Michaud, Villemain, wieder in ihre Wirksamkeit einsetzte, und legte nun, ehe die Angelegenheit der acht unter Leitung der Jesuiten stehenden Seminarien in der Kammer zur Sprache kam, dem König zwei Verfügungen, vor, nach welchen die acht Jesuitenschulen des Landes der Aufsicht der Universität unterworfen wurden, und künftig Niemand zur Leitung einer geistlichen oder weltlichen Erziehungsanstalt ermächtigt werden sollte, der nicht schriftlich erkläre, keiner der Genossenschaften anzugehören, welche die Gesetze Frankreichs verbieten. Der König unterzeichnete; über seine Gewissensscrupel half ihm die theokratische Partei selbst hinweg, indem sie nunmehr offen seinem reizbaren königlichen Selbstgefühl zu nahe trat. Sie begnügten sich nicht damit, sich auf einzelne Artikel der Charte zu berufen, wie denjenigen, der alle Franzosen zu allen bürgerlichen und militärischen Aemtern gleichmäßig zulasse, oder sich, mit einer Tactik, welche der Ultramontanismus gerne übt, wo er sich in der Minderheit weiß, und die er schnell vergißt, wo er zur Macht gelangt, als die Vertreter der Unterrichtsfreiheit zu geriren, kraft deren es jedem Familienvater freistehen müsse, wo und wie er seine Kinder unterrichten lassen wolle. sie gingen weiter: der Erzbischof von Toulouse, Clermont=Tonnerre, reichte im Namen des französischen Episcopats eine Denkschrift ein, in welcher rundweg erklärt war, daß sie, die Bischöfe, der weltlichen Gewalt nicht gestatten könnten, sich in den geistlichen Unterricht einzumischen, und daß sie jene Verfügungen nicht vollziehen könnten. „Wir schicken Tag und Nacht unsere Gebete für den allerchristlichsten König zum Himmel, aber" — setzten sie mit jenem Schriftwort hinzu, welches die Hierarchie zu allen Zeiten und an allen Orten im Munde führt, wo ein weltliches Gesetz ihren Anmaßungen im Wege steht — „wir sind auch des Gebotes eingedenk, welches uns die Pflicht auferlegt, Gott mehr zu gehorchen als den Menschen." Diesmal aber griff der Conflict nicht weiter. Die Regierung, die sich einer sehr mächtigen öffentlichen Meinung gegenüber sah, vor der selbst die geheimen Sympathieen, die etwa der König für die geistlichen Opponenten hegen mochte, sich bescheiden mußten, wandte sich an den Papst, und dieser war klug genug, eingedenk dessen, was die Kirche diesem devotesten aller französischen Herrscher verdankte, die Bischöfe zum Gehorsam und zum Vertrauen auf die hohe Frömmigkeit und Weisheit des Königs zu ermahnen. Sie fügten sich, mit Ausnahme des Erzbischofs von Toulouse, dem deshalb der Zutritt zum Hofe untersagt wurde.

Glücklich war der Schluß der Session erreicht, und man konnte sich wiederum der Hoffnung hingeben, daß die Leidenschaften sich beruhigen, die Parteigegensätze sich mildern, die Geister sich gegenseitig nähern würden. Beweise einer solchen gegenseitigen Nachgiebigkeit lagen in der Behandlung der Ministeranklage, welche am 14. Juni von einem Abgeordneten gegen die abgetretene Verwaltung erhoben, aber von der Mehrheit nicht weiter in der laufenden Session verfolgt ward; in den Berathungen über das Budget, bei welchen allerdings und mit Recht über die allzugroße Menge der Beamten Klage geführt, eine „Leidenschaft des Sparens" empfohlen und in einzelnen Abstrichen bethätigt, aber doch im Ganzen der Regierung was sie forderte ohne viel Schwierigkeiten bewilligt wurde, und endlich in der überaus großen Mehrheit, welche dem Ministerium einen Credit von 80 Millionen Francs bewilligte, im Falle dasselbe durch die Verwickelungen im Osten genöthigt würde, die Würde Frankreichs mit kriegerischen Mitteln aufrecht zu halten. Die Politik der Regierung nach dieser Seite hin fand Billigung; die öffentliche Stimmung Frankreichs sympathisirte seit lange mit dem griechischen Unabhängigkeitskampf; die Nachricht von dem Schlage bei Navarin hatte hier weit ungetheiltere Genugthuung erregt, als in England, und die Ausrüstung der Expedition unter General Maison nach Morea, welche die seit dem Vertrage vom 6. Juli 1827 im Princip entschiedene Befreiung Griechenlands auch thatsächlich vollendete, erregte allgemeine Zustimmung. Ein Streit mit Brasilien wurde auf eine für Frankreich sehr ehrenvolle Weise beigelegt; ein alter Hader mit dem Dey von Algier war zwar noch nicht beendigt, aber die französische Seemacht hielt die Corsaren in ihren Häfen festgebannt. Frankreich nahm wieder die große Stellung in der Welt ein, die seiner Macht gebührte.

Gleichzeitig begannen die Folgen des langen Friedens in einem entschiedenen Aufblühen des Volkswohlstandes sichtbar hervorzutreten. Die allmälige Beruhigung, welche unter der billigen und verständigen Verwaltung des Ministeriums Martignac in die Gemüther einkehrte, zeigte sich in der gemäßigteren Sprache der Presse; wo Einzelne diese Mäßigung vergaßen, erwiesen sich die Gerichte vollkommen ausreichend, solche Ausschreitungen zu ahnden. Sie verurtheilten unter Anderem den Dichter Béranger für seine muthwilligen Verse zu neun Monaten Gefängniß; ein Anderer entgalt das unehrerbietige Gleichniß vom mouton enragé, das er vom Könige gebraucht, mit fünf Jahren und 10,000 Fr.; ein Dritter die zweideutigen Hinweisungen auf eine große Zukunft des Hauses Orleans mit 2000 Fr. und 15 Monaten, und als der König im Herbst 1828 die östlichen Departements Elsaß und Lothringen besuchte, sah er sich allenthalben von enthusiastischen Kundgebungen empfangen. „Sehen Sie," sagte der unverbesserliche Mann zu seinem Minister, „sehen Sie, Herr von Martignac, diese Leute rufen: es lebe der König, nicht: es lebe die Charte." Erfüllt von diesen Eindrücken sträubte er sich gegen weitere liberale Ernennungen, die ihm seine Minister sehr weislich anriethen, weil es nützlich erschien, einflußreiche Persönlichkeiten dieser Partei zu gewinnen. Aber als am 17. Jan. 1829 die neue Session eröffnet wurde, zeigte die Thronrede dennoch einen wohlthuenden Hauch der Wärme: der König sprach von der Zuneigung seines Volkes, die sich ihm mit jedem Tage mehr offenbare, die ihm seine Aufgabe von Tag zu Tag leichter mache; von der Vereinigung der königlichen Würde mit den Freiheiten, die von der Charte verbürgt seien: „Sie, meine Herren, sind berufen, dieses Band immer enger und fester zu knüpfen; Sie werden Ihren Auftrag als treue Franzosen erfüllen, und der Beistand Ihres Königs wird Ihren Bestrebungen so wenig fehlen, als der Dank der Nation." Diese edlen und versöhnlichen Worte fanden in beiden Kammern einen lebhaften Widerhall. „Ich statte der Thronrede den Zoll meiner ehrerbietigen Anerkennung ab, sie hat manche Besorgnisse zerstreut und fast alle unsere Hoffnungen erfüllt," sagte einer der liberalen Redner; „die Lage Frankreichs ist befriedigender als je, ich sehe überall nur Zufriedenheit und Hoffnung," äußerte Lafitte. Mit 213 gegen 8 Stimmen wurde die Adresse, eine Umschreibung der Thronrede, angenommen; nur die Ultras grollten und entzogen sich der Abstimmung, indem sie den Saal verließen.

An der liberalen Partei war es jetzt, diese Verwaltung zu stützen, deren Stellung bei den bekannten Gesinnungen des Königs, dessen Ohr noch immer die Männer der extremsten Richtung besaßen, fortwährend eine schwierige war. Die Lage Frankreichs barg seit lange einen inneren Widerspruch — einen Widerspruch, in welchem das

Verhängniß des Landes lag und der, wichtig für das Verständniß aller folgenden Katastrophen, von denen wir dasselbe heimgesucht sehen, sich kurz dahin aussprechen läßt, daß die Landes-Verfassung den Bürgern die ausgedehntesten Rechte der Theilnahme an den Angelegenheiten des Staates und nicht das mindeste an der Verwaltung der Angelegenheiten der Gemeinde gab. Sie wählten den Gesetzgeber für den Staat; den Maire ihrer Gemeinde bestimmte die Regierung. War eine Brücke über den Bach, welcher das Dorf bespülte, zu bauen, ein Schulhaus zu repariren, ein Feldweg herzustellen, so ging der Bericht vom Maire an den Präfekten und vom Präfekten an den Minister und auf demselben Wege kam dann der Befehl zurück; dem Ehrgeiz, dem das ganze Leben des Staates durch die Wählbarkeit zur Kammer offen lag und der so manchen Höherstrebenden zu dieser Laufbahn trieb, welche ihm, wenn er sich auf jener Arena leidenschaftlicher Parteikämpfe bemerkbar gemacht hatte, die Aussicht als Präfekt oder Suspräfekt zurückzukehren, eröffnete — diesem Ehrgeiz war das Nächste; einsichtiger Rath und kräftige That in dem, was Jeder am besten verstand, in den Angelegenheiten seines Dorfes, seines Bezirks, seines Departements, verschlossen. Es war ein Beweis wirklicher Staatsweisheit, daß Martignac die ungeheure Gefahr erkannte, die in dieser gewaltsamen Hinlenkung aller Gedanken auf die große Politik lag, und daß er die heilende Hand an diesen wundesten Fleck der Zustände seines Landes zu legen sich anschickte.

Er legte der Kammer zwei Gesetze vor, ein Municipal- und ein Departementalgesetz. Das erstere war bestimmt, die Gemeindeverwaltung zu regeln. In jeder Gemeinde, Stadt oder Dorf, sollte dem Maire, den die Regierung auch fernerhin fortfuhr zu ernennen, ein Gemeinderath beigegeben werden, den eine aus den höchstbesteuerten und sonst angesehenen Bürgern bestehende Notabelnversammlung wählen würde; das Recht, einen Gemeinderath aufzulösen, behielt sich die Regierung vor; im übrigen sollte derselbe mit dem Maire, in den Städten auch mit dessen gleichfalls von der Regierung ernannten Adjuncten, die Gemeindeangelegenheiten selbstständig verwalten. Das Departementsgesetz verordnete, daß die Mitglieder der Arrondissementsräthe und der Departementalräthe, welche einige Befugnisse in Beziehung auf Steuerumlage und Prüfung der Rechnungen des Präfekten besaßen, und welche bisher — unsinnig genug — von der Regierung ernannt worden waren, künftighin gewählt werden sollten, und zwar die Arrondissementsräthe von den Cantonsversammlungen, den Höchstbesteuerten und Notabeln des Cantons oder Unterbezirks, die Departementalräthe von der Arrondissementsversammlung, den Höchstbesteuerten und Notabeln des Arrondissements.

Es ließ sich ohne Zweifel Manches an diesen Entwürfen aussetzen, bei denen der Minister, wie sich denken läßt, mit seinem König gegen dessen Furcht vor Allem was wie demokratische Institutionen aussah, zu ringen gehabt und mithin nicht ganz freie Hand besessen hatte. Doch aber konnte man berechnen, daß durch diese Gesetze mehr als 300,000 Bürger mit Rechten ausgestattet wurden, deren Ausübung weit unmittelbarer dem Gemeinwohl zu Gute kam, als alle jene Rechte, die sie in Beziehung auf die hohe Politik besitzen mochten. Es war, was immer die Hauptsache ist, ein entschiedener Schritt in der rechten Richtung und selten ist in einer französischen Kammer eine staatsmännischere Rede gehalten worden, als diejenige, mit welcher Martignac seine beiden Gesetze bei den Deputirten einführte. Er stellte sich auf einen hohen und idealen Standpunkt, der aber zugleich ein durchaus praktischer war. Die constitutionelle Charte, so war der Gang seiner Gedanken, ist unwiderruflich; Frankreich hat sie ernst genommen; es ist der Hafen, den man nach langem Sturme erreicht hat. Durch diese constitutionellen Einrichtungen — die Wahlen, die Freiheit der Rednerbühne, die Freiheit der Presse — ist das Interesse an den öffentlichen Angelegenheiten lebhaft erweckt, weit verbreitet, der Ehrgeiz mächtig aufgeregt worden; man muß diesem Ehrgeiz, der sich auf die Theilnahme an den Angelegenheiten des Landes richtet, würdige, zahlreiche, für die Vielen erreichbare Ziele geben. Aber nicht der Staat allein, auch die Gemeinde, das Departement habe ihre Interessen; Ameliorationen, Bauunternehmungen z. B.: „die allgemeine geistige Bewegung einer Nation ist schwer aufzuhalten, leite man sie also mit Klugheit, theile man sie, damit ihre Wirkung weniger gewaltsam anbringe, und wende man sie zum Besten des Landes. In dem Herzen des Königreichs gesammelt und auf ein allgemeines Ziel gerichtet, kann diese zunehmende Thätigkeit zu Gefahren führen; rufe man sie nach mehreren Punkten, gebe man ihr Nahrung der verschiedensten Art, und man wird zugleich im Stande sein, sie zu mildern und heilsam zu machen." Er durfte hinzusetzen, daß eben eine solche auf das Nächste und Wohlbekannte gerichtete Thätigkeit die beste Schule war für richtige und besonnene Ausübung der politischen Rechte, da man über staatliche Dinge im Allgemeinen, über politische Parteien und Verfassungsformen u. dgl. bequem und lang in's Blaue reden kann, ehe die Zuhörer, geschweige der Redner selbst, seine Unzulänglichkeit gewahr wird, wogegen man in der nächsten und besonderen Angelegenheit bald die Erfahrung macht, daß man sie verstehen muß, ehe man über sie redet. In diesen Grundsätzen lag, wenn irgendwo die Rettung Frankreichs und jene Gesetze wären wenigstens ein Anfang zu ihrer Verwirklichung gewesen. Aller Anfang ist schwer, aber der Anfang einer gesunden inneren Politik in einem von Revolutionen zerwühlten Lande ist sicher am allerschwersten; die unsägliche Thorheit der Liberalen war es diesmal, die es auch nicht einmal zu diesem Anfange kommen ließ. Die reactionäre Partei hatte Recht, wenn sie auf die besondere Geschicklichkeit des doctrinären Liberalismus, über dem Beantragen des Besseren das Ergreifen des Guten zu versäumen, mit Zuversicht baute. Die Commissionen trugen ihren Bericht vor: für die loi municipale war die wichtigste Aenderung, daß in den Städten die Maires zwar durch die Regierung, aber nur aus der Mitte des von den Bürgern gewählten Gemeinderaths ernannt werden sollten; bei der loi departementale dagegen waren die Aenderungen radicaler Art: statt der Höchstbesteuerten substituirte man „sämmtliche zur Wahl von Abgeordneten Berechtigte", man verwarf das Zwischenglied der Bezirksräthe und verlangte die Wahl der Departementalräthe in den Cantons- oder Kreisversammlungen: mit anderen Worten, eine möglichste Democratisirung der Vorlage, welche doch das Aeußerste enthielt, zu dem man den König hatte bringen können.

Ueber das Gemeindegesetz schien indeß gleichwohl eine Verständigung nicht unmöglich und es war also geboten, dieses zuerst womöglich in Sicherheit zu bringen. Die Linke aber verlangte zuerst die Berathung der Departementsordnung; die Rechte that ihr mit Freuden den Willen. Das Weitere ließ sich voraussehen. Von diesen entgegengesetzten Enden her bedrängt, hier angegriffen, dort im Stiche gelassen, vertheidigte Martignac, unterstützt vom Siegelbewahrer Portalis und vom Unterrichtsminister Vatimesnil, sein Gesetz mit Festigkeit und Geschicklichkeit. Er gab den Liberalen zu hören, daß der König, indem er auf wichtige Ernennungsrechte zu Gunsten einer Ausdehnung des Wahlprincips verzichte, ein Recht habe die Gränze zu bestimmen, bis zu welcher er diese Entäußerung gehen lassen wolle; was der Minister nicht sagte, hätten sie sich selbst sagen können, daß der Grundsatz, Alles oder Nichts, von dem sie auszugehen schienen, unsinnig ist für den Einzelnen in seinen Privatverhältnissen, unsinniger für denjenigen, der das Interesse einer großen Nation zu vertreten berufen ist, die zu allmäligem Fortschritt, zu allmäliger Erweiterung ihrer Rechte, allmäliger Ergänzung und Verbesserung ihrer Gesetze Zeit genug hat, weil sie nicht stirbt, wie der einzelne Mensch, — ja für die ein solches langsames Fortschreiten das Wünschenswertheste ist, weil nur so der Schritt vorwärts von Allen oder den Meisten mitgemacht werden kann. Der Abschnitt über die Arrondissementsräthe kam zur Abstimmung. Die gesammte linke Seite stimmte für die Unterdrückung desselben, während die Ultras sich der Abstimmung enthielten. Die Minister entfernten sich; nach kurzer Zeit kehrten sie zurick, um der Kammer anzukündigen, daß der König befohlen habe, die beiden Gesetzesentwürfe zurückzuziehen (7. April 1829).

Der Rest der Session betraf Geldforderungen, welche bewilligt wurden, nicht ohne daß es bei einzelnen Posten, wie bei der Besoldung der 20,000 Schweizertruppen, der Bevorzugung der königlichen Haustruppen und der Garden zu heftigen Anfechtungen kam. Es bedurfte dessen nicht, um den König zu überzeugen, daß „mit diesen Leuten nichts zu machen sei." Am 31. Juli wurden die Kammern geschlossen und am 8. August brachte der Moniteur die Liste eines neuen Ministeriums, an dessen Spitze der Fürst Julius von Polignac, seitheriger Gesandter am Londoner Hofe Labourdonnaye stand. Er übernahm das Auswärtige; das Innere erhielt Labourdonnaye, der leidenschaftlichste unter den Führern der Ultras in der Kammer; General Bourmont, dessen Verrath die Thorheit der Franzosen die Niederlage bei Waterloo zuschrieb, das Kriegsministerium; die geistlichen Angelegenheiten und den Unterricht der Graf von Montbel, ein eifriger Anhänger Villèle's; das große Siegel Courvoisier, dessen Vorliebe für die Jesuiten bekannt war; die Finanzen Chabrol de Crousol, früherer Marineminister Villèle's; die Marine der Präfekt des Departements der Gironde, Baron d'Haussez. Graf Portalis erhielt den Auftrag, seinen Collegen, welche der König durch vollendete Artigkeit über sein Vorhaben getäuscht hatte, ihre Entlassung mitzutheilen.

Diese Namen waren eine offene Kriegserklärung gegen die Liberalen, und vor Allem in Polignac, dessen Mutter die Freundin der unglücklichen Königin Marie Antoinette gewesen, und der, im Ausland aufgewachsen, einst den Eid auf die Charte nur unter Vorbehalt geleistet hatte, weil sie den Grundsatz der Religionsfreiheit aussprach, sah man das Ancien Regime, die Gegenrevolution, gleichsam verkörpert. Karl X. war glücklich; nur mit Widerwillen hatte er Martignac die liberale Probe machen lassen, und es war ihm im Grunde lieb, daß dieselbe so schlecht ausgefallen: jetzt endlich hatte er ein Ministerium nach seinem Herzen gefunden, lauter ächte Vorkämpfer für Thron und Altar, und lauter mittelmäßige Köpfe. Mit unglaublicher Naivetät ging namentlich der Chef der neuen Regierung, ein persönlicher Freund des Königs, an seine Aufgabe, nach der er schon längst Verlangen getragen; eigentlich ein harmloser, im Privatleben gutmüthiger und wohlwollender Mann wie sein Herr, ein armer Geist, im beschränktesten Köhlerglauben befangen wie dieser.

Die liberale Presse nahm sofort den Kampf auf. Unter den vielen Artikeln, in welchen sich vom ersten Tage an die absolute Feindseligkeit gegen die neue Verwaltung aussprach, drückte einer, der im Journal des Debats erschien, die Stimmung des liberalen Frankreichs am besten aus. „Siehe da noch einmal den Hof mit seinem alten Groll, die Auswanderung mit ihren Vorurtheilen, das Priesterthum mit seinem Freiheitshasse, wie sie vereint sich auf Frankreich und seinen König werfen. — Die Männer, welche jetzt die Verwaltung leiten, wollten sie auch gemäßigt sein, sie könnten es nicht. Der Haß, den ihr Name in allen Gemüthern weckt, ist zu tief, um nicht erwidert zu werden. Gefürchtet von Frankreich, werden sie Frankreich furchtbar werden. Vielleicht in den ersten Tagen werden sie die Worte Charte und Freiheit stammeln wollen, ihre Ungeschicktheit wird sie verrathen; man wird darin nur die Sprache der Furcht und der Heuchelei erblicken. — Werden sie, da sie unfähig sind, auch nur drei Wochen mit der Preßfreiheit zu regieren — werden sie die Charte zerreißen, die Ludwig XVIII. die Unsterblichkeit und seinen Nachfolgern die Macht verleiht? Sie mögen sich wohl bedenken! — Dem Gesetze zahlt das Volk eine Milliarde, den Verfügungen eines Ministers würde es keine zwei Millionen zahlen; mit den ungesetzlichen Steuern würde ein Hampden erstehen, ihnen Trotz zu bieten. — Ist es nöthig, diesen Namen der inneren Unruhen und des Bürgerkrieges zurückzurufen? Unglückliches Frankreich, unglücklicher König," schloß dieser beredte Artikel aus der Feder eines sonst unbekannten Mannes, dessen Weheruf über König und Land sich für den einen Theil rasch, für den anderen langsam, für Beide sicher erfüllen sollte.

Von diesen und ähnlichen Worten hallte bald Frankreich von einem Ende zum anderen wieder. Beide Parteien entfalteten eine geräuschvolle Thätigkeit. In der Presse, in zahlreichen Gesellschaften, in lebhaften Demonstrationen aller Art — wie etwa in dem Triumphzuge, zu dem man eine zufällige Reise des alten Generals Lafayette, des Mannes von 1789, gestaltete, wobei er sich vor Bürgerkronen und Triumphbogen nicht zu retten wußte — musterten die Liberalen ihre Streitkräfte; auf der anderen Seite regten sich die Missionen, und in heftigen Hirtenbriefen riefen die Bischöfe ihre Heerden zur Parteinahme in dem Kampfe zwischen Christus und Belial auf. Das Ministerium seinerseits leugnete jede Absicht, die Charte zu verletzen, und wartete zu. Aber sein Anhang mehrte sich nicht, selbst die gemäßigten Royalisten sagten sich von ihm los, und nahmen, soweit sie in einflußreichen Aemtern saßen, ihre Entlassung.

Am 4. März 1830 wurde die Kammer wieder eröffnet. In der Thronrede enthüllte sich einigermaßen der Plan, mit welchem das Ministerium sich trug; er war etwas von der Sorte, welche der deutsche Dichter einmal mit dem glücklich treffenden Worte „verwünscht-gescheit" gekennzeichnet hat. Eine große auswärtige Action sollte der Regierung bei der ruhmsüchtigen Nation die Wege zu einer vollstänbigen Umlenkung in das altköniglich Frankreich bahnen. Anfangs hatte sich Polignac mit einem ganzen Nest von Projecten getragen, und diese denn auch im September 1829, nicht lange nachdem er zur Macht gelangt war, dem Ministerconseil vorgetragen. Allianz mit Rußland, als ein Gegengewicht gegen Englands Seeherrschaft, Verdrängung der Türken aus Europa, wobei dann für Rußland die Donaufürstenthümer und außerdem Armenien und Anatolien, für Oestreich Serbien und Bosnien, — ein christliches Reich für den König der Niederlande, ein Rest für Frankreichs guten Freund Mehemed Ali herausgekommen wäre — für Preußen die Niederlande, für Frankreich Belgien und die Rheinlande, ganz oder zum Theil — in solch' luftigen Wolkengebilden erging sich die Denkschrift, welche allein genügen würde zu beweisen, welchen Fehlgriff Karl X. gethan hatte, als er diesen unfähigen Doktrinär zum Minister machte, der lange Jahre an wichtigen Stellen sein Land vertreten hatte, und doch die Welt so wenig kannte, um ernsthaft an die Verwirklichung solcher Hirngespinnste zu denken. Er brauchte nicht weit zu gehen, um sofort zu finden, daß sich auf diese Weise die Welt nicht umgestalten ließ; schon die ersten sachten Anfragen am St. Petersburger Hofe ergaben die Unausführbarkeit. Eine andere Verwickelung aber fand sich vor, aus welcher eher etwas zu machen war.

Dies war der langwierige Handel mit Husseim-Bey, dem Dey von Algier, einem der drei Barbareskenstaaten des nordafrikanischen Küstenlandes, welche eigentlich türkische Paschaliks, seit lange, bis auf den Tribut den sie nach Stambul zahlten, unabhängige Gemeinwesen unter erblichen Deys oder Beys bildeten. Dieser schon alte Streithandel, bei dem es sich vornehmlich um Forderungen und Gegenforderungen pecuniärer Art handelte, war dadurch in ein kritisches Stadium getreten, daß der Bey den französischen Consul Duval, nachdem er ihn gefragt, ob er Antwort des Königs auf seine, des Beys, letzte Forderungen bringe, auf dessen etwas plump verneinende Antwort in öffentlicher Audienz auf gut orientalisch mit dem Fliegenwedel ins Gesicht schlug (30. April 1827) und für diese Unverschämtheit Genugthuung zu geben sich weigerte. Begierig ergriff das neue Ministerium die Gelegenheit, den Gedanken der Nation, wie zu hoffen, eine Richtung zu geben, welche sie von den inneren Fragen ablenke. Die Beleidigung, sagte die Thronrede am 4. März 1830, welche der französischen Flagge durch einen Barbareskenstaat widerfahren, werde nicht länger ungestraft bleiben, und die glänzende Genugthuung, welche die französischen Waffen erringen würden, solle zugleich zum Besten der gesammten Christenheit dienen. Alsdann ging der König zur inneren Lage des Landes über; er fand sie zufriedenstellend: sie gewähre die Möglichkeit der Erleichterung der öffentlichen Lasten; erst der Schluß ließ deutlicher die Gedanken hervortreten, in denen der König lebte. Die Charte, sagte er mit einer jener sophistischen Wendungen, welche die französische Sprache erleichtert, hat die öffentlichen Freiheiten unter den Schutz der Rechte meiner Krone gestellt; diese sind geheiligt; es ist meine Pflicht gegen mein Volk, sie meinen Nachfolgern unverletzt zu überliefern." „Pairs von Frankreich, Abgeordnete der Departements," fuhr er in feierlich erneuter Anrede fort, „ich zweifle nicht, daß Sie mich unterstützen werden, das Gute zu vollbringen, welches ich thun will;" der Schluß enthielt eine Drohung, gleich als wenn es nie ein Jahr 1789 gegeben hätte — „wenn strafbare Umtriebe meiner Regierung Hindernisse in den Weg stellen sollten, die ich nicht vorhersehen kann noch will, so werde ich die Kraft, sie zu überwinden, in meinem Entschlusse finden, die öffentliche Ruhe aufrecht zu halten, in dem gerechten Vertrauen der Franzosen und in der Liebe, die sie stets ihrem Könige gezeigt haben." Man bemerkte, wie er diese Worte in heftiger Erregung sprach: seiner Hand entfiel der Hut, den der neben ihm stehende Herzog von Orleans aufhob.

Die Kammer begann ihre Sitzungen, an der Spitze ihrer Candidatenliste für den Präsidentenstuhl stand Royer-Collard: der König ernannte Royer-Collard. Eine Commission ward ernannt, fast lauter entschiedene Liberale, um den Entwurf einer Antwortsadresse auszuarbeiten. Dieser Entwurf beantwortete die letzten Sätze der Thronrede in einer unumwundenen, doch nicht ungeziemenden Sprache. Er sprach mit mehr Loyalität als Wahrheit davon, daß die Jahrhunderte den Thron Karl's des Zehnten zum Glück des französischen Volkes auf eine für die Stürme unzugängliche Höhe gestellt hätten. Die Verfassung mache indeß das beständige Zusammenwirken seiner Regierung mit den Wünschen des Volkes zur unerläßlichen Bedingung für den regelmäßigen Gang der Staatsgeschäfte. „Unsere Pflichttreue, Sire, unsere Ergebenheit verurtheilt uns dazu, Ihnen zu sagen, daß dieses Zusammenwirken nicht vorhanden ist. Ein ungerechtes Mißtrauen in die Gefühle und Gesinnungen Frankreichs ist der herrschende Gedanke der gegenwärtigen Verwaltung —." Die Debatte war, wie natürlich, erregt; von Seiten der Regierung und ihrer wenigen Anhänger in der Kammer warf man dem Adreßentwurf vor, daß er die Rechte der Krone antaste, indem er dem Könige vorschreibe, wem er sein Vertrauen schenken solle. Diesen abgeschmackten Vorwurf zurückzuweisen, wurde den liberalen Rednern nicht schwer: wozu war eine Landesvertretung da, wenn sie nicht einmal in ehrerbietiger Sprache eine Thatsache aussprechen durfte? Mit 221 gegen 181 Stimmen wurde die Adresse unverändert angenommen.

Der König antwortete der Deputation, die sie ihm vortrug, mit Kälte, daß seine Entschließungen unerschütterlich seien und die Wohlfahrt seines Volkes ihm verbiete, sich von denselben zu entfernen. Des folgenden Tages ward die Kammer auf den 1. September vertagt. Mit dem Rufe „es lebe der König" erhob sich die Rechte: „es lebe die Verfassung" erscholl der einstimmige Gegenruf von der linken Seite zurück.

Mit dieser Vertagung war nichts gewonnen: man mußte zur Auflösung schreiten. Die Minister waren getheilter Meinung, aber die energischere Partei siegte, und die dissentirenden Mitglieder des Cabinets, Courvoisier und Graf Chabrol, wurden durch entschiedenere, den früheren Justizminister unter Villèle, Peyronnet, und den Präsidenten des Gerichtshofes zu Grenoble, Chantelauze ersetzt. Ein neues Ministerium der öffentlichen Arbeiten wurde für den Baron Capelle geschaffen, der, unter Villèle Staatssecretär, sich auf die Handhabung der Wahlen verstand; am 16. Mai erfolgte das Decret, welches die Kammern auflöste.

Inzwischen waren auch die Rüstungen für die algerische Expedition vollendet. Der unfähige Minister, der König und Land ins Verderben steuerte, hatte Anfangs den wunderlichen Plan gehegt, Frankreichs Rache an dem Dey durch den Vicekönig von Aegypten vollziehen zu lassen, der zu Lande gegen Algier operiren sollte, und er war zu diesem Zweck mit Mehemed Ali in heimliche Unterhandlungen getreten. Als dieser Gedanke an seiner inneren Unmöglichkeit gescheitert war, wurden großartige Zurüstungen gemacht, welche auf mehr als einen bloßen Rachezug gegen den unbedeutenden Vasallen der Pforte schließen ließen: 107 Kriegs=, über 400 Transportschiffe, 38,000 Mann zu Fuß, 4000 Reiter. Die englische Regierung ward aufmerksam und erbat sich Aufklärungen. Polignac antwortete in der hochfahrenden Weise, die ihm auch der auswärtigen Diplomatie gegenüber eigen war, und Ende Mai lief die große Expedition unter General Bourmont vom Hafen von Toulon aus. Durch widrige Winde etwas aufgehalten, erreichte sie erst am 13. Juni die Küste von Algier. Es war keine allzu schwierige Waffenthat: die Truppen wurden ausgeschifft, nach einigen für die Franzosen verlustvollen Gefechten wurde am 4. Juli die Citadelle von Algier gestürmt, am 5., drei Wochen nach der Landung, die Stadt selbst in Folge einer Capitulation des Dey's besetzt, der sich mit seinen Schätzen ins Privatleben zurückziehen durfte, und sich, indem er den Franzosen die übrige Beute überließ, mit 7 Millionen nach Neapel einschiffte.

Die Wahlen wurden während dessen in Frankreich unter großer Aufregung vollzogen. Man versprach sich von dem Eindruck der Siegesnachrichten aus Afrika Wunderdinge; die Präfecten hatten wie gewöhnlich über die Stimmung der Bevölkerung optimistische Berichte eingesandt; indessen ließen sich die geschäftserfahreneren unter den Ministern dadurch nicht täuschen. Sie boten ihre Verbündeten auf, das zahllose Heer der Beamten und mit ihnen die Geistlichkeit, welche sich ihrerseits mit allem Eifer ins Gefecht warf, und die tückische Parole ausgab, welche ihr bei solchen Gelegenheiten geläufig ist, daß es sich um einen Kampf des Unglaubens wider die Religion handle; eine Parole, welche indeß diesmal wenig verfing und nur dazu dienen konnte, den Kampf zu vergiften. Nicht minder schlimm war, daß die Minister gewissenlos genug waren, den König selbst in diesen Kampf zu ziehen, den sie ganz ohne Noth heraufbeschworen hatten. In einem Wahlmanifest, nicht anders als irgend ein anderes Parteihaupt, wendete sich der König an sein Volk: in würdigen Worten allerdings, die aber doch nur einen ziemlich allgemeinen Character trugen, ermahnte er die Franzosen, ihre Pflichten zu erfüllen, in den Wahlcollegien nicht zu fehlen, auf die Stimme ihres Königs, der zugleich ihr Vater sei, zu hören. Diese Mittel alle verfingen wenig. Was Graf Guernon Ranville im offenen Ministerrath vor den Ohren des Königs aussprach, war die Wahrheit: die Franzosen hatten aufgehört, ihre Fürsten zu lieben; die Haltung des Ministeriums, in welchem kein Mann von hervorragendem Talent und Character saß, imponirte ihnen nicht, keine Furcht hielt dem Haß die Wage, mit welchem man diejenigen betrachtete, welche das alte Frankreich mit seinen privilegirten Kasten zurückbringen wollten. Dazu kam dann die feste Organisation und die unangreifbare Stellung der Liberalen. Sie wollten die Charte und nichts als die Charte, wenigstens sagten sie so und sie hatten ein Recht so zu sagen, obgleich in der Stille die Ansicht weiter und weiter um sich griff, daß ein für allemal mit den Bourbonen nicht mehr weiter zu kommen sei; in den 221 Deputirten, welche für die Adresse gestimmt hatten, besaßen sie die Candidaten für die Mehrheit der Departements, und deren Wiederwahl war mit den Mitteln der Presse und der Vereine, über welche sie verfügten, nicht schwierig. In der That wurden von diesen 202 wieder gewählt; die Minorität, welche gegen die Adresse gestimmt hatte, verlor von ihren 181 Sitzen nicht weniger als 82.

Aber was wollte denn die Regierung? Niemand wußte es zu sagen, und das Schlimmste war, daß sie es selbst lange Zeit nicht wußte. Alle Welt hatte einen Staatsstreich, eine gewaltsame Aufhebung der Charte etwa gefürchtet, auch die auswärtigen Cabinete, denen bei dem neuen französischen Ministerium gar nicht wohl zu Muthe war. Kaiser Nicolaus machte den französischen Gesandten ausdrücklich darauf aufmerksam, daß sein kaiserlicher Bruder einst nicht blos den bourbonischen Thron, sondern auch die Charte verbürgt habe. Auch sonst in Europa sah man mit Mißmuth und Unruhe auf das, was in Frankreich sich vorbereitete; mit England stand die französische Regierung wegen der algerischen Expedition, mit Preußen der Rheinlande wegen, welche die ultramontane Agitation einigermaßen in Mitleidenschaft gezogen hatte, auf gespanntem Fuße; aber der König selbst wie seine Räthe betheuerten bei jeder Gelegenheit, daß sie keinen Gewaltstreich, keine Verletzung der Charte beabsichtigten.

Freilich nicht: in ihren Augen gab es einen Artikel, mittelst dessen man die Charte durch sich selber umbringen konnte. Es war der berühmte 14te: „Der König erläßt die Reglements und Ordonnanzen, welche nothwendig sind für die Ausführung der Gesetze und die Sicherheit des Staates." Gegen Ende Juni, wo eine Anzahl Wahlen bereits bekannt war, und kein Zweifel darüber bestehen konnte, in welchem Sinne sie im Ganzen ausfallen würden, trat man der Frage näher, ob nicht die Zeit gekommen sei, diesen Artikel anzuwenden. Dieser Artikel gab allerdings — dies war der ursprüngliche Sinn und Wille des Gesetzgebers — dem König für Zeiten außerordentlicher Gefahr eine außerordentliche Gewalt, und was ist mit so vieldeutigen Worten wie „Sicherheit des Staats" nicht Alles zu machen? Nun kamen die guten Nachrichten aus Algier, welche den König mit einem fast jugendlichen Selbstgefühl erfüllten; er berauschte sich an den officiellen Glückwünschen, unter denen sich der des Erzbischofs von Paris „also möge es überall und immer den Feinden unseres Herrn und Königs geschehen" durch besondere Tactlosigkeit auszeichnete, während in Wahrheit diese Nachrichten die Masse der Bevölkerung ganz kalt ließen, und man ward nun endlich im Ministerrathe schlüssig, durch einige königliche Ordonnanzen in Kraft des Artikels 14 die noch nicht constituirte Kammer aufzulösen und mit Hülfe eines neuen Wahlverfahrens und Aufhebung der Preßfreiheit eine bessere zusammenzubringen. Man zählte auf die Wirkung der Ueberraschung, im Nothfall auf die Truppen und am 25. Juli unterzeichnete der König zu St. Cloud, wo er seinen Sommeraufenthalt genommen, die fünf inhaltsschweren Actenstücke; während er sich zwar in ernsterer Stimmung, doch ruhig wie sonst zur gewohnten Whistpartie niedersetzte, entbot der Siegelbewahrer den Redacteur des Moniteurs zu sich, dem er — es war Nachts 11 Uhr — das Manuscript der Verfügungen übergab, um sie zum Druck zu befördern. Er war nach dem päpstlichen Nuntius und den Ministern der erste, welcher von dem verhängnißvollen Beschlüsse erfuhr: das Geheimniß war vollständig gewahrt worden.

c. **Die Julirevolution. Ausgang Karl's X.**

Am folgenden Morgen, Montag, den 26. Juli 1830, las man die „Ordonnanzen des Königs" im Moniteur. Die erste derselben hob die Freiheit der periodischen Presse auf: kein Journal solle erscheinen können, ohne besondere königliche Autorisation, welche alle drei Monate erneuert werden mußte; in den Departements konnte diese Autorisation von den Präfecten provisorisch gegeben und provisorisch entzogen werden. Aehnlichen Beschränkungen wurde jede Druckschrift unter 20 Blättern unterworfen; bei Zuwiderhandeln sofortige Beschlagnahme der Exemplare und Versiegelung der Pressen. Die zweite Ordonnanz löste die soeben gewählte Kammer auf, noch ehe sie zusammengetreten war, d. h. sie annullirte die Wahlen; die dritte hob das bestehende Wahlgesetz auf und octroyirte ein neues: Zahl der Deputirten von 430 auf 230 vermindert, indirectes Wahlverfahren, nach welchem die Departementscollegien wählen, während die Bezirkscollegien nur die Candidaten vorschlagen können, Ersetzung der geheimen Abstimmung durch eine öffentliche, bei welcher jeder Beeinflussung durch die zuvor schon übermächtige Verwaltung die Thore geöffnet waren. Die vierte berief die Arrondissementscollegien auf den 6., die Departementscollegien auf den 18., die neue Deputirtenkammer und die Pairs auf den 28. September. Eine fünfte Ordonnanz ernannte den Marschall Marmont, Herzog von Ragusa, zum Oberbefehlshaber der Truppen in Paris.

Der erste Eindruck war betäubend. Dies war die Aufhebung der Charte in ihren wesentlichsten Bestimmungen, nicht mehr noch weniger — ein Ueberfall mitten im tiefsten Frieden, der erste Schritt zur Wiederherstellung der alten Ordnung der Dinge, gegen welche sich jeder Gedanke empörte; ein Regiment der Gewalt brach herein, und man mußte voraussetzen, daß die Regierung ihre Maßregeln getroffen habe, um jeden Widerstand sofort zu ersticken.

Indeß Eine Classe mußte diesen Widerstand gleichwohl und auf jede Gefahr hin wagen, weil es sich für sie um Sein oder Nichtsein handelte: die Männer der Presse. Und so ward es denn zunächst unter diesen lebendig: schon am frühen Morgen begaben sich einige Journalisten zu dem Advokaten Charles Dupin dem Aelteren und holten sich dort den mageren Trost, daß nach seiner Ueberzeugung die Ordonnanzen in den Augen der Gerichte keine Gesetzeskraft haben dürften; sehr lebhaft ging es an jenem Montag Vormittag in den Bureaus des jüngsten der großen liberalen Tagesblätter, des National, zu, unter dessen Redactionspersonal sich einige Männer befanden, auf welche die Partei mit großen Hoffnungen sah: die Schriftsteller Mignet und Adolph Thiers, beide bekannt durch ihre Werke über die französische Revolution. Dort kam eine Anzahl liberaler Journalisten zusammen und ihrer 44 unterzeichneten eine von Thiers und einigen Anderen entworfene Protestation, in welcher sie rundweg und unter Berufung auf die Charte erklärten, daß sie nicht gehorchen und daß sie, wie sie zuerst betroffen seien, so auch zuerst das Beispiel des Widerstandes gegen eine Autorität, die sich des gesetzlichen Charakters selbst beraubt habe, geben würden; einige andere Journale wußten rasch einen Proceß mit ihren Druckern in Scene zu setzen, welche sich zu drucken weigerten, und brachten so die Angelegenheit sofort vor die Gerichte; einige Wenige fügten sich und kamen um die Erlaubniß ein, welche die Ordonnanzen zur Bedingung machten. Auch sonst entflammte die unerhörte Maßregel leidenschaftlichen Zorn; besonders lebhaft erregt war die Börse, da bei dem Gefühl der Unsicherheit, das bei einer so gewaltsamen Durchbrechung der gesetzlichen Ordnung, wo Jeder sich gleichsam den Boden unter den Füßen weggezogen fühlte, der Gemüther sich bemächtigte, alle Papiere fielen. Einzelne Volksversammlungen bildeten sich im Garten und in den Umgebungen des Palais royal, wo denn da und dort Jemand eine der Bänke bestieg, die Ordonnanzen vorlas und mit einigen leidenschaftlichen Worten oder Geberden commentirte. Am Abend ward der Wagen des Fürsten Polignac irgendwo von einem Volkshaufen erkannt und mit Steinwürfen und Geschrei bis nach der Wohnung des Ministers verfolgt; allerlei Gerüchte von Steuerverweigerung, von sonstigen Schritten der Wähler, von einer Action der in Pairs befindlichen Deputirten und andere wie sie Aufregung und Leidenschaft erzeugten, hielten die Gemüther in Spannung. Und in der That hatten sich am Nachmittage einige der Abgeordneten bei ihrem Collegen Alexander de la Borde zusammengefunden. An heftigen Reden, an kühnen Aufwallungen fehlte es nicht: aber einer der mächtigsten unter den liberalen Führern, Casimir Perier, ein Mann von tyrannisch-rechthaberischem Wesen trotz seiner liberalen Parteistellung, hatte jeden Gedanken eines gewaltsamen Widerstandes weit weggeworfen und man ging ohne Entschluß wieder auseinander. In seinem Hause wollte man sich am nächsten Tage wiedersehen. Im Uebrigen verfloß dieser Tag, der 26. ohne weitere Störungen. Aber schon der folgende, Dienstag der 27., zeigte einen ernsteren Charakter. Die Erbitterung, bei dem sanguinischen und leicht entzündbaren Temperament der Franzosen rasch sich mittheilend, war sichtbar im Steigen. Mit Begierde erwartete man die Journale; einige blieben aus, die anderen erschienen mit der Protestation vom vorigen Tage an der Spitze; rasch schaffte man die Exemplaçe in Maffen nach den Kaffeehäufern und an andere öffentliche Orte; in den Werkftätten, an den Straßeneden las man fie vor, und früh ſchon begannen Haufen von Studenten die Straßen mit Lebehochrufen auf die Charte zu durchziehen. Gegen 11 Uhr erſchien eine Abtheilung berittener Gensdarmen in der Rue Richelieu und ſtellte ſich vor dem Local des Temps auf; Baude, der Herausgeber des Journals, öffnete die Thore nach der Straße und erwartete mit ſeinem geſammten Perſonal den Polizeicommiffar, der kam, um, den Ordonnanzen gemäß, ihm die Preſſen zu verſiegeln. Baude weigerte ſich; ein Schloſſer ward geholt, die Thüre der Druckerei zu öffnen; Baude las, ihm den Weg vertretend, den Artikel des Strafgeſetzbuchs vor, der von Diebſtahl mit gewaltſamem Einbruch handelte, er zieht ein Papier heraus und beginnt eine Liſte der Zeugen aufzunehmen; vor dem Hauſe wächſt die Menge von Minute zu Minute. Die Verſiegelung der Preſſen mehrerer anderer Journale hat ſofort die Folge, daß eine Menge außer Brot geſetzter Arbeiter die Anſammlungen verſtärkt, und den Ingrimm, der ſie beſeelt, ihnen mittheilt. Schon am Mittag iſt eine große Menſchenmenge um das Palais royal verſammelt; mit aufgepflanztem Bajonet wird ſie von einigen Abtheilungen aus dem Garten getrieben. Aber es gelingt nicht, ſie zu zerſtreuen. Das Einſchreiten berittener Gensdarmen wird mit einem Hagel von Pflaſterſteinen und mit wilden Rufen erwidert, bis endlich der Befehl zum Feuern gegeben wird; die Menge, einige Todte und Verwundete zurücklaſſend, weicht in die Nebenſtraßen mit dem Ruf nach Rache und nach Waffen; man beginnt bereits das Pflaſter aufzureißen, Wagen umzuſtürzen, Waffenläden zu plündern und als die Dunkelheit einbricht, durchziehen junge Leute die Straßen, welche die Laternen zertrümmern. Man begann jetzt nach Führern auszuſchauen und wartete begierig auf irgend eine Kundgebung der in Pairs befindlichen Abgeordneten.

Nachmittags zwei Uhr hatte ſich eine Anzahl derſelben, der Verabredung gemäß, bei Caſimir Perier eingefunden. Die Einen, wie Charles Dupin, der General Sebaſtiani und Andere proteſtirten gegen jeden Verſuch, den geſetzlichen Boden zu verlaſſen; ehrerbietige Vorſtellungen an den König ſeien das Einzige, was ſich augenblicklich thun laſſe. Mit leidenſchaftlichen Geberden, vor innerer Aufregung keiner Worte mächtig, unterſtützte ſie Caſimir Perier; Andere, Mauguin, de la Borde, Aubry de Puyraveau verlangten den offenen Widerſtand, den das Volk bereits beginne, der, ſo wie die Dinge liegen, das einzige Mittel bilde, der Knechtung durch die geſetzloſe Gewalt zu entrinnen; ſchon kam es unter den Fenſtern des Hotels zu einem Zuſammenſtoß zwiſchen den Truppen und der Menge. Die Abordnung einer Wählerverſammlung, die inzwiſchen an einem anderen Orte ſich berathen, ward gemeldet, und man konnte nicht umhin, sie zu empfangen. Hier bekamen die Deputirten schon eine ganz andere Sprache zu hören: alle Bande, welche Frankreich an den Thron der Bourbonen fesselten, sagten die Advokaten die in Jener Namen das Wort führten, seien zerrissen, die Rettung der Nation liege im bewaffneten Widerstande; das Volk, sagten sie, vertraut auf den Muth und die Vaterlandsliebe seiner Vertreter. Eine neue Abtheilung, aus jungen Leuten bestehend, erscheint, Perier weist sie zurück; der Sieg sei nicht auf der Straße zu finden, die Kräfte der Regierung jedem tumultuarischen Widerstande zu stark. Die Versammlung trennte sich abermals, ohne einen Entschluß gefaßt zu haben: man will am folgenden Tage, um die Mittagszeit, bei Aubry de Puyraveau sich wiederfinden.

Die Regierung ihrerseits hatte sich bis jetzt in ihrer Ruhe nicht stören lassen. Am Montag, während jener schamlose Einbruch in die gesetzliche Ordnung Frankreichs ins Werk gesetzt wurde, war der unverbesserliche Bourbon nach Rambouillet auf die Jagd gefahren. Erst am Dienstag hatte der Herzog von Ragusa den Befehl, den die Ordonnanzen ihm übertrugen, wirklich übernommen und sich nach Paris begeben, wo er im Tuilerienpalast sein Hauptquartier nahm; die Minister versammelten sich spät am Abend desselben Tages bei Polignac und hier ward beschlossen, die Stadt Paris in Belagerungszustand zu erklären, sofern am anderen Morgen die Unruhen fortdauerten. Auch einige Verstärkungen, Bataillone der Garden und der Schweizertruppen, wurden von St. Denis, von Caen, von Orleans nach Paris dirigirt.

Der folgende Tag, Mittwoch der 28., begann scheinbar ruhig. Unter der Menge, die seit den frühesten Stunden des wolkenlosen Sommertages auf den Beinen war, gewahrte man häufig die Uniformen der Nationalgarde; anstatt der Lebehochs auf die Charte und dem „Nieder mit den Ministern", welche in den letzten beiden Tagen vorgeherrscht, hörte man heute bereits häufiger das „Weg mit den Bourbonen" erschallen. Der Mehrzahl nach waren es Leute aus den arbeitenden Classen, unter denen auch manche Veteranen der napoleonischen Kriege, welche kampfbereit nach den verschiedenen Stellen eilten, die von selbst als wichtige Punkte der Entscheidung hervortraten; an Waffen und an Führern fehlte es bereits nicht mehr ganz. Waffen wurden an verschiedenen Orten vertheilt; als Führer wurden die Studenten des Quartier latin, überhaupt jeder besser gekleidete junge Mann mit einer Flinte, einem Säbel, einiger zur Schau getragenen Bravour von den Haufen willig anerkannt. Um 10 Uhr beging man die sehr unzeitgemäße Thorheit, den Zöglingen der polytechnischen Schule, welche am Tage zuvor eine unbotmäßige Haltung gezeigt hatten, anzukündigen, daß sie sämmtlich entlassen seien. Nichts konnte ihnen willkommener sein: bald sah man da und dort die Uniformen dieser halbwüchsigen Freiheitshelden, vom Beifall der Menge begrüßt, neben den Blousen der Arbeiter auftauchen. Gegen 11 Uhr gewannen die Dinge auf einmal eine ernstere Gestalt. Man sah auf dem Hotel de Ville eine dreifarbige Fahne wehen; nachlässig bewacht war es von einem Volkshaufen besetzt worden; vom Thurm der Notredamekirche hörte man den tiefen Ton der großen Glocke, die Hummel genannt, der bald andere von anderen Kirchen antworteten; aller Gemüther bemächtigte sich die Aufregung des beginnenden Kampfes, der Genius des Ortes regte seine Schwingen man ahnte eine beginnende: große Entscheidung, es war kein Auflauf mehr, es war eine Revolution.

Zu diesem Eindruck war mittlerweile auch der Marschall gekommen, dem sein Unstern dieses unglückliche Commando auferlegt hatte. Ruhm war hier nicht zu verdienen, auch schwerlich viel Dank von der Krone und deren Räthen; die Ordonnanzen selbst mißbilligte und verwünschte er, und doppelt, weil sie ihn, der sie durchfechten sollte, vollends zu einem Manne des Fluches bei dem Volke machten, dessen thörichte Eitelkeit die Einnahme von Paris im Jahre 1814 seinem „Verrathe" zuschrieb; schon cursirte ein böses Wort über ihn: „der Marschall Marmont will jetzt seine Schulden bezahlen." Er hatte nicht versäumt, schon am Morgen, etwa um 9 Uhr, den König von dem Ernst der Lage in Kenntniß zu setzen. Die Antwort war der königliche Befehl, welcher über Paris den Belagerungszustand verhängte. Gegen Mittag fing der Marschall denn an, Ernst zu machen. Zwei Colonnen sollten, die eine der Seine entlang auf dem geraden Wege nach dem Greveplatz und dem Stadthause, die andere über die nördlichen Boulevards bis zum Bastilleplatz und von da durch die Rue St. Antoine ebenfalls nach dem Stadthause vordringen, dort sich mit der ersten vereinigen und so den Aufstand isoliren, den man dann in sich selbst ausbrennen lassen könne.

Um dieselbe Zeit hatten sich, der Verabredung des vorigen Tages gemäß, die Abgeordneten bei Audry de Puyraveau versammelt, unter den ersten, von der Menge mit lautem Zuruf begrüßt, Lafayette und Lafitte. Auch diesmal war man nicht einig, ob man „eine Revolution machen müsse" oder die Linie gesetzlichen Widerstandes einhalten solle. Mauguin drang darauf, daß es an ihnen, den Deputirten, sei, die Revolution, die nicht erst gemacht zu werden brauchte, sondern die sehr vernehmlich bereits begonnen hatte, zu leiten; Andere, wie Sebastiani und Charles Dupin, drohten sich zu entfernen, wenn man einen Schritt über die Linie des gesetzlichen Widerstandes hinaus thue. Guizot, ein anderer namhafter Deputirter von gemäßigten Gesinnun=

gen, den das Ministerium Polignac wieder in die Opposition geworfen hatte, zog den Entwurf einer Protestation aus der Tasche, die in dem Stadium, in welches die Dinge bereits eingetreten waren, sonderbar und lächerlich war; practischer war der Vorschlag, den Casimir Perier machte: von dem Marschall Marmont zunächst das Aufhören des Blutvergießens zu verlangen. Demgemäß machte sich eine Deputation Lafitte, Perier, Mauguin, die Generale Lebrun und Gerard, auf den Weg; um vier Uhr wollte man sich bei dem Abgeordneten Berard wieder treffen. Dort bei Marmont hatte bereits ein berühmter Mann der Opposition, der Astronom Arago, auf eigene Hand sein Heil versucht. Der Marschall, von den widersprechendsten Empfindungen bestürmt, wußte zu keinem Entschlusse zu kommen; er war Soldat, er mußte des Königs Befehl vollführen. Die Bevollmächtigten der Abgeordneten traten ein, Lafitte ergriff das Wort; er schilderte, was zu schildern war: die Gefahren der Lage für Land und Thron, das Blutvergießen, die Situation des Marschalls selbst; der Herzog berief sich darauf, daß seine militärische Pflicht ihm die Hände binde, er könne nichts thun, als dem Könige schreiben und den Rath oder das Verlangen der Deputation, daß durch Zurücknahme der Ordonnanzen, Entlassung der Minister die Beruhigung des Volkes ermöglicht werde, seinerseits unterstützen. Die Frage, ob er sich von diesem Schritte einen Erfolg verspreche, mußte er verneinen. Man machte ihn aufmerksam, daß der Fürst von Polignac in den Tuilerien zugegen sei und er begab sich zu diesem; der Fürst hielt es nicht für angezeigt, die Deputation zu empfangen. Er war der einzige, der den Kopf nicht verlor, weil er, wie man mit treffender Bosheit bemerkt hat, keinen zu verlieren hatte; nach einigen Minuten kehrte der Herzog zurück, unverrichteter Dinge verließen die Abgeordneten den Palast. Nach 4 Uhr wurde nun im Hause Berard's die Berathung der Abgeordneten wieder aufgenommen. Die gleiche Unentschlossenheit wiederholte sich; die Nachrichten vom Kampfplatze wechselten; siegte die Regierung, so wagte man den Kopf; freilich wagten die Kämpfenden längst ihr Leben und nicht Wenige hatten den Einsatz bereits verloren. Man konnte sich nicht einmal über die Unterschrift der Protestation einigen; einer der Deputirten nach dem anderen entfernte sich, ehe man so weit war; kaum ein Dutzend blieb zurück. Um 8 Uhr war Versammlung bei Audry de Puyraveau: dieselben Worte und Scenen; erst als die Vermittelnden, Sebastiani, Guizot gegangen waren, kam etwas zu Stande, was aussah wie ein Entschluß. Morgen, sagte Lafayette, wollen wir unsere ruhmreiche dreifarbige Fahne erheben und mit unseren Mitbürgern sterben.

Der Kampf hatte unterdessen fortgedauert. Die Truppen hatten ihre Bewegungen vollführt: wo es zum eigentlichen offenen Fechten kam, waren sie, wie zu erwarten, Sieger; aber gegen die Flintenschüsse aus den Häusern, gegen den Regen von Steinen, Möbeln u. s. w. aus den Fenstern waren sie machtlos. Zu schwach an Zahl, unter fortwährendem Kampfe, bei brennender Sonnenhitze ohne alle Verpflegung, ohne genügende Munition — denn für alle diese Dinge hatte Niemand gesorgt — sahen sie ihre Kraft sich erschöpfen. Wenn sie mit Anstrengung vorwärts gekommen, so schlugen hinter ihnen die fluthenden Massen des Volkes wieder zusammen; auch hatte sich an einzelnen Punkten schon die Neigung gezeigt, mit dem Volke zu fraternisiren. Am Abend kam der Befehl zum Rückzug auf die Tuilerien, wo Marmont seine Macht wieder concentriren wollte. Man hatte, da auch das Hotel de Ville wieder aufgegeben wurde, gar nichts gewonnen und erreicht und wenn nicht von St. Cloud das rechte Wort noch kam, oder überwältigende Truppenkräfte anlangten, so war sehr zu fürchten, daß bald Alles verloren sei.

Der König war von seiner Jagdpartie nach St. Cloud zurückgekehrt; in der gewohnten Ordnung seines Lebens wurde Nichts unterbrochen. Am Mittwoch Vormittag erhielt er jene erste Depesche Marmont's, welche schon die bedeutungsschweren Worte enthielt: „es ist nicht mehr eine Emeute, es ist eine Revolution"; er antwortete, wie erwähnt, mit dem Befehl, den Belagerungszustand zu verkündigen. Nach der Unterredung mit den Deputirten schickte Marmont einen zweiten Bericht, in welchem er den Rath gab, die Ordonnanzen zurückzunehmen, die Wirkung dieses guten Rathes aber durch den sehr ungeschickten Zusatz gefährdete, daß sich die Truppen in ihrer Stellungen vier Wochen würden halten können. Der Adjutant, der dem König den Bericht überbrachte, schilderte die Lage nach seinen persönlichen Eindrücken; er erhielt den Auftrag, den Marschall mündlich zu bescheiden, daß derselbe sich gut halten, seine Truppen auf dem Carrouselplatz und dem Platz Ludwig XV. zusammenziehen, und „nur mit Massen wirken" solle; ein Rath, der freilich ohne Massen nicht gut zu befolgen war. Wie viele Massen seinem Marschall zur Verfügung standen, daß sein Ministerpräsident, der mit der ganzen Unbefangenheit eines beschränkten Grand-seigneur auch noch die Verwaltung des Kriegsministeriums auf seine Schultern genommen hatte, nur 12,000 Mann der ungeheuren Bevölkerung gegenüber beisammen hatte, davon wußte freilich der König von Frankreich und Navarra nichts. Mehrfach suchte man im Laufe des Tages im Sinne der Nachgiebigkeit auf ihn einzuwirken. Die Nachricht von dem Aufstand in Paris hatte unter der Dienerschaft die größte Bestürzung erregt, und der Großjägermeister Alexander von Girardin, der am Morgen mit Perier gesprochen hatte, rieth seinem König zur Zurücknahme der Ordonnanzen, die jetzt freilich für das Königthum kaum eine mindere Gefährdung enthalten hätte, als ihre Durchführung. Am Abend erschien der General Vincent, der den Kampf mit angesehen und den Eindruck gewonnen hatte, daß die Dinge überaus zweifelhaft und bedenklich ständen. Aber er machte mit seiner Schilderung keinen Eindruck; die Anarchie, meinte der König, werde die Pariser sicher zu seinen Füßen zurückführen. Auch diesmal lud, wie sonst, der erste Kammerherr einige der Anwesenden zum Spiel des Königs an den Whisttisch. Doch bemerkte man, wie der Fürst oft aufstand, und mit Unruhe auf den Balkon trat, der in der Richtung nach Paris angebracht war.

Die Nacht war hereingebrochen, die Kämpfenden ruhten aus, die Verwundeten wurden in den Häusern verpflegt. In den Stadttheilen, welche dem Louvre und den Tuilerien zunächst lagen, war man eifrig mit der Errichtung von Barrikaden beschäftigt, wofür die Bevölkerung eine besondere Anstelligkeit zeigte. Der entscheidende Tag, Donnerstag der 29., brach an. Man hatte die Truppen noch während der Nacht durch das Versprechen eines 1½ monatlichen Extrasoldes für den folgenden Tag ermuthigt, auch war aus dem Kriegsministerium während der Nacht der Befehl ergangen, die Truppen, die bei Lüneville und St. Omer in Lagern standen, in Eilmärschen nach Paris zu führen. Mit Tagesgrauen begann der Kampf aufs Neue. Es belebte den Muth der Bevölkerung nicht wenig, daß sie die innere Stadt von den Soldaten geräumt fanden; in dichten Massen rückten sie aus den Vorstädten, die Quais, die Boulevards entlang, gegen das Louvre heran, das mit seinen nächsten Umgebungen durch die Schweizer- und Gardebataillone besetzt war; die Linientruppen standen entfernter und, weil man ihnen schon nicht mehr völlig traute, der Berührung mit dem Volke mehr entzogen, im Garten der Tuilerien und auf dem Vendomeplatz. An ehrlichen Versuchen, dem Schießen Einhalt zu thun, fehlte es nicht; ein einfacher Bürger hatte den Marschall darauf aufmerksam gemacht, daß man seit zwei Tagen schieße, und noch keine bürgerliche Behörde sich gezeigt habe. Man schickte demgemäß nach den Maires, deren vier erschienen; ihnen gab der Marschall Auftrag, allenthalben zu verkünden, daß die Truppen Befehl hätten, nicht zu feuern, wo man sie nicht angreife; da und dort gelang es in der That, dem Feuern Einhalt zu thun. Allein die Aufregung, die Verwirrung, die Schwierigkeit der Communication ließ den Waffenstillstand keine Verbreitung gewinnen und bald war das Schießen wieder allgemein. Währenddessen hatten zwei Pairs, der Marquis von Semonville und der Graf d'Argout, den Weg nach den Tuilerien gefunden. Sie verlangten den Minister zu sprechen und forderten, als er erschien, mit Ungestüm seinen Rücktritt und die Zurücknahme der Ordonnanzen; er wies sie an den König, zog sich aber zurück, um mit den übrigen Ministern zu berathen. Semonville wendete sich an den Herzog; hier ward der Vorschlag laut, dieser solle die Minister verhaften. Er schwankte, als Peyronnet heraustrat, und die beiden Pairs aufforderte, sofort nach St. Cloud zu eilen, dem König die Lage zu schildern, die nun doch auch ihm und seinen Collegen nicht mehr ganz geheuer erschien.

Dort hatte der König, noch unerschüttert, den Herzog von Mortemart, einen Mann von ritterlicher Treue und von gemäßigten Anschauungen, der herbeigeeilt war, um seinen Posten als Oberst der Schweizergarde im Schloß einzunehmen, gesprochen. Der Herzog war durch Versailles gekommen und hatte auch dort den Eindruck erhalten, daß die Bewegung schwerlich mehr unterdrückt werden könne. Der König meinte, er übertreibe; er, der Herzog, kenne die Revolution nicht; er sprach davon, im Nothfall selbst zu Pferde zu steigen; indeß traf man Vorkehrungen, einem Angriff auf St. Cloud von Versailles her zuvorzukommen.

Fast gleichzeitig trafen nun die beiden Pairs und Polignac mit den Ministern in St. Cloud ein. Vor den Höflingen gab Semonville dem Fürsten zu hören, er solle seine Entlassung nehmen, um für die Rettung des Thrones Raum zu machen. Karl X. sprach erst den Minister, dann den Marquis, dessen Darstellung er nach Art bornirter Menschen ungläubig anhörte. Erst als Semonville der Gefahren gedachte, welcher die Herzogin von Angouleme, die eben auf einer Reise begriffen war, ausgesetzt sein könnte, sah er den König erschüttert. Noch einmal machte er den Versuch: „wenn in einer Stunde die Ordonnanzen nicht zurückgenommen sind, kann Alles verloren sein"; „ich werde mit meinem Sohn sprechen, er soll den Ministerrath versammeln," entgegnete der König. Der Ministerrath trat sofort zusammen. Der König selbst und Polignac blieben ungebeugt, wollten von Zugeständnissen noch immer nichts wissen; die Uebrigen schwankten; noch dauerte die Berathung, als ein Vertrauter des Königs von unzweifelhafter Loyalität, Herr von Vitrolles, gemeldet wurde. Er brachte neuere Nachrichten, sie lauteten schlimm: mit dem Widerstande der Truppen sei es am Ende, auf dem Stadthause sei eine Municipalbehörde etablirt, welche den Aufstand leite. Die dreifarbige Fahne sei aufgepflanzt, Herr von Lafayette, der Mann von 1789, in Paris allmächtig; nur schleunige Zugeständnisse könnten retten. Die Minister boten nun selbst ihre Entlassung; Vitrolles nannte dem König den Herzog von Mortemart als Nachfolger, dieser Name werde beschwichtigend wirken. Karl X. entschloß sich: die Minister des Untheils verließen das Cabinet, und nur der Siegelbewahrer blieb zurück, um den Befehl mit zu unterzeichnen, welcher den Herzog von Mortemart zum Minister des Auswärtigen und zum Conseilspräsidenten ernannte.

Es war bereits zu spät. Nachdem in Paris der Kampf, dessen hauptsächlicher Schauplatz die Umgebungen des Louvre waren, den ganzen Morgen gedauert hatte, war es geschehen, daß durch ein Mißverständniß der Oberst Salis sein Schweizerbataillon aus dem Louvre herauszog, ehe die Ablösung zur Stelle war. Diesen Augenblick benutzten die Aufständischen, um in das Gebäude einzudringen. Es war $^1/_2$12 Uhr, als dies geschah; Marmont konnte, während die Masse in den Sälen des Louvre sich zerstreute, noch die Truppen aus dem Gebäude nach dem dahinter liegenden Tuileriengarten herausziehen, und gab nun den Befehl zum Rückzuge nach dem l'Etoile genannten Platze, in welchen die Straßen nach Neuilly und St. Cloud einmünden und wo er nun was von Truppen noch erreichbar war und noch nicht mit dem Volke sich „verbrüdert" hatte an sich zog. Die meisten kamen in völliger Auflösung dort an; sehr natürlich, nachdem man sie, ohne daß ein Mitglied der königlichen Familie sich in ihrer Mitte hatte sehen lassen, Tage lang dem Hunger, dem Durst, der Hitze und einem peinlichen Kampfe überlassen hatte. Die Menge feierte ihren Sieg, indem sie in dem Palast ihrer Könige plünderte und Possen trieb, Bilder und Tapeten verstümmelte und mit Flintenschüssen durchlöcherte; Einige suchten nach den verhaßten Schweizern, die sich aber glücklich gerettet hatten; Andere brachen die Keller auf und betranken sich in ihres Königs Wein. Doch fehlte es neben diesen wüsten Scenen, denen die Heimsuchung des erzbischöflichen Palastes und anderer öffentlicher Gebäude zur Seite ging, nicht an Beispielen ehrenhaften Sinnes auch unter den Geringsten und Darbenden, welche die Gelegenheit, sich mit Einem Griff zu bereichern, hochherzig verschmähten; da und dort wurden Plünderer vom Volke selbst kurzer Hand erschossen. Im Palais royal, das gleichfalls in der Gewalt des Volkes war, wurde nichts genommen und nichts zerstört, da es dem Herzog von Orleans gehörte, der an den Gewaltacten des Königthums unbetheiligt war.

So lag die Krone Karl's X. zerbrochen am Boden; dies war die allgemeine Stimmung, der allgemeine Eindruck, der jede Hand lähmen mußte, die etwa noch einen Versuch zu seinen Gunsten hätte machen wollen. Aber was sollte weiter werden? Es war hohe Zeit, daß die Abgeordneten, die einzigen Träger einer legitimen Autorität in diesem Augenblicke, welche bis dahin zu keinem Entschlusse hatten kommen können, nunmehr sich der Leitung der Revolution wirklich bemächtigten, die, fast ohne alle Leitung vollständig siegreich, nunmehr im Vollgefühl ihrer Kraft uferlos wogte und bereits allerlei gefährliche und unreine Elemente auf die Oberfläche trieb. Schon am Morgen des 29., als das Volk nach Führern rief und sie nirgends finden konnte, hatte ein Abenteurer des Namens Dubourg, ein verabschiedeter Officier der einstigen kaiserlichen Armee, den Gedanken, in diesem Chaos eine Rolle zu spielen. Er gerirte sich als General, was dem Volkshaufen gegenüber, der nach großen Namen verlangte, nicht schwierig war; mit ein paar Hundert Leuten die ihm folgten ging er nach dem augenblicklich so gut wie herrenlosen Stadthause, begleitet von dem Herausgeber des Constitutionel, Euariste Dumoulin, der sich in die Uniform eines Hauptmanns der Nationalgarde gesteckt hatte. Ebendorthin hatte sich auch Baude, der Herausgeber des Temps, begeben, der sich als Secretär einer fingirten provisorischen Regierung geberdete, und diese Leute trieben nun mit Proclamationen und allerlei Geschäftigkeit, wie sie die gute Gelegenheit ergab, ihr Wesen: eine der ersten Regierungshandlungen des „Generals" Dubourg war, daß er sich durch Dumoulin zum Commandanten des Hotel de Ville ernennen ließ; alsdann ernannte er selbst einen Seinepräfecten, und es dauerte nicht lange, so stellten sich auch die in Frankreich unvermeidlichen Sollicitanten ein, hohe Herren darunter, welche sich bei der neuen Regierung — denn eine solche mußte doch wohl jetzt vorhanden sein, und wo wäre sie anders zu suchen gewesen, als im Stadthause? — um Aemter und Stellen bewarben. Es war Zeit, daß diesem Spuk ein Ende gemacht wurde, ehe er eine greifbarere Gestalt gewann.

Mittlerweile waren denn auch wirklich die Abgeordneten einen Schritt vorwärts gekommen. Gegen 12 Uhr am Donnerstag waren im Hotel des Banquiers Lafitte ihrer etwa 30—40 beisammen. Die Gefahr schien jetzt vorüber. Mauguin nahm das Wort: er stellte den Antrag auf wirkliche Niedersetzung einer provisorischen Regierung, die man schon am Morgen, um das Volk zu ermuthigen, als bestehend angekündigt hatte. Nach einer Weile kam Lafayette, dessen Name und Popularität in diesem Augenblicke unentbehrlich schien; er sollte den Befehl über die Nationalgarde, General Gerard den über die verfügbare bewaffnete Macht auf sich nehmen. Als provisorische Regierung schlug Guizot, vorsichtig den Namen wählend, eine Municipalcommission vor — ihre Wirksamkeit, meinte er, werde sich doch zunächst nur auf Paris beschränken; und in der That war der Name wohlgewählt, da er im nöthigen Falle noch immer einen Ausgleich mit einer Regierung des Königs zuließ, falls es wider alle Wahrscheinlichkeit gelang, eine solche doch noch wiederherzustellen. Die Wahl fiel, nachdem Mehrere abgelehnt hatten, auf Casimir Perier,

Graf Lobau, van Schoonen, Aubry de Puyraveau und Mauguin; eine vorsichtig gehaltene Bekanntmachung setzte die Bewohner der Hauptstadt von der Bestallung dieser Commission in Kenntniß, welche nun, den alten Lafayette an der Spitze, unter dem Jubel der Menge sich nach dem Stadthause begab; unterwegs hatten sie dreifarbige Bänder an die Hüte gesteckt, die aus einem Fenster der Rue aux Fers ihnen zugeworfen worden waren. Um 2 Uhr kamen sie am Orte ihrer Bestimmung an; die dort auf eigene Hand schaltende provisorische Regierung verschwand von selbst, indem der Pseudogeneral Dubourg sich ehrerbietig Herrn von Lafayette zur Verfügung stellte, und seine Uniform der Theatergarderobe zurückgab, der er sie entliehen hatte. Lafayette erließ, indem er zugleich einen Generalstab aus dem ihn umgebenden Allerlei bildete, eine Proclamation, in der er die Bevölkerung von Paris beglückwünschte, und mit der in der That sehr billigen Phrase: „ich werde kein Glaubensbekenntniß ablegen, meine Gesinnungen sind bekannt", der Nothwendigkeit aus dem Wege ging, zu sagen, was er selbst nicht wußte — nämlich was er eigentlich wollte und wohin die ganze Bewegung weiterhin ziele.

Zu St. Cloud schmeichelte sich der König noch immer mit dem Gedanken, durch die Ernennung eines Halbliberalen wie Herr von Mortemart war, seine Sache wiederhergestellt zu haben. Der Herzog hatte sich Anfangs geweigert: er sei krank, sei den Geschäften fremd geworden, kaum daß er die Namen der Parteiführer kenne; fast mit Gewalt mußte ihm Karl X. seine Ernennung zum Minister aufzwingen. Endlich gab er nach, als der König die Saite der Loyalität berührte, die, seither bei den Meisten gesprungen und zerrissen, in den Herzen dieser altfranzösischen Edelleute noch einen vollen Klang gab. Man berieth dann über die Maßregeln, die zunächst zu treffen seien, die nöthigen Ernennungen, die Einberufung der Kammer auf einen nahen Termin, den 3. August; die Zeit verstrich; im Schlosse selbst war Alles voll Verwirrung, und das sprechendste Bild kopf- und entschlußloser Ungeduld bot der Herzog von Angouleme, der, von zielloser Unruhe verzehrt, bald zu Pferde stieg, bald wieder absaß. Endlich ritt er weg; schon am Ausgang des Boulogner Gehölzes aber stieß er auf die Truppen, die niedergeschlagen, demoralisirt, noch auf dem Wege von Flintenschüssen angefallen, dazu erschöpft und hungrig von einem traurigen Kampfplatz als Besiegte kamen. Der Herzog nahm dem Marschall Marmont den Befehl ab, zunächst aber konnte man nichts anderes thun, als für die beklagenswerthen Soldaten sorgen, die sich wie es ging im Schloßpark bequem machten. Um diese Zeit — 5 Uhr Nachmittags — berief der König den Herrn von Semonville, der im Schlosse geblieben war: dieser und mit ihm Herr von Vitrolles und der Graf d'Argout machten sich nun auf den Weg nach Paris, um dorthin die gute Botschaft zu tragen, daß der König nachgegeben habe. „Die Ordonnanzen sind zurückgenommen, die Minister sind zum Teufel gejagt," rief der Marquis vom Wagen aus den Leuten zu, die ihm auf dem Wege begegneten.

Vielleicht am Morgen jenes Tages noch hätte diese Nachricht, „die Capitulation des Königs" einen Umschwung der Dinge herbeiführen können. Auch jetzt noch erwiderte Mancher dem aufgeregten Herrn und seiner erfreulichen Kunde mit einem Zuruf der Befriedigung; anders aber, das war nicht zweifelhaft, zeigte sich die Stimmung in der Stadt selbst und besonders in der Nähe des Hotel de Ville. Gegen 8 Uhr Abends gelangten die drei Unterhändler dorthin. Sie wurden in den Saal geführt, wo die Municipalcommission an ihrer Arbeit war. Semonville theilte seine Aufträge mit; aber von einem der Mitglieder gefragt, ob er mit schriftlichen Vollmachten versehen sei, mußte er verneinen. Unter den anwesenden Abgeordneten war noch nicht alle Geneigtheit verschwunden, auf die Capitulation des Königs einzugehen, aber jeden Augenblick erscholl von der Straße, aus den Vorsälen der Ruf: „keine Bourbonen mehr"; „die Menge," bemerkt der radicale französische Geschichtschreiber dieser Tage, Louis Blanc sehr treffend, wenn auch für diesen seinen Souverän nicht gerade schmeichelhaft, „die Menge verlangte als Preis des vergossenen Blutes nicht gerade etwas Besseres, aber wenigstens etwas Neues." Und auch der einflußreichste der liberalen Majorität, den d'Argout auf Perier's Rath noch aufsuchte, Lafitte, hatte ganz andere Gedanken, die er vorläufig noch mit einem geistreichen Worte verhüllte, wie es die Franzosen stets zur Hand haben: „seit 24 Stunden ist ein Jahrhundert verflossen." Graf d'Argout und Herr von Vitrolles kamen schon bei Nacht mit leeren Händen, aber doch noch nicht ohne alle Hoffnung nach St. Cloud zurück. Sie waren erstaunt und erschreckt, dort den Herzog von Mortemart noch zu finden, den man längst zu Paris erwartete; derselbe hatte von dem bethörten einfältigen König, der seine Lage noch immer nicht begriff, noch keinerlei Vollmacht erhalten. Man entwirft jetzt vier Ordonnanzen, Zurücknahme der berüchtigten Ordonnanzen des Ministeriums Polignac, Einberufung der Kammern auf den 3. August, Herstellung der Nationalgarde, Ernennung Perier's zum Finanz-, Gerard's zum Kriegsminister; aber man bedarf nun der Unterschrift des Königs, der nach seiner gewohnten Whistpartie zu Bett gegangen war. Mit Mühe kann man die wachehaltenden Gardes du Corps bewegen, dem Herzog Eingang zu schaffen; nach einigen Pourparlers mit Vitrolles, der vorgelassen ward, unterzeichnet der König die neuen Ordonnanzen, mit denen nun der Minister und der Graf d'Argout nach Paris eilen. Schon dämmert der Morgen — Freitag der 30. Juli — herauf; am Boulogner Gehölz mußten sie einen Posten passiren, der Befehl hatte, Niemanden durchzulassen; sie müssen den Wagen zurücklassen; zu Fuß, auf langem Umweg erreicht der kranke Mann, der Karl's X. letzte Befehle in der Tasche trägt, die Stadt, um sich zu Lafitte zu begeben, wo er die Abgeordneten zu finden hoffte. Unterwegs — es ist schon 10 Uhr — begegnet er den Abgeordneten Berard, der ihm sagt, die Abgeordneten würden sich um Mittag im Palais Bourbon, dem gewöhnlichen Sitzungslocale versammeln; übrigens sei nichts mehr zu machen. Mortemart begab sich nach seinem eigenen Hause, wo er in eine lange Ohnmacht fiel; um 12 Uhr ging er nach dem Palais Luxembourg, wo er einige Pairs um Semonville vereinigt findet; den Grafen de Sussy schickt er mit einem Billet an Casimir Perier und mit den neuen Ordonnanzen nach dem Palais Bourbon.

Unterdessen aber las man schon seit dem Morgen allenthalben einen Maueranschlag, der unter Eingebung Lafittes von Thiers und einigen Anderen abgefaßt war, und welcher, indem er die Unmöglichkeit hervorhob, daß Karl X. „welcher das Blut des Volkes vergossen" je wieder nach Paris zurückkehre, und indem er zugleich die Republik abwies, welche nur Spaltungen hervorrufe und Frankreich mit dem übrigen Europa entzweien würde, nachdrücklich den Herzog von Orleans als denjenigen hervorhob, der die dreifarbige Fahne annehmen und die Charte, so wie Frankreich sie immer verstanden und gewollt, acceptiren könne. Auf diesen Ausweg aus dem gefährlichen Wirrsal richteten sich jetzt mit wachsender Entschiedenheit die Gedanken der vorwaltenden Männer.

d. Anfänge Louis Philippe's.

Herzog Ludwig Philipp von Orleans, das Haupt der jüngeren Linie des Hauses von Frankreich, war am 6. October 1773 geboren. Mit einer Schwester und zwei älteren Brüdern wuchs er unter der Leitung einer sehr verständigen Erzieherin, Frau von Senlis, heran. Als er ins Jünglingsalter trat, begann eben der Abgrund sich zu öffnen, welcher das alte Frankreich, seine Könige und seine Prinzen, seine Priester und seine Edelleute verschlang. Das damalige Haupt der Orleans, Herzog Philipp, hatte sich, den Traditionen des Hauses getreu, zur Opposition geschlagen; auch der Sohn war Mitglied des Jacobinerclubs gewesen und diente im republikanischen Heere; Bilder der Schlachten von Valmy und Jemappes, die er mitgemacht, sah man in seinem Zimmer. Als aber die Revolution einen immer wilderen Charakter annahm, war er mit seinem General Dumouriez ins feindliche Lager geflüchtet. Mit dieser Katastrophe (April 1793) begann für ihn eine lange und heilsame Lern- und Wanderzeit. Er hörte für einige Zeit auf, Prinz zu sein; er mußte arbeiten, um zu leben; unter dem Namen Chabaud Latour bekleidete er eine zeitlang eine Lehrerstelle in einem Pensionat zu Reichenau. Im März 1795 begab er sich zu Dumouriez nach Hamburg; noch waren die Zeiten nicht darnach angethan, seinem Ehrgeiz eine Befriedigung zu zeigen. Dann ging er im Jahre 1796 nach Amerika, von wo er nach drei Jahren zurückkehrte, um seinen Aufenthalt in England zu nehmen. Er hatte viel gelernt und mannigfache Verbindungen angeknüpft; auch mit den Vertretern der älteren Linie war eine Aussöhnung zu Stande gekommen; aber er hatte nichts zu thun, und trug es schwer, daß ihm die Verwendung im spanischen Unabhängigkeitskriege gegen Napoleon, die er suchte, versagt ward. Er brauchte es nicht zu beklagen, denn es gereichte ihm später bei seinem Volke zu großer Empfehlung, daß er niemals gegen „Frankreich" die Waffen getragen hatte. Das Schicksal entschädigte ihn einigermaßen durch die Hand einer vortrefflichen Frau, Marie Amalie, einer neapolitanischen Prinzessin, einer Tochter Ferdinand's und Carolinen's, mit welcher er im Jahre 1809 sich verheirathete. Beim Sturze Napoleon's kehrte auch er nach Frankreich zurück, und während der 100 Tage, wo die Bourbonen auch bei den Allianzmächten Zweifel an ihrer Befähigung, sich auf dem französischen Throne zu halten, erweckten, war ernstlich und auch an hohen Stellen von ihm die Rede, — ob nicht dieser Prinz, der vom Unglück offenbar mehr gelernt als die Unverbesserlichen, der geeignetere sei, Frankreich in den Hafen zu steuern und ein friedliches Zusammenleben dieses Landes mit dem neugeordneten Europa zu ermöglichen. Indeß die reine Legitimität — das Princip, wie man das nannte — trug den Sieg davon, und Louis Philipp, der mit kluger Erkenntniß der wirklichen Lage selbst keinen Schritt gethan hatte, um zu einer bedeutenden Rolle zu gelangen, fügte sich seinem rechtmäßigen Souverain mit der Miene aufrichtiger Loyalität und vielleicht mit wirklicher Loyalität; er besaß den hochstrebenden und tiefberechnenden Ehrgeiz nicht, welchen man bei einem Manne, der dem Throne einige Schritte näher ist als alle Uebrigen, allzuleicht vorauszusetzen geneigt ist. Ein guter Hauswirth und vortrefflicher Familienvater — sehr bürgerliche Eigenschaften in den Augen seines Volkes, aber darum nicht minder achtungswerth — widmete er sich in ehrenhafter Weise der Regulirung der tiefzerrütteten Familienverhältnisse des Hauses und der Erziehung seiner heranwachsenden Kinder. Aber wie ehrlich seine Loyalität gemeint sein mochte, das Mißtrauenerweckende, das in seiner Stellung an und für sich lag, hätte die aufrichtigste Aufrichtigkeit

nicht zu beseitigen vermocht. Ludwig XVIII., welcher seine eigene
Lage richtig würdigte, vergaß es nicht, daß man während der hundert
Tage an den Herzog als seinen Ersatzmann gedacht hatte; die zahlreichen Mißvergnügten, welche das restaurirte Königthum im Voraus
gegen sich hatte und die es weiterhin sich erweckte, richteten ihre Blicke
auf ihn, und es gab eine orleanistische Partei, er mochte wollen oder
nicht. Und mehr noch: je klüger er sich resignirte, desto mehr erweckte
er den Verdacht des mißtrauischen Königs. Ludwig XVIII. stellte ihn
einst mit einer Frage über Villèle's Stellung auf die Probe; der Herzog entgegnete, daß er in seine häuslichen Aufgaben vertieft sei und
sich mit Politik nicht befasse; als einfacher Passagier fahre er auf dem
Staatsschiffe mit, indem er die geschickte Hand segne, die dasselbe
steuere. Der König lächelte, er hatte seinen Meister gefunden. Die
sichere Hoffnung auf die Succession, welche der Tod des Herzogs von
Berry ihm oder seinem Hause zu eröffnen schien, verschwand mit der
Geburt des Herzogs von Bordeaux; in der Haltung Louis Philippe's
änderte dieses Ereigniß nichts. Er lebte zurückgezogen auf seinem
Schlosse zu Neuilly; aber er hütete sich wohl, sein Geschick zu enge
mit dem des älteren Zweiges, der immer sichtbarer sich selber das
Grab schaufelte, zu verketten, und in Einem Punkte wenigstens war
er fest entschlossen — nicht wieder ins Exil zu gehen. Es konnte
eines Tages so kommen, daß er, wie Louis Blanc nicht ohne Wahrheit bemerkt, König werden mußte, um Eigenthümer (propriétaire)
zu bleiben, und daß er, um sich und seiner Familie ihre Domänen und ihre
Reichthümer zu bewahren, die Krone zu nehmen nicht umhin konnte.
Man sah zurückgesetzte Künstler und Gelehrte auf seinem Schlosse
aus- und eingehen, und mit den Häuptern der mißvergnügten Liberalen, wie namentlich Lafitte und dem Advocaten Charles Dupin,
seinem Rechtsbeistande, unterhielt er Verbindungen; er brauchte sich
nicht weitläufig zu erklären, man verstand sich ohne viele Worte.
Was konnte er dafür, daß er die neue Zeit besser verstand, als Karl X.
oder die Herzogin von Angouleme? Daß dies dem Publicum nicht
unbekannt blieb, dafür sorgten Andere; seine schlichte bürgerliche Haltung gewann ihm verdiente Popularität; mit großer Genugthuung
sah man, wie er seine Söhne die gewöhnliche Schule besuchen ließ.
Was er that, mochte klug berechnet sein, aber es war auch zugleich sehr
vernünftig; Niemand konnte ihm einen Vorwurf daraus machen. In
Wahrheit, es war ähnlich wie bei der Eröffnung der Kammer im Anfange des Jahres; dem Könige war jetzt, wie damals der Hut, über
dem thörichten Versuche, eine unmögliche Ordnung der Dinge wieder
herzustellen, die Krone selbst entfallen; der Herzog stand daneben,

und nicht einmal zu bücken brauchte er sich wie dort, um sie aufzuheben: von selbst ward sie ihm entgegengetragen.

Freitag den 30. Morgens 8 Uhr versammelten sich die Abgeordneten, welche mit der Bewegung gingen, wiederum im Hotel Lafitte's. Es war allen einleuchtend, daß endlich ein entscheidender Schritt geschehen, eine wirkliche Regierung geschaffen werden mußte, und daß wenn die Aufgabe die war, auf der einen Seite keinen Bourbon und auf der anderen Seite keine Republik zu haben, Niemand anders als der Herzog von Orleans der Mann war, welchen die Lage erheischte. Den Abgeordneten, welche die mittleren Gesellschaftsclassen, den reichen und wohlhabenden Bürgerstand und seine Interessen vertraten, war bei der Revolution nicht wohl zu Muthe. Den Kampf der drei Tage hatte die Arbeiterbevölkerung und die Jugend durchgefochten; die Nationalgarde hatte sich nur zögernd und erst als der Sieg sich unzweideutig entschied, auf den Kampfplätzen zum Schutze ihres Eigenthums, das in Wahrheit indeß noch keineswegs bedroht war, eingefunden; ließ man das Volk und die Jugend gewähren, so hatte man die Republik, und dann vielleicht in Kurzem wieder die Zustände von 1793 oder, da Frankreich im Ganzen die Republik nicht wollte, vielleicht auch eine königliche Reaction zu erwarten, zu welcher in Wahrheit noch Kräfte genug vorhanden waren. Unter den geschichtskundigen Männern der liberalen Partei war die Erinnerung an die englische Revolution von 1689 lebendig, bei welcher es gelungen war, die Freiheit und die dauernde Herrschaft der Mittelclassen zu begründen, ohne den ganzen Staatsorganismus umzukehren und ohne das Volk in seinen Tiefen aufzuwühlen. Für die Hauptrolle aber, welche dort der Prinz von Oranien gespielt hatte, besaß man in Herzog Philipp den Mann: und so verlangten denn schon jetzt einige Stimmen unumwunden, man solle ohne Weiteres die Absetzung Karl's X. aussprechen und den Herzog als seinen Nachfolger proclamiren.

So rasch ließen sich aber die Dinge nicht machen. Um 12 Uhr, wie erwähnt, trat man, und diesmal im Palais Bourbon, dem gewöhnlichen Sitzungssaale auf dem südlichen Seineufer wieder zusammen. Es kam hier, nach mancherlei Hin- und Herreden, zunächst zu einem Beschlusse, der Municipalcommission eine förmliche Vollmacht nebst der Befugniß, sich durch neue Mitglieder zu verstärken, auszustellen; auf den Antrag des einzigen Royalisten, der zugegen war, des ehrenwerthen Hyde de Neufville, ward ferner beschlossen, eine Commission von fünf Mitgliedern nach dem Luxembourg zu schicken, welche dort mit einer ähnlichen Commission der Pairs eine Verständigung über das Weitere suchen solle; man wußte um die Ernennung Mortemart's, und eine Möglichkeit für Karl X. war also selbst jetzt noch nicht völlig ausgeschlossen. Während die Commissäre sich auf den Weg machten, erschien Herr von Sussy mit den neuen Ordonnanzen im Auftrage Mortemart's. Dieselben wurden verlesen, Lafitte weigerte sich aber, sie für das Archiv der Kammer anzunehmen. Sussy entfernte sich, um sein Heil auf dem Stadthause zu versuchen. Die Abgeordneten fuhren in ihren Berathungen fort; der Secretär der Municipalcommission, Advocat Odilon Barrot, erschien mit einer Botschaft des Generals Lafayette, welche die Befürchtung aussprach, daß die Bevölkerung selbst, ohne Dazwischenkunft der Kammern, eine Entscheidung treffe; und man schickte nach der Pairskammer, die Commission zurückzurufen, denn Jedermann fühlte, daß man keine Zeit mehr verlieren dürfe, daß man zu Ende kommen müsse.

Auf dem Stadthause war wenigstens nach Einer Seite hin, der negativen, die Entscheidung bereits gefallen. Der Abgesandte Mortemart's, Herr von Sussy, war dort erschienen, wo der Saal voll von bewaffneten jungen Männern und allerlei Volk war; als diese vernahmen, um was es sich handle, erhob sich alsbald der entrüstete Ruf: „nichts mehr von Bourbonen," der unter den Massen, die vor dem Gebäude wogten, einen drohenden Widerhall fand. „Sie sehen," sagte Lafayette, „das Glück der Waffen hat entschieden." Er wies den Herrn von Sussy an die Municipal-Commission, die soeben ihre Vollmacht durch die Vereinigung der Abgeordneten erhalten hatte. Der Bevollmächtgte Mortemart's packte seine Papiere zusammen, es war hier noch weniger zu machen, als in der Kammer, und unmittelbar darauf erließ die Commission einen Aufruf, der mit den Worten begann: „Bewohner von Paris, Karl X. hat aufgehört über Frankreich zu regieren." Wer über Frankreich weiterhin regieren solle, darüber sprach die Proclamation sich nicht aus; sie speiste das Volk einstweilen mit den „volksthümlichen Farben", mit der „Bewunderung und Dankbarkeit des Vaterlandes" und mit dem nichtssagenden Schlußwort: „es lebe Frankreich, es lebe das Volk von Paris, es lebe die Freiheit!" ab.

Damit konnte etwa eine Oper oder ein Schauspiel schließen, aber für die ernsthafte Krisis, in welcher die Nation sich befand, war damit nichts gesagt und nichts gethan, denn weder Frankreich noch das Volk von Paris, noch die Freiheit konnten von Lebehochrufen leben. Während dies auf dem Stadthause geschah, wartete die Vereinigung der Deputirten im Palais Bourbon der Rückkehr ihrer an die Pairs abgeordneten Mitglieder. Sie erschienen endlich und General Sebastiani erstattete in ihren Namen Bericht. Die Vereinigung der Pairs, sagte er, habe gleich ihnen die Lösung der Schwierigkeiten, in denen man sich befinde, darin gefunden, daß man den Herzog von Orleans einlade, sich nach Paris zu begeben und die Befugnisse eines Generalstatthalters des Königreichs auszuüben. Dies war das Wort des Räthsels und Lafitte stellte sofort und ohne weitere Berathung die Frage, über die in der That Jeder mit sich im Reinen sein mußte; gegen nur drei Stimmen ward sie bejaht und nunmehr eine Erklärung des Inhalts aufgesetzt, „daß die Vereinigung der zu Paris anwesenden Deputirten es für dringend nothwendig erachte, daß Se. Königliche Hoheit der Herr Herzog von Orleans sich nach Paris begebe, um dort die Befugnisse eines Lieutenant-General des Königreichs auszuüben, und daß sie ihm zugleich den Wunsch ausdrücke, daß die nationalen Farben beibehalten werden möchten." Einige Abgeordnete erhoben Widerspruch: sie hätten von ihren Wählern nicht das Mandat empfangen, einen Dynastiewechsel herbeizuführen; sie waren nicht schwer zu beschwichtigen, denn ein Dynastiewechsel war mit jener Erklärung allerdings vorbereitet, aber noch keineswegs ausgesprochen. Zwölf Mitglieder wurden gewählt, welche dem Herzog diese Manifestation der Deputirtenvereinigung überbringen sollten.

Louis Philipp war von dieser Wendung der Dinge nicht überrascht und von ihrem seitherigen Gang und Verlauf wohl unterrichtet. Noch während des Kampfes am 28. hatte sein Freund und Banquier Lafitte ihm nach Neuilly, wo er mit seiner Familie lebte, eine Botschaft geschickt. Der Herzog hatte sich begnügt, dafür zu danken. Er war mit Lafitte seit lange im Verkehr; der große Banquier, jetzt als ein Mann von fürstlichem Reichthum, und mehr noch, als ein Mann, der von diesem fürstlichen Reichthum einen durchaus würdigen und edlen Gebrauch machte, überall geehrt, war 30 Jahre früher mittellos als ein junger Mensch nach Paris gekommen und hatte sich durch Verstand und Fleiß in die Höhe gearbeitet; schon im Jahre 1815 hatte er Gelegenheit gehabt, sich den Herzog zu verpflichten, der Männer von dieser Art zu schätzen wußte und nicht undankbar war. Der Sieg des Volkes entschied sich und eine neue Botschaft von Lafitte kam; sie bestimmte den Herzog, der richtig berechnete, daß für ihn am meisten zu gewinnen war, wenn er nicht zu frühe hervortrat, zunächst in einem nahen Landhause seinen Aufenthalt zu nehmen, der nur seinen Vertrautesten bekannt war. Man hat damals Karl X. noch gerathen, ihn zu verhaften. Der Fürst, der in seinem ritterlichen Sinn und in seinem monarchisch-legitimistischen Aberglauben niemals an eine Conspiration seines Vetters, dem gegenüber er sich in der That nichts vorzuwerfen hatte, glauben konnte, wies es aber mit Entrüstung zurück.

Als die Deputation der Abgeordneten mit deren Erklärung am 30. nach dem Palais Royal kam, war der Herzog dort nicht zu finden. General Sebastiani übergab einem Diener schriftliche Notiz: in einigen Stunden war eine Antwort da, in welcher der Herzog Mittheilung machte, daß er den anderen Morgen nach Paris kommen werde. Auf ein dringendes Billet Lafitte's kam er noch denselben Abend, entbot diesen und einige andere Männer von Bedeutung ins Palais Royal, unter denselben auch den alten Fürsten Talleyrand, der besser als irgendwer wußte, wie viel Uhr es mit einer Regierung in Frankreich war. In dieser Versammlung kluger Leute wurden alle Möglichkeiten der Lage erwogen, selbst die Grundzüge der eintretenden Falles zu gebenden Antworten und Erklärungen festgestellt, und, man muß es gestehen, die nun folgende Haupt- und Staatsaction, soweit sie des Prinzen Rolle betraf, meisterhaft vorbereitet. Die Berathung dauerte lange; am Morgen des 31. Juli sprach der Herzog zuerst den Herzog von Mortemart, dem er, für das Ohr des Königs, die Dinge so darstellte, als habe ihn die Besorgniß für seine Frau, die bedroht gewesen sei, nach Paris geführt, und dem er zugleich mit warmen Worten seine Loyalität betheuerte: er werde niemals die Krone nehmen. Um 9 Uhr empfing er die Abordnung der Kammer. Er nahm sie auf mit der gewinnenden Freundlichkeit, die ihm, dem einstigen Flüchtling, der so lange nichts gewesen war als Einer aus dem Volke, wenn nicht natürlich doch geläufig war. Es lag in seiner Situation und in seiner Rolle, als der Bedenkliche, der ängstlich Gewissenhafte zu erscheinen. Noch einmal berieth er, während die Abgeordneten warteten, mit General Sebastiani, seinem Vertrauten, und dem älteren Dupin, seinem Advocaten; nach dreiviertel Stunden kam er wieder aus dem Nebenzimmer und brachte eine Bekanntmachung mit, die, mit großer Geschicklichkeit abgefaßt, den Parisern die Annahme der Generalstatthalterschaft anzeigen sollte, ohne noch seine Beziehungen zum König zu compromittiren, und die mit den Worten schloß: „Die Charte wird künftig eine Wahrheit sein." Mit diesem Actenstück kehrte die Abordnung nach dem Locale der Kammer zurück, welche ihrerseits nun mit einer von Guizot entworfenen Erklärung antwortete, die nicht minder geschickt die Erklärung des Herzogs commentirte. Sie wiederholte den Schluß seiner Bekanntmachung, die sofort angeschlagen wurde: „die Charte wird künftig eine Wahrheit sein," und machte zugleich eine Anzahl von Garantieen namhaft, mit welcher die Kammer diese Charte umgeben werde: Herstellung der Nationalgarde mit Betheiligung an der Wahl ihrer Officiere, Theilnahme der Bürger an der Gestaltung der Localverwaltungen, Geschworenen-Gerichte für Preßvergehen, Verantwortlichkeitsgesetze für Minister und Verwaltungsorgane, Sicherheit der Stellungen im Heer — und diesmal hatte es nicht Noth mit den Unterschriften wie seither: 91 Mitglieder unterschrieben und man beschloß, diese Erklärung in Masse dem neuen

Generalstatthalter zu überbringen. Lafitte verlas dieselbe; mit ihm trat der Herzog auf den Balkon und zeigte sich der Menge, welche Beiden ein Lebehoch darbrachte.

Aber nicht überall war die Stimmung so günstig. Unter der Jugend und unter dem Volke, das in und vor dem Stadthause sich drängte, war man der Meinung, sich für die Republik geschlagen zu haben, zu deren Präsidenten man sich einstweilen den alten Lafayette auserkoren hatte. Schon im Laufe des 30. hatte sich eine Anzahl entschiedener Republikaner bei einem Restaurant Lointier versammelt, und auch diese hatten ihre Adressen bereit, mit welchen sie nun ihren Helden, der seinerseits nicht wußte, was er weiter wollte, bedrängten. Mit Mühe hielt er und die übrigen Mitglieder der Municipal-Commission die exaltirten jungen Leute mit freisinnigen Unterhaltungen hin; ihrem Einflusse mußten sie sich, gewöhnt dem Volke zu schmeicheln und sich von ihm schmeicheln zu lassen, doch nicht völlig zu entziehen, und von der Erklärung der Abgeordneten zu Gunsten des Herzogs erhielt man dort erst am Morgen des 31. Kenntniß. In den Kreisen der Polytechniker und Studenten aber und unter denen, welche deren Bravaden für den Inbegriff aller politischen Weisheit hielten, nahm man die großen Entschließungen und vor Allem die großen Worte nicht schwer; sie waren die Leute, welche ihr Leben eingesetzt, sie waren das Volk, welches den Sieg erfochten hatte. Daß der König seinen Eigenwillen und seine persönliche Ueberzeugung dem Lande als Gesetz hatte auferlegen wollen, das war nicht zu ertragen; aber daß im Namen der Freiheit 18jährige Jünglinge über einen Staat von 30 Millionen verfügten, nahm sich Keiner übel.

Unter diesen Umständen faßte der Herzog einen klugen und einen kühnen Entschluß. Er beschloß, an der Spitze der Abgeordneten sich selbst nach dem Stadthause zu begeben. Er wagte sein Leben: aus irgend einem Fenster, irgend einer aufgeregten Menschengruppe sonnte der tödtliche Schuß ihn treffen. Er selbst ritt an der Spitze, hinter ihm ward Lafitte, den ein Fußübel hinderte, in einem Lehnsessel getragen, dann folgten die übrigen Abgeordneten zu Fuß; lauter Jubel erscholl, vom Palais Royal an bis zum Louvre; aber die Stimmung der Masse wurde kälter, je näher man dem Stadthause kam. Vom Pont-neuf an hörten die Hochrufe auf; auf dem Greveplatz, wo man endlich, langsam durch die Volksmasse vorrückend, anlangte, ließ man die Freiheit und Lafayette leben; doch kam der Zug glücklich bis an die Treppe des Stadthauses, wo Lafayette mit aller Höflichkeit, welche dem Marquis und dem Franzosen ziemte, den Herzog empfing. Im Waffensaal, wo sich die Municipalcommission und Lafayette's Generalstab befand, verlas einer der Abgeordneten die Erklärung der Deputirten:

eine plumpe Vordringlichkeit jenes abenteuerlichen Generals Dubourg, der an den Herzog herantrat und ihm sagte, daß hier Leute seien, welche ihn an seine Verpflichtungen erinnern würden, wenn er sie vergessen sollte, gab diesem Gelegenheit, dem revolutionären Uebermuth eines Gecken gegenüber Würde und Fassung zu zeigen, und Lafayette, der zu der Rolle ganz unfähig war, die ihm die blinde Begeisterung der Jugend zugedacht hatte, übergab dem Herzog das Idol seiner Jugend, die dreifarbige Fahne. Dieser entfaltete sie, und trat mit dem General an ein Fenster; als er ihn vor den Augen der Menge umarmte, war das Spiel gewonnen: in das Lebehoch auf Lafayette mischte das Volk, welches für gutgespielte Scenen empfänglicher ist als jedes andere, die Hochrufe auf den Herzog. Die Municipalcommission ward nunmehr auf leichte Art beseitigt; sie ernannte noch eine neue Regierung, welche der Generalstatthalter, da sie schon unter seinem Einfluß gebildet war, bestätigte. Dupont de l'Eure, ein Mann von strengen republikanischen Grundsätzen, erhielt die Justiz, Baron Louis die Finanzen, de Rigny die Marine, Gerard den Krieg, Bignon das Auswärtige, Guizot den Unterricht und Casimir Perier das Innere; Lafayette behielt den Befehl über die Nationalgarde, wo er fortfuhr, eine große Figur zu machen, aber vorläufig wenigstens nichts schaden konnte. Mit der Republik war man so fertig: das glückliche Temperament der Franzosen, ihre Geschicklichkeit, über Schwierigkeiten sich mit Worten hinüberzuhelfen, bewährte sich auch hier. Der Thron werde mit republikanischen Institutionen umgeben sein, sagte man sich etwa, oder noch schöner, der Herzog von Orleans sei die beste der Republiken; ging es dann später nicht so ganz republikanisch zu in dieser besten der Republiken, so behielt man sich vor, sie gelegentlich wieder mit einer bessern zu vertauschen.

Die Aufgabe war nun aber, auch vollends mit dem Königthum der älteren Linie und mit dem übrigen Frankreich außer Paris fertig zu werden.

Beides war nicht allzuschwer. Am 30. Juli, als die Abgeordneten ihren Entschluß gefaßt hatten, und der Herzog von Orleans bereits sich anschickte, die erste Stufe zum Throne zu überschreiten, befanden sich etwa 12,000 Mann und 40 bespannte Geschütze zu St. Cloud. Die Ordnung und Haltung unter diesen Truppen war hergestellt und sie konnten aus den Lagern von St. Omer und Luneville verstärkt werden. Auch sprach man dem König wohl davon, er solle sich nach Orleans oder Tours zurückziehen, dorthin die Kammern, die Generale, die Würdenträger des Reiches berufen. Die Möglichkeit, einen Bürgerkrieg zu beginnen, ihn eine zeitlang zu nähren, die Tyrannei der Hauptstadt, die nun zum wievielten Male über das Schicksal des

Reiches entschied, zu brechen, hatte Karl X. noch immer in der Hand. Allein jetzt, wo die Stunde der Probe gekommen war, zeigte er sich in der ganzen Hülflosigkeit eines von Hause aus beschränkten und ideenarmen Mannes, dessen geringe Baarschaft an Verstand und Charakterstärke durch einen armseligen Köhlerglauben vollends wirkungslos gemacht wurde. Indem er sich sagte, daß die peinlichen Ereignisse, die ihn ängstigten, eine Strafe für seine Sünden seien, ersparte er sich die Nothwendigkeit, einen kräftigen Entschluß zu fassen. Eine noch kläglichere Figur spielte der Dauphin, der Ritter der spanischen Invasion, welcher an Marmont's Stelle, mit dem er eine heftige Scene gehabt, den Namen eines Oberbefehlshabers führte. Bestürmt von der Herzogin von Berry, welche das Interesse ihres zehnjährigen Knaben, des Thronerben, vertrat, ließ er mitten in der Nacht auf den 31. dem König sagen, daß St. Cloud bedroht sei; mit der Herzogin entwich nun der König nach Trianon, gegen Mittag folgte dann der Herzog von Angouleme mit den Truppen, deren Reihen mehr und mehr durch Abfall gelichtet wurden. Hier in Trianon schien der König endlich einen Entschluß der Energie fassen, von Tours oder Orleans aus die Zügel der Regierung wieder ergreifen zu wollen. Aber bald änderte er seinen Sinn wieder und wich weiter nach Rambouillet, wo die Herzogin von Angouleme, von ihrer Reise zurückkommend, zu ihm stieß; auch sie brachte wenig Tröstliches, allenthalben auf ihrem Wege hatte sie das Land im Aufstand gefunden. In Trianon hatte der König die Nachricht von der Erhebung des Herzogs von Orleans zum Generalstatthalter bekommen: darin lag ein Ausweg, und zu Rambouillet angelangt unterzeichnete er am 1. August in der Frühe die Erklärung, in welcher er den Herzog seinerseits zum Lieutenant=General des Königreichs ernannte, und also den Beschluß der Revolution ratificirte; er zweifelte nicht an seines Vetters Loyalität: um so weniger, als er dessen Gespräch mit Mortemart kannte.

Mit diesem Schreiben begab sich der Graf Alexander de Girardin nach Paris. Er erreichte um sieben Uhr Morgens Paris und das Palais Royal. Der Advokat Dupin, der bereits im Palais war, rieth jetzt, wo die Dinge so weit gediehen waren, seinem erlauchten Clienten zu einer entschiedenen Antwort, welche das Tafeltuch zwischen ihm und der älteren Linie mit einem Male entzwei schneiden sollte und diesmal war der Rath gut; ein offener Bruch, eine unzweideutige Gewaltthandlung war immerhin würdiger, als das zweideutige Spiel, das nun lange genug gedauert hatte, und das allmälig den Charakter einer gemeinen Betrügerei anzunehmen begann. Louis Philipp verfuhr nicht so. Er beantwortete das königliche Schreiben im Tone der Ergebenheit; zu den Notabeln der liberalen Partei, die einige Stun=

den später bei ihm eintraten, Perier, Guizot, Sebastiani, Lafitte und Anderen, sprach er ganz anders. Die Absicht des Königs sei offenbar, ihn den Anhängern der Revolution zu verdächtigen; er erkenne darin die Art der älteren Linie.

Louis Philipp befestigte sich indeß mehr und mehr. Die Entlassung der Mitglieder der Municipalcommission hatte er mit lebhaften Dankesworten entgegengenommen und sie ersucht, noch einstweilen die Verwaltung von Paris fortzuführen und auf dem Stadthause zusammenzubleiben; sein Hauptzweck war jetzt, den König, eine nicht mehr gefährliche aber unbequeme Figur in seinem Spiele, aus dem Wege zu bringen. Er ließ den Herzog von Mortemart kommen und äußerte ihm gegenüber die lebhaftesten Besorgnisse für die persönliche Sicherheit des Königs: er habe schlimme Nachrichten, daß der Aufruhr in der Nähe des königlichen Aufenthalts bedrohlich um sich greife. Mortemart, selbst überzeugt, daß für Karl nichts mehr zu hoffen sei, war erschüttert bei dem Gedanken, daß selbst das Aeußerste seinem königlichen Herrn noch vorbehalten sein könnte; es erschien auch ihm nothwendig, daß der König sowohl als der Dauphin abdanke und sich, damit die Ruhe allmälig in die Gemüther zurückkehre, auf einige Zeit aus Frankreich entferne. Eine Commission, zusammengesetzt aus dem Herzog von Coigny, dem Adjutanten des Herzogs von Bordeaux, dem Marschall Maison — beide, wie man voraussetzen durfte, dem König genehme Persönlichkeiten — dann von der Partei Lafayette's Herrn van Schoonen und Odilon Barrot, begaben sich nach Rambouillet. Eine Weile zauderte der König; als aber auch der russische Botschafter, Pozzo di Borgo, in ihn drang, ihm vorstellte, daß die Abdankung nothwendig sei, um wenigstens die Monarchie zu retten, da entschloß er sich zu dem Opfer, das er Ursache hatte für das letzte zu halten. Er richtete ein Schreiben an den Generalstatthalter, in welchem er in seinem Namen und in dem des Dauphins, der keinerlei Schwierigkeiten machte, der Krone zu Gunsten seines Enkels, des Herzogs von Bordeaux entsagte. „Sie werden daher," sagte das Schreiben, „in Ihrer Eigenschaft als Generalstatthalter des Königreichs die Thronbesteigung Heinrich's V. bekannt zu machen haben. Sie werden außerdem alle Maßregeln treffen, um die Form der Regierung während der Minderjährigkeit des neuen Königs zu bestimmen." Dieses Schreiben überbrachte der General Graf Latour-Foissac dem Herzog am Nachmittage des 2. August; Louis Philipp nahm es an: er werde die Abdankungsurkunde dem diplomatischen Corps mittheilen und im Archiv der Kammer niederlegen. Die Anerkennung des Herzogs von Bordeaux hänge von Umständen ab, die jetzt unmöglich zu berechnen seien.

Die Lage war damit aufs Neue verwickelt. Vom Standpunkt des Rechts war jetzt Heinrich V. König; der zehnjährige Knabe hatte mit den verhängnißvollen Ordonnanzen nichts zu thun, und der Sieg der Liberalen war groß genug, wenn er mit der Thronentsagung des Königs und des Dauphins endigte. Allein Louis Philipp war schon zu weit gegangen, er mußte die Usurpation vollenden, wenn er nicht untergehen wollte. Zunächst handelte es sich noch immer darum, den König vollends zu vertreiben, und da er durch die bisherigen Mittel nicht zu bewegen gewesen, beschloß man es mit der Einschüchterung zu versuchen. Man setzte zu diesem Zweck eine niederträchtige Comödie in Scene. Am Morgen des 3. August, an welchem zugleich die Eröffnung der Kammer stattfinden sollte, verbreitete sich allenthalben das Gerücht, daß der König aufs Neue Paris bedrohe. Der revolutionäre Apparat wird aufs Neue hervorgeholt, Generalmarsch geschlagen, in den Champs-elysés sammeln sich unter dem Rufe „nach Rambouillet" die Freiwilligen, ein lärmender Haufe mit allerlei Gewehr des Zufalls bewaffnet. Um das Aeußerste zu verhindern, gab man ihnen ein paar Bataillone Nationalgarde bei, und der General Pajol erhielt die zweifelhafte Ehre, gegen welche sich bei einem französischen Officier kein Soldatenstolz sträubte, diese nichtswürdige Expedition zu befehligen. Der Bubenstreich gelang; gegen Abend kam die Vorhut dieses Revolutionsheeres eine halbe Stunde vor Rambouillet an. Die drei Commissare — der Herzog von Coigny hatte sich von dem nicht sehr reinlichen Geschäft zurückgezogen — van Schoonen, Odilon Barrot und Marschall Maison begaben sich zum Könige. Er wollte von Nichts wissen; „der Generalstatthalter," sagte er, „hat alle meine Vollmachten, die ich ihm unter der Bedingung, daß er den Herzog von Bordeaux ausrufen läßt, übertragen habe;" er schien entschlossen zu bleiben. Odilon Barrot beschwor ihn, eben um des Herzogs von Bordeaux willen, abzureisen: „der Thron des jungen Fürsten," setzte er, nicht aus seiner Heuchlerrolle fallend, hinzu, „darf nicht mit Blut bespritzt werden," und Marschall Maison sprach von der Furchtbarkeit des Kampfes, da nicht weniger als 60,000 Mann Rambouillet bedrohten. Der König fragte seinen General auf dessen Wort, ob es wirklich so viele seien? Der Marschall wiederholte seine Angabe; freilich, wer hatte sie gezählt? es konnten 60,000 sein, vielleicht waren es auch bloß 59,999, auch wohl noch weniger; aber der Zweck war erreicht, der König entschloß sich zu sofortiger Abreise mit seiner Familie. Die Commissare begleiteten ihn; am folgenden Tage entließ er seine Truppen, mit Ausnahme der Gardes du Corps, die ihm bis nach Cherbourg, wo er sich einzuschiffen die Absicht hatte, das Geleite geben sollten.

In Paris gingen die Dinge nun ihren weiteren Gang ohne Störung. Am 3. August Nachmittags 1 Uhr fand die Eröffnung der Kammern statt. Der Herzog-Statthalter begab sich nach dem Palais Bourbon, etwa 200 Abgeordnete und etliche 40 Pairs waren anwesend. Der Herzog, mit Hochrufen empfangen, hielt eine Rede, in welcher des Königs keine Erwähnung mehr geschah; am Schlusse erst theilte er der Kammer mit, daß er die Abdankungsurkunde des Königs und des Dauphins erhalten und dieselben im Archiv der Pairs niedergelegt habe; den entscheidenden Punkt, daß die Abdankung zu Gunsten des Herzogs von Bordeaux geschehen, erwähnte er nicht.

Am folgenden Tage traten die Kammern in ihren gewöhnlichen Localen wieder zusammen. Die Abgeordneten schritten zur Wahl ihrer Beamten: zum ersten Präsidenten ernannte der Statthalter Casimir Perier, welcher die meisten Stimmen erhalten hatte. Diese Wahl bezeichnete die vorwaltende Stimmung. Man wollte die Revolution nur so weit sie unumgänglich nothwendig war; die alte Charte, neue Minister, und, weil man doch auch auf die Stimmung des Volkes, das die Revolution gemacht hatte und sie nicht blos für ein neues Ministerium gemacht haben wollte, einen neuen König, einen König, den Einer der jungen Leute, welche Louis Philipp an einem dieser Tage eines längeren Gesprächs würdigte, nicht übel als Einen von der Majorität, als „Einen 221" bezeichnete. Gelang es, diesen Plan durchzuführen, den alten Wein in neue Schläuche zu füllen, so hatten die Liberalen was sie wollten: die Herrschaft der Charte, welche den Gesellschaftsclassen die sie vertraten, überaus günstig war, und die für sie in der That wenig zu wünschen übrig ließ, wenn sie von einem Fürsten gehandhabt wurde, der mit Hülfe eben dieser Classe zum Throne gelangt und als großer Grund- und Geldbesitzer schon seither immer Einer der ihrigen gewesen war.

Am 7. August, nachdem die nöthigen Vorbereitungen getroffen waren, fand die entscheidende Sitzung statt. Zusammenrottungen bildeten sich in der Umgebung des Palais, zu deren Beseitigung und Beschwichtigung noch einmal die Popularität des alten Lafayette aufgeboten werden mußte. Es waren nunmehr 281 Abgeordnete zugegen, unter ihnen auch eine Anzahl von legitimistischer Gesinnung, und mit großer Beredtsamkeit machte sich dieser letztere Standpunkt geltend, der wenigstens ein fester, nicht jeden Augenblick nach Stimmung und Laune verrückbarer war, und der, wenn die Schicksale der Völker sich nach Verfassungsparagraphen und Sprüchen von Richtercollegien abwickelten, gar nicht angefochten werden konnte. „Rufen wir uns zurück, daß Frankreich durch seine Eide gebunden ist, daß diese Eide uns an den Thron binden, den das Kind besteigen muß, welches zwei Abdankungen dahin berufen," sagte Herr von Conny; Andere erklärten sich für incompetent, sie hätten zu dem Acte, welchen man zu sanctioniren im Begriffe stehe, kein Mandat erhalten; Andere, wie der wackere Hyde de Neuville, wahrten zwar ihren Standpunkt, beschieden sich aber, daß ihnen der Himmel nicht die Macht gegeben, den Blitz oder den aus seinen Ufern tretenden Strom aufzuhalten. Andere, wie der Advocat Berryer, ein hervorragender Redner der Königlichen, versuchte wenigstens eine Vertagung der Hauptfrage zu bewirken. Allein den Mahnungen an den geschworenen Eid setzten die liberalen Redner mit einer wirkungsvollen Wendung die Phrase entgegen, welche Den, der absolvirt sein wollte, leicht absolvirte, daß jene Eide durch das Feuer, welches die Truppen des Königs auf das Volk eröffnet, gelöst seien, und was die Vertagung betraf, so konnte man dem mit mehr Recht die unzweifelhafte Nothwendigkeit der raschen Feststellung einer starken Regierung entgegenhalten. Man trat in die Einzelberathung des Gesetzesentwurfs ein, welcher die Krone Frankreichs an den Herzog von Orleans übertrug und zugleich die Bedingungen feststellte, unter welchen dies geschehen sollte. Die Einleitung erklärte den Thron in Folge der Ereignisse vom 26. bis 29. Juli für erledigt; ein Zusatz: „und in Folge der Verletzung der constitutionellen Charte" ward angenommen. Die Einleitungsworte Ludwigs XVIII. zur Charte, in denen ausgesprochen war, daß die gesammte Regierungsgewalt in der Person des Königs ruhe, ward dagegen gestrichen, aber ein Vorschlag, an dieser Stelle ausdrücklich die unveräußerliche und unverjährbare Souveränetät der Nation auszusprechen, abgelehnt. Im Uebrigen wurden die Anträge der Commission angenommen, und somit war die Charte mit einer Anzahl Verbesserungen und Zusätzen als Grundlage der neuen Ordnung der Dinge von Neuem festgestellt. Abgeschafft ward der Artikel, welcher die römisch-katholische Religion als Staatsreligion erklärt; er wurde durch eine Fassung ersetzt, die, freilich kein Gesetz, aber gegenüber der „Staatsreligion" ein vernünftiger Fortschritt, einfach die Thatsache ausspricht, daß die Mehrheit der Franzosen sich zur römisch-katholischen Religion bekenne. In Betreff der Presse ward bestimmt, daß die Censur nie wieder eingeführt werden dürfe; keine fremden Truppen dürften ohne ausdrückliches Gesetz in französische Dienste genommen werden; der Artikel 14, der die Revolution veranlaßt hatte, ward dahin präcisirt, daß der König niemals auf eigene Hand Gesetze aufheben, noch sich von ihrer Befolgung entbinden dürfe. Die Kammer erhielt das Recht der Initiative zu Gesetzesvorschlägen, welches seither der Regierung allein zugestanden hatte, und für die Verhandlungen der Pairskammer wurde, wie für die der Deputirtenkammer, die Oeffentlichkeit eingeführt. Das Minimalalter für Deputirte wurde von 40 auf 30, das der Wähler von 30 auf

25 Jahre herabgesetzt, die Wahlperiode von sieben Jahren wieder auf fünf Jahre verkürzt, dagegen das Princip der Gesammterneuerung alle fünf Jahre statt der jährlichen Fünftelerneuerungen beibehalten. Ihre Präsidenten ernennt die Kammer selbst; außerordentliche Gerichtshöfe werden unbedingt verboten. Ein Zusatzartikel annullirt die Pairsernennungen Karl's X.; ein anderer bestimmt die dreifarbige Fahne als das nationale Abzeichen. Als demnächst zu erledigende Gegenstände wurde Einführung von Geschworenengerichten für Preßvergehen, Organisation der Nationalgarde, Regulirung der Ministerverantwortlichkeit bezeichnet.

Als bei der Votirung des ganzen Entwurfes Abstimmung durch namentliche Einzeichnung in eine Liste beantragt wurde, verwarf dies die Mehrheit, welche schon immer eine eigenthümliche Scheu gegen Namensunterschriften gezeigt hatte, und beschloß dasselbe Verfahren wie bei gewöhnlichen Gesetzen. So wurde hier ein König von Frankreich durch ein ähnliches Wahlverfahren ernannt, wie etwa bei der Aufnahme eines neuen Mitgliedes in ein Casino: 219 weiße Kugeln zählte man gegen 33 schwarze, 39 Mitglieder der Gesellschaft hatten sich bei diesem Wahlacte nicht betheiligt. Auf den Vorschlag Lafitte's, welcher der Versammlung präsidirte, begab sich dieselbe nun wiederum in ganzer Masse nach dem Palais Royal, wo sie der Herzog, umgeben von seiner Familie, in einem großen Saale empfing. Lafitte verlas die Urkunde: der Herzog hörte aufmerksam zu und erwiderte, daß dieselbe seine eigenen politischen Grundsätze ausspreche; er habe stets gewünscht, daß ihn niemals das Loos treffe, zum Throne zu gelangen, aber die Liebe zum Vaterlande beherrsche alle seine Gefühle und gebiete ihm, dem was er als den Willen des Volkes erkenne sich zu fügen; er umarmte Lafitte, der ihn zum König gemacht hatte; mit ihm und Lafayette, den er durch klugberechnete Biedermännlichkeit ganz gewonnen hatte, trat er auf den Balkon und zeigte sich der Menge, aus deren Mitte nun wiederum das vive le roi erscholl.

Die Pairskammer, welche man bei diesem Acte vorläufig aus dem Spiele gelassen, versammelte sich am Abend. 114 Pairs waren zugegen. Ihr Präsident verlas die Beschlüsse der Deputirten. Nur Chateaubriand erhob sich gegen diese Beschlüsse und weissagte Unheil von dem Ueberwiegen des demokratischen Elements, das nun unvermeidlich sei; aber die Mehrheit trat der Acte bei und überließ die Entscheidung über den Theil der Beschlüsse, welche die Annullirung der Pairsernennung Karl's X. betraf, und unmittelbar die Würde ihrer Versammlung verletzte, der Weisheit des Generalstatthalters; doch legte auch sie ihren zustimmenden Glückwunsch zu den Füßen des neuen Königs nieder.

Der darauffolgende Sonntag war ein Fest für die Bevölkerung. Kein Widerspruch war erfolgt; ruhig, zum Theil mit lärmender Zustimmung nahm das gesammte Frankreich die Entscheidung hin, die abermals, wie so oft, die Hauptstadt dem Lande über den Kopf weg getroffen hatte. Ohne Theilnahme, kaum beachtet, bewegte sich der Zug der königlichen Familie, von der Commission der neuen Gewalthaber bewacht, nach der Küste, wo das Schiff bereit lag, das den gewesenen König und die Seinen am 16. August von Cherbourg aus nach der englischen Küste tragen sollte. Noch immer hatte der unglückliche König auf eine Erhebung des Volkes, auf einen Umschlag des Glücks, auf ein Wunder von oben gehofft, und seine Reise so langsam als möglich eingerichtet. Denn in der That, so völlig schlecht war diese Restaurationsregierung nicht gewesen; die Finanzverwaltung war gut und erfolgreich gewesen, die volkswirthschaftlichen Zustände unter ihr in steter Besserung begriffen, auch die auswärtige Politik vom französischen Standpunkt aus nicht übel; aber Nichts dergleichen geschah; die Ereignisse einer kurzen Woche — die Franzosen, verschwenderisch mit diesem vielsagenden Worte, wo es ihre eigene Selbstbespiegelung gilt, nennen sie die große Woche — hatte das uralte Königshaus aufs Neue entwurzelt; ob das neue Königthum in dem vulkanischen Erdreich feste Wurzeln schlagen würde, lag verhüllt im Schooße der Zukunft. Einstweilen vollendete sich der bedeutungsvolle Wechsel durch die Ceremonie der Thronbesteigung Ludwig Philipp's, welche am 9. August Nachmittags 2 Uhr vor sich ging. Der Herzog erschien, von seinen beiden ältesten Söhnen, Chartres und Nemours, begleitet, im Sitzungssale des Palais Bourbon, welches eine unzählige Menschenmenge umdrängte. Die Erklärung der Deputirtenkammer vom 7. August, die Beitrittsacte der Pairs ward verlesen; der Herzog erwiderte: „ich nehme ohne Beschränkung noch Vorbehalt alle Bestimmungen und Verpflichtungen, welche diese Erklärung enthält und ebenso den Titel eines Königs der Franzosen an, den sie mir überträgt und bin bereit, ihre Beobachtung zu beschwören." Er entblößte sein Haupt und sprach die Eidesformel, die der Justizminister Dupont ihm übergab; mit einer nochmaligen Anrede an die Kammer schloß der neue König die Feierlichkeit, welche einfach und würdig einen tiefen Eindruck machte.

Die Schwierigkeiten der neuen Stellung waren dem welterfahrenen klugen Manne keinen Augenblick verborgen. Es war ein schlüpfriger Grund, auf dem der neue Thron ruhte. Louis Philipp bestieg ihn nicht Kraft des alten Rechtes der Legitimität: Frankreichs legitimer König war der Knabe, der jetzt ohne viel Harm im Reisewagen der Küste zufuhr, und ein Kind wie andere nach Schmetterlingen jagte, wo die Reise einen Ruheaufenthalt gestattete. Er bestieg ihn nicht in Kraft des neuen Rechts der Volkssouveränetät, denn die Nation in ihrer wirklichen Gesammtheit war nicht befragt worden. Er bestieg ihn in Kraft eines Compromisses zwischen diesen beiden Principien. Dem Einen war er recht, weil er ein Bourbon war, dem Andern, obgleich auch er Theil an diesem verhaßten Namen hatte; er war König auf Wohlverhalten, und es bewies einige Kenntniß seiner Lage und eine gutbürgerliche hausväterliche Vorsicht, daß er vor seiner Thronbesteigung in aller Form Rechtens auf seine Privatgüter zu Gunsten seiner Söhne verzichtete.

Zweites Buch.

Von der Revolution des Juli 1830 bis zur Revolution des Februar 1848.

Erster Abschnitt.

Von der Julirevolution bis zum Regierungsantritt Friedrich Wilhelms IV. von Preußen.
1830—1840.

Mit der Revolution, in welcher das Volk von Paris ohne andere Führung als die eines gewissen instinctiven Hasses und nur unterstützt durch die fast unglaubliche Unfähigkeit der legitimen Regierung im Laufe weniger Tage das bourbonische Königthum gestürzt hatte, war die europäische Ordnung der Dinge, wie sie 15 Jahre früher durch die vereinigte Diplomatie Europas aufgerichtet und mit Mühe, nicht ohne Einbuße an untergeordneten Punkten, während dieser kurzen Zeit aufrecht erhalten war, an einer entscheidenden Stelle, in einem der großen Centren des europäischen Lebens durchbrochen worden. Als einst im Mai jenes verhängnißvollen Jahres 1830 der Herzog von Orleans bei Gelegenheit der Anwesenheit seines Schwiegervaters des Königs von Neapel in Paris seinem Souverän im Palais Royal ein glänzendes Fest gab, da hatte Jemand dem Herzog gesagt: „es ist ein ächt neapolitanisches Fest, wir tanzen auf einem Vulkan;" so in der That, mit unwiderstehlicher Kraft, aus unterirdischen Tiefen war das Feuer der Revolution hervorgebrochen, und allenthalben, über den ganzen Erdtheil hin, erhielt man den Eindruck eines furchtbaren Naturereignisses, — eines Erdbebens, dessen Erschütterungssphäre über den größten Theil Europas sich erstreckte, und das hier in stärkeren, dort in matteren Stößen sich fortsetzend oder wiederholend, an einzelnen Punkten die bestehende Ordnung wirklich zum Einsturz brachte, an allen erschütterte und nur an wenigen ganz ohne Wirkung blieb. Dieses Ereigniß zeigte deutlich, daß die Kräfte, welche man 15 Jahre lang mit Gewalt niedergeworfen oder mit allerlei Hausmitteln beschwichtigt hatte, nicht schwächer, sondern im Gegentheil stärker geworden waren, und daß es eine kindische Politik gewesen war, diesen vorwärtstreibenden Kräften gegenüber nur einfach am Bestehenden festhalten zu wollen, anstatt das Wesen derselben zu studiren, die gesunden Elemente sich frei entwickeln zu lassen, ja ihnen selbst den Weg zu bahnen, und so das Bestehende wirklich lebendig zu erhalten, indem man es weiter bildete.

In Frankreich selbst nun war es gelungen, die Volksbewegung eben im Augenblick ihres Sieges zu mäßigen, ihr Schranken zu setzen, sie in neue Wege zu leiten, ehe ihre Macht in weiterem Zertrümmern sich entfalten konnte, und die liberale Bourgeoisie selbst hatte, wesentlich mit aus Furcht vor Verwickelungen mit dem übrigen Europa, sich beeilt, den Befürchtungen der europäischen Dynastenhäuser und ihres Anhanges durch Errichtung eines neuen Thrones, da der alte nun einmal nicht wiederhergestellt werden konnte, die Spitze abzubrechen. Sie hatte durch Beibehaltung der Charte den Zusammenhang mit der im Jahre 1815 eingeführten Ordnung der Dinge ausdrücklich fest gehalten und Ludwig Philipp selbst verlor keinen Augenblick, feierlich zu erklären, daß er die Verträge anerkenne, auf welchen der Rechtszustand Europas beruhe.

Indeß nicht überall kehrte, auch nur äußerlich betrachtet, die Ruhe so rasch wieder, wie an dem Centralherde der großen Erschütterung selbst.

A. Germanische Staaten.

1. Die Niederlande.

Der erste Stoß, gleichsam die Fortpflanzungswelle des großen Erdbebens, traf eine Schöpfung der Wiener Staatskunst, von der man sich große Dinge versprochen hatte, — das Königreich der vereinigten Niederlande. Bei der Aufrichtung dieses neuen Staates unter oranischem Scepter waren die Mächte von dem an sich gesunden Gedanken geleitet worden, an Frankreichs Nordgränze, derjenigen Seite also, an welcher jenes unruhige Volk so häufig den Frieden des Welttheils gestört hatte, ein starkes Bollwerk herzustellen, das einem ersten Stoße widerstehen könnte. Man mochte sich der Zeiten erinnern, wo diese Länder, die südlichen und die nördlichen Provinzen der einstigen spanischen Niederlande, vereint unter spanischem Scepter gelebt, dann vereinigt gegen spanische Tyrannei im Kampfe gestanden hatten; kein Fluß, kein Gebirge, keine irgendwie erkennbare Naturgränze trennt die Länder, welche von den Ardennen nördlich und westlich zum Meere sich strecken, und wenn auch unter der Bevölkerung augenfälligere Unterschiede sich zeigten als in der Natur des Landes, so konnte man doch darauf hinweisen, daß auch in den südlichen Provinzen der überwiegende Theil der Bevölkerung, der vlamische, welcher zum wal-

Ionischen wie drei zu zwei sich verhält, germanischen Stammes war, und nur einen besonderen Dialekt derselben niederdeutschen Sprache redete, welche die der nördlichen Provinzen war. Aber man übersah oder mißachtete die tiefer liegenden Ursachen der Trennung. Seit lange schon hatten die Geschicke **Belgiens** und **Hollands** sich geschieden. Die Holländer waren Germanen geblieben, die Belgier, längere Zeit dem französischen Nachbarreiche einverleibt und von dessen Selbstbewußtsein erfüllt, hatten französisches Wesen angenommen. Sie waren zu zwei Fünfteln wirkliche Franzosen und die vlamische Sprache war zu einem Volksdialekte herabgesunken, dessen man sich in den tonangebenden Kreisen der Gesellschaft nirgends mehr bediente. Den schwerfälligen, der Vergangenheit zugewendeten Holländern gegenüber zeigten sie, Kinder einer neuen Zeit, deren revolutionäre Ideen breiten Eingang gefunden hatten, die beweglichere, anstelligere, leichter entzündliche französische Art; vor Allem aber, sie waren der weit überwiegenden Mehrzahl nach katholisch, die Holländer calvinistisch, und sie waren in ihren religiösen Anschauungen ebenso fanatisch und gebunden, wie die Holländer borniert und eigensinnig in den ihrigen. Außerdem aber: in die neue Ehe, welche die Vormünder zu Wien für diese Länder ausgemacht, brachten die südlichen belgischen Provinzen bei weit zahlreicherer Bevölkerung nur 30 Millionen Gulden Schulden mit, — die Holländer das vollgerüttelte Maß von 2 Milliarden, und dabei erhoben diese den Anspruch der Suprematie in dem neuen Staate, dem sie die Dynastie lieferten. Indeß die Sache war schwierig, aber sie war nicht unmöglich: und man vertraute dabei auf die Weisheit Wilhelm I., der in der That ein kluger, charakterfester, wohlmeinender, aber dabei ein eigenrichtiger und eigensinniger Mann von kaltem Wesen und wenig gewinnenden Formen, in der That ein Holländer unter den Holländern war. Einen Fehler beging man von vornherein: man machte die Verbindung zu enge. Beide Länder sollten nur Einen Staat bilden, für welchen dann die alte holländische Verfassung zurechtgerichtet wurde: Generalstaaten, welche abwechselnd in einer holländischen und einer belgischen Stadt tagen sollten, 55 Mitglieder für die nördlichen, 55 für die südlichen Provinzen; daneben Provinzialstände für jede Provinz; Bewilligung der ordentlichen Ausgaben für je 10 Jahre; Vereinigung der Schulden, wofür man die Belgier durch die Gemeinsamkeit des trotz aller Verluste noch immer reichen Colonialbesitzes, den die Holländer zubrachten, entschädigt glaubte. Die Annahme dieses Grundgesetzes seitens der südlichen Provinzen konnte nur durch eine sehr plumpe Fiction, durch eine Art Staatsstreich wenn man will, erlangt werden. Es ward eine Versammlung von Notabeln der Südprovinzen nach Brüssel ausgeschrieben; 1323 derselben erschienen, von denen 796, also ein Mehr von 269 sich gegen die Annahme erklärte. Allein man wußte sich zu helfen. 126 hatten die Verwerfung damit motivirt, daß in der Verfassung die Bekenntnisse gleichgestellt waren, was dem Pfaffenhochmuth allenthalben unerträglich scheint, wo seine Partei in einem Lande die entschiedene Mehrheit hat, und 280 waren nicht erschienen; man trug kein Bedenken, jene 126 und diese 280 der bejahenden Minderheit zuzuzählen, — jene, weil die Gleichberechtigung der religiösen Bekenntnisse ein von den Mächten ausgesprochener Grundsatz des neuen europäischen Völkerrechts sei und mithin nicht in Frage gestellt werden dürfe, und diese, weil sie durch ihr Nichterscheinen stillschweigend ihre Zustimmung gegeben hätten. So ward aus Schwarz Weiß und aus der Minderheit eine Mehrheit gemacht.

Gleichwohl gingen die Dinge bis gegen das Jahr 1828 hin nicht schlecht. Der König pflegte mit Verstand und, da er selbst ein guter Geschäftsmann war, mit starker materieller Betheiligung an kaufmännischen und industriellen Unternehmungen die Gemeinsamkeit der materiellen Interessen beider Länder; der verödete Hafen von Antwerpen füllte sich wieder mit Schiffen und konnte bald wieder neben Amsterdam und Rotterdam sich sehen lassen. Daneben ließ sich der König vorzugsweise die Hebung und Pflege des Unterrichtswesens angelegen sein; er selbst, ein kenntnißreicher, fleißiger, verständiger Mann, wußte den Werth eines tüchtigen Unterrichts vor Anderen zu schätzen. Drei Universitäten, eine namhafte Anzahl Gymnasien und andere höhere Lehranstalten wurden errichtet, dagegen die kleinen Seminarien der Geistlichkeit geschlossen und die Privatpensionate, in welche die südlichen Landschaften, um die Regierungsanstalten zu meiden, mit Vorliebe ihre Jugend schickten, einer strengen und heilsamen Aufsicht unterworfen. Keine Gymnasialschule, bestimmten die Schulverordnungen von 1825 sehr verständig, dürfe gegründet werden ohne Ermächtigung seitens des Ministers des Innern. In ebendemselben Jahre ward Seitens der Regierung eine theologische Lehranstalt, ein „philosophisches Collegium" zu Löwen gegründet, in welchem jeder künftige Geistliche vor seinem Eintritt in ein bischöfliches Seminar einen einjährigen Vorbereitungscursus durchmachen sollte. Allein diese Maßregeln riefen den unversöhnlichen Widerwillen der katholischen Geistlichkeit wach, deren Unwille rasch in allen anderen katholischen Ländern das leicht zu weckende Echo fand. Der Clerus in Belgien hatte gleich zu Anfang versucht, den Verfassungseid zu verweigern und der Bischof von Gent, ein Franzose aus großer Familie, ging so weit, Denen, welche diesen Eid leisten würden, mit Entziehung der Sacramente zu drohen. Das nachdrückliche Einschreiten der Regierung, vor welchem der Prälat nach Frankreich entfloh, beugte diesen Widerstand; allein die Maßregeln in Beziehung auf den Unterricht riefen ihn aufs Neue und stärker hervor. Die Regelung des Unterrichts durch einen akatholischen und, schlimmer noch, einen aufgeklärten König bedrohte die Wurzel der geistlichen Macht, und da die Masse der Bevölkerung in den südlichen Provinzen auf der Seite der Geistlichkeit war, so hatte die Regierung einen schweren Stand.

Indeß in dieser Frage hätte die Regierung werthvolle Verbündete in den unterrichteten, den französischen Revolutions- und Aufklärungsideen zugewandten Classen der belgischen Bevölkerung finden können, die es nicht ungern sahen, wenn man die Geistlichen unter dem Daumen hielt; allein diese Classe wurde der Regierung wieder durch andere Maßregeln entfremdet. Die sichtbare Zurücksetzung der Belgier im Heer und Verwaltungsdienst, die Einführung der holländischen Sprache als der allgemeinen Amtssprache, die Auferlegung lästiger Steuern erregte den Haß auch der Liberalen, der sich vorzugsweise gegen ein Hauptwerkzeug der königlichen Pläne, den Justizminister van Maanen, richtete; besonders die Aufzwingung der holländischen Sprache ward als Symptom der Knechtschaft empfunden, indem sie an die Stelle einer weitverbreiteten hochentwickelten Cultursprache einen wenig veredelten Dialekt setzte, den außerhalb der Gränze des Königreichs Niemand verstand. Wiederholt wurden in den Generalstaaten Geldbewilligungen, welche die Regierung verlangte, verweigert, und die verfassungsmäßige Freiheit der Presse gab die Möglichkeit, dem Hasse Ausdruck zu geben und ihn zu nähren.

Für die Regierung aber war hier ein Mittel klar angezeigt, mit welchem sie der Gefahr begegnen konnte. Sie konnte den Zwiespalt benutzen, der unter ihren Gegnern herrschte, und durch ausgedehnte Concessionen an die Liberalen die clericale Partei isoliren. Dieses Bündniß gegen die „Jesuiten" bot die liberale Partei der Regierung förmlich an; der verhängnißvolle Mißgriff war, daß der König, hierin nicht klüger als früher und später andere gekrönte Häupter, dies verschmähte und in seiner eigensinnigen Selbstzufriedenheit fortfuhr, wie man es ausgedrückt hat, gegen zwei Wände zugleich anzurennen. Zunächst kam es — und es war der König persönlich, der gegen die Ansicht seines Staatsrathes dies durchsetzte — zu einem trüglichen Frieden mit den Clericalen durch ein Concordat, welches im Jahre 1827 mit dem Papste abgeschlossen wurde. Man machte mit diesem Concordat dieselbe Erfahrung, wie mit allen früheren und allen späteren. Die Bestimmungen waren zum Theil zweideutig gefaßt: wo der König den kleinen Finger meinte, meinte der Clerus die ganze Hand. Die Streitigkeiten begannen aufs Neue und es kam jetzt vielmehr zu einem

Bündniß zwischen den Liberalen und Clericalen, welches die Opposition allmächtig machen mußte.

Das Bündniß war von beiden Seiten nicht ehrlich gemeint, außer vielleicht insofern, als keine der beiden Parteien sich über die andere täuschte; die Abrechnung zwischen beiden konnte später folgen, und sie bildet in der That, wie wir sehen werden, den Inhalt der ferneren Geschichte Belgiens; zunächst galt es, den gemeinsamen Gegner, die den Einen als ketzerisch, den Anderen als ausländisch verhaßte holländische Regierung, zu bekämpfen. Im Vereine agitirten und petitionirten nun Liberale und Clericale für Freiheit der Presse und Freiheit des Unterrichts — Freiheit von der Regierung meinte man und Unterwerfung unter die Geistlichkeit — und man erlebte nun und nicht zum letzten Male im 19. Jahrhundert Wunderdinge: notorische Freigeister, die sich für Herstellung von Klöstern, notorische Finsterlinge, die sich für die Union des Katholicismus und der Freiheit begeisterten. Der König, getäuscht durch den Empfang, den er bei einer Reise durch die südlichen Provinzen fand, hielt die Agitation, welche sich im Verfolg jenes Bündnisses erhob, für eine künstlich gemachte; in einer Botschaft an die Generalstaaten vom 11. December 1829 schüttete er sehr unumwunden und höchst unpolitisch sein Herz aus: inmitten des Friedens und des allgemeinen Gedeihens, sagte er, erhebe eine kleine Anzahl seiner Unterthanen eine gefährliche und schmähliche Opposition; ein neues Preßgesetz sei nöthig; im Uebrigen sei er zu jedem vernünftigen Eingehen auf die wirklichen Landeswünsche bereit. Die Wirkung dieses unklugen Manifestes, das nur Oel in die Flamme goß, steigerten die Minister der Justiz und des Innern durch ein Circular an alle Beamten, in welchem sie „binnen 48 Stunden" deren Zustimmung zu den Principien der königlichen Botschaft verlangten. Gleichwohl ward die Session der Generalstaaten am 2. Juni 1830 in erträglicher Stimmung geschlossen; man hatte sich noch einmal durch gegenseitige Zugeständnisse vertragen; aber der Eindruck dieser Zugeständnisse seitens der Regierung — Ueberlassung des Elementarunterrichts an die Gemeinden, Gestattung der französischen Sprache bei den Gerichtshöfen der südlichen Provinzen — ward abermals durch eine thörichte Maßregel, die Verlegung des obersten Gerichtshofes von Brüssel nach dem Haag, verdorben.

In diese gespannten Verhältnisse schlugen die Nachrichten von den Ereignissen der Juliwoche in dem benachbarten Frankreich. Sie fielen betäubend auf die Clericalen, denen mit Karl's X. Sturz, der so ganz ein König nach ihrem Herzen war, der stärkste Anker ihrer Hoffnungen riß; die Lager von St. Omer und Luneville hatten nichts Geringeres bedeutet, als ein Einschreiten Frankreichs, wenn ein Volksaufstand in Belgien den König Wilhelm, wie man anzunehmen Ursache zu haben glaubte, veranlassen sollte preußische Hülfe in Anspruch zu nehmen. Allein die Partei faßte sich bald; sie hatte mehr als einmal in der Geschichte die Fähigkeit gezeigt, auch Wind, der nicht der ihre war, in die geschickt gestellten Segel zu fangen. Sie sollte auch hier diese Kunst bewähren.

Am 5. August wurde im Theater zu Brüssel die Stumme von Portici gegeben, deren Sujet der Aufstand ist, welchen im Jahre 1647 das Volk von Neapel unter der Führung des Fischers Masaniello gegen die spanische Herrschaft erhob. Der ungeschickte Hofbeamte, welcher dieses aufregende Stück für die Feier des königlichen Geburtstages, der auf diesen Tag fiel, wählte, verstand sich schlecht auf die Zeichen der Zeit, die Stimmung der Massen, die Art und Weise eines wallonischen Publicums; eben diese Aufführung gab das Signal zu der Emeute, die allerdings schon lange in der Luft lag: als der Vorhang gefallen, stürzte Publicum und Pöbel, in dem Hause und vor dem Hause zahlreich versammelt, nach der Wohnung des Redacteurs eines Regierungsjournals, zerstörte die Pressen und erholte sich an seinem Weinkeller; in der gleichen Nacht wurde das Haus des Polizeidirectors demolirt und das Palais des Justizministers in Asche gelegt, die königlichen Abzeichen, wie man es von den Parisern gelernt, da und dort abgerissen. Um die Ordnung aufrecht zu halten oder wiederherzustellen, bewaffnete der Stadtrath die Bürgergarde, und holte zugleich die altbrabantischen Farben, das schwarz-roth-gelbe Banner, hervor. Die Straßen wurden wieder frei; aber das Aufziehen der alten Landesfarben statt der oranischen gab den Gedanken des Volkes allenthalben die Richtung, nach der schon längst seine Leiter gedeutet hatten — Herstellung eines selbstständigen Staates, Losreißung von der Herrschaft eines ketzerischen Fürsten. Ueberall, von Lüttich bis Ostende, wurde die brabantische Fahne erhoben, überall handhabten improvisirte Bürgergarden machtlosen Behörden und Commandeuren gegenüber die Ordnung.

Der König, an welchen Brüsseler Notabeln eine Deputation entsandten, ergriff sofort die richtige Maßregel, indem er den Prinzen von Oranien, seinen Sohn, nach Brüssel schickte. Dieser, zugänglicher, leichtlebiger, oberflächlicher als sein Vater, hatte bei verschiedenen Gelegenheiten die Sache der südlichen Provinzen geführt und war nicht unbeliebt. Auch ward er gut empfangen; er umgab sich sofort mit einem Rathe von Notabeln, die ihm Trennung der Gesetzgebung und Verwaltung Belgiens und Hollands als das einzige, aber sichere Mittel der Versöhnung angaben. Mit dem Versprechen, auf diese Trennung hinwirken zu wollen, reiste er nach dem Haag zurück. Dieselbe würde schwerlich allzuviel Schwierigkeiten gefunden haben, denn auch in Holland sprach sich, nur aus anderen Beweggründen, derselbe Gedanke aus. Man glaubte dort die nördlichen Provinzen bei der Verbindung mit den belgischen zu Einem Staate eher geschädigt als begünstigt, und verabscheute die „Meuterer", mit denen staatlich geeinigt zu bleiben man keineswegs erpicht war. Vielleicht konnte im Frieden sich lösen, was nicht beisammen bleiben wollte. Der verhaßte Justizminister hatte bereits die erbetene Entlassung erhalten; am 13. September wurden die Generalstaaten eröffnet, und der König erklärte, daß der lautgewordene Wunsch nach Trennung der beiden Landschaften den Hauptgegenstand der Berathungen bilden werde; am 28. wurde dieselbe von den Generalstaaten ausgesprochen, am 4. October vom Könige genehmigt. Inzwischen aber war bereits Blut geflossen. Der zweite Sohn des Königs, Prinz Friedrich, weniger populär als sein Bruder, hatte Anfang September die vom Norden her vormarschirenden Truppen in ansehnlicher Stärke zwischen Antwerpen und Brüssel zusammengezogen; auf Nachrichten von Brüssel, wo ein neuer Ausbruch der Volksleidenschaft, schon unter dem Einfluß französischer Emissäre, mit Entwaffnung der Bürgergarde und Einsetzung einer provisorischen Regierung geendigt hatte, setzte er sich in Bewegung, um mit seinem Heere in Brüssel einzurücken. Am 22. erschienen die Truppen vor dem Scharbecker Thore; hier und am Eingange der Rue royale, die zum königlichen Park und Schloß führte, trafen sie auf Widerstand, der aber leicht beseitigt ward; bei weiterem Vorrücken stießen sie auf Barricaden, und statt mit Energie jeden Widerstand niederzuwerfen, begnügte man sich — ein verhängnißvoller Fehler in solcher Lage, der sich seither oft wiederholt hat — im Park und den Gebäuden in demselben und der Nachbarschaft eine beobachtende Stellung einzunehmen. Den Meuterern schwoll dadurch wieder der Kamm; bewaffnetes fanatisirtes Landvolk strömte nach der Stadt, und auch die Führer fanden sich jetzt: ein spanischer Flüchtling, der zu Brüssel lebte, Oberst van Halen, und ein Franzose, General Mellinet. Auch Brüssel hatte seine drei Tage, wie die Musterstadt Paris; nachdem am 24., 25. und 26. heftig gekämpft worden war, zogen die Truppen nach schweren Verlusten in der Nacht vom 26. auf den 27. auf der Straße von Brüssel nach Antwerpen ab. Auch an anderen Orten war es zu blutigen Zusammenstößen zwischen Bürgern und Truppen gekommen. So zu Lüttich, zu Mons, zu Löwen; der Erfolg in der Hauptstadt aber entschied. Die Soldaten belgischer Nationalität verließen ihre Fahnen und kehrten heim; das ganze Land war einhellig, und die provisorische Regierung zu Brüssel, welche beim Herannahen der Truppen ihre Thätigkeit eingestellt hatte, nahm jetzt ihre Geschäfte wieder auf. Sie bestand aus entschlossenen und zum Theil schwergereizten Gegnern der holländischen Regierung, — de Potter, ein Hauptträger und Verfechter des Bündnisses zwischen Liberalen und Clericalen, welcher der Bestrafung wegen seiner Preßvergehen durch die Flucht nach Frankreich entgangen, jetzt wieder zurückgekehrt war, Rogier, Vandeweyer, Graf Merode; den Vorsitz führte ein entschiedener Anhänger der belgischen Unabhängigkeit, Baron von Hooghvorst. Diese Regierung erklärte am selben Tage, wo der König die Trennung von Administration und Gesetzgebung für die Provinzen genehmigte (4. October), daß Belgien einen unabhängigen Staat bilden und daß ein Nationalcongreß berufen werden würde, um die neue Verfassung zu prüfen, zu deren Entwerfung zu gleicher Zeit eine Commission niedergesetzt wurde.

Der Prinz von Oranien war unterdessen, von seinem Vater mit unumschränkten Vollmachten ausgerüstet, in Antwerpen wieder eingetroffen; er zeigte sich, um eine Krone zu retten, geneigt, selbst an die Spitze der Bewegung zu treten und die Unabhängigkeit Belgiens anzuerkennen. Aber die provisorische Regierung in Brüssel wies jede solche Einmischung zurück und am 28. October verließ der Prinz Antwerpen wieder; zwei Tage darauf brach auch hier der volle Aufstand aus. Der General Chassé zog sich mit den Truppen in die Citadelle zurück. Der leichtfertige Bruch eines Waffenstillstands seitens einiger der Insurgentenhaufen führte eine mehrstündige Beschießung der Stadt herbei, welche unermeßlichen Schaden anrichtete; der unersetzlichste war der, daß nun die Wuth der Bevölkerung ganz unversöhnlich wurde und auch die öffentliche Meinung Europas, von Mitleid beeinflußt, sich gegen die Holländer kehrte.

Der König hatte die Generalstaaten abermals berufen, wobei diesmal nur die Abgeordneten der nördlichen Provinzen erschienen. Er hatte sich an die großen Mächte gewendet, deren Schöpfung das Königreich der Niederlande war; bis er mit ihnen sich verständigt, erklärte er, werde er den Süden des Reichs sich selbst überlassen. Allein die Zeiten der heiligen Allianz waren vorüber. Die Revolution hatte in Frankreich gesiegt: eine bewaffnete europäische Intervention in Belgien hätte mit Nothwendigkeit den Einmarsch der Franzosen in diesem Lande zur Folge gehabt und eben das herbeiführen können, was zu verhindern das Hauptinteresse der anderen Mächte sein mußte, die Vereinigung Belgiens mit Frankreich. Es war eine sehr gefährliche Stelle am Leibe Europas, um welche es hier sich handelte, und die Frage mußte deshalb mit großer Vorsicht behandelt werden. Die Conferenz der fünf Großmächte, bestehend aus dem englischen Minister des Auswärtigen, Lord Aberdeen, und den Bevollmächtigten

Frankreichs, Rußlands, Oestreichs und Preußens, dem Fürsten Talleyrand, dem Grafen Matutschewitsch, dem Fürsten Esterhazy und dem Grafen Bülow, zu London vereinigt um die griechischen Dinge ins Reine zu bringen, erstreckte ihre Thätigkeit auch auf diese schwierigere Angelegenheit. Ihr erstes Protocoll vom 4. November schlug zunächst einen Waffenstillstand vor und ein zweites vom 17. November umschrieb die Gränzen, welche beide Theile während dieses Waffenstillstandes inne halten sollten. Sie waren bei der augenblicklichen militärischen Lage leicht zu bestimmen: es waren diejenigen, welche die beiden Länder vor ihrer Vereinigung geschieden hatten.

Auch die Einstellung der Feindseligkeiten bot keine Schwierigkeit. Den Belgiern war sie willkommen, weil sie offenbar zur Erfüllung ihrer Wünsche die Einleitung bildete und ihnen Zeit gab, sich einigermaßen zu consolidiren; dem König Wilhelm, weil sein Heer durch den Uebertritt der Soldaten belgischer Nationalität geschwächt und desorganisirt war.

Am 10. November war der belgische Nationalcongreß, 200 Mitglieder, zu Brüssel zusammengetreten. Er wiederholte die Erklärung, daß Belgien ein unabhängiger Staat sein werde, unter Vorbehalt der Beziehungen des Großherzogthums Luxemburg zum deutschen Bund; die Ausschließung des Hauses Nassau-Oranien; die Form der neu zu constituirenden Regierung solle eine monarchische sein; es wurde geeigneten Ortes wohlgefällig vermerkt, daß nur 13 gegen 174 die Republik verlangten. So war dieser letzte Beschluß bestimmt, die Mächte zu beruhigen, und der Nationalcongreß war klug genug, auch in der Wahl seines Präsidenten, des gemäßigten und reichen Surlet de Chokier, eine weitere Bürgschaft seiner conservativen Stimmung zu geben. Die Dinge schienen sich in ein friedliches Geleise zu schicken. Schon am 20. December erkannte ein neues Protocoll die Unabhängigkeit Belgiens im Princip an. Von gefährlicher Wichtigkeit aber war die Personenfrage: welcher Prinz sollte der neue Monarch dieses unabhängigen Staates sein?

Der Gedanke, die belgischen Provinzen kurzweg mit Frankreich zu vereinigen, drängte sich leicht auf und schien den Interessen des Landes günstig; indeß kann man nicht sagen, daß er eine wirklich große Partei für sich gehabt habe und diese Lösung wäre in jedem Fall um den Preis eines europäischen Krieges, der unfehlbar drohte, zu theuer erkauft gewesen. Man mußte demnach seine Wünsche auf einen französischen Prinzen beschränken, der viele Vortheile jener völligen Vereinigung ohne deren Nachtheile gehabt hätte. Hier boten sich zwei Candidaten, ein Napoleonide, der Herzog August von Leuchtenberg, der Sohn des einstigen Vicekönigs von Italien, eines Stiefsohns des

Kaisers, und Herzog Ludwig von Nemours, der zweite Sohn Louis Philipp's. Dem klugen und vorsichtigen Manne, welcher jetzt die Krone Frankreichs trug, war der eine Candidat so fatal wie der andere: der Herzog von Leuchtenberg, weil er die kaiserlichen Erinnerungen in Frankreich selber wecken mußte, und dort jede Regierung vor den Gespenstern aus der Vergangenheit zu zittern hat; der eigene Sohn, weil dessen Wahl ihn mit den übrigen Mächten zu entzweien geeignet war. Es war jedoch schwierig, den Brüsseler Congreß, der einen französischen Prinzen für ein französisch-redendes und französisch-empfindendes Volk wollte, auf andere Gedanken zu bringen; man half sich mit einer Intrigue ans Ziel. Man begünstigte von Seiten der französischen Diplomatie in Brüssel die Candidatur des Herzogs von Nemours, während Louis Philipp der Conferenz zu London insgeheim das Versprechen gab, demselben die Annahme der Krone nicht zu gestatten. Der Congreß wählte am 3. Februar 1831; eine Anzahl Stimmen fiel auf den Herzog von Leuchtenberg, auch einige auf einen östreichischen Erzherzog; die dürftige Mehrheit Einer Stimme entschied für Nemours, der nun dort in Brüssel als König ausgerufen wurde: eine Deputation, den Präsidenten Chokier an der Spitze, begab sich nach Paris. Aber der Prinz war minderjährig, die Entscheidung stand bei Louis Philipp; dieser schlug nun, die Maske abwerfend, die s..one für seinen Sohn aus, indem er der Deputation unumwunden erklärte, daß er im Interesse des Weltfriedens diese Entsagung übe, und er erlangte dadurch, daß am 7. Februar die Conferenz zu London erklärte, der Herzog von Leuchtenberg, auf den die ergrimmten Belgier vielleicht zurückkommen konnten, würde niemals von einer der großen Mächte anerkannt werden. Ohne König kehrte also die Deputation nach Brüssel zurück, wo nun zunächst, bis ein solcher gefunden, der Präsident des Nationalcongresses, Surlet de Chokier, zum Regenten ernannt wurde (24. Februar 1831).

Dabei konnte es auf die Dauer nicht bleiben. Der König von Holland, auf seinem guten Rechte fußend, traf kriegerische Anstalten. Der Prinz von Oranien hatte noch nicht auf seine Hoffnungen verzichtet; die Angelegenheit des Großherzogthums Luxemburg, eine besondere Schwierigkeit der Frage, war beim deutschen Bund anhängig gemacht, und auch die Haltung der Londoner Conferenz, welche dieses Großherzogthum dem neuen Staate Belgien absprach und andererseits demselben einen unverhältnißmäßig großen Antheil an der niederländischen Staatsschuld aufbürden wollte, steigerte die Spannung der Lage; allerlei Projecte tauchten auf, selbst von einer Theilung des Landes zwischen Holland, Preußen und Frankreich war die Rede. Indeß fand sich doch auch hier am Ende der König, den man suchte. Es war nicht lange her, daß ein anderes Land gleichfalls einen Thron bereit gestellt und Niemand für denselben gefunden oder bekommen hatte: der Prinz Leopold von Coburg, welcher die griechische Krone abgelehnt hatte, ließ sich vielleicht bereit finden, die belgische anzunehmen, die denn doch ein etwas besseres Aussehen hatte, als die griechische.

Prinz Leopold stand in naher Beziehung zum englischen Königshause und zur Partei der Whigs, die eben am Ruder war. Dem König von Frankreich konnte er nicht unangenehm sein; den deutschen Mächten empfahl ihn seine Abkunft; den Belgiern seine persönlichen Eigenschaften, der seine Tact, den er in seiner Stellung in England bewiesen, und der ihn für eine delicate Aufgabe höchst geeignet erscheinen ließ; er hatte nur Einen Fehler: er war Protestant. Indeß die Noth drängte und man kam auch darüber hinweg; am 4. Juni 1831 entschloß sich der Congreß, seit dem 29. Mai zum zweiten Male in Brüssel versammelt, den Prinzen Leopold zum „König der Belgier" zu wählen.

Darauf hin erwies sich auch die Conferenz wieder dem Lande geneigt. Ein Protocoll vom 26. Juni 1831 zog in 18 Artikeln die Grundlinien des Vertrages, welcher die holländisch-belgische Frage lösen sollte. Den Belgiern ward der Antheil an der holländischen Schuld billigerweise erlassen, in Beziehung auf Luxemburg war der status quo einstweilen beibehalten, welcher den Belgiern günstig war, und den Holländern wurde aufgegeben, die Citadelle von Antwerpen, die sie noch inne hatten, zu räumen.

Der belgische Congreß nahm die Bedingungen der Londoner Conferenz an. Prinz Leopold, nunmehr entschlossen, betrat am 17. Juli den Boden seines Landes und zog am 21. in Brüssel ein, wo er am folgenden Tage vor dem Congreß den Eid auf die Verfassung leistete. Diese Verfassung sicherte ihm eine Civilliste von 1,300,000 Gulden, sowie die Vorrechte, welche in einem constitutionellen Staate dem Fürsten zustehen: Unverletzlichkeit, Begnadigungsrecht, Besetzung der Aemter, Verleihung der Orden und Adelstitel, Oberbefehl über Land- und Seemacht, Recht Krieg zu erklären und Frieden zu schließen. Sie machte ihn übrigens nur zum erblichen Repräsentanten der Nation, nicht zum Landesherrn. Sein Ministerium ist der Nationalrepräsentation verantwortlich, welche in einen Senat und ein Repräsentantenhaus zerfällt; dieselben Wahlcollegien wählen die Mitglieder der ersteren Körperschaft auf acht, die der letzteren auf vier Jahre; nicht die Geburt, sondern das Geld, der Census, regelt das Maß der politischen Rechte in diesem modernen Staatswesen. Senat und Repräsentantenhaus wählen ihr Bureau selbst, verhandeln öffentlich, vereinbaren ein jährlich festzustellendes Budget und die Gesetze mit der

Regierung; für seine Aeußerungen in der Kammer darf kein Mitglied zur Rechenschaft gezogen werden.

König Leopold war in der Lage, sein Versprechen, die Integrität seines Landes zu wahren, sofort einlösen zu müssen. Der König von Holland hatte gegen die Conferenzbeschlüsse Protest erhoben und kündigte den Waffenstillstand, der bis dahin bestanden; an der Spitze von 40,000 Mann rückte der Prinz von Oranien Anfang August aufs Neue gegen Süden vor. Die Erbitterung war groß; noch während des Waffenstillstandes war es geschehen, daß ein holländischer Lieutenant van Spyck sich mit seinem Kanonenboot in die Luft sprengte, um sich nicht den Belgiern ergeben zu müssen. Wie es jetzt Ernst wurde, zeigten sich die zusammengerafften, schlecht gerüsteten, schlechter disciplinirten belgischen Schaaren den holländischen Truppen nirgends gewachsen. Am 8. August ward eine ihrer vier „Armeen," die Maasarmee, zwischen Hasselt und Tongern zersprengt; am 11. trafen der neue König der Belgier und der Prinz von Oranien selbst bei Tirlemont zusammen. Die Belgier wurden geschlagen, nach Löwen hineingeworfen, die Stadt eingeschlossen; mit Mühe gewann Leopold selbst den Weg nach Brüssel. Die Holländer schickten sich an, auch dorthin zu folgen, aber bereits war ein französisches Heer von 50,000 Mann unter Marschall Gerard auf dem Marsch und ein englisches Geschwader unter Admiral Codrington erschien vor der Scheldemündung, um dem Willen des zu London versammelten Europas Nachdruck zu geben.

Gegen diese doppelte Intervention war nicht aufzukommen. Der Prinz von Oranien nahm den Waffenstillstand an (12. August), welchen die Verhältnisse geboten; die Holländer auf der einen, die Franzosen auf der anderen Seite gingen über die Gränze zurück, und der zwölftägige Feldzug war damit zu Ende. Es war durch denselben soviel erreicht, daß am 6. October die Conferenz ein neues Protocoll, die sogenannten 24 Artikel, aufstellte, welches am 15. November von den Großmächten sanctionirt, und vom belgischen Minister des Auswärtigen angenommen wurde und in dem Holland noch einige Zugeständnisse, die Abtretung der Hälfte Luxemburgs und Limburgs an Holland und die Uebernahme eines Theils der holländischen Staatsschuld durch Belgien, gemacht waren; im Uebrigen blieb es bei der Anerkennung Belgiens als eines unabhängigen und unter europäischer Garantie neutralen Staates.

Allein König Wilhelm, obwohl von allen Mächten, auch von Rußland, das nur ungern in jene Anerkennung eines ihm widerwärtigen Princips willigte, verlassen, setzte seinen Kopf darauf, nur dem Zwange zu weichen. Der Zwang trat ein, England und Frankreich vereinigten sich, um die 24 Artikel dem Holländer plausibel zu machen. Die

Engländer blokirten die holländischen Küsten und Marschall Gerard führte 43,000 Franzosen vor die Citadelle von Antwerpen. Es war ein eigenthümliches Duell, bei dem die holländischen und die belgischen Truppen müßig zusahen; am 23. December 1832 übergab der tapfere General Chassé nach energischer Vertheidigung die Citadelle als einen Trümmerhaufen. Die Forts Lillo und Liftenshoek an der Scheldemündung wurden erst im Mai des folgenden Jahres ausgeliefert und noch lange zog sich ein ärgerlicher provisorischer Zustand hin, bis endlich im Jahre 1838 König Wilhelm sich zur Annahme der 24 Artikel bereit erklärte, und im April 1839 der förmliche Friedensschluß zwischen Holland und Belgien erfolgte. Nach diesem behielt Belgien den westlichen Theil von Luxemburg, während es den östlichen herausgab, und ebenso den östlich von der Maas gelegenen südlichen Theil von Limburg, mit der Festung Maastricht am westlichen Ufer, und den nordöstlichen, der zu beiden Seiten der Maas liegt, mit Venloo; die holländisch gewordenen Theile von Luxemburg und Limburg sollten zum deutschen Bunde gehören. Inzwischen hatte sich der neue Staat Belgien consolidirt. Am 9. August 1832 heirathete Leopold I. die Tochter Ludwig Philipp's, Prinzessin Louise, und da die Kinder dieser Ehe im katholischen Glauben erzogen werden sollten, so war damit ein wesentlicher Stein des Anstoßes aus dem Wege geräumt. Der König wußte sich in das constitutionelle Wesen vortrefflich zu schicken, und bald galt Belgien, dessen Industrie, namentlich seitdem 1834 die Regierung den Bau von Eisenbahnen nach einem bestimmten und umfassenden Plane in die Hand nahm, mächtig aufblühte, für das Muster eines wohlverwalteten Staates, an dessen Gedeihen auch die von den Franzosen ererbte Krankheit gelegentlicher Pöbelaufläufe nicht hinderte. Der König insbesondere aber leistete gelegentlich auch dem europäischen Frieden nützliche Dienste, indem er, keinem der großen Dynastenhäuser entsprossen, und doch dem englischen wie dem französischen Hofe nahe verbunden, Fürst eines neutralen Staates von mäßigem Umfang, dessen erstes Interesse friedliche Zustände in den großen Nachbarreichen waren, mit geschickter Hand vermittelte, wo Spannung zwischen England und Frankreich Gefahr drohte.

2. Deutschland.
a. Bundestag und einzelne Staaten.

In Deutschland war man längst gewohnt gewesen, den Verhandlungen der französischen Kammern mit großer Aufmerksamkeit zu folgen. Die großen Namen der französischen Tribüne waren in den liberalen Kreisen Deutschlands gefeiert; der alte Haß war zurückgedrängt und vergessen; der Schwung der Ideen, die beredte Sprache, die feinen Formen des französischen Parlamentarismus übten einen mächtigen Zauber. Man sah dort in dem großen Nachbarlande die constitutionelle Maschine arbeiten und die Kämpfe und Debatten der Kammern zu Paris befriedigten einigermaßen das Bedürfniß nach politischer Aufregung, das im eigenen Lande theils durch den dumpfen Druck und Bann, unter welchem die am Bundestag siegreiche Reaction die Geister gebunden hielt, theils durch die Gleichgültigkeit der Masse des Volkes dieser Nahrung entbehrte. Man kann sagen, daß der französische Geist niemals einen bedeutenderen, heilsameren und berechtigteren Einfluß auf das europäische Leben geübt hat, als in den Jahren 1820—1830. Jetzt war das Unglaubliche geschehen: in wenigen Tagen hatte das Volk von Paris, ohne Führer, mit Waffen wie der Zufall sie aufraffte, in einem scheinbar sehr ungleichen Kampfe die königlichen Garden und die Söldlinge des Despotismus besiegt und den König in die Verbannung getrieben — ein weithinleuchtendes Zeichen, wie zerbrechlich Despotenmacht, wie allgewaltig das Zauberwort der Freiheit sei. Diese Ereignisse hatten sofort in Belgien ihren Widerhall gefunden, ihre Kraft erprobt; auch dort hatte der Volkswille gesiegt und die gefürchtete heilige Allianz hatte weder hier noch dort in Frankreich es vermocht oder auch nur gewagt, diesem mit so wenig Achtung vor dem „Bestehenden" ausgesprochenen Volkswillen sich entgegenzustellen; sie hatte sich begnügt, eine Macht nach der anderen und dann im Verein, ohne viel Besinnen die Schöpfungen oder Zertrümmerungen des Volkswillens anzuerkennen und zu sanctioniren.

Die Aufregung, welche die natürliche Folge des ungeheueren Ereignisses zu Paris war, wirkte ansteckend und machte sich selbst da geltend, wo keinerlei eigentlich politisches Ziel erstrebt wurde. Tumulte ohne Zweck und Sinn fanden an verschiedenen Punkten Deutschlands statt, zu Aachen am 20., zu Elberfeld am 22. August, zu Berlin am 16. September, zu Breslau am 27. September, zu Hamburg, Karlsruhe, Mannheim und anderwärts; in Ermangelung eines anderen Gegenstandes waren es, wie in der bösen alten Zeit, die Juden, an denen ein aufgeregter Pöbel seine ziellose Leidenschaft in brutaler Weise ausließ. Doch gelang es überall, ohne Aufbietung besonderer außerordentlicher Mittel, des Unfugs Herr zu werden.

Indeß hatte doch auch Deutschland, wenngleich auf kleinem Raume und in den winzigen Dimensionen eines Zwergstaates, eine Revolution in aller Vollständigkeit. Der Herzog Karl von Braunschweig, der schon genug Proben seiner Unfähigkeit und seiner niederträchtigen Gesinnung abgelegt hatte, befand sich zur Zeit des Ausbruches der Julirevolution in Paris; er reiste schleunig nach Hause, wo er bald statt des Regens in die Traufe kommen sollte. Er reizte durch schroff-abweisende Haltung den mancherlei und berechtigten Klagen gegenüber die allgemeine Unzufriedenheit, die der Adel und die Beamten und selbst die Truppen des kleinen Ländchens — es stellte ein Infanterieregiment, ein paar Schwadronen Husaren und eine halbe Batterie — theilten; als der Herzog am 6. September das Theater verließ, wurde sein Wagen mit Steinwürfen verfolgt, und das Schloß, das er glücklich erreichte, die halbe Nacht hindurch von drohenden Volksmassen umlagert. Des nächsten Abends wiederholten sich diese Scenen und als den Morgen darauf bekannt wurde, daß der Herzog entflohen sei, brach, während der General Herzberg, dem der Herzog die Hut des Schlosses übertragen hatte, mit dem Stadtdirector die zu treffenden Beruhigungsmaßregeln berieth, ein Volkshaufe durch einen unbesetzt gebliebenen Seiteneingang ins Schloß, dessen linken Flügel sie ansteckten. Ungezügelt fluthete nun die ganze Menge in das brennende Gebäude, machte der Flamme ihren Raub streitig und holte mit den herbeigeholten Löscheimern den Wein aus den Kellern; am anderen Morgen lagen zwei Drittel des Schlosses in Asche.

Erst jetzt wurden die nöthigen Maßregeln getroffen und die Ruhe hergestellt. Der ständische Ausschuß versammelte sich; am 10. traf der eilends herbeigerufene jüngere Bruder des Fürsten, Herzog Wilhelm, der in preußischen Diensten stand, in Braunschweig ein und am 27. richtete der Landtag an diesen die Bitte, unter Aufzählung aller dem Lande zugefügten Unbill, die Regierung an seines Bruders Statt zu übernehmen. Herzog Wilhelm willfahrte; der entflohene Herzog selbst stimmte zu; aber als derselbe erkannte, daß es darauf abgesehen sei, ihn gänzlich zu beseitigen, ihn zum Verzicht auf seine Rechte zu veranlassen, beging er die unsägliche Thorheit, der Revolution durch eine Gegenrevolution zu antworten, und so den vollgültigen Beweis seiner Regierungsunfähigkeit, wenn es dessen noch bedurft hätte, einleuchtend beizubringen. Er kehrte aus England, wohin er sich gewendet, zurück, widerrief, am 18. November 1830 zu Frankfurt am Main angelangt, seine Zustimmung zu des Prinzen Wilhelm Regierungsübernahme und ertheilte seinem Cumpan, dem Baron Vender von Bienenthal, Vollmacht, der Usurpation in seinem Erblande ein Ende zu machen. Am 28. wurde dieser aber an der Gränze sammt seinen Proclamationen verhaftet und nach Braunschweig eingeliefert. Inzwischen hatte Prinz Wilhelm, gestützt auf die einhellige Entschlossenheit des Landes, als nächster Agnat und unter Zustimmung des Königs von England eine Proclamation erlassen, daß er, bis die Angelegenheit definitiv geordnet sei, die Regierung weiterführen werde, und als einige Tage später der Herzog Karl an der Spitze eines Haufens von einigen Hundert mit Stöcken und Heugabeln bewaffneter Harzbewohner von dem preußischen Dorfe Ellrich aus gegen die Gränze vorrückte, ward er durch den Lieutenant, welcher ein dort postiertes Detachement des braunschweigischen Leibregiments commandirte, bedeutet, daß hier nichts für ihn zu machen sei. Er löste die kleine Schaar seiner Getreuen auf und begab sich außer Landes, wo er, meist zu Paris lebend, gelegentlich wieder von sich reden machte. Ihn zu freiwilligem Verzichte zu bewegen, gelang nicht; der Bundestag aber bestätigte am 2. December den Prinzen Wilhelm in seiner Gewalt und überließ es den Agnaten, definitive Festsetzungen zu treffen. Dies geschah, indem bei der notorischen Thatsache der Regierungsunfähigkeit des Herzogs Prinz Wilhelm durch Erklärung vom 20. April 1831 die Regierung als rechtmäßiger Landesherr antrat und die Huldigung als solcher entgegennahm. Eine neue zwischen ihm und den alten Ständen vereinbarte „Landschaftsordnung" wurde am 12. October 1832 als das Grundgesetz des kleinen Landes verkündet.

Auch in Hannover kam es zu ernsten Unruhen. Man war dort und mit Recht unzufrieden, daß das Land von London aus durch die hannöverische Kanzlei regiert wurde und richtete den Haß namentlich gegen den Grafen Münster, in dem man die Hauptstütze des übermächtigen Adelsregiments sah, welches das Land bedrückte; ein Regiment, dessen tiefe Jämmerlichkeit unter Anderem in der Thatsache sich aussprach, daß man die Worte der Thronrede, mit welcher König Wilhelm sein erstes britisches Parlament eröffnete: „er wolle nur über freie Völker herrschen", in der für Hannover bestimmten Ausgabe vorsichtig dahin verbesserte, daß Se. Majestät, nur über treue Völker zu regieren wünsche. Die Aufregung der braunschweiger Revolution theilte sich dem größeren Nachbarlande mit; und so kam es erst zu Osterode, dann zu Göttingen (8. Januar 1831), wo sich einige Advocaten und Privatdocenten, Seidensticker und von Rauschenplatt an die Spitze stellten, und wo die Studenten sich ein so aufregendes Vergnügen unmöglich entgehen lassen konnten, zur Errichtung einer Nationalgarde und eines revolutionären Gemeinderathes. Am 15. Januar, als eine genügende Zahl von Truppen vor den Thoren versammelt war, hatte der Spuk ein Ende. Die am meisten Compromittirten benutzten die Nacht, um sich aus dem Staube zu machen; am folgenden Morgen zogen die Truppen ein und die Vorlesungen begannen wieder.

Jedoch war die Bewegung im Lande damit noch nicht zu Ende. König Wilhelm, über die wirklichen Beschwerden seiner Unterthanen nunmehr durch Deputationen unterrichtet, entließ den Grafen Münster und gab dem Herzog von Cambridge als seinem Vicekönig Vollmacht.

Nachdem am 7. März 1831 die Ständeversammlung zusammengetreten war, wurde von einer aus königlichen Beamten und Mitgliedern beider Kammern gebildeten Kommission, unter deren 21 Mitgliedern Professor Dahlmann hervorragte, der Entwurf eines neuen Staatsgrundgesetzes ausgearbeitet, der, ein entschiedener Fortschritt gegenüber dem bisherigen, von einer neuen Kammer nach viel gründlicher Erörterung am 13. März 1833 angenommen, am 26. September desselben Jahres die königliche Bestätigung erhielt und am 9. Oktober als rechtverbindlich proclamirt wurde.

Ebenso trat in Sachsen in Folge der Julicreignisse eine neue Verfassung ins Leben. In Leipzig und in Dresden, den Hauptstädten des Landes, kam es bei der Nachricht von den Pariser Vorgängen zu ernsten Ruhestörungen und die rasche Unterbrückung derselben durch schnelle Bewaffnung der Bürgerschaft gab dieser zugleich Gelegenheit und Veranlassung, sich selbst und der Regierung Mißbräuche und Uebelstände, die man sonst vielleicht noch lange getragen hätte, zur Erledigung in Erinnerung zu bringen. Der alte König Anton nahm seinen Neffen Friedrich August, der im kräftigsten Alter stand und beim Volke beliebt war, zum Mitregenten an, und dessen Vater, der jüngste aber auch schon betagte Bruder des Königs, verzichtete zu seinen Gunsten auf die Thronfolge. An die Stelle des Ministers von Einsiedel trat der Geheimrath von Lindenau, ein verständiger Mann von freisinnigen Grundsätzen, und die Stände, am 1. März 1831 zum letzten Mal in ihrer alten Gestalt berufen, vereinbarten mit der Regierung eine neue Verfassung, welche eine wirksamere Vertretung des Volkes, in zwei Kammern, und Oeffentlichkeit der Verhandlungen dieser Versammlungen sicherte. Sie ward am 4. September des Jahres 1831 verkündet.

Hier wie in Hannover verständigten sich bescheidener Anspruch und guter Wille leicht; anders in Kurhessen, wo wenigstens der gute Wille des Fürsten völlig fehlte. In diesem Lande war nicht wie in Sachsen der Wohlstand im Zunehmen, vielmehr in Folge der unglücklichen Zollschranken und der polizeilichen Tyrannei, welche der Kurfürst übte, ein entschiedener Rückgang wahrzunehmen. Am 6. September 1830 kam es in Cassel in einem Sturm auf die Bäckerläden; die Bürgerschaft bewaffnete sich, um gemeinsam mit dem Militär die Ordnung zu handhaben. Die Aufregung erhielt einen politischen Anstrich, hier wie überall fing das aus tiefem Schlafe erwachende Bürgerthum an, seine Bedeutung zu ahnen. Man verlangte nach einer besseren Verfassung; als am 12. September der Kurfürst aus Böhmen zurückkehrte, begab sich eine Abordnung der Casseler Bürgerschaft mit einer von 1600 Bürgern unterschriebenen Adresse nach der

Wilhelmshöhe, um dem Fürsten zu seiner Rückkehr Glück zu wünschen, ihm den Nothstand des Landes und seiner Hauptstadt zu klagen und ihn um Einberufung der Landstände zu bitten, die seit 14 Jahren nicht versammelt gewesen. Wilhelm II. weigerte sich, die Deputation zu empfangen; als er aber am 15. nach der Stadt kam, fand er den Platz vor dem Schlosse mit bewaffneten Bürgern angefüllt. Die Abordnung erhielt jetzt Zutritt, und bald verkündete ein weißes Taschentuch, das aus einem der nach dem Platze gehenden Schloßfenster geschwungen wurde, der harrenden Menge, daß die Forderungen des Volkes bewilligt seien. Die Stände wurden zum 16. October berufen; von den verhaßten Zollstätten, deren Wegräumung eine Deputation von Hanau erbitten sollte, befreite sich die Bevölkerung, als jene Deputation ohne zufriedenstellende Antwort zurückkam, selbst, indem sie allenthalben im Hanauischen und Fuldaischen die Zollhäuser und Barrieren zusammenriß und die Acten verbrannte. Der Ständeversammlung, welche am 16. October wirklich zusammentrat, wurde ein Verfassungsentwurf vorgelegt. Sie unterzog ihn gründlicher Umarbeitung, bei der vornämlich der Marburger Professor Sylvester Jordan thätig war, und am 9. Januar 1831 wurde die neue Verfassung von Ständen und Regierung beschworen. Sie war, wie sie da auf dem Papiere stand, freisinnig genug: Eine Kammer, Steuerbewilligungsrecht, Preßfreiheit, Trennung von Justiz und Verwaltung; die Erfahrung, was die beste Verfassung neben böswilligen Fürsten werth ist, hatte man erst noch zu machen. Das Erste, wodurch der Kurfürst den Casselern seine Rache fühlbar machte, war die Verlegung seiner Residenz nach Hanau; er war verletzt durch den üblen Empfang, den man in Cassel der Gräfin Reichenbach, seiner Maitresse, bereitete. Noch im gleichen Jahre war er überhaupt seines Landes müde; im September 1831 ernannte er seinen Sohn zum Mitregenten und ging mit seinem Gelde und seiner Maitresse auf Reisen.

In den süddeutschen Staaten dienten die französischen Ereignisse wohl dazu, die Köpfe etwas zu erhitzen, das constitutionelle Leben in etwas rascheren Gang zu bringen, ohne jedoch wesentliche Aenderungen in den organischen Einrichtungen dieser Staaten hervorzurufen. Im Großherzogthum Hessen beschränkte sich die Bewegung auf einen Aufruhr, der sich gegen das standesherrliche Gebiet des Fürsten von Isenburg richtete; überall, in Büdingen, Nidda, Ortenburg u. s. w. wurden die Wohnungen der fürstlichen Beamten geplündert, die Acten und Steuerregister verbrannt; der instinctive Drang, einem größeren Ganzen anzugehören, nicht mehr Unterthanen von Repräsentanten einer untergegangenen Ordnung der Dinge zu sein, machte sich auch in diesen rohen Haufen und ihren ziellosen Zerstörungen geltend.

In Baiern hatte ein sehr unbedeutender Vorfall zu München, der nicht über einen gewöhnlichen Studentenauflauf hinausging, doch die Folge, den innerlich unfesten König zu einer Beschränkung der Preßfreiheit mittelst einer Verordnung vom 28. Januar 1831 zu bestimmen. Diese Verordnung erregte bei der allgemeinen Reizbarkeit der Gemüther große Verstimmung, und diese fand einen lebhaften Ausdruck in der Kammer: man verlangte von einer Seite, den Minister von Schenk, der die Verordnung contrasignirt hatte und den ein leidenschaftlicher Redner den Polignac Baierns nannte, in Anklagestand zu versetzen; mit 96 gegen 29 Stimmen erklärte die zweite Kammer die Preßverordnung für verfassungswidrig. Der König entließ Herrn von Schenk und sein Nachfolger, Staatsrath von Stürmer, legte nicht allein ein neues Preßgesetz von freisinnigem Character vor, sondern kam auch sonst den Wünschen der Volksvertretung entgegen und selbst zuvor. Die Kammer lud den Vorwurf auf sich, die gute Stunde nicht benutzt zu haben, indem sie dem König das Geld zu seinen Kunstbauten kargend und zögernd bewilligte und ihn dadurch gegen die liberale Partei, die freilich zu jenem Kargen sehr gute Gründe hatte, verstimmte; er entließ die Kammer am 29. December 1831 mit ungnädigem Abschied.

In Würtemberg kam man über die kritische Zeit, die Jahre 1830 und 31, sehr leicht hinüber. Der Landtag, im Januar 1830 versammelt, hatte den Staatshaushalt für die übliche dreijährige Etatsperiode festgestellt und die Ausgaben mit ihren Deckungsmitteln bewilligt. Bis zum 1. Juli 1833 war also die Regierung mit den nöthigen Mitteln versehen und mithin unabhängig; die Verfassung selbst schrieb nur Berufung der Stände innerhalb eines Zeitraumes von drei Jahren vor; so blieb hier einstweilen Alles in seinem ruhigen Geleise.

In Baden war der freisinnigen Strömung, die hier ohnehin am stärksten war, schon vor den Pariser Ereignissen ein Regierungswechsel zu Gute gekommen. Großherzog Ludwig war am 30. März 1830 gestorben; Leopold I., der erste Regent aus der neuen, der Hochburger Linie folgte. Die Koryphäen der liberalen Partei, Itzstein, Rotteck, Welcker und andere Männer von Sachkenntniß, Charakter und Beredtsamkeit, beherrschten die Kammer und weckten die Theilnahme am politischen Leben aufs Neue, indem sie dem Liberalismus zugleich seine Theorie und seine Schlagwörter schufen; in einem großen Werke, dem Staatslexikon, dessen erster Band im Jahre 1834 erschien, gaben sie ihm wissenschaftlichen Ausdruck und stellten eine mächtige Batterie gewichtiger Bände auf, aus denen die liberalen Tagesblätter ihre Nahrung zogen. Zehn Monate blieben die Stände versammelt:

eine Menge Verbesserungen in Gesetzgebung und Verwaltung wurden angeregt, und wenn auch bei Manchem, wie bei der Berathung eines neuen Preßgesetzes, die Regierung aus Rücksicht auf den Bundestag eine zurückhaltende Stellung einnahm, so war doch ein förderliches Zusammenarbeiten der verschiedenen Factoren der Gesetzgebung vorhanden. Die Regierung behauptete ihre natürliche Stellung, conservativer als die zweite, freisinniger als die erste Kammer zu sein.

Unter den mancherlei vorwärtsdrängenden Anträgen, welche in dieser badischen Kammer gestellt wurden, war einer von weittragender Bedeutung, weil er den Gedanken ein bestimmtes practisches Ziel gab und eine neue politische Idee in die Zeit warf; es war der von dem Abgeordneten Karl Theodor Welcker eingebrachte: daß die Regierung sich beim Bundestage dahin verwenden möge, daß neben der Bundesversammlung eine **deutsche Nationalrepräsentation** geschaffen werde. Die Regierung widersetzte sich selbst der bloßen Erörterung dieses Antrages: so ängstlich waren die Männer, welche damals das Ruder führten, gegenüber jedem Gedanken einer umfassenden Aenderung der politischen Verhältnisse Gesammtdeutschlands geworden. Der Staatsrath Winter erklärte mit den übrigen Commissarien den Saal verlassen zu müssen, wenn der Antrag weiter besprochen werde.

Die Kammer ließ sich dadurch nicht abhalten, der Antragsteller begründete seine Motive: weiter aber ging man nicht; man beschloß, die fernere Erörterung auf diesem Landtag wegen Mangel an Zeit auszusetzen. „Der Antrag geht also nicht an die Abtheilungen der Kammer," sagte Rotteck, indem er als Vorsitzender diesen Beschluß verkündete, „aber er geht an die Abtheilungen des deutschen Volks, Berichterstatter wird die freie Presse sein und das große Parlament der öffentlichen Meinung wird über ihn zu Gericht sitzen."

So war im Ständesaale eines Kleinstaates die große Frage deutscher Nationalvertretung am Bunde gestellt und von jener Kammer, der Wirklichkeit der Dinge gar sehr entsprechend, an die Nation selber verwiesen worden. Aber hatte denn in der That die deutsche Nation sich selbst schon wiedergefunden? Nur zögernd und sehr vereinzelt, unter allerlei phantastischen Träumereien, unter endlosen Mißgriffen, Halbheiten, Störungen, wurde die größte Frage des Jahrhunderts, die Frage der deutschen Einheit, aufgenommen. Jugendliche Schwärmer wollten sie an Einem Tage lösen; bedächtige Staatsmänner zweifelten ob sie überhaupt zu lösen wäre; mit den Kräften, welche die Entwicklung des deutschen Volkes zu einer wirksamen politischen Einheit förderten, stritten eine Menge anderer, welche vielmehr die Zersplitterung begünstigten; als die Zeit erfüllt, als die Nation selbst gereist war, diente plötzlich Alles, sie zu fördern und in wenigen Monaten ward dann vollbracht, was der mühseligen Arbeit von 50 Jahren, die Vielen von vornherein eine hoffnungslose schien, mißlungen war.

Die ungeheure Aufgabe, das große Volk, das durch Natur und zweitausendjährige Geschichte in sich gespalten und zersplittert war wie kein anderes, wieder zu Einem politischen Körper zu vereinigen, im Herzen von Europa einen neuen Staat aus etlichen 30 Gemeinwesen jeder Größe zu schaffen — sie konnte durch keines einzelnen Menschen Witz, sie konnte nur sehr langsam durch die staatbauenden Kräfte im Volke selbst, die unbewußt wirkenden, von einer höheren Hand gelenkten, gelöst oder in ihrer Lösung so vorbereitet werden, daß schließlich staatsmännische Kunst und Kraft diese Lösung vollenden konnten. Und schon hatten jene Kräfte ihr Werk begonnen, ja dasselbe war schon weiter gefördert, als die kurzsichtigen und mit dem kürzesten Maße — der Spanne Zeit, die dem Einzelnen zum Leben gegönnt ist, zu messen gewöhnten Menschen ahnten. Die unreifen Jünglinge, welche der deutschen Burschenschaft ihre Statuten schufen, hatten so Unrecht nicht, wenn sie sich als Werkzeuge „der werdenden deutschen Einheit" betrachteten: nicht ihre Thätigkeit allein, die ganze deutsche Geschicht von 1815 an muß unter diesem Gesichtspunkte der werdenden deutschen Einheit, des werdenden deutschen Staates aufgefaßt werden.

Einen sehr kräftigen Anstoß erhielten diese Gedanken durch die französische Julirevolution. Die deutschen Bundesregierungen, zusammengefaßt in der falschen Einheit des deutschen Bundestags, sahen sich durch die Pariser Ereignisse von einer doppelten Gefahr bedroht: die Tricolore, welche man dort aufgepflanzt hatte und von der einst Lafayette gesagt, daß sie den Rundgang um die Welt machen werde, bedeutete die Revolution und sie konnte den Krieg bedeuten. Oestreich und Preußen verständigten sich zu wirksamen Maßregeln gegen beide und am 18. September 1830 stellte die erstere Macht am Bundestage einen Antrag, nach welchem die Bundescontingente möglichst verfügbar gehalten werden, auch jede der Regierungen verpflichtet sein sollte, jeder anderen bei drängender Gefahr, wo die Hülfe des Bundes nicht sofort eingreifen könne, militärische Hülfe zu leisten; zugleich sollten sie sich die Beschlüsse, welche im Jahre 1819 zur Sicherung der Ordnung gefaßt worden, gegenwärtig halten. Die Kriegsgefahr schwand bald, da die neue Regierung in Frankreich, wenn sie nicht selbst angegriffen wurde, kein Interesse hatte und keinerlei Lust zeigte, ihrerseits anzugreifen. Man konnte also alle Energie gegen die inneren Unruhen kehren, welche von verschiedenen Seiten und nicht am wenigsten durch die Maßregeln, die man gegen sie ergriff, Nahrung erhielten: die Aufregung, welche die Pariser Revolution hervorgerufen, wurde wach erhalten durch ihre Folgen: die Bewegungen in Belgien, in der Schweiz und den gewaltigen Aufstand in Polen, dessen Opfer bald auch in Deutschland auftauchten.

Dem gegenüber verbot ein Bundesbeschluß vom 27. October 1831 das Sammeln von Unterschriften zu Adressen politischen Inhalts an den Bund; ein anderer vom 10. November schärfte die Beaufsichtigung und Ueberwachung der Presse ein und die Karlsbader Ueberwachungscommission wurde zu diesem Zwecke durch Neuwahlen ergänzt. Eine Reihe von Verboten aufwieglerischer Zeitungen, der „Deutschen Tribüne", des „Westboten", der „Zeitschwingen", folgte. Die Männer, welche diese Blätter vertraten, die Advocaten Wirth, Siebenpfeiffer u. a., Häupter einer sich bildenden radicalen Partei, antworteten durch ein Gegenstück zur Wartburgsfeier vom Jahre 1817, indem sie eine große Versammlung nach der Burghalde von Hambach bei Neustadt an der Haard in Rheinbaiern beriefen, welche dort „der Deutschen Mai" feiern sollte, wie sie Angesichts der trügerischen Hoffnungen, welche dem Liberalismus erblüht waren, sich ausdrückten. Der Ort, die Landschaft, welche vom altbairischen Lande völlig getrennt, von französischen Einrichtungen erfüllt und Frankreich benachbart eine Welt für sich bildete, war wohlgewählt; aus Nah und Fern strömte am 27. Mai 1832 eine gewaltige Menschenmenge zu diesem Feste, das die Regierung zu verbieten den Willen, aber nicht die Kraft hatte: die meisten Schaaren unter Vorantragung der schwarz-roth-gelben Fahne, den Farben, in welchen ein in den Kreisen der Burschenschaft aufgekommener und bald allgemeiner Irrthum die alten deutschen Reichsfarben zu sehen meinte. Die Versammlung trug einen etwas anderen Character als ihr Gegenbild vor 15 Jahren: die fromm gehobene vaterländisch vertrauende Stimmung war einer radicalen, exaltirt-oppositionellen gewichen; neben der deutschen zeigte sich auch die polnische Fahne; neben verständig-patriotischen Reden machte sich ein kosmopolitisches Maulheldenthum breit, das sich in Vivats auf die „vereinigten Freistaaten Deutschlands", oder, von Polen und Franzosen unterstützt, auch wohl auf das „conföderierte republikanische Europa" und andere imaginäre Zukunftsgrößen gütlich that, in die kräftigen Flüche auf Fürsten und Fürstenknechte einstimmte, und, wo die Exaltation am höchsten war, etwa nach Waffen rief, ohne freilich am anderen Morgen oder auch überhaupt den Kreuzzug wirklich zu beginnen. Man hatte für das Fest den 27. Mai ausgesucht, um dasselbe als Jahresfeier der bairischen Verfassung den Behörden gegenüber maskiren zu können, und in ähnlicher Weise wurden auch an anderen Orten Baierns Constitutionsfeste gefeiert: in ganz Süddeutschland kamen die Volksversammlungen in die Mode.

Dieses zucht- und ziellose Treiben rief nun wieder eine nachdrückliche Reaction hervor, deren bereitwilliges Organ der Bundestag war. In der Pfalz selbst wurde man leicht fertig: der Held von Hanau, der bairische Feldmarschall Fürst Wrede mehrte seine zweifelhaften Lorbeeren um einige neue, indem er, mit Truppen und außerordentlichen Vollmachten versehen, die Ruhe dort wiederherstellte. Die Intervention des Bundestages aber gestattete den Einzelregierungen, jede Maßregel der Strenge zu verhängen, ohne deren Gehässigkeit ganz tragen zu müssen. So begann denn am 28. Juni 1832 eine neue Reihe von Bundesbeschlüssen, welche besonders gegen die Uebergriffe der Stände in den Einzelstaaten gerichtet waren. Der Grundsatz der Wiener Schlußacte, daß das Staatsoberhaupt die Souveränetät in seiner Person vereinige und nur in der Ausübung bestimmter Rechte an die Mitwirkung der Stände gebunden sei — ein Grundsatz, welcher dem Dünkel der Zwergfürsten schmeichelte, in demselben Augenblick, wo derselbe sie zu gehorsamen und widerstandsunfähigen Dienern der östreichischen Politik machte — wurde neu eingeschärft; wo die Stände die zur Fortführung der Verwaltung nöthigen Steuern verweigern oder nur unter gewissen Bedingungen bewilligen wollten, behielt sich der Bund vor, auch ohne Aufforderung Seitens der betreffenden Regierung einzuschreiten; die Erfüllung bundesmäßiger Pflichten dürfe durch keinen Act innerer Gesetzgebung eines Einzelstaates gehemmt werden. Zur fortdauernden Beobachtung und Beaufsichtigung der ständischen Verhandlungen in sämmtlichen Bundesstaaten, mit Ausnahme der beiden Großstaaten, welche nichts zu beaufsichtigen hatten, wurde eine eigene Commission auf fünf Jahre bestellt; ein weiterer Beschluß erklärte die Bundesversammlung allein für competent, ihre Gesetze auszulegen. Am 5. Juli schüttete dann diese träge Versammlung, zu plötzlichem Scheine eigenen Lebens erwachend, ein weiteres Füllhorn von Beschlüssen aus, die sich auf Preßerzeugnisse, politische Vereine und Versammlungen, Universitäts- und Fremdenpolizei bezogen und einen schweren Bann auf alle Bänder und Cocarden, dreifarbige Fahnen und sonstige Abzeichen, politische Reden und Lieder legten: dem knabenhaften Fürstenhaß stellte sich eine nicht minder kindische oder altersschwache Revolutionsfurcht gegenüber.

Dieser Kampf der Reaction und des Liberalismus war, äußerlich betrachtet, ein sehr ungleicher. Den Regierungen stand der ganze Apparat einer noch durchaus servilen, in ihren meist kümmerlichen Verhältnissen ganz von der Gnade des Fürsten oder Ministers abhängigen Bureaukratie zur Verfügung; hinter sich hatten sie die ganze Militärgewalt des eigenen Staates, im Nothfalle die des Nachbarstaates und die bereite Hülfe der beiden Großmächte; unter sich ein

Volk, verarmt und gezähmt durch lange Kriege, in seiner Masse gegen politische Dinge noch wesentlich gleichgültig, gewöhnt zu gehorchen, vor seiner Obrigkeit sich zu bucken, der Person des Fürsten gemeinhin noch mit einer Art abergläubischer Loyalität ergeben. Der Liberalismus hatte für sich nur das wesentlich Vernünftige seiner Hauptforderungen, und den in diesem Lande durch die weite Verbreitung und ernste Pflege der Wissenschaft festbegründeten Wahrheitssinn unter den gebildeten Classen, aus denen auch die Beamten und die Minister hervorgingen: einen Wahrheitssinn, der dem Fortschritt überall wenigstens einigermaßen zugänglich war und zum Mindesten das schlechthin Verkehrte und Unrechte abwies.

Wie wenig Boden die radicalen Ideen in der Masse des Volkes besaßen, das zeigte sich bei den wenigen und kläglichen Versuchen, eine neue Ordnung der Dinge auf dem Wege der Gewalt herbeizuführen, und den Kampf zwischen dem verrotteten Alten und dem unvergohrenen Neuen zu rascher Entscheidung auf die Straße zu tragen.

In der That fehlte es nicht an Ideologen, welche die „Einheit und Freiheit Deutschlands" auf dem Wege der Revolution gründen und Bundestag und Bundesbeschlüsse in derselben Weise beseitigen wollten, wie man in Frankreich Ministerium Polignac und Juliordonnanzen beseitigt hatte. Die ehemaligen Mitglieder der Burschenschaft waren mittlerweile in die Mannesjahre getreten, und es gab unter ihnen nicht Wenige, die schwer daran trugen, daß noch nichts für ihr so viel besungenes, so schwärmerisch umfaßtes Freiheitsideal geschehen war; es bildete sich, zunächst angeregt durch jenen Dr. Wirth, einen Mann von ehrlicher Ueberzeugung und von festem Charakter, ein Preß- und Vaterlandsverein, der Verzweigungen durch ganz Süddeutschland und den westlichen Theil von Norddeutschland hatte und dessen leitender Ausschuß sich, nachdem es mit der Revolution in der Pfalz nicht recht hatte gehen wollen, in Frankfurt a. M. niederließ. Es waren einige Literaten und Doctoren, welche leicht Verbindungen mit ihresgleichen an andern Orten anknüpften, und von denen nun immer einer den andern mit Illusionen erfüllte und steigerte. Man sah die Welt allenthalben mit unzufriedenen Elementen erfüllt; man combinirte sich aus hypothetischen Voraussetzungen eine Kette großer Wirkungen, wenn nur erst ein Anstoß gegeben sei: der Eine von Tausenden würtembergischer Soldaten, auf die er zählen könne, der Andere von Einverständnissen unter der preußischen Besatzung der Bundesfestung Mainz, andere hofften das Heil von der Frankfurter Bürgerartillerie neben Zuzügen der Polen und der Franzosen. In Süddeutschland besonders kam die alteingewurzelte Gewohnheit zügellosen Räsonnirens hinzu, das früher und später bei manchem Eiferer die Täuschung erweckte, als sei es dem heißen Drange entsprungen, dem tapferen Worte baldmöglichst die tapfere That folgen zu lassen: und so kam es denn wirklich zu einem wundersamen Project, das nichts Geringeres bezweckte, als in Frankfurt den Bundestag aufzuheben und dort eine provisorische Regierung aus Häuptern der badischen und hessischen Liberalen herzustellen; gleichzeitig sollte in Ludwigsburg in Würtemberg eine Militärrevolte ausbrechen, zu welcher ein Lieutenant Koseritz seit geraumer Zeit die Vorbereitungen traf. Es wurde Zeit, den großen Schlag zu führen; denn schon waren einzelne Häuptlinge dieser Verschwörung, wie der Buchhändler Frankh in Stuttgart, verhaftet worden. Von Koseritz war allerdings die Meldung eingegangen, daß er mit seiner Revolution so weit noch nicht sei; indeß am 3. April 1833, Abends halb 10, fiel in der That in Frankfurt der entscheidende Streich. Zwei Haufen junger Leute, mit schwarz-roth-goldenen Schärpen umgürtet, 33 Mann unter dem Göttinger Privatdocenten Rauschenplatt und 18 unter Dr. Gärth und einem polnischen Major, stürzten sich auf die Hauptwache und die Constablerwache, nahmen den überraschten Mannschaften das Gewehr ab und forderten die zusammengelaufene Menge auf, sich für die Freiheit zu erheben. Dies war dem Volke von Frankfurt neu, und man wußte nicht, wie dies anzufangen sein möchte; als ein paar der Verschworenen nach dem nächsten Thurme eilten und dort die Glocken zogen, war die Meldung bereits nach der Caserne gegangen. Das Frankfurter Bataillon Bundestruppen rückte heran, besetzte die Hauptwache wieder und entriß auch die Constablerwache den Verschworenen, die sich, doch nicht ohne wirkliches Fechten und nicht ohne daß es von beiden Seiten einige Verwundete und Todte gegeben hätte, in die Nebenstraßen retteten und unter dem Schutze der Nacht entkamen. Ein Zuzug von Bauern aus der Umgegend erwartete vergeblich das verabredete Zeichen aufsteigender Raketen; als sie gleichwohl, einige 80 Köpfe stark, sich aufmachten, fanden sie das Friedberger Thor verschlossen und kehrten unverrichteter Dinge wieder um, indem sie auf dem Heimwege ein Zollhaus demolirten, was leichter und im Ganzen auch practischer war, als die Aufhebung des Bundestages.

Dieser lächerliche Putsch, den man ohne Zweifel hätte verhüten können, aber nicht verhüten wollte, um ihn nachher auszubeuten, gab den Regierungen den Vorwand zur Verschärfung ihrer Polizeimaßregeln. Man verhaftete, inquirirte, peinigte nach östreichischem System, zog östreichische und preußische Truppen der Mainzer Garnison nach Frankfurt, und da es vielen einzelnen der Verhafteten gelang, sich zu befreien, auch bald da bald dort in kleinen Vorgängen die Fortdauer der Gährung sich offenbarte, auch ein gewisser Zusammenhang aller dieser radikalen Elemente über ganz Europa hin nicht zu verkennen war, so traten im Spätsommer 1833 die Minister Oestreichs, Preußens und Rußlands zu Teplitz, und dann die Monarchen selbst zu Münchengrätz zusammen, wo eine Art Erneuerung des Systems der heiligen Allianz verabredet wurde: nur daß man diesmal den Namen Gottes und die christliche Religion aus dem Spiele ließ. Dies führte zu neuen Ministerconferenzen in Wien, welche am 13. Januar 1834 durch eine Rede des Fürsten Metternich eröffnet wurde; eine Rede, in welcher der östreichische Canzler wortreich und gedankenarm wie immer das Treiben einer Partei der Vernichtung und Zerstörung anklagte und darauf hinwies, welche Macht diese Partei bereits in den Kammern der deutschen Staaten erlangt habe. Fünf Monate lang dauerten nun die Berathungen. Das Schauspiel von 1819 wiederholte sich; Oestreich schlug vor, die preußischen Bevollmächtigten Ancillon und Alvensleben stimmten zu; der bairische Minister von Mieg und dieser und jener Andere widersprach, wo die Einzelsouvränetät, das höchste Gut der Mittelstaaten, zu stark in den Hintergrund gedrängt schien; schließlich wurde angenommen, was der östreichische Hausminister dictirte. In dem Schlußprotocolle machte der correcte bundesmäßige Standpunkt sich sehr breit. Zunächst war ein Bundesschiedsgericht in Aussicht genommen, das in der Weise gebildet werden sollte, daß jede der 17 Stimmen des engeren Raths je zwei Männer, einen hohen richterlichen und einen hohen Verwaltungsbeamten, ernenne; bei Streitigkeiten zwischen Regierung und Ständen wählt jede Partei aus diesen 34 je drei Schiedsrichter, und diese sechs wählen aus den übrigen 28 einen Obmann; eine Verpflichtung für die Regierungen, dieses Schiedsgericht anzurufen, war nicht ausgesprochen, und damit die ganze Sache illusorisch, wenn sie nicht schon von vornherein auf bloße Täuschung berechnet war. Die übrigen Artikel des Schlußprotocolls präcisirten näher die Ohnmacht der Kammern und die Tyrannis des Bundes. Der Gang der Regierung dürfe durch ständische Einsprachen niemals gestört werden; das Steuerbewilligungs- und Verweigerungsrecht wurde dahin bestimmt und ausgebeutet, daß es fast zur einfachen Bewilligungspflicht nach den Voranschlägen der Regierungen ward; bei einem Versuche allgemeiner Steuerverweigerung tritt sofort bundesmäßige Hülfe ein; Staatsbeamte, zu Abgeordneten gewählt, bedürfen zum Eintritt in die Kammer die Genehmigung des Landesherrn. Keine Beeidigung des Heeres auf die Verfassung; über die Gültigkeit von Bundesbeschlüssen zu berathen und zu beschließen, ist den Ständen untersagt; und gegen Angriffe auf den Bund und die einzelnen Bundesregierungen in den Kammern wird den Regierungen kräftiges Einschreiten zur Pflicht gemacht. Die Beschlüsse in Betreff der Presse und der Universitäten entsprachen ungefähr den früheren; neu war nur der Schlußstein in diesem Zwinguri, welches der habsburgische Hausminister mit seinen dienstwilligen Frohnvögten und Gesellen hier errichtete, der 59. Artikel: daß nämlich die vertragsmäßige Verbindlichkeit der Verpflichtungen, welche die Regierungen mit der Annahme dieser Conferenzbeschlüsse übernommen hätten, nicht beeinträchtigt werden dürfe durch etwaige Hindernisse, welche deren alsbaldigem Vollzug etwa in den bestehenden Verfassungen oder bereits geltenden gesetzlichen Vorschriften im Wege stehen. In seiner Schlußrede am 12. Juni 1834 that sich denn auch Metternich weiter keinen Zwang an, indem er gegen die Theorie des Repräsentativsystems überhaupt sich ausließ. Einzelne dieser Verabredungen wurden nun in förmliche Bundesbeschlüsse gefaßt, die anderen wurden nicht publicirt, wenn sie auch kein Geheimniß blieben; sie bildeten die Richtschnur für die Haltung der Regierungen ihren Kammern gegenüber.

Ueble Tage begannen nun für die schwache Pflanze des deutschen Constitutionalismus. Den dürftigen Anfängen verfassungsmäßiger Freiheit stand eine geschlossene Phalanx souveräner Fürsten gegenüber, die sich, um der unbequemen Pflicht über freie Völker zu herrschen, zu entgehen, willig der östreichischen Fremdherrschaft unterwarfen. Die Landtage legten sich, einer nach dem anderen, zum Ziele: zuerst der nassauische vom Jahre 1833, auf dem nichts mehr von Ministeranklage und Steuerverweigerung verlautete. Der bairische von 1834 zeigte sich so willfährig, daß König Ludwig sich bewogen fand, eine eigene Denkmünze zu seinem Gedächtniß prägen zu lassen; auch die hessische, würtembergische, badische Volksvertretung wich Schritt um Schritt der siegreich vordringenden Uebermacht. In der Darmstädter Kammer hatte Heinrich von Gagern den Muth, von einer Partei zu sprechen, „welche gegenwärtig die Geschäfte des Großherzogthums führe, aber das constitutionelle Princip nicht verstehe, und in ihren einzelnen Gliedern vergessen zu haben scheine, was Recht sei;" die Kammer ward aufgelöst, und die ermüdete und terrorisirte Bevölkerung schickte 1835 eine entschieden regierungsfreundliche Mehrheit. In Würtemberg führte eine Reihe wackerer Männer, Friedrich Albrecht Schott, Ludwig Uhland, gleich rein und fleckenlos als Patriot wie als Mensch und Dichter, Friedrich Römer, ein Mann unbeugsamen Muthes und schneidiger Rede, Paul Pfizer, ein tiefdenkender, hochgebildeter, weitblickender staatsmännischer Geist, den Kampf fort; aber auch hier war man im Jahre 1838 bei bloßen schüchternen Petitionen an den Geheimen Rath um Aufhebung lästiger Censurvorschriften angelangt. Nicht anders ging es nun auch in Baden, wo auf dem

Landtag, der am 25. März 1835 zusammentrat, die seitherige liberale Mehrheit zur Minderheit geworden war. Es fehlte den Regierungen nicht an Mitteln, die Bevölkerungen durch Drohungen und Lockungen zu gesinnungstüchtigen Wahlen zu bringen und die Führer der Opposition unschädlich zu machen; selbst unter humanen Regenten, wie in Würtemberg oder Baden, lernte man allmälig in der östreichischen Schule etwas von der Kunst, Menschenglück gleichgültig zu zerstören, wenn man gleich noch weit von der dortigen Virtuosität entfernt war. Indeß lag doch eben in der Getheiltheit und Vielgestaltigkeit des deutschen Lebens ein nicht ganz unwirksamer Schutz gegen die gleichmachende Gewalt des Despotismus. Zu einem System absoluten Stillstandes, wie in Oestreich, fehlten zwei Hauptbedingungen: der üble Wille der Regierungen und die Trägheit der Bevölkerungen, und ehe das traurige Jahrzehnt zu Ende ging, tauchte in einem norddeutschen Mittelstaate wiederum eine Rechts- und Verfassungsfrage auf, die zwar mit einer abermaligen Niederlage des Liberalismus endigte, aber wenigstens auf sehr wirksame Weise die Stagnation abwehrte, der jene auf den Wiener Conferenzen inaugurirte Politik die deutschen Dinge zu überliefern, beflissen war.

Der König von England, welcher zugleich König von Hannover war, Wilhelm IV., starb am 20. Juni 1837. Die Krone von Hannover ging, während in England die weibliche Erbfolge galt, auf den jüngeren Bruder des verstorbenen Königs, den Herzog von Cumberland, Ernst August, über. Man hatte es unterlassen, sich der Zustimmung des Thronfolgers zu dem im Jahre 1833 vereinbarten Staatsgrundgesetz zu versichern, die im Grunde auch nicht nöthig war. Der Herzog, ein starrköpfiger Tory, und selbst bei dieser Partei nicht wohl angesehen, weil er mehr Autokrat als Aristokrat war, hatte aber gleich erklärt, daß er dieser Verfassung nie zustimmen werde; indeß waren diese Erklärungen nur Wenigen zur Kenntniß gekommen. Am 28. Juni 1837 hielt Ernst August seinen Einzug in die Residenz. Die Stände schickten eine Deputation, ihn zu begrüßen: sie ward nicht vorgelassen. Zwei Tage später ging den Ständen ein Erlaß zu, der ihre Vertagung aussprach. Aber nach Art. 13 des Staatsgrundgesetzes mußte der König bei seinem Regierungsantritt die Beobachtung der Landesverfassung geloben; dies war nicht geschehen: und während die erste Kammer die Verlesung des Vertagungsdecrets schweigend hinnahm, erhob sich in der zweiten, nachdem die Verlesung geschehen, und der Präsident die Frage gestellt hatte, ob irgend wer eine Bemerkung zu machen habe, der Bürgermeister von Osnabrück, der Abgeordnete Dr. Stüve mit den Worten: „ich glaube nicht, daß Se. Majestät die Regierung schon angetreten haben." Die Kammer schwieg; der Redner setzte sich; der Präsident erklärte die Sitzung für geschlossen.

Es war eine sehr zahme Opposition, die sich hier im Beginne eines schamlosen Rechtsbruches erhob; aber doch begriff man allenthalben, daß, wenn hier die einfache Nichtzustimmung des Thronfolgers zu einer rechtsgültig vereinbarten und in voller Wirksamkeit befindlichen Landesverfassung genügte dieselbe umzustoßen, überhaupt keine Verfassung und kein Recht in Deutschland mehr sicher stand. Der neue König ging unterdessen auf seinem Wege weiter. Er ernannte den Geheimen Rath von Schele, der durch keinen ausdrücklichen Eid auf die Verfassung gebunden war, zu seinem Kabinetsminister und machte ihn zu seinem Werkzeuge bei dem Staatsstreich, den er durchzuführen beabsichtigte. Er gab in einem Patente, das von Schele gegengezeichnete, dem Lande von seinem Regierungsantritt Kunde und erklärte, daß das Staatsgrundgesetz, das von ihm niemals anerkannt worden, auch nicht für ihn bindend sei, versprach indeß diese Frage einer sorgfältigen und gewissenhaften Prüfung zu unterziehen; für welche gewissenhafte Prüfung einer Frage, die keine war, aber wie Alles auf der Welt von juristischen Sophisten und Fürstendienern zu einer Frage gemacht werden konnte, über die sich viel Deductionen- und Actenstaub aufwirbeln ließ, eine Commission niedergesetzt ward, in der von Schele den Vorsitz führte. Gestützt auf die von dieser Commission zu Tage geförderten Ergebnisse erließ Ernst August am 11. November 1837 eine Proclamation, in welcher die Ständeversammlung für aufgelöst erklärt wurde und zugleich ein Patent, welches das Staatsgrundgesetz von 1833 aufhob, und eine neue Verfassung verhieß, welche den „wahren Bedürfnissen des Landes" entsprechen werde und die mit den Ständen von 1819 vereinbart werden sollte. Von den wahren Bedürfnissen des Landes wußte der heuchlerische Despot, der sich nie um dieselben gekümmert hatte, wenig; er dachte an die wahreren Bedürfnisse, die ihm selbst in Gestalt seiner Schulden anklagen, und für welche in dem Ertrage der hannoverischen Domänen sich Rath finden ließ, welche die Verfassung von 1833 für Staatsgut erklärt und durch eine Civilliste ersetzt hatte.

Der schamlose Rechtsbruch rief in den deutschen Kammern und selbst unter den deutschen Regierungen, von denen doch die meisten das juristische Gewissen sich gerettet hatten, große Aufregung hervor, und nicht nur die badische, sondern auch die bairische, sächsische, kurhessische, darmstädtische, braunschweigische und württembergische Volkskammer erklärten sich in mehr oder weniger kräftiger Form und ohne viel Widerspruch seitens der Regierungen für Wiederherstellung des gestörten Rechtszustands in Hannover.

Im Lande selbst war, der phlegmatischen Art der vorwiegend bäuerlichen Bevölkerung gemäß, die Aufregung nicht übermäßig. Die Wahlen wurden ohne erheblichen Widerspruch vollzogen. Nur sieben Professoren der Göttinger Universität, welche nach der Verfassung von 1819 gleichfalls einen Abgeordneten zu wählen hatte, — Albrecht, Dahlmann, die beiden Brüder Grimm, Gervinus, Ewald, Weber — hatten den Muth, dem Curatorium der Universität zu erklären, daß sie, überzeugt von der rechtlichen Unmöglichkeit der Aufhebung einer Landesverfassung durch königliches Patent, sich fortwährend durch den Eid, den sie auf die Verfassung geleistet, gebunden hielten, und demnach, da ihnen als Lehrern der Jugend am wenigsten geziemen würde, mit Eiden zu spielen, an der Wahl eines Abgeordneten für die Universität nicht Theil nehmen würden. Es war ein Wort zur rechten Zeit, das einfach der Gewalt das Pflichtgefühl des ehrlichen Mannes gegen überstellte; ausgesprochen von Männern, deren Namen Bürgschaft gab, daß dieses Wort einer reinen Ueberzeugung ohne Motive des Ehrgeizes und der Popularitätssucht entsprang, ein Wort, das deswegen allenthalben lebhaften Anklang fand und die Namen jener Männer auch in späteren Zeiten dem Gedächtnisse der Nation theuer machte. Der König, der Wissenschaft und wissenschaftliche Ueberzeugung mit der cynischen Vorurtheil eines unwissenden Landjunkers und rohen Soldaten ansah, machte kurzen Proceß: sein Befehl, dem keine Untersuchung vorausging, entsetzte die Sieben ihrer Aemter und verwies drei derselben, Dahlmann, Jacob Grimm und Gervinus des Landes, weil sie die Protestation verbreitet, und dadurch sich des Verbrechens der Aufwiegelung in besonderem Grade schuldig gemacht hätten.

Am 20. Februar 1838 trat die neue Versammlung zusammen; einige Städte wie Osnabrück hatten die Wahl verweigert oder unter Vorbehalt gewählt. Die Versammlung benahm sich schwankend, suchte einem Eingehen auf den neuen Verfassungsentwurf auszuweichen, und beschloß, nachdem die Opposition durch die Wahlen derjenigen Corporationen, die bisher die Vornahme der Wahl verweigert hatten, verstärkt worden war, am 25. Juni auf den Antrag des Abgeordneten Conrabi für Göttingen, daß „diejenige Verfassung, welche vor dem Regierungsantritt Sr. Majestät rechtmäßig bestanden, nicht anders befriedigend aufgehoben oder abgeändert werden könne, als unter Zustimmung der nach dem Staatsgrundgesetze begründeten Repräsentation" mit 34 gegen 24 Stimmen und ihrer 28 richteten am 29. eine Vorstellung an die Bundesversammlung, an welche schon vorher einige Corporationen des Landes, unter anderen der Magistrat von Osnabrück, mit einer von Stüve verfaßten Deduction sich gewendet hatten.

Die Bundesversammlung beschloß am 6. September 1838 die Zurückweisung dieser Eingabe wegen mangelnder Legitimation der Petenten, forderte aber doch die hannoverische Regierung zu einer Erklärung in der Sache auf, und dies, sowie die nach und nach erfolgten Erklärungen der deutschen Kammern ermuthigten die hannoverische Verfassungspartei, welche in der Masse des eigenen Volks — die Bauern meinten, der König verstehe Alles am Besten, man solle ihn machen lassen — diese Ermuthigung nicht fanden; die vereinzelten Versuche einer Steuerverweigerung waren kläglich gescheitert. Am 15. Februar 1839 erklärte der König den Rechtszustand von 1819 einfach für hergestellt, und cassirte den Fortschritt von 20 Jahren mit einem Federstrich. Die Stände aber, welche auf diesen Tag einberufen waren, hatten sich nicht in beschlußfähiger Zahl eingefunden, die Ausgebliebenen protestirten, und reichten am 29 März eine neue Vorstellung an die Bundesversammlung ein. Aber es war eine eitle Hoffnung, wenn man bei dieser Versammlung, die zweierlei Maß führte, das einfache Recht suchte. Allerdings stellte der bairische Gesandte am 26. April den Antrag, die Bundesversammlung solle erklären, daß sie in dem Verfahren der königlichen Regierung die Beobachtung des Art. 56 der Wiener Schlußacte — er bestimmte, daß landständische Verfassungen nur auf verfassungsmäßigem Wege wieder abgeändert werden können — vermisse, und daß sie derselben die Aufrechthaltung des formellen Rechtszustandes und die Herbeiführung etwaiger Aenderungen ausschließlich auf dem diesem Rechtszustande entsprechenden Wege empfehle;" aber als endlich, nachdem die nöthige Zeit verstrichen, am 5. September abgestimmt ward, wurde mit neun gegen acht Stimmen beschlossen, den Anträgen auf Einschreiten des Bundes nicht Statt zu geben „da bei obwaltender Sachlage eine bundesgesetzlich begründete Veranlassung zur Einwirkung in diese innere Angelegenheit nicht bestehe." Unter der Majorität befanden sich die beiden großen Höfe und die Stimmen für Holstein und für Luxemburg, d. h. Dänemark und Holland; den Ausschlag gab bei diesem Stimmenverhältniß Niemand anders als die verklagte Regierung selbst, die hannoverische Stimme — nicht die geringste Schamlosigkeit bei diesem nichtswürdigen Handel. Nicht Allen war wohl zu Muthe bei dieser Sache und einzelne der Fürsten waren scharfsinnig genug, einzusehen, daß hier die Monarchie in Deutschland an ihrem eigenen Grabe schaufelte.

Der Opposition in Hannover aber war mit jener Abstimmung die letzte Stütze vollends entzogen. Der König setzte seinen Willen durch. Am 19. März 1840 trat eine beschlußfähige Ständeversammlung zusammen und nach langen Berathungen kam ein neues Verfassungsgesetz zu Stande, dessen Bekanntmachung am 6. August 1840 erfolgte.

b. Oestreich und Preußen.

Es kam freilich im Grunde nicht allzuviel darauf an, ob in irgend einer der Verfassungen ein paar liberale Paragraphen mehr oder weniger standen, so lange keiner der beiden Großstaaten in die constitutionelle Bahn eingelenkt hatte.

Die Geschichte Oestreichs in den Jahren 1830--40 bildet fast nur in einem negativen Sinne einen Bestandtheil der deutschen Geschichte. Das wichtigste Ereigniß dieses Zeitraums war der Tod des Kaisers Franz, welcher am 2. März 1835 eintrat. Ihm folgte der nichtigste und unbedeutendste aller Regenten des 19. Jahrhunderts, sein Sohn Ferdinand I. Derselbe stand in seinem 40. Jahre, ein harmlos gutmüthiger, aber von epileptischen Zufällen heimgesuchter und in Wahrheit regierungsunfähiger Mann; man scheute sich jedoch, dieses letztere einzugestehen und vermied deswegen, wie anderswo hätte geschehen müssen, eine Regentschaft einzusetzen. Die Geschäfte leitete dem Namen nach eine sogenannte Staatsconferenz, welche ein paar Erzherzoge und Minister bildeten, in Wahrheit der Fürst Metternich, der jetzt noch mehr als früher der Unentbehrliche war. Selbst günstig Gesinnte können dieser elenden Verwaltung in dem ganzen langen Zeitraum von 1835—1848 nur zehn „denkwürdige Regierungshandlungen" nachrühmen. Doch zeigte sich wenigstens in der Behandlung der politischen Verbrecher seit dem Tode des „Wütherichs Franz" ein menschlicherer Zug und in der auswärtigen Politik hielt man zwar die alten Theorien fest, doch ohne so rasch wie früher bei der Hand zu sein, sie in Thaten umzusetzen; die Besserung in der Finanzverwaltung, die sich an die Geschäftsführung des Ministers Eickhoff, eines Rheinländers, (1835—40) knüpfte, war nur vorübergehender Natur. Wirklicher Fortschritt und politisches Leben zeigte sich nur in Ungarn. So unfruchtbar auch im Ganzen die Reichstage verliefen, so ging doch die bereits begonnene Bewegung in diesem Lande weiter. Die ungarische Sprache verdrängt mehr und mehr das barbarische Latein, die alte Geschäftssprache. Bei den Verhandlungen zeigte sich ein reges parlamentarisches Leben trotz der schwerfälligen mittelalterlichen Formen, in denen sie geführt wurden, und bei einem an sich sehr unbedeutenden Anlaß wurden die Adelsprivilegien auf eine wirksame Weise durchbrochen; es war als die neue Donaubrücke, welche Pesth und Ofen verbindet, dem Verkehr übergeben wurde, wo auf Szechenyi's Vorschlag der Adel auf seine Zollfreiheit verzichtete und der Magnat mithin fortan so gut wie der Bettler seinen Brückenkreuzer entrichtete. Die ungarische Aristokratie gefiel sich darin, sich mit der englischen zu vergleichen, mit der sie in der That manche lobenswerthe und viele tadelnswerthe Züge gemein hatte. Die wichtigste Neuerung war, daß zunähern, sich mit ihnen immer enger zu verbinden, jede Verbesserung in irgend welcher Richtung ihnen mitzutheilen, jede von ihnen zu empfangen — selbst in lebendiger Wechselwirkung mit dem übrigen Deutschland immer mehr zu einem, ja zu dem deutschen Staate zu werden, das übrige Deutschland immer mehr zu einem Staate zu machen.

Es fehlte viel, und zuweilen konnte es scheinen nahezu Alles, daß die damalige preußische Regierung, vornämlich der ehrenwerthe, in seinem nächsten Berufe sehr einsichtige, aber zu bescheidene und mitunter allzugerechte König sich der eigentlich politischen Seite dieser großen Führerrolle, welche diesem Staate seine Geschichte zuwies, bewußt gewesen wäre oder daß er, wo dieses Bewußtsein sich regte, die Aufgabe mit voller Entschlossenheit aufgenommen hätte. Diese im engeren Sinne politische Führung überließ Preußen, wenn man die jämmerliche Polizeiwirthschaft des Metternich'schen Systems eine Führung nennen kann, dem östreichischen Hausminister und begnügte sich am Bundestage, wie seither, mit der zweiten Rolle. Wenn es die Aufgabe eines politischen Gemeinwesens sein muß, immer weitere Kreise des Volks zu ernster und bewußter Mitarbeit an den großen staatlichen Pflichten heranzuziehen, so schien Preußen hierin vielmehr hinter den übrigen deutschen Staaten geflissentlich zurückstehen zu wollen. Zu einer gemeinsamen Reichsverfassung lag der Grundstein, das Versprechen des Königs, noch immer vergraben und fast vergessen im Boden, und der kümmerliche einstweilige Ersatz für die verheißenen Reichsstände, die Provinziallandtage, dienten keineswegs dazu, das Staatsganze zu stärken und zu fördern, sondern eher, dieses Ganze wieder in einzelne Provinzialsysteme aufzulockern. Es war, als ob man geflissentlich die östreichische Macht gewähren lassen wolle, damit sie sich gründlich in Deutschland unpopulär mache: und freilich, so kläglich war es mit dieser östreichischen Macht, der scheinbar so glänzenden, bestellt, daß man, wenn erst die Stunde kam, wo ein günstiges Geschick dem preußischen Staate den rechten Mann für die rechte Stelle gab, in zwei Jahren einholen konnte, was man in zwei Jahrzehnten an Oestreich mehr verloren zu haben schien, als wirklich verloren hatte.

Allein man war in jener Zeit und noch lange hin geneigt, alles Heil der Staaten in Verfassungsformen, in Paragraphen und Kammerverhandlungen zu suchen, und zu übersehen, daß Verfassungsformen und Kammerverhandlungen nicht die Grundlage, sondern die Spitze des staatlichen Lebens sind. In dem aber, was wirklich Grundlage staatlichen Lebens ist, war Preußen in Wahrheit Oestreich und dem übrigen Deutschland weit voraus, und es war darin auch in stetem Fortschreiten begriffen. Eine gute Rechtspflege und Verwaltung, ein unterrichteter, unbestechlicher, pflichteifriger Beamtenstand, ein Heerwesen, das zugleich eine unvergleichliche Bildungsschule des Volkes war, ein eifrig und mit Einsicht gepflegtes, verständig gegliedertes, stetig fortschreitendes Unterrichtswesen — vor Allem ein weitverbreiteter wissenschaftlicher Trieb, der nicht von oben erst angeregt zu werden brauchte, sondern allenthalben mit eigener Kraft in diesem vom Geiste des Protestantismus beherrschten Lande mächtig war — dies waren Güter, welche für den Augenblick werthvoller waren, als eine Constitution, und die mit Nothwendigkeit zu einer solchen in nicht ferner Zeit führen mußten. Vor Allem aber: an Einem Punkte vollendeten eben in diesem Jahrzehnt Preußen und Deutschland die entscheidende Eroberung, den ersten mächtigen Schritt zur nationalen Einheit — auf dem Gebiete der Handels- und Verkehrsinteressen.

Auf diesem, dem wirthschaftlichen Gebiete ist der Fortschritt unversänglicher als auf dem politischen, und er ist, wenn er einmal eine gewisse Stärke erlangt hat, unaufhaltsam, weil er in dem natürlichen Triebe des Menschen, seine Lage zu verbessern, einen Verbündeten besitzt. Gleichwohl fehlte es auch nicht an Gegnern dieses Fortschrittes; es war vor Allem ein solcher Gegner die spießbürgerliche Beschränktheit, welche, am Hergebrachten festklebend, nur die nächsten Interessen des eigenen Dorfes, der eigenen Stadt und in derselben womöglich der eigenen Straße, zur Noth allenfalls des eigenen Landes kannte, und nur sehr allmälig sich der Einsicht öffnete, daß Jeder am besten fährt, wo Alle gut fahren. Es bleibt der Ruhm der preußischen Regierung, des Königs selbst und einer Anzahl erleuchteter Männer, die ihn beriethen, daß sie in dieser hochwichtigen Sache klar und folgerichtig vorgingen, das Ziel fest im Auge behielten und keinen falschen Schritt thaten: man darf zweifeln, ob diese unerläßliche Vorarbeit der politischen Einheit Deutschlands verhältnißmäßig so rasch und so vollständig gethan worden wäre, wenn die Regierung ihre Maßregeln im Verein mit einer parlamentarischen Versammlung hätte treffen müssen, in welche die landläufigen Vorurtheile leichteren Zutritt gefunden haben würden, als in die Arbeitszimmer von Männern wie Humboldt, Maaßen und Eichhorn.

Jene Einsicht, langsam reifend, hatte doch bereits, wie wir sahen, zu Zolleinigungen geführt und die preußische Regierung hatte hier den Vortheil wohl zu verwerthen gewußt, den ihr die Unzulänglichkeit der Bundesverfassung und die völlige Ohnmacht des Bundestags zu jedem schöpferischen Eingreifen in das Leben der Nation gewährten. Die Denkschrift des Grafen Bernstorff vom Februar 1831 sprach das, was schon im Jahre 1815 Männern wie W. von Humboldt deutsich war, unumwunden aus, daß zur Aufrichtung eines ganz Deutschland umfassenden Systems der Handels- und Verkehrsfreiheit, dessen Herstellung, wie sehr richtig hervorgehoben wurde, viel zur Befestigung der inneren Ruhe beitragen könnte, der richtige Weg nicht der sei, diese hochwichtige Angelegenheit vor die Bundesversammlung zu bringen, sondern daß nur Unterhandlungen und Verträge mit den einzelnen Staaten zum Ziele führen könnten. Und in der That machte auf diesem Wege, der von Seite Preußens geschickt und geduldig verfolgt wurde, die Einheit Deutschlands überraschend schnelle und vor Allem dauernde Fortschritte. Am 25. August 1831 sagte sich Kurhessen von dem mitteldeutschen Handelsverein los und trat, wie Hessen-Darmstadt drei Jahre früher, dem preußischen Zollverbande bei: ein für das deutsche Leben überaus wichtiger Schritt, der auch die beiden Hessen einander wieder näherte, indem er die verderblichen Zollschranken hinwegräumte. Am 22. März 1833 kam der Vertrag zu Stande, durch welchen das preußisch-hessische und das bairisch-würtembergische System, die sich schon 1829 in einem Handelsvertrage verbunden, sich völlig zu Einem Ganzen vereinigten. Acht Tage später trat Sachsen diesem Systeme bei; am 11. Mai, soweit dies noch nicht vorher geschehen, die kleinen thüringischen Staaten; am 12. Mai 1835 das Großherzogthum Baden, am 10. December desselben Jahres das Herzogthum Nassau, am 2. Januar 1836 die freie Stadt Frankfurt. Ohne viel Geräusch mit redlicher Arbeit war hier ein Großes vollbracht; man hatte hier ein wenigstens in Einem Punkte geeinigtes Deutschland. Der deutsche Zollverein umfaßte jetzt ein zusammenhängendes Gebiet von 8252 ☐Meilen mit mehr als 25 Millionen Einwohnern. Der mitteldeutsche Handelsverein hatte sich nicht als lebensfähig erwiesen; indeß setzte Hannover, die Gefahr witternd, die hier dem Sonderleben der „Mittelreiche" drohte, dem Wachsthum des Zollvereins einen Damm entgegen, indem es durch Verträge mit Braunschweig (1. Mai 1834), Oldenburg (1. October 1836), Schaumburg-Lippe (12. November 1837) den niedersächsischen Steuerverein in's Leben rief, einen Handelsstaat von 876 ☐Meilen mit etwas über zwei Millionen Einwohnern. Bemerkenswerth und ein starker Beweis für die Unklarheit und Unreife des politischen Urtheils damaliger Zeit ist, daß bei der Verhandlung der Frage des Beitritts zum deutschen Zollverein in der badischen Kammer gerade die liberale Partei, Rotteck an der Spitze, gegen diesen Anschluß war, weil sie von einer solchen Verbindung mit dem absolutistischen Preußen eine Gefährdung des constitutionellen Systems in Baden befürchtete, eines Systems, welches dieser Partei das non plus ultra aller Erbengüter war und das ihre Theoretiker nicht etwa blos, wie recht und billig, als ein Mittel zu allen höheren Lebenszwecken, sondern geradezu als den höchsten Lebenszweck selbst ansahen.

Die nächste Aufgabe des preußischen Staates, seine neuerworbenen deutschen Gebiete, vor Allem das wichtige und vor anderen schwierig zu behandelnde Gränzland am Rhein, dem deutschen Leben zurückzugewinnen, indem er dieselben zugleich in das wohlgeordnete System seines Verwaltungsmechanismus eingliederte, war in den 15 Jahren seit 1815 zu einem guten Theil glücklich gelöst, wenn es gleich noch geraume Zeit dauerte, bis diese Landschaften, und vor allen die rheinische, sich an das straffe Wesen der altpreußischen Beamtenschule gewöhnten und man dort unter der Menge des Volks noch Jahrzehnte lang von „den Preußen" wie von einem Geschlechte fremder Eroberer sprach. Aber das Land blühte auf; das unter französischer Herrschaft arg vernachlässigte höhere Schulwesen nahm einen großen Aufschwung; halbverödete Städte, wie Köln, fingen an aus langer Verkommenheit zu neuer Arbeit und neuem Leben zu erwachen, und zu dem materiellen Gedeihen kam durch die Bonner Universität ein Element geistiger Blüthe, so daß es allmälig fühlbar und sichtbar wurde, wie dieser schönste Theil deutscher Erde, der am frühesten der Gesittung sich geöffnet hatte, einer Zukunft entgegenging, die seiner glänzenden Vergangenheit würdig war. Es war eine glückliche Fügung, daß dieses Gefühl schon eine gewisse Stärke erlangt hatte, ehe ein Gegensatz zu neuer Kraft erwachte, in welchem noch immer und noch lange der werdenden deutschen Einheit die schlimmsten Gefahren drohten, der Gegensatz der Confessionen.

c. Geistiges Leben. Kirchliche Streitigkeiten.

In dem neuen Preußen, wie es 1815 geworden war, zählte die katholische Confession etwa fünf bis sechs Millionen neben sieben bis acht Millionen Evangelischen. Die letzteren überwogen in den alten Provinzen, die ersteren neben Posen und Schlesien in den neuen Landen Rheinland und Westfalen. Ein Princip wirklichen Fortschreitens in kirchlichen Dingen, einer wirklichen religiösen Entwickelung im Großen, ist der Natur der Dinge nach nur auf protestantischem Boden möglich. Die römisch-katholische Kirche, indem sie den Anspruch erhebt, die alleinige Inhaberin und unfehlbare Auslegerin der geoffenbarten Wahrheit zu sein, gestattet der freien Forschung keinerlei Einwirkung und Eingriff in das religiöse Gebiet: und indem sie dem forschenden Geiste dieses Eine, hochwichtige, ja höchste Gebiet und Ziel versperrt, die Wahrheit als eine fertige, ein- für allemal festgestellte und abgeschlossene voraussetzt, lähmt sie mit einer gewissen Nothwendigkeit in ihren Bekennern den wissenschaftlichen

Trieb überhaupt, der sich frei fühlen muß, wenn er seine volle Wirksamkeit soll entfalten können. Keiner der großen Namen, an welche die Erneuerung des Geisteslebens der deutschen Nation in der zweiten Hälfte des 18. Jahrhunderts anknüpft — Klopstock, Herder, Lessing, Göthe, Schiller und selbst vom zweiten Rang nur wenige — gehörte der katholischen Kirche an.

Im Anfang des 19. Jahrhunderts war das religiöse Leben Deutschlands von dem sogenannten Rationalismus beherrscht, einer nüchternen, hausbacken-tüchtigen Verstandesanschauung, welche im Christenthum nur ein dürres System praktischer Moral erblickte, die Wunder in mißverstandene, natürliche Vorgänge umdeutete, und in dem Stifter der christlichen Religion nur einen weisen Mann sah, einen großen Lehrer wie Sokrates, der wie dieser seine Ueberzeugungstreue mit einem standhaften Tode besiegelt habe. Diese „natürliche Religion," welche Gefühl und Phantasie und jedes tiefere Bedürfniß der menschlichen Seele unbefriedigt ließ, genügte den durch die großen Zeitereignisse in lebhaften Schwung gesetzten Gemüthern nicht mehr. Man sehnte sich nach der kräftigen Unmittelbarkeit des Glaubens der Väter zurück, an welchen neben so vielem Anderen auch die Erinnerung an das Reformationsjahr (1517, 1817) laut mahnte. Diese Erinnerung regte in vielen Gemüthern den Gedanken an eine Vereinigung der beiden Hauptformen des evangelischen Protestantismus, der lutherischen und der reformirten Kirche, an; einen Gedanken, dem König Friedrich Wilhelm III., aufrichtiger Christ ohne confessionelle Beschränktheit wie er war, in einem Aufruf zu einer Einigung am 27. September 1817 Ausdruck gab. Am 30. October desselben Jahres empfing König und Hof in der Garnisonkirche zu Potsdam das Abendmahl nach einem Ritus, bei welchem der Gegensatz der lutherischen und der reformirten Auffassung dieses Gnadenmittels zurücktrat. Diese Union der beiden verwandten Bekenntnisse entwickelte sich einfach und zwanglos, das Unterscheidende der Glaubenslehren konnte ungefährdet von beiden Theilen beibehalten werden. Nur als der König im Jahre 1822 aus seinem Cabinet eine Agende erließ, welche den Gottesdienst möglichst annähernd an die ältesten kirchlichen Formen und in ihrem Geiste ordnete, — zunächst für seine Hofkirche und für die Garnisonskirchen — und diese Agende weiterhin den evangelischen Kirchen seines Landes anstatt der seitherigen bunten Verschiedenheit in den einzelnen Provinzen und Landschaften empfahl, erhob sich lebhafter Widerspruch. Den Einen erschien sie zu altkirchlich oder gar katholisirend, den Anderen zu reformirt, zu wenig lutherisch-orthodox; Andere zeigten sich mit etwas mehr Recht empfindlich, daß eine solche Anordnung aus königlichem Cabinet entsprungen war; Andere fanden weder das eine noch das andere Bedenken, und glaubten dem Könige, dessen redliche Absicht und christliche Gesinnung außer Zweifel stand, darin wohl zu zu Willen sein zu können; bis zum Jahre 1825 hatten von den 7782 evangelischen Gemeinden des Staates 5343 die Agende angenommen. Das Werk der Union fand auch in anderen deutschen Ländern Beifall und die Einigung wurde durch Beschlüsse der Synoden oder Gemeinden vollzogen; so in Nassau 1817, in Rheinbaiern 1818, in Baden 1821. Ums Jahr 1830 galt die Agende in Preußen als Gesetz; es gab nur Eine evangelische Landeskirche, seit 1829 geleitet durch General-Superintendenten, eine Kirche, in welcher man reformirt und lutherisch und auch etwas letzerisch denken konnte, und in welcher diejenigen Theile der symbolischen Bücher, in welcher die beiden evangelischen Confessionen sich gegenseitig verdammten, ihre Geltung und ihre Kraft verloren hatten. Erst von dieser Zeit an erhob sich ein lebhafter Widerspruch; ein Prediger Scheibel trat 1830 in Breslau an die Spitze einer Gemeinde, welcher die Union als ein Bund Christi mit Belial erschien; ein Professor Guericke in Halle trat mit einigem Geräusch zur „alten lutherischen Kirche" zurück, die er wider Wissen und Willen verlassen habe, und einige Landpfarrer in Schlesien regten ihre Gemeinden mit dem Gerede auf, daß „Luther's Glaube" durch eine königliche Theologie verdrängt werden solle. Man suspendirte die Widerspenstigen, wenn sie dem unirten Consistorium nicht gehorchen wollten, und in Hönigern (Schlesien), wo eine Gemeinde sich den unirten Pfarrer nicht gefallen lassen wollte, wurde die Kirche gewaltsam durch Militär geöffnet und die Bürger durch Einquartierung geschmeidig gemacht (1834); ungeschickte und plumpe Maßregeln, welche manchen beschränkten aber ehrlichen Mann hart trafen. Indeß erwuchs der Regierung daraus weiter keine ernstliche Verlegenheit und sie kam allmälig auf den richtigen Standpunkt, von dem sie sich nie weit entfernt hatte: die Altlutherischen ruhig gewähren zu lassen, die sich ihrerseits bald wieder spalteten und nur als Secte und theologische Schule fortlebten.

Tiefer greifend, wenngleich noch nicht äußerlich in religiösen Neubildungen hervortretend, waren die Gegensätze, welche in Beziehung auf die Fundamente des kirchlichen Lebens, die Lehre und Auffassung des Christenthums selbst, auf protestantischem Boden sich erhoben. Der alte, kindliche Glaube, welcher die Bibel von Buchstabe zu Buchstabe als Wort Gottes ansah, und ruhig die fünf „Bücher Mose" vom ersten Capitel bis zum letzten als von Moses selbst verfaßt und geschrieben hinnahm, ohne sich daran zu irren und zu stoßen, daß in einem dieser Capitel der Tod Moses erzählt wird — der es mit seiner Astronomie vereinbar fand, wenn Josua der Sonne sein Stehe still zurief — dieser kindliche Glaube, der freilich in acadmischen und pastoralen Kreisen noch fortwährend als Theologie feilgeboten wurde, war durch die wissenschaftliche Bewegung des vorigen Jahrhunderts in den Kreisen, welche vorzugsweise den Ton angaben, vernichtet oder wenigstens bei Seite geschoben worden. Aber auch der Rationalismus, welcher an der Stelle jenes supernaturalistischen Köhlerglaubens sich breit und selbstgefällig auf den Thron gesetzt hatte, war altersschwach und lächerlich geworden. Diese platte Verstandestheologie hatte das Kind mit dem Bade ausgeschüttet, und die Religion selbst als etwas des mündig gewordenen Menschengeistes Unwürdiges verachten gelehrt. Derjenige nun, welcher der Dürre dieser trostlosen Doctrin gegenüber die Religion wieder bei den „Gebildeten unter ihren Verächtern" zu Ehren brachte und in großartiger Weise die Fülle philosophischen Erkennens, die Schärfe eines kritischen Verstandes von rücksichtsloser Kühnheit und die volle Innigkeit religiösen Gefühls zu einer neuen, in ihrer Art harmonischen Form des christlichen Bewußtseins vereinigte, war Fr. Daniel Schleiermacher (1768—1834), der in früher Jugend unter den Eindrücken des eigenthümlichen Lebens der Herrnhuter Gemeinde gestanden, später als Prediger an der Dreifaltigkeitskirche und Professor der Theologie an der Universität zu Berlin durch Predigt, academische Lehre und schriftstellerische Werke eine weit- und tiefgehende Wirksamkeit ausübte, und die protestantische Theologie zu neuem Leben und Glauben an sich selbst erweckte. In anderer Weise bedeutend wirkte Fr. Wilhelm Joseph Schelling (1775—1854), seit 1808—20 und wieder seit 1827 in München und Georg Friedrich Wilhelm Hegel (1770—1831), seit 1818 in Berlin; Beide geboren in dem Lande, wo religiöses Grübeln und kühne philosophische Speculation zu Hause ist, in Würtemberg, und gebildet in dem theologischen Seminar zu Tübingen, der für die theologischen Kämpfe innerhalb des Protestantismus in der ersten Hälfte des 19. Jahrhunderts bedeutsamsten Anstalt Deutschlands. Hegel wirkte durch die scharfe logische Weise, in welcher er sein die ganze Welt des Erkennbaren umfassendes System entwickelte, vorzugsweise in dem überwiegend protestantischen und wenig phantasiereichen Norddeutschland; sein System war lange Zeit, verstanden oder nichtverstanden, die amtlich und staatlich approbirte Philosophie, in deren Formeln Alles sich bewegte, was Anspruch auf wissenschaftliche Geltung und Haltung machte und welcher auch der Mann huldigte, welcher von 1817—1840 das Ministerium des Unterrichts und der geistlichen Angelegenheiten in Preußen verwaltete, und als solcher sich durch Förderung wissenschaftlichen Sinnes und Organisationstalent große Verdienste erwarb: Freiherr Karl von Altenstein. Jene Philosophie trat dem Christenthum nicht feindlich gegenüber; in ihrem System wurden die einzelnen Volksreligionen als Entwicklungsstadien des göttlichen Selbstbewußtseins aufgefaßt und das Christenthum war ihr als die Religion der Einheit des Göttlichen und Menschlichen die vollkommenste Offenbarungsform, die christlichen oder kirchlichen Dogmen der Dreieinigkeit, der Menschwerdung, der Erlösung Ausdrücke volksthümlicher Vorstellung für höchste philosophische Wahrheiten, und eine Zeit lang glaubte man wirklich in dieser neuen Scholastik die Versöhnung von Glauben und Wissen gefunden, und redete sich selbst und der Welt ein, daß dieser die Jahrhunderte erfüllende Kampf einem dauernden Frieden gewichen sei. Indeß ging diesen philosophischen Constructionen der Welt eine andere, weniger kühne, aber unerläßliche und heilsame wissenschaftliche Thätigkeit zur Seite: die von Entdeckung zu Entdeckung schreitende, ruhig beobachtende, streng messende, vorsichtig schließende Naturforschung, und die nüchterne mit mehr und mehr erwachender Kritik Wahres und Falsches sondernde Ergründung der Vergangenheit auf dem Gebiete menschlichen Lebens, die geschichtliche Forschung, und diese geschichtliche Forschung, Alles in ihre Kreise ziehend, richtete sich jetzt auch auf die Entstehung der christlichen Religion und ihrer Urkunden. In dieser Richtung nahm David Friedrich Strauß, auch er schwäbischer Theologe und Zögling des Tübinger Seminars, in seinem Leben Jesu (1835) und gleichzeitig sein Lehrer Ferdinand Baur (seit 1831) und dessen Schule die Arbeit Lessing's in umfassender Weise, mit allen Mitteln wissenschaftlichen Scharfsinns, tiefer Gelehrsamkeit und ernstem Streben nach Wahrheit wieder auf und es erneuerte sich so ein Kampf, der, tausendfach Aergerniß erregend, doch das geistige Leben der Nation eben auf seinen höchsten Gebieten vor Stagnation bewahrte, unerbittlich zum Denken zwang und sich nicht durch kirchliche Machtsprüche beschwichtigen ließ.

Von solchen Kämpfen allerdings wußte die katholische Kirche nichts. Indeß hatte auch auf ihrem Boden, der eine freie Forschung nicht zuläßt, ein edler Geist die Fahne der Wissenschaft aufgepflanzt, Georg Hermes (1775—1831). Dieser, erst zu Münster, seit 1820 zu Bonn als Professor der Theologie wirksam, ging aus von der Ueberzeugung, daß die Erhebung über den Zweifel nicht möglich sei durch äußere Autorität, sondern allein durch Einsicht in die Wahrheit aus innerer Nöthigung der Vernunft. Aus Gründen der Vernunft wird die Nothwendigkeit der Offenbarung, zur Sicherstellung dieser Offenbarung die Nothwendigkeit der Kirche und in dieser Kirche die Nothwendigkeit eines unfehlbaren Lehramts statuirt; mit anderen Worten also Hermes unternahm es, wie die Scholastiker des Mittelalters, die Wahrheit der katholischen Kirchenlehre mit Vernunftgründen zu beweisen; die Vernunft war ihm, wie Anderen vor ihm, das Mittel zur Erkenntniß der übernatürlichen Wahrheiten zu gelangen. Er übte eine große und heilbringende Wirksamkeit aus: denn wenn auch sein Versuch niemals gelingen konnte, so ist doch schon die Hinlenkung der Geister und insbesondere der künftigen Lehrer und geistlichen Leiter des Volks auf Vernunfterkenntniß ein Mittel der Belebung und Veredelung und es war ein vielverheißender Anfang zu solcher Veredelung des kirchlichen Lebens, daß bald der Unterricht an den katholischen höheren Schulen, vornehmlich der Rheinprovinz, sowie viele geistliche Stellen in den Händen seiner Schüler und Anhänger waren. Er war der theologische Rathgeber einiger der deutschen Bischöfe und der Freund des damaligen Erzbischofs von Köln, des Grafen Josef Anton Spiegel zum Desenberg (seit 1825); man hat sein Wirken nicht ohne Grund mit dem der großen Scholastiker der mittleren Zeiten verglichen.

König Friedrich Wilhelm III. hatte den Vertrag, der im Jahre 1821 mit der Curie abgeschlossen worden war und der in der Bulle de salute animarum seinen Abschluß gefunden hatte, gewissenhaft beobachtet und den Frieden der Bekenntnisse durch Milde und strengen Gerechtigkeitssinn aufrecht erhalten, wobei ihm die Stimmung der Zeit zu statten kam, welche lange Jahre keinerlei fanatische Auffassung der religiösen Gegensätze begünstigte. Man befand sich im Ganzen wohl bei dem kirchlichen Frieden und dem Verhältniß der Parität, der theuren Errungenschaft der letzten Jahrhunderte, um welche so viel Blut geflossen und so viel Menschenglück zerstört worden war: die erzbischöfliche Würde von Cöln, in dieser Hinsicht die wichtigste Stelle im Lande, befand sich in den Händen eines frommen, wohldenkenden und patriotischen Mannes.

Allein das Streben der römisch-katholischen Kirche ist auf Macht gerichtet. Als eine Art Lebensprincip könnte man sagen ist ihr vom alten Rom, dessen Erbe sie in mehr als Einer Beziehung angetreten hat, der Eroberungskrieg eingepflanzt und es gab von Anfang an eine Partei, der es, wie den belgischen Clericalen, in ihrem geistlichen Hochmuthe ein unerträglicher Gedanke war, einem Staate anzugehören, in welchem die Bekenner ihrer Kirche in der Minorität waren und diese Minorität außerdem in Macht, Einfluß und Bildung hinter der evangelischen Majorität offenbar weit mehr noch als der Zahl nach zurückstand. Französische und belgische Einflüsse wirkten an dieser besonderen Stelle, der Rheinprovinz, mit und an Vorwänden zur Feindseligkeit konnte es nicht fehlen. Da waren die Soldaten, die katholischen mit den anderen nach der Parade nach der evangelischen Kirche geführt worden und hatten durch die Theilnahme an dem ketzerischen Gottesdienste nach canonischer Moral eine Sünde auf sich geladen; da fing man an, eifersüchtig zu zählen, wie viele höhere Beamte in der Provinz katholisch, wie viele protestantisch seien, wie viele Protestantische, wie viele Katholische bei der letzten Ordensverleihung decorirt worden waren, wie viele protestantische, wie viele katholische Professoren die Universität Bonn zähle; das Ergebniß lautete — und zwar was namentlich den letztgenannten Punkt betraf, aus sehr naheliegenden und nur dem blinden Fanatismus verborgenen Gründen — wenig befriedigend. Einen Punkt aber gab es, wo ein Zusammenstoß mit der Staatsgewalt fast unvermeidlich war: die Frage der sogenannten gemischten Ehen. Die Stimme der Natur ist mächtiger als religiöse Glaubenssätze und kirchliche Vorurtheile und zahlreich waren deshalb in der Provinz, wo eine stets wachsende Zahl protestantischer Beamten, Officiere und Kaufleute lebte, solche Ehen zwischen Protestanten und Katholiken, welche der katholischen Kirche von jeher ein Stein des Anstoßes gewesen sind. Jeder vernünftigen und so auch der christlichen und ursprünglich selbst der kirchlichen Ansicht ist die Ehe zunächst ein Rechtsverhältniß, das die christliche Religiosität ebenso wie alle menschlichen Verhältnisse in ihre höhere Sphäre emporzieht, und für welches denn auch die christliche Gesinnung und die in dieser wurzelnde christliche Volkssitte eine feierliche Bestätigung oder Weihung durch die christliche Gemeinschaft, durch die Kirche verlangt. Es ist eine der vielen Usurpationen der Kirche, daß sie dem Staate auch auf diesem Gebiete sein Recht aus der Hand gewunden und den Anspruch erhoben hat, daß jene kirchliche Bestätigung und Weihung die Hauptsache sei, daß sie erst eigentlich die Ehe mache, so daß es in die Hand der kirchlichen Organe gelegt war, Eheschließungen, die ihnen nicht gefielen, zu hindern. Eigentlich nun verdammte die römische Kirche die Ehe mit Ketzern, konnte aber bei den Verhältnissen wie sie in Deutschland seit Ende des 30jährigen Krieges sich gestalteten, dieselben nicht hindern; sie ließ solche Ehen aber, obwohl nicht an allen Orten und nicht zu allen Zeiten gleichmäßig verfahren wurde, im Allgemeinen nur da zu, wo das Versprechen gegeben ward, daß die aus der Ehe hervorgehenden Kinder im katholischen Glauben erzogen würden. In den altpreußischen Gebieten nun galt seit 1803 die Norm, daß die Kinder aus gemischten Ehen der Religion des Vaters folgen sollten; eine verständige und gerechte Lösung, wie unvollkommen sie für einzelne Fälle sein mag. Eine Cabinetsordre vom 17. August 1825 dehnte diese Norm auch auf Rheinland und Westfalen aus, erklärte etwaige dem entgegenstehende Verpflichtungen der Verlobten für unzulässig und die Forderung solcher Verpflichtungen und Versprechungen als Bedingung kirchlicher Einsegnung für unstatthaft. Da diese Norm der königlichen Cabinetsordre für beide Confessionen bindend war, so ließ sich vom Standpunkt des Rechts oder der Billigkeit aus nichts gegen dieselbe einwenden; aber es hätte des Scharfsinns, welcher der katholischen Geistlichkeit in dergleichen Dingen eigen ist, nicht bedurft, um zu erkennen, daß, was die Rheinprovinz und Westfalen betraf, jene Norm ihrer Confession Abbruch thun mußte. Der weitaus häufigste Fall gemischter Ehen war hier, daß protestantische Officiere, Beamte, Professoren, zuwandernde Kaufleute aus den alten Provinzen Töchter aus den alteingesessenen Familien des Landes heiratheten. Folgten nun die Kinder der Religion des Vaters, so war gerade in den gebildeten, wohlhabenden und einflußreichen Kreisen der Provinz auf diese Weise dem Protestantismus ein breiter Eingang geöffnet. Das Reich dieser Kirche ist gar sehr von dieser Welt; jene Einwandernden, theils schon in höheren Lebensstellungen, theils doch im Besitz den Anwartschaft auf solche, machten meist gute Partieen unter den reichen Erbinnen des Landes und es war nicht schwer zu berechnen, wie in kurzer Zeit die höhere Gesellschaft dieser Lande oder ein sehr großer Theil derselben protestantisirt sein würde. Durch solche Berechnungen wurde die höchst mißliche Frage wieder angeregt und das katholische Gemeingefühl, vertreten und gestachelt durch eifrige Priester und Laien, gab sich mit jener königlichen Entscheidung nicht zufrieden. Die Kirche, sagten die Strengeren, und von ihrem Standpunkte aus mit Recht, könne sich nicht vom Staatsoberhaupt vorschreiben lassen, unter welchen Bedingungen sie ihre Segnungen spenden dürfe oder nicht; hier könne nur maßgebend sein, was die Kirche selbst, also ihr Oberhaupt, der Papst, billige und vorschreibe.

Zu Rom hatte man zu Anfang wenigstens keineswegs die Absicht, Preußen zu reizen; seit Friedrich II. einst den allerwärts geächteten Jesuiten eine Freistatt gewährt, hatte stets ein gutes Verhältniß zwischen der Curie und der preußischen Regierung bestanden. Die katholische Kirche wurde mit Achtung behandelt und ihre Priester erfuhren mehr Rücksicht, als in rein katholischen Staaten, wie etwa in Oestreich unter Franz I., wo man sich, bei gleichem Glauben, schon mehr erlauben durfte. Allein die Keime zum Streite lagen hier in der Sache selbst. Wenn die Kirche nun einmal dergleichen Ehen mißbilligte, wer konnte den katholischen Geistlichen wehren, sein Beichtkind, das eine solche einzugehen im Begriffe war, vor ihren Gefahren zu warnen und zu ermahnen, die zu hoffenden Kinder der alleinseligmachenden Kirche zuzuführen? wer wollte entscheiden, was blos Ermahnung, was ein halbes, was ein ganzes Versprechen war? und welche Collisionen zeigten sich, wenn etwa ein Gerichtshof das hätte constatiren wollen, was im Beichtstuhl als Beichtgeheimniß verhandelt worden war? Das Breve, welches Papst Pius VIII. am 25. März

1830 zunächst an die vier Bischöfe Westpreußens richtete, die in Rom angefragt hatten, ob der Papst ihnen die Erfüllung der Staatsgesetze möglich mache, war wortreich, salbungsvoll, ohne Bestimmtheit; es erklärte im Wesentlichen gemischte Ehen für verwerflich, aber für gültig, verbot die kirchliche Einsegnung nicht, wo Bürgschaft gegeben sei für die katholische Erziehung aller Kinder, gestattete aber auch, wo dies nicht der Fall war, das Eingehen der Ehe in Gegenwart des katholischen Pfarrers, jedoch ohne alle kirchliche Feier — die sogenannte passive Präsenz. Mit dem Grafen Spiegel nun, einem milden und edeldenkenden Manne, der diese Angelegenheit nicht vom Standpunkte der Kirchenpolitik aus ansah, sondern der sie vom Standpunkte des Friedens und humaner Rücksicht auf Glück und Unglück der Einzelnen würdigte, schloß die preußische Regierung 19. Juni 1834 eine Uebereinkunft über die Ausführung des päpstlichen Breves, auf Grund deren der Erzbischof und die vier rheinischen und westfälischen Bischöfe ihre bischöflichen Gerichte instruirten. Das Breve ward als Richtschnur mit Worten anerkannt, zugleich aber ausgesprochen, was das Breve keineswegs aussprach, daß die königliche Cabinetsordre von 1825 vollzogen werden könne, daß die einzelnen Bestimmungen mildernd zu erklären und anzuwenden seien, daß von der Abnahme eines Versprechens rücksichtlich der Kindererziehung Abstand zu nehmen, die Fälle blos passiver Assistenz als etwas Gehässiges möglichst zu beschränken seien. Diese Uebereinkunft und die Instruction sollte ein Geheimniß bleiben im Wesentlichen hatte damit die Regierung erlangt was sie wollte.

Allein dieses klägliche Versteckenspielen konnte nicht lange dauern. Zu Rom erhielt man bald die volle Kunde von dem Sachverhalt durch ein reumüthiges Bekenntniß des Bischofs von Trier, das vom 10. November 1836, dem Sterbetage desselben, datirt und demselben vermuthlich untergeschoben oder abgepreßt war. Inzwischen war auch der Graf Spiegel gestorben (1835), und an seine Stelle war der Weihbischof Clemens August Droste zu Bischering zum Erzbischof von Köln gewählt worden. Eine unglückliche Hand war bei dieser Wahl im Spiele; die romantischen Neigungen des Kronprinzen hatten diesen Asceten und mittelalterlichen Heiligen dem Capitel empfohlen; „ist Ihre Regierung toll geworden?" fragte der Cardinal-Staatssecretär zu Rom selbst den preußischen Gesandten Bunsen mit unverhohlenem Erstaunen, als er diese wunderbare Nachricht erfuhr.

Man hatte die preußische Regierung gewarnt, diesen Mann zu acceptiren, da er, ganz verschieden von seinem Vorgänger, ein Eiferer und Obscurant war; indeß hatte man sich im Punkte der gemischten Ehen, wie man glaubte, sicher gestellt, da er vor seiner Wahl schriftlich erklärt hatte (5. September 1835), „daß er sich wohl hüten werde, jene gemäß dem Breve des Papstes Pius VIII. getroffene Vereinbarung nicht aufrecht zu halten, oder gar, wenn solches thunlich wäre, anzugreifen oder umzustoßen, und daß er dieselbe nach dem Geiste der Liebe und Friedfertigkeit anwenden werde." Es sollte sich zeigen, wie viel diese Erklärung werth sei.

Von welchem Geiste der neue Erzbischof beseelt war, offenbarte sich bald. Er ließ die Bibliothek seines Vorgängers aus dem erzbischöflichen Palaste alsbald fortschaffen, und beeilte sich, das glimmende Docht katholischer Wissenschaftlichkeit zu verlöschen, indem er gegen die Hermesianer eine feindselige Haltung annahm. Deren Gegner nämlich hatten sich nach Rom gewendet, und nachdem die Sache dort einer Untersuchung unterzogen worden war, von deren Gründlichkeit und Unparteilichkeit es einen Begriff gibt, daß ein der deutschen Sprache unkundiger Jesuit, Professor Perrone, dabei die Hauptrolle spielte, erschien am 26. September 1835 ein päpstliches Breve, welches die Hermesianischen Schriften verdammte und die Hirten der Kirchen ermahnte, ihre Schafe mit aller Sorgfalt von dieser vergifteten Weide wegzutreiben. Vergebens suchten die Hermesianer, wie anderthalb Jahrhunderte früher die Jansenisten, darzuthun, daß der Papst in dieser Sache getäuscht worden sei und hofften auf eine Ausgleichung; der Erzbischof ließ ihnen keinen Zweifel, was es bedeute, wenn Rom gesprochen habe. Er erließ ein Rundschreiben an die Beichtväter der Stadt Bonn (12. Januar 1837), in welchem er sie anwies, wenn man in dieser Beziehung im Beichtstuhle oder sonst anfrage, in seinem Namen bekannt zu geben, daß Niemand die Schriften oder Collegienhefte des seligen Hermes lesen und kein Theolog Vorlesungen beiwohnen dürfe, deren Inhalt jenen Schriften gemäß sei. Den directen Streit mit der Universität vermied der Erzbischof, und ein solcher war auch nicht nöthig: eine Opposition war hoffnungslos, die Hörsäle der Hermesianer verödeten von selbst. Vergebens schickten sie zwei ihrer gelehrtesten Vertreter nach Rom; diese brachten die Antwort zurück, die nicht überraschen konnte, daß das Urtheil unerschütterlich sei, wie die Autorität, von der es ausgegangen. Die Regierung mischte sich, und darin hatte sie Recht, unmittelbar nicht in diesen Streit, welcher die kirchliche Lehre betraf; jämmerlich aber war es, daß sie selbst zur Unterdrückung der besseren Sache hülfreiche Hand bot, indem am 21. April 1837 der Curator der Universität die betheiligten Lehrer im Namen des Ministers von Altenstein aufforderte, bei Verlust ihrer Aemter in allen öffentlichen und geheimen Handlungen des academischen Lehramtes jede Erwähnung der Schriften des Dr. Hermes und der dieselben betreffenden päpstlichen Censuren zu unterlassen.

Einen anderen Gang nahm die Angelegenheit der gemischten Ehen. Bald nach dem Amtsantritt des neuen Erzbischofs fingen einige Pfarrer an, die Trauung zu verweigern, wo nicht das Versprechen, die Kinder katholisch erziehen zu lassen, gegeben war: und als die Regierung den Erzbischof an sein Versprechen erinnerte, da gab dieser die Antwort, daß er allerdings versprochen habe, die gemäß dem Breve getroffene Vereinbarung von 1834 aufrecht zu halten, daß er nun aber bei näherer Erwägung die Vereinbarung und die darauf gegründete Instruction an die bischöflichen Gerichte im Punkte der Trauungen ohne vorheriges Versprechen katholischer Erziehung der Kinder im Widerspruch mit dem Breve finde. Und diesen Standpunkt hielt er bei den weiteren Verhandlungen fest: „ich befolge soviel möglich beide Normen, Vereinbarung und Breve; wo beide nicht in Einklang zu bringen sind, richte ich mich nach dem Breve." Die Ausrede war eines Erzbischofs ebenso wenig würdig, als früher die Fiction, die Vereinbarung erfolge gemäß dem päpstlichen Breve, der preußischen Regierung würdig gewesen war. Denn wenn Breve und Vereinbarung nicht übereinstimmten, was freilich kaum zu leugnen war, so mußte er dies vorherwissen, ehe er jenes Schreiben unterzeichnete, in welchem er „die gemäß dem Breve getroffene Uebereinkunft" zu halten versprach, und das ihm zum erzbischöflichen Stuhle verholfen hatte. Mit dieser Ausrede, die entweder eine Lüge und einen Wortbruch einschloß, oder, wenn sie ehrlich gemeint war, bewies, daß der Erzbischof zu einem Amte von solcher Tragweite unfähig war, konnte sich aber die preußische Regierung nicht zufrieden geben. Es waren zwei Mächte, deren jede ein sicheres Gefühl dafür hatte, bis zu welchem Punkte ihre Nachgiebigkeit gehen durfte, die hier zu einem ersten Waffengang sich gegenübertraten, die alte katholische Kirche und der moderne preußische Staat. Die Regierung ließ den Erzbischof auffordern, entweder sein Wort zu halten, oder auf das erzbischöfliche Amt zu verzichten. Clemens August antwortete (31. October 1837), daß seine Pflicht gegen die Erzdiöcese und gegen die ganze Kirche ihm verbiete, das Letztere zu thun, und es versteht sich, daß diese Wendung der Dinge eine große Aufregung in dem katholischen Theile Deutschlands hervorrief; aufrührerische Drohungen waren am Portal des Kölner Domes angeschlagen; der Erzbischof und seine geheimen Rathgeber wünschten, daß die Regierung zur Gewalt schreite; er gedachte in den Dom zu flüchten, sich vor den Altar zu stellen und bei geöffneten Thüren diese Gewalt herauszufordern.

Aber die Dinge nahmen in diesem prosaischen Staate einen etwas minder poetischen Verlauf. Am Abend des 20. Nov. 1837 zog eine Abtheilung der in Deutz, Köln gegenüber auf dem rechten Rheinufer, garnisonirten Dragoner über die Schiffbrücke nach Köln und ein Bataillon Infanterie sperrte die Eingänge der Straße St. Gereon, in welcher das erzbischöfliche Palais liegt. Zwei Mitglieder der Regierung, der Oberbürgermeister von Köln und der Justitiar der Kölner Regierung, die beiden letzteren Katholiken, begaben sich in das Palais und forderten den Erzbischof, den sie in seinem Arbeitszimmer mit seinem Caplan Michelis trafen, auf, dem allerhöchsten Befehle sich zu unterwerfen, sein letztes Schreiben an den Minister zurückzunehmen. Der Erzbischof weigerte sich; nun ward ihm angekündigt, daß Se. Majestät genöthigt sei, ihm kraft landesherrlicher Machtvollkommenheit die Ausübung seines erzbischöflichen Amtes zu untersagen und ihn aus der Kölnischen Diöcese zu entfernen. Der Erzbischof erwiderte, er füge sich der Gewalt; ein Reisewagen stand vor der Thür; doch nahm man des Erzbischofs eigene Equipage und nach 7 Uhr fuhr der Wagen mit dem Erzbischof, dem Gensdarmerieobersten von Sandrou, dem Bedienten und einem Beamten in bürgerlicher Kleidung ab, die erste Viertelstunde Weges von 20 Unterofficieren zu Pferde begleitet. Zum Aufenthalt für den hohen Staatsgefangenen war die Festung Minden bestimmt.

Die Aufregung der Bevölkerung dauerte geraume Zeit und machte sich in einzelnen Gewaltthätigkeiten und Demonstrationen Luft; eine Anzahl katholischer Mädchen gelobten sich, niemals einem Protestanten die Hand zu reichen, und nahmen auf diesen Entschluß, der den Gang der Weltgeschichte nicht wesentlich änderte, das Abendmahl; die geistliche Demagogie in München, deren Organ Görres war, stieß in die Posaune und machte aus dem Erzbischof einen zweiten Athanasius: daß in demselben Jahre, in welchem dieser sein leichtes Martyrium antrat, 400 protestantische Tyroler aus dem Zillerthale, nachdem sie lange Jahre gegen die pfäffische Umgebung und die Verfolgungssucht des Bischofs von Bozen einen ungleichen Kampf gekämpft, zum Wanderstabe greifen mußten, um das Land ihrer Väter zu verlassen und in Schlesien eine neue Heimath zu suchen, irrte die ultramontanen Fanatiker und Henckler ebensowenig, als den vorurtheilsvollen Liberalismus jener Tage, der geneigt war, für den Erzbischof Partei zu ergreifen, weil es eine absolutistische Regierung gewesen, die hier ihr Hausrecht gebraucht hatte. Auch zu Rom hielt Gregor XVI., ohne sich die Mühe zu geben, die preußische Regierung zu hören, am 10. December in dem seltsam feierlichen Tone, der bei solchen Anlässen üblich ist, an die versammelten Cardinäle eine Allocution in dieser Angelegenheit, und dieser Allocution wurde die größtmöglichste Verbreitung gegeben, obgleich der Curie im Grunde die Sache schwerlich sehr leid war. Sie regte das, was man das katholische Nationalgefühl nennen könnte, an, erweckte die schläfrigen Gewissen und gab Gelegenheit, sich den Schein der Macht zu geben, den auch die preußische Regierung durch das überaus bescheidene Auftreten ihres Gesandten zu Rom, der die Maßregel als einen vorübergehenden Act der Selbstvertheidigung darstellte, anerkannte.

Die wirkliche Macht, die der preußische Staat besaß, wurde durch diesen Vorgang nicht erschüttert, und Metternich irrte sehr, wenn er dem durchreisenden Gesandten, Bunsen, die innere Stellung Preußens als schwer gefährdet darstellte und sich die Miene gab, als fürchte er für die Integrität der Rheinlande. Sie ward auch nicht erschüttert, als noch ein zweiter Großwürdenträger der Kirche die Selbstbehauptung des preußischen Staates herausforderte.

Der Erzbischof von Posen und Gnesen, Martin von Dunin, ersuchte die Regierung, daß ihm gestattet werde, das Breve des Papstes von 1830 in seinem Sprengel zu publiciren oder die Entscheidung des Kirchenoberhauptes einzuholen. Als ihm dies verweigert wurde, erließ er 27. Februar 1838 einen Hirtenbrief, in welchem er jedem Priester die Amtssuspension ankündigte, der künftighin eine gemischte Ehe einsegnen würde ohne jenes Versprechen katholischer Erziehung der Kinder. Die Regierung erklärte diesen Erlaß für nichtig; den Erzbischof aber zur Zurücknahme desselben zu bewegen gelang um so weniger, als er die polnische Bevölkerung für sich hatte, welcher der Katholicismus zugleich die nationale Sache bedeutet. Es ward somit ein Criminalproceß gegen ihn eingeleitet. Der Erzbischof verweigerte aber jedes Verhör vor dem Oberlandesgericht zu Posen. Das Urtheil erging gleichwohl, das ihn zwar von der Schuld des Hochverraths und der Aufwiegelung freisprach, aber ihn zu Amtsentsetzung, sechs Monate Festungshaft und Bezahlung sämmtlicher Gerichtskosten verurtheilte (April 1839). Der König nahm ein Schreiben des Erzbischofs als Gnadengesuch, erließ ihm die Festungshaft und modificirte die Amtsentsetzung zu dem Befehl, seinen Aufenthalt in Berlin zu nehmen. Als der Erzbischof dennoch am 3. October nach Posen entwich, ward er verhaftet und nach der Festung Colberg gebracht. Die Geistlichkeit setzte ihren Apparat in Bewegung, Kirchentrauer ward angeordnet, die Glocken verstummten; sie begannen jedoch wieder zu läuten, als die Regierung mit dem letzten, aber wirksamen Mittel drohte: der Sperrung der Temporalien.

Während die Curie in ihrer Weise diese gelinden Maßregeln einer protestantischen Regierung als frevelhafte Eingriffe in die Rechte der Kirche verdammte, erschien in Baiern, wo König Ludwig mehr und mehr in Abhängigkeit von der ultramontanen Partei gerathen war, unter dem Ministerium Abel eine Verordnung (14. August 1838), welche die Kniebeugung vor dem, was die römische Kirche das Sanctissimum nennt, der geweihten Hostie, für das Militär anordnete und damit für die zahlreichen Protestanten im bairischen Heere einen Gewissenszwang herbeiführte, der viel schlimmer war als das, was die preußische Regierung den katholischen Geistlichen in der Sache der gemischten Ehen zumuthete.

Alle diese Vorgänge dienten dazu, die öffentliche Meinung, welche sich in den rein politischen Angelegenheiten verhältnißmäßig wenig regsam gezeigt hatte, in heftige Bewegung zu setzen. Die Regierungen begegneten hier einem Widerstande, den sie in rein weltlichen Dingen nicht gefunden hatten und die Bischöfe redeten eine Sprache, wie sie die Regierung seither von Unterthanen nicht vernommen, und erinnerten dieselbe daran, daß es außer Polizei und Militär auch noch andere Mächte gab, mit denen man zu rechnen hatte. Diese Sprache ward freilich nicht im Namen der Freiheit geführt, sondern vielmehr im Namen einer Körperschaft, welche, wo sie die Macht hat, jede Freiheit erdrückt, und welche das Recht zu haben glaubt, Alles, was ihr entgegensteht oder neben ihr Anspruch auf Autorität macht, sich zu unterwerfen; aber sie nöthigte eben dadurch die Regierung, sich gegenüber der ultramontanen Agitation ihrerseits auf die öffentliche Meinung zu stützen, und sehr deutlich trat die Schwäche der absoluten Regierungsweise in diesem Kampfe zu Tage, denn ihren Willen in der Ehefrage setzte sie doch nicht durch. Damit aber war ein Fortschritt gegeben, der seine weittragenden Folgen hatte.

Noch war der Kölner und der Posener Streit nicht zum Austrage gekommen, als Friedrich Wilhelm III. am 7. Juni 1840 starb, im 70. Jahre seines Lebens und im 42. seiner Regierung. Mit ihm schied der letzte und ehrenwertheste Repräsentant einer vergehenden Periode und ein Fürst im blühenden Mannesalter, reich an Ideen, voll von Idealen, trat an die wichtigste Stelle des deutschen Landes.

3. England.
a. 1830—1832.

Der jähe Sturz des bourbonischen Thrones in Frankreich fiel der Zeit nach nahezu mit dem Regierungswechsel in England zusammen. Am 26. Juni 1830 war der Herzog von Clarence, jetzt Wilhelm IV., auf Georg IV. gefolgt: eine einfache, ehrliche Seemannsnatur, ein Mann, gerade, bieder, gutherzig; ohne Voreingenommenheit gegen die liberalen Anschauungen; entschlossen, die Pflichten, zu denen ihn in seinem 65. Jahre die Vorsehung berief, gewissenhaft zu erfüllen. Er hatte eine starke persönliche Abneigung gegen den Herzog von Wellington, welcher augenblicklich das Haupt der Regierung war, aber er ließ denselben mit seinen Collegen gleichwohl im Amte, bis die

Nation selbst in den Neuwahlen, welche das verfassungsmäßige Herkommen für den Fall eines Thronwechsels vorschrieb, sich ausgesprochen haben würde; gutmüthig, wie er war, nannte er seinen seitherigen Feind, den Herzog, bei einem öffentlichen Gastmahle, indem er desselben Gesundheit ausbrachte, seinen guten Freund Wellington. Am 24. Juli wurde das Parlament durch eine königliche Proclamation aufgelöst; am 14. September fanden die Neuwahlen statt; am 2. November begann das neue Parlament seine Sitzungen.

Der Thronwechsel an und für sich würde hingereicht haben, die Gedanken der Nation auf die Frage der Parlamentsreform, die nicht erst seit gestern auf der Tagesordnung stand, zurückzulenken; die Ereignisse in Frankreich wiesen mit einer nachdrücklicheren Beredtsamkeit, als sie selbst dem radicalsten Redner zu Gebote gestanden haben würde, auf eben diese Nothwendigkeit hin, zu reformiren, so lange es nicht zu spät war. Die Gefahr war groß; nicht, daß in diesem Lande eine Revolution ausbreche, die in drei Tagen die politische Physiognomie des Reiches verwandle wie in Frankreich, wohl aber, daß der Radicalismus sich jener wichtigen und populären Frage bemächtige, um durch sie zu einer selbstständigen Macht zu werden, und die Whigs waren deshalb entschlossen, sie ihrerseits in die Hand zu nehmen; der Zeitpunkt war günstig, da man den König von launischer Abneigung gegen den Fortschritt frei wußte. Indeß die Thronrede erwähnte Nichts von diesem Gedanken, und zum Ueberfluß gab der Herzog von Wellington bei den Verhandlungen über die Antwortadresse im Oberhause noch die bestimmteste und schroffste Erklärung ab, daß, so lange er im Amte sei, er sich jeder auf Reform des Parlaments gerichteten Maßregel widersetzen würde. Allein seine beschränkte Ansicht von der Vollkommenheit und Unverbesserlichkeit der Vertretung des englischen Volkes widersprach grob den offenkundigen Thatsachen, und sofort kündigte Henry Brougham seine Absicht an, innerhalb 14 Tagen eben diese Frage der Parlamentsreform in Anregung bringen zu wollen; und als die Regierung bei der Abstimmung über eine Finanzfrage im Unterhause in der Minderheit blieb, reichte sie ihre Entlassung ein, welche vom Könige angenommen und am 16. November vom Herzog von Wellington im Oberhause, von Sir Robert Peel im Hause der Gemeinen mitgetheilt wurde.

Der König ernannte einen Veteranen der Reformbestrebungen, den achtundsechzigjährigen Grafen Grey zum Premierminister, — einen Staatsmann von fleckenlosem Charakter, freisinnig, consequent, gemäßigten aber festen Sinnes. Er stellte als Bedingung seines Eintritts auf, daß das neue Ministerium aus der Durchführung der Reform des Parlaments eine Cabinetsfrage mache und der König nahm dies an; seine Collegen suchte er sich unter den Häuptern der Whigs und den Anhängern der Grundsätze Canning's: Lord Althorp, Henry nunmehr Lord Brougham, Lord Landsdowne, die Lords Durhame, Melbourne, Goderich, Palmerston, Sir James Graham, Lord John Russel und Andere; sie Alle, obwohl aus den großen Familien des Landes, entschlossen die Lösung der nicht mehr aufzuschiebenden Lebensfrage ohne Zaudern in die Hand zu nehmen.

Sie begannen ihr Amt mit Ablehnung eines Antrags auf Bewilligung vermehrter Vollmachten für die Magistrate einiger Districte, in welchen Unruhen vorgekommen oder zu fürchten waren, weil die gesetzliche Macht der Obrigkeiten zur Niederhaltung der Ruhestörer ausreiche, und vertagten dann, nach Regulirung der Regentschaft für den Fall, daß der König während der Minderjährigkeit der Prinzessin Victoria, der nächstberechtigten Thronfolgerin, sterbe, das Parlament bis zum 3. Februar 1831, um Zeit zur Ausarbeitung einer Reformbill zu gewinnen. In der Zwischenzeit musterten die Parteien ihre Kräfte. Die Gegner der Parlamentsreform zählten auf das Haus der Lords, auf die Macht der Aristokratie in dem zu reformirenden Unterhause, auf die starke Stellung der Torypartei im Lande; unter Umständen selbst auf den König, wenn Ausschreitungen der Reformpartei ihn vielleicht scheu machten, und seine conservative Familie ihn tüchtig beeinflußte. Die Anhänger der Reform hatten für sich außer der Whigaristokratie den Einfluß und die Macht des überwiegenden Theils der Mittelklassen der Bevölkerung, welche sich anschickten, ihr ganzes Gewicht in die Wagschale zu legen zu Gunsten einer Maßregel, welche eben ihnen einen gerechter und reichlicher bemessenen Antheil an der Gesetzgebung des Landes zu sichern bestimmt war. Sie schickten Massen von Petitionen an das Parlament und bereiteten sich, in Vereine zusammenzutreten, um der Bewegung Nachdruck und, wo es nöthig wäre, Dauer zu geben.

Am 3. Februar trat das Parlament wieder zusammen, und am 1. März brachte Lord John Russel, obwohl nicht Cabinetsminister, die Bill, an deren Fassung er einen hervorragenden Antheil genommen, über welche dann die gesammte Regierung sich geeinigt hatte, im Hause der Gemeinen vor. Sie war umfassender, als man erwartet — gefürchtet oder gehofft — hatte, zugleich aber nach englischer Weise so gemäßigt, daß sie nur die größten Mißbräuche radical beseitigte, im Uebrigen aber ferneren allmäligen Reformen noch einen weiten Spielraum ließ. Der faulste Fleck des seitherigen Zustandes waren die „verfaulten Flecken" (rotten boroughs) — herabgekommene kleine Orte, welche ihr Wahlrecht aus uralten Zeiten bewahrt hatten, und in denen thatsächlich die Abgeordneten nicht gewählt, sondern von irgend einem einflußreichen Herrn, Marquis, Herzog, irgend einer großen Familie ernannt wurden und mit denen eine Art ärgerlichen Handels getrieben ward. Man zählte ihrer nicht weniger als 204; einige, welche den Rednern als Beispiel der ganzen Gattung dienen mußten, wie O. Sarum bestanden nur noch aus den Mauern einiger Häuser, an denen das Recht zwei Abgeordnete zu schicken haftete, und die man zuweilen ausbesserte, um durch einige Tagelöhner, die man dort seßhaft machte, eine Scheinwahl abhalten zu lassen; es fehlte nicht an drastischen Schilderungen, wie dieser Lord und jener Marquis den einen dieser Fleckensitze an seinen Sohn, der eben von der Schule zu Eton kam, den anderen an seinen Verwalter, der ihm seine Güter in die Höhe gebracht, oder an einen Gutsnachbar, der mit ihm gejagt und gezecht und ihm seine Schafe gelobt hatte, verschenkt habe. 60 dieser faulen Flecken mit 168 solcher Sitze sollten abgeschafft werden, eine Anzahl ließ man übrig; die Gesammtzahl der Mitglieder des Unterhauses sollte um 62 vermindert, von 658 auf 596 herabgebracht werden; von den dann noch verfügbaren 104 sollte London und seine Vorstädte 8, die großen Städte in den Provinzen 34, die Grafschaften — eine große Concession an den Grundbesitz, also im conservativen Sinne — 54 neue, eingerechnet 5 neue Sitze für Schottland, 1 für Wales und 3 für Irland, erhalten.

Man muß diese Maßregel den Männern der Regierung und einem großen Theil Derer, welche sie im Parlamente unterstützten, zu hoher Ehre anrechnen, denn die Meisten von ihnen, wie das große Haus Bedford z. B., welchem Lord John Russel selbst angehörte, gaben, indem sie das System der verfaulten Flecken opferten, einen guten Theil ihres eigenen Einflusses, wenn man will selbst ihres Vermögens auf. Sieben Nächte währte die Debatte, und zwischen 70 und 80 Mitglieder ergriffen nacheinander in der großen Frage das Wort. Bei der Vertheidigung der Maßregel zeigte sich die volle Ueberlegenheit, die in der Sache selbst lag; denn was gegen die Bill vorgebracht wurde, war am Ende doch nur der in allerlei Variationen wiederholte Eine Grund, der keiner war: daß keine absolute Nothwendigkeit einer Aenderung vorhanden sei, daß England unter den alten Gesetzen groß geworden, daß Manchester und die anderen Städte, für welche man Abgeordnete begehre, fortgeschritten, trotzdem sie keine Abgeordneten gewählt hätten; daß eine Reihe großer Männer, Pitt, Fox, Burke, Canning durch diese Thüre ins Parlament gekommen seien. Wenn nun die Conservativen erstarrt waren beim Anblick einer Reformbill von so einschneidendem, so radicalem Charakter, so gab es auf der anderen Seite nicht Wenige, denen sie nicht genug that und welche gern eine noch größere Ausdehnung des Wahlrechts, eine Beseitigung noch mehrerer Mißbräuche als die Bill wollte, gesehen hätten; aber in England verstand man sich besser auf den wirklichen und praktischen Fortschritt, als damals in Frankreich und später in Deutschland; hier, so sagte man sich auch unter den Männern eines radicalen und methodischen Fortschrittes, hier war endlich eine Bill, deren Durchsetzung, so wie die Dinge lagen, bei dieser Verfassung, diesem König, diesem Parlamente möglich war; um sie also schaarte man sich, indem man alle weiteren Wünsche vertagte.

Am 14. März passirte die Bill die erste der drei Lesungen. Die Agitation im Lande nahm zu, es zeigte sich eine steigende Entschlossenheit unter den Mittelklassen, viele Tausende erklärten sich bereit, auf den ersten Wink nach London zu marschiren, und sie gaben dadurch den Gegnern Anlaß, über Einschüchterungsversuche zu klagen. Die Regierung war nicht minder entschlossen; sie würde im Amte bleiben, erklärte Einer aus ihrer Mitte bei dem Festmahl, welches der Lord-Mayor von London nach alter Gewohnheit bei der Vertagung der Häuser an Ostern gab, selbst wenn sie nur eine Stimme Majorität hätten. Genau dieser Fall trat seltsamerweise ein; bei der zweiten Lesung, bei übervollem Hause (22. März) waren 302 Stimmen für die Bill, 301 gegen dieselbe. Das Vertrauen der Conservativen, der lästigen Reform noch einmal zu entgehen, wuchs Angesichts einer solchen Majorität, die keine war, die durch den kleinsten Zufall zur Minderheit werden konnte; Angesichts des Widerstandes, der von dem Hause der Lords zu erwarten stand, ließ sich mit Sicherheit vorhersagen, daß die Whigs ihre Bill nicht durchsetzen würden. Allein die Minister blieben im Amte. Man feierte in London und anderwärts diesen Entschluß mit Illuminationen; die Dinge mußten bald zu einer Entscheidung kommen. Der Plan der Conservativen war, die Bill bei der Comitéberathung zu Fall zu bringen, indem sie die einzelnen Bestimmungen des Gesetzesvorschlags in ihrem Sinne oder in jedem Fall in einem dem Ministerium widerwärtigen Sinne amendirten; und so geschah es: am 18. April begann die Comitéberathung; am 19. wurden die Minister bei der Frage der Verminderung der Mitgliederzahl im künftigen Parlament geschlagen; am 22. erlitten sie eine zweite Niederlage bei einer Geldbewilligungsfrage. Sie boten dem König ihre Entlassung, der dieselbe nicht annahm, sich aber auch nicht entschließen konnte, das erste Parlament seiner Regierung gleich während seiner ersten Session aufzulösen.

Und doch war dies eine Nothwendigkeit. Denn die Stimmung der Nation war so, daß ein großer revolutionärer Ausbruch, im Falle die Bill scheiterte, zu fürchten war; und es war kein leeres Wort, wenn Macaulay in der wirksamsten seiner Reden über die große Frage mit dem Ausdrucke der Schrift mahnte, die „Stunde des Heils" nicht zu versäumen; schon fehlten einzelne solche Ausbrüche nicht, und etliche der Führer sprachen von Aufstellung einer Reformarmee. In Frankreich hätten Viele eine so bequeme Gelegenheit zu einer Revolution wahrscheinlich mit Freuden begrüßt, um sich mit einigen Tagen Kampf- und Blutscenen zu berauschen; und auch in Deutschland, wo lange der unglückliche Einfluß Frankreichs überwog, liebte man es später, mit dem Gedanken einer Revolution zu spielen, wenn die Dinge nicht sofort vorwärts gingen. Die leitenden Männer der liberalen Partei Englands nahmen diese Gefahr minder leicht, und hatten eine klare Vorstellung davon, welches Unglück es für ein Volk ist, wenn ein anerkannter Rechtszustand auf gewaltsame Weise durchbrochen wird, und die Bürger desselben Landes als Sieger und Besiegte einander gegenüberstehen. Denn zerstören kann man in wenigen Stunden, was die Jahrhunderte gebaut haben, und auch einen neuen papiernen Rechtszustand kann man in wenigen Tagen schaffen: aber die menschlichen Wünsche, Leidenschaften, Gewohnheiten zwingt man nicht so leicht in die neuen Formen, und einen der Revolution entsprungenen thatsächlichen Zustand in einen wirklichen Rechtszustand zu verwandeln, kann wenn es überhaupt gelingt, nur einer langen Zeit gelingen.

Diese Gefahr ward vermieden. Die Thorheit der Gegner der Reformbill im Hause der Lords half die Krisis in der rechten Weise entscheiden.

In der Nacht vom 21. April hatte Lord Wharncliffe, einer der entschlossensten Gegner der Reformbill im Hause der Lords, an den Premierminister die Frage gerichtet, ob die Minister Sr. Majestät angerathen hätten, das Parlament aufzulösen. Lord Grey verweigerte die Antwort; da kündigte der Lord an, daß er am folgenden Tage den Antrag auf eine Adresse an den König stellen werde, in welcher derselbe gebeten würde, von seiner Prärogative der Parlamentsauflösung jetzt keinen Gebrauch zu machen. Wilhelm IV. hatte am Morgen des 22. längere Zeit geschwankt, sich aber endlich doch zur Auflösung entschlossen. Als er die Nachricht erhielt von der Art, wie im Hause der Lords von der Unmöglichkeit gesprochen worden sei, jetzt das Haus aufzulösen, da wallte sein königliches Selbstgefühl auf: „Wie?" soll er ausgerufen haben, „sie wollen sich mit der königlichen Prärogative zu schaffen machen?" er wolle zeigen, was er könne; gleich in eigener Person wolle er das Parlament auflösen; und als die Minister beistimmten „sobald die königlichen Wagen bereit gestellt werden können": „was königliche Wagen," habe er erwidert, „schickt nach einer Droschke!" Auf der Stelle wurde nach den königlichen Wagen geschickt. Unterdessen hatten sich die Lords um 2 Uhr in ihrem Sitzungssaale versammelt. Lord Wharncliffe erhob sich, um seinen Antrag zu stellen;

der Herzog von Richmond, ein Mitglied der Regierung, rief den Lords zu, ihre Plätze einzunehmen; und während ein Streit um die Geschäftsordnung im Gange war, hörte man den wohlbekannten Schall der Kanonenschüsse, welche ankündigten, daß der König von Großbritannien auf dem Wege zu seinem Parlamente war. Der Lärm dauerte fort; Lord Mansfield verschaffte sich Gehör; er sprach von der furchtbaren Lage des Königs und des Landes und fuhr fort, als schon die Flügelthüren sich öffneten und der König, dem nach alter Sitte die Krone auf einem Kissen vorangetragen wurde, an der Schwelle erschien; fast mit Gewalt mußte der eifernde Tory zum Schweigen gebracht werden. Mit raschem Schritte stieg Wilhelm IV. die Stufen des Thrones hinan, und indem er rechts und links grüßte, ersuchte er Ihre Lordschaften, sich zu setzen, während die Gemeinen gerufen würden.

Dort spielte dieselbe Scene: während man schon die Artilleriesalven hörte, sprach Sir Robert Vivian, nach ihm Sir Robert Peel; vom Lärm der Regierungspartei unterbrochen, erging er sich in heftiger Rede gegen die Bill, welche das britische Volk zum Sclaven der Pöbelaufwiegler mache; er sprach noch, als die drei Schläge mit dem schwarzen Stabe vernommen wurden und der Herold erschien, um die Gemeinen von England an die Schranken des Oberhauses zu rufen. Dort vom Throne herab sprach der König seine Absicht aus, das Parlament aufzulösen; in großer Aufregung trennte man sich: seit den Tagen Cromwell's sei eine solche Scene nicht mehr innerhalb der Wände des Parlaments gesehen worden. Am folgenden Tage erschien die königliche Proclamation, welche das Parlament auflöste, und das neuzuwählende auf den 14. Juni zusammenrief.

Es war damit die große Sache dem Volke selbst, an welches der König durch diese Maßregel appellirte, in die Hand gegeben, und dies wurde von den leitenden Klassen der Nation und bis tief hinein in die Kreise, denen die neue Bill unmittelbar noch gar nicht zu Gute kam, wohl begriffen. Auch Diejenigen, denen dieselbe noch nicht das Wahlrecht einräumte, erkannten — und dies macht der politischen Einsicht des englischen Volkes alle Ehre — daß es gleichwohl ihre Sache war, über welche jetzt die Würfel geworfen wurden, daß ein neues politisches System, ein neues Zeitalter der alten Verfassung des Landes in Frage stehe, und daß es sich jetzt darum handle, ein schwieriges Werk zu vollbringen, ein Haus der Gemeinen zu wählen, fähig, sich selbst zu reformiren. Die politische Thätigkeit, welche von der Parlamentsauflösung bis zum völligen Sieg der Reform im ganzen Lande sich entfaltete, in Presse, Vereinen, Volksversammlungen, bildet ein bemerkenswerthes Gegenstück zu der Revolution, die sich soeben in Frankreich vollzogen hatte. Langsam, unwiderstehlich, ohne Theatergepränge und ohne heroische Kampfscenen und prahlerische Worte geschah hier eine nicht minder große und viel heilsamere Aenderung. Hier gibt es keine drei Tage, keine große Woche, keinen neuen Thron, aber auch keinen Bruch mit der Vergangenheit, kein Königthum, wie das neue französische, das der Intrigue, welche den Rausch der Volksaufregung auszubeuten versteht, ja fast dem gemeinen Betruge sein Dasein verdankte; und kein Stachel senkte sich, wie dort, neues Unheil zeugend, in die Herzen Derer, welche durch die Revolution gestürzt oder nicht befriedigt worden sind.

Die Loosung bei dem nunmehr sich entspinnenden Wahlkampfe war einfach: die ministerielle Bill und nichts Anderes, — kein Wechsel der Dynastie, kein Sturz der Aristokratie oder Aehnliches. Im Ganzen vollzogen sich auch die Wahlen in England verhältnißmäßig mit Ruhe; einigen Gegnern der Bill, so auch dem Herzog von Wellington, dessen Popularität sich für den Augenblick in's Gegentheil verkehrte, wurden die Fenster eingeworfen, was in diesem Lande selbst bei gewöhnlichen Wahlen nicht anders geht, und auch einzelne Pöbelexcesse fehlten nicht; den Beschwerden der Feinde der Reform über dergleichen Gewaltthätigkeiten entgegnete ein reformfreundliches Blatt sehr richtig: je größer die Zahl der Männer sei, welche Wahlrecht besitzen, desto geringer werde die Zahl der Fenstereinwerfenden sein. Der Erfolg der Liberalen war vollständig. Die Gegner des Ministeriums verloren eine Menge Sitze, und als das Parlament seine Arbeiten aufnahm, passirte die Bill mit großen Majoritäten am 24. Juni die erste, am 4. Juli mit einer Mehrheit von 136 bei 598 Anwesenden die zweite Lesung. Die Opposition sparte wiederum ihre Kräfte auf die dritte, die Comitéberathung, die am 12. Juli begann, und wo sich nun um jeden Flecken, der auf der Sterbeliste stand, und um jede einzelne Bestimmung des Gesetzes ein hartnäckiger Kampf entspann. Das Volk ward ungeduldig; aber die Schlußdebatte erfolgte erst an den drei Abenden des 19., 20. und 21. September; am 21. ging die Bill mit 345 gegen 236, also mit 109 Stimmen Majorität, bei den Gemeinen durch.

Die Nachricht vom erfochtenen Siege verbreitete sich rasch durch das Land und erweckte allenthalben Jubel und Glockengeläute. Aber war dieser Jubel nicht verfrüht? Die gefährlichste Klippe hatte die Bill noch vor sich, das Haus der Lords, das Hauptbollwerk des Toryismus, in welchem jene Ansicht, die im Unterhause noch immer eine so starke Minderheit für sich gehabt hatte — daß nämlich diese Bill den Umsturz Altenglands und seiner glorreichen Verfassung, wo nicht gar den Untergang der Welt bedeute — in jedem Falle bei Weitem überwog. Sicher, wenn die Bill durch eine einfache Abstimmung der Lords zu Falle zu bringen war, so war nichts zu hoffen — aber durfte man nicht zu dieser Versammlung des ältesten und unabhängigsten Adels in dem freiesten Lande das Vertrauen hegen, daß ihre Majorität erkennen werde, wie sie hier einer Sache gegenüberstehe, auf welche nicht dieser oder jener aufgeregte oder aufgewiegelte Bruchtheil des Volkes, sondern der denkende, der urtheilsfähigste und schließlich mächtigste Theil des Volkes, auf welche also die Nation ihr Herz gesetzt hatte, und der zu widerstreben auf die Dauer hoffnungslos sei? Wie immer aber: man war im Volke des endlichen Sieges gewiß. Zwei Factoren, der König und das Unterhaus, waren einig, und hinter ihnen stand in unabsehbaren Massen der ganze wohlhabende Mittelstand eines reichen Landes; wenn die Lords die Bill verwarfen, sagte man in diesen Kreisen laut, so steht die Frage nicht mehr: was wird aus der Bill werden, sondern vielmehr: was soll mit den Lords werden?

Vom 3. bis zum 7. October dauerte hier die Debatte: ein großartiger Redekampf, dem das Land mit ungeminderter Theilnahme und Spannung folgte. Earl Grey selbst verlieh der Maßregel, die sein Ministerium vorschlug, schon durch seine ganze staatsmännische Vergangenheit Gewicht, denn er konnte sich darauf berufen, daß er dieselbe Sache der parlamentarischen Reform schon seit 1786 — schon vor der ersten französischen Revolution — verfochten habe; er vertheidigte sie mit der Ueberlegenheit, welche eine tiefe sittliche, nach allen Seiten gereifte Ueberzeugung gibt: es sei der verfaulte Theil der Verfassung, der weggeschnitten werde, sagte er, damit der alte Stamm desto schönere Früchte trage; König und Gemeine hätten die Bill genehmigt, die in zahllosen Bittschriften verlangt werde. Dem wachsenden Strome der öffentlichen Meinung würden die Lords doch nicht lange widerstreben können; vielmehr sei Gefahr, er verhehle es nicht, daß dieser Strom sie selbst mit hinwegschwemme. Die Gegner, deren Reihen Lord Wharncliffe führte, wiesen darauf hin, daß durch diese Reformbill die Macht des Unterhauses und in diesem der Einfluß der gewerblichen Interessen überwiegen, das schöne Gleichgewicht der bisherigen Verfassung gestört werden würde; das Eine Zugeständniß werde bald nicht mehr genügen, man werde der hereindrängenden Demokratie die Thüren weiter und weiter aufthun müssen. Einem Andern wollte nicht einleuchten, daß diese alte Verfassung überhaupt einer Verbesserung bedürfe; einem Dritten war die Maßregel darum bedenklich, weil ein Schritt nach dieser Richtung, einmal gethan, nicht wieder zurückgethan werden könne; und das war zwar kein Grund gegen die Reformbill, sonst aber richtig. Der Herzog von Wellington meinte, daß der Geist der Reform in diesem Lande nur eine Folge der französischen Revolution sei, und beschuldigte die Regierung, daß sie selbst an der Aufregung im Lande die Schuld trage; der Einfluß der großen Städte werde übermächtig werden und jede gedeihliche Führung der Geschäfte unmöglich machen. Die gewaltigste Rede für die Bill war die des Lordcanzlers Henry Brougham. Mit schneidender Schärfe ließ er die Gründe der Gegner Revue passiren; mit harten Worten legte er dar, wie es in den Burgflecken bei den Wahlen zugehe; „es ist ein Mißbrauch der Verfassung von England und darf nicht geduldet werden;" und mit Entrüstung wies er auf die Aufstellung zurück, als handle es sich hier um Zugeständnisse an den Pöbel: „Ihr, die Ihr so leichthin von diesen Klassen sprecht, bringt alle Eure Schlösser, Paläste, Landsitze und Güter herbei und verkauft sie; Ihr werdet sehen, daß alles dies nichts ist im Vergleich zu dem Reichthum, den die Mittelklassen Englands besitzen." Auf diese, das Volk, stütze sich die Bill, und darum sei sie conservativ; und sind es etwa die Minister allein, welche für dieses Gesetz sind? auch für dasselbe erheben sich eine stolze Reihe von den altadeligen Geschlechtern des Landes, die ihren Stammbaum auf die Normannen zurückführen können. „Vergessen Sie nicht," so schloß er seine Rede, „was die alte Geschichte von der Sibylle erzählt. Sie bietet euch jetzt eine Rolle um den Preis, daß Ihr die alte Verfassung wieder herstellt. Ihr wollet sie nicht um diesen mäßigen Preis; es ist gut, die Sibylle geht. Ihr empfindet Reue und ruft sie zurück; aber die Rolle ist nicht mehr vollständig, die Blätter des Friedens sind halb zerrissen. Sie wird einen höheren Preis verlangen — jährliche Parlamente, gewählt durch Millionen von Wählern, geheime Abstimmung. Ihr wollet das nicht und sendet sie abermals weg; was sie dann verlangt, wenn sie zum dritten Male wiederkommt, der Preis, den Ihr dann werdet zahlen müssen, ist mehr als ich sagen mag. Mylords, bei Allem, was Ihnen heilig ist, auf meinen Knieen beschwöre ich Sie, verwerfen Sie diese Bill nicht."

Am Morgen des 8. October 6 Uhr erfolgte die Abstimmung; mit 199 gegen 158 Stimmen war die zweite Lesung verworfen. Mit der Majorität stimmten auch bis auf Einen alle Bischöfe, welche Lord Grey noch besonders ermahnt hatte, hier ihres Amtes zu warten, zu helfen, daß dem Lande der Friede zurückgegeben werde; vergebens, sie folgten dem verhängnißvollen Zuge, der sehr entgegen dem Geiste des Christenthums, im 19. Jahrhundert die Geistlichkeit aller Länder und aller kirchlichen Bekenntnisse der Erweiterung der Volksfreiheit sich feindlich entgegenzustellen antreibt.

Das Haus der Gemeinen beantwortete diese Abstimmung sogleich und mit einer großen Majorität durch ein Vertrauensvotum für die Minister; das Volk schaarte sich mit verdoppelter Energie um die aufgepflanzte Fahne der Freiheit. Der Kampf, den die toryistische Aristokratie bot, ward sofort nach Vertagung des Parlaments entschlossen wieder aufgenommen. Unter den vielen Reden, mit denen derselbe weiter durchgefochten wurde, machte eine von Sidney Smith in Taunton gehaltene besonderes Glück, weil sie unter einem nicht sehr tragischen Bilde die Lage aufs Treffendste und mit einem gewissen erhabenen Humor zeichnete. Der witzige Redner wußte von einer Mrs. Partington zu erzählen, welche, zu Sidmouth am Meere wohnhaft, ein Haus am Strande besaß; im Winter 1824 wüthete der große Sturm, die Fluth bringt an; aber die unverzagte Frau Partington sieht man vor der Thüre ihres Hauses in Ueberschuhen und mit Scheuerlappen den atlantischen Ocean bekriegen. Die Anwendung war nicht schwer zu finden: „seien Sie getrost, meine Herren," schloß der Sprecher unter Beifall und Gelächter, „wir werden mit Mrs. Partington fertig werden." Die unbequemen Elemente, die Lord Brougham's Wort von der Sibylle wahr machen und sofort jetzt in ihren Forderungen weiter gehen wollten, wies man in ihre Schranken, bestürmte dagegen, mit Nachdruck an der Sache festhaltend, Lord Grey mit Deputationen, welche ihm nahe legten, das nächste gesetzliche Mittel zu ergreifen, das hier sich darbot: von dem König die Ernennung einer Anzahl von Peers zu verlangen, die ausreichend sein würde, die Bill im Oberhause durchzubringen.

Sicherlich: dies war ein sehr einfaches und es war ein vollkommen gesetzliches Mittel und man sprach im Lande davon wie von der leichtesten Sache der Welt. Aber dennoch bedachte sich Lord Grey und mit Recht, seinem Souverän jetzt schon dieses Mittel vorzuschlagen. Es hätte die Formen der Verfassung allerdings unangetastet gelassen, aber das Wesen derselben tödtlich verletzt; an die Stelle der wunderbar und heilsam aus monarchischen, aristokratischen und demokratischen Elementen gemischten Verfassung Englands hätte diese Maßregel, indem sie das Haus der Lords moralisch vernichtete, mit Einem Schlage eine demokratische Monarchie gesetzt. Lord Grey selbst aber war ein Mann aus dieser alten Aristokratie und ein Mitglied dieses stolzen Hauses, in welchem sie ihre Macht versammelt hatte; es war natürlich, daß er vor diesem Mittel zurückscheute, so lange es nicht unumgänglich war.

Die Lage war eine sehr ernste. Da und dort, wie bei einem rohen Tumulte zu Bristol, ging die Aufregung über die gesetzlichen Schranken hinaus, und ein unheimlicher Gast, welcher damals seinen Triumphzug durch Europa hielt, die Cholera, mehrte die Aufregung, indem sie jetzt auch auf der Insel ihre Opfer heischte. Am 6. December trat das Parlament wieder zusammen, am 12. suchte Lord John Russel die Erlaubniß nach, eine neue Reformbill einzubringen. Es war im Wesentlichen die alte, mit einigen Verbesserungen, welche besonders die so eben vollendete neueste Volkszählung an die Hand gegeben hatte. Ohne Schwierigkeit passirte sie die ersten Stadien; bei der zweiten Lesung im Unterhause am 18. Decbr. war die Majorität 162 in einem Hause von 486; bei der Comitéberathung, welche mit dem 20. Januar 1832 begann, holte die Opposition wieder die alten Verschleppungs= künste hervor; noch einmal folgte, als die dritte Lesung beantragt wurde, eine Debatte von drei Nächten, aber die dritte Lesung am 22. März ergab eine Majorität von 116 bei 594 für die „Bill zur Verbesserung der Vertretung des Volkes von England und Wales."

Am 26. März wurde sie nach den Lords gebracht, sie passirte die erste Lesung; am 9. April begannen die Debatten über die zweite. Der Gedanke an eine bevorstehende massenhafte Peerscrnennung, der Anblick der steigenden Aufregung im Lande verfehlte seine Wirkung nicht ganz: eine Majorität von neun Stimmen genehmigte auch die zweite Lesung. Die Bischöfe stimmten diesmal für die Bill. Noch aber war deren Schicksal nicht entschieden; Einzelne mochten noch hoffen sie in der Comitéberathung in ihrem Sinne brauchbar zu machen und damit die Reformsache aufs Neue in Frage zu stellen.

Während der Osterferien, wo die Berathungen der Häuser ausge= setzt wurden, wurden überall im Lande große Meetings abgehalten: zu Edinburgh unter den Fenstern des Holyroodpalastes, in dem damals der verbannte König von Frankreich residirte, in Glasgow, Sheffields, Liverpool, Manchester, Birmingham, die letztgenannte vielleicht die großartigste Volksversammlung, die jemals gehalten worden ist; an 150,000 Menschen waren beisammen. Einer der Redner forderte die Versammlung auf, unbedeckten Hauptes im Angesichte Gottes der Sache des Landes den Eid der Treue abzulegen. Es geschah, die unabsehbare Masse der Männer entblößten die Häupter und sprachen die Worte des Gelöbnisses: „mit ganzer Treue, durch jede Gefahr und Entbehrung hindurch für uns und unsere Kinder."

An demselben Tage (7. Mai) begann die Comitéberathung bei den Lords, die wieder zusammengetreten waren. Die erste Abstim= mung über eine Vorfrage, anscheinend nur eine Frage der Geschäfts= behandlung, war eine Niederlage für die Minister; Lord Grey ver= langte eine Frist von drei Tagen, ehe die Berathung fortgesetzt würde und am 9. Mai erfuhr das Land, daß die Minister ihre Entlassung gefordert und erhalten hätten.

Nach der Abstimmung am 7. hatte der Ministerrath beschlossen, von dem Könige nunmehr die Ernennung einer genügenden Zahl von Peers zu erbitten, um die Maßregel vollends durchzuführen: aber dieser, von seiner Umgebung umgarnt und bestürmt, hatte sich geweigert und der Herzog von Wellington, jederzeit bereit, sich seinem Souverän zur Verfügung zu stellen, wo es galt, der andringenden Demokratie oder was er dafür hielt, die Stirne zu bieten, hatte die Aufgabe übernommen, dem König eine neue Regierung zu bilden, wenngleich er selbst, da der König, seinem Versprechen treu, auf einer Reformmaßregel bestand, an einer solchen nicht selbst Theil nehmen könne. Allein er hatte eine Aufgabe übernommen, die über seine Kräfte ging. Fünf Tage lang wanderte er von Thür zu Thür, aber vergebens: er konnte zu seinem Ministerium keine Minister finden.

Die Dinge reiften dadurch endlich zur letzten Entscheidung. Das Land brauste in erneuertem Sturme auf bei der Nachricht, zu welchem Amte sein erster Feldherr sich hergegeben, und selbst die Popularität des Königs, so fest gegründet sie war, ward erschüttert. Allenthalben erklärten sich auf die Nachricht vom Rücktritt des Ministeriums Grey die Reformvereine in Permanenz. Auf der anderen Seite wurden die Soldaten in ihren Kasernen consignirt, aufs Neue wurden Petitionen in Bewegung gesetzt und diesmal an das Haus der Gemeinen — nunmehr das letzte Mittel ohne Zaudern zu ergreifen: die Bewilligung von Geldmitteln so lange zu versagen, bis die Reform Gesetz geworden sei.

Es war nicht mehr nöthig, zu diesem Aeußersten zu schreiten. Der Sieg war bereits entschieden. Am 15. Mai mußte der Herzog von Wellington dem König erklären, daß seine Versuche gescheitert seien; noch am gleichen Tage gab Lord Grey im Oberhause, Lord Althorp im Unterhause die Erklärung ab, daß zwischen dem Souverän und den früheren Ministern wieder Beziehungen angeknüpft seien. Die Regierung Lord Greys übernahm die Geschäfte aufs Neue. Die Lords legten sich zum Ziele. Als am 17. die Verhandlungen wieder begannen, gab Wellington eine Erklärung über seine mißlungenen Versuche ab und entfernte sich dann; mit ihm 100 andere Peers, welche nicht selbst mit Hand anlegen wollten an dem, was sie den Umsturz der Verfassung nannten. Die Abstimmungen begannen und ergaben nun große Majoritäten für die Regierung; am 7. Juni 1832 wurde die Bill durch königliche Genehmigung Gesetz.

Sie war mit nichten eine so radicale Maßregel, wie man nach dem hartnäckigen Ringen auf beiden Seiten hätte denken sollen. Die Grafschaftswählerschaften, bisher 52 mit 94 Abgeordneten, wurden auf 82 mit 159 Mitgliedern vermehrt, 56 faule Flecken mit 111 Mitgliedern unterdrückt, 30 Flecken von zwei auf einen Abgeordneten herabgesetzt, die Gesammtzahl der Abgeordneten nicht vermindert; von den verfügbaren Abgeordnetensitzen wurden 63 an neue und große Wahlcollegien in England und Wales gegeben, 22 an die hauptstädtischen Bezirke und andere Städte mit über 25,000 Einwohnern, 21 an Flecken von über 12,000 Einwohnern; Irland erhielt 39 Mitglieder statt der bisherigen 35, die Städte in Schottland, wo Vertretung und Wahlart ein wahrer Unfug gewesen, 23 statt 15. Das Wahlrecht selbst ward etwas ausgedehnt; in den Städten erhielten es die Inhaber von Wohnungen zum Jahreswerth von 10 Pfd. Sterl., in den Grafschaften neben den sogenannten 40 Schillings=Einsassen auch Erbpächter und Zeitpächter; nicht darin aber und nicht in den einzelnen Verbesserungen lag die Bedeutung dieser Reformacte. Sie lag darin, daß das Land den Weg der Reform an entscheidender Stelle beschritten hatte unter dem unwiderstehlichen Drucke des wahren und geläuterten Volkswillens und daß dasselbe in einem ernsten Kampfe, wo alle Parteien auf ihrem Posten gewesen waren, diese Krisis durchgemacht hatte ohne Verletzung der Verfassung, ohne Bruch mit seiner Vergangenheit, ohne Emigranten und ohne Septembriseurs. Es war die conservativste Aenderung, die sich denken läßt: Hunderttausende von Unzufriedenen verwandelten sich in feste Anhänger des bestehenden Rechtszustandes. Daß der Schwerpunkt der Macht mehr noch als bisher nunmehr im Unterhause lag, ist ebenso unleugbar, wie es unvermeidlich war.

b. 1832—1837.

Das Land beruhigte sich bald, wenn auch die große Erregung noch eine Zeitlang nachzitterte. Weder die übertriebenen Befürchtungen noch die übertriebenen Hoffnungen, welche man an die Durchführung der Reformbill geknüpft hatte, erfüllten sich. Das Gesetz war eine Saat, die langsam aufging; man machte die Beobachtung, daß in den nächsten Jahren Viele von Denen, welchen das neue Gesetz das Wahlrecht zusprach, es unterließen, von demselben Gebrauch zu machen, und einzelne Versuche setzten sofort an durch Einführung des geheimen Stimmrechts die Reform wirksamer zu machen, ohne daß diese Versuche zunächst einen Erfolg gehabt hätten. Das erste nach dem neuen Gesetz gewählte Unterhaus zeigte 509 Liberale aller Schattirungen gegen 149 Conservative; es ist ein rühmlicher Beweis staatsweiser Mäßigung, daß gleichwohl ein Mann von conservativer Färbung zum Sprecher gewählt wurde. Indeß man hatte ein Reformministerium: und zu reformiren gab es auch außer der Zusammensetzung des Unterhauses noch Vieles im Lande. An gutem Willen fehlte es der Whigregierung nicht; aber es fehlte ihr, da seit lange die Tories das Ruder geführt hatten, an Geschäftskenntniß und Uebung, und sie waren für die Vorbereitung und Ausführung ihrer Maßregeln an Subalternbeamte gewiesen, die unter den Toryregierungen ihre Schule gemacht hatten und der Whigregierung, welche sie nur für eine vorübergehende hielten, keinen guten Willen entgegenbrachten.

Gleichwohl wurde mancher lobliche Fortschritt unter Grey's Ministerium gemacht. Die gefürchtete Cholera trat weniger verheerend auf, als man erwartet, und hatte die heilsame Folge, daß die Aufmerksamkeit der Gesellschaft auf die Pflicht der öffentlichen Gesundheitspflege sich richtete. Eine große und heilsame Reform erfuhr das Armenwesen, das unter dem Einfluß verkehrter Gesetze zu einer furchtbaren Plage geworden war. In einem halben Jahrhundert war die Summe, welche zur Unterstützung der Armen in England und Wales jährlich verwendet wurde, von zwei Millionen auf sieben Millionen gestiegen, und was schlimmer war, das bestehende Gesetz ermuthigte, indem es Almosen ohne Unterschied spendete, geradezu die Trägheit, Liederlichkeit und Frechheit, und schädigte Diejenigen, die blos arm, nicht eigentlich unterstützungsbedürftig waren, zu Gunsten der durch eigene Schuld Verkommenen; in erschreckender Weise nahm der Pauperismus überhand. Eine königliche Commission ward niedergesetzt und am 14. August 1834 erhielt ein neues Armengesetz die königliche Sanction, welches auf gesunden Principien beruhte und die segensreichsten Folgen hatte; die unehelichen Geburten nahmen ab und die Armenbeiträge verminderten sich in den nächsten fünf Jahren von sieben Millionen auf vier. Das Gesetz stellte, wie das vorige, den Grundsatz an die Spitze, daß Jeder ernährt werden müsse; aber es setzte an die Stelle der unterschiedungslos gereichten Almosen ein richtigeres Princip, indem es zunächst Gelegenheit bot, unmittelbarer Noth zu entgehen durch Asyle der Arbeit. Von jetzt an mußte der Dürftige in ein Arbeitshaus kommen; er kann dasselbe nach 24 Stunden wieder verlassen, aber so lange er dort ist, muß er arbeiten; vor jeder Mahlzeit muß der arbeitsfähige Bedürftige ein bestimmtes Pensum abarbeiten. Arbeitsfähige und Gebrechliche werden getrennt; ebenso Männer und Weiber; auch Ehemänner und ihre Frauen, Kinder und Erwachsene. Man schied und unterschied so verständiger Weise, was seither nicht geschehen war, die Almosenempfänger von den Armen, und erleichterte die letzteren, indem man die Wucht der Armenbeiträge leichter machte, an welchen auch die unabhängigen Armen zu zahlen gehabt hatten, ehe sie, nur zu oft, selbst zu Almosenempfängern herabsanken. Auch der unglücklichen Fabrikkinder nahm sich die Gesetzgebung an, indem sie die gesetzlich zulässige Arbeitszeit für dieselben beschränkte, ärztliche Aufsicht anordnete und Fabrikinspectoren einsetzte; hier freilich war ihr Hauptgegner die Gewissenlosigkeit und die Armuth der Eltern, nicht der Eigennutz der Fabrikherren. Zwei der wirksamsten Maßregeln aber, welche das neue Armengesetz erst recht fruchtbar hätten machen können, die Aufhebung der Kornzölle und die Durchführung eines umfassenden Systems des Volksunterrichts, ließen noch geraume Zeit auf sich warten.

Zu eben dieser Zeit geschah auch in der großen Humanitätsfrage der Sclavenemancipation ein weiterer Schritt. Daß die Negersclaverei in den britischen Colonien fallen müsse, war eine feststehende Sache. Es standen sich aber in dieser Frage zwei Systeme gegenüber: die Einen, an ihrer Spitze das Parlamentsmitglied Fowel Buxton, verlangten die sofortige und unbedingte Abschaffung, welche für alle Theile das sicherste sein würde; die Anderen, und auch die Regierung war dieser Ansicht, hielten eine allmälige Abschaffung für richtiger. Die Acte, welche im August 1833 durchging, sprach den westindischen Sclavenhaltern eine Entschädigung von 20 Millionen Pfd. Sterl. zu und verordnete, daß alle Kinder, welche zur Zeit der Emanation der Acte sechs Jahre und darunter wären, sowie alle, welche nach derselben geboren würden, frei sein, die übrigen Sclaven als frei anzusehen aber gehalten sein sollten, während einer „Lehrzeit" von fünf, die Feldsclaven von sieben Jahren für ihre seitherigen Herren zu arbeiten. Man wartete mit ängstlicher Besorgniß, welche Folgen die Verkündigung des neuen Gesetzes unter der Sclavenbevölkerung Westindiens — man schätzte sie auf 800,000 Köpfe — hervorrufen werde. Es ging besser, als man gedacht. Die Insel Antigua, wo man vorzog, die Neger sofort, ohne von der Zwischenzeit Gebrauch zu machen, für frei zu erklären, hatte ihren Entschluß so wenig zu bereuen, als das englische Volk, welches hochherzig die Last von 20 Millionen Pfd. St. auf seine Schultern nahm, um das nationale Gewissen zu entlasten, den seinen. Ein Schritt weiter auf der ruhmvollen Bahn, auf welcher England die Führung übernommen, war gethan; der unermüdlichste Kämpfer für diese Sache der Menschheit, Wilberforce, erlebte den wichtigen Erfolg noch; wenige Tage später starb er.

Auch auf finanziellem Gebiete wurden einige wichtige Einzelreformen durchgesetzt, jedoch ohne durchgreifende und systematische Reform, für welche dem Schatzkanzler der Whigs, Lord Althorp, die Kenntnisse fehlten. Die königliche Civilliste wurde revidirt und neu regulirt, wobei der König, sehr im Gegensatz gegen mehr als einen zeitgenössischen Fürsten, sich edel und würdig benahm, indem er Alles der Beurtheilung seiner Minister und des Parlaments anheimstellte; wie hier eine Anzahl unnützer Posten gestrichen wurde, so wurden auch in den verschiedenen Verwaltungsgebieten nicht wenige unnütze Stellen abgeschafft; Steuerermäßigungen in bedeutendem Umfang konnte eintreten. Im Ganzen aber war das Finanzwesen nicht die starke Seite der Whigsverwaltung und sie gab darin der Opposition manche Blößen.

Es war nicht das Einzige, womit ihr das Leben sauer gemacht wurde. Diese Verwaltung war, nachdem sie ihr Hauptwerk gethan, und mit der Durchführung der Parlamentsreform sich einen dauernden Anspruch auf den Dank des Landes erworben hatte, naturgemäß von zwei entgegengesetzten Seiten her bedroht: den Tories, oder, wie sie sich lieber nennen hörten, den Conservativen einerseits, die, nachdem sie die Schlacht verloren, sich wenigstens mit Macht den Consequenzen der erlittenen Niederlage widersetzten, — und den Radicalreformern andererseits, denen die durchgesetzte Reformbill nur der Anfang und der Hebel für eine Reihe von Einzelreformen auf allen Gebieten war. Lange hatte man alle Kräfte concentrirt, um jene Eine grundlegende Maßregel durchzusetzen und alles Uebrige zurückgestellt; jetzt, Angesichts eines reformirten Parlaments, machten sich die verschiedensten Wünsche und Bestrebungen mit Heftigkeit geltend.

Der Stand der auswärtigen Angelegenheiten, von dem weiterhin zu sprechen ist, vor Allem aber die fortwährend unbefriedigende Lage der Dinge in Irland, gab Anlaß zu Angriffen und zu Spaltungen im Ministerium selbst. O'Connel, den seine gewaltige Stellung in Irland auch zu einer mächtigen Figur im englischen Parlamente machte, obgleich er hier Männer fand, denen er nichts als seine eherne Stirne entgegenzusetzen hatte, hatte seine Agitation wieder aufgenommen und verlangte, vom Volkstribun und Staatsmann mehr und mehr zum Demagogen und Schwindler herabsinkend, auch im Parlament die Auflösung der Union und die Rückgabe der nationalen Selbstständigkeit an seine Insel. Seine falschen Angaben und seichten Schlüsse, die auf schlechtem unverarbeitetem Material und dreister Unwissenheit beruhten, wurden allerdings leicht widerlegt und hatten nur eine Demonstration des Parlaments, eine Adresse an den König im Sinne der Einheit, die für Irland mindestens ebenso nothwendig war, als für England, zur Folge; aber in Einem Punkte, dem Widerwillen gegen die ebenso unwirksame wie reichausgestattete, bei der herrschenden Widersetzlichkeit der irischen Bevölkerung aber dennoch darbende anglikanische Kirche in Irland, hatte er eine nicht geringe Zahl unter den Liberalen, namentlich die Dissenters und die in England freilich nicht zahlreichen unkirchlich Gesinnten, vor Allem aber das natürliche Recht und die gesunde Vernunft auf seiner Seite. Denn Unsinn und Unrecht war es, daß die katholischen Irländer, neben ihrem eigenen, einen Cultus und eine Kirche bezahlen sollten, die sie verdammten, die ihnen

23*

schlechterdings nichts leistete, und die sich den Luxus von 22 Bisthümern für 900,000 Protestanten gönnte. Am 27. Mai 1834 stand eine von einem liberalen Mitgliede, Ward für St. Albans, gestellte Resolution zur Verhandlung, welche eine Minderung der weltlichen Besitzungen der Staatskirche in Irland verlangte. Ueber die Behandlung dieser Sache brach die Meinungsverschiedenheit im Ministerium offen aus. Die Regierung wollte dem Ward'schen Antrage durch Niedersetzung einer Untersuchungscommission begegnen; eine Reihe von Mitgliedern, denen dies schon zu weit ging, trat aus; und da Grey selbst den zunehmenden Schwierigkeiten sich nicht gewachsen fühlte, auch der wohlverdienten Ruhe bedürftig war, so löste sich die Verwaltung auf.

Den 9. Juli 1834 machte Lord Grey den Lords die Mittheilung und nahm in würdigen Worten Abschied vom öffentlichen Leben; der König betraute einen anderen der whigistischen Führer, Lord Melbourne, mit der Bildung einer neuen Verwaltung, welche größtentheils aus den Mitgliedern der so eben aufgelösten bestand, und gegen welche die Tories eine noch feindseligere Haltung annahmen, weil sie dem, was die Tories kirchenfeindliche Bestrebungen nannten, günstig schien. Allein die Furcht, zu neuen Zugeständnissen an die Irländer gedrängt zu werden, welche sich ungeberdiger als je anließen, und deren Führer gegen die Whigs eine nicht minder heftige Sprache führten, als gegen die früheren Verwaltungen, der Aerger über die lebhafter und lebhafter werdenden Angriffe gegen die Kirche, welche die Regierung gewähren ließ, endlich die Wahrnehmung der Spaltungen und Zänkereien unter den Liberalen selbst, welche keine Hoffnung auf eine starke und fruchtbare Regierung gaben, bestimmten den König zu dem Entschlusse, ein conservatives Ministerium zu bilden, dessen leitende Mitglieder der Herzog von Wellington und der aus Italien herbeigerufene Sir Robert Peel waren (14 November 1834).

Erst als der letztere eingetroffen, ging man an die definitive Vertheilung der Aemter. Die großen Hoffnungen, welche die Conservativen, und auch außerhalb Englands die Reaction an diese Regierung knüpften, verwirklichten sich jedoch nicht. Am 30. December wurde das Parlament, das erste seit der Reformbill, aufgelöst; am 19. Februar 1835 trat das neugewählte in den provisorisch hergerichteten Räumen zusammen, da das alte Parlamentsgebäude am 16. October des vorhergehenden Jahres niedergebrannt war. Am ersten Tage nach dem Beginn der Session entwickelte Sir Robert Peel unter großer Aufmerksamkeit des Hauses sein Programm: „ich biete Ihnen ein herabgesetztes Budget, Verbesserung des Civilprocesses und der geistlichen Gerichte, Vereinigung der Zehntenfrage in Irland, Zehntenablösung in England, Entfernung jedes wirklichen Uebelstands in der Kirche, Abstellung aller begründeten Beschwerden der Dissenters;" daß er die Reformbill als definitive und vollständige Lösung einer großen constitutionellen Frage anerkenne, hatte er schon zuvor in einem offenen Briefe an seine Wähler in Tamworth, der aber für die ganze Nation bestimmt war, erklärt. Auch bekannte er sich bereit, überhaupt nüchtern und behutsam und mit möglichstem Einklang der verschiedenen Staatsgewalten die Bahn des Fortschritts zu verfolgen, und er war ein Mann von hoher Ehrenhaftigkeit wie Begabung, der mehr und mehr vom Parteimann zum Staatsmann sich erhob und wohl geeignet war, das Steuer des Landes in einer von mannigfachen Gefahren erfüllten Uebergangszeit zu führen. Man fühlte es seiner Rede wohl an, daß hier der rechte Mann an rechter Stelle stehe. Der Eindruck großer, geistiger Ueberlegenheit machte sich unwillkürlich geltend: allein seine Zeit war noch nicht gekommen. Die verschiedenen Theile der Opposition vereinigten sich gegen das Ministerium. Lord John Russel hatte in der wichtigen irischen Kirchenfrage die Resolution angekündigt, „daß jeder Ueberschuß an Kirchengut in Irland, der nicht von den geistlichen Bedürfnissen in Anspruch genommen werde, der religiösen und sittlichen Unterweisung aller Klassen der Bevölkerung ohne Unterschied des Bekenntnisses zuzuweisen sei;" ein verständiger Vorschlag, wenn er durchgeführt wurde. Der Minister, der in demselben den Anfang zur Befehdung der ganzen Staatskirche auch in England sah, und dem „Kirchenbesitz so heilig wie Privatbesitz" war, widersetzte sich diesem Grundsatze, und als er für seine eigene Lösung keine Möglichkeit sah, erklärte er am 8. April in würdiger Weise seinen Rücktritt, da, sagte er unter dem Beifall auch seiner Gegner, eine Regierung nach ehrlichem Kampf gegen den ausgesprochenen Willen einer Majorität im Hause der Gemeinen, die öffentlichen Angelegenheiten nicht weiter führen dürfe. Seine Geltung stieg durch die Art, wie er das Amt zu verwalten und nutzbar zu machen begonnen hatte, wie durch die ächt constitutionelle Weise, in der er es verließ.

Der König mußte sich entschließen, die Whigs zurückzurufen. Lord Melbourne übernahm zum zweiten Male die Bildung der Regierung. Am 18. April legte er den Lords die Liste der neuen Minister, unter denen Lord John Russel (Inneres) und Lord Palmerston (Auswärtiges) hervorragten, mit seinem Programm vor; es sei das frühere, sagte er, verstärkt durch die Principien der Vorgänger, die sich ihm vielfach angeschlossen hätten. Die wichtigste Maßregel des neuen Ministeriums war die am 5. Juni von Lord John Russel eingebrachte Bill, welche das Werk der Reformacte auf einem anderen Boden wiederholen und ergänzen sollte: eine Reform der städtischen Corporationen von England und Wales. Eine Commission von 20 Personen war zur Untersuchung dieser wichtigen Angelegenheit bestellt worden; sie deckte einen Abgrund von Mißbräuchen aus allen Jahrhunderten auf, niederträchtige Verschleuderung städtischer Gelder, Bestechung, Corruption aller Art, neben einer Menge harmloser mittelalterlicher Kindereien, an deren Stelle nun die Bill eine wirkliche Stadtvertretung, eine gesunde Municipalverwaltung zu setzen bestrebt war. Es war natürlich, daß diese Bill von Seiten Derer, die in ihren wohl- oder übelerworbenen Rechten und Unrechten aufgestört wurden, den heftigsten Widerspruch erfuhr, und daß namentlich im Oberhause dieselben Gegner mit derselben Leidenschaft wie gegen die Parlaments- so auch gegen diese Reform auftraten. Die Regierungsvorlage, welche die Gemeinen sich fast unverändert angeeignet hatten, wurde bei den Lords aufs Unbarmherzigste verstümmelt. Gleichwohl nahm das Unterhaus, indem Russel und Peel sich die Hand reichten, die so amendirte Bill an, welche am 9. September 1835 die königliche Sanction erhielt. Wenigstens den schlimmsten Uebelständen ward dadurch ein Ende gemacht. Weit weniger freisinnig als z. B. die preußische Städteordnung gab sie die Wahl von Mayor, Aldermen und Gemeinderath, die Wählbarkeit zu diesen Aemtern und zum Geschworenendienst allen großjährigen Bürgern, welche mindestens drei Jahre lang einen eigenen Besitz und Hausstand persönlich inne hatten, Steuern zahlten und seit mindestens zwölf Monaten keine Armenunterstützung genossen. Doch war den Städten nur die Verwaltung des Stadtvermögens, städtische Polizei, städtische Strafjustiz zugestanden, die Verwaltung der milden Stiftungen unter Curatorien gestellt, welche der Lordkanzler, also die Regierung ernannte; London ward von der Acte nicht berührt, die sich auf 178 Ortschaften und etwa zwei Millionen erstreckte. Dagegen blieb die irische Kirchenfrage abermals unerledigt. Die Erledigung scheiterte wiederum am Hause der Lords, gegen das deßhalb eine erbitterte Stimmung mehr und mehr um sich griff; eine Stimmung, die gesteigert wurde durch die Enthüllungen über die Orangistenlogen, welche eben jetzt Mr. Hume vor das Parlament brachte, und die bewiesen, welch' eine große Macht der conservative Fanatismus in diesem freien und protestantischen Lande noch immer besaß.

Die Orangelogen waren protestantische Vereine, welche in Irland während der Revolutionsperiode aufgekommen waren, und die den Zweck hatten, die oranische und protestantische Erbfolge gegen die Restauration der Stuarts zu sichern, sowie die protestantische Minderheit gegen die ungeheure katholische Majorität einigermaßen zu organisiren und zu sammeln. In der aufgeregten Zeit des Kampfes um die Reformbill, in welcher die Bornirtheit der englischen Oligarchen und der Häupter der anglicanischen Kirche den Untergang des Staates witterten, hatte man diese der Freimaurerei ähnliche Organisation nach England übertragen, und glaubte an ihr, wenn es zum Aeußersten komme, das Mittel zur Rettung von Thron und Kirche zu besitzen. Man regte sich in diesen Logen, wie es die Art geheimer Verbindungen ist, mit unsinnigen Gerüchten auf, wie etwa dem, daß der Herzog von Wellington, mit welchem die Ultras nicht mehr recht zufrieden waren, den Plan hege, sich zum König von England zu machen, und nun fand man darin in gewissen Kreisen eine Art von Entschuldigung, wenn man nun selbst bis hart an die Gränze des Hochverraths ging. An der Spitze der Logen, welche in Irland die Zahl von 1500 mit 140,000 Eingeweihten erreichten, und in London nicht weniger als 40,000 Mitglieder, und zwar von allen Ständen, Peers, Bischöfe, Geistliche aller Grade zählen sollten, stand kein geringerer Herr als der nachmalige König von Hannover, der Herzog von Cumberland; was aber besonders bedenklich erschien, war daß dieser Geheimbund auch im Heere Wurzel schlug, ganz im Gegensatz zu den ausdrücklichen Verboten, welche der Oberbefehlshaber gegen jede Theilnahme an geheimen Verbindungen erließ und im Gegensatz gegen Natur und Lebensbedingung des militärischen Berufs. Nur Männer anglicanischen Bekenntnisses, keine Katholiken noch Dissenters durften aufgenommen werden. Mit rücksichtsloser Energie denuncirte der radicale Hume nun diesen heimlichen Bund und seine hochadeligen und hochkirchlichen Protectoren und Mitschuldigen im Parlament, und benutzte die Gelegenheit, der starken Strömung, welche im Publicum gegen das Oberhaus vorwaltete, noch mehr Nachdruck und Stoff zu geben; einzelne Radicale, wie Roebuck, sprachen davon, man solle den Lords nur noch ein Suspensivveto lassen; Andere wollten wenigstens die Bischöfe aus dem Oberhause entfernen, die in ihren Diöcesen weit mehr Gelegenheit hätten sich nützlich zu machen; und auch in den Reden, welche O'Connel auf einer Agitationsreise nach Nordengland und Schottland allenthalben hielt (Herbst 1835), spielte ein Reformplan von seiner eigenen Mache, Wahlpeers statt der erblichen, neben den größten Invectiven seine Rolle.

Es war nicht zu verkennen, daß diese Zustände, die Verbissenheit der Hochtories, die Zerklüftung der liberalen Parteien, die trotz der Emancipation ganz ungeregelten Zustände Irlands, und die vom Standpunkte eines gesunden Staatswesens unerträgliche und ärgerliche demagogische Dictatur, welche O'Connel dort auszuüben fortfuhr, keinen ruhigen und gedeihlichen Fortschritt möglich machten.

In der neuen Session, welche am 4. Februar 1836 eröffnet wurde, unternahm O'Connel zunächst einen Sturmlauf gegen die Orangelogen und Hume nannte bei dieser Gelegenheit den Herzog von Cumberland unumwunden eine staatsgefährliche Persönlichkeit. Es war nicht mehr nöthig: der Bund hatte seine Gefährlichkeit verloren, seitdem er so schonungslos ans Licht gezerrt worden war: dies ist die Art, wie man in freien Ländern mit geheimen Gesellschaften und Umtrieben fertig wird. Lord John Russel beantragte, unter Zustimmung der gemäßigten Conservativen vom Anhange Peel's, den König zu ersuchen, daß er geeignete Mittel ergreife, um diese und ähnliche Gesellschaften, welche Leute anderen Glaubens ausschlössen, und sich geheimer Zeichen bedienten, zu unterdrücken. Der König stimmte zu und der Herzog von Cumberland zeigte dem Minister des Innern an, daß er schon vor dieser Entscheidung die Auflösung der Logen angeordnet habe. Die Erbitterung zwischen dem von den Tories beherrschten Hause der Lords und der Regierung wurde dadurch nicht kleiner; der alte König war mehr und mehr ganz conservativen Anschauungen und Einflüssen zugewendet; im Unterhause besaß die Regierung nur dann eine sichere Mehrheit, wenn die Radicalen und die Iren sie unterstützten, und so kam man in keiner Hauptfrage vorwärts. Ein neuer Versuch, die unlösbare Aufgabe der Befriedigung Irlands zu lösen durch eine Reform der Städteordnung wie in England, scheiterte wiederum an den Lords, welche die Bill gänzlich verstümmelten. Nur einige Maßregeln ohne politischen Charakter aber von heilsamen Folgen gelangen und wurden in der Session von 1836 zum Abschlusse gebracht: einige Reformen in dem noch immer barbarischen Criminalrecht, eine bessere Regulirung der nicht minder schlimm bestellten Gefängnißdisciplin; ferner die Einführung von Civilregistern über Ehen, Geburten, und Todesfälle, und die Reform der Ehegesetzgebung für die Dissenters, denen man es überließ, ob sie neben dem bürgerlichen Ehecontract sich auch kirchlich wollten trauen lassen; endlich die Herabsetzung einer unsinnigen Papiersteuer, eine Maßregel, welche vor Allem der aufblühenden populären Litteratur, wie des wackern Knight's Pfennig-Magazin und Pfennig-Encyclopädie zu Gute kam.

So hielten Whigs und Tories sich die Wage; von beiden Seiten rüstete man sich zu neuem Kampfe für die Session von 1837. Am 31. Januar eröffnet, drehte sich dieselbe zunächst wieder um das unvermeidliche Irland. Lord John Russel erneuerte seine Stadtreformbill, und fügte derselben eine weitere Maßregel, Einführung von Armengesetzen auf der unglücklichen Insel, wo Bettel und Elend eine furchtbare Stärke und Ausdehnung erlangt hatten, hinzu. Noch war nichts entschieden; mühsam hielt sich die Whigregierung gegen die Angriffe von rechts und von links, als ihr ein außergewöhnliches Ereigniß Luft machte: der alte König starb am 20. Juni 1837.

c. Erste Jahre der Königin Victoria 1837—1840.

Es folgte ihm die Tochter des dritten Sohnes Georg's III., des Herzogs von Kent, Alexandrine Victoria (geb. 1819), die, nachdem sie früh den Vater verloren, unter der Obhut ihrer Mutter nicht fern vom Hofe zu Windsor, in Kensington, aufgewachsen war. In die frohen Hoffnungen, welche die jugendlich anmuthige, edle Erscheinung der jungen Fürstin in diesem Lande vor Allem wecken mußte, wo das naturwüchsige monarchische Gefühl noch in voller Stärke lebte, mischte sich die Genugthuung, daß zugleich mit ihrem Regierungsantritt der Herzog von Cumberland als nunmehriger König von Hannover das Land von seiner Gegenwart befreite und damit das letzte und lose Band zerriß, welches England noch mit einem Schatten eigenen Interesses, an die festländische Politik knüpfte. Am 17. Juli erschien die junge Königin im Oberhause, um, wie die Verfassung vorschrieb, das Unterhaus aufzulösen, nachdem dasselbe noch der Regierung die Mittel zur Fortsetzung der Geschäfte bewilligt hatte. Die Art und Weise, wie sie sich dabei gab, die Worte der Rede selbst, die in bescheidenen Wendungen von den eigenen lauteren Absichten, von dem Schutz des allmächtigen Gottes, von dem Vertrauen auf die Weisheit des Parlaments und die Liebe des Volkes sprach — dem Bestreben, soviel möglich Erbitterung und Zwietracht beizulegen — bildete einen vollen Gegensatz zu dem nichtswürdigen Gewaltstreiche, mit welchem der neue König von Hannover, selbst seinen toryistischen Freunden in England zum Aergerniß, in sein Land einbrach, und gaben dem englischen Volke in einer Zeit harten Parteizwiespalts das Wohlgefühl zurück, einem gesunden Staatswesen anzugehören, dessen Einheit so würdig repräsentirt war durch eine Fürstin, die Alles vereinigte, was eine loyale Nation entzücken konnte. Es war ein Enthusiasmus, wie ihn selbst dieses Land noch nie gesehen hatte.

Auch dem Ministerium kam durch diese veränderte Stimmung der Nation einige Kräftigung. Die Königin hatte dasselbe in seiner bisherigen Zusammensetzung belassen, und fand an Lord Melbourne, dem Premierminister, einen zutrauenswerthen und gewissenhaften Leiter, der sie in das Geschäftliche ihres hohen Amtes in einer Weise einführte, die auch seinen Gegnern Achtung einflößte.

Am 20. November 1837 eröffnete Victoria ihr erstes Parlament. Die Thronrede empfahl die Wiederaufnahme der Reformarbeiten, insbesondere diejenigen, welche Irland betrafen, und die noch immer schwebten: Armengesetz, Stadtreform, Ablösung der geistlichen Zehnten. In den ersten Fragen der Session, welche die Civilliste betrafen, behauptete sich die Regierung, wie zu erwarten war; Versuche von radicaler Seite, die Civilliste um 50,000 Pfd. zu kürzen, des reichsten Volkes der Erde wenig würdig, fielen durch. Von den beiden auf Irland bezüglichen Gesetzen blieb die Stadtreform liegen, wogegen das Armengesetz jetzt in beiden Häusern durchging. Es war in Irland weniger wirksam, als in England, da dem Iren Hunger und Bettel noch immer lieber war, als ein Haus, wo er die Mahlzeit erst durch Arbeit verdienen mußte und obendrein in den Grundbegriffen der Reinlichkeit unterwiesen wurde. Am 28. Juli des folgenden Jahres fand die feierliche Krönung der Königin in der Westminsterabtei statt, ein Volksfest, wie es nur auf diesem Boden möglich war. Von Frankreich war der alte Marschall Soult herübergesandt worden, und bei dem Lordmayorsbanket in London erschallte das Hoch auf ihn und Wellington, die alten Gegner in Spanien, jetzt Vertreter zweier engbefreundeten Nationen, wie der Festjubel sich einredete: als ein Prodigium konnte man nachher rühmen, daß trotz der unermeßlichen Menschenmenge nicht mehr als sieben Taschendiebe ergriffen worden seien.

An diesem Festtage vergaß man für einige Stunden, wie wenig erfreulich die öffentliche Lage war. Der Sommer aber ging nicht zu Ende, ohne daß sich der allgemeinen Aufmerksamkeit deutlich aufgedrängt hätte, daß die Reformbill nur der Anfang einer neuen politischen Entwickelung war, daß das 19. Jahrhundert nicht blos so einfache Probleme stellte, wie diejenigen, welche man durch jene Bill gelöst glauben konnte. Das Symptom, an welchem man dies erkannte, war der Chartismus.

Der Name kommt von einem Programm, das sie des Volkes Freibrief (the people's charter) nannten, und das, etwa den zwölf Artikeln der aufständischen Bauern im 16. Jahrhundert vergleichbar, die Grundlagen der künftigen Verfassung des britischen Reichs in sechs Artikel faßte: allgemeines Stimmrecht, von welchem nicht einmal die Frauen ausgeschlossen sein sollten, geheime Abstimmung, Bezahlung der Abgeordneten, gleichmäßig abgegränzte Wahlbezirke, Abschaffung jeder Art von Census für die zu Wählenden und jährliche Neuwahlen. Diese neue Partei der Chartisten war aus sehr verschiedenen Bestandtheilen gemischt. Die große Masse derselben bestand aus Fabrikarbeitern, unter welchen theils in Folge einer Handelsstockung, theils und mehr noch in Folge mehrerer schlechten Ernten (seit 1836) bei knappen Löhnen und hohen Lebensmittelpreisen die Noth groß war und sie bei der tiefen Unwissenheit, in welcher die Masse des Volkes dahin lebte, empfänglich machte für die agitatorischen Reden und Theorieen, mit denen sie von ehrlichen und unehrlichen Demagogen bestürmt wurden. Ehrliche Radicale fanden, daß zwischen Whigs und Tories nicht viel Unterschied bestehe, daß der bei Weitem größte Theil der englischen Nation im Parlamente auch nach der Reformbill nicht vertreten sei, und zwar eben derjenige Theil, der eine Vertretung am nöthigsten hätte, den die Mittelklassen und die Aristokratie geflissentlich niederhielten und ausbeuteten; minder ehrliche gefielen sich darin, den Fabrikarbeitern die gesammte Klasse der Manufacturisten als Leute darzustellen, die nur zu ihrem Vergnügen die Armen und ihre Kinder in den Fabriken peinigten: und unter diesen falschen Volksfreunden befanden sich auch schurkische und leichtfertige Agitatoren und Agenten der Torypartei, welche diese Bewegung unter den niederen Volksklassen benutzen zu können meinten wider diejenige Neuerung, deren man sich demnächst aus dem liberalen Lager versehen zu müssen glaubte — die Aufhebung der Korngesetze. Die Menge der Chartisten vermehrten endlich Diejenigen, welche sich mit den Arbeitshäusern des neuen Armengesetzes nicht befreunden konnten und sich nach den früheren Tagen zurücksehnten, wo sie gefüttert worden waren, ohne daß sie nöthig gehabt hätten zu arbeiten. Die Aufregung machte sich in einzelnen Gewaltstreichen Luft, und bei solcher Gelegenheit führte die Criminaluntersuchung auf schlimme Dinge — eine weitverzweigte Organisation mit einem leitenden Ausschuß, der das Opfer und seinen Mörder im Voraus bestimmte — den Kapitalisten, der fallen, das Gebäude, das angezündet werden müsse, und die Mitglieder, welche dieses Urtheil zu vollstrecken hätten. Massenversammlungen der Chartisten aber wurden seit Sommer 1838, meist bei Nacht unter Fackellicht in den Fabrikdistricten von Lancashire, häufiger: Versammlungen, bei denen die Leute bald mit Spießen und Gewehren erschienen, und wo die Redner obenauf waren, die wie der halbverrückte Irländer Feargus O'Connor oder der Dissenterprediger Stephens, die Lösung des großen Problems, an welchem die Zeiten sich abmühen, von der brutalen Gewalt erwarteten. Man schritt wohl gegen Einzelne ein, oder brachte sie wie jenen Stephens durch richterlichen Spruch eine Zeit lang hinter Schloß und Riegel; aber die Bewegung und ihre Excesse dauerten fort und die Thronrede, mit welcher die Königin am 5. Februar 1839 das Parlament eröffnete, mußte, während sie die Durchführung der Sclavenemancipationsbill in Westindien als großen und heilsamen Fortschritt verkünden konnte, zugleich dem Bedauern Ausdruck gaben, daß in England selbst die Versuche fortdauerten, einen Theil des Volks zum Widerstand gegen die Gesetze, zu gefährlichen und verderblichen Anschlägen aufzureizen. Am 14. Juni nun wurde ein seltsames Instrument, ein colossaler Pergamentcylinder, in das Local des Unterhauses hereingerollt: es war die Riesenpetition, mit 1,280,000 Kreuzen und Unterschriften bedeckt, welche die Forderungen der Chartisten enthielt, und ein Mr. Attwood erhob sich dort im Unterhause selbst, um für die Rückgabe der ursprünglichen und constitutionellen Rechte an das Volk zu sprechen. Er verlangte, daß man die Punkte der Charte, des Freibriefs den „das Volk" sich selbst ausgestellt, in Erwägung ziehe. Es war leicht, ihn niederzustimmen, auch nicht schwer, ihn zu widerlegen: aber das Unheil nahm zusehends überhand, und im November mußte eine förmliche Insurrection, an deren Spitze ein gewisser John Frost stand, zu Newport mit ernstlicher Anwendung von Waffengewalt niedergeworfen werden. Der Rädelsführer wurde im Januar 1840 zur Deportation verurtheilt.

Man beeilte sich nicht, den Gründen dieses Unheils nachzuspüren, das in den Spuren eines ins Colossale wachsenden nationalen Wohlstands aufsproßte und dann auf seine eigene Hand in verschiedenen Gestalten fortwucherte. Unter der gedankenlosen Menge der Besitzenden freute man sich wohl, daß der Chartismus sich an die Oberfläche gewagt habe, und wie übel ihm das bekommen sei und tröstete sich mit dem nicht sehr tief und aus naher Quelle geschöpften Troste, daß unter den Arbeitern Viele waren, bei denen nicht der Mangel an genügendreichlichem Lohn den Grund zur Unzufriedenheit bilden konnte, und mit der billigen Weisheit, daß auf dem Wege des Aufruhrs oder der radicalen Programme ein Uebel nicht geheilt werden könne, das eine naturnothwendige Folge gewisser Culturzustände sei. Daß etwas geschehen müsse, weil hier Mißverhältnisse, zum Himmel schreiende, in der That vorhanden waren, — daß hier sehr ernstliche Pflichten für ein auf christlicher Basis ruhendes Gemeinwesen, in welchem man überdies mit seinem Christenthum sich so viel wußte, sich erhoben, gestanden Wenige und noch Wenigere, wie etwa Sir Robert Peel und Thomas Carlyle, sannen ernstlich darüber nach, was dieses nothwendige Etwas sein könne und sein solle. Ein Mittel materieller Art gab es, mit welchem man wenigstens vieler überflüssigen künstlich durch menschliche Verkehrtheit geschaffenen Noth ein Ende machen konnte — die Freigebung des Getreidehandels durch Abschaffung der Kornzölle: und wenigstens dies Gute hatten die chartistischen Umtriebe und Unruhen, daß sie der Agitation für das Princip der Handelsfreiheit und deren nächstwichtigsten Aufgabe, der Befreiung des Getreidehandels, einen neuen Schwung gaben.

In energischer Betreibung dieser Agitation für eine Maßregel, die, einmal durchgeführt, Jedem so selbstverständlich erscheint, daß man

Mühe hat zu begreifen, welche gewaltige Anstrengung diese Durchführung erfordert hat, waren inmitten der Noth des Jahres 1838 einige Männer zu Manchester zusammengetreten. Von hier aus breitete sich dieselbe in Vereinen über andere große Städte, London, Birmingham, Liverpool, Glasgow hin aus; die Presse fing an, die Frage lebhafter, in täglichen leitenden Artikeln, in Wochenschriften, in Monatsheften zu discutiren, auch im Parlament wurden die ersten schüchternen Versuche gemacht. Eine große Kraft gewann die neue Bewegung in Richard Cobden, der auf Reisen Amerika, Belgien, Frankreich, Deutschland kennen gelernt und die Verhältnisse dieser Länder mit klarem Blick erfaßt hatte; ein Mann von gesundem Menschenverstand, unabhängig, beredt, mit sich selbst im Reinen und entschlossen, wiederum mit einem alten Vorurtheil des alten Englands in einen Kampf auf Tod und Leben einzutreten. „Wir fußen auf einem festen Princip: wir sagen, wir wollen keine Zölle mehr, wir wollen ihre vollständige, unmittelbare, unbedingte Abschaffung," so sprach er 1839 in der Stadt Manchester, welche der Hauptherd dieser folgenreichen Agitation blieb.

Lord Melbourne's Verwaltung war nicht schöpferisch genug, um sich dieses fruchtbaren Gedankens zu bemächtigen, der vorläufig nur erst ein großes Bedürfniß und eine kleine Partei für sich, uralte Vorurtheile und den noch immer auch in dem reformirten Parlament übermächtigen Einfluß des Grundbesitzes gegen sich hatte. Diese Verwaltung verwaltete weiter, ohne irgend einen Erfolg zu erzielen. Vor Allem in Irland scheiterte Alles, wofür freilich nicht sie die Verantwortung trug. Die Insel stand diese ganze Zeit über 1835—1839 unter der Verwaltung des Earls von Normanby, der mit Milde und mit vollkommener Unparteilichkeit das Gesetz handhabte, und nicht wankend wurde in dem Vertrauen, daß dies genüge, daß man damit am weitesten komme. Dem Hasse und der Verleumdung der Orangisten gegenüber machte er während seiner Regierung die Emancipationsbill zur vollen Wahrheit, unterstützt durch seinen Secretär, den edlen Thomas Drummond, welcher sich der wenig dankbaren Aufgabe mit der Hingebung eines Märtyrers unterzog. Auch gelang es, einem verständigen Schulsystem, das geeignet war einer der vielen Plagen Irlands, dem Haß der Confessionen, einigermaßen zu steuern, weitere Ausdehnung zu erringen; in wenigen Jahren vermehrte sich die Zahl der Schulen von 789 auf 2337, die der Schüler auf 281,000. Gegen ein anderes nicht minder schreckliches Unheil, das Branntweintrinken, das in dem elenden Lande unzählige Opfer forderte, gelang es dem Pater Kapuziner Theobald Matthew, einem besseren und reineren Manne als O'Connel war, eine neue Organisation, die Mäßigkeitsvereine, ins Feld zu führen. Dieser Priester der Kirche Gottes verstand es, indem er die schönen und feierlichen Formen des Katholicismus zu Hülfe nahm, unter die Massen eine edle Erhebung zu bringen. Zu vielen Tausenden drängten sie sich heran — zwei Millionen Männer glaubte man bald zählen zu können — um das Gelübde der Enthaltung von allen berauschenden Getränken abzulegen: sie knieeten nieder vor dem Manne, dem ein wohlthätiger Aberglaube die Kraft Wunder zu wirken zuschrieb, sprachen den Eid, das Zeichen des Kreuzes wurde über ihnen gemacht, und sie empfingen zugleich mit dem Segen die Marke, welche sie als Mitglieder der Gesellschaft kennzeichnete und verpflichtete. Auch die im Juli 1838 Gesetz gewordene Armenbill fing an sich geltend zu machen, und steuerte einigermaßen dem entsetzlichen Bettel, wenngleich seinem Wirken die celtische Leichtfertigkeit, der ein Leben aus dem Stegreif gefiel, und der celtische Hochmuth, der im Bunde mit der Arbeitsscheu in dem Arbeitshause einen „neuen Kerker" sah, und große Abneigung in „das Haus" zu gehen, zur Schau trug, entgegenarbeiteten. Dagegen scheiterte das Municipalgesetz, zum vierten Mal in vier Jahren, abermals an dem Widerstande des Oberhauses (1839), einem Widerstande, welchen zu brechen die Regierung sich nicht stark genug fühlte.

Eine ganz andere Frage, die Suspension der Verfassung von Jamaica auf fünf Jahre, eine Folge der durch die Negeremancipation hervorgerufenen Mißverhältnisse, brachte endlich (7. Mai 1839) diese Regierung, die nicht leben und nicht sterben konnte, zu Fall. Die Regierung siegte zwar, aber nur mit fünf Stimmen Mehrheit im Unterhause, 294 gegen 289, und resignirte.

Auf den Rath des Herzogs von Wellington, der bei außergewöhnlichen Gelegenheiten schon von Wilhelm IV. zugezogen worden war, berief nun die Königin Sir Robert Peel, welcher den Auftrag, eine neue Regierung zu bilden, annahm. Allein schon nach wenigen Tagen waren die Whigs wieder im Amte. Peel hatte das Verlangen gestellt, daß die Königin einige Damen der Whigaristokratie, welche die höchsten Chargen des Hofhalts bekleideten und von deren Einfluß auf die Fürstin der Minister Hindernisse bei seinem ohnehin schwierigen Werke befürchten zu müssen glaubte, entlasse. Als Königin Victoria dies als ungewöhnlich und ihren Gefühlen widerstrebend ablehnte, gab Peel seinen Auftrag zurück, und so war ein großes und wichtiges Landesinteresse, wie man im Publicum mit Hohn und Groll nach beiden Seiten witzelte, an einer Frage des Schlafcabinets (bedchamber question) zu Schaden gekommen. Man konnte sich mit einer sehr unscheinbaren, aber für das Glück und Behagen vieler Millionen wichtigen Verbesserung trösten, die noch im Laufe dieser Session durchging: der Herabsetzung des Briefportos.

Es ist wohl der Mühe werth, sich die Entstehung dieser so einfachen, — aber für den menschlichen Verkehr — für den Austausch der Waaren und der Gedanken — für das materielle wie für das Gemüthsleben der Millionen so unendlich wichtigen Maßregel zu vergegenwärtigen. Derjenige, an dessen Namen diese Reform anknüpfte, Rowland Hill, kam zufällig dazu, als ein Briefträger einen Brief an eine arme Frau abgab, die seine Aufschrift betrachtete, ihn aber, weil sie den Schilling Porto nicht bezahlen konnte, zurückgab. Rowland Hill, von Mitgefühl ergriffen, bezahlte den Schilling, hörte aber dann von der Frau, daß er etwas Ueberflüssiges gethan; sie habe mit ihrem Bruder vereinbart, daß er, so lange es ihm gut gehe, alle Vierteljahre ein weißes Blatt in einem Briefcouvert schicke: es genüge ihr also, dieses Couvert gesehen zu haben, was kein Porto koste. Dies führte den verständigen Mann auf die Wahrnehmung, daß ein System, welches diese und ähnliche Auskunftsmittel eingebe, schadhaft sein müsse, und so machte er, ein gründlicher Kenner des Postfaches, im Jahr 1837 den Vorschlag, das Briefporto im ganzen Bereich der drei Königreiche von Großbritannien auf einen Penny herabzusetzen. Mit 215 gegen 113 Stimmen wurde die Schatzkammer, trotz des vorhandenen Deficits, zu einem Experiment im Sinne des Hill'schen Plans bis zum 5. October 1840 ermächtigt und auch die Lords stimmten, da dies keine Staats= und Kirchenfrage war, bei; schon in den nächsten Monaten verdoppelte sich die Zahl der durch die Post beförderten Briefe, nach zehn Jahren hatte sie sich vervierfacht; den mittelbaren Gewinn dieser Maßregel, die freilich dem Staatsschatze zunächst beschwerlich fiel, konnte Niemand berechnen.

B. Der Osten.
(1830—1840.)
1. Griechenland.

Auch auf die definitive Gestaltung und weitere Entwickelung des neuen griechischen Staates, neben dem so eben gegründeten belgischen Königreiche, des jüngsten unter den Staaten Europas, war die Julirevolution nicht ohne Einfluß. Das System des Präsidenten Kapodistrias, der durch Beseitigung der Candidatur des Prinzen Leopold wieder freie Hand hatte, und nun fortfuhr, in der Weise eines russischen Statthalters das Land das sich ihm anvertraut hatte zu verwalten, beruhte darauf, daß zwischen den Höfen von St. Petersburg und von St. Cloud ein Einvernehmen herrsche, welches dem englischen Einfluß das Gegengewicht hielt. Kapodistrias hielt es wie ein Dogma fest, daß man seinen Blick nach Norden richten, daß Rußland allein dem jungen Staate helfen könne; und wenigstens die Almosen für seine schlechten Finanzen flossen reichlich. Der Czar schenkte seiner neuen Bank zwei

Millionen, die Kaiserin Mutter einige Hunderttausend Francs; dafür überwog denn auch in der inneren Verwaltung die russische Art und Weise. Das demokratische Element des griechischen Volksthums, das Gemeindeleben mit seinen Volksältesten und der patriarchalischen Stellung einzelner Häuptlinge und Familien, wurde wenig gepflegt oder bei Seite geschoben; der Präsident selbst nahm sehr autokratische Manieren an, und suchte sich vornämlich ein ergebenes Beamtenthum zu schaffen, wobei seine Verwandten und seine korfiotischen Landsleute besonders bedacht wurden. Jene Voraussetzung eines französisch-russischen Einverständnisses nun wurde durch die Julirevolution für geraume Zeit zerstört. Kapodistrias, welcher kein sehr gutes Gewissen hatte, befürchtete, daß das unruhige an kriegerische Aufregung gewöhnte Volk, das er regierte, dem in Paris gegebenen Beispiele folgen könnte, und zog die Zügel noch straffer an. Ende des Jahres 1830 erließ er ein neues Gesetzbuch und eine neue Gerichtsordnung von drakonischer Strenge, nach welcher unter Anderem die Regierung das Recht besaß, bei Majestätsverbrechen nach ihrem Belieben außerordentliche Gerichtshöfe niederzusetzen. Die willkürliche Unterdrückung einer politischen Zeitung, welche zu Nauplia erscheinen sollte, und deren Herausgeber mit seiner Presse nach Hydra entfloh, brachte den Kyberneten in Conflict mit den Primaten dieser Insel, der er die ihr längst zugesprochenen Entschädigungen noch immer vorenthielt. Sie erklärten ihm, daß sie überhaupt mit seiner Regierung nichts zu schaffen haben wollten, so lange nicht eine freigewählte Nationalversammlung dieselbe controlire, und zu gleicher Zeit erhob sich ein Aufstand in der Maina, wohin Kapodistrias einen seiner Beamten als Verwalter geschickt hatte, während er ihren Fürsten, den alten Häuptling Petros Mauromichalis, dessen Bruder und dessen Sohn Georg in Nauplia zurückhielt. Der eine der Brüder, Katschakos, entkam; Petros dagegen ward nun eingesperrt, ein Truppencorps gegen die Maina aufgeboten, und die Insel Hydra in Blokadezustand erklärt. Das Regierungsgeschwaderaber lag, vernachlässigt und schlecht bewacht, im Hafen von Poros (Kalauria); am 30. Juli 1831 bemächtigte sich Miaulis, von den Hydrioten aufgefordert desselben, und als nun der russische Admiral Ricord, beauftragt von dem Präsidenten, den Hafen einschloß und die Herausgabe der Schiffe verlangte, ließ Miaulis dieselben in Brand stecken: von griechischen Händen angesteckt verbrannte das kostbarste Besitzthum der armen Nation, 28 Fahrzeuge (13. August), während die Klephtenführer, Kalergis und Nikitas, Anhänger des Präsidenten, in die wehrlose und schuldlose Stadt Poros einbrachen und plünderten. Der Unwille, den diese Ereignisse hervorriefen, bestimmte Kapodistrias, eine neue Nationalversammlung zum 20. September nach Argos einzuberufen. Sie kam nicht zu Stande; die Abgeordneten der Inseln, zu Hydra versammelt, verlangten das Zusammentreten der Nationalvertretung an einem anderen Orte, der nicht so unmittelbar unter dem Einfluß der Regierung stehe, und drohten mit einem besonderen Congresse, den sie selber berufen und bilden würden. Um dieselbe Zeit versuchte die Mutter des Mauromichalis, der noch immer gefangen saß, eine neunzigjährige Matrone, durch den russischen Admiral Ricord und den russischen Residenten zu Nauplia, Baron Rückmann, den Präsidenten zur Begnadigung des Häuptlings zu bestimmen. Er ließ sich nicht erbitten, und befahl den Fürsten, welchen Baron Rückmann am Eingang der Wohnung des Präsidenten zurückgelassen, wieder abzuführen. Drei Tage später, am 9. October Morgens, begab sich der Präsident, wie er gewohnt war, nach der Heiligengeistkirche; dort am Eingange erwarteten ihn Constantin, der Bruder, und Georg, der Sohn des Petros, von ihren Wächtern begleitet. Als der Graf erschien, zog Georg Mauromichalis eine Pistole hervor und schoß sie dem Verfolger seines erlauchten Geschlechtes, das sich rühmen konnte, daß 41 seines Namens im Kampfe wider die Türken ihr Leben gelassen, durch den Kopf; der Andere stieß ihm einen Dolch in den Leib; in der Kirche, wohin er gebracht ward, verschied Kapodistrias nach wenigen Minuten. Konstantinos, der eine der Rächer, wurde alsbald vom Volke zerrissen. Georg entkam nach dem Hause des französischen Residenten, der ihn aber den griechischen Behörden auslieferte.

Einen Augenblick kehrte Angesichts dieses furchtbaren Ereignisses den wüthenden Parteien die Besinnung zurück. Der Senat versammelte sich, um zu beschließen, was Angesichts der grausamen Lage, in welche die wilde That das Land abermals versetzt hatte, zu geschehen habe. Eine Regierungscommission ward niedergesetzt, bestehend aus dem jüngeren Bruder des ermordeten Grafen, Augustin Kapodistrias, den Generalen Theodor Kolokotronis und Joannis Kolettis; den Vorsitz sollte Graf Augustin übernehmen. Eine Abordnung der Hydrioten (13. October) bot die Hand zur Versöhnung. Allein von einer solchen wollte der neue Präsident nichts wissen. Er ließ die Leiche seines Bruders unbestattet, bis die Militärcommission über Georg Mauromichalis ihr Urtheil gesprochen; erst als dies geschehen, und Mauromichalis vor den Thoren von Nauplia erschossen war (20. October), wurde die Leiche beigesetzt. Der Mainotenfürst starb mit den Worten, daß er nur seine Pflicht als Hellene gethan, indem er den Mann getödtet, der die Gewalt, die ihm das Volk vertraut, zu dessen Unterdrückung angewendet habe.

Der jüngere Kapodistrias setzte nun alle Mittel in Bewegung, um eine ihm ergebene Nationalversammlung zu Stande zu bringen. Am

18. December hielten, während die auf Hydra Versammelten wie die auf dem Festlande Gewählten protestirten, die 80 Mitglieder der Regierungspartei ihre erste Sitzung zu Argos. Allein die beschlußfähige Zahl betrug 140; doch auf diesem Boden, wo der Parlamentarismus noch wild wuchs, wußte man sich zu helfen: in Nauplia und Argos warb und preßte man was sich finden ließ, Beamte, Kaufleute, Handwerker, steckte ihnen Vollmachten in die Hand und führte sie als Abgeordnete ein; diese Versammlung erklärte denn am 20. December den Grafen Augustin Kapodistrias zum Kybernetes von Hellas. Dieser Versammlung gegenüber constituirten sich nun die festländischen Abgeordneten ihrerseits und ernannten den Fürsten Demetrios Ypsilanti, den reichen Moreoten Zaimis und jenen Kolettis, der von Augustin abgefallen war, zu Mitgliedern einer Regierungscommission. So hatte man also zu Argos zwei Versammlungen. Die des Grafen Augustin zog nach Nauplia ab; am 22. und 23. December aber kam es zu offenem Kampf, dessen Erneuerung am Morgen des 24. die Residenten der Schutzmächte, deren Intervention ihre Schutzbefohlenen vor ihrer eigenen Wuth erretten mußte, ein Ziel setzten. Die Festländischen zogen ab und besetzten im Januar 1832 die Isthmuspässe; der Bürgerkrieg war aufs Neue da.

Es schien, wenn der Ausdruck erlaubt ist, kaum noch der Mühe werth, einen solchen zu führen, denn die Mächte waren längst an der Arbeit, Griechenland einen König zu geben; es war, als wollte das meisterlose Geschlecht die königlose Zeit noch benutzen, sich auf seine Weise in Raufhändeln gütlich zu thun. Einstweilen erkannten die Mächte die Regierung des jüngeren Kapodistrias an, und ein Protocoll der Londoner Conferenz vom 7. Januar 1832 machte dies den Residenten der zu Argos vertretenen Mächte ausdrücklich zur Pflicht; im Uebrigen sollten sie nach beiden Seiten versöhnlich wirken. Noch ehe dieses Protocoll eintraf, hatte der Präsident, um sich mit dem Scheine der Mäßigung zu umgeben, am 27. Januar eine Amnestie erlassen: für Alle, welche an revolutionären Bewegungen theilgenommen, mit Ausnahme Derer, setzte diese eigenthümliche Verzeihungsacte hinzu, welche bereits vor den Gerichten angeklagt und von diesen verurtheilt seien — was denn auf sämmtliche Häupter der Gegenpartei paßte und mithin die Amnestie zu einem Wortspiel machte. Gestützt auf dieses trügerische Instrument forderten nun die Residenten der drei Höfe die Primaten von Hydra und die Häupter der bei Megara versammelten Insurgenten auf, sich der Regierung des Präsidenten zu unterwerfen. Indeß die Letzteren, welche den schwächlichen und tückischen Satelliten des russischen Hofes besser kannten, beschlossen vielmehr, seinem Regiment durch einen schnellen Marsch auf Nauplia ein Ziel zu setzen.

Am 2. April 1832 brachen die Häuptlinge mit ihren Gefolgschaften auf, zersprengten die Regierungstruppen auf der Landenge, zogen, von der Bevölkerung lebhaft begrüßt, in Argos ein und schickten sich an, Nauplia selbst zu nehmen, als wieder im rechten Augenblick ein Blatt Papier ins Mittel trat. Eine britische Fregatte segelte den Golf herauf und brachte ein neues Londoner Protocoll vom 7. März, welches bis zur Ankunft eines Bevollmächtigten des für Griechenland bestimmten Souveräns die Einsetzung einer aus beiden einander gegenüberstehenden Parteien gemischten Verwaltung anordnete. Welcher dieser neue Souverän sein würde, war kein Geheimniß mehr; es war der minderjährige Sohn des philhellenischen Königs Ludwig von Baiern, Prinz Otto, welchem der Congreß diese undankbarste aller Aufgaben zugedacht hatte.

Nach mehrfachen Unterhandlungen, bei denen man von beiden Seiten die Hand an den Schwertgriff legte, und nachdem Auguftin Kapodistrias, müde des Landes, das seiner müde war, mit der Leiche seines Bruders sich nach Korfu eingeschifft hatte (13. April), kam endlich eine Regierungscommission zu Stande, in welcher drei Häupter der gestürzten Verwaltung und vier von der entgegengesetzten Partei saßen. Die erstere, die russische Partei, hatte den Senat für sich, der ganz aus Parteigängern des Kapodistrias bestand, und als dem entgegen nun die „Volkspartei" auf Berufung der Nationalversammlung drang, gelang dies nur, weil ihre bewaffneten Schaaren noch beisammen waren; dagegen vermochte sie es nicht, den drei Männern der russischen Partei in der Regierung, die wie die Kletten zusammenhingen, Metaxas, Plaputas und Zaimis, die Ersetzung der noch unter Kapodistrias ernannten Beamten durch andere abzuringen. Die neue Nationalversammlung begann ihre Verhandlungen erst am 26. Juli. Ein Ausschuß sollte eine Versöhnung der Parteien anbahnen und zu diesem Zweck mit der Regierung zusammenwirken. Es war dem Volk bekannt gemacht, daß der Nationalcongreß der von den Mächten getroffenen Wahl des Prinzen Otto von Baiern beitrete, welche mittelst Staatsvertrag zwischen seinem königlichen Vater und den drei Schutzmächten zum Abschluß gebracht worden war, sowie daß er sich demnächst mit Ausarbeitung einer Verfassung, welche die Rechte der Krone und des Volkes verbürge und mit Festftellung der Belohnungen für die Streiter der Freiheit beschäftigen werde. Aber der Congreß war gelähmt durch die drei Residenten, welche eine Beseitigung des kapodiftrianischen Senats nicht zugaben, die doch eine unerläßliche Vorbedingung einer Neuordnung der Dinge gewesen wäre. Ein abermaliges Conferenzprotocoll vom 16. April, im Juni angelangt, ordnete an, daß die Regierungscommission bis zur Ankunft der königlichen

Regentschaft, welche bevorstehe, bleiben solle, daß aber bis zu diesem Eintreffen der Regentschaft keine Nationalgüter veräußert, auch ohne Mitwirkung der neuen königlichen Regierung keine definitive Verfassung festgesetzt werden dürfe.

Diese Bestimmungen hatten, so wie die Dinge lagen, nur die Folge, daß sich bis dahin, wo der junge König eintreffen konnte, die staatliche Ordnung so viel deren noch vorhanden war, nach und nach in Anarchie auflöste. Am 22. August, zwei Tage nach Empfang einer Note der drei Residenten, hatte die Nationalversammlung beschlossen, die Regierungscommission, von der ein Mitglied, Fürst Ypsilanti, gestorben war, wieder auf 7 Glieder zu bringen und zugleich den Metaxas zu beseitigen, der gar kein Grieche sei; er war Jonier und also nur in den Augen seiner Parteigenossen ein Hellene. Die Abgeordneten waren im Begriffe auseinanderzugehen, als noch einmal eine Scene folgte, welche bewies, welche Art von Freiheit man hier gegründet hatte. Ein Haufe von Bewaffneten brach in den Sitzungssaal ein, es waren Leute des Volksheers, das seit vielen Monaten keinen Sold empfangen hatte. Sie machten wenig Umstände: den Präsidenten der Versammlung und acht Deputirte schleppten sie in die nahen Berge, wo ihre Brüder lagerten und ließen sie erst gegen ein namhaftes Lösegeld frei; ungefähr so hatte ihnen ein Mitglied der Regierung selbst, Zaimis, den Weg angegeben, wie sie zu ihrem Gelte gelangen konnten. Zur rechten Zeit erschien jetzt ein Staatsbote aus München mit der Nachricht, daß die Ankunft des jungen Königs zu erwarten sei. Der Friede ward einen Augenblick hergestellt. Metaxas und Zaimis, an welchen das Volk den Einbruch der bewaffneten Banden in den Sitzungssaal der Deputirten zu rächen sich anschickte, wurden verschont und zwei Mitglieder der Regierungscommission machten sich auf den Weg, den jungen König des Landes zu begrüßen und ihn, was in der That dringend zu wünschen war, um Beschleunigung seiner Reise zu bitten. Vier Mitglieder blieben zurück, eine neue Intrigue nahm alsbald ihren Gang. Bei der Einsetzung der Regierungscommission hatte der Senat bestimmt, daß zu einem gültigen Regierungsbeschlusse fünf Mitglieder einig sein müßten; Metaxas und Zaimis behaupteten nun, daß jetzt, wo thatsächlich keine beschlußfähige Regierungscommission bestehe, der Senat über die weitere Führung der Regierungsgeschäfte zu befinden habe — die beiden Anderen, Konduriotis und Kolettis, daß Metaxas abgesetzt sei und der Senat seit Zusammentritt des Nationalcongresses überhaupt nicht mehr zu Recht bestehe. Die russische Partei versuchte ihren Plan durchzusetzen, mußte aber schließlich auf einem russischen Kriegsschiff aus Nauplia nach Astros flüchten; das Land kehrte nun in eine

Art von Naturzustand zurück, wo es überhaupt keine staatliche Autorität mehr im Lande gab, als die der localen Häuptlinge in ihren Bezirken und die der französischen Officiere an den wenigen Punkten, in denen noch französische Besatzung lag.

So standen die Dinge, als König Otto I. und seine Regentschaft am 5. Februar 1833 bei Nauplia ans Land stieg. Die Mitglieder dieser Regentschaft waren Graf Armansperg, Staatsrath Maurer, General Heideck und Legationsrath von Abel. Ueber die ersten Schwierigkeiten half eine Anleihe von 60 Millionen Frs., welche die Mächte der neuen Regierung vorgeschossen und ein nicht minder nothwendiges bairisches Truppencorps, welches die französischen Besatzungen ablöste, hinweg; die Regierung mochte nun selbst zusehen, wie sie auf diesem Boden zurecht kam. Denn das Interesse Europas an dem neuen Staatswesen begann rasch zu ermatten. Nur mit halbem Ohre hörte man, wenn jetzt von Griechenland Nachrichten kamen; daß auch die Regentschaft von dem unvermeidlichen Uebel dieses Bodens, der Uneinigkeit, ergriffen worden sei; daß Graf Armansperg sich eine dictatorische Stellung anmaße; daß der constitutionell gesinnte Maurer vor ihm habe weichen müssen und abgerufen worden sei (1834). Man vernahm, daß am 30. September 1834 die Verlegung der Residenz stattgefunden habe; von Nauplia nach Athen und wer sich lebhafter für die griechischen Dinge interessirte und kein Philolog war, schüttelte den Kopf, daß man dem großen Namen Athen zu Liebe nicht; wie doch der gesunde Menschenverstand nahe lege, den Piräus, die Hafenstadt, zur Hauptstadt gemacht habe; man vernahm von Gründung einer Universität, Anlegung einer Kunstsammlung, Ausgrabungen, dann und wann unterbrach ein ernsteres Ereigniß, wie im Herbst 1834 ein Aufstand in der Maina den keineswegs ruhigen, aber gleichwohl einförmigen Gang der griechischen Dinge. Am 1. Juli 1835 übernahm König Otto selbst die Regierung und 1837 vermählte er sich mit der Prinzessin Amalie von Oldenburg. Die Ehe blieb kinderlos und das unfruchtbare Königthum schlug nicht Wurzel in dem unfruchtbaren Lande.

2. Rußland und Polen.

Eine Frage, die griechische, um welche so viel Blut geflossen, war so glücklich, wenigstens auf einige Zeit, aus der Welt geschafft und man konnte und mußte den Griechen es selbst überlassen, wie sie weiter mit ihrer Freiheit zurecht kamen. Diese Frage konnte zunächst die Ruhe des Welttheils schwerlich mehr ernstlich gefährden. Das Land und Volk besaß nicht die Wichtigkeit, die man ihm beigelegt hatte und welche die mehr und mehr als eine höchst zweideutige Menschenklasse sich darstellende Schaar seiner Staatsmänner und Helden fortwährend beanspruchte. Ganz anders war dies mit der **polnischen** Nation und der polnischen Frage, in welcher zwar schon mehr als Ein Spruch des Schicksals ergangen war, dem sich aber, wie unwiderruflich und entscheidend er zu sein schien, die Nation mit hartnäckigem Glauben an ihr unzerstörbares Recht und an ihre Lebenskraft sich zu unterwerfen weigerte.

Die den Polen verliehene Verfassung war mehr und mehr zu einem bloßen Schatten geworden, und auch dieses Wenige wurde von dem Kaiser Nicolaus, der eine entschiedene Abneigung gegen die constitutionelle Regierungsform hegte, die, um wirksam gemacht zu werden, etwas mehr Geist verlangte, als dieser harte Soldat besaß, nur mit Widerwillen ertragen. Die Unruhen bei seinem Regierungsantritte hatten auch für Polen politische Processe zur Folge, die aber zum großen Verdruß des Kaisers zu keinem Ergebnisse führten, weil die Schuld der Angeklagten nicht klar erweisbar, und selbst wenn erweisbar im Grunde die allgemeine war. Die Stimmung im Lande erschien übrigens nicht bedrohlich. Der Großfürst Constantin, ein roher, geistig unbedeutender Mensch, faßte sein hohes Amt nur vom Standpunkte des Soldaten und des gewöhnlichen Polizeibeamten auf; dem gutorganisirten, schöngerüsteten polnischen Heere widmete er eine entschiedene Vorliebe, und da er außerdem eine Polin zur Frau hatte, so stand er der Nation nahe genug, um sie ohne Mißtrauen zu betrachten, das ohnehin nicht seine schwache Seite war. Auch stieg der Wohlstand des Landes eben jetzt unter der trefflichen Finanzverwaltung des Fürsten Lubecky, eines Mannes von bedeutendem Geiste, welcher die Dinge am rechten Ende angriff, indem er die Pflege der materiellen Interessen vor Allem sich angelegen sein ließ, und in Straßenbau, Flußcorrectionen, Posteinrichtungen in diesem durch lange Mißregierung zurückgebliebenen Lande die Versäumnisse früherer Zeit gut machte.

Allein hier unter diesem überbeweglichen Volke wurde selbst diese ungewohnte Ruhe und Ordnung als lästiger Zwang empfunden und diesen gedeihlichen Zuständen bereiteten die Nachrichten von den Ereignissen in Frankreich ein jähes Ende. Die patriotischen Hoffnungen loderten von neuem auf, da man sich von der neuen Regierung in Frankreich wirksame Sympathieen, und für den Fall eines allgemeinen Krieges, den die eingetretene Wendung der Dinge verhieß und der nicht ausbleiben könne, wenn Polen losschlage, wirksame Hülfe versprach: in glänzenden Farben stellte sich, was der sehnsüchtige Traum jedes polnischen Herzens war, die Wiederaufrichtung ihrer glorreichen Republik in ihrem alten Umfange, der raschen Phantasie des entzündlichsten aller östlichen Völkern dar. Diese Hoffnungen, von Allen getheilt, von Wenigen beherrscht und gemäßigt, wurden genährt und frisch erhalten unter der Jugend der Warschauer Universität und des Heeres, und theilten sich jetzt, bestimmtere Gestalt annehmend, aus dem Dunkel des Geheimbundes, den seit 1828 ein Gardeofficier Peter Wysocky gestiftet, vorsichtig emportauchend, weiteren Kreisen mit. Kein plötzlicher Ausbruch erfolgte, denn die Meisterschaft der Polen in der Kunst des Verschwörens war unerreicht; das Geheimniß eines Planes, der unter den jungen Officieren des Heeres und den Zöglingen der Fähnrichsschule ausgeheckt worden war, wurde von den vielen Wissenden getreulich bewahrt. Doch fand man für gut, die Ausführung vom kommenden Frühjahr, wie zuerst ausgemacht, auf den 10. December, und vom 10. December, da die Gefahr einer Entdeckung sich zeigte, auf den 29. November vorzuschieben. Spät Abends an diesem Tage, an dem alle Welt wie sonst ihren Geschäften und Vergnügungen nachgegangen war, überfiel eine Anzahl der Verschworenen das Landhaus Belvedere, außerhalb Warschau's, wo der Großfürst residirte. Mit dem Rufe: „Tod dem Tyrannen" drangen sie ein; derselbe fand eben noch Zeit, sich zu verstecken, während ein General und ein hoher Beamter in der Dunkelheit von den Eingedrungenen niedergestoßen wurden: sie schienen den Ersteren für den Großfürsten gehalten zu haben und zogen ab, ihr Werk gelungen glaubend, leichtfertig auch im Verbrechen. Eine Nacht voll Verwirrung folgte. Von den verabredeten Maßregeln gelang wenigstens eine, die Einnahme des Zeughauses, welches Waffen lieferte; der Pöbel ward durch den Ruf: „die Russen morden unsere Brüder, zu den Waffen!" in volle Empörung geworfen, und schon am Morgen hatte der Aufstand außer den russischen Officieren, die einzeln beim Heimweg aus den Theatern und sonst angegriffen und getödtet wurden, mehrere Opfer gekostet. Der Befehlshaber des polnischen Fußvolks, General Stanislaus Potocky, weigerte sich, dem Aufstand einiger namenloser Verschwörer sich anzuschließen und ermahnte die Soldaten zur Pflicht; er ward vom Pferde gerissen, mißhandelt, getödtet; nicht besser erging es dem Kriegsminister Graf Haucke und mehreren anderen hohen Officieren. Von entscheidender Bedeutung war nun, daß der Großfürst, auf den treulosen Rath seines Adjutanten Grafen Zamoyscky eingehend, der ihm weiß machte, daß die Entfernung der russischen Truppen sofort die Gemüther beruhigen werde, — mit den Worten, die Russen hätten bei einer polnischen Schlägerei nichts zu thun, den Entschluß faßte, Montag den 30. mit den Truppen abzuziehen und so die Stadt dem Aufruhr zu überlassen. Diese unglaubliche Thorheit zwang, die „polnische Schlägerei" in eine Revolution zu verwandeln, deren erste Schritte von untergeordneten Menschen ungeschickt genug gethan worden waren. Einzelne polnische Truppentheile waren allerdings bereits zu den bewaffneten Volkshaufen übergetreten, aber noch hatte sich kein Mann von Bedeutung angeschlossen, und der bedeutendste der polnischen Kriegsmänner, General Chlopizky, nach dem Alles rief, hielt sich verborgen. Aber der Jubel über den Abzug der Russen weckte nun die Begeisterung, und die Nothwendigkeit, eine Stadt von vielleicht 120,000 Einwohnern vor Anarchie zu bewahren, zwang einige Männer von Namen, nunmehr hervorzutreten und sich der Leitung zu bemächtigen. Fürst Lubecky berief den Administrationsrath und lud einige Notabeln, wie die Fürsten Czartorisky und Radziwil, einen alten Waffengefährten Kosciusko's Niemcewicz und Andere ein, dessen Sitzungen beizuwohnen. Dieser erweiterte Rath sollte im Namen des „Königs", indem er zwischen dem Großfürsten=Statthalter und dem Aufstand vermittle, die Wiederherstellung des Friedens und der Ordnung anbahnen. Am Abend dieses Tages ließ sich Chlopizky durch den Fürsten Lubecky bewegen, aus den Händen des Administrations=rathes den Oberbefehl zu übernehmen. Man hoffte, auf diese Weise der Empörung Herr zu werden. Der Großfürst selbst hatte den letzten zu ihm haltenden Truppen den Befehl zum Abzug gesandt, und er=klärte, den Polen selbst die Herstellung des Friedens anheimgeben zu wollen.

Allein bereits war dem Volke der Feuerwein der Insurrection zu Kopfe gestiegen. Die Männer des „patriotischen Vereins", die radi=calen Geister, deren namhaftester der Wilnaer Professor Joachim Lelewel war, waren ihrerseits nicht müßig geblieben und schon am 1. December mußte man, wenn man den Zweck, den Aufstand zu leiten, überhaupt noch erreichen wollte, eine ausführende Abtheilung des Administrationsraths, eine Executiv=Commission bilden, und den radicalen Professor, mit dem Gedanken, ihn dadurch von gefährlicherer Thätigkeit abzuhalten, in dieselbe aufnehmen. Am 2. begaben sich vier Mitglieder der vollziehenden Behörde, Lubecky, Fürst Czartorisky, einst Kaiser Alexander's Freund, Graf Ostrowsky und Lelewel, zum Großfürsten, der sein Hauptquartier in einem nahen Dorfe hatte; es charakterisirt die Polen, daß unter den Forderungen, die sie hier stellten, fast die erste die Wiedervereinigung der altpolnischen Provin=zen mit dem Königreiche war. Der Großfürst überzeugte sich binnen Kurzem, daß eine Aussöhnung nicht möglich sei, gab am 2. December noch den polnischen Truppen ausdrücklich die Erlaubniß, sich ihren Kameraden anzuschließen, und schrieb dem Verwaltungsrathe, daß er mit den russischen Truppen das Land verlasse; er hege zu der polni=schen Ehrenhaftigkeit das Vertrauen, daß man seinen Marsch nach der Gränze nicht behellige. Das Schreiben verschaffte den Polen die

Festung Modlin mit ihren Kriegsvorräthen; Oberst Kicky eilte mit dem Briefe dorthin und der Commandant lieferte ihm den wichtigen Platz aus.

Die Insurrection konnte es sich jetzt bequem machen; auch die Gemäßigten, die einen vollen Begriff von der ungeheuren Gefahr hatten, in die man gestürzt worden war, mußten nun weitergehen. Der Administrationsrath ward aufgelöst, eine provisorische Regierung, an deren Spitze Fürst Adam Czartorisky, eingesetzt, welche den Reichstag auf den 18. December berief, den General Joseph Chlopizky zum Oberbefehlshaber ernannte und die gedienten Soldaten wieder zu den Fahnen entbot.

Der Aufstand aber, von dem Großfürsten nicht aus Arglist, sondern nur aus Schwäche sich selbst überlassen, trug den Keim des Todes in sich, die Uneinigkeit. Der Plan der Radicalen war, die Feindseligkeiten gegen Rußland sofort zu eröffnen, alles Polenland, Litthauen, Volhynien, Podolien zu insurgiren, die russischen Regimenter, die noch im Lande ständen, zu entwaffnen, das ganze Volk zum Kampfe zu rufen; jetzt, wo das Schwert doch einmal gezogen, die Scheide weit wegzuwerfen, und Alles an Alles zu setzen; und so wie die Dinge lagen, war dieser Plan in der That der einzig richtige, da Kaiser Nicolaus, wie sie mit Recht sagten, niemals dem halben Aufstand gutwillig einräumen werde, was er dem ganzen, vollen, siegreichen Aufstand nicht werde vorenthalten können. Diesem Plane aber warf sich der erkorene Held des Volksenthusiasmus, General Chlopizky, der an der Seite Kosciusko's und nachher unter Napoleon mit Auszeichnung gefochten hatte, und der darum für Polens größten Kriegsmann galt, selbst entgegen. Indem er jene Ernennung durch die provisorische Regierung zurückwies, ergriff er aus eigener Macht die Dictatur und bemächtigte sich, gestützt auf die Truppen und das blinde Vertrauen des Volkes, mit fester und sicherer Hand der Gewalt. Ein militärischer Mann schuf er zuerst Ordnung und suchte vor Allem das Heer in Achtung gebietenden Stand zu setzen; aber er erwartete nichts von der Revolution, an die er keinen Glauben hatte, und gedachte die Dictatur zu gebrauchen, um die Dinge in den Weg der Unterhandlung, der loyalen Verständigung mit dem russischen Kaiser zu bringen. Seine Hoffnungen verstiegen sich nicht höher, als bis zu wirksamer Geltendmachung der bestehenden Verfassung: kein Aufstand in Litthauen, keine Volksbewaffnung, keine Wiedereroberung der altpolnischen Provinzen; er schickte den Fürsten Lubecky und den Grafen Jesersky nach Petersburg, und Gesandte nach Paris und London, um diese Mächte zu einer Vermittlung zu bestimmen.

Inzwischen waren die Mitglieder des Reichstags in Warschau

eingetroffen. Der Dictator ließ sie nicht im Unklaren über seine Gesichtspuncte, und zwang den Reichstag, ihm die unbedingte Dictatur zu übertragen. Der Reichstag, gestand er zu, solle ihm einen Ausschuß zur Seite stellen, der ihm die Gewalt wieder abnehmen könne: er selbst aber werde die Mitglieder der Regierung ernennen, und der Reichstag sofort nach Bekanntmachung dieses Gesetzes auseinandergehen, um nur wieder auf seinen, des Dictators, Ruf zusammenzutreten.

Aber Chlopizky irrte schwer, wenn er meinte, mit diesem Volke eine gesetzliche Revolution und mit dem „constitutionellen König" in Petersburg auf seine Bedingungen hin Frieden machen zu können. Er bildete einen Nationalrath, in welchem auch Lelewel als Unterrichtsminister eine Stelle fand. Aber er gerieth bald in Zerwürfnisse mit dem Reichstagsausschuß: er, ein Soldat der Napoleonischen Schule, wollte nichts von Nationalgarde, Krakusen und Sensenträgern wissen. Das Mißtrauen der mächtigen radicalen Partei ward stärker: er schritt zur Verhaftung einiger ihrer Häupter, darunter Lelewel, und mußte sie wieder freilassen: von Petersburg kam keine Antwort: statt deren vielmehr die Kunde, daß alle Straßen nach der polnischen Gränze mit russischen Truppen bedeckt seien.

Dort in Petersburg hatten die Nachrichten aus Polen einen heftigen Ausbruch des Nationalhasses, den der Russe dem Polen in vollgerütteltem Maße zurückgibt, hervorgerufen. Auf einer Parade am 7. December verlas der Kaiser die eben empfangenen Depeschen; die Officiere, die ihn umstanden, zogen ihre Degen und verlangten sofort, in dieser Stunde noch, gegen den Feind geführt zu werden. Der Kaiser selbst, kein Mann von weichem Gemüth, war doch unter ihnen der Gemäßigtste: es seien dort Verführer und Verführte; man müsse sich begnügen, jene Ersteren zu bestrafen. Ein Manifest vom 18. bot den Aufständischen Verzeihung bei sofortiger Unterwerfung; es verlangte unmittelbare Freilassung aller gefangenen russischen Unterthanen, Wiedereinsetzung des kaiserlichen Verwaltungsrathes, Einstellung der Rüstungen. Bei Plock sollten die polnischen Truppen sich zusammenziehen und der kaiserlichen Befehle warten. Am 13. Jan. 1831 erhielt Chlopizky auch seine officielle Antwort: sie verwies ihn auf das Manifest.

Chlopizky, der sich mit seinem Nationalrath nicht einigen konnte, trat zurück, nachdem er seinem Lande, dessen Sache er nicht übernehmen durfte, wenn er keinen Glauben an dieselbe besaß, unheilbaren Schaden zugefügt hatte. Einige Tage später trat der Reichstag zusammen, und auf Chlopizky's Empfehlung wurde Fürst Michael Radziwil zum Oberbefehlshaber gewählt, der freilich kein Feldherr war. Man gab sich der Hoffnung hin, Chlopizky, in dessen militärisches Geschick man fortfuhr ein unbegränztes Vertrauen zu setzen, werde denselben leiten. Das Unheil war jetzt in vollem Zuge; auf einen Antrag des Grafen Roman Soltyk wurde das russische Kaiserhaus des polnischen Thrones entsetzt, ein Beschluß von nur scheinbarer Energie, in Wahrheit eine werthlose Demonstration und Bravade, und am 29. Januar 1831 eine neue Regierung eingerichtet, unter deren Mitgliedern wieder neben dem Fürsten Czartoriskh Lelewel war, und die keine weitere Aufgabe mehr haben konnte, als die energische Betreibung des Krieges, mit allen Mitteln, auf allen Schauplätzen, welche der Insurrection eröffnet werden konnten. Denn schon flutheten von allen Seiten die russischen Heeresmassen heran: 86,000 Mann zu Fuß, 26,000 Reiter, 336 Geschütze vereinigte Graf Diebitsch unter seinem Befehl, denen die Polen im offenen Felde nicht 60,000 Mann entgegenzustellen hatten. Die unwiederbringliche Zeit — die Gelegenheit, die Truppen des Großfürsten zu entwaffnen, den Aufstand über Litthauen und andere Theile des alten Polenreiches auszudehnen — war verloren. Als Diebitsch vorrückte, wichen die polnischen Abtheilungen ohne Kampf in guter Ordnung zurück; in einer vortheilhaften Position bei Praga, der Vorstadt Warschaus auf dem rechten Ufer der Weichsel, also gleich an der letzten Stelle, wollte Fürst Radziwil oder sein Rathgeber Chlopizky die entscheidende Schlacht liefern. Doch hoben einzelne erfolgreiche Gefechte den Muth der Polen: in glänzendem Reiterkampf siegte Dwernicky am 14. Februar bei Stoczek über eine an Zahl überlegene Macht des Generals Geismar, bei Dobre am 17. General Skrzynecky über die russische Vorhut unter General Rosen, am 19. wurde bei Wawer, am 24. bei Bialolenka nicht glücklich, aber rühmlich gestritten. Diebitsch hoffte mit einem entscheidenden Schlage, vielleicht ohne einen solchen durch die bloße Entfaltung seiner überlegenen Macht zum Ziele zu gelangen. Er täuschte sich; allerdings mußten am Abend des 19. Februar, nachdem bei G r o ch o w, im Angesicht der Thürme von Warschau, den ganzen Tag durch 45,000 Polen gegen 70,000 Russen — gekämpft worden war, die Polen hinter die Wälle von Praga zurück; aber 10,000 Todte und Verwundete hatte den Russen dieser furchtbare Tag gekostet, und Diebitsch wagte mit seinem gezehnteten Heere den Sturm nicht, den man in Warschau bereits fürchtete. Der Reichstag, unter dem Donner der Schlacht versammelt, ernannte, da Chlopizky verwundet war und Fürst Radziwil den Befehl niedergelegt hatte, den General Johann Skrzynecky zum Oberbefehlshaber. Aber auch er glaubte nicht an die Loosung Sieg oder Tod, die er seinen Soldaten zurief. Er schickte am 1. März einen Officier an den russischen General, der mit seinem vom Blutverlust der Schlacht erschöpften Heere nichts Weiteres unternommen hatte. Dieser verwies ihn auf die Bedingungen des kaiserlichen Manifestes, zog aber, um die Verpflegung seiner Truppen zu erleichtern, das Heer von Warschau zurück und legte dasselbe in Cantonnirungen auseinander, indem er, da er die Kraft des Aufstandes durch die Schlacht bei Grochow gebrochen glaubte, ein Beobachtungscorps vor Warschau für genügend erachtete.

Daß auf auswärtige Hülfe oder auch nur Vermittelung nicht zu hoffen war, hatte sich unterdessen deutlich genug geoffenbart. Die polnischen Agenten waren in Paris und London mit Kälte empfangen worden und kehrten mit leeren Händen zurück. Aber den Rath seines Generalstabschefs Prondzynsky — auszufallen, sich auf die vereinzelten russischen Truppenabtheilungen zu werfen — zu befolgen, fand Skrzynecky den Muth nicht. Er hielt sich, für einen Revolutionskampf eine üble Strategie, in der Defensive; aber als Diebitsch sich anschickte, oberhalb Warschau über die Weichsel zu gehen, ließ er sich doch von Prondzynsky bestimmen, einen Schlag gegen die zurückgebliebenen 20,000 unter Rosen zu führen. Das Unternehmen gelang; am 31. März um Mitternacht brach man auf; 5000 und mehr Gefangene, 100 Officiere, 5 Fahnen, 9 Geschütze, waren der unmittelbare Siegespreis, und auf die Nachricht von diesem Kampfe gab Diebitsch sofort seinen Weichselübergang auf, um das Corps von Rosen und seine Verbindung mit Litthauen zu retten: er wäre schwerlich rechtzeitig gekommen, um eine Niederlage zu verhindern, wenn Skrzynecky so rasch gewesen wäre, wie der Plan seines genialen Generalstabschefs voraussetzte. Allein auch so waren die Erfolge nicht zu unterschätzen und sie erregten in ganz Europa das größte Aufsehen. Der russische Oberbefehlshaber, Anfang März im Begriffe Praga zu stürmen, war jetzt von der Weichsel wegmanoeuvrirt und stand bei Sieblce, näher bei der litthauischen Gränze als bei Warschau. Und nun, wo wider Erwarten der Krieg sich in die Länge zog, konnte es nicht fehlen, daß für die Sache, welche vielleicht die siegreiche war, viele Kräfte sich erhoben, die seither nur deren anscheinende Hoffnungslosigkeit zurückgehalten hatte. In Litthauen, wo nur wenige russische Truppen mehr lagen, machte der Aufstand, den Anfangs die durchmarschirenden Truppen niedergehalten hatten, Fortschritte; in Volhynien u. Podolien, wo die Masse des Volkes russischen Stammes und griechischen Glaubens ist, hätte man auf den zahlreichen kleinen Adel polnischer Nationalität rechnen können, wenn eine Macht, stark genug, um wenigstens dem einen der aus dem Südosten heranziehenden russischen Corps, die noch weit auseinander lagen, die Spitze zu bieten, rasch dorthin geworfen worden wäre. Allein der Oberbefehlshaber war, wie alle schwachen Geister, nicht kühn genug, seine Hoffnung nur auf Eines, die kriegerische Energie, zu setzen; er horchte nach den günstigen Gerüchten, welche von Paris, von Wien, selbst von Berlin her zu ihm drangen: wenn es gelang, den Krieg bis zum Winter hinzuziehen, so mochte ein europäischer Congreß ein Königreich Polen schaffen, wie er soeben ein Königreich Belgien geschaffen. So konnte er zu keinem festen Entschlusse kommen: einen Feldherrn ersten Ranges versagte hier wie sonst das Geschick den Polen, das ihnen, nicht zu ihrem Heile, so viele militärische Berühmtheiten zweiten Ranges gönnte. Am 10. April war der Reiterführer Dwernicky über den Bug gegangen und in Volhynien eingefallen; die Russen unter Rüdiger, unbekannt mit der Stärke des Gegners, zogen sich zurück. Den Zulauf jedoch, auf den er hoffte, fand er nicht; dennoch drang er vor, ward aber nun von den Russen über den Styr zurückgeworfen. Er hoffte auf den Ausbruch der Empörung in Podolien, welcher dann die Russen zwingen würde, ihre Streitkräfte zu theilen, und bezog eine Stellung hart an der galizischen Gränze. Hier aber kam Rüdiger mit weit überlegener Macht, indem er überdies, die Gränze nicht respectirend, ihn in der Flanke umging, am 27. April über ihn, 12,000 gegen 4000: fechtend zogen sich die Polen, von den Russen verfolgt, über die galizische Gränze, bis östreichische Husaren die Kämpfenden trennten. Am 1. Mai wurden die übergetretenen Polen entwaffnet.

So war nach dieser Seite nichts mehr zu hoffen. Inzwischen waren in Warschau Nachrichten von der weiten Verbreitung des Aufstandes in Litthauen eingetroffen, wo man Waffen, Officiere und Kanonen verlangte. Im polnischen Heere selbst war die Unzufriedenheit über die Unthätigkeit des Oberbefehlshabers auf dem Gipfel; wiederum ließ er sich nun zu einem Schlage bestimmen, der, wenn er ausgeführt wurde wie er geplant war, entscheidend werden konnte. In dem Waldlande zwischen dem Bug und dessen nördlichem Zuflusse Narew standen die inzwischen herangekommenen russischen Garden, noch ohne Verbindung mit dem Haupttheere, dorthin, nordwärts von seinen Stellungen bei Minsk aufbrechend (12. Mai), wendete sich Skrzynecky, während ein zurückgelassenes Corps von 12,000 Mann den russischen Oberfeldherrn täuschte, dem bis zum 20. der wahre Zusammenhang unbekannt blieb. Statt aber mit den 46,000, die er zur Verfügung hatte, sich ungesäumt und ungetheilt auf die russischen Garden zu werfen, welche etwa 24,000 Mann zählten, schwächte er sich durch übervorsichtige Entsendungen, zögerte, als ob er selbst zu siegen fürchte. Die Garden, von der Stärke des Gegners unterrichtet, zogen sich ohne Verlust zurück, und während man sich im polnischen Heere, am 21. an der polnisch-litthauischen Gränze angelangt, der Freude überließ, auf dieser Seite das Königreich vom Feinde gesäubert zu haben, traf die Nachricht ein, daß Diebitsch, dem man Zeit genug gelassen die Lage der Dinge richtig zu erkennen, mit seinem Heere über den Bug gegangen sei und das polnische Heer nun seinerseits im Rücken bedrohe. Auch so war noch nichts verloren; Skrzynecky konnte, wie Prondzynsky rieth, die hinreichend gedeckte Hauptstadt sich selbst überlassen, und vorwärts auf Lonza (Narew) gehend, dem litthauischen Aufstande die Hand bieten. Der Oberbefehlshaber jedoch fürchtete mehr als Alles, von Warschau abgeschnitten zu werden, und rannte in sein Verderben. Er ging zurück auf Ostrolenka (Narew), wo er das russische Hauptheer, das in Eilmärschen herangerückt war, vor sich traf. Am 26. Mai kam es hier zur Schlacht; die polnische Tapferkeit that ihre Wunder umsonst; nur die einbrechende Dunkelheit rettete das Heer vor völliger Vernichtung. 9000 lagen auf dem Schlachtfelde, 12,000 unter Gielgud und Dembinsky waren abgeschnitten; nur 10,000 trafen in schlagfertigem Zustande noch in Praga ein; auch sie nur, weil der russische Feldherr mit seinen ermüdeten Truppen, deren Verpflegung in der ausgezehrten Gegend schwierig war, den Sieg nicht hatte verfolgen können.

Den schlechtgeführten Oberbefehl niederzulegen, wie der Unwille der Officiere verlangte, konnte Skrzynecky sich nicht entschließen, und nun, in dieser äußersten Lage trat auch der eigentliche Schaden dieses Landes grell zu Tage, der es zu Grunde richtete.

Ein wirklicher Volkskrieg konnte in diesem weitgedehnten, unwirthlichen Lande noch immer den Russen verderblich werden. Im Namen der Freiheit hatte man die Nation zu den Waffen gerufen, ohne die Frohndienste aufzuheben, welche nebst anderen drückenden Lasten die Masse des Volkes peinigten, und sie es wenig empfinden ließen, daß die eigentliche Leibeigenschaft in den Tagen des Herzogthums Warschau aufgehoben worden war. Ein Antrag in dieser Richtung war nach der Schlacht bei Grochow gestellt worden, aber die Adelspartei im Reichstage war wenig geneigt, ihrem feurigen Patriotismus dieses Opfer aufzuerlegen; es gab dringendere Angelegenheiten: Absetzung des Hauses Romanow, Vertretung der alten polnischen Provinzen und Aehnliches; und jetzt, eben jetzt kam es zu leidenschaftlichen Debatten zwischen der Volks= und Adelspartei. Die letztere wollte dem geschlagenen Feldherrn, der einer der Ihrigen war, die ganze Regierungsgewalt übertragen wissen; wie der römische Senat nach der Niederlage bei Cannä dem Terentius, dankte sie ihm, daß er am Vaterlande nicht verzweifle, ohne ihm, wie der römische Senat dem Terentius, den Befehl zu nehmen. Sie erlag nur mit sieben Stimmen, 35 gegen 42 (11. Juni); unter diesen Umständen fühlte sich die Gegenpartei nicht stark genug, die Entfernung Strzynecky's durchzusetzen, und er behielt den Oberbefehl.

Und doch ward das Glück, was man so nennt, nicht müde, den Polen Gunst zu erweisen. Der russische Oberfeldherr verweilte bis zum 11. Juni zu Ostrolenka und traf Anstalten zum Uebergang auf das linke Weichselufer, um von da gegen Warschau zu operiren. Aber er vollendete den Plan nicht: am 10. raffte ihn die Cholera dahin, die jetzt auch auf diesem Schauplatz erschien und unter Freund und Feind ihre Opfer holte; einige Tage oder Wochen später erlag ihr auch der Großfürst Constantin, was der politischen Kannegießerei Stoff zu allerlei geheimnißvollen Vermuthungen gab. Wiederum ergab sich die Gelegenheit, während die militärischen Operationen im Norden vor sich gingen und dann ins Stocken kamen, das vereinzelte Corps Rüdiger's, 14,000 Mann, das von Süden heranzog, aufzureiben; wiederum war die Ausführung des eingeleiteten Unternehmens so schlecht, daß die ausgesandten Truppen nach vergeblichen Gefechten mit leeren Händen zurückkehrten und nunmehr das letzte Symptom beginnender Auflösung, das Gerücht und bald das Geschrei von Verrath sich erhob.

Auch von Litthauen her war jetzt nichts mehr zu hoffen. Dorthin hatte sich der bei Ostrolenka abgeschnittene Gielgud gezogen. Ein gewandter Parteigänger General Chlapowsky führte ihm die dort gesammelten Streitkräfte zu und in der Mitte Juni hatte Gielgud etwa 25,000 Mann zur Verfügung. Aber auch er verpaßte, unfähig, die rechte Stunde, zögerte, wo es zu handeln galt und handelte erst, wenn sich die Feinde die von ihm verlorene Zeit zu Nutzen gemacht hatten; am 19. Juni erlitt er einige Stunden von Wilna, das er wenn er sich rechtzeitig entschlossen hätte nehmen können, bei Ponary eine Niederlage. Schon war die Lage so verzweifelt, daß die einzige Möglichkeit der verwegene Plan Dembinsky's bot, sich nach dem von Truppen entblößten Kurland zu werfen und von dort, hinter den russischen Aufstellungen weg, durch das südöstliche Litthauen Polen zurückzugewinnen. Der Kriegsrath verwarf den Plan und beschloß einen anderen, der kein Plan mehr war — das kleine Heer in drei Haufen zu theilen und es jedem derselben zu überlassen, wie er sich durchschlage. Gielgud und Chlapowsky, gefolgt von Rohland und Symanowsky, wandten sich nach der preußischen Gränze; die Truppen glaubten noch, es gehe gegen den Feind; jetzt, am 12. Juli, erklärte Gielgud seinen Officieren, daß es seine Absicht sei, sie über die Gränze zu führen, um dem Vaterlande für künftige Zeiten ihre Tapferkeit zu erhalten. Er selbst ward in dem Tumult, der darüber sich erhob, vom Pferde geschossen: man gab dem Verrathe schuld, was blos Unfähigkeit und Verhängniß gewesen. Abtheilung um Abtheilung, rathlos und führerlos, überschritt die Gränze und ließ sich von der preußischen Landwehr entwaffnen. Dembinsky dagegen traf nach rühmlichem Marsche — es waren 100 Meilen, die er unter beständigen Gefechten in 20 Tagen zurücklegte — am 2. August mit seinen todtmüden Soldaten, vielleicht noch 4000, in Warschau ein: dem gewissen Tode entronnen, unter begeistertem Zuruf der Bevölkerung, der eine letzte Hoffnung aufleuchtete. Sie trafen dort auch die Reste der Insurgenten von Podolien, von denen ein Theil unter dem Hauptmann Rozysky sich nach dem Königreiche durchgeschlagen hatte, während der andere über die östreichische Gränze hatte flüchten müssen. Sie kamen rechtzeitig, um Theil zu nehmen an dem Todeskampfe, der nun nahe bevorstand.

Am 25. Juni war Diebitsch's Nachfolger Paskiewitsch im Hauptquartier zu Pultusk nördlich von Warschau eingetroffen. Er nahm sofort den Plan seines Vorgängers, Uebergang aufs linke Weichselufer und energisches Vorgehen auf Warschau, wieder auf; hart an der preußischen Gränze und mit preußischem Material schlug er die Brücke, und er vollführte ihn, ohne daß ein polnischer Posten rechts oder links vom Flusse sich gezeigt hätte. Unaufgehalten rückte das russische Heer unter seinem bewährten und gefürchteten Führer näher und näher: die Aufregung in Warschau stieg, da von Seiten Skrzynecky's noch immer nichts geschah, die andringende Fluth aufzuhalten. Endlich sandte die Landbotenkammer, unter dem Druck der allgemeinen Unzufriedenheit, eine Abordnung nach dem Hauptquartier; am 10. Aug. trat dort zu Bolimow ein Kriegsrath zusammen; jetzt erst, zu spät, ward die Unfähigkeit Skrzynecky's anerkannt, und seine Absetzung ausgesprochen, an seiner Stelle, zu spät, der Held des berühmten Rückzugs, den die begeisterte Nation den ruhmvollsten in der Geschichte vergleichen durfte, Dembinsky, ernannt. Das Aufbieten der gesammten männlichen Bevölkerung in allen vom Feinde nicht besetzten Landschaften, das eifrige Schanzen an den Erdwerken um Warschau, wozu sich Vornehm und Gering und Alt und Jung drängte, die heißen Gebete um Rettung des Vaterlandes in allen Kirchen — sie konnten jetzt nichts mehr helfen, denn auch von Silben her drängte nunmehr das Corps des Generals Rüdiger an und in der Mitte der Hauptstadt selbst erhob sich der radicale patriotische Verein wieder, an seiner Spitze der alte General Krukowiecky, der, von Skrzynecky verdrängt, Rache schnob und mit einigen Fanatikern den letzten Trumpf bankerutter Revolutionäre, die Nachahmung des französischen Terrorismus von 1793 auszuspielen sich anschickte. Für dieses Land und Volk gab es kein Heil mehr. Als Dembinsky den nothwendigen und gewissen Sieg, den man von ihm verlangte, zu erfechten zögerte, brach zu Warschau am 15. August die ungezügelte Wuth des Pöbels los, welche, unter bestialischen Greueln an den Gefangenen, den alten Krukowiecky auf den Schild hob; das Haupt der Nationalregierung Fürst Czartorisky, mußte, um das Leben zu retten, verkleidet aus der Stadt entweichen. Krukowiecky bemächtigte sich vollständig der Gewalt: der eingeschüchterte Rest des Reichstags ernannte ihn zum Präsidenten der Nationalregierung mit dictatorischer Vollmacht. Der neue Präsident ernannte den 70jährigen General Malachowsky zum Befehlshaber des Heeres: er sollte mit einem Theile desselben die Hauptstadt vertheidigen, während zwei Andere, Lubiensky und Romarino, der letztere ein Abenteurer höchst zweideutigen Charakters, auf dem rechten Weichselufer ihr Heil versuchen sollten. Am 21. August zogen sie über die Brücke von Praga, zusammen 22,000 Mann und 40 Geschütze; 30,000 mit 92 Geschützen blieben zurück.

Dembinsky hatte sich gefügt und den Befehl an Malachowsky abgegeben. Zu Anfang September hatte Paskiewitzsch seine ganze Macht vor Warschau beisammen. Im Mittelpunkte der polnischen Stellungen lag das Dorf Wola, das in eine starke Festung verwandelt war. Eben gegen diese Schanzen, den stärksten Punkt der vier Stunden langen äußeren Linie, richteten die Russen am 6. September ihren Angriff. Die Vertheidigung war, was die dabei bewiesene persönliche Tapferkeit der Polen betraf, hier wie überall alles Ruhmes werth; ein Officier sprengte sich und den Rest seiner Leute in einer Redoute zugleich mit den eingedrungenen Russen in die Luft; aber die Oberleitung dieser Vertheidigung war überaus mangelhaft: kein Ineinandergreifen, kein sicherer Befehl noch sicherer Gehorsam: und gegen Abend erhielt General Bem, der die Artillerie commandirte, den Befehl, hinter die zweite Linie zurückzugehen.

Der Verlust der Russen war schwer, die Vertheidigung konnte noch in die Länge gezogen werden: aber Krukowiecky glaubte die Zeit zu Unterhandlungen gekommen. Der russische Feldherr lud ihn ein, nach Wola zu ihm ins Hauptquartier zu kommen. Dort bot Paskiewitzsch die Bedingungen des kaiserlichen Manifestes und gewährte seinem Gegner einen Waffenstillstand bis Nachmittags ein Uhr, um die Zustimmung des Reichstages zu erwirken. Eine Verhandlung nach Polenart wurde gepflogen; große Worte, Säbelgeklirr, Proteste antworteten dem Berichte, den Prondzynzky von der Unterredung gab, die er und der Oberbefehlshaber mit dem russischen Feldherrn gehabt; in diesem Stadium war es, wo ein greiser Landbote, noch einmal laut den unheilbaren Wahnsinn bekennend, an welchem dieses Volk zu Grunde ging, den Jüngeren zurief, sie möchten es tief in ihr Herz graben, daß Polen keine anderen Gränzen haben dürfe, als den

Dniepr und die Dwina. Man war hier noch zu keinem Entschlusse gekommen, als der Waffenstillstand abgelaufen war und der Kanonendonner aufs Neue erdröhnte. Die meisten der Anwesenden, ohnehin die zur Berathung zugelassenen Senatoren und Landboten der altpolnischen Provinzen konnten die verheißene Begnadigung des kaiserlichen Manifestes nicht auf sich beziehen: sie faßten noch einmal muthige Entschlüsse, riefen die Bürger auf die Wälle, forderten Generale und Soldaten zum Widerstande bis auf den letzten Tropfen Blutes auf. Der Kampf tobte aufs Neue: langsam gewannen die Russen, welche, da Paskiewitsch verwundet vom Schlachtfelde hatte getragen werden müssen, General Toll führte, Boden: mit Einbruch der Nacht waren sie bis unter die Mauern der Stadt vorgedrungen.

Krukowiecky hatte während dessen die Unterhandlungen auf eigene Hand fortgesetzt; der russische General Berg befand sich bereits in der Stadt, um dieselben zu Ende zu bringen. Allein der Reichstag sprach nun seine Entlassung als Chef der Regierung aus und ernannte Bonaventura Niemojewsky an seine Stelle. Man beschloß das Heer über die Weichsel zu führen, die Brücke zu zerstören, die Corps Lubiensky und Romarino heranzuziehen und, gestützt auf die Festung Moblin, den Krieg fortzusetzen. Der Verlust der Russen betrug mindestens 10,000 Mann und wenigstens leidliche Bedingungen wären immerhin zu erlangen gewesen. Dieser Beschluß ward nur zum Theil ausgeführt. Der größte Theil des Heeres, gefolgt von der Mehrzahl der Reichstagsmitglieder und einer Menge Anderer, welche keine russische Gnade hoffen durften oder wollten, war nach Praga hinübergegangen, aber die Vernichtung der Brücke unterblieb, da am 8. September Morgens Malachowsky erschien und die Nachricht von einer durch ihn abgeschlossenen Convention überbrachte, welche dem russischen Feldherrn Praga übergab.

Heer und Reichstag zogen sich auf Moblin zurück, wo Malachowsky seinen Oberbefehl niederlegte. Der neue Oberbefehlshaber Rybinsky entbot auch Romarino nach Moblin. Allein dieser versagte dem Befehl, dem er mißtraute, den Gehorsam und wandte sich nach Süden; verfolgt von russischen Truppen unter Rosen trat er in der Nacht vom 16. zum 17. September mit einem Rest von 10,000 Mann über die galizische Gränze; dasselbe thaten die Reste des Corps Rocycky, das an der oberen Weichsel gegen General Rüdiger gestanden hatte; sie begaben sich auf krakauisches Gebiet.

Dem Hauptheere wurde jetzt, wo fernerer Kampf aussichtslos war, von den Russen die Bedingung unbedingter Unterwerfung gestellt. Aber hier war man noch einmal zum Aeußersten entschlossen: zur bedingungslosen Unterwerfung war es noch immer Zeit. Am 21.

September brach Reichstag und Heer aus den Stellungen bei Modlin auf, um ohne Aussicht auf Sieg den Krieg, indem man bei Plock die Weichsel überschritt, die russischen Stellungen umgehend nach Südwesten zu tragen. Im äußersten Falle war die preußische Gränze nicht weit; und dieser äußerste Fall trat bald ein. Von allen Seiten, zur Verfolgung sich erhebend, rückten die Russen heran: noch eine Scene der Verzweiflung folgte, da das Heer, in offenen Aufruhr ausbrechend, den Kampf gegen die Russen verlangte; aber es war nicht anders, man mußte sich dem Schicksal unterwerfen: 24,000 Mann mit 95 Geschützen überschritten am 5. October 1831 die preußische Gränze bei Swidzebno und legten die Waffen nieder, die sie so tapfer und so unglücklich geführt hatten. Die Festungen Modlin und Zamosk capitulirten.

Wiederum endete ein Act eines großen Trauerspiels, und er war nicht der letzte. Am 1. November gab Kaiser Nicolaus eine Amnestie, von welcher nur die Urheber der Revolution, die Theilnehmer an den Mordscenen vom 15. August, die Reichstagsmitglieder welche für die Absetzung der Dynastie gestimmt, und alle diejenigen Officiere, welche den Widerstand auch nach der Warschauer Capitulation noch fortgesetzt hatten, ausgeschlossen waren. Es war ein Glück, daß die meisten Häupter den russischen Strafen und der russischen Amnestie sich durch den Uebertritt auf fremdes Gebiet entzogen hatten, und nur ihr Vermögen oder ihre Schulden zurückließen. Krukowiecky wurde in einer russischen Stadt internirt und starb in verdienter Verachtung; härter ward das ganze Land bestraft, das einer furchtbaren Tyrannei unterworfen wurde. Die polnische Verfassung, das Geschenk eines menschlicheren Herrschers, ward aufgehoben und ihre Urkunde, nur noch ein historisches Denkmal, nach Petersburg gebracht; an ihre Stelle trat das organische Statut vom 26. Febr. 1832. Das polnische Heer ward aufgelöst, und an die Stelle des Reichstages trat ein Staatsrath, dessen Mitglieder der Kaiser ernannte und daneben ohnmächtige Versammlungen in den einzelnen Palatinaten. An die Spitze der Verwaltung des von neuem eroberten Landes trat der „Fürst von Warschau", der siegreiche Feldherr des russischen Heeres, Paskiewitsch. Die Güter der Geflüchteten wurden confiscirt und zum großen Theil an Russen geschenkt; wer nicht geflüchtet war, wurde kriegsrechtlich gerichtet und entweder zu Zwangsarbeiten in Rußland verurtheilt oder nach Sibirien abgeführt. Die Flüchtlinge aber verbreiteten sich über Europa; überall von der opferwilligen Humanität und den unklaren, doch nicht unberechtigten Sympathieen des Liberalismus mit offenen Armen aufgenommen dienten sie mit dazu, im westlichen Europa und namentlich in Deutschland den Haß gegen Rußland zu verbreiten, in welchem man die Incarnation des bösen freiheitsfeindlichen Princips sah; war doch diesmal sogar in Wien den Polen Rücksicht und Mitleid zu Theil geworden, selbst in Regierungskreisen, wo man für die Griechen weder das Eine noch das Andere gehabt hatte.

Die Verzweiflung dieser ruhelosen Verschwörer hatte allerdings Rußland und die gesammte bestehende Ordnung der Dinge zu fürchten, und diese polnische Emigration, die mit den Ostmächten von jetzt an einen „Krieg ohne Herolde", wie man in alten Zeiten sich ausdrückte, führte, einen Krieg, dessen Hauptquartiere, Waffen und Mittel überall und nirgends waren, bildete einen wirksamen Gährungsstoff in der europäischen Gesellschaft: eine Schaar, überall bereit, Schaden zu stiften, wo Zündstoff angehäuft lag, die Lunte anzulegen, hoffend, fluchend, bettelnd, schwindelnd, aber niemals lernend, niemals vergessend. Aber die Gerichte Gottes sind gerecht. An den Polen wurde die Sünde der Väter wie die eigene gerächt, allein auch die Mächte, welche einst den großen Raub vollbracht, hatten sich selbst damit eine Zuchtruthe gebunden. Für Rußland insbesondere war diese Nothwendigkeit, Polen mit Waffengewalt zu unterwerfen und am Boden zu halten, ein schwerer Schade. Das Land leistete dem großen Russenreiche das nicht, um deswillen es allein erobert worden war; es war für Rußland keine Quelle der Macht, sondern der Schwäche. Es konnte ihm den Zusammenhang mit der Bildung und dem Geistesleben des Westens nicht vermitteln: im Gegentheil, seine Verbindung mit dem russischen Volkskörper diente nur dazu, den Czaren noch mißtrauischer und ängstlicher zu machen gegen jeden Windstoß von Westen her. Von irgend einer nennenswerthen Reform im Innern ist für dieses Jahrzehnt nichts zu berichten. Nicolaus trat für die ängstlichen und schwachen Gemüther in der mehr und mehr in stürmischeren Wogen gehenden Zeit an die Stelle Metternich's, als der letzte Hort und Helfer, wenn die Wogen der Revolution, deren Hochfluth man in den Julitagen mit Schrecken gesehen hatte, abermals steigen sollten. Und merkwürdiger Weise fand er Gelegenheit, seine helfende Hand zunächst dem Sultan Mahmud zu bieten, dessen Thron noch schwankte von den Stößen, die im Kriege des Jahres 1828/29 eben die russische Macht auf ihn geführt hatte.

3. Türkei.

Für das türkische Reich gab es, nachdem man ihm die Sorge um die Griechen abgenommen hatte, keine wichtigere Frage, als das Verhältniß zu Aegypten, und sicher spielte dieses Verhältniß seine Rolle mit bei den Reformen, mit denen Sultan Mahmud dem geschwächten Reiche aufzuhelfen bedacht war und denen doch allenthalben Widerwille und Widerstand begegnete, da die Mächtigen allenthalben bei der alttürkischen Unordnung sich besser standen, als bei einer regelmäßig arbeitenden Verwaltungsmaschinerie nach europäischer Weise, wie sie Mahmud im Sinne trug.

Dem Vicekönig von Aegypten hatten sich die großen Hoffnungen nicht verwirklicht, die er damals hegen mochte, als der Sultan genöthigt war, seine Hülfe gegen die Griechen in Anspruch zu nehmen. Seine eigennützige Hülfe verlor den besten Theil ihres Werths: die europäischen Mächte hatten die Sache in die Hand genommen, und vor ihnen mußte Ibrahim Pascha das von ihm eroberte und verheerte Land räumen. Er erhielt für die geleistete Kriegshülfe nur einen dürftigen Lohn, die Statthalterschaft von Kandia, wo er zunächst selbst erst die Ruhe herzustellen hatte, was in den ersten Monaten des Jahres 1831 rasch und glücklich vollbracht war. Aber sein Geschäft war dennoch gemacht. Die Kraft der Osmanen hatte sich in dem langen Kampfe mit den Griechen, hernach in dem Krieg mit den Russen erschöpft, dem er, sicher in seinem Nillande, mit völliger und fast feindseliger Unthätigkeit zuschaute. Gelegenheit, der Pforte weitere Zugeständnisse abzupressen, fand sich bei der Zerrüttung des Reiches leicht.

Wie alle Herrscher von Aegypten seit den ältesten Zeiten strebte auch er nach dem Besitze von Syrien: einem Besitz, der, wie ein Blick auf die Karte zeigt, fast zur Nothwendigkeit wird, so oft Aegypten den Anspruch macht, ein eigenes Reich und nicht blos die Provinz eines größeren Reiches zu sein. Der Satrap dieses Landes, Abballah Pascha, gab ihm den erwünschten Anlaß zum Vorgehen in dieser Richtung, indem er die Fellahs des Nildeltalandes, welche sich der pharaonischen Wirthschaft Mehemed Ali's durch Auswanderung nach Syrien entzogen, gerne aufnahm, und ihre Rücksendung, welche Mehemed Ali verlangte, unter allerlei Vorwänden verweigerte und verzögerte. Die Auswanderung dieser Leute, welche ihm sein Landgut — so bezeichnete man wohl Aegypten und nicht mit Unrecht, da er auf hinterlistige Weise den größten Theil von Grund und Boden in seine Hände gebracht hatte — bebauten, schmälerte ihm seine Einkünfte; er trug seine Beschwerden der hohen Pforte vor, erhielt aber von dort die Antwort, die Fellahs seien nicht seine Sclaven, sondern Unterthanen des Großherrn und könnten in dessen Staaten sich niederlassen, wo immer sie wollten.

Daraufhin rüstete Mehemed Ali, um sich, was er für sein Recht hielt, selbst zu schaffen, und im November 1831 brach sein Adoptivsohn Ibrahim mit einer trefflichen Armee von 20,000 Mann Fußvolk und arabischen Reitern in Syrien ein. Gaza, Jaffa, Jerusalem öffneten ihm die Thore: er gelangte ohne Widerstand vor Akka. Abballah hatte sich in diese Festung eingeschlossen, welche nun zugleich zu Lande und durch die ägyptische Flotte, die 27 Schiffe stark von Alexandria abgesegelt war, zur See angegriffen wurde. Indeß die Belagerung zog sich in die Länge, noch im December, hierdurch ermuthigt, schickte der Sultan Commissäre ab, welche von dem Vicekönig die Räumung Syriens verlangten. Dieser betheuerte, wie immer, seine Ergebenheit gegen den Sultan, verlangte aber, daß ihm von den 4 Paschaliks, in. welche Syrien zerfiel — Damaskus, Aleppo, Adana und St. Jean d'Acre — zwei, Damaskus und Akka übergeben würden. Auch die Pforte rüstete jetzt, und aus dem Satrapenkrieg wurde ein Reichskrieg. Der Statthalter von Aleppo, Mehemed Pascha, sammelte Truppen, denen mit dem Frühjahr (1832) der Seraskier Hussein Pascha die reguläre Reichsarmee zu Hülfe führen sollte, und während die Belagerung von Akka sich in die Länge zog, wurden Mehemed Ali und sein Sohn von ihren Würden suspendirt, bis sie sich von ihrem Ungehorsam gegen den Großherrn abgewendet hätten und als dies nicht geschah, vielmehr sich deutlich zu erkennen gab, daß das Ziel des Aegypters die Eroberung Syriens, wo nicht Schlimmeres war, am 23. April 1832 die Acht über Mehemed Ali als Verräther am Propheten und am Sultan ausgesprochen. Ohnmächtige Worte: am 26. Mai ergab sich Akka und der besiegte Abballah wurde als Gefangener nach Alexandria geschickt; die Belagerungstruppen führte Ibrahim ohne Zögern weiter nach Damaskus, das keinen Widerstand leistete und das er im Namen seines Vaters in Besitz nahm. Von hier zog er weiter nach Baalbeck in Cölesyrien, der Armee des Großherrn entgegen, die 60,000 Mann mit 100 Kanonen stark, der Stolz und die Zuversicht ihres Schöpfers, des Sultans, am 19. April von Constantinopel aufgebrochen war. Es befehligte sie als Serdar (Oberfeldherr) Hussein Pascha, ein treuer Diener des Großherrn, der aber kostbare Zeit durch langsamen Marsch verlor. In der Nähe der Stadt Homs kam es zwischen der Vorhut Hussein's und den Truppen des Pascha's von Aleppo einerseits, 20,000 Mann im Ganzen, und etwa 16,000 von Ibrahim's Heer zum Kampf (9. Juni), in welchem die Türken geschlagen wurden. Es war nichts verloren, da das Haupttheer noch intakt war, aber es waren die besten Truppen, die geschlagen worden; die Muthlosigkeit theilte sich den übrigen mit, unter denen Krankheit und schlechte Verpflegung bereits die Schlagfertigkeit zu lähmen begann. Die Bevölkerung zeigte sich widerwärtig und Hussein ordnete den Rückzug nach Cilicien, über den Amanuspaß, an: es waren die Gegenden, welche durch die Operationen Alexander's des Großen, die mit der Schlacht bei Issus endigten (334 v. Chr.), berühmt geworden sind. Der Paß von Beitan, 5000' hoch zwischen senkrechten Felsen, hätte gehalten werden können: allein als feindliche Tirailleurs auf den Höhen über dem Defilé erschienen, löste sich das demoralisirte türkische Heer in Flucht auf und gab den Aegyptern ganz Cilicien preis, ohne einen Versuch, die dortigen festen Plätze zu halten; am 11. Aug. besetzte Ibrahim Adana und legte Garnisonen in die Tauruspässe, um seine Eroberungen zu sichern und seinerseits, wenn es ihm gefiel, den Krieg weiterzutragen. Syrien und Cilicien waren, als der Sommer (1832) zu Ende ging, im unbestrittenen Besitze der Aegypter.

Die Bestürzung in Constantinopel war groß. Hussein, der nach alttürkischem Recht schwerlich den Kopf auf den Schultern behalten hätte, wurde abgesetzt, und an seiner Stelle erhielt der Großvezier Reschid Mehemed Pascha, ein Tscherkesse von Geburt, kein Freund der europäischen Kriegskunst, der aber seines Gegners Taktik von Mesolonghi her kannte, den Oberbefehl. Man rüstete von beiden Seiten. Der Muth der Türken hob sich wieder: die Syrier, welche Ibrahim als Befreier vom türkischen Joche empfangen hatten, merkten bald, daß auch er das Truppenausheben und Steueraufleger verstand und wurden schwierig. Seine Lage war gefährlich, da er von seiner Operationsbasis weit entfernt war. Gleichwohl wählte er das Kühnere und rückte weiter nach Karamanien vor; auch hier, in Anatolien wie in Syrien empfingen ihn die Bevölkerungen zuerst als Erlöser von dem schweren Joch der osmanischen Mißregierung. Er rückte bis Konia (Ikonium) vor, das ihm 18. November (1832) die Thore öffnete: ein sehr willkommener Rastort bei dem ungewöhnlich früh hereinbrechenden Winter dieses Hochlandes, an welchen seine ägyptischen Truppen nicht gewöhnt waren. Aber nachdem er sich eingerichtet und ausgeruht, war ihm die Schlacht je früher desto willkommener und der Oberbefehlshaber der türkischen Armee that ihm gegen das was die Klugheit gebot den Gefallen. (21. Dezember.) Nebel bedeckte die Ebene und das Mißgeschick wollte, daß der Großvezier selbst, bald nach Beginn der Schlacht, die erst gegen Mittag ernstlich wurde, in die ägyptischen Linien hineingerieth und gefangen wurde. Ueber sieben Stunden dauerte der Kampf; die Türken fochten tapfer und in überlegener Zahl; aber die Taktik Ibrahim's errang abermals den Sieg, der das letzte Heer des Sultans zertrümmerte. Der Weg nach dem Bosporus lag aufgethan vor dem Sohne Mehemed Ali's, und allenthalben begannen die Bevölkerungen, denen Ibrahim so nachdrücklich die Offenbarung der überlegenen Macht, die bei diesem Volke noch über den Koran geht, gegeben hatte, sich zu fragen, ob es nicht der Wille des Allerhöchsten sei, den Osmanen das Reich zu nehmen und es dem Aegypter zu geben: und in Mehemed Ali selbst hatte der Gedanke Wurzel gefaßt, daß das Chalifat durch die Araber erneuert werden müsse, welche, unter Führung seiner Dynastie, bestimmt seien, an die Stelle der erstorbenen osmanischen Race zu treten.

Die Pforte wußte sich keinen Rath mehr. Ihre europäischen Freunde ließen sie im Stich und Mehemed Ali hatte von dorther Nichts zu fürchten. Mit Frankreich, dessen Abenteurern dort in Aegypten eine Goldgrube aufgethan war und wo man deshalb die nöthigen großen Worte erfand, um den Vicekönig, der das Genie Frankreichs verstehe, der europäischen Welt als einen der ihren vorzuführen, unterhielt er die besten Beziehungen. Preußen war weit entfernt, und ließ sich nie tief in die orientalischen Dinge ein. Oestreich hielt zurück und England war gleichfalls unthätig: hatte doch die Pforte selbst seither alle Vermittlungsanerbietungen zurückgewiesen, weil man dort niemals gedacht hätte, daß das Unheil so schnell und so vollständig hereinbrechen werde. Jetzt sah sie sich plötzlich in einer Lage, wo sie Hülfe und Rettung annehmen mußte, woher sie kam, und wäre es selbst von derjenigen Macht, deren Heer zwei Jahre früher zum letzten Schlage auf ihre Hauptstadt ausgeholt hatte, von Rußland.

Für Rußland lag das Spiel unvergleichlich, und man muß anerkennen, daß seine Regierung die Gunst des Geschickes meisterhaft auszunutzen verstand. Noch war die Türkei keine bereitliegende Beute, so übel ihre Dinge zu stehen schienen: man mußte hier scheinbar hochherzig auf den unmittelbaren Gewinn, der sich aus ihren Verlegenheiten ziehen ließ, verzichten, um desto sicherer den mittelbaren zu ernten und einzubringen. Das einzige, was Rußland zu fürchten hatte, war ein volles Gelingen der Pläne Mehemed Ali's, eine Verjüngung des türkischen Reichs durch eine neue Dynastie: man konnte es hindern, indem man überdies den uneigennützigen hülfreichen Nachbar spielte, und zugleich die verlegene und ungeschickte Politik der übrigen Cabinette beschämte. Am 21. Dezember, eben dem Tage, an welchem auf der Ebene von Konia die Entscheidung fiel, wiederholte der neue russische Gesandte, Generallieutenant Murawieff, die Hülfsanerbietungen seines Kaisers. Nach kurzem Schwanken zwischen dem russischen und französischen Einflusse nahm Sultan Mahmud die guten Dienste des Czaren an und am 5. Januar 1833 begab sich Murawieff selbst nach Alexandria zu Mehemed Ali, sein Oberst Dühamel nach Kutajah, um sich dort über den Zustand der Reste der türkischen Armee zu informiren und weiterhin dann nach Konia zu Ibrahim Pascha. Dieser letztere war durch den französischen Geschäftsträger bereits unterrichtet und wies — bei aller Treue gegen den Sultan, allem Respekt vor dem Kaiser von Rußland, wie er betheuerte — jede Vermittlung und Unterhandlung ab, da er nur Militär sei. Ebenso schei-

terte die Sendung Murawieff's, mit dem gleichzeitig ein Gesandter der
Pforte, der Admiral Chalil Pascha in Alexandria eintraf, welcher dem
Vicekönig Vergessen des Geschehenen und das Paschalik von Akka
anbot. Der Person des Gesandten seines Oberherrn bereitete Mehemed Ali einen glänzenden Empfang, seine Anerbietungen lehnte er
ab. Die diplomatische Heuchelei aber trieb das würdige Paar, Vater
und Sohn, so weit, daß Ibrahim dem Sultan wegen der Schlacht bei
Konia einen Condolenzbrief schrieb, um bald darauf in denselben
unterwürfigen Formen um die Erlaubniß zu bitten, seine Quartiere bis
Brussa, vorwärts Kutajah auf der großen Straße nach dem Marmormeer und dem Bosporus, ausdehnen zu dürfen.

Den Russen war das Scheitern dieser Mission ganz erwünscht —
es blieb nun der Pforte nichts mehr übrig, als zu der diplomatischen
nun auch noch die Kriegshülfe anzunehmen. Zu spät bot jetzt, um
das Einlaufen einer russischen Flotte im Bosporus zu verhindern,
auch der französische Gesandte, der eben ankommende Baron Roussin,
dem Sultan seine Vermittlung an und protestirte gegen das Einlaufen
russischer Schiffe in den Bosporus. Am 20. Februar fuhren 4 russische Linienschiffe, 5 Fregatten, 2 Corvetten unter Contreadmiral Lazareff in den Bosporus ein.

Der französische Botschafter erneuerte seinen Protest und sputete
sich, seinerseits an Ibrahim und Mehemed Ali einen Vergleichsvorschlag gelangen zu lassen — er bot etwas mehr, als der Russe, die
Statthalterschaft von Tripolis zu der von Akka — einen Vergleichsvorschlag, dessen Ablehnung Frankreich als eine Beleidigung ansehen
würde. Mehemed Ali ließ sich nicht einschüchtern. Er sei Herr von
Syrien und Anatolien, die Bevölkerung ihm überall günstig, seine
Forderung, die vier Paschaliks von Syrien, billig: wenn binnen sechs
Tagen der Friede nicht zu Stande gekommen sei, ließ er sich trotzig
vernehmen, würde er seinem Sohne den Marschbefehl zufertigen. Wohin eine Wiederaufnahme der Feindseligkeiten führen mußte, darüber
konnte kein Zweifel sein: das ägyptische Heer, etwa 70,000 Streiter,
war im besten Stande, die türkischen Truppen waren zu bloßen marodirenden Banden geworden, gegen welche die eigenen Städte des
Großherrn sich zur Wehre setzten.

Am 25. März trafen diese üblen Zeitungen in Constantinopel ein.
Der Sultan bat um Zusendung der zweiten russischen Flottendivision,
welche sich zu Sebastopol bereit hielt. Allein dem Divan — und
diesem mehr als dem Sultan selbst — war nicht wohl zu Muthe bei
der russischen Hülfe, und damit nicht unbekannt, raffte sich auch die
englische und die französische Regierung zu energischerer Thätigkeit
auf. Aufs neue begab sich, während die zweite Abtheilung der russi-

schen Flotte anlangte und 5000 Mann Landungstruppen am asiatischen Ufer ausschiffte, denen bald weitere bis zu 13,000 mit den freigebigsten und loyalsten Verheißungen des Kaisers folgten, der französische Unterhändler Herr von Varennes mit einem Vertreter des Divans Reschid Bey, nach Ibrahim's Hauptquartier, jetzt zu Kutajah. Am 14. April, als eben die dritte Abtheilung der russischen Flotte ankam, kehrte Varennes zurück; man war auf dem Wege sich zu verständigen. Auch der englische Gesandte, Lord Ponsonby, machte jetzt seinen Einfluß geltend: er drang darauf, daß man dem Feinde nachgebe, um den Bundesgenossen loszuwerden, und so genehmigte der Sultan am 5. Mai 1833 den **Frieden von Kutajah**, der seinem siegreichen Vasallen im Wesentlichen seine Forderungen gewährte. Der Vicekönig erhielt die drei Paschaliks von Syrien, rücksichtlich des vierten, Adana (Cilicien) mit den Tauruspässen, hatte man eine Form gewählt, welche an der Sache selbst nicht viel änderte: diese Provinz wurde nicht an den Vicekönig, sondern an seinen Sohn Ibrahim gegeben, der sie unter dem bescheidenen Titel eines Muhassil oder Generalsteuereinnehmers verwaltete. Die Aegypter zogen ab, der Vertrag war bis Anfang Juli aufs Loyalste erfüllt: es handelte sich nun darum, auch die russische Hülfe, die nicht ferner nöthig war, auf gute Art fortzubringen. Die russische Politik errang einen vollen Triumph: gleichsam wetteifernd hatte Mehemed Ali, der Sultan und die europäischen Vermittler ihre Geschäfte besorgt. Während der Aegypter die Pforte an den Rand des Verderbens gebracht und die angeblichen Freunde des Sultans ihn erst im Stiche gelassen und dann einen Frieden vermittelt hatten, welcher die Türkei auf die Dauer schwächte und ihr vier Provinzen kostete, hatte Rußland ihr großmüthig Hülfe geboten, das Anerbieten, als es angenommen worden, aufs Loyalste ausgeführt, und zog nun, als man dieser Hülfe nicht weiter bedurfte, ebenso loyal seine Truppen, gegen welche sich der Sultan in Artigkeiten erschöpfte, wieder zurück (10. Juli 1833).

Indeß, sie gingen nicht mit leeren Händen. 14 Tage nachdem die russische Flotte den Bosporus verlassen, erfuhr man ein bis dahin wohl verwahrtes Geheimniß: daß am 26. Juni die Pforte mit Rußland ein Schutz- und Trutzbündniß geschlossen habe. Zu Hunkiar-Iskelessi, einem Ort auf der asiatischen Küste, hatte der Befehlshaber des Hülfscorps, Graf Alexander Orloff, diesen Vertrag zu Stande gebracht, in sechs Artikeln, vorläufig auf acht Jahre: Bestätigung des Friedens von Adrianopel, gegenseitige Hülfe auf Verlangen: aber in einem geheimen Zusatzartikel, dessen Inhalt lange Zeit für die übrigen Mächte ein Gegenstand bloßer Vermuthung war, hatte Rußland erklärt, daß es seinerseits auf jede materielle Hülfe von Seiten der

Pforte verzichte: „andererseits wird die hohe Pforte an Stelle der Hülfe, welche sie erforderlichen Falls gemäß der Prinzipien dieses Vertrages zu leisten hätte, ihre Wirksamkeit zu Gunsten des kaiserlichen Hofes darauf beschränken, die Meerenge der Dardanellen zu schließen, d. h. den fremden Kriegsschiffen unter keinerlei Vorwand die Einfahrt in dieselbe zu gestatten."

Gegen wen dieser Vertrag, das ungleiche Bündniß eines Starken mit einem Schwachen, gerichtet war, das konnte nicht zweifelhaft sein. Am 27. August überreichte der französische Gesandte in Constantinopel eine Note, welche das Bedauern seines Cabinets über den Vertrag vom 8. Juli aussprach und ähnlich ließ sich Lord Ponsonby vernehmen: eine Flottendemonstration sollte diesen Einspruch unterstützen. Dagegen fügten sich die beiden nordischen Höfe, Wien und Berlin, in das Unvermeidliche und erkannten den Vertrag an.

So standen hier, zunächst in Beziehung auf die wichtigen Fragen des Orients, die beiden „Westmächte," England und Frankreich, gegen die östlichen und nördlichen, Rußland, Oestreich, Preußen: nur daß die erste Stelle und Leitung dieser erneuten heiligen Allianz seit 1828 aus den ungeschickten und, glaubt man, unreinen Händen Metternich's in die des energischen Kaisers von Rußland und seines klugen Rathgebers, Grafen Nesselrode, übergegangen war. In erster Reihe standen sich im Orient England und Rußland gegenüber. Sehr allmälig nahm sich England auf, um die Reihe von Niederlagen, die seine Politik dort erlitten, wieder gut zu machen. Die schlaffe Führung dieses Theils der auswärtigen Politik war einer der Vorwürfe, welche der Whigverwaltung, die von 1832—40 mit geringer Unterbrechung das Ruder führte, gemacht wurden. Insbesondere machte sich David Urquhart, welcher in jenen Jahren den Orient bereist hatte, zur Aufgabe, seine Landsleute über das, was er die Intriguen Rußlands nannte, aufzuklären: er ward dem dortigen Gesandten, Lord Ponsonby, als Sekretär beigegeben und wurde von diesem im December 1834 nach London geschickt, wo er durch seine Broschüre „England, Frankreich, Rußland und die Türkei" viel dazu beitrug, den Westen auf die gefährliche Haltung Rußlands aufmerksam zu machen.

Den einzelnen Wendungen und Fechterstreichen, mit denen sich England und Rußland auf diesem schlüpfrigen Boden bekriegten und auswichen, folgt die Erzählung nicht: der Antagonismus dieser beiden Mächte in Asien muß in seinem Gesammtzusammenhange an anderer Stelle vergegenwärtigt werden. Der Friede im Osten blieb einige Jahre hindurch bestehen, da und dort, in Bosnien und Albanien z. B., durch locale Aufstände unterbrochen. Das Verhältniß der Pforte zu Rußland blieb günstig: eine Convention vom Jahre 1834 regulirte die von dem letzten Friedensschlusse her noch schwebenden Schwierigkeiten, und ließ den Türken einen Theil der Kriegskostenentschädigung nach: doch hielt Rußland sein Besatzungsrecht in Silistria fest, bis Alles bezahlt sei; im Jahre 1836 regelte eine neue Convention auch diese Frage zu Gunsten der Pforte.

Auch mit Mehemed Ali blieb der Friede einige Jahre gewahrt: doch trank Sultan Mahmud mit gierigem Ohre die Nachrichten, die ihm von der Unzufriedenheit der im Frieden von Kutajah abgetretenen Provinzen zukamen, wo die Bevölkerungen sehr bald zur Erkenntniß kamen, daß das ägyptische Joch nicht leichter war, als das türkische gewesen. Sultan Mahmud benutzte die Zeit, die ihm gegönnt war, um sein Heer wieder auf einen Achtung gebietenden Stand zu bringen und erbat sich für dasselbe Instructoren von derjenigen Macht, welche keine eigennützigen Interessen in der Türkei verfolgte, von Preußen. Friedrich Wilhelm III. gewährte einigen Generalstabsoffizieren zu diesem Zwecke Urlaub, unter denen sich Einer befand, dem man damals nicht geweissagt hätte, zu welch' gewaltigen Aufgaben er noch aufgespart war, Hellmuth von Moltke (1835). Seine ausgezeichneten Leistungen bestimmten die Pforte zu neuen Gesuchen: im Jahre 1837 trafen einige weitere Offiziere ein. Der Sultan, welcher auf diese freundschaftlichen Beziehungen zu Preußen seinerseits großen Werth legte, was seinem politischen Scharfblick Ehre machte, errichtete eine ständige Botschaft in Berlin, wie er für London, Paris und Wien gethan.

Daß diese Rüstungen im Hinblick auf einen neuen Zusammenstoß mit dem übermüthigen Vasallen am Nil geschahen, war kein Geheimniß, und kurz vor dem Tode Mahmud's, im Jahre 1839, brach der Krieg aufs Neue aus und die „orientalische Frage" drohte abermals auch im Westen den allgemeinen Krieg zu entfesseln. Ehe dies erzählt werden kann, müssen wir sehen, wie sich unterdessen die Verhältnisse in Frankreich selbst und den Ländern, welche stärker und unmittelbarer als die nördlichen und östlichen von Frankreich beeinflußt werden, in der Schweiz, in der apenninischen und pyrenäischen Halbinsel, gestaltet hatten.

C. Die romanischen Länder
1830—1840.

Der neue König von Frankreich, der Erkorene des wohlhabenden erwerbsamen und friedlich gesinnten Bürgerthums, beeilte sich, sobald er den Thron bestiegen hatte, nach allen Seiten hin zu versichern, daß die Regierungsveränderung in Frankreich keine Erschütterung des europäischen Friedens bedeute. Wenn da und dort während der Julitage in einigen jugendlichen Köpfen der Gedanke auftauchte, bei dieser Gelegenheit die Verträge von 1815 umzustoßen, welche den Franzosen, deren Uebermuth damals viel zu gelinde bestraft worden war, sehr mit Unrecht als eine unerträgliche Demüthigung erschienen, und wenn auch einige Weiterblickende daran dachten, daß eine Rückeroberung der Rheingrenze dem neuen Thron einen Glanz geben könnte, dessen derselbe um so mehr bedurfte, weil es in der That bei seiner Aufrichtung nicht allzu reinlich zugegangen war: so war dies nicht die Ansicht Ludwig Philipp's, noch derer, die mit ihm die Gewalt theilten. Sein Gesandter in London, Fürst Talleyrand, beeilte sich, die Aufrechthaltung der Verträge von 1815 als seine besondere Aufgabe zu bezeichnen. Und so gelang es denn auch wirklich, den Frieden Europas zu erhalten, und dies war in der That, wenn gleich nicht in den Augen des bramarbasirenden Radicalismus, ein Verdienst Louis Philipp's; denn nur so konnte diese neue Revolution in Frankreich auf die europäischen Staaten heilsam anregend wirken, ohne zu zerstören. Ihre unmittelbarsten Wirkungen äußerte sie, neben Belgien und Polen, in den romanischen Staaten des Südens, denen wir diesmal die Schweiz zuzählen müssen, obgleich dieses Land nur $^1/_2$ Million Romanen neben $^5/_4$ Millionen Deutschen zählte. In der Mitte liegend zwischen der germanischen und der romanischen Welt, empfing es seit geraumer Zeit seine Anregungen weit mehr aus Frankreich, als von dem vielgetheilten Deutschland, das viel zu unfertig und viel zu sehr in eigenen Entwicklungskämpfen begriffen war, um eine entschiedene Wirkung nach Außen zu üben.

1. Die Schweiz.

Im Ganzen zeigen die schweizer Zustände von 1815—30 mit den deutschen eine große Familienähnlichkeit. Ihre Bundesverfassung war nicht wirksamer als die deutsche. Ihr Bundestag, hier Tagsatzung genannt, kam in Zürich, Bern und Luzern, einem der „Vororte," je wie die Reihe war, zur bestimmten Zeit zusammen, zankte sich, und ging wieder auseinander. Gemeinsame Angelegenheiten gab es wenige; jeder Canton besorgte seine Dinge selbst und wachte eifersüchtiger, als der Kurfürst von Hessen oder der König von Hannover, auf dieser seiner Sondersouveränetät; keine gemeinsame Münze, kein gemeinsames Maß und Gewicht, keine gemeinsame Zollgesetzgebung. Was in Deutschland Adel und Fürstenthum, das waren hier die Großbürgergeschlechter, das Patriciat, das sich auch da allmälig ausgebildet hatte, wo, wie etwa in Uri, die Verfassung ursprünglich demokratische Formen zeigte: nur daß man sich hier noch engherziger und grausamer gegen jeden Fortschritt zur Wehre setzte, als in Deutschland, und daß der Druck in demselben Verhältnisse peinlicher wurde, als die Staaten kleiner und der Sinn kleinlicher war. Dieses Patriciat beutete der Staat für sich und seine Sippschaft und Klientel aus. Eine Volksvertretung bestand allerdings: aber der große Rath, wie dieser Körper hier genannt wurde, war in diesem Canton auf lebenslang, in jenem andern unter einem hohen Census gewählt, in jenem dritten hatte er gar das Recht, sich selbst zu ergänzen, und die eigentliche Regierung war nicht bei ihm, sondern in den Händen des sogenannten kleinen Rathes, wo das Patriciat und der von jeder Oligarchie untrennliche Nepotismus übermächtig war. Die gegenseitige Absperrung der einzelnen Cantone war schlimmer, als in Deutschland, Geld des einen Cantons z. B. im andern „verrufen," Nichts von gemeinsamem schweizer Bürgerrecht vorhanden; jeder der 21 Cantone schob dem andern die fluctuirende Menge der Unglücklichen zu, welche zwar geborene Schweizer, aber in keinem bestimmten Orte Bürger waren. Zu dem Patricierregiment kam hier, weit tiefgreifender als in Deutschland, der pfäffische Einfluß: in keinem Lande spielte der päpstliche Nuntius die Rolle wie hier, wo er in Wahrheit in weltlichen wie geistlichen Dingen die oberste Instanz und Autorität für die katholische Bevölkerung bildete. So fanden hier die Jesuiten alsbald nach ihrer Wiederherstellung durch Pius VII. das Nest gemacht: im October 1817 berief sie ein amtliches Schreiben der Freiburger Regierung nach dieser Stadt, wo sie das Michaelscollegium in Besitz nahmen und mit der Leitung des gesammten Unterrichtswesens im Canton betraut wurden. Von hier breiteten sie sich dann, nach ihrer Art, rasch weiter aus.

Trotz dieser so starken conservativen Kräfte fand die östreichische Reactionspolitik auch hier zu thun und beobachtete das Land mit argwöhnischen Blicken. Immerhin war es eine Republik, und was schlimmer, eine Vielheit von Republiken. Der Zauber der Freiheit, wenn sie auch nur ein Schatten, ein Wort, ein Name war, haftete einmal an diesen Bergen: und es war ein neutrales Land, der natürliche, an Schlupfwinkeln reiche Zufluchtsort aller derer, welche die siegreiche Polizeigewalt in Deutschland, die Contrerevolution in Italien, Spanien, Frankreich, überall von Haus und Hof vertrieben hatte. Wiederholt wurde deshalb die Schweiz mit Forderungen von Ausweisung der Flüchtlinge, Ueberwachung der Presse bedrängt, mit Spionen überschwemmt und die Regierenden zeigten sich im Allgemeinen nicht lässig, diesen Mahnungen nachzukommen, scharfe Censur zu üben, die Fremdenpolizei zu schärfen, gelegentlich, wie dem Professor Troxler in Luzern geschah, einen Docenten abzusetzen, der sich beigehen ließ, über „Fürst und Volk nach Milton's und Buchanan's Lehren" — also in einem, den Lehren des Hauptsophisten der Reaction, des Berner Professors und Patriciers Karl Ludwig von Haller, entgegengesetzten Sinne — zu schreiben. Allein auf der anderen Seite war hier, je unmittelbarer der Druck bei den kleinlichen Verhältnissen empfunden wurde, um so unmittelbarer auch die Gegenwirkung. Vereine und Volksversammlungen wie der „Zofinger Verein," die „helvetische Gesellschaft" und die auf diesem Boden nicht auszurottenden Schützengesellschaften hatten hier ein leichteres Spiel und eine durchgreifendere Wirkung, und schon auf der Tagsatzung von 1827 zeigte sich das mächtige Regen des freieren Geistes, als eine Anzahl von Cantonen sich weigerte, das Conclusum von 1823 zu verlängern, durch welches man auf Andringen der Allianzmächte die Beaufsichtigung der Presse und die Fremdenpolizei aufs Aeußerste geschärft hatte: und noch vor der großen Woche in Paris gelang in dem kleinen Canton Tessin eine sehr vollständige Verfassungsänderung, welche dort die Volksherrschaft einführte.

Als die Pariser Ereignisse eintraten, verbarg sich Niemand, daß auch die Schweiz einer großen inneren Krisis entgegengehe. Am 20. September 1830 forderte der Vorort Bern die Bundesregierungen zu verdoppelter Wachsamkeit auf: aber der große und kleine Rath von Bern selbst sah sich, geschreckt durch eine Petition des Stadtraths von Burgdorf und die unzuverlässige Haltung seiner eigenen Milizen, genöthigt eine Bürgergarde zu errichten und eine außerordentliche Commission niederzusetzen, welche dem großen Rathe, von dessen 299 Mitgliedern etwa 200 dem Patriciat angehörten, über die Wünsche des Volks und etwa nothwendige Verfassungsänderungen berichten sollte. Ueberall zeigte sich die gleiche Gährung, dasselbe Verlangen nach Aenderung der alten Verfassungen, Abstellung drückender Mißbräuche, Herstellung ursprünglicher Rechte: und nirgends erwiesen sich die Regierungen stark genug, den stürmischen Volksversammlungen, die sich sofort in bewaffnete Züge gegen die Centralhauptstadt zu verwandeln drohten, zu widerstehen. Die Bewegung war schon im vollen Siege, als am 23. December 1830 die von dem Vorort berufene außerordentliche Tagsatzung zu Bern zusammentrat.

Die regierenden Herren hatten den Gedanken, unter dem Vorwand der Aufstellung einer Truppenmacht zum Schutze der Unabhängigkeit des eidgenössischen Gebietes die Verfassungsbewegungen niederzuhalten: auch wurde in der That ein „doppelter Bundesauszug" beschlossen, welcher eine Truppenmacht von 65,000 Mann repräsentirte. Allein was die inneren Angelegenheiten betraf, so erklärte Zürich, in dessen Gebiet die Verfassungsreform schon in vollem Gange war, unter Zustimmung von 11 Cantonen, daß das Streben nach Verbesserung der Verfassungen nicht ein Uebel, sondern vielmehr höchst wünschenswerth sei und daß es von einer Einmischung der Tagsatzung in die Angelegenheiten der einzelnen Cantone Nichts wissen wolle.

Noch gaben sich die Berner Patricier nicht besiegt. Sie versuchten ein zuverlässiges Freiwilligencorps zu bilden, wobei sie auf die aus Frankreich entlassenen Schweizertruppen und deren Offiziere rechneten. Allein die Bevölkerung nahm nun eine so drohende Haltung an, daß der allgemeine Aufstand jeden Tag zu fürchten war; schon war es (Januar 1831) zu einem Gefecht zwischen Aufständischen und Regierungstruppen gekommen, in welchem die letzteren den Kürzern gezogen hatten. Im großen Rathe entschied man sich nach heftigen Erörterungen dahin, daß die Regierung, da sie das Vertrauen des Volkes nicht mehr besitze, zurücktreten solle; ein Verfassungsrath, vom Volke gewählt, möge die künftige Form der Regierung bestimmen. Die Herren von den Geschlechtern entzogen sich der Theilnahme an den Staatsangelegenheiten; sie schmeichelten sich mit der Hoffnung, daß die demnächst zu Tage tretende Regierungsunfähigkeit der geschäftsunerfahrenen Plebejer ihnen bald eine glänzende Genugthuung schaffen werde. Allein der Staat ging trotzdem nicht aus den Fugen; nach drei Monaten (26. Juni 1831) hatte der Verfassungsrath seine Arbeiten vollendet: am 31. Juli wurde die neue Verfassung, Volksherrschaft statt Patricierregiment, von der großen Mehrheit der Bevölkerung des Cantons angenommen. Die alten Behörden traten ab, die neuen wurden eingesetzt: sie fanden einen Schatz von zehn Millionen Francs vor, den die unwirthschaftliche Thorheit der Regierenden, die sich noch viel auf diese einfältige Sparsamkeit zu Gute thaten, in den 15 Jahren ihres Regiments aufgesammelt hatte. In den meisten Cantonen hatten die neuen Verfassungen im Laufe dieses Jahres und noch ehe in Bern die Veränderung vollzogen war, Rechtskraft erlangt: in Freiburg (27. Januar), Luzern (1. Februar), Solothurn (14. März), Zürich (30. März), St. Gallen (1. April), Thurgau (26. April), Aargau (Anfang Mai), Waadt (14. Mai), Schaffhausen (2. Juni). Das Grundprincip war überall das gleiche: Erweiterung der Rechte des großen Raths und Verbesserung des Wahlmodus für denselben; in St. Gallen trieb man das demokratische Princip so weit, daß jeder Gesetzesvorschlag künftig den einzelnen Gemeinden zur Genehmigung vorgelegt werden mußte. Auch war die Aenderung fast überall ohne Blutvergießen zu Stande gekommen: da und dort hatte man den Kunstgriff gebrauchen müssen, die Nichtstimmenden den Bejahenden zuzuzählen, damit eine Mehrheit zu Stande komme.

Zu strafferer Einheit der gesammten Eidgenossenschaft gegenüber der Cantonalsouveränetät führte diese Bewegung zunächst nicht, vielmehr trieb der germanische Unabhängigkeitssinn noch zu weiterer

Zersplitterung und strebte mit Erfolg, noch einige Kleinstaaten mehr in die Welt zu setzen. Im Canton Basel ging der eifersüchtigen Bevölkerung der Landschaft, die sich wie sonst mit Recht oder Unrecht von der städtischen gedrückt und zurückgesetzt fühlte, das Werk der Verfassungsreform zu langsam und sie verlangte, unbefriedigt durch die Concessionen des Verfassungsausschusses, daß Stadt und Land im großen Rathe nach Verhältniß der Kopfzahl, nicht wie seither 90 : 60, vertreten sein müßte. Eine Volksversammlung in dem drei Stunden von Basel entfernten Liestal (4. Januar 1831), setzte der Baseler Regierung eine Frist von 24 Stunden zur Annahme dieser, in solcher Ausdehnung unbilligen Forderung und einiger anderen, bestellte, als jene zögerte, eine eigene revolutionäre Regierung und zwang einzelne Gemeinden mit Gewalt, diesen Schritten beizutreten. Dies führte, da die reiche Stadt sich dem Gesetz, das die Landschaft dictirte, nicht ohne Weiteres fügen wollte, zu offenen Feindseligkeiten und zu militärischer Besetzung von Liestal (16. Januar). Das Einschreiten der Tagsatzung war unwirksam, die Baseler Regierung hielt die Besetzung des Städtchens und die Straffälligkeit der Urheber des Aufstandes aufrecht und setzte das Verfassungswerk fort, das denn auch im Februar durch Volksabstimmung zum Abschluß kam und in Wirksamkeit trat. Allein die Erbitterung der Parteien legte sich nicht. Im August brach die Empörung von Neuem aus; eine neue Regierung ward in Liestal eingesetzt, von Neuem drangen die Regierungstruppen dort ein, mußten aber den zuziehenden Massen des Landvolks gegenüber den Rückzug antreten. Abermals schritt nun die Tagsatzung ein. Die Baseler Regierung wollte aber auf die von ihr verlangten Zugeständnisse an die Landschaft nicht eingehen und dachte diese letztere nun dadurch zu zwingen, daß sie eine völlige Trennung von Stadt und Landschaft vorschlug. Diesen Vorschlag, der nur ein Schreckschuß hatte sein sollen, nahmen die Landgemeinden ernsthaft; die große Mehrzahl der Gemeinden trat auf die Seite der Abtrünnigen und constituirte sich am 18. März 1832 als eigener Canton. Die Bundesverfassung hatte sich unfähig gezeigt, dieser Wirren, die jetzt in einem förmlichen Kriegszustand ausgeartet waren, Herr zu werden und von vielen Seiten ward nunmehr das Bedürfniß hervorgehoben, die Bundesverfassung selbst, ebenso wie die Cantonsverfassungen, in zeitgemäßer Weise umzugestalten.

Eine Anzahl Cantone, Bern, Aargau, Thurgau, St. Gallen, Solothurn, Zürich, Luzern schlossen eine Verbindung, das sogenannte Siebenerconcordat, um sich ihre neugestalteten Verfassungen gegenseitig zu gewährleisten und setzten bei der Tagsatzung die Erwählung einer Commission durch, welche Vorschläge zur Reform der Bundesacte machen sollte; zugleich wurde am 14. September 1832 der Beschluß durchgesetzt, welcher die Trennung von Baselland und Baselstadt bestätigte, dabei aber bestimmte, daß in ihren Beziehungen zur Eidgenossenschaft beide Gemeinwesen auch künftighin als Ein Canton anzusehen seien. Hiegegen verwahrte sich eine Anzahl Cantone, unter ihnen Schwyz, dem sich seine „äußern Bezirke" gleichfalls losgetrennt hatten, und diese Cantone, Baselstadt, Schwyz, Uri, Unterwalden, Wallis, Neuenburg schlossen zu Sarnen eine besondere Vereinigung, kraft welcher sie sich verpflichteten, keine Tagsatzung zu beschicken, zu welcher Abgeordnete von Baselland und Außer-Schwyz zugelassen wären. Am 11. März 1833 trat die Tagsatzung zu Zürich zusammen; die Sarner Verbündeten erschienen nicht; auch andere Cantone weigerten sich an der Berathung einer Veränderung der Bundesacte Theil zu nehmen. Den Einen waren die Vorschläge der Commission zuwider, weil sie die Bürgschaft für die Klöster und Stiftungen fallen ließen, den Anderen waren sie nicht radical genug, und am 15. Mai ging die außerordentliche Tagsatzung unverrichteter Dinge wieder auseinander.

Am 1. Juli trat die ordentliche Tagsatzung zusammen, 17 Stände und zwei halbe, Baselland und Außer-Schwyz; die Sarner Verbündeten tagten zu Schwyz. Während man an einer Versöhnung arbeitete, kam die Nachricht von einem bewaffneten Einfall von Inner- oder Altschwyz in seine äußeren Bezirke und von Baselstadt in seine Landschaft. Nunmehr ergriff die Tagsatzung energische Maßregeln. In wenigen Tagen standen 20,000 Mann eidgenössischer Truppen unter den Waffen; ihrer 6000 besetzten Küßnacht, von wo mittlerweile die Innerschwyzer abgezogen waren. Der Einfall von Baselstadt in die Landschaft endigte am 3. August, ehe noch die Eidgenossenschaft einschritt, mit einer blutigen Niederlage für die Städtischen; am 5. beschloß die Tagsatzung die eidgenössische Besetzung von Basel und Schwyz, bis die Streitigkeiten beigelegt seien und am 12. die Auflösung des Sarner Bündnisses. Die Sarner Verbündeten fügten sich, Schwyz mußte seinen äußeren Bezirken die Rechtsgleichheit mit den inneren zugestehen, und Beide wurden wieder zu Einem Cantone vereinigt. Ebenso endigten die Wirren in Wallis, wo der untere französische Theil gegen das deutsche Oberwallis sich zur Wehre setzte und an Begründung eines besonderen Cantons dachte; durch Concessionen von Seiten Oberwallis, wurde dies vermieden. Die Trennung von Basel und Liestal, Baselstadt und Baselland aber blieb und es wurde das Cantonalvermögen zwischen Beiden gleich vertheilt, was allerdings nicht dem Rechte und der Billigkeit entsprach, weil der größte Theil dieses Vermögens rein städtisch war.

Damit aber war die Kraft der Tagsatzung erschöpft; die Reform der Bundesverfassung wurde auf bessere Zeiten verschoben. Indeß kam im Jahre 1835 eine Verständigung über Heer- und Zolleinrichtungen zu Stande und die Ruhe blieb in den nächsten Jahren ungestört; nur zu Frankreich trübten sich die Beziehungen eine Zeit lang in Folge von Umständen, die in den Schwierigkeiten lagen, mit denen die Regierung Louis Philipp's zu kämpfen hatte; und im Jahre 1839 führte die Berufung des Dr. D. F. Strauß, an dessen „Leben Jesu" sich allenthalben der theologische Kampf aufs Neue entzündet hatte, an die Züricher Universität einen Aufstand der Conservativen hervor, welcher das Vorspiel zu den schweren Wirren bildete, die im folgenden Jahrzehnt eine Neugestaltung der schweizer Verhältnisse herbeiführten.

2. Italien.

Die reactionäre Strömung, welche zu Ende des dritten Jahrzehnts ihre volle Kraft entfaltete, und in Frankreich sich anschickte, alle Errungenschaften der Freiheit mit Einem Schlage zu vernichten, hielt auch in Italien Alles bedeckt. Die Oestreicher, und wo sie nicht selbst zugegen waren, die Furcht vor den Oestreichern hielt die Gemüther im Zaum; und während sie gewissermaßen die niedere Polizei übten, hatte die höhere ihren Sitz und Mittelpunkt zu Rom und war in den Händen des Jesuitenordens, dem Leo XII. seine volle Herrscherstellung zurückgegeben hatte. Beide, dieser Staat und diese Kirche, welche nicht den freien, sondern nur den blinden Gehorsam kannten, bedurften einander und arbeiteten sich gegenseitig in die Hände, und soweit eine schlechte Sache geadelt werden kann, empfing die Unterdrückung der Freiheitsbestrebungen diesen Adel durch das geistige Princip, welches in dem Organismus der römischen Kirche sich verkörpert hatte. Es gab kaum irgend Jemand, der die Sache Oestreichs in Italien wirklich und ehrlich für eine gute gehalten hätte, aber es gab Viele, welche wirklich und ehrlich Gott zu dienen glaubten, indem sie mit blindem Eifer Alles verwarfen und niedertraten, was der mittelalterlichen Anschauung, in welcher kirchlich und göttlich als Ein und Dasselbe galt, widerstrebte. In Oestreich selbst aber nahmen die Gedanken im Allgemeinen keinen so hohen Flug; man benutzte dort mit einem gewissen Cynismus die Kirche und ihre Organe für die Polizeizwecke des Staats; in Galizien z. B. waren die Jesuiten ihnen gut genug, um das politisch-katholische Element gegen das griechisch-russische zu stärken, in der Lombardei konnten sie, geschickte Arbeiter in diesem Fach, den Minen, welche die geheimen Gesellschaften dort legten, die Gegenminen graben; dagegen kamen sie in den deutschen

Erblanden und in Ungarn vor der Hand noch nicht auf, wogegen in Frankreich jener kirchliche Geist und diese seine in ihrer Weise klügsten und folgerichtigsten Organe das Gemüth des Königs und die Kräfte einer großen Partei vollkommen unter ihre Herrschaft gebracht hatten. Ob der Plan, welchen Karl X. und seine Minister bei Erlaß der Ordonnanzen verfolgten, ursprünglich von Rom ausging oder mit den dortigen Gewalthabern in seinen Grundzügen vereinbart wurde, wie man behauptet hat, mag dahingestellt bleiben; man hat sich neuerdings gar zu sehr daran gewöhnt, jede verhängnißvolle Thorheit katholischer Herrscher den Jesuiten auf Rechnung zu setzen; in jedem Falle aber war der Feldzug, den Karl X. und seine Minister gegen den Liberalismus unternahmen, ganz in dem Geiste gedacht, der in Rom seine erkorenste Orakelstätte hatte.

Dieser Feldzug, angelegt und durchgeführt mit einem so geringen Maße gewöhnlichster Klugheit, daß er dem Erfinder, wer immer er sei und den ausführenden Geistern gleich wenig Ehre macht, war gescheitert und seinen Urhebern in Frankreich zu äußerstem Verderben ausgeschlagen. Bemerkenswerth ist nun, daß der Sieg der Revolution in Frankreich diesmal die Revolution auch im Kirchenstaate hervorrief.

Die Macht, welche noch immer den Anspruch erhob, die Welt zu regieren, war völlig unfähig, das bescheidene Stück Land, welches das Unglück hatte, ihrem Throne zur Unterlage zu dienen, auch nur leidlich in Ordnung zu halten. Unerträglicher Steuerdruck bei völliger Unwissenheit und Unfähigkeit der regierenden Priester in Allem was den Volkswohlstand zu heben geeignet ist; ein Gewirre von Gesetzen aus allen Jahrhunderten; geistliche und weltliche Gerichte und Gerichtsbarkeit durcheinander; unzählige Priester und dabei Verfall der Religion; Späher und Angeber überall, denen dann wieder der Dolch und die Kugel begegnete. Nur Ein Staat etwa konnte mit der priesterlichen Mißverwaltung wetteifern, das Herzogthum Modena, wo der Unterricht gleichfalls den Jesuiten übergeben, die Censur mit einer barbarischen Strenge gehandhabt und die Polizei so über alles begreifliche Maß ausgedehnt wurde, daß Niemand ohne deren Kenntniß und Erlaubniß sich von einem Orte des 106 □Meilen umfassenden Herzogthums nach einem andern begeben durfte. An irgend eine Besserung dieser Zustände im Kirchenstaate auf friedlichem Wege war nicht zu denken. Mit der Regierung eines über alle Welt sich erstreckenden Universalstaates beschäftigt, hatte der Papst und seine geistlichen Räthe, verurtheilt mit sehenden Augen nicht zu sehen und mit hörenden Ohren nicht zu hören, nicht die Zeit und nicht die Fähigkeit, das Nächste zu beurtheilen und zu reformiren. Die Päpste wechselten: Leo XII. starb am 10. Februar 1829, Pius VIII. folgte, ein Eiferer wie Leo; er starb am 30. November 1830, nachdem er noch von Ludwig Philipp's Gesandten die tröstliche Versicherung erhalten, daß auch der neue König Werth darauf lege, ein Enkel des heiligen Ludwig zu sein; es folgte der Camaldulensergeneral Cardinal Capellari als Gregor XVI., ein strenger Ordensgeistlicher, bekannt als ein gelehrter Vorfechter ultramontaner Anschauungen; die Päpste wechselten, aber das System blieb: unveräubert, unverbessert, unverbesserlich.

Die französische Revolution war in Italien, wo es anging mit lautem Jubel, anderswo mit stiller Freude, allenthalben mit großen Hoffnungen begrüßt worden. Die Häupter der geheimen Gesellschaften standen mit Lafayette und Anderen in Verbindung und wenigstens dessen glaubten sie sicher zu sein, daß ein bewaffnetes Einschreiten der Oestreicher in Italien, soweit es nicht unmittelbar unter ihrer Herrschaft stand, von der neuen französischen Regierung nicht geduldet werden, und wenn versucht, eine französische Intervention zur Folge haben würde. Im Vertrauen darauf schlugen sie los. Am 3. Februar 1831 versammelten sich etliche 40 Verschworene zu Modena im Hause eines gewissen Ciro Menotti, mit der Absicht, den Palast des Herzogs zu überfallen und sich seiner Person zu bemächtigen: das Uebrige fand sich dann von selbst. Allein der Herzog, virtuos in allen Künsten des Despotismus, kannte die Geheimnisse der Verschwörung; er hatte mit Menotti Umgang, dem er vorzuspiegeln suchte, daß er nur aus Zwang das östreichische System befolge. So war er es vielmehr, der die Verschworenen überfiel: nach verzweifelter Gegenwehr wurden sie überwältigt; des folgenden Tages aber entfloh der Herzog, den verwundeten Menotti mit sich führend, nach Mantua. Die Nachricht von dem was zu Modena geschehen, kam nach Bologna am 4. Abends; sofort riefen hier, an diesem Hauptherd liberaler Gesinnung, einige Hundert junger Leute, Studenten, Advokaten die Freiheit Italiens aus. Der Tumult wuchs; der geschreckte Prolegat ernannte aus den angesehensten Einwohnern eine Commission, der er die ausgedehntesten Vollmachten übertrug; eine Bürgergarde wurde organisirt. Er selbst reiste ab; eben lief die Nachricht ein, daß das Conclave beendet und Gregor XVI. zum Papst gewählt sei; die Commission nahm nun den Charakter einer provisorischen Regierung von Stadt und Provinz Bologna an und an der Stelle der päpstlichen Abzeichen erschienen jetzt die Farben des einigen Italiens, weiß, grün, roth und gaben der Bewegung ihr Symbol, die sich nun rasch durch alle Provinzen des Kirchenstaats verbreitete; selbst auf der andern Seite des Apennins schlossen sich die Städte Perugia und Spoleto an, und zu Civitavecchia wurde schon das Schiff gerüstet, um im Nothfall den neugewählten Papst von dem Boden wegzubringen, der ihm unter den

Füßen erzitterte. Indeß fand hier in der Hauptstadt und ihrer nächsten Umgebung die Revolution keinen Anklang, wogegen sie diesseits des Apennin auch Parma ergriff, wo die Erzherzogin Marie Louise, einstige Kaiserin der Franzosen, die sich übrigens tapfer benahm, zur Flucht nach der Lombardei genöthigt wurde (13. Februar). Am adriatischen Meere fiel Ancona, wo der Commandant der Citadelle auf Abzug mit kriegerischen Ehren capitulirte, seine Soldaten aber noch vor dem Genuß dieser Ehren sich verliefen, den Patrioten in die Hände.

So waren die Romagna und die zwei kleinen Herzogthümer frei; aber weder in Neapel, noch in Sardinien, noch im östreichischen Italien wagte man einen gleichen Versuch. Die neue revolutionäre Regierung rief durch ein Decret alle Welt vom 18. bis zum 50. Jahr in die Waffen, doch betrieb man die militärischen Organisationen nicht mit besonderem Eifer; statt dessen beeilte man sich, Verwaltung und Rechtspflege mit ihren tausend Mißbräuchen zu reformiren, lästige Steuern abzuschaffen, und wie in tiefem Frieden, eine gesetzgebende Versammlung aus allen Provinzen des Kirchenstaats, soweit sie an der Bewegung Theil genommen, zu berufen. Am 26. Februar zu Bologna eröffnet, vindicirte diese Versammlung den in ihr vertretenen Landschaften den Namen der vereinigten italienischen Provinzen, und setzte, indem sie die Abschaffung der weltlichen Gewalt der Curie decretirte, einen Ausschuß nieder, der eine Verfassung für diese vereinigten Provinzen entwerfen sollte. Sie war bald fertig: Sitz der Regierung in Bologna, ein Präsident und sieben verantwortliche Minister mit ihm bilden dieselbe, ein gesetzgebender Rath aus den zehn Provinzen, die im Uebrigen sich selbst verwalten, steht ihr zur Seite; der erste Präsident war der Advocat Vicini.

Dem gegenüber überschritten nun die Oestreicher am 5. März die Gränzen des Herzogthums Modena, und besetzten unter Feldmarschall Bentheim am 6. Ferrara, wozu sie ein vertragsmäßiges Recht geltend machen konnten. Damit begnügten sie sich; die Bologneser Versammlung, im ersten Schrecken geschlossen, ward wieder einberufen, allein noch ehe sie wieder zusammentreten konnte, warfen die Oestreicher die Maske ab: nachdem sie inzwischen Modena und Parma besetzt hatten, erließ am 19. März der östreichische Oberbefehlshaber General Frimont eine Proclamation, in welcher er eines Hülfegesuches Sr. Heiligkeit des Papstes erwähnte; schon am 21. zog er in Bologna ein, während der Führer der italienischen Truppen, General Zucchi, auf der Straße nach Rimini abzog und die Regierung ihren Sitz nach Ancona verlegte. Die Oestreicher setzten nach; sie hatten sich daran gewöhnt, seit ihren leichten Lorbeern im Kriege gegen Neapel die italienische Kriegstüchtigkeit sehr gering anzuschlagen. Diesmal aber sah sich General Mengen, der ihre Vorhut befehligte, eines Besseren belehrt durch eine Reihe muthig aufgenommener und standhaft durchgeführter Rückzugs= gefechte. Indeß war gegen die Uebermacht der Oestreicher nicht auf= zukommen; unaufhaltsam rückten sie vor; bald durften sie hoffen, in Ancona zu sein, dessen Festungswerke verfallen waren und keine Wider= standsfähigkeit hatten.

Unterdessen aber war hier eine eigenthümliche Wendung der Dinge eingetreten. Die provisorische Regierung hatte einen guten Fang ge= than an dem päpstlichen legatus a latere Cardinal Benvenuti, der als Bevollmächtigter des Papstes, um die Ruhe in den empörten Pro= vinzen durch eine Gegenrevolution herzustellen, ausgesandt worden war. In seine Hände legte die provisorische Regierung ihre Gewalt nieder, nachdem er die allerausgedehnteste Amnestie zugesichert hatte. Der Schritt war klug, denn auch dem Papste konnte die östreichische Intervention nur als ein nothwendiges Uebel erscheinen, und endlich mußten doch auch die Franzosen etwas von sich hören lassen; allein sie machten die Rechnung ohne den eigentlichen Hauswirth. Die Oestreicher wiesen den Waffenstillstand, den Benvenuti nun von ihnen verlangte, zurück — aus dem scharfsinnig hervorgehobenen Grunde, weil mit ihm, d. h. mit der legitimen päpstlichen Regierung, ja gar kein Krieg bestehe; am 19. besetzten sie Ancona, obgleich dort bereits wieder die päpstlichen Fahnen aufgezogen waren. Eine Anzahl der am meisten Compromittirten fand noch Zeit zur Flucht; General Zucchi, der rühmlich die Waffenehre des werdenden Italiens gerettet, und Andere wurden auf hoher See abgefangen und nach Venedig gebracht, der General als östreichischer Deserteur zum Tode verurtheilt und mit östreichischer Barmherzigkeit zu 20 Jahren Gefängniß begnadigt.

Man hatte zu Rom keine Ursache, dieser Wiederherstellung der päpstlichen Autorität sich zu freuen. Den Rachegelüsten mußte man einen Zaum anlegen aus Rücksicht auf die französische Regierung, welche der durch die östreichische Intervention mehr als durch Sym= pathie mit den italienischen Freiheitsbestrebungen aufgeregten öffent= lichen Meinung Rechnung zu tragen genöthigt war, und welche bereits gegen den Einmarsch der Oestreicher zu Rom Protest erhoben hatte. Außerdem hatte der Aufstand in der Romagna die schmähliche Miß= verwaltung der päpstlichen Regierung aller Welt kundgethan; in förm= lichen Conferenzen der Minister der auswärtigen Mächte zu Rom wurde diese schmutzige Wäsche ausgelegt, und in einem Memo= randum vom 21. Mai 1831 dem Cardinal=Staatssecretär zu gründ= licher Säuberung empfohlen. Auf dergleichen aber verstand man sich hier; ein Decret vom 5. Juli versprach die verlangten Verbesserungen

Gemeinderäthe, Provinzialräthe, Centralrath; der Befehl wurde gegeben, Reformentwürfe auszuarbeiten. Einstweilen aber ernannte die Mitglieder des Generalraths der Papst, und die Mitglieder der Gemeinde- und Provinzialräthe ernannten seine Legaten; in der Hauptsache aber, der Zulassung von Laien in die hohen Aemter, war die Curie entschlossen nicht nachzugeben, und sie wußte wohl, daß die Mächte, machtlos gegenüber einem System, dessen Voraussetzung die Irreformabilität seines obersten Trägers war, auch mit dem bloßen Schein einer Reform sich begnügen würden und mußten. Die Oestreicher zogen ab, da sie jeden Augenblick, wenn nöthig, wiederkommen konnten; am 2. Juli hatten sie die päpstlichen Staaten geräumt.

Sofort stieg die Aufregung in den Legationen aufs Neue. An der Stelle der Oestreicher waren in Ancona und Rimini päpstliche Truppen eingerückt: Gesindel, auf den Straßen Roms aufgelesen oder aus ehemaligen Galeerensclaven und begnadigten Räubern zusammengeflossen. Jede fremde Intervention, selbst die östreichische, war besser, als in die Hände dieser Banden zu fallen; man nahm zu Bologna eine feste Haltung an, die Bürgergarde bildete sich aufs Neue und die Bevölkerung zeigte sich entschlossen, dem weiteren Vordringen der päpstlichen Truppen nöthigen Falls mit Gewalt zu begegnen. Die päpstliche Regierung nahm darauf ihr Spiel mit trügerischen Reformen wieder auf, Reformen, auf denen namentlich die Franzosen zu bestehen sich die Miene gaben; man traf Aenderungen in der Rechtspflege z. B., die allerdings nothwendig Verbesserungen sein mußten, weil es unmöglich war, diese Rechtspflege zu verschlechtern. Aber eine solche Reform kann niemals ein Volk befriedigen, dem sich, wenn auch nur auf Augenblicke, die Hoffnung auf eine radicale Besserung seiner Zustände gezeigt hat; außerdem fehlte das Vertrauen völlig und so dauerte die Gährung fort, und das Edict vom 21. November, welches eine Finanzbehörde mit drei Laienbeisitzern zur Prüfung der Rechnungen anordnete, wurde zu Bologna öffentlich verbrannt. Dem Papste riß nun die Geduld; ein Priester von schroffster Gesinnung, Cardinal Albani, ward zum apostolischen Commissar mit umfassenden Vollmachten ernannt, und man schickte sich an, die Truppen unter den Obersten Barbieri und Zamboni auf die widerspenstige Bevölkerung der nördlichen Provinzen loszulassen. Die Revolution begann aufs Neue. Am 24. December trat zu Bologna eine Notabelnversammlung — Mitglieder der städtischen Behörden, Befehlshaber der Bürgergarden — zusammen, welche einen neuen Congreß auf den 5. Januar 1832, und zugleich eine Abordnung an den Papst decretirte. Nach vergeblichem Verhandeln setzten sich, ohne daß jener Congreß zu Stande gekommen wäre, die päpstlichen Truppen in Bewegung; die Bürgergarden, die sich ihnen entgegenwarfen, wurden zerstreut; in Cesena, in Forli hausten die Päpstlichen nach ihrer Weise: ohne Veranlassung, wie ohne Wahl zwischen Gerechten und Ungerechten, mordeten und plünderten sie in der letzteren Stadt, und es kam ihnen nicht darauf an, auch die heiligen Gefäße in den Kirchen zu stehlen; der Cardinal Albani selbst sah sich genöthigt, die Oestreicher in der Lombardei durch Eilboten herbeizubescheiden, die am 28. Januar, von der Bevölkerung als Retter begrüßt, zum zweiten Male in Bologna einzogen. Die päpstlichen Truppen, bei ihrem Einzug mit Koth beworfen und mit Flüchen empfangen, mußten in ihre Casernen eingeschlossen bleiben; kein Einzelner von ihnen wäre, selbst unter der entwaffneten Bevölkerung, seines Lebens sicher gewesen.

Die Lorbeeren der Oestreicher ließen nun auch die französische Regierung nicht länger schlafen. Ein französisches Geschwader erschien im adriatischen Meere und in der Nacht vom 22. auf den 23. Februar besetzte ein französisches Truppencorps Ancona. Allein die Hoffnungen, welches dieses nur für die Uneingeweihten, wie wir sehen werden, überraschende Ereigniß erweckte, und denen man durch lärmende Freudenbezeugungen Ausdruck gab, erfüllten sich nicht; unter dem Schutze der dreifarbigen Fahne übte der apostolische Commissar sein Schreckensregiment, das selbst in Rom Mißbilligung fand. Die Conferenz der Mächte, verzweifelnd an der Aufgabe, einen Felsen um Wasser anzugehen, und einer Regierung Lehren zu geben, die selbst ein Metternich die dümmste in Europa nannte*), löste sich auf und die Dinge kehrten auf ihren alten Stand zurück.

Hier im Kirchenstaat wurden die wenigen Lichter, die noch brannten, die römische Universität z. B., ausgelöscht oder unter den Scheffel gestellt, die Priester und ihr Anhang, die Sanfedisten, im Nothfall die schweizer Söldnerregimenter, in deren Reihen aber viele Ketzer dienten, hielten die thatsächliche Ordnung der Dinge aufrecht, und auch vom übrigen Italien ist wenig Erfreuliches zu berichten. Die Cholera, welche von 1835—38 die Halbinsel durchzog und zum Theil, wie in Rom und auf Sicilien bei der tiefen Unwissenheit der Bevölkerung, der Unfähigkeit der Regierungen und der Verkehrtheit des die Massen beherrschenden Pfaffenthums grauenvolle Zustände hervorrief, kam zu den Heimsuchungen hinzu, welche die östreichische Fremdherrschaft und die mit ihr verbündeten einheimischen Tyrannen, deren vornehmster, Franz von Modena, seine zweideutige Rolle durch verdoppelte Grau-

---

*) „Sie haben es mit der dümmsten Regierung in ganz Europa zu thun," sagte er dem kaiserlichen Gesandten, der nach Rom abging. Nach der mündlichen Mittheilung eines Wohlunterrichteten.

samkeit vergessen zu machen suchte, über das Land verhängte. Besser war es in Parma, und in Toscana, das am Aufstande von 1831 sich gar nicht betheiligt hatte; besser auch in den beiden Mittelstaaten Italiens, die mehr und mehr in ausgeprägten Gegensatz traten, Neapel und Sardinien.

In Neapel trat der neue König, Ferdinand II., am 8. November 1830, eben in der kritischen Zeit, die Regierung an; in einem berühmt gewordenen Schreiben an Louis Philipp bekannte er sich mit Nachdruck „zu den Ideen, welche eine alte Erfahrung dem Fürsten von Metternich als wirksam und heilsam gezeigt hat." Er erkannte an, daß sein Volk ein Recht auf eine honette Verwaltung habe, und war bemüht, nicht ohne Erfolg, eine solche einzurichten; auch eines andern Erfolges hatte er sich zu rühmen, der nicht leicht war, auch nicht eben durch löbliche Mittel erlangt wurde, der politischen und administrativen Verschmelzung der Insel Sicilien mit dem Festlande; die Finanzen waren geordnet, die Handelsmarine blühte auf, und das Privatleben des Fürsten war vorwurfsfrei. Dagegen lebte die Masse des Volkes wie seither dahin, der Volksunterricht blieb Null, der Bettel um so schwungvoller, der Zustand der Gefängnisse wie vieles Andere in demselben barbarischen Zustande wie seither.

Wichtiger war der Regierungswechsel, der wenig später in Piemont eintrat. Am 27. April 1831 bestieg mit Karl Albert die neue Linie den Thron. Er war der Mann, den Italien in diesem Stadium seiner Entwickelung brauchte. Kein volksthümlicher Regent im gewöhnlichen Sinn, aber gewissenhaft, verständig, seiner Stellung, ihrer Aufgabe und Gefahren voll bewußt; streng katholisch, aber ein Gegner der Jesuiten, mit Festigkeit den Oestreichern gegenüber seine Unabhängigkeit wahrend, ohne sich mit ihnen zu verfeinden; allem vorzeitigen Verlangen nach einer constitutionellen Verfassung widerstrebend, aber thätig in ernsten und practischen Reformen; er arbeitete für die Zukunft, indem er durch eine gute Verwaltung, strenge Sparsamkeit, treffliche Finanzen sein Land stärkte und ihm ein vorzügliches, dem preußischen nachgebildetes Heer organisirte.

Jene Besetzung Anconas durch die Franzosen war im Einverständnisse mit Oestreich erfolgt und die Ruhe blieb, wo zwei Großmächte wetteiferten die Polizei zu handhaben, ungestört. Ein Versuch savoyischer und polnischer Flüchtlinge unter dem polnischen General Romarino, in Savoyen einzufallen und gemeinschaftlich mit den revolutionären Elementen in Italien selbst, das Land zu insurgiren, scheiterte kläglich; und zuweilen täuschte eine vorübergehende Stimmung, wie der Jubel über die Amnestie des neuen Kaisers von Oestreich bei Gelegenheit seiner Krönung mit der eisernen Lombardenkrone (3. September

1838) oder auch die Berichte befangener Zeitungen die Regierungen über den wahren Zustand der Gemüther, welche den Haß gegen die Fremdherrschaft und ihre Satelliten wie ein theures Besitzthum und Pfand der Zukunft hüteten, während insgeheim die alten Gesellschaften in neuen Formen wieder auflebten und eine Art Mittelpunkt fanden in dem conspiratorischen Genie des Genuesen Giuseppe Mazzini, der im Jahre 1832 einen neuen Bund gründete, dem er den vielverheißenden Namen des jungen Italiens gab.

3. Spanien und Portugal.

In Spanien war durch den Einfluß der jungen Gemahlin Ferdinands VII. die Stellung der Parteien wesentlich verändert worden. Die Herstellung der alten castilischen Thronfolgeordnung hatte durch die Geburt einer Prinzessin praktische Bedeutung erhalten und dieses Ereigniß erfolgte wenige Monate nach der Julirevolution (10. October). Den Hoffnungen der Liberalen war das Eine wie das Andere günstig. In Paris, wo man ihnen so lange bis Ferdinand VII. den neuen König anerkannt hatte, Gunst erwies, bildete sich ein Ausschuß ihrer Führer, Herzog von Toreno, Martinez de la Rosa, Calatrava, Isturiz, Mendizabal: eine französische Intervention wie die von 1823 war bei der neuen Regierung Frankreichs nicht zu fürchten. Ferdinand selbst hatte sich mit seiner pragmatischen Sanction in Widerspruch mit der apostolischen Partei gesetzt, welche ihr Heil von Don Carlos erwartete; die französische Revolution hatte ihn allerdings aufs Neue vor den Liberalen bange gemacht, und eine Zeit lang mochte er hoffen, seine Thronfolge ohne ein Bündniß mit dieser verhaßten Partei durchzuführen. Da begab sich im September 1832, daß der König in eine Krankheit fiel und während eines Zustandes der Schwäche, in welchem er die ihm vorgelegten Decrete nicht mehr las, erschlich sein Beichtvater und der Minister Calomarde seine Unterschrift für die Urkunde, welche die Thronfolge seines Bruders Don Carlos aussprach. Er sank darauf in eine schwere Ohnmacht, aus welcher man kein Erwachen mehr erwartete und so erschienen denn zwei Bekanntmachungen auf einmal, von denen die eine die Regentschaft der Königin Maria Christine im Namen Isabella's, die andere die Thronbesteigung des Don Carlos proclamirte. Allein noch war es mit Ferdinand nicht so weit; er erwachte wie einst Tiberius wieder von seinem Starrkrampf und hörte nun was geschehen war. Die Folge war, daß er seinen Beichtvater und sein Ministerium entließ und während Calomarde wohl that, das Weite zu suchen, seiner Gemahlin die Regentschaft während seiner Krankheit überließ. Diese erkannte wohl, daß ihre Sache nur dann durchgeführt werden konnte, wenn sie zugleich die Sache einer großen Partei war; sie bildete eine Regierung unter dem Vorsitz von Zea Bermudez, der von London berufen wurde, erließ am 7. October eine Amnestie für alle wegen politischer Verbrechen in Haft Befindlichen, die am 15. auch auf die im Auslande weilenden Flüchtlinge ausgedehnt wurde, und beeilte sich, die wichtigsten Stellen mit constitutionell Gesinnten zu besetzen. Im Januar 1833 war der König soweit hergestellt, daß er die Regierung wieder selbst übernehmen konnte. Er bestätigte die Acte seiner Gemahlin und ließ die Cortes in aller Form seiner Tochter Isabella als seiner Nachfolgerin huldigen und sein Thronfolgegesetz von ihnen bestätigen.

Der Infant Don Carlos hatte sich mittlerweile nach Portugal zu seinem Gesinnungsgenossen Dom Miguel begeben und von dort aus gegen jede Acte des Königs protestirt, welche seinen Rechten Eintrag thun könnte; am 18. Mai 1832 hatten sich der Bourbon in Neapel, Ferdinand II., diesem Proteste angeschlossen. In ganz Spanien stellten sich die alten Parteien unter neuen Namen, die Liberalen als Christinos, die Absolutisten als Carlistos einander gegenüber und Alles war zum Bürgerkriege fertig, als am 29. September 1833 Ferdinand VII. wirklich, ohne gebeichtet und die Sterbesacramente empfangen zu haben, sein mit Sünden und Schanden beladenes Leben schloß.

Seiner Nachfolgerin, Donna Isabella II., welche bis zu ihrem 18. Lebensjahre unter der Vormundschaft ihrer Mutter, der ein Regentschaftsrath zur Seite stand, bleiben sollte, stellte die apostolische Partei ihren König, Karl V., gegenüber. Die alten Guerillaführer, die Merinos und Andere erschienen wieder auf dem Schauplatz. Während in den Städten durchgängig die Christinos überwogen, waren das Landvolk wie die Mönche, die es beherrschten, für Don Carlos. Der Aufstand begann in der Pyrenäenlandschaft, den dünnbevölkerten eigenartigen baskischen Provinzen, Biscaya, Guipuzcoa, Alava, wo man sich für seine fueros oder Provinzialfreiheiten erhob, unter denen der Schmuggel die werthvollste bildete, welche gefährdet war, wenn, wie von Bermudez zu erwarten, diese Provinzen künftig in die Zolllinie gegen Frankreich eingeschlossen wurden. Außerdem hatten sie eigene Rechtspflege und Verwaltung; Steuerbewilligung, Rekrutenstellung, Aufnahme von Garnisonen war von der Zustimmung ihrer Provinzialvertretungen abhängig; übrigens waren die Zustände gesund: die Geistlichkeit war einflußreich, aber es bestand keine Pfaffenherrschaft, wie in den übrigen Provinzen. Am 3. October ward Bilbao, am 7. Vittoria von ihren bewaffneten Haufen besetzt und eine Junta im Namen des Königs Karl eingesetzt; die allgemeine Bewaffnung fand einen geschickten Organisator und das Volksheer einen unübertrefflichen Führer in Thomas Zumalacarregui, einem Offizier baskischer Herkunft, der in allen wilden Bürgerkämpfen früherer Zeit sich seine Hand rein gehalten und einen Ruf bewahrt hatte, an dem kein Flecken haftete. Die Regentin antwortete, indem sie am 17. October die Güter des Thronprätendenten mit Beschlag belegte und am 26. November ihn aller Titel und Würden verlustig erklärte. Ueber den Verlust ihres Gemahls wußte sich die Neapolitanerin leicht zu trösten: schon im December seines Todesjahres vermählte sie sich mit Fernando Munnoz, einem Gardisten der Leibwache; aber auf etwas mehr oder weniger Skandal kam es auf diesem an jeden ärgerlichen Anblick gewöhnten Boden nicht an; so lange die Partei bei ihrer Regentschaft ihre Rechnung fand, war ihr Alles vergeben. Am 15. Januar 1834 ergriff nun nach Zea Bermudez' Rücktritt ein liberales Ministerium unter Martinez de la Rosa die Zügel, welches am 10. April eine neue, der französischen Charte nachgebildete Verfassung, den Estatuto real gab: zwei Kammern, die der Proceres, Bischöfe, Granden, auf Lebenszeit ernannte Notabeln, und die der Procuradores, nach einem Census auf allemal drei Jahre gewählt; zweijähriges Budget, Antheil an der Gesetzgebung, aber ohne eigene Initiative, ohne Preßfreiheit und ohne Ministerverantwortlichkeit. Das Estatuto befriedigte wenig und die liberale Partei spaltete sich wie immer, in Moderados und Progressistos, welchen letzteren die unglückliche Verfassung von 1812, die nicht leben und nicht sterben konnte, als Ideal vorschwebte.

Der Bürgerkrieg hatte unterdessen fortgedauert, und er umfaßte die ganze pyrenäische Halbinsel, da auch in Portugal der Kampf um die Krone mit den Waffen entschieden werden mußte.

Dort hatte die rohe Gewaltherrschaft Dom Miguel's zu ihren einheimischen Gegnern sich auch noch durch Beleidigung englischer und französischer Unterthanen die Feindschaft dieser beiden Mächte auf d. n Hals geladen. Sie erzwangen Genugthuung, wie weiterhin zu erzählen sein wird. Die Demüthigung des Usurpators ermuthigte die Gegenpartei, welche überdies noch weiteren und nachdrücklichen Beistand fand. In Brasilien nämlich hatte im April 1831 eine Empörung den Kaiser Dom Pedro I. genöthigt, auf seine Krone zu Gunsten seines noch unmündigen Sohnes Dom Pedro II. zu verzichten. In Europa lag für ihn eine Aufgabe bereit: seiner Tochter Maria da Gloria zu ihrem Throne zu verhelfen, und zugleich das portugiesische Land von seinem Tyrannen zu befreien. Der Herzog von Braganza — so nannte sich Dom Pedro jetzt — warb, begünstigt von England und Frankreich, eine kleine Truppenmacht und Flotte und erschien mit dieser im März 1832 zu Terceira, wo die von ihm eingesetzte Regentschaft die Sache ihrer Königin noch aufrecht hielt. Mit 7500

Mann ging er von dort nach Portugal unter Segel, landete in der Nähe von Oporto und bemächtigte sich am 8. Juli dieser reichen Handelsstadt. Es gelang nicht, das Land für seine Sache zu erwärmen; er konnte den entscheidenden Zug nach der Hauptstadt nicht wagen; mit Mühe hielt er sich zu Oporto gegen die Uebermacht Dom Miguel's, welche ein französischer Verbannter, der Eroberer von Algier, Marschall Bourmont befehligte. Im Sommer 1833 waren seine Mittel erschöpft und nur ein verwegener Entschluß konnte der gerechten Unternehmung, welche zum aussichtslosen Abenteuer geworden war, eine neue Wendung geben. Mit einer Anleihe der Stadt Oporto berichtigte er die Forderungen eines englischen Condottiers in seinen Diensten, Namens Sartorius, und ersetzte ihn durch Capitän Charles Napier. Mit diesem schiffte sich ein Corps von 3000 Mann, unter dem Herzog von Terceira, General Villaflor, ein, um im Süden, in der Provinz Algarbien, sein Heil zu versuchen. Es gelang über Erwarten, die Provinz fiel der Sache Dom Pedro's und der Königin zu; mit den nach Oporto zurückgesandten Schiffen griff dann Napier auf der Höhe von San Wincent (5 Juli) die Flotte Dom Miguel's an, und gewann einen vollständigen Sieg; 5 Kriegsschiffe mit 280 Kanonen fielen in seine Hand, die Mannschaften, 3200 Soldaten und Matrosen, traten in Dom Pedro's Dienste. Diese Nachricht ermuthigte den Herzog von Terceira zu dem Wagniß eines Marsches auf Lissabon. Auch diese kühne That, mit 1500 Soldaten und einigen Schaaren Freiwilliger unternommen, gelang. Als die Expedition am 23. Juli vor der Stadt erschien, ergriffen die Truppen Dom Miguel's die Flucht, in der Stadt wurden die Gefangenen befreit, die Königin Maria da Gloria ausgerufen, und vier Tage später kam auch Dom Pedro in die Stadt, die er einst als zehnjähriger Knabe verlassen hatte, und übernahm die Regentschaft im Namen seiner Tochter. Diese selbst begab sich nun von Paris, wo sie sich seither aufgehalten, nach ihrem Lande, und ward im September jenes Jahres gekrönt.

Indeß stand die neue Regierung keineswegs fest. Der Regent verstand von den portugiesischen Dingen wenig; die Mäßigung, welche nöthig gewesen wäre, um das Land zu beruhigen, war wie immer bei diesen südlichen Revolutionen der siegreichen Partei fremd. Dom Miguel hatte den größeren Theil seines Heeres gerettet, das sich durch die ihm und den Priestern ergebenen Bauern und allerlei in diesem verabsäumten Lande zahlreich wucherndes Gesindel ergänzte, und hielt sich bei Coimbra und am oberen Tajo; mehrmals drang er wieder bis in die Nähe von Lissabon vor und so standen denn die beiden Bannerträger des pfäffischen Absolutismus, Dom Miguel und Don Carlos gegen die zwei unmündigen Königinnen, welche der Zufall zu

Vertreterinnen des liberalen Princips gemacht hatte. Zuerst kamen die Dinge in Portugal zum Austrag. Für England war Portugal, für Frankreich Spanien das wichtigere Land und für beide Mächte war eine eigentliche Neutralität eine Unmöglichkeit. Ein völliger Sieg Dom Miguel's bedeutete für England — ganz abgesehen von der Entrüstung, welche die Regierungsweise dieses Scheusals, das sich an den Qualen seiner Opfer mit teuflischem Behagen weidete, und vor dem selbst seine nächsten Verwandten ihres Lebens nicht sicher waren, erregen mußte — den völligen Verlust seines Einflusses in Portugal, zugleich mit dem Untergang des constitutionellen Princips, das die natürlichen Sympathien des englischen Volkes und der am Ruder befindlichen Whigs besaß und welches identisch war mit der Herrschaft derjenigen Classen der Gesellschaft, auf welche ein Handelsvolk wie das englische vor Allem reflectiren muß. Und thatsächlich war England längst aus der Neutralität herausgetreten: es war ein englischer Führer und englische Matrosen, welche den Sieg am Cap Vincent erfochten hatten. Für die neue französische Regierung aber lagen die Dinge ähnlich: Louis Philipp war der natürliche Verbündete der Königin Isabella, deren Thronrecht auf einer Durchbrechung des Legitimitätsprincips beruhte, so gut wie das seine, wenn auch in ihrem Fall die Hand des Königs und nicht wie in dem seinen die Hand des Volkes den Stoß geführt hatte, welcher jenes Princip durchlöcherte; seine Feinde in Frankreich, die Legitimisten, und das Pfaffenthum in ganz Europa stand ganz auf Seite des Don Carlos. Ein Sieg des portugiesischen Prätendenten aber führte mit Nothwendigkeit auch den des spanischen herbei, dessen Sache nicht geringe Chancen für sich hatte und außerdem konnte es keine bessere Gelegenheit geben, der legitimistischen Solidarität der östlichen Mächte eine liberale der Westmächte gegenüberzustellen und damit den neuen Thron Frankreichs weiter zu befestigen. Diese Gemeinsamkeit der Interessen führte — es war am gleichen Tage, wo die Christinos unter General Quesabo durch den fähigsten der carlistischen Generale Zumalacarregui bei Borunda in Navarra eine Niederlage erlitten — den Abschluß einer Quadrupelallianz zwischen Portugal und Spanien, England und Frankreich herbei (12. April 1834), nach welcher der Regent von Portugal und die Regentin von Spanien sich zur Vertreibung der beiden Prätendenten vereinigten, und zu diesem Zweck ein spanisches Corps mit den portugiesischen Truppen zusammenwirken sollte; die Unternehmung sollte England durch seine Kriegsschiffe, Frankreich, wenn nöthig, durch Truppenhülfe unterstützen.

Die Entscheidung folgte nun rasch. Am 12. Mai wurden die Streitkräfte Dom Miguel's auf den Höhen von Asseiceira von dem vereinigten spanisch-portugiesischen Heere geschlagen und am 26. mußten die beiden Verbündeten, Dom Miguel und Don Carlos, von überlegenen Truppenkräften umstellt, bei Evora in der Provinz Alemtejo capituliren. Jener nahm ein Stück Geld, eine Apanage von 100,000 Thalern, die er überall verzehren konnte, nur nicht in Portugal und Spanien, versprach die Rechte seiner Nichte zu achten, und trat vom Schauplatze ab, indem er sich auf einem englischen Kriegsschiffe nach Genua begab. Don Carlos, der sehr glimpflich behandelt wurde, ging nach England.

In Portugal kamen nun die Gemüther zur Ruhe. Dom Pedro berief die Cortes und stellte die Verfassung von 1826 wieder her; Mönchs- und Ritterorden und anderer Mißbrauch ward abgeschafft; die Jesuiten mußten das Land verlassen; im Uebrigen aber ward die Neugestaltung der Verhältnisse mit Mäßigung und ohne Rache an den Gegnern vollzogen, und vor Allem das Gesetz ehrlich gehandhabt. Am 18. September des Jahres erklärten die Stände, da dem Regenten der Stand seiner Gesundheit die Fortführung der Geschäfte nicht gestattete, die Königin, welche erst 15 Jahre zählte, für volljährig. Am 24. starb Dom Pedro, erst 37 Jahre alt, ein braver, ehrlicher, muthiger Mann; einige Monate später verlobte sich die junge Königin mit dem Herzog von Leuchtenberg, dem Sohne von Napoleon's Adoptivsohn Eugen; als dieser schon im März 1835 starb, vermählte sie sich im April 1836 in zweiter Ehe mit dem Herzog Ferdinand von Coburg. Ein Bruder des Königs der Belgier nämlich hatte sich mit einer Erbtochter des fürstlichen Hauses Cohary in Ungarn vermählt und die Kinder dieser Ehe waren katholisch geworden, so daß nun durch dieses, an blühenden, tüchtigen Söhnen reiche Dynastengeschlecht auch für katholische Thronerbinnen gesorgt war. Der Protest, den Dom Miguel, wie in solchen Fällen üblich, gleich von Genua aus gegen die Capitulation von Evora erließ, machte der Königin wenig zu schaffen; dagegen brach im Jahre 1836 ein demokratischer Aufstand aus, der im Jahre 1838 mit Einführung einer neuen Verfassung endigte. Diese Wirren im Einzelnen zu erzählen, bietet kein weltgeschichtliches Interesse, da es sich bei denselben weit weniger um ein bestimmtes Princip oder um die eine oder andere Verfassungsurkunde handelte, als um die Befriedigung des Ehrgeizes Einzelner, welche jene oder diese Charte als Aushängeschild benutzten, und von denen meist der Eine so viel oder so wenig werth war als der Andere. Man wird durch diese endlosen Revolutionen, Minister- und Verfassungswechsel in Portugal und Spanien häufig an jenes Zerrbild politischer Parteien im oströmischen Reiche erinnert, die kein höheres politisches Princip oder Symbol zeigten, als die Farben der Wagenlenker im Circus;

heute siegen die Blauen, morgen die Grünen- im Wettrennen nach der Macht und vertheilen die Aemter des Staats als eine gute Beute unter die Wagenlenker und Pferdeknechte ihrer Farbe; zuweilen kühlen sie ihren Haß im Blute der andern Farbe; das Volk sieht dem wechselnden Spiel, seinen Leidenschaften, seinen Glückswünschen seinerseits mit leidenschaftlicher Theilnahme, wie sie jedes aufregende Schauspiel weckt, zu, und vergißt über dem aufregenden Schauspiel seine wirklichen Bedürfnisse und Aufgaben, und vor Allem die ernste Arbeit, welche allein freie Völker schafft.

Nicht so rasch kehrte die Ruhe in Spanien zurück. Don Carlos nämlich erschien schon am 10. Juli 1834, nachdem er aus England entflohen und unerkannt durch Frankreich gereist war, zu Elisonde in Navarra; der Vertrag von Evora war ihm nur nützlich gewesen, indem er ihm von dem unfruchtbaren portugiesischen Boden auf gute oder schlechte Art forthalf und ihn auf dem Umweg über England wieder nach Spanien gelangen ließ. Er rief seine Anhänger aufs Neue zu den Waffen. Diese neue Erhebung hatte einen entschiedeneren Anschluß der Regentin an die liberale Partei zur Folge; auch der Pöbel von Madrid trieb auf seine Weise liberale Politik, indem er, als im Juli 1834 die Cholera mit großer Heftigkeit in Madrid ausbrach, diesmal die Mönche der Brunnenvergiftung beschuldigte, in die Klöster eindrang und eine Anzahl der Unglücklichen ermordete; die Seuche verwirrte diese unwissende Menge, welcher ihre Religion keine Quelle der Erleuchtung noch der sittlichen Stärkung war. Wenn das Licht in ihnen Finsterniß war, wie groß mußte die Finsterniß selber sein: rettungslos ihren bestialischen Trieben preisgegeben, richteten sie ihre Wuth nunmehr gegen ihre Lehrmeister. Das Kriegsglück war im Ganzen den Carlisten günstig, welche die fähigeren Führer hatten und denen aus ganz Europa legitimistische Schwärmer und Abenteurer zuliefen, die zu Hause nichts zu thun fanden. Die Cortes erklärten im September 1834 zum Ueberfluß den Infanten für immer von der Thronfolge ausgeschlossen und im gleichen Monat wurde an Rodil's Stelle, der bisher gegen Zumalacarregui Nichts ausgerichtet, General Mina zum Oberbefehlshaber ernannt, welcher nun mit grausamer Energie gegen die Insurgenten verfuhr, die in seine Hände fielen. Es kam ihm nicht darauf an, ein ganzes Dorf niederbrennen und von den Gefangenen den fünften Mann erschießen zu lassen; sonst aber war er nicht mehr der alte, und schon im März des folgenden Jahres legte er wegen Kränklichkeit das Commando nieder, welches der seitherige Kriegsminister Valdez übernahm. Er war mit außerordentlichen Vollmachten bekleidet: „Verzeihung oder Vertilgung" war sein Programm; aber auch er machte wenig

Fortschritte. In den nördlichen Provinzen Biscaya, Navarra konnten sich die Christinos nur in den Städten halten, demoralisirt wie sie waren durch die beständigen Niederlagen, welche ihnen der neue Viriathus, der den Gegnern in Zumalacarregui erstanden, beibrachte. Ihn machte die natürliche Ueberlegenheit stark, welche inmitten selbstischer Menschen Derjenige leicht findet, der uneigennützig nur der Sache dient; an Einsicht, Tapferkeit, an Fähigkeit sein Volk und seine Truppen zu behandeln, kam ihm Niemand gleich: er wußte zu handeln wie kein Anderer und zu entbehren wie kein Anderer und auch auf die Grausamkeit verstand er sich, wenn es sein mußte, so gut wie nur irgend ein Spanier.

Im Juni 1835 machte das Ministerium Martinez einem Ministerium Toreno, von liberalerer Farbe, Platz. Die Regentin wandte sich, da sie nicht zum Ziele kam, an ihre hohen Verbündeten und bat um deren Intervention. Die förmliche Intervention zwar ward abgelehnt; in Frankreich namentlich war man nicht erpicht auf eine Expedition wie die von 1823, doch wurden ihr Werbungen in England gestattet und Louis Philipp überließ ihr durch Convention vom 28. Juli 1835 das käufliche Blut seiner afrikanischen Fremdenlegion. Im Juli landete das erste Bataillon der englischen Freiwilligen bei San Sebastian; nach und nach wuchs ihr Heer bis zu 10,000 Mann, welche seit April 1836 unter General Evans mit der spanischen Armee zusammen operirten; auch die Franzosen und im November noch ein portugiesisches Hülfscorps kamen zur Stelle; aber sie alle, obwohl gute Truppen, leisteten weniger, als man sich von ihnen versprach, da sich selbst die derselben Sache dienenden Spanier nur schlecht unter einander, geschweige mit den Fremden vertrugen und die Verpflegung in einem Lande, wo von einer geordneten Verwaltung schon lange keine Rede mehr war, nicht anders als schlecht sein konnte. Die Anwesenheit der Fremden diente nur dazu, dem Krieg einen noch wilderen und grausameren Character zu geben, als er schon vorher hatte: Don Carlos, oder vielmehr die Mönche und Thoren, welche seinen Hof bildeten, gab den Befehl, jeden Fremden, der in Waffen gegen ihn ergriffen würde, zu erschießen, was wie natürlich auf Seite der Christinos Repressalien hervorrief. Am 16. Juni 1835 ward Zumalacarregui bei der Belagerung von Bilbao schwer verwundet und starb einige Tage darauf; aber die mittelmäßigen Führer, die ihm folgten, die Eraso, Moreno, Villareal, hatten gleichwohl noch eine Zeit lang Erfolge und in Catalonien erstand der Partei ein neuer geschickter Führer, Cabrera. General Mina, der, wiederhergestellt, den Befehl im Norden aufs Neue übernommen hatte, ließ dessen Mutter erschießen; Cabrera gerieth darüber in eine furchtbare

Wuth: „40 Tage Mord, und Todesstrafe dem, der nicht gehorcht" schloß sein wahnsinniger Tagesbefehl; er erwiderte Mina's Barbarei mit der Erschießung von 24 Frauen aus dem liberalen Lager, welche in seine Hände gefallen waren. An Zahl waren die Carlisten schwächer und in der Umgebung des Prätendenten, der selbst ein einfältiger Mann war, machte sich an der Stelle, die der große Führer leer gelassen, die Unfähigkeit seiner traurigen Umgebung breit; da machte ihnen eine Diversion im eigenen Lager der Gegner Luft.

Die Progressisten hatten ihr Idol, die Verfassung von 1812, keineswegs vergessen. Die Schwäche der Regentin lud sie ein, die Verwirrung noch verworrener zu machen. Im August bildete sich eine Junta zu Barcelona in diesem Sinn, der bald andere folgten; ein Aufstand in Madrid (16. August) sollte der Forderung der Absetzung des Ministeriums Nachdruck geben und bereits war ein Heer progressistischer Freiwilliger unter einem Grafen de las Navas auf dem Marsche nach Madrid, als die Regentin, dem Sturm weichend — denn die Truppen, die sie entgegengesandt, gingen zu den Progressisten über — das Ministerium Toreno entließ und die Führung der Geschäfte einem Radicalen, Mendizabal, übertrug. Er bot der siegreichen Partei weitgehende Zugeständnisse, Einberufung der Kammern zur Berathung eines neuen Wahlgesetzes, Aufhebung aller der zahlreichen Klöster, welche nicht über zwölf Conventualen zählten; ihre Einkünfte, hatte man die Naivetät zu versprechen, sollten zur Tilgung der Staatsschuld verwendet werden. Auch dieses Ministerium aber war nicht von langer Dauer. Im Mai 1836 machte es einem gemäßigteren unter Isturiz Platz, welcher die Cortes auflöste und die Progressisten zu zügeln suchte, indem er aufs Neue die Hülfe Englands und Frankreichs anrief. Darauf erneuerten sich die Aufstände in den Provinzen und in Madrid selbst: und, was hier mißlang, gelang in dem nahen Lustschloß La Granja, wo der Hof residirte. Dorthin zog in der Nacht vom 12. auf den 13. August 1836 ein Regiment Milizen und forderte die Herstellung der Verfassung von 1812. Das Regiment der Garde, welches die Wache hatte, schloß sich ihnen an; eine Deputation von zwölf Mann erschien vor der Regentin, die sich ihren Drohungen fügen mußte. Sie erkannte die Constitution von 1812 an, ein neues Ministerium unter Calatrava, in welches auch Mendizabal wieder eintrat, wurde eingesetzt, während die vorigen Minister entflohen und die Gesandten der drei nordischen Mächte Madrid verließen. Die Cortes wurden zusammenberufen, October 1836, und beriethen, wie wenn es keine Carlisten mehr gebe, über die Modificationen der Verfassung von 1812 bis zum Juni des folgenden Jahres; am 18. Juni 1837 ward diese in gemäßigtem Sinn revidirte

Verfassung, welche neben Volkssouveränetät, Preß- und Vereinsfreiheit, Geschworenengerichten, der Krone ein absolutes Veto zuwies und ein Zweikammersystem, Senat und Deputirtenkammer, einführte, von der Regentin beschworen.

Dieser Zwiespalt im Lager der Christinos hätte den Carlisten große Aussichten eröffnen können und sie erlangten in der That im Felde wieder mehr und mehr die Oberhand. Am 24. Mai 1837 errang Don Carlos, während einer seiner Generale, Gomez, auch im Süden, in Andalusien, Fortschritte machte, bei Huesca in Aragonien einen Sieg und setzte sich nun mit dem Hauptheere gegen Madrid in Marsch. Indeß, während Gomez vom General Narvaez geschlagen wurde, gelang es einem Manne, der seither nur in untergeordneten Stellungen sich hatte bewähren können, Baldemero Espartero, der aber jetzt August 1837, an die Spitze des Heeres gestellt wurde, die Gefahr abzuwenden. Don Carlos trat, nachdem er bis auf einige Stunden von Madrid vorgedrungen, den Rückzug an, bei welchem die Mannszucht seines Heeres, soviel es davon besessen, sich vollends löste. Während Espartero dem Heere der Regentin einen neuen Geist und eine feste Organisation gab, entfaltete sich immer greller die trostlose Unfähigkeit im carlistischen Lager. Längere Zeit noch wogte der Kampf hin und her. Bei Huerta del Rey (14. October 1837) brachte Espartero den Carlisten eine neue Niederlage bei; ein Zwiespalt, der zwischen Don Carlos und seinem General Maroto ausbrach, half ihn vollends entscheiden. Es half der verlorenen Sache nicht auf, daß man in diesem Lager, anstatt die Rathschläge der wenigen Vernünftigen anzunehmen, die heilige Jungfrau jetzt in aller Form zur Generalissima ernannte; Maroto, nachdem er längere Zeit geschwankt, vollführte seinen Verrath und trat mit Espartero in geheime Unterhandlung. Am 26. August 1839 hatten die beiden Führer eine Unterredung und am 31. kam der Vertrag von Vergara zu Stande, in welchem Maroto und der größere Theil der Führer die Königin Isabella anerkannten, während Espartero versprach, seinen Einfluß für die Bestätigung der baskischen Fueros einzusetzen. Die carlistischen Truppen, etwa 21 Bataillone, legten die Waffen nieder und wurden in ihre Heimath entlassen; Don Carlos selbst flüchtete am 15. September über die französische Gränze und erhielt von Louis Philipp Bourges als Aufenthaltsort angewiesen. Die Cortes bestätigten die Fueros der baskischen Provinzen und am 6. Juli 1840, wo der tüchtigste der carlistischen Baudenführer, Cabrera, mit noch 5000 Mann gleichfalls nach Frankreich übertrat, konnte der entsetzliche Bürgerkrieg als beendigt gelten. Der populärste und mächtigste Mann in Spanien war jetzt Espartero.

4. Frankreich.

Die Revolution des Juli hatte durch die Aufrichtung eines neuen Thrones ihren vorläufigen Abschluß gefunden. In der Unterredung, welche einst, wenige Monate vor der Revolution, Ludwig Philipp bei dem Feste im Palais royal mit Herrn von Salvandy führte, hatte er das Mißgeschick der Fürsten darin gefunden, daß sie die Völker nicht kennen, weil sie künstlich von den Meinungen und Strömungen, welche im Volke walteten, abgesperrt seien. Vielleicht mit Recht; er seinerseits hatte bei den ungeheuren Schwierigkeiten, die ihn erwarteten, wenigstens den Einen großen Vortheil voraus, lange Zeit Einer vom Volke gewesen zu sein und die inneren und äußeren Verhältnisse Europas mit der ganzen Unbefangenheit eines nur mittelbar Betheiligten, eines „einfachen Passagiers," wie er sich gegen Ludwig XVIII. ausdrückte, beobachtet zu haben.

Die Schwierigkeiten dem Auslande gegenüber waren verhältnißmäßig wenig bedeutend. Das System der heiligen Allianz war längst durchbrochen und keine Hand rührte sich für die ältere Linie, durch deren Thorheit so eben die gefährliche Krisis heraufbeschworen worden war, die mit einem halblegitimen Königthum noch glimpflich genug geendet hatte. Unter den Mächten sprach die englische Regierung sofort und ohne Zögern die Anerkennung aus, und auch an den übrigen Höfen fanden die außerordentlichen Gesandten Louis Philipp's eine zuvorkommende Aufnahme. In Preußen, dem Oestreich in den Wiener Verträgen die Grenzwacht Deutschlands an der gefährlichsten Stelle zugeschoben hatte, war auf die ersten Nachrichten vom Ausbruch der Revolution das erste Aufgebot der Landwehr zu den Fahnen gerufen worden, angesichts der Möglichkeiten der neuen Lage eine verständige Maßregel; dem Grafen Lobau, der die amtliche Nachricht von Louis Philipp's Thronbesteigung überbrachte, gab jedoch Graf Bernstorff, der Minister des Auswärtigen, die Zusicherung, daß preußischerseits der Anerkennung nichts im Wege stehe, die ohne Zweifel im Einklange mit Rußland und Oestreich erfolgen werde. Zu Wien beruhigte man den General Belliard rücksichtlich des Herzogs von Reichsstadt, für den sich übrigens in Frankreich selbst kaum eine Stimme erhoben hatte, und Fürst Metternich, dem es immer mehr nur um Ruhe und immer weniger um Principien zu thun war, traf in seiner Unterredung mit dem General ganz den geheimen Gedanken Louis Philipp's, indem er sagte, mit dem Einen Edelmann, dem alten starrköpfigen König Karl, sei man fertig, es handle sich jetzt darum, dem Königthum des andern, des Herrn von Lafayette, mit guter Manier ein Ende zu machen. Kaiser Franz sicherte die Anerkennung zu, traf aber doch für alle Fälle in Italien seine Vorkehrungen. Schwieriger war der russische Kaiser zu behandeln, dem alle Revolution ein Greuel und alle Constitution eine Thorheit war. Louis Philipp ließ sich herab in einem Schreiben an den Czaren, bei dessen Abfassung auch der russische Gesandte Pozzo di Borgo zu Rathe gezogen worden war, sein Verhalten während der Julitage gleichsam zu rechtfertigen. „Euer Majestät," hieß es in diesem verächtlichen Actenstück, „wolle nicht aus den Augen verlieren, daß ich, so lange Karl X. regierte, der unterwürfigste und treueste seiner Unterthanen war, und daß ich erst in dem Augenblick, wo die Wirksamkeit der Gesetze gelähmt und die Ausübung der königlichen Autorität vernichtet war, mich dem nationalen Wunsche fügen zu müssen glaubte," und es schloß mit der Schmeichelei, daß Frankreich in ihm, dem Czaren Nicolaus, seinen natürlichsten und mächtigsten Alliirten zu sehen liebe. Der Czar antwortete mit kalter Förmlichkeit, daß er den Wunsch hege, die Vorsehung möge die Bemühungen Sr. Majestät zum Wohl der französischen Nation segnen; er nehme Act von Louis Philipp's Absichten, mit allen Staaten Europas in Frieden und Freundschaft zu leben, eine Absicht, die auch er, der Czar, seinerseits hege; die übliche Anrede „mein Herr Bruder" dem neuen König gegenüber zu gebrauchen, konnte sich der starrköpfige Autokrat nicht entschließen: doch hatte dieses kindische Bedenken, welches sich für einen Hofceremonienmeister besser schickte, als für den Herrscher eines großen Reiches, keine weitere Folge. Wenn es Ludwig Philipp gelang, das unruhige Volk zu bändigen, dessen revolutionäre Kraft sich nochmals in ihrer ganzen Mächtigkeit gezeigt hatte, so verloren die Etikettenfragen bald ihre Wichtigkeit.

Diese Beruhigung und Bändigung des aufgeregten Volksgeistes war und blieb die schwierigste Aufgabe. Zunächst erfüllte der Sturz der älteren Linie alle Gemüther mit Genugthuung: was in Wahrheit ihr geringster Fehler gewesen, daß sie durch die Bayonette des Auslandes einst zurückgeführt worden war, war derjenige, den die Franzosen ihr am wenigsten verziehen hatten. Hier aber war ein König, den sie — gut oder schlecht — sich selber gemacht hatten. Louis Philipp spielte seine Rolle mit der besten Miene von der Welt: mit dem Regenschirm unter dem Arme ging er durch die Straßen spazieren, drückte da und dort einem der Julikämpfer in der Blouse die Hand und sprach zu ihm mit der Bonhomie des französischen Bourgeois; Adjutanten traten an die Stelle der Kammerherren; kein Hofstaat, keine königlichen Haustruppen, keine Schweizerregimenter; seine Söhne fuhren fort, die öffentlichen Schulen zu besuchen. Wenn unter den Fenstern des Palais royal die Marseillaise ertönte, kostete es ihm nichts, auf dem Balcon zu erscheinen und den Tact dazu zu schlagen, und er wurde niemals müde, die

Deputationen aus den Provinzen, welche ihm freisinnige Anreden hielten, mit der gleichen Münze zu bezahlen. Er ließ auch geschehen, was er doch nicht hindern konnte, daß Lafayette die Nationalgarden in ganz Frankreich organisirte, und nahm am 29. August, in ihre Uniform, die er mit Vorliebe trug, gekleidet, eine große Revue über die 60,000 Mann der Pariser Nationalgarde ab, die ihre Fahnen aus seiner Hand empfing; indem man anordnete, daß sie ihre flotte Kleidung und Ausrüstung aus eigenen Mitteln bestreiten mußten, hatte man ohne viel Aufsehen dafür gesorgt, daß die gefährlichsten Elemente von selber wegblieben, und auf sehr einfachem, wenn auch nicht eben geradem Wege das Recht militärischer Organisation an einen Census geknüpft.

Eine königliche Verordnung vom 11. August hatte die Regierung definitiv gebildet: Dupont, Freund und Gesinnungsgenosse Lafayettes, erhielt die Justiz, General Gerard das Kriegsministerium, der Graf Molé und der Herzog von Broglie, zwei große Herren von liberalen Grundsätzen, Auswärtiges und Cultus, Graf Sebastiani, früher ehrgeiziger Intriguant und, seit er zur Macht gelangt, Höfling, die Marine, der reiche Banquier Baron Louis die Finanzen, Guizot, ein kenntnißreicher, kalter, strenger Mann der Ordnung, das Innere; außerdem wurden noch vier Minister ohne Portefeuille, Lafitte, Casimir Perier, Dupin der Aeltere und Bignon ernannt. Der König selbst behielt sich zunächst nur die Aufgabe vor, die Gegensätze, die in dieser Regierung vertreten waren, und die sich vom Halb- oder Beinah-Legitimismus bis zum Halb- oder Beinah-Republikanismus erstreckten, zu vermitteln, ihr Zusammenwirken zu ermöglichen. Er wußte wohl, daß noch immer die äußerste Vorsicht geboten war, ließ deshalb seine persönliche Ansicht nicht vor der Zeit in den Vordergrund treten und wartete seine Zeit ab. Die Popularität Lafayettes war ihm für den Augenblick noch unentbehrlich, um über die Anfangsschwierigkeiten hinwegzukommen, die hauptsächlich in den Folgen der Erschütterung für Handel und Industrie und die ganze erwerbende Thätigkeit der Nation lagen.

Die Classen, welche vorzugsweise den Kampf der drei Tage ausgefochten hatten — es waren die Arbeiter, welche man von da an im Gegensatz zur besitzenden Bürgerschaft oder Bourgeoisie vorzugsweise das Volk, le peuple,*) zu nennen die üble Gewohnheit annahm — eruteten seine Früchte nicht. Die Stockung in den Fabriken, eine noth-

---

*) „Par bourgeoisie j'entends l'ensemble des citoyens, qui possédant des instruments de travail ou un capital travaillent avec des ressources qui leur sont propres et ne dépendent d'autrui que dans une certaine mesure. Le peuple est l'ensemble des citoyens qui ne possédant pas de capital

wendige Folge der Unsicherheit dieser ersten Zeit, beraubte eine große Menge ihres gewöhnlichen Verdienstes und verdammte sie zum Hungern; ein Tropfen auf einen glühenden Stein, fünf Millionen Francs für öffentliche Bauten, bei denen eine Anzahl Arbeiter vorläufig beschäftigt werden konnte, von der Kammer bewilligt, kam ihnen unmittelbar, und ein etwas größerer, 30 Millionen zur Unterstützung der Industrie, wenigstens mittelbar zu Gute; für die Verwundeten der drei Tage, für die Hinterbliebenen der Gefallenen wurde nothdürftig gesorgt, und mit feurigen Worten: Denkmünzen für die Kämpfer der drei Tage, Decretiren einer Triumphsäule, gelegentlichen Besuchen von Prinzen und Prinzessinnen in den Hospitälern war man nicht sparsam; die Noth und die Unzufriedenheit wurden mit diesen frivolen und zum Theil unwürdigen Mitteln so wenig beseitigt, als mit der Aufhebung der Todesfeier für Ludwig XVI., oder der Herstellung der St. Genofeven-Kirche als Pantheon mit seiner pomphaften Inschrift: „Seinen großen Männern das dankbare Vaterland". Diese Unzufriedenheit unter dem Volke kam Denen zu Gute, welche mit dem Gedanken spielten, die Revolution von 1789 wieder von vorne anzufangen, und die nun in einem „Verein der Volksfreunde" eine neue Auflage des Jacobinerclubs begannen: durch richterlichen Spruch wurde aber dieser gefährlichen Spielerei ohne viel Widerspruch mit Auflösung des Vereins ein Ende gemacht.

Ein Opfer aber verlangten nicht diese blos, sondern — und vielleicht leidenschaftlicher noch verlangte es die große Masse der Bourgeoisie: das waren die unseligen Minister Karl's X., welche all' dies Unheil angerichtet, die Bürger so muthwillig in Angst gesetzt hatten, und von denen vier, Polignac, Peyronnet, Guernon Ranville und Chantelauze, in die Hände der Gewalt gefallen waren. Man hatte sie nach Vincennes gebracht und die Kammer am 29. September die Anklage auf Hochverrath beschlossen; der aufgeregten öffentlichen Stimmung schien unter allen möglichen Strafen nur die Todesstrafe zu genügen. Allein Louis Philipp, aus Menschlichkeit wie aus Furcht vor den auswärtigen Cabinetten, auf welche dies den übelsten Eindruck hätte machen müssen, war entschlossen, dies nicht zuzugeben, und das sicherste Mittel, sie zu retten, war, wenn die Todesstrafe überhaupt abgeschafft würde; konnte eine neue Regierung sich würdiger einführen in einem Lande, wo die Gewalt so häufig gewechselt hatte, — wo, wer heute Rebell und Verräther, morgen Minister und König sein

---

dépendent d'autrui complètement et en ce qui touche aux premières nécesités de la vie" definirt Louis Blanc Histoire de dix ans p. 8 der Brüsseler Ausgabe.

konnte? Ein dahin gehender Antrag war in der Kammer schon am 17. August gestellt worden; im October begannen die Erörterungen. Herr von Keratry sprach beredte Worte zu seiner Unterstützung, indem er kühn und klug nicht verschwieg, wem die Annahme vor Allem und zunächst zu Gute kommen mußte; auch Lafayette, bei manchen Schwächen ein ritterlicher Charakter, an dem man in solchen Augenblicken seine Freude haben muß, sprach sich für den Antrag aus. Die Kammer gab dem entsprechend den Wunsch zu erkennen, daß das Princip der Abschaffung der Todesstrafe in die Strafgesetzgebung Frankreichs aufgenommen würde, und der König stimmte dem bei. Diese Wendung der Sache hatte am 18. October in Paris einen wilden Tumult zur Folge, der immer drohender anschwoll und sich nach Vincennes fortwälzte, um von dort sich seine Opfer selbst zu holen; nur die mannhafte Drohung des Commandanten, daß er, wenn der Haufe ins Innere bringen sollte, die Citadelle mit Allem was darin sei in die Luft sprengen werde, vereitelte die Absicht.

Zunächst erfolgte nun die Modification des Ministeriums in einer Weise, die den Anbetern Lafayette's gefallen könnte. Lafitte, der ehrlich-liberale, sich selbst wie dem neuen König ohne Arg vertrauende, übernahm den Vorsitz; Broglie, Guizot, Graf Molé, Perier, Dupin, Bignon schieden aus; es waren die Männer der strengen Ordnung, welche kein weiteres Zugeständniß an die revolutionäre Partei mehr machen wollten. Die Uebrigen blieben; Broglie wurde durch einen Begünstigten Dupont's, einen Advocaten Merilhou, Guizot durch einen unbedeutenden Grafen Montalivet ersetzt; das beste Geschäft machte der König, indem er an Molé's Stelle den unbedeutenden General Maison zum auswärtigen Minister erhielt, der die wirkliche auswärtige Politik dem König selbst und seinem Gesandten in London, dem geriebenen Fürsten Talleyrand, überließ, der, wie der König selbst, das Geheimniß der jetzt opportunen auswärtigen Politik in einem engen Einvernehmen mit England sah. Wenige Wochen später erfuhr dies Ministerium eine scheinbar bedeutende Modification, indem an Stelle des Generals Gerard der berühmteste der Napoleonischen Veteranen, Marschall Soult, das Kriegsministerium, an Maison's Stelle General Sebastiani das Auswärtige erhielt. Die erstere Ernennung war eine Antwort auf die kriegerischen Rüstungen, welche der Ausbruch der belgischen Revolution und die drohende Gährung in Italien bei den Ostmächten anregte, die zweite brachte einen dem König noch genehmeren Mann in das auswärtige Amt. In Wahrheit bedeutete die Ernennung Sebastiani's eben so viel Friede, als die Ernennung Soult's Krieg bedeutete, und der Kriegseifer der Russen fand bald Gelegenheit, sich um näher liegende Dinge zu kümmern, als um die belgischen Wirren. Die Kriegsgefahr dauerte nicht lange; in der bedrohlichsten Frage, der belgischen, bequemte sich die französische Politik der englischen an, sofern sie auf eine directe oder indirecte Einverleibung Belgiens verzichtete.

Inzwischen war die Untersuchung gegen die Minister Karl's X. geschlossen und die Gefangenen wurden nach dem Luxembourg gebracht. Der Proceß vor dem Pairshof begann am 15. December. Eine große bewaffnete Macht, Nationalgarde und Linie, ward aufgeboten, über welche Lafayette, der sich für die Aufrechthaltung der Ordnung verbürgt hatte, den Befehl erhielt. Dank diesen Vorkehrungen wurde die Ruhe nur an Einem Tage ernstlich bedroht, so groß auch die Aufregung in der Stadt war, während im Innern des Palastes der große Staatsproceß verhandelt wurde, und hier, wo einige Männer, die in unglücklicher Stunde die Geschicke des Landes geleitet hatten, um ihr Leben kämpften, Erregungen anderer Art die Gemüther beherrschten. Das ganze große Drama der letzten Zeit ging in den Aussagen der Zeugen, den Reden und Gegenreden der Ankläger, der Vertheidiger und der Angeklagten selbst noch einmal an den Richtern und den wenigen Begünstigten, welche Zugang zu der Verhandlung hatten erlangen können, vorüber; es zeigte sich, wie gemeiniglich bei solchen Processen, daß die Angeklagten zwar kurzsichtige und starrköpfige Menschen, ungeschickte, übereifrige Diener eines Herrn oder eines Princips, keineswegs aber jene Wütheriche waren, für welche die Aufregung der Menge, die Uebertreibung der Presse und des Parteigeistes sie nahm. Besonders eindrucksvoll sprach der frühere Minister Herr von Martignac, der die Vertheidigung des Fürsten Polignac übernommen hatte, und der neben viel wirksamer Rhetorik nach Franzosenweise den sehr triftigen Grund für die Angeklagten ins Feld führte, daß man nicht wohl den Ministern den Proceß machen könne, nachdem der verantwortungsfreie König, dessen Werkzeuge sie gewesen, vertrieben worden sei; man könne, da ja doch auch die Revolution nicht in der Charte stehe, nicht nach dem durchlöcherten constitutionellen Rechte richten; man könne, nachdem die Revolution einmal geschehen, nur etwa einen Rachact, nicht aber einen Rechtsact üben. Der Spruch des Pairshofes, spät am Abend des 20. December verkündet, lautete für Polignac auf lebenslanges ewiges Gefängniß und bürgerlichen Tod, für die übrigen auf lebenslanges Gefängniß; unter der Menge hatte man, um sie zu beschwichtigen, das Gerücht ausgesprengt, daß die Männer zum Tode verurtheilt seien.

Noch einmal stieg die Aufregung zu einer gefährlichen Höhe, als die Menge hörte, daß die Opfer ihr entgangen, daß sie getäuscht worden sei — man hatte die Gefangenen eilig unter starker Bedeckung nach Vincennes zurückgebracht —; aber diesmal fehlten dem Volke die Führer, und es konnten sich vielmehr die conservativen Elemente der Regierung durch den Ausgang der Sache gestärkt fühlen. Es gelang jetzt, den unbequemen Lafayette bei Seite zu schieben, indem man einen Gesetzesentwurf über die Einrichtung der Nationalgarde vorlegte, bei dessen Berathung mit Nothwendigkeit die ganz anomale und unmögliche Stellung eines einzigen obersten Befehlshabers der gesammten Nationalgarde Frankreichs ins Licht trat — eine Stellung, neben der, wenn sie in weniger bewährten, oder, wie Niemand sagte, aber Der und Jeder dachte, weniger unfähigen Händen war, Königthum und Regierung ein Unding war. Es war nicht schwer, den General, indem man ihn in Weihrauchwolken hüllte, moralisch zu nöthigen, daß er selbst seine Stellung niederlegte, und wo er die Macht nicht mehr besaß, auch den Ehrentitel eines Oberbefehlshabers der Nationalgarde, dessen Anbieten unter diesen Umständen fast eine Beleidigung war, ablehnte.

Das System der Regierung, sagte er dem Könige, der die Rolle des Untröstlichen so gut wie seine übrigen spielte, sei nicht mehr das seine; mit ihm zugleich schied auch der Justizminister Dupont aus dem Ministerium. Er ward durch Merilhou, und dieser als Unterrichtsminister durch einen andern der emporgekommenen Advocaten, Barthe, ersetzt.

Man hatte längst erwartet, was bei einer ehrlichen Regierung sich fast von selbst verstanden hätte, daß die Kammer, welche, wie die ganze jetzige Ordnung der Dinge, mit einem Fuße auf dem Boden der Gesetzmäßigkeit, mit dem andern auf dem Boden der Revolution stand, aufgelöst werden würde, sobald sie die unerläßlichsten Arbeiten, zu denen ein neues Wahlgesetz gehörte, beendigt hätte. Aber Louis Philipp lag daran, diese Kammer der Mitschuldigen, welche in ihrer Mehrheit ebenso gesinnt und gestimmt war, wie er selber, so lange als möglich zu behalten. Man beschäftigte sie also mit ziemlich unfruchtbaren theoretischen Erörterungen über Principien der inneren und der äußeren Politik und legte ihr, um weitere Zeit zu gewinnen, noch ehe sie zu der Berathung des am Jahresschluß ihr vorgelegten Wahlgesetzes kam, eine neue Gemeindeordnung vor, die an Freisinnigkeit merklich hinter der im Jahre 1829 von Martignac vorgeschlagenen zurückstand. Ehe es zur Berathung dieses Gesetzes kam, wurde die Ruhe abermals empfindlich gestört bei Gelegenheit eines Todtenamtes, welches die legitimistische Partei allerdings in ziemlich herausfordernder Weise in der Kirche St. Germain l'Auxerrois für den Herzog von Berry abhielt (14. Januar 1831), und bei welchem eine kirchenschänderische Menge, in den Tempel einbrechend, schmähliche Excesse beging; Excesse, die am folgenden Tage, während die Regierung eine sehr laue Haltung beobachtete, durch eine greuliche Verwüstung des erzbischöflichen Palastes vervollständigt wurden. Man benutzte diese Gelegenheit, um sich, was jetzt keine Schwierigkeit mehr hatte, auch der letzten Anhänger Lafayette's, die noch in einflußreichen Stellungen sich befanden, des Polizeipräfecten Baude und des Seinepräfecten Odilon Barrot, zu entledigen. Im Februar wurde dann das Gemeindegesetz zu Stande gebracht, nach welchem der Gemeinderath durch eine bestimmte Anzahl von Höchstbesteuerten gewählt, der Maire aus der Mitte desselben von der Regierung ernannt werden sollte, die sich außerdem das unbeschränkte Recht seiner Absetzung vorbehielt. Jeder Beschluß des Gemeinderathes bedurfte zu seiner Gültigkeit außerdem der Genehmigung der Verwaltungsbehörde, d. h. der Regierung.

Dieselbe Tendenz, den Schwerpunkt ausschließlich in den begüterten Mittelstand zu legen, welche das Gemeindegesetz dictirt hatte, trat nun auch mit einer gewissen cynischen Offenheit in dem von der Regierung vorgelegten neuen Wahlgesetze zu Tage, welches sehr einfach vorschlug, die Zahl der Wähler aus den Höchstbesteuerten bis zur doppelten Zahl der im Jahre 1830 Berechtigten zu erhöhen; die Commission der Kammer ihrerseits hatte anstatt der Verdoppelung der Wähler vielmehr eine Herabsetzung des Wählbarkeitscensus von 1800 auf 750 Fr., des Wählercensus von 300 auf 240 Fr. vorgeschlagen; 60 Fr. also, spottete man in legitimistischen Kreisen, nicht mehr noch weniger, sei die Julirevolution werth gewesen. Einleuchtender war eine Bestimmung, welche diesen Berechtigten noch die sogenannten Capacitäten hinzufügte: die Mitglieder des Instituts von Frankreich, die verabschiedeten höheren Offiziere, die Richter, Notare, Aerzte, Graduirte der Universitäten; allein mit diesem Antrage drang die Regierung nicht durch. Von der Höhe des Census wurden noch einige Francs mehr abgehandelt, 500, 200 festgesetzt; so wurde dann das Gesetz am 9. März angenommen, und man erwartete nunmehr bestimmt die Auflösung der Kammer, die aber noch einmal verzögert wurde; am gleichen Tage hatte das Ministerium Lafitte seine Entlassung erbeten und erhalten.

Der Grund lag neben anderen persönlicher Art in der Behandlung der auswärtigen Angelegenheiten. Wiederholt hatte die Regierung als das Princip ihrer Politik die Nichteinmischung in die Angelegenheiten anderer Völker ausgesprochen, doch unter der Voraussetzung, daß die Regierungen der übrigen Großstaaten eben dieselbe Nichteinmischung sich zum Gesetze machten. Lafitte und Sebastiani hatten dies in der Kammer nachdrücklich und unzweideutig ausgesprochen, ganz wie Lafayette in einem denkwürdigen Gespräche mit

A. v. Humboldt es aussprach; mit diesem Princip, das eine friedliche und eine kriegerische Seite hatte, war man allerdings in der belgischen wie in der polnischen Angelegenheit bis hart an die Gränze gekommen, wo die Einmischung, d. h. der Krieg, begann, aber man hatte diese Gränze nicht überschritten. Man konnte den Männern der Kriegspartei, an deren Spitze General Lamarque stand, sagen, daß eine Einverleibung Belgiens, gesetzt auch, woran freilich kein Franzose zweifelte, daß sie von der Mehrzahl der Belgier selbst gewünscht werde, Frankreich mit England entzweien, und damit dem ganzen Europa gegenüberstellen würde; daß man für Belgien erreicht habe, was ohne diese Gefahr habe erreicht werden können; daß aber, was Polen angehe, dieses Land durch die halbe Breite Europas von Frankreich getrennt sei, und eine directe Einmischung in seine Sache nichts Anderes bedeute, als die Wiederaufnahme der Napoleonischen Kriegspolitik. Allein anders lagen die Dinge in Beziehung auf Italien. Der französische Gesandte Marschall Maison machte in Wien den Gesichtspunkt der Nichtintervention, französischer- wie östreicherseits, geltend; inzwischen aber waren dort die Unruhen in den Herzogthümern und in der Romagna ausgebrochen, und Fürst Metternich erklärte mit voller Entschiedenheit, daß Oestreich in Italien einschreiten werde, was immer daraus entstehen möge. Die Depesche, in welcher der Gesandte Louis Philipp's diese wichtige Unterredung an Sebastiani berichtet hatte, war dem Ministerpräsidenten Lafitte nicht mitgetheilt worden, er hatte sie fast zufällig aus der Zeitung erfahren, denn der König war entschlossen, selbst um den Preis, einer östreichischen Intervention in Italien mit gekreuzten Armen zusehen zu müssen, von seiner Friedenspolitik nicht abzuweichen, und es blieb Lafitte nichts übrig, als seine Entlassung zu nehmen, wenn er sich nicht in offenem Widerspruch setzen wollte mit dem, was er selbst vor dem Lande wiederholt und nachdrücklich erklärt hatte.

An seine Stelle ernannte eine königliche Ordonnanz vom 13. März 1831 Casimir Perier zum Minister des Innern und Präsidenten des Ministerrathes. Ein leidenschaftlicher, stolzer, herrischer Mann von großer Energie und gewaltigem Ehrgeiz, hatte er das Ministerium nur angenommen unter der Bedingung, daß der König selbst den Berathungen des Ministerrathes nicht mehr wie seither geschehen anwohnen dürfe und daß ihm, dem Ministerpräsidenten, die Depeschen, welche die auswärtige Politik beträfen, vorgelegt werden müßten. Er griff jetzt alsbald mit starker Hand in die Zügel; die sonstigen Modificationen waren nicht von großer Bedeutung: Sebastiani blieb, mit dessen auswärtiger Politik Perier im Wesentlichen einverstanden war.

Mit Klarheit und Schärfe entwickelte Perier sein Programm vor der Kammer: er betonte, daß die Julirevolution einen wesentlich conservativen Charakter getragen habe — Abwehr rechtloser Gewalt sei ihr Zweck gewesen; die Freiheit aber, die sie gegründet, werde durch Unordnung und Aufruhr bedroht und diesen zu steuern werde Aufgabe der Regierung sein. Für die Freiheit sei der Friede nothwendig; aus dem Grundsatze der Nichteinmischung, den man aufgestellt, folge noch nicht, daß man sofort Krieg beginnen müsse, wo dieser Grundsatz von anderer Seite verletzt werde; Frankreich müsse geizen mit dem Blute seiner Kinder, das nur ihm selbst gehöre. Diese Worte erhielten Nachdruck durch den Kriegsminister Marschall Soult, der erklärte, daß zu einem Kriege neue Opfer nöthig sein würden, da die bisherigen nur eben ausgereicht hätten, das Heer auf einen achtbaren Friedensstand zu bringen. Die Prahlereien mit den 500,000 Mann Linientruppen, der Million Nationalgarden waren plötzlich verstummt und der Finanzminister Baron Louis, welcher dem Marschall auf der Tribüne folgte, machte die Friedenspolitik noch einleuchtender, indem er ein starkes Deficit von einigen 100 Mill. Frs. darlegte und einen Gesetzesentwurf einbrachte, der durch Erhöhung der Grund- und Patentsteuer Ordnung in den Staatshaushalt zurückzubringen bestimmt war. Den Schluß dieser wohlangeordneten Scene bildete dann der Siegelbewahrer mit einem Gesetzesentwurf wider die Zusammenrottungen auf der Straße, welcher strenger war, als Alles was Kaiserthum und Restauration zur Aufrechthaltung der Ordnung bedurft hatten.

Gegen diese unbedingte Friedenspolitik erhob sich Lafayette, dem es nicht schwer wurde, zu zeigen, daß sich die Regierung in einen für die Ehre Frankreichs peinlichen Widerspruch gegen ihre früheren Erklärungen setze und nachzuweisen, wie Rußland zu einem antirevolutionären Kriegs- und Kreuzzug gerüstet habe, der nur durch den polnischen Aufstand — wie er sich ausdrückte, indem die Vorhut gegen das Hauptheer sich gewendet habe — vereitelt worden sei. Den Eindruck seiner Worte verstärkte noch die klägliche Art, wie Sebastiani seine Politik vertheidigte. Die Kammer lachte, als der Minister zum dritten Male auf die Phrase: „der Krieg — der Krieg mit allen seinen Schrecken" zurückkam, aber auch sie war in ihrer Mehrheit diesem „Krieg mit allen seinen Schrecken," seinen Opfern und den Gefahren, die er im Inneren heraufbeschwören konnte, abgeneigt und die Regierung gewann Zeit, die sie zunächst zur Herstellung eines straffen Regiments im Inneren ausbeutete. Ein Rundschreiben an die Präfecten erinnerte diese an strenge Handhabung des Gesetzes, wo immer die Meinungen der Parteien, welche frei seien, zu Handlungen werden wollten, welche das Gesetz verbiete; und diesem Schreiben folgten Circulare sämmtlicher Minister, welche, und dies mit Recht, ihren Beamten zur Pflicht machten, aus der „association nationale" auszutreten, deren Zweck war „die Fremden und die Bourbonen zu bekämpfen," und deren Mitglieder sich verbanden, ihrerseits zu ergänzen, was in dieser Beziehung den Regierungsmaßregeln an Vollständigkeit abgehe; eine Reihe von Absetzungen ging dieser Warnung zur Seite und gab ihr Nachdruck. Daß gleichzeitig eine Anzahl von Republikanern, der Verschwörung angeklagt, von den Geschworenen freigesprochen wurden, konnte einen rechthaberischen Mann wie Perier nur zu noch größerer Strenge antreiben.

Am 3. Mai 1831 wurde endlich die Kammer aufgelöst, die neuzuwählende zum 23. Juli einberufen. Den Folgen der Erweiterung des Wahlrechtes glaubte man durch ein sehr einfaches Kunststück zu entgehen: während man die Steuern um 50 Procent erhöhte, legte man der Anfertigung der Wählerlisten die Steuerrollen von 1830 zu Grunde, so daß in Wahrheit doch der Census für die Wahlberechtigten 200 Frs. mit 50 Procent Zuschlag = 300 Frs. betrug. Für die Neuwahlen setzte die Regierung ziemlich in der alten Weise, wie einst Villele und wie im Grunde jede französische Regierung, den ganzen enormen Apparat ihrer Beamtenmacht in Bewegung. Eine Masse Flugschriften wurde vertheilt, der König bereiste selbst eine Anzahl Departements; wichtiger noch war, daß man in der auswärtigen Politik Etwas zeigen konnte, was wenigstens aussah wie ein Erfolg. Für Polen allerdings war nichts zu machen, jede ernstliche Einrede sogar hätte hier die Theilungsmächte vereinigt gefunden; auch daß die belgische Frage durch die Wahl des Coburgers zum König der Belgier erledigt ward, wurde nur als ein Sieg der englischen Politik empfunden; aber in Italien zeigten sich wenigstens Spuren der Unterhandlungen, auf die Sebastiani vertröstet hatte, in den Anstalten, welche die Mächte trafen, um den Papst zu einigen Scheinconcessionen an seine aufgestandenen Provinzen zu bewegen: und das Object zu einem Experiment energischer auswärtiger Politik gab der Tyrann von Portugal Dom Miguel ab, indem er sich an französischen Unterthanen vergriff und Genugthuung weigerte. Am 11. Juli lief eine französische Flotte in der Tajomündung ein und zwang die acht portugiesischen Schiffe, welche die Kriegsflotte Dom Miguel's bildeten, die Flagge zu streichen. Die Nachricht traf in Paris an demselben Tage ein, wo der König seine neue Kammer eröffnete.

Die Thronrede verweilte, während sie die inneren Angelegenheiten mit ziemlich allgemein gehaltenen Redensarten streifte, mit einer gewissen Ausführlichkeit bei den auswärtigen Angelegenheiten. Die

Oestreicher auf Frankreichs Verlangen aus dem Kirchenstaate abgezogen; Belgien von den Mächten als unabhängiger Staat anerkannt; die dreifarbige Fahne auf den Wällen von Lissabon — so las der König — aufgepflanzt; was Polen betraf, so war an Worten nichts gespart: der König habe keine Anstrengung gescheut, um das Ende des erbitterten Kampfes herbeizuführen, seine Vermittlung angeboten, diejenige der großen Mächte angerufen. Rücksichtlich der Erfolge von Lissabon erfuhr man bald, daß der König unrichtig gelesen, daß die französische Fahne nicht auf, sondern unter den Wällen Lissabons wehte; — doch konnte dies auch genügen; die Stelle aber, welche sich auf Polen bezog, war nicht viel mehr als eine dreiste Unwahrheit.

Perier war der Kammer noch nicht sicher. Die Wahl Lafitte's zum Präsidenten wandte er mit Mühe ab, die Dupont's de l'Eure zum Vicepräsidenten konnte er nicht hindern, und bot demgemäß seine Entlassung. Die Stimmung der Kammer aber und die ganze Lage änderte sich, als der Einmarsch der Holländer in Belgien der Regierung Gelegenheit gab, wirkliche Energie gegen außen zu zeigen, indem sie Gerard mit einem starken Heere nach Belgien sandte. Die Debatten über die Adresse, mit welcher die Kammer die Thronrede beantworten sollte, begannen am 9. August und diese Adreßdebatten, bei welchen über Alles und Jedes gesprochen werden konnte, wurden mehr und mehr zu einer Liebhaberei der parlamentarischen Versammlungen des Festlandes, während man in England sie richtiger für äußerste Fälle sparte. Und während man hier in England mit seinem Pulver haushälterisch umgeht, nach möglichst maßvollem Ausdruck trachtet, um für das was mit Nachdruck gesagt werden muß noch das volle Wort zur Verfügung zu haben, gefielen sich die Franzosen mehr und mehr in einer outrirten, von geistreichen Antithesen erfüllten, von allgemeinen Betrachtungen gewürzten Sprechweise, die seine Staatsmänner zu Advocaten und den nächsten besten Advocaten in seinen eigenen Augen und in denen der urtheilslosen Menge zum Staatsmann machte. Mit den Worten „die Charte und der Friede" bezeichnete Casimir Perier sein Programm und zunächst mit dem ersten war die Kammermehrheit einverstanden, wenn sie auch diese Politik des Friedens, die keine sehr kühne, keine bewundernswürdige oder heroische, aber eine mit Frankreichs Würde verträgliche, im Interesse seiner Wohlfahrt vielleicht räthliche und nothwendige war, mit schwungvollen Redensarten vorgeführt und empfohlen haben wollte. So konnte ihr denn Sebastiani vortragen, wie allenthalben die Julirevolution ohne Krieg ihre Eroberungen gemacht habe: in Sachsen, Kurhessen, Braunschweig, der Schweiz; über die italienischen Dinge ging er leicht hinweg und was Polen betraf, so bezog er sich auf die eingeleiteten Unterhandlungen, die man nicht stören dürfe. Die Vorlegung von Actenstücken verweigerte er; von der andern Seite sprachen Mauguin, Bignon, Lafayette, und da es sich zunächst um Worte handelte, so kam man zwischen der Regierung, welche nur die Hoffnung, und der Mehrheit, welche die Gewißheit ausgesprochen haben wollte, daß die polnische Nationalität nicht untergehen werde, glücklich wenn auch lächerlich hindurch, indem man blos die Zuversicht (assurance) aussprach und damit wunderwas geleistet zu haben glaubte. Einen ähnlichen Verlauf hatte die Debatte über denjenigen Theil der Adresse, welcher die innere Politik berührte; auch hier begnügte man sich, nachdem Rede und Gegenrede sich erschöpft hatte, mit sehr allgemeinen Worten.

Noch einmal wiederholte sich die Debatte über die auswärtigen Angelegenheiten in voller Leidenschaftlichkeit, als am 16. September die Nachricht von der Capitulation von Warschau anlangte und Sebastiani auf eine Interpellation das hartherzige Wort erwiderte, daß zu Warschau „die Ordnung herrsche"; man empfand die abermalige Niederlage Polens wie ein Nationalunglück, die Theater wurden geschlossen, auf den Straßen kam es zu bedrohlichen Aufläufen, Insultirung der Minister; in der Kammer maßen sich in neuen Redetourniren Thiers, Guizot, Sebastiani auf der einen, Mauguin, Lamarque, Lafayette, Odilon Barrot auf der andern Seite; die Mehrheit beruhigte sich jedoch abermals bei den Erklärungen der Regierung.

Einige Wochen später begannen die Verhandlungen über die künftige Einrichtung und Stellung der Pairskammer, Verhandlungen, welche für alle tiefer Blickenden die große innere Schwäche der neuen Monarchie enthüllten. Die Hauptfrage war, ob die Pairswürde erblich sein sollte oder nicht. Mit Geist und Einsicht sprachen Thiers, Royer-Collard, Guizot für die Erblichkeit. Ihr Grundgedanke war der, den schon die Weisheit des Alterthums ausgesprochen hatte, daß eine gute Staatsverfassung weder rein monarchisch, noch rein aristokratisch, noch rein demokratisch sein dürfe, daß keine Aristokratie ohne Erblichkeit denkbar sei, daß man das Königthum nicht ohne die vermittelnde Körperschaft einer mächtigen ersten Kammer der Demokratie gegenüberstellen könne, daß dem beweglichen Elemente der gewählten Volksvertretung eine stabile der Ordnung, der gesellschaftlichen „Ueberlegenheiten" wie Royer-Collard sich ausdrückte, entgegengestellt werden müsse. Aber der Uebelstand war der, daß die alte französische Aristokratie durch die Revolution und vorher schon durch eigene Schuld ihren Boden im Volke verloren hatte und sich eine Institution, deren Wurzeln abgestorben oder ausgehauen worden sind, durch keinen Act der Gesetzgebung wieder schaffen läßt, daß die Bourgeoisie, die sich seit 1789 und unzweifelhafter noch durch die jüngste Revolution der Gewalt bemächtigt hatte, keine neue Aristokratie haben wollte und daß sie darin die große Menge für sich hatte, welcher die in den Revolutionsstürmen erwachsene Gleichheit mehr galt, als eine wohlgeordnete, von einer starken Autorität getragene und behütete Freiheit. So ward mit 386 gegen 40 Stimmen die Erblichkeit verworfen. Die Regierung selbst, obwohl sie die Ansicht der Minderheit theilte, hatte im Voraus die Entscheidung der Kammer anheimgegeben.

Schlimmer noch war, daß man, um das Gesetz bei den Pairs durchzubringen, durch königliche Ordonnanz 36 neue Pairs ernennen mußte; so ging dort der gesammte Gesetzesentwurf, welcher die Ernennung der Pairs auf Lebenszeit dem König übertrug und ihn nur an bestimmte Kategorieen von Männern band, auf die er seine Wahl beschränken mußte, mit geringer Mehrheit von 34 Stimmen durch (27. December). 13 Pairs erklärten ihren Austritt aus einer Kammer, von der keinerlei selbstständige Wirksamkeit mehr zu erwarten war. In unbedeutenden Dingen, wie in der von der Deputirtenkammer beschlossenen Abschaffung der Feier des Todestages Ludwig's XVI. und in der ebenfalls von der Deputirtenkammer verlangten Wiedereinführung der Ehescheidung, die während der Restauration im Namen eines falschverstandenen Christenthums verboten worden war, konnte sie einen unfruchtbaren Widerstand leisten; in allem Wichtigen war sie machtlos.

Die Aristokratie hatte man beseitigt, aber ein tieferer Zwiespalt begann sich zu öffnen zwischen der Bourgeoisie und „dem Volke," zwischen den „besitzenden" und denjenigen Classen, deren einziger Besitz ihre Arbeitskraft ist. Die Handelsstockung, welche in Folge der Revolution und der gespannten Lage Europas während der Jahre 1830/31 eintrat, machte sich besonders in der zweiten Stadt Frankreichs, in Lyon, geltend; sie rief unter den Seidenwebern dieser Stadt, die bei den gedrückten Lohnsätzen nicht mehr bestehen konnten, und denen das Gesetz die Möglichkeit versagte, durch das äußerste Mittel gemeinsamer Arbeitseinstellung die Fabrikanten zu billigem Vergleich zu zwingen, einen heftigen Aufstand hervor, dessen Wahlspruch „Von der Arbeit leben oder im Kampfe sterben" auf schwarzer Fahne verzeichnet war. Der Aufstand, unterstützt durch die Lage der Arbeiterstadt La croix rousse, welche auf der die Stadt Lyon beherrschenden Höhe liegt, war siegreich: Ende November war ganz Lyon in den Händen der Fabrikarbeiter, welche indeß sich würdig benahmen. Hier gab es Arbeit für einen Mann von so schrecklicher Energie wie Casimir Perier; von allen Seiten rief der Telegraph die

Truppen zusammen: 20,000 Mann zu Fuß, 6000 zu Pferd rückten sie am 3. December gegen die Stadt, an ihrer Spitze kein geringerer Mann als der Marschall Soult, den der älteste Sohn des Königs, der Herzog von Orleans, begleitete. Die Stadt erhielt eine Besatzung von 20,000 Mann, 10,000 nicht aus Lyon gebürtige Arbeiter wurden aus der Stadt gewiesen, die übrigen unter das Joch ihrer Fabrikanten zurückgedrängt: die große und schwere Frage, welche demagogische Pfuscher und idealistische Schwärmer so leicht zu lösen meinen und welche Religion, Humanität und Staatskunst vereint erst allmälig und schwerlich je vollständig werden lösen können, war damit freilich nicht erledigt, so wenig als durch die, dem ungeheuren Problem gegenüber höchst lächerliche Bestellung von Seidenstoffen im Werthe von 600,000 Francs, welche der König seinem Sohne mitgab.

Wie dieser Empörung, so wurde die Regierung auch anderer Aufstände Herr, die bald eine legitimistische, bald eine republikanische Lokalfarbe trugen, und welche dazu dienten, den Minister des Innern als den unentbehrlichen erscheinen zu lassen. Dem zweiten Einrücken der Oestreicher in die Romagna benahm Perier die aufregende Wirkung durch die scheinbare Energie, mit welcher er die französische Expedition nach Ancona in Scene setzte; gelegentlich kam es wohl zu heftigen Scenen und persönlichen Beleidigungen in der Kammer, wie z. B. als bei Feststellung der Civilliste des Königs, die auf zwölf Millionen vermindert wurde, der Graf Montalivet den Ausdruck Unterthanen gebrauchte, gegen den das kindische Selbstgefühl der Franzosen sich lärmend zur Wehre setzte; die Regierung Perier's aber befestigte sich. Am 16. Mai 1832 jedoch erlag der gewaltige Minister der Cholera, die seit Ende März auch in Paris wüthete und ihre ersten Opfer unter der Ballgesellschaft der großen Oper während der Faschingstänze sich holte. Er starb, nach dreizehnmonatlicher Verwaltung, dem König nicht zu Leide, der sich seinem herrischen Willen nur mit heimlichem Verdrusse gefügt hatte.

Zu der Rolle, welche Perier ihm zugedacht, bloßer Figurant, blos Symbol der Ordnung zu sein, war Louis Philipp zu bedeutend. Er übernahm selbst wieder den Vorsitz im Ministerrath, der mit geringer Modification derselbe blieb; ein Rundschreiben Montalivet's, der an Perier's Stelle das Innere übernahm erklärte zum Ueberfluß, daß die Regierung noch immer das Cabinet vom 13. März sei.

Dem gegenüber erhob sich die liberale Partei in ihrer Presse, und die republikanische in ihren Vereinen. Unter Führung Lafitte's veröffentlichten etliche 150 Abgeordnete einen „Rechenschaftsbericht," in welchem sie das gegenwärtige System anklagten, daß es die Julirevolution und Frankreich ihren Feinden überliefere — und bei Gelegenheit der Leichenfeier des Generals Lamarque, eines ehemaligen Girondisten und Halbrepublikaners wie Lafayette, (5. Juni) vereinigten sich die beiden Parteien zu einer gewaltigen Demonstration, aus der sich, nachdem auf gut französisch die Trauermusik in die Marseillaise übergegangen, ein blutiger Aufstand der republikanischen Partei entwickelte. Die Regierung aber hatte große Truppenmassen aufgeboten, die Nationalgarde war stutzig geworden beim Anblick einer rothen Fahne und einer Jacobinermütze, die unter dem Geleit des Leichenzugs zum Vorschein gekommen waren, kein namhafter Führer stellte sich an die Spitze des Tumults, der eine Emeute blieb und keine Revolution wurde. Die Bürgerschaft war voll Erbitterung über die ewigen Ruhestörungen, die das friedliche Gewerbe an jedem Aufschwung hinderten; aufs Beste ward der König empfangen, als er am folgenden Tage (6. Juni) mit einem glänzenden Stabe die Boulevards entlang zwischen den Reihen der Linientruppen und Nationalgarden dahinritt. Er empfing die Deputation der Abgeordneten, welche den „Comte-rendü" veröffentlicht hatten, in den Tuilerien; ruhig und kalt rechtfertigte er seine Regierungsweise, betheuerte seine liberalen Gesinnungen: wenn er in der Liebe der Bevölkerung verloren haben sollte, so sei dies den Verleumdungen zuzuschreiben, mit denen man ihn überschütte. Was den Aufstand betreffe, so solle nach den Gesetzen verfahren werden.

Um fünf Uhr Nachmittags war man mit dem Reste der verzweifelten Aufständischen fertig, die sich in einem Eckhause der Straße St. Martin und St. Mery schon ohne Hoffnung, aber mit dem hartnäckigen Hasse und der prahlerischen Tapferkeit, welche diese französischen Straßenkämpfe auszeichnet, vertheidigten. Mit Ungestüm verlangte diesmal die Nationalgarde, welche bei dem Kampfe das Meiste gethan und auch die meisten Verluste erlitten hatte, strenge Bestrafung und energische Maßregeln und man that ihr diesmal den Willen. Noch am 6., als der Sieg der Ordnung schon entschieden war, wurde Paris in Belagerungszustand erklärt, die polytechnische Schule, deren Zöglinge sich gegen das Verbot am Leichenbegängnisse Lamarque's betheiligt hatten, geschlossen, die Artillerie der Nationalgarde, von der viele Einzelne am Aufruhr sich betheiligt, aufgelöst, zahlreiche Verhaftungen unter Demokraten und Legitimisten vorgenommen, und den Generalprocuratoren strenges Einschreiten gegen die Presse zur Pflicht gemacht. Gleichzeitig wurde auch die Verfolgung der wunderlichen Secte der St. Simonisten wieder aufgenommen, welche eine überaus charakteristische Erscheinung der auf mancherlei guten und bösen Wegen nach naturgemäßerer und gerechterer Gestaltung der gesellschaftlichen Zustände sich nähernden und ringenden Zeit bildete.

Sie hatte ihren Namen von einem Grafen St. Simon, der 1760

geboren, Sprosse eines altadeligen Geschlechts, in den wechselvollen Zeiten und ihren so verschiedenartigen Erscheinungen nur Nahrung für seinen auf abenteuerlichen Wegen gehenden Verstand fand, und sich allmälig eine neue Religion zurecht gemacht hatte, die unter den Classen der Bevölkerung, welche ihre Leiden für phantastische Beglückungspläne empfänglich machten, auf Viele die Anziehungskraft ausübte, welche das Neue, Uebertriebene, Halbverstandene auf aufgeregte Unwissende zu üben pflegt. Als ein „neues Christenthum" — dies war der Titel von St. Simon's Hauptwerk, das aber erst nach seinem Tode erschien — gab sich diese Lehre, als ein Christenthum, das Ernst mache mit dem Gebot der Nächstenliebe; aber als eine Religion zugleich, deren Reich, wie das Christenthum der Wiedertäufer und ähnlicher Schwarmgeister, von dieser Welt sei; sie verhieß die große Masse der Menschen zu Vollkommenheit und Glück zu erheben, indem sie durch eine oberste Leitung, ein neues Papstthum, Jeden nach seinen Fähigkeiten und ohne Rücksicht auf die bisherige Ordnung der Gesellschaft, die einer neuen weichen müsse, beschäftige. St. Simon dachte sich eine Art platonischen Staats mit drei verschiedenen Classen, Künstlern, Gelehrten, Gewerbetreibenden aus, welche die verschiedenen Hauptkräfte des Menschen, Gemüth, Verstand und Willen repräsentirten. Gleichzeitig heckte ein anderer Schwärmer, ein Handlungsdiener Karl Fourier, im Jahre 1772 als Sohn eines Tuchhändlers geboren, ein verwandtes System aus, das noch ungeheuerlicher als das St. Simon's, einen wahren Grundgedanken in ein Fachwerk riesiger Thorheiten und Phantastereien gliederte; er wollte Frankreich mit Gesellschaftsgemeinden oder Phalansterien bedecken, Genossenschaften von 1500 bis 1800 Mitgliedern, in denen alle verschiedenen menschlichen Fähigkeiten vertreten seien und die deshalb allemal eine sich selbst genügende Phalanx bilden würden. Im Jahre 1825 war St. Simon gestorben, aber er hinterließ eine Anzahl begeisterter Anhänger, die nach der Julirevolution mit ihren Träumen hervorkamen, und in einem Locale eines der belebtesten Theile von Paris alle Sonntage Vorträge hielten, die durch ihre Wunderlichkeit, das Feuer, mit welchem die Abepten der neuen Weisheit ihres Meisters Lehre vortrugen, das Treffende, was in ihrer Kritik der bestehenden gesellschaftlichen Ordnung lag, Viele anzogen. Die Demagogen gewöhnlichen Schlages gaben der Menge einige abgezogene Begriffe, Demokratie, Freiheit, Gleichheit und andere hohe Worte, Steine statt Brod; aber diese Secte schickte sich an, ihr etwas zu bieten, was, wenn auch nicht besser war, so doch besser schmeckte, — eine neue Religion. Sie entfaltete nun eine große Thätigkeit: Broschüren wurden vertheilt, Zeitungen gegründet, Geld zusammengebracht, und Mancher, der später ein berühmter

Börsenspeculant und Geldmensch wurde, eröffnete seine Laufbahn als St. Simonistischer Reiseprediger. Jetzt aber widerfuhr ihnen das Beste, was sie sich wünschen konnten — daß nämlich die Regierung, nach einem mißlungenen ersten Versuche, ihre Häupter zum zweiten Male gerichtlich belangen ließ, weil sie das Vereinsgesetz übertreten hätten, das Versammlungen von mehr als 20 Menschen von polizeilicher Erlaubniß abhängig machte — und daß sie der Secte, in deren Innerem bereits über die Vertheilung von Geldern Zwietracht ausgebrochen war, die Gelegenheit gab, ihre Doctrinen öffentlich zu vertheidigen und zur Schau zu stellen. Ihr „oberster Vater," ein gewisser Enfantin, that dies nicht ohne Geschick. Wenigstens der kritische Theil seiner Darlegung machte Eindruck: gegenüber den dürftigen Mitteln, mit denen man jetzt den herrschenden Uebeln, die Niemand leugnen könne, entgegentrete — den Besserungsanstalten, Hospitälern, Zuchthäusern und Gefängnissen — erstrebe ihre Gesellschaft eine Besserung von innen heraus durch Erneuerung der fundamentalen Gesetze des menschlichen Zusammenseins — eine neue Ordnung des Eigenthums vor Allem, wo nicht mehr wie jetzt erbliches Elend und erblicher Müßiggang einander gegenüber stehen dürfe; wie andere derartige Secten schmeichelten sie aber den niederen Trieben der Menschennatur mit Verheißung einer Einsetzung der Sinnlichkeit in ihre Rechte, einer „Emancipation des Fleisches," wie die Phrase lautete, die auch außerhalb dieses Kreises Manchem zum Fallstrick wurde. Enfantin wurde verurtheilt und die Gesellschaft verschwand wieder mit sammt den verrücktesten ihrer Lehren; die am unmittelbarsten practischen derselben aber, welche sich auf eine Umwälzung der Eigenthumsverhältnisse und Aufhebung der Erblichkeit des Eigenthums richteten, übten fortwährend einen starken Einfluß auf viele Kreise des niederen Volkes und dienten an ihrem Theile dazu, die französische Gesellschaft zu zerreißen, den Haß der Parteien noch giftiger zu machen, und das Land in feindliche Lager zu spalten.

Obgleich nun die Regierung so die republikanischen Versuche siegreich bekämpft hatte und dieser Partei, besonders Anhängsel und Auswüchse wie die eben geschilderten, in der öffentlichen Meinung schadeten, so wurde doch immer deutlicher, daß das Ministerium in seiner jetzigen Zusammensetzung nicht auf die volle Unterstützung der Deputirtenkammer zählen könne, und Louis Philipp entschloß sich zu einer neuen haltbareren Modification, welche der Moniteur vom 11. October 1832 verkündigte. Der König selbst bezeichnete dieselbe als das System des juste milieu, der rechten Mitte zwischen den politischen Extremen; den Vorsitz übernahm der Kriegsminister Marschall Soult, das Innere Thiers, den Unterricht Guizot, die Finanzen Humann, ein

Industrieller aus dem Elsaß; der Herzog von Broglie das Auswärtige, de Rigny, Barthe, d'Argout behielten die Marine, die Justiz und die öffentlichen Arbeiten. Zu gleicher Zeit wurden nicht weniger als 62 neue Pairs ernannt, wobei man darauf Bedacht nahm, durch wirkliche Berühmtheiten und bedeutende Capacitäten der so sehr in ihrem Ansehen erschütterten Körperschaft wieder aufzuhelfen.

Unter den Verleumdungen, über welche der König sich beklagte, war auch die, daß er heimlich damit umgehe, „die Revolution" an die Legitimisten zu verrathen. Von diesem Verdachte befreite ihn das Jahr 1832 vollständig. Der gestürzte König hatte Anfangs sich vollkommen resignirt verhalten. Allmälig aber ging es ihm wie allen Flüchtlingen; er knüpfte an die Nachrichten, die ihm über die Verlegenheiten der neuen Regierung zugingen, vage Hoffnungen, als könne ihm doch noch eine Rückkehr beschieden sein, und er widerrief seine Thronentsagung, wozu er ein gewisses Recht hatte, da die Bedingungen nicht erfüllt waren, unter denen er sie ausgestellt. Im Uebrigen hielt er sich unthätig; durch Beides zerfiel er mit seiner Schwiegertochter, der Herzogin von Berry, welche sich nach altfranzösischem Rechte als Regentin für ihren Sohn, den König Heinrich V., betrachtete und den kühnen Gedanken hegte, diesem mit Hülfe der Vendeer und der noch immer starken Legitimistenpartei zu seinem Rechte zu verhelfen. Sie ging nach Italien, wo ihr der Herzog von Modena, welcher den neuen König von Frankreich nicht anerkannt hatte, ein Asyl gewährte, unterhielt von da einen lebhaften Briefwechsel mit den Häuptern der Partei in Frankreich und schiffte sich, als sie die Zeit gekommen glaubte, Ende April 1832 mit einem kleinen Gefolge nach der südfranzösischen Küste ein. Es gelang ihr, unbemerkt zu landen; als im Süden, wo ein Versuch in Marseille kläglich scheiterte, nichts zu machen war, erschien sie, nachdem sie in Verkleidung Frankreich durchzogen, im Mai in der Vendee, wo sie vom Schlosse Plassac bei Saintes aus die Königstreuen dieses von royalistischen Erinnerungen getränkten Bodens zu den Waffen rief. Aber seit 1793 hatte sich Vieles geändert; den vereinzelten Getreuen standen die Käufer der Nationalgüter und die Truppen der Regierung gegenüber; selbst der Boden war nicht mehr der alte; breite Straßen durchzogen das Land der Hecken und machten einen Volkskrieg, wie vor Zeiten, unmöglich. Ohne Mühe, wenngleich nicht ohne Blutvergießen und einzelne Thaten heldenhafter Treue ward der Aufstand unterdrückt; nur der kecken Führerin selbst konnte man nicht habhaft werden, da unter der Bevölkerung der Vendee Niemand sich fand, der ihr Versteck verrieth. Allein ein getaufter Jude, Namens Deutz, einer von Denen, auf welche nach dem alten westgothischen Sprüchwort das Taufwasser vergeblich gefallen, ein

Mensch, der von ihr zu wichtigen Sendungen gebraucht worden war, betrog ihr Vertrauen. Er verkaufte dieses Vertrauen um 500,000 Francs, und nachdem er seine Silberlinge von Thiers empfangen, gelang es, ihr Versteck aufzuspüren. Sie ward verhaftet (8. November) und nach dem Schloß Blaye, welches auf einer Insel in der Mündung der Gironde liegt, gebracht. Dort zwang sie eine peinliche Nothwendigkeit, auch ihr letztes Geheimniß zu offenbaren: sie hatte sich heimlich mit einem sicilischen Grafen Lucchesi-Palli vermählt, und nachdem sie am 9. Mai 1833, noch in der Feste und umgeben von der Medizinalpolizei der Regierung, einem gesunden Töchterchen das Leben gegeben, wurde sie in Freiheit gesetzt. Vergebens behandelten die Legitimisten-Häupter die ganze Sache als Verleumdung und warfen ihren Ritterhandschuh hin, die Ehre und Unschuld der Herzogin gegen Männiglich zu erweisen; es war nicht anders; sie war fortan nicht mehr gefährlich, da auch ihre Familie und die gesammte legitimistische Welt um jener Mesalliance willen sich von ihr abwandten. Den Nimbus der Regierung Louis Philipp's aber hatte dieses Trauerspiel, das so bürgerlich endigte, nicht vermehrt.

Dasselbe Jahr befreite Louis Philipp noch von einem andern drohenden Namen: der Herzog von Reichstadt, der ehemalige König von Rom, war am 22. Juli zu Wien gestorben. Am 19. November 1832 wurden die Kammern wieder eröffnet. Auf dem Wege nach dem Palais Bourbon wurde ein Pistolenschuß vernommen, der ohne Zweifel dem König galt; der Thäter ward nicht ermittelt. Das Vorkommniß diente dazu, dem König einen begeisterten Empfang zu verschaffen — „unter solchen Umständen," rief Odilon Barrot aus, „gibt es keine Opposition mehr." Auch die Thronrede selbst machte einen günstigen Eindruck, da Louis Philipp auf die kriegerische Action hinweisen konnte, die in Gemeinschaft mit England gegen den hartnäckigen König der Niederlande im Gange war, und die eben in jenem Augenblicke ein französisches Heer unter dem Marschall Gerard vor die Mauern der Citadelle von Antwerpen führte. In der Kammer war die eigentliche Opposition entschieden in der Minderheit; der Candidat der Mittelpartei, welcher der Regierung genehm war, der Generalprocurator Dupin der Aeltere, ein selbstgefälliger Wortmacher, den jede Regierung, die ihm Stellen zu bieten hatte, bald an ihrer Seite sah, ward zum Präsidenten gewählt und die Adresse, welche die Thronrede beantwortete, war nur deren Widerhall. Die Regierung besaß in Thiers einen geschickten Mann, der wußte, wie man der Versammlung beikam; die Herrschaft der Stimmenmehrheit in der Kammer — das war ihm die wahre Volksherrschaft und er verfehlte nicht, dies wohllautende Wort vor der Kammer erklingen zu lassen; wie man es machte, diese Stimmenmehrheit zu erlangen, sagte er nicht.

Einige wichtige Gesetzesentwürfe wurden dieser Kammer vorgelegt; ein Unterrichtsgesetz, welches den ernsten, strengen, von dem wissenschaftlichen Geiste des Protestantismus durchdrungenen Guizot zum Urheber hatte, und ein Gesetz über die Departementalverwaltung, welches das gescheiterte Werk Martignac's wieder aufnahm. Das letztere kam nicht zu Stande; charakteristisch aber für die ganze Tendenz der Regierung war, daß sein Grundgedanke der war, daß dem Präfecten ein Generalrath, dem Unterpräfecten ein Arrondissementsrath, und dem Maire jeder Gemeinde ein Gemeinderath zur Seite stehen sollte, bei Allen nur mit berathender Stimme; daß aber zum Wählen in diese Versammlungen nur jene selbe privilegirte Kaste der Höchstbesteuerten berechtigt sein sollte, welche auch die Abgeordneten zur Deputirtenkammer wählte. Ein Unterrichtsgesetz ferner war hoch vonnöthen: von sechs Millionen Kindern im schulpflichtigen Alter genossen Ende 1830 nur zwei Millionen Antheil am öffentlichen Unterricht, von den zum Militärdienst Eingestellten war mehr als die Hälfte weder Lesens noch Schreibens kundig. Die Juliregierung, aufgeklärt und dem Pfaffenthum feind, das seine Herrschaft auf die weitverbreitete Unwissenheit gründete, hatte sich diesen Gegenstand sogleich angelegen sein lassen. Jetzt beantragte Guizot Volksschulen doppelter Art, von denen die einen, mit einem Minimalgehalt von 200 Francs für den Lehrer Lesen, Schreiben, Rechnen, Religion, die andere mit einem Lehrerminimalgehalt von 400 Francs die Anfangsgründe der Geometrie, Physik, Geographie und Geschichte lehren sollten; Privatschulen konnte Jeder halten, dem sein Maire ein Sitten- und Fähigkeitszeugniß ausstellte. Dem Pfarrer war, sehr verständig, ein Sitz im Aufsichtsrathe jeder Schule eingeräumt, denn ohne Mitwirkung oder gar unter offener Gegenwirkung der Geistlichen war auf diesem Gebiete nichts zu erreichen. Das Gesetz kam zu Stande, wirkte aber weniger, als man erwartete, weil man den Schulbesuch nicht zu einer allgemeinen Staatspflicht wie in Deutschland machte. Dieser Schulzwang, gegen den nur ein falscher Freiheitsdünkel, nicht ächte Freiheitsliebe sich sträubt, wäre ein kostbareres Geschenk für dieses den politischen Leidenschaften rettungslos verfallene Volk gewesen, als alle liberalen Worte in Kammer und Presse zusammengenommen.

Am 25. April wurde die Kammer geschlossen und unmittelbar darauf zu einer neuen Session wieder zusammengerufen. In ihr machte Thiers, der unterdessen das Ministerium der öffentlichen Bauten übernommen hatte, die Ankündigung, daß die Regierung entschlossen sei, Paris nach einem umfassenden Plane mit Forts und Befestigungen zu umgeben, um auf diese Weise, so schmeichelte sich der vielanschlägige, redegewandte, geschichtskundige Minister, Frankreich unüberwindlich zu machen. Bei dem ewigen Hintergedanken der französischen Politik, welcher damals zwar sehr wenig sichtbar war, aber jeden Augenblick aufgenommen werden konnte — zu den Traditionen Ludwig's XIV., der Revolution und Napoleon's zurückzukehren, die Verträge von 1815 zu zerreißen und die Rheingränze zurückzuerobern, war ein solcher Plan, der das französische Festungssystem, welches Ludwig's XIV. Angriffspolitik einst erst möglich gemacht, vollendete, nicht weiter auffällig, so sehr er mit Louis Philipp's friedfertiger Politik contrastirte; ein trauriges Zeichen für die Zustände Frankreichs aber war es, daß man allenthalben glaubte, daß diese projectirten Festungswerke nicht gegen den äußeren Feind, sondern gegen die feindlichen Parteien im Innern, gegen den ewig drohenden Aufstand errichtet werden sollten. Thiers verschwendete seine Beredtsamkeit vergeblich; man ließ es sich nicht ausreden. Die Feindseligkeit der republikanischen Partei steigerte sich allerdings von Tag zu Tag, und diese Feindseligkeit ward einestheils gereizt durch die vielen Verfolgungen, welche der Generalprocurator Persil gegen ihre Organe in der Presse und ihre Häupter verhängte, anderntheils ermuthigt durch die fast regelmäßig freisprechenden Urtheile der Geschworenen. Vor die Schranken der Kammer selbst gefordert, hielten die Redacteure der Tribune, Godefroy Cavaignac und Armand Marrast in der insolentesten Sprache den Ausdruck, daß die Kammer eine „feile Körperschaft" sei, aufrecht; sie führten die Börsenspeculationen an, bei welchen die Abgeordneten begünstigt seien, welche durch ihre Verbindung mit der Regierung einen Tag früher als andere Sterbliche von den Conjuncturen unterrichtet seien; die ungeheure Summe, welche die geheimen Ausgaben erforderten; die Eingangszölle und die Ausfuhrprämien, welche den großen Häusern und der privilegirten Classe der Wähler, einigen Hunderttausenden aus einem Volk von 32 Millionen zu Gute kämen; das Schlimmste war, daß sie Recht hatten. Die republikanische Partei sammelte ihre Kraft von neuem in dem Verein der Menschenrechte, der das noch bestehende Gesetz aus Napoleonischer Zeit umging, indem er in Sectionen von weniger als 20 Mitgliedern zerfiel, solcher Sectionen aber in Paris um die Mitte des Jahres 1833 nicht weniger als 163 zählte. Es befanden sich unter seinen Häuptern die namhaftesten Männer, Generale wie Lafayette, Advokaten, Abgeordnete, Journalisten; die Mitglieder übten sich in den Waffen, eine gemeinschaftliche Casse ward durch regelmäßige Beiträge gebildet. Ueber ganz Frankreich, in allen großen Städten breitete dieser Verein sich aus, auch theoretisch ward das System der republikanischen Volksherrschaft entwickelt, und daß es dieser Gesellschaft nicht an Anhängern unter der Masse fehlen konnte, begreift sich leicht, wenn man die verführerische zugleich und aufreizende Sprache seiner Bekanntmachungen liest. „Unter 32$\frac{1}{2}$ Millionen Einwohnern," hieß es da, „zählt Frankreich 500,000 schwelgende Müßiggänger, eine Million glücklicher Sclaven, 31 Millionen Heloten, Parias, große Seelen, die bei der Geburt allen Qualen des Körpers und des Geistes geweiht sind. Das Königthum kann das Glück und die Leiden nur von einer Stelle an die andere setzen, die Republik allein vermag deren Quelle auszutrocknen, jedem Einzelnen seinen Antheil an Genuß und Glück zu geben. Die Republik allein kann eine Regierung führen, die keinen großen Aufwand fordert; sie wird nur Bürger zu Soldaten haben. Geringe Steuern; der Arbeiter wird seinen Lohn mit dem Unternehmer festsetzen. Die Verbrauchssteuern werden durch eine Auflage auf das Ueberflüssige ersetzt werden; der Fiscus wird dem Proletarier und Armen nicht mehr jedes Stück Brod und jedes Glas rothgefärbtes Wasser zuzählen."

Dies in der That war kein übler Zustand, wo die Gläser rothgefärbten Wassers nicht mehr gezählt wurden — wo man „dem Proletarier und dem Armen" guten Wein in ungezählten Gläsern verhieß. Es war wenig Gutes für die Zukunft eines Landes zu hoffen, wo Männer wie Lafayette, Cavaignac, Garnier Pagès in einer solchen Sprache der niederträchtigsten Schmeichelei sich um die Gunst eines neuen Despoten, den sie das Volk nannten, bewarben, und wo auf der andern Seite eine Regierung stand, welche keinerlei innere Heilung der tiefen sittlichen Schäden versuchte, deren wahre Natur sich die nationale Hoffahrt nicht einmal eingestand. Die Regierung war eine Partei, die Republikaner eine andere; die hohen Namen Frankreich, Freiheit, Vaterland waren gut genug, Reden auszuschmücken, eine innere Kraft besaßen sie nicht mehr.

In der Kammer, welche im December 1833 wieder zusammenkam, trat diese republikanische Partei nun gleichfalls offen hervor. Die Regierung antwortete mit einem Gesetz, welches das öffentliche Ausrufen und Feilbieten der Tagesblätter von einer besonderen Polizeierlaubniß abhängig machte, und die Mehrheit nahm dasselbe an; ebenso im März 1834 ein zweites, welches jede öffentliche Versammlung irgendwelcher Art nur nach vorher eingeholter polizeilicher Ermächtigung gestattete, hohe Strafen gegen Zuwiderhandelnde ansetzte, und die Angeklagten statt vor die Geschworenen vor die Polizeigerichte, in schweren Fällen vor die Pairs als den Gerichtshof für die Verbrechen gegen die Sicherheit des Staates verwies. Das Gesetz hatte heftigen Widerspruch gefunden. Man hatte nicht verfehlt, den meisten der Minister nachzuweisen, daß sie jetzt mit drakonischer Strenge verfolgten, was sie selber einst geübt, und diese Angriffe führten auch eine Modification des Ministeriums herbei. Barthe und d'Argout traten aus; des Herzogs von Broglie entledigte sich der König, dessen Friedenspolitik der charaktervolle, vom Stolz des französischen Namens erfüllte Mann gefährdete, bei Gelegenheit eines Streitfalles mit der nordamerikanischen Union, deren übertriebene Entschädigungsforderungen aus der Zeit der Continentalsperre ein Staatsvertrag vom 4. Juli 1831 anerkannt hatte. Der Herzog war der Meinung, daß man, was man versprochen, nun eben auch halten müsse; zu allgemeiner Ueberraschung aber verwarf die Kammer, als die Ratification endlich verlangt wurde, dieselbe mit einer Mehrheit von acht schwarzen Kugeln. Der Herzog trat ab, seine Stelle erhielt der Marineminister Admiral de Rigny; die Justiz der eifrige Verfolger der Presse, der Generalprocurator Persil.

Ein zweiter Aufstand in Lyon, diesmal schon in seinem Ursprunge politischer Art, wurde von der Regierung geflissentlich gereizt und ein Kampf hervorgerufen, der bis zum 15. April sechs Tage lang mit Unterbrechungen wüthete, und der die große Stadt mitten im Frieden in alle Schrecken eines erbitterten und höchst blutigen Krieges stürzte. Auf übertriebene Gerüchte von den Erfolgen dieses Aufruhrs hin kam es auch in Paris zu einer verfehlten Erhebung am 13. und 14. April, die nur dazu diente, Regierung und Kammer in einem gegenrevolutionären Feuereifer zu vereinigen. Ein Gesetzesentwurf, vom Großsiegelbewahrer Persil eingebracht, verbot bei schwerer Strafe Besitz oder Aufbewahrung von Waffen ohne polizeiliche Erlaubniß, setzte Todesstrafe auf bewaffnete, Zwangsarbeit auf unbewaffnete Theilnahme an aufrührerischen Bewegungen; gleichzeitig erlangte Marschall Soult eine Vermehrung des Heeres um 36,000 Mann. Um dieselbe Zeit, 20. Mai, starb Lafayette, und mit ihm verlor die republikanische Partei einen großen Namen — in Wahrheit einen Mann, dessen Name ihrer Sache mehr genützt hatte, als seine Persönlichkeit, die sich keiner der Aufgaben, welche ihr die Ereignisse stellten, jemals wirklich gewachsen zeigte.

Die Kammer war unter dem Eindrucke des verfehlten Aufstandes aufgelöst worden. Die Neuwahlen fielen gegen die Republikaner und entschiedenen Liberalen aus und brachten eine große Mehrheit der sogenannten Mittelpartei, welche in allen wichtigen Dingen mit der Regierung zu gehen bereit, sich der Leitung eines Mannes wie Thiers überlassen zu wollen schien, der besser als jemals ein Franzose die Kunst verstand, mit Worten zu regieren, und der überall bei dem, was er that und vorschlug, die Seite hervorzukehren wußte, welche sich am besten ausnahm oder mit Hülfe advocatischer Schönrednerkunst in ein vortheilhaftes Licht gerückt werden konnte: ein Meister des Wortes, geschickt Jedem zu sagen, was er gern hörte, oder auch nach Bedürfniß ihm das Bitterste und Boshafteste in der feinsten Form zu sagen, sowie die Ergebnisse kalter Berechnung mit einem Feuer vorzutragen, welches von ächter Begeisterung eingegeben zu sein schien. Am 31. Juli begannen die Kammern ihre Arbeit. Sie erwiesen sich so lenksam nicht, als man erwartet hatte; vor Allem gab es unter dem Tiersparti, dessen Wesen der mehrgenannte Dupin am besten repräsentirte, Leute genug, die selbst sehr geneigt waren, Minister zu werden, was sich im Lande der Gleichheit bekanntlich Jeder zutraut. Marschall Soult hatte am 17. Juli seine Entlassung genommen; an seine Stelle war der Marschall Gerard getreten, der auf die Adresse der Kammern, in welcher von Versöhnung der Parteien die Rede war, beim Könige eine allgemeine Begnadigungsacte beantragte, damit aber nicht durchdrang und so gleichfalls (27. October) seinen Abschied nahm. So kam es zu dem, was die constitutionelle Sprache eine Ministerkrisis nannte; am 11. November 1834 theilte der Moniteur die Entlassung von de Rigny, Duchatel, Thiers, Guizot und Humann mit, an deren Stelle nun ein Ministerium trat, an dessen Spitze der frühere Staatssecretär Napoleon's Maret Herzog von Bassano figurirte und das im Uebrigen aus mittelmäßigen Köpfen der Mittelpartei bestand, mit denen der König leichter regieren zu können glaubte, als mit Männern selbstständigen und überlegenen Geistes, wie Guizot oder Thiers. Allein er machte rasch die Erfahrung, daß ein kluger Mann mit klugen Männern leichter und besser fährt, als mit aufgeblasenen Mittelmäßigkeiten: nach wenigen Tagen löste sich die neue Verwaltung wieder auf, und der König sah sich genöthigt, die vorigen Minister zurückzurufen. Den Vorsitz erhielt wieder ein Napoleonischer Marschall, Mortier, Herzog von Treviso. So traten sie der Kammer, die nach kurzer Vertagung wieder zusammentrat, entgegen. Thiers erklärte, daß die Lage des Landes eine allgemeine Begnadigungsacte noch nicht gestatte, und die Kammer ließ sich bescheiden. Wiederum kam durch den Rücktritt Mortier's die Verwaltung ins Schwanken; doch mußte sich der König entschließen, die Minister zu behalten, und ihre Bedingungen annehmen, welche ihn zwangen, den Herzog von Broglie zum Ministerpräsidenten und Minister des Auswärtigen zu machen.

Mit seinem Eintritt fand zunächst die amerikanische Entschädigungsfrage ihre Erledigung. Sie war durch eine Botschaft des Unionspräsidenten Jackson an den Congreß zu Washington, welche zum Abbruch der diplomatischen Beziehungen zwischen den beiden Staaten führte, in ein bedenkliches Stadium getreten. Die Kammer geneh=

migte jetzt (18. April 1835) den Vertrag, indem sie, den Schein wahrend, die wirkliche Auszahlung der Entschädigungsgelder an eine vorherige genügende Erklärung über jene grobe Präsidentenbotschaft knüpfte. Alsdann wurde die energische Bekämpfung der republikanischen Partei fortgesetzt und zunächst ein Zuschuß von 1,200,000 Fr. zu den geheimen Fonds verlangt und bewilligt. Die Zahl der bei den letzten Unruhen und in Folge derselben Verhafteten betrug noch im Frühling 1835 bei 1300; vor dem Pairshof, wo ihre Sache verhandelt wurde, geberdeten sich die Angeklagten wie Rasende, und während so dieser „Aprilproceß" langwierig und unter empörenden Scenen sich hinschleppte, trieb ein neues Verbrechen von unerhörter Abscheulichkeit die Aufregung auf die Spitze.

Am 28. Juli, eben am Jahrestage der Revolution, die ihn zum König gemacht, hielt Ludwig Philipp eine große Heerschau. 30,000 Mann Linie, 20,000 Nationalgarden füllten die Boulevards. Der König und sein Stab waren bis zur 8. Legion der letzteren, die am Boulevard du Temple aufgestellt war, gekommen: da ward plötzlich eine Explosion gehört, die Scene verwandelte sich in ein Schlachtfeld. Ein Kugelregen schlug in das Gefolge des Königs ein: Officiere, Nationalgarden, Zuschauer, zwei Generale, einer von ihnen der Marschall Mortier, lagen am Boden; der König, das eigentliche Ziel des höllischen Ueberfalls, und seine Söhne waren unverletzt. Während er mit Geistesgegenwart seinen Weg fortsetzte, wurde der Mörder ergriffen, der bei der Entladung seiner „Höllenmaschine" — einer Reihe von 25 Flintenläufen auf beweglichem Gestell — selbst verletzt worden war; es war ein Corse, Fieschi, der, wie die Untersuchung ergab, ohne eigentliche Mitschuldige war, und bei dessen Verbrechen die Politik nur eine geringe Rolle gespielt hatte; er war ein vielumgetriebenes, verkommenes Subject, das im Gespräch mit Unzufriedenen ähnlicher Art auf den Gedanken eines solchen Hauptverbrechens gekommen war.

Indeß die Gelegenheit war zu verführerisch, die augenblickliche Stimmung zu gebieterisch, als daß die Regierung ihr nicht gehorcht und sie benutzt hätte, um neue noch wirksamere Waffen gegen die Partei des Umsturzes zu schmieden, eine Partei, von der freilich schwer zu sagen war, wo sie aufing und wo sie aufhörte. Am 4. August legte demgemäß der Herzog von Broglie drei Gesetzesentwürfe dieser Kammer vor, die er mit einer heftigen Rede einleitete, und die von den wesentlichsten Freiheiten der Charte wenig übrig ließen. Jede Beleidigung des Königs und jeder Angriff gegen das Princip und die Form der Regierung durch die Presse ward als ein Verbrechen gegen die Sicherheit des Staates behandelt, das vor den Pairshof führte;

die Cautionen für die Herausgabe eines politischen Journals wurden wie die Strafen erhöht — für Paris von 50,000 auf 100,000 Fr.; zur Aufführung von Theaterstücken, zur Veröffentlichung von Bildern wurde Erlaubniß des Ministers oder des Präfecten verlangt. Der zweite Entwurf modificirte die Geschworenengerichte. Einfache Majorität, sieben gegen fünf statt acht gegen vier, sollte künftig zur Verurtheilung genügen: der dritte ermächtigte die Gerichtshöfe, Angeklagte, die sich weigerten, vor ihren Schranken zu erscheinen, mit Gewalt vorführen zu lassen oder sie ohne Verhör abzuurtheilen. Die Stimmung der Mehrheit war für diese Gesetze; ihrem Ordnungs- und Ruhefanatismus waren sie je härter desto willkommener; es waren wahre Worte, welche der greise Royer-Collard sprach, daß das Uebel, mit dem man zu kämpfen habe, nicht von gestern und ehegestern, sondern daß es die Folge einer Kette von Siegen der Gewalt über die bestehende Ordnung, die Folge der Kette von Revolutionen sei, von denen Frankreich seit 50 Jahren heimgesucht werde; aber er sprach damit unglücklicher Weise nur den verzweifelten, in Wahrheit unheilbaren Charakter des Uebels aus. Die Kammer stimmte zu; am 9. September 1835 wurden die Entwürfe Gesetz.

Zwei Tage darauf wurde die Kammer geschlossen. In einem gewissen Sinne bezeichneten diese Septembergesetze den Höhepunkt von Louis Philipp's Macht. Die Kraft der Opposition wurde durch jene scharfen Gesetze in der That für die nächste Zeit gebrochen. Viele Journale in der Provinz gingen ein, die übrigen mäßigten wenigstens ihre Sprache; an den östlichen Höfen gewann man jetzt erst ein rechtes Vertrauen zu Louis Philipp's Regierung, weil ihr die Bändigung der Revolution in einem Maße gelungen schien, wie es die Restaurationsregierung nur vergebens erstrebt hatte. Die Thronrede, welche 29. December 1835 die Kammern eröffnete, constatirte die freundschaftlichsten Beziehungen zu allen europäischen Mächten. In Spanien, wo der Bürgerkrieg mittlerweile ausgebrochen war, hielt sich, wie wir bereits gesehen, die französische Politik in genauer Fühlung mit der englischen, und man konnte, wenn man wollte, die Quadrupelallianz England, Frankreich, Spanien, Portugal als eine Gegenallianz gegen die heilige Tripelallianz auffassen; die volle und unmittelbare Einmischung zu Gunsten der Regentin und ihrer Tochter vermied Louis Philipp, obwohl ein Theil seines Ministeriums, Thiers und der Herzog von Broglie, dahin neigte. Auch aus Algerien lauteten die Nachrichten augenblicklich günstig. Man hatte sich, nicht ohne große Bedenken, entschlossen die Eroberung Karl's X. festzuhalten; schwerlich zum Heile Frankreichs. Die Erfolge der Generale, welche man, in raschem Wechsel, hinsandte, waren zweifelhaft, die Verluste bedeutend. Die Versuche, durch Vertheilung von Landbesitz Ansiedler anzulocken, gelangen nur in sehr beschränktem Maße, die Herrschaft über die unterworfenen Stämme war nur eine nominelle. Ein sehr ebenbürtiger Gegner war den Franzosen in einem jungen Häuptling, Abd=el=Kader, erwachsen, den als einen Marabut oder Eiferer um den Glauben eine Anzahl arabischer Stämme der Provinz Oran zum Emir von Maskara gewählt hatten, und der, anfangs die Franzosen durch Friedens= und Freundschaftsversicherungen täuschend, bald an die Spitze der Einheimischen als Vorkämpfer im Kriege gegen die „Ungläubigen" trat. Schon im Jahre 1835 warf er die Maske ab, und blieb nun lange Jahre, durch keine Niederlage im offenen Felde gebeugt, der gefährlichste Feind der Franzosen, welche reichliche Gelegenheit bekamen, abermals zu beweisen, daß sie unter allen europäischen Völkern zur Aufrichtung von Colonialherrschaften das unfähigste sind. Indeß verzierten diesmal die Siegesberichte, welche General Clauzel einsandte, die Thronrede, die zugleich eine sehr befriedigende Schilderung der allgemeinen Lage Frankreichs entwarf.

Man konnte der Verwaltung des Herzogs von Broglie ein langes Leben versprechen; gleichwohl stürzte sie über eine anscheinend unbedeutende Finanzfrage. Der Finanzminister Humann nämlich brachte, zur Ueberraschung der Minister selbst, eine Herabsetzung des Zinsfußes für die Staatsschuld in Anregung; sehr gegen die Meinung des Königs, der sich eben auf die Rentenbesitzer, die namentlich in Paris eine zahlreiche Classe bildeten, stützte. Der unbequeme Minister ward entlassen; die Kammer aber eignete sich den Gedanken an, die Häupter der Mittelpartei, Passy, Sauzet, Dufaure, machten ihn zu dem ihren, und einer der ihrigen, Gouin, stellte den förmlichen Antrag auf Herabsetzung des Zinsfußes; eine Mehrheit beschloß, gegen den Widerspruch der Minister, denselben in Erwägung zu ziehen. Das Ministerium fügte sich dem Votum und trat ab; das Ergebniß der Unterhandlungen war (22. Februar 1836) ein Ministerium Thiers, dessen Anschauungsweise derjenigen der Mittelpartei näher stand, und der sich bei dieser Gelegenheit von seinen seitherigen Collegen der strengern Richtung, den sogenannten Doctrinären von der Farbe Guizot's, trennte. Der gewandte ehrgeizige Advocat übernahm den Vorsitz und das Auswärtige; er behielt die Minister ohne ausgesprochene politische Parteistellung, den Finanzminister b'Argout, den Kriegsminister Maison u. a. bei und umgab sich mit einigen der Häupter der Mittelpartei. Der Nothwendigkeit, auf die Zinsenherabsetzung sofort einzugehen, entzog sich Thiers mit geschickten Worten und die Männer der Mittelpartei, welche die Doctrinäre aus ihren Stellen gedrängt hatten und ihre Erben geworden waren, unterstützten ihn darin; der Hauptunterschied war, daß man eine mildere Praxis in Beziehung auf die politischen Verfolgungen einschlug, die Septembergesetze zwar nicht zurücknahm, aber ruhen ließ, und daß das neue Ministerium einen Anfang machte zu einem freisinnigeren Systeme der Handelsgesetzgebung. Der Handelsminister Passy beantragte eine Reihe von Zollherabsetzungen, und machte so einen ersten Anfang, aus dem engherzigen Prohibitivsystem, welches die Großindustrie oder vielmehr einzelne Zweige derselben auf Kosten der Masse des Volkes begünstigte, herauszukommen. Auch in der französischen Kammer kam so die große und tiefeinschneidende Frage, welche in England die Gemüther bewegte, und einen der Angelpunkte der weltgeschichtlichen Bewegung des Jahrhunderts bildet, die Frage um Schutzzoll und Freihandel, zur Erörterung. Der eine Redner, Graf Jaubert, stützte die Schutzzölle damit, daß er sagte, die Erhaltung der bestehenden gesellschaftlichen Ordnung hänge von der besonderen Protection ab, welche die Gesetzgebung wie den Grundeigenthümern so den großen Gewerbetreibenden gewähre; er war Graf und Eisenhammerbesitzer, und was er sagte freilich das Gegentheil eines Grundes, aber wenigstens ehrlich; ein Anderer, Cubin-Gridaine, großer Wollenfabrikant, fand, daß man bei dergleichen Fragen vor Allem das Wohl der großen Massen im Auge haben, und was diesen Arbeit gebe, also den Gewerbefleiß, heben müsse; ein Dritter wies darauf hin, daß das Schutzsystem eine Menge von Gewerben gehoben habe, die zu Grunde gehen müßten, sobald man das System ändere; und alle jene Worte wurden gehört, mit denen fortan noch Jahrzehntelang eine schlechte Sache gegen die gleichwohl siegreich vordringende Sache der Vernunft und der Gerechtigkeit vertheidigt wurde. Auch Thiers erprobte hier seine Redekunst, indem er, nach Art gewandter Sophistik, ausführlich und beredt widerlegte, was Nebenpunkt war, und dadurch die Aufmerksamkeit ablenkte von den Hauptpunkten, die unwiderlegt blieben; er zeigte, wie in Frankreich aller Gewerbefleiß, nicht blos einzelne Zweige, geschützt seien, wie die Regierung völlig unparteiisch verfahre; es war dieselbe Thorheit, von der er sein langes Leben hindurch nicht geheilt wurde, und welche einer der Vorkämpfer des Freihandelssystems, Duvergier de Hauranne, treffend mit den Worten bezeichnete: „Schutzsteuern können Einzelnen einen unverhältnißmäßigen Gewinn zuwenden, indem sie ihnen die Concurrenz beseitigen und ein Monopol schaffen —; durch Begünstigungen dieser Art wird aber der Reichthum eines Landes nicht vermehrt, sondern nur von der einen Stelle an die andere versetzt, denn was der Eine in die Tasche steckt, ist offenbar aus der Tasche des Andern genommen;" „wenn ich ein Erzeugniß des Gewerbefleißes," argumentirte ein Anderer nicht minder treffend, „das ich zu 6 Fr. aus dem Auslande beziehe und das folglich nur 6 Fr. werth ist, mit 10 Fr. bezahle, so bezahle ich 4 Fr. Steuern an den Fabrikanten, und wenn dieser von mir eine Flasche Bordeaux zu 4 Fr. kauft, so habe ich ihm den Wein umsonst geliefert"; und sehr richtig und mit Nachdruck sprach es Lamartine aus, daß hier eine Frage der Freiheit von 1789 verhandelt werde, weil es um Privilegien und Monopole sich handle. Aber diese Versammlung bestand zum größten Theile aus solchen Privilegirten; doch wurden die Zollherabsetzungen angenommen, weil sie die Steuern noch immer hoch genug ließen, und man aus den Verhandlungen hatte entnehmen können, daß die Regierung das Vertrauen dieser Privilegirten, das sie in Anspruch nahm, wohl verdiente. Der Staatshaushalt ward ohne weitere Schwierigkeit erledigt, und die Ruhe des Landes erhielt sich, auch als wenige Tage nach Schluß der Sitzungen, am 25. Juni, abermals ein Mordversuch auf den König gemacht wurde, da das Ministerium diesmal klug genug war, in diesem Attentat — ein gewisser Alibaud, ein Handlungsdiener aus Perpignan, war der Thäter — nichts zu sehen, als was es wirklich war: die vereinzelte Handlung eines überspannten und überreizten Kopfes, die man nicht einer bestimmten Partei, sondern höchstens der ganzen politischen Atmosphäre der Zeit zur Last legen konnte. Alibaud ward, wie sein Vorgänger Fieschi, zum Tode verurtheilt und hingerichtet.

Auch das Ministerium Thiers hatte keinen langen Bestand, so sehr auch Thiers dem Hauptgesichtspunkte Louis Philipp's, sich mit den conservativen Cabineten im Einklange zu halten, sich anbequemte. Er ließ es geschehen, daß der letzte Rest des freien Polens, der kleine Freistaat Krakau, auf dessen Gebiet sich viele Zersprengte des letzten unglücklichen Aufstandes zurückgezogen hatten, von den drei Schutzmächten nach gemeinsamem Beschlusse militärisch besetzt wurde; er löste, was der Herzog von Broglie verweigert hatte, auf Ansuchen des russischen Gesandten das polnische Comité in Paris auf, das einen Mittelpunkt für die versprengten Polen bildete; und er erhob keine Schwierigkeit, als es sich darum handelte, mit den übrigen Mächten gemeinsame Sache zu machen, um von der Schweiz die Ausweisung der politischen Flüchtlinge zu verlangen, welche dort aus aller Herren Länder zusammenkamen, und unter denen sich, angeregt von Giuseppe Mazzini, ein europäischer Geheimbund gebildet hatte, der sich das junge Europa nannte und der sich, da jede Nationalität innerhalb dieses Europas der Zukunft ihr besonderes Recht und ihre besondere Aufgabe haben sollte, in ein junges Italien, ein junges Deutschland, ein junges Polen, eine junge Schweiz und ein junges Frankreich gliederte. Der Vorort Bern, dem das ungestüme und ungeberdige Trei-

ben biefer Schwarm- unb Rottengeifter, benen Mazzini feinen eigenen
unerfchütterlichen Glauben an feine Ideen einzuflößen wußte, felbft
befchwerlich war, antwortete bem franzöfifchen Gefanbten in einer
Weife, bie jebem billigen Wunfche genügen konnte; aber Thiers richtete
am 18. Juli 1836 eine überaus brüske Note an die Eidgenoffenfchaft,
deren brohender Ton einen heftigen Ausbruch des beleidigten fchwei-
zerifchen Nationalgefühls zur Folge hatte.

Eine Reife der beiden älteften Söhne Louis Philipp's, der Herzoge
von Orleans und Nemours, an die Höfe von Berlin und Wien fchien
der Verfößnung des revolutionären Thrones mit dem legitimen
Europa die Krone auffetzen zu follen. Sie wurden mit großen Ehren
und aller gaftfreundlichen Höflichkeit empfangen; allein die Verlobung
mit öftreichifchen Prinzeffinnen, mit welcher Thiers fich gefchmeichelt
und welche bereits der Klatfch der vornehmen Welt von Ohr zu Ohr
getragen hatte, erfolgte nicht, und der franzöfifche Minifter, enttäufcht
über den Werth der Freundfchaftsbezeugungen, welche ihm von Seiten
der öftlichen Mächte zu Theil geworden waren, begann nun in andere
Bahnen einzulenken. Er wollte nun aus der halben Einmifchung in
die fpanifchen Angelegenheiten, zu welcher der König in Gemeinfchaft
mit England fich verftanden, eine ganze und durchgreifende machen,
und dies zeigte ein Tagesbefehl des Generals Lebeau der zum Ein-
marfch bereitftehenden Fremdenlegion an, indem er auf die Verftärkungen
hinwies, die fie zu erwarten hätten und die fie in den Stand fetzen
werden, entfcheidend in den Gang der Dinge einzugreifen. Dies war
gegen den Sinn des Königs und darüber nahm das Minifterium am
25. Auguft 1836 feine Entlaffung. Eine neue Verwaltung, die unter
diefen Umftänden nur eine confervative Färbung haben konnte, ward
erft am 6. September 1836 fertig gebracht; an der Spitze ftand Graf
Molé, das bedeutendfte Mitglied war Guizot, der wieder den Unterricht übernahm, neben ihm erhielt Perfil die Juftiz, Duchatel die
Finanzen, Gasparin, der als Rhonepräfect bei der Unterdrückung des
Lyoner Aufftandes fich bemerkbar gemacht hatte, das Innere, des
Königs Generaladjutant, Bernard, das Kriegsminifterium.

Die neue Verwaltung hatte zunächft die Aufgabe, die fehr verfah-
renen fchweizer Angelegenheiten wieder in Ordnung zu bringen.
Dort war der Vorort von dem franzöfifchen Gefanbten Herzog von
Montebello auf ein Individuum, des Namens Conseil, als befonders
gefährlich, aufmerkfam gemacht worden; es ftellte fich aber heraus, daß
diefer Menfch unter verfchiedenen Namen fich herumtrieb und in Beziehungen zur franzöfifchen Regierung geftanden, auch von dem Ge-
fandten felbft einen Paß unter falfchem Namen erhalten hatte. Die
fchweizer Regierung war nicht diplomatifch genug, diefe Aufklärungen,

die ihr geworden, zu unterdrücken. Die französische Regierung verlangte nun eine eclatante Genugthuung für die angeblich ihrem Gesandten zugefügte Beleidigung, und ordnete, als diese nicht rasch genug erfolgte, am 1. October, sehr zum Schaden des eigenen Landes, eine Gränzsperre gegen die Schweiz an. Eine außerordentliche Tagsatzung ward einberufen, welche nach stürmischen Erörterungen eine Erklärung gab, die man, wenn man wollte, französischerseits als eine Genugthuung ansehen konnte, und so wurde die Sperre wieder aufgehoben. Dagegen begnügte man sich in Spanien, den französischen Botschafter anzuweisen, daß er die Regentin in jedem Versuche, die gemäßigten Grundsätze des Estátuto real durchzuführen, unterstützen solle. Der neue Minister war darin mit seinem Könige einverstanden, daß ein Liberalismus, der über diese Gränze hinausgehe, und etwa bis zur Verfassung von 1812 zurückgreife, für Frankreich selbst bedenklich sein würde.

Im Innern suchte das neue Ministerium sich durch einen Gnadenact zu empfehlen, der 63 politischen Gefangenen am 6. October, dem Geburtstage des Königs, die Freiheit zurückgab und weitere Begnadigungen in Aussicht stellte. Dieser Gnadenact kam unter Anderen auch den Ministern Karls X. zu Gute, welche zu Ham gefangen saßen und von denen zuerst Peyronnet und Chantelauze, dann auch Fürst Polignac und Guernon de Ranville in Freiheit gesetzt wurden. Die öffentliche Meinung, nunmehr hinlänglich abgefühlt, nahm diese Begnadigung ruhig hin. Wenige Tage später, am 6. November 1836, starb der König, dem diese Männer so übel gedient hatten, zu Graz in Steiermark, wo ihm die östreichische Regierung einen Ruhesitz zur Verfügung gestellt hatte.

Von dieser Seite also war man sicher; aber von einer andern war mittlerweile ein erster Versuch gemacht worden, den Julithron zu erschüttern; ein Versuch, der, so rasch unterdrückt wie unternommen, keinerlei ernstliche Gefahren für die Zukunft zu drohen schien. Die Traditionen der Napoleonischen Zeit waren in Frankreich lebendig; sie hatten sich, da sie erfüllt waren von dem was dieses Volk am höchsten hält, von Kriegsruhm, tief in das Herz der Nation eingesenkt und in mehr als Einer Hütte bildeten die Erinnerungen aus dieser Zeit, vom Vater auf den Sohn, vom Großvater auf den Enkel übertragen und vererbt, die einzige Würze des täglichen Lebens. Aber die Gesellschaftsclasse, in deren Interesse die Julirevolution gemacht worden war, hatte keine Neigung, jenen Traditionen und Erinnerungen Einfluß auf die Führung der Geschäfte einzuräumen und seit dem Tode des Königs von Rom schien jeder Schatten einer Gefahr von dieser Seite verschwunden, und zwar so völlig, daß man ohne Furcht mit diesen Napoleonischen Traditionen spielen konnte, sie aufrief, wo es einmal galt mit dem Säbel zu rasseln, wie denn eben jetzt ein hervorragender Minister Ludwig Philipps, Thiers, sich an die Arbeit gab, dieselben in einem großen Geschichtswerke über das Consulat und Kaiserreich, dessen erster Band im Jahre 1840 erschien, dem französischen Volke als ein großes nationales Schaugericht vorzusetzen.

Als den legitimen Erben der Napoleonischen Ansprüche oder wie man allmälig zu sagen sich gewöhnte, der Napoleonischen Idee betrachtete sich der dritte Sohn des ehemaligen Königs von Holland, Karl Ludwig Napoleon. Zwei ältere Söhne Hortensiens waren, der eine 1807, der andere 1831, gestorben; der Prinz Ludwig Napoleon war im Jahre 1808 geboren; im siebenten Jahre war er bei jenem großen Maifeld, das die zweite Napoleonische Aera der 100 Tage einleitete, an der Seite seines großen Oheims geritten, hatte sich als junger Mann mit dem älteren Bruder im Jahre 1830 bei dem Aufstande in der Romagna betheiligt, war aber der Gefangenschaft glücklich entgangen und lebte seitdem bei seiner Mutter auf dem Schloß zu Arenenberg, Canton Thurgau, in der Schweiz. Daß er kein unbedeutender Mensch sei, war schon damals das Urtheil Derer, die ihn näher kannten. Zum mindesten war er nicht unthätig, erwarb sich mit Ernst und Fleiß kriegswissenschaftliche und andere Kenntnisse und wurde, da er richtiger schweizer Bürger war, von dem vollziehenden Rathe des Cantons Bern zum Artilleriehauptmann ernannt (1834). Die Entrüstung, mit welcher man in der Schweiz von der Regierung Louis Philipp's sprach, nährte die „Flüchtlingshoffnungen" des 26jährigen Prinzen, der seit geraumer Zeit, selbst Einer aus dem Volke, den Zauber sah, den die Idee und nöthigen Falls auch das bloße Wort der Freiheit auf die Bevölkerungen übte. Er hatte bei einer Cur in Baden-Baden Verbindungen mit Officieren der Garnison von Straßburg angeknüpft und erschien nun am 20. October 1836 plötzlich in dieser Stadt, wo er dem Obersten Vaudrey, mit dem er in Baden Freundschaft geschlossen, ankündigte, daß die Zeit zum Handeln gekommen sei. Des andern Morgens früh stellte Vaudrey den Prinzen seinem Regiment, dem vierten Artillerieregiment — es war dasselbe, in dessen Reihen einst vor Toulon der erste Napoleon den Grund zu seinem Ruhme gelegt hatte — vor und das Regiment widerstand dem Zauber nicht, den der große Name noch immer übte; unter lautem Zuruf „es lebe der Kaiser" setzte es sich in Marsch, längs des Walles, nach der Kaserne des Quartiers Finkmatt im Norden der Stadt, wo das 46. Infanterieregiment lag, das man gleichfalls zu gewinnen hoffte. Unterwegs wurde der Präfect und der

Commandant Voirol, die ihrer Pflicht treu blieben, verhaftet. Man kam vor der Kaserne an, aber das 46. Regiment erwies sich weniger enthusiastisch; es trat eine Pause des Besinnens ein, wo es dem Obersten Taillandier gelang, die überraschten Soldaten zu ihrer Pflicht zurückzuführen. Der Prinz und seine Begleiter mußten sich gefangen geben und überall erfuhr man zugleich mit der Nachricht von dem sinnlos gewagten Abenteuer auch dessen sofortige Vereitelung. In Paris im Rathe des Königs überwog die Ansicht, dem unbequemen Abenteurer keine Gelegenheit zu hohen Worten zu geben; statt ihn dem Gerichte zu übergeben, oder ihn zu behandeln, wie der Stifter der Dynastie den unschuldigen Prinzen von Enghien behandelt hatte, beeilte man sich, ihn nach Amerika zu spediren. Seine Mitschuldigen dagegen — es waren etwa sieben — wurden vor das Geschworenengericht des Departements Niederrhein gestellt. Am 18. Januar 1837 gab dieses sein Verdict: es lautete auf Nichtschuldig und die Freigesprochenen wurden, um die Regierung zu ärgern, zum Gegenstand von Ovationen gemacht; die Geschworenen dachten, daß, wenn die Staatsgewalt selbst den Hauptschuldigen straflos laufen lasse, man nicht die untergeordneten Schuldigen ans Messer liefern dürfe.

Die allgemeine Ruhe störte dieser Pagenstreich ebenso wenig, als ein neuer Mordversuch, der auf den König gemacht ward, als er am 27. December 1837 mit seinen drei ältesten Söhnen nach dem Palais Bourbon fuhr, um dort die Kammer zu eröffnen. Die Lage war günstig, der Wohlstand des Landes im Steigen, zum ersten Mal seit der Julirevolution überstiegen die Staatseinnahmen die Ausgaben. Die auswärtige Politik der Regierung allerdings bot einige Angriffspunkte dar; der Krieg gegen Abdelkader dauerte fort und ein übereilter Angriff auf die Stadt Constantine hatte mit einem wenig ehrenvollen Rückzuge nach Bona geendigt. Allein das Letztere konnte man auf den Marschall Clauzel schieben und über die sonstige auswärtige Politik konnte man mit Worten hinwegkommen; sehr ungeschickt aber waren die Gesetzesentwürfe, mit welcher die Minister diesmal vor die Kammer traten. Statt ruhig und fest, wie es einer starken Regierung ziemte, die Politik der Versöhnung fortzusetzen, benutzte man den armseligen Straßburger Putsch, um ein Gesetz zu beantragen, nach welchem künftig bei Verbrechen, welche von Civil- und Militärpersonen gemeinschaftlich verübt würden, die ersteren zwar der Jury, die zweiten aber Militärgerichten überwiesen werden sollten, und ein anderes, welches die Septembergesetze dahin ergänzte, daß für die dort vorgesehene Deportation die Insel Bourbon im indischen Ocean bestimmt wurde; ein drittes verhängte schwere Gefängnißstrafe, wo Jemand eine Verschwörung, von der er Kunde erhalte, nicht binnen 24

Stunden der Behörde anzeige. Uebler vielleicht noch war der Eindruck zweier anderer Entwürfe, welche verlangten, dem Herzog von Nemours die Domäne Rambouillet als Apanage zu überweisen und das Brautgeschenk der Königin der Belgier, Prinzessin Louise, eine Million Frs., auf die Staatscasse zu übernehmen; nicht mit Unrecht spottete man über die Habsucht der „Civilliste", d. h. des Königs, den ein mißgünstiger Geschichtsschreiber den ersten Bourgeois seines Landes genannt hat, und rechnete aus, daß jene Domäne nicht, wie die Regierung die Sache darstellte, nur 460,000 Frs. Rente, sondern einen Werth von 40 Millionen repräsentirte. Das Gesetz über die Trennung der Gerichtsbarkeiten wurde bei der öffentlichen Abstimmung angenommen, bei der geheimen, was das ganze System in Unehre brachte, mit 211 gegen 209 Stimmen verworfen. Die Frage war nun, ob man die übrigen aufrecht halten oder vertagen sollte, und darüber kam es zu einer Entzweiung im Cabinet, in Folge derer die entschiedeneren Elemente, Guizot, welcher Auflösung der Kammer verlangte, Persil, Duchatel austraten. Die Dotationsgesetze wurden gleichwohl aufrecht erhalten, nur daß der König statt der Apanage für den Herzog von Nemours eine Erhöhung der Apanage des Herzogs von Orleans verlangte, dessen Verlobung mit der Prinzessin Helene von Mecklenburg-Schwerin der Kammer gleichzeitig mitgetheilt wurde.

Die Dotation wurde in dieser Gestalt auch von der Kammer angenommen. Dagegen milderte sich die Strenge gegen politische Verbrechen seit dem Austritt der Doctrinäre; der Urheber des jüngsten Attentats, Meunier, zum Tode verurtheilt, wurde zur Deportation begnadigt und am 9. Mai 1837 eine umfassende Amnestie verkündigt, welche würdig der Vermählung des Thronerben (30. Mai) voranging. Das junge Paar selbst wurde mit Wärme empfangen, nur die Priesterschaft grollte, weil die Herzogin protestantisch war und der König, in Sachen der Religion vorurtheilslos, den Gedanken, daß sie katholisch werden solle, abgewiesen hatte. So günstig schien die allgemeine Lage, daß man, nachdem im Juni das Budget bewilligt war, die Zeit für allgemeine Neuwahlen geeignet glaubte und am 4. October die Kammer auflöste. Der Ausfall entsprach den Erwartungen nicht ganz. Doch befanden sich unter den Gewählten nicht weniger als 178 Beamte, auf welche die Regierung vorab zählen konnte.

Auch konnte die Thronrede, als im December diese Kammer zusammentrat, neben dem steigenden Wohlstande einige äußere Erfolge, zum mindesten einige Kraftäußerungen der auswärtigen Politik rühmen. In Afrika hatte General Bugeaud den schmählichen Rückzug seines Vorgängers von Constantine durch die Erstürmung dieser

Stadt gerächt, mit Abdelkader war ein Vertrag geschlossen (an der Tafna, 30. Mai), in welchem der Emir scheinbar sich unterwarf, eine Art Tribut zahlte oder lieferte und dem siegreichen General Bugeaud sehr wirkliche 100,000 Frs. „Budschus" bezahlte. Gegen die Negerrepublik Hayti, welche gegen Frankreich noch aus der Restaurationszeit gewisse Verpflichtungen hatte, war ein Geschwader unterwegs; in Spanien hatten sich die Dinge wenigstens nicht verschlechtert. Die Adresse erkannte dies in höflichen Wendungen an; nur die Behandlung der spanischen Angelegenheiten fand einen leichten Tadel; außerdem ward an jene Maßregel der Zinsenherabsetzung gemahnt, welche so wieder in Fluß gebracht wurde. Im April 1838 begannen die Berathungen über den Antrag, den Gouin in dieser Beziehung gestellt hatte. Bis dahin war Kammer und Regierung im Einklang gewesen. Im Princip entschied sich fast die ganze Kammer für die Herabsetzung; indeß hatte Graf Molé dieser Abstimmung die Spitze abgebrochen, indem er erklärte, daß die Regierung sich der Entscheidung der Kammer in dieser Frage fügen werde, wenngleich sie die Maßregel nicht für zeitgemäß halten könne. Uebrigens blieb man nicht bei dem Princip stehen, sondern legte der Regierung die bestimmte Pflicht auf, in der nächsten Session über die Ausführung der Maßregel Rechenschaft abzulegen. Auch in Beziehung auf den Gesetzesentwurf, welcher den Bau von Eisenbahnen betraf, bequemte sich die Regierung der Stimmung der Deputirtenkammer, indem sie von den vorgeschlagenen vier Linien drei aufgab und für die vierte Paris Havre sich die Uebertragung des Baues an eine Privatgesellschaft gefallen ließ. Das ganze großartige System würde eine Milliarde gekostet haben, welche die Opposition der Regierung nicht anvertrauen wollte, während die Geldleute in der Kammer berechneten, daß für sie und ihres Gleichen mehr abfallen werde, wenn diese Unternehmungen nicht vom Staat sondern durch Privatgesellschaften ausgeführt würden.

Die Steuern waren bewilligt, das Budget genehmigt, den Deputirten eilte es, nach Hause oder aufs Land zu kommen. Das unbequeme Gesetz über die Herabsetzung des Zinsfußes wurde am 25. Juni von der Pairskammer verworfen, und damit der Regierung ihre Freiheit zurückgegeben. Doch ward dadurch das gute Einvernehmen mit der Deputirtenkammer nicht weiter gestört.

Eine Zeit lang hatte es geschienen, als wenn die Septembergesetze mehr und mehr zu einem bloßen Namen herabsinken sollten. Die Regierung selbst überwies ein Complot, das man in diesen Tagen entdeckte, statt an den Pairshof an die gewöhnlichen Gerichte; man bemerkte jetzt mit Erstaunen, daß auf einmal die Zügel wieder straffer angezogen wurden. Der Herausgeber einer Schrift über den Straßburger Aufstand, Laity, wurde wegen dieser Darstellung, in welcher die Rechte Ludwig Philipp's angezweifelt und die Ansprüche des Prinzen Napoleon gegründet gefunden wurden, vor den Pairshof gestellt, und die Journale von oppositioneller oder unabhängiger Haltung aufs Neue mit Erbitterung verfolgt. Der wirkliche Verfasser jener Schrift war der Prinz selbst, der mittlerweile aus Amerika nach der Schweiz zurückgekehrt war.

Die französische Regierung verlangte mit steigendem Nachdruck seine Ausweisung. Allein er war schweizer Bürger und die Geduld des schweizer Volkes war durch die steten Tracassericen in Beziehung auf ihr Asylrecht aufs Aeußerste gereizt; es kam bis an die Gränze des Kriegs und französische Truppen setzten sich in Marsch. Der Prinz that was ihm geziemte: er erklärte, die Schweiz verlassen zu wollen, um nicht seine Mitbürger und Gastfreunde um seinetwillen in auswärtige Verwickelungen zu verstricken. Er begab sich nach England, und hier war er sicher; die französische Regierung zeigte Energie nur den schwachen Staaten gegenüber. Dieselbe Art von Kühnheit, wie gegen die Schweiz bewies die französische Regierung auch gegen die Republik von Mexico und von Buenos-Ayres, denen gegenüber sie geschädigte Interessen einzelner französischer Bürger wahrzunehmen hatte. Die Mündung des La Plata wurde in Blokadezustand erklärt und im September 1838 ein Geschwader in die mexicanischen Gewässer geschickt; die auf diese Unternehmungen bezüglichen Phrasen decorirten die Thronrede vom 17. December 1838, welche außerdem die Räumung der Citadelle von Ancona gleichzeitig mit dem Abzug der östreichischen Truppen aus den Legationen, den bevorstehenden definitiven Abschluß der belgisch-holländischen Wirren im Sinne der vollen Unabhängigkeit Belgiens, die Durchführung der Politik der Quadrupelallianz in Spanien anzukündigen hatte. „Frankreich," rühmte der König, „nimmt den Rang ein, der ihm in der Achtung seiner Verbündeten und der ganzen Welt gebührt;" im Innern rühmte er die glückliche Entwickelung des Nationalreichthums in Folge der Ruhe und der Uebereinstimmung der großen Staatsgewalten: „möge das Spiel unserer Einrichtungen, zugleich frei und regelmäßig, der Welt beweisen, daß das constitutionelle Königthum mit den Wohlthaten der Freiheit die Beständigkeit vereinigen kann, welche die Kraft der Staaten ausmacht."

In der That erlangte der Minister in der Adreßdebatte schließlich den Sieg mit 221 gegen 208 Stimmen. Aber dieser Sieg war schwer erkämpft. Die verschiedenen Elemente der Opposition, principielle Gegner und eifersüchtige Mitbewerber um die höchste Macht, wie

Guizot und Thiers, hatten sich gegen die Regierung, ihre auswärtige und innere Politik vereinigt, und ihren vereinigten Talenten hatte jene nur den Einen Grafen Molé entgegenzusetzen gehabt, der allerdings mit Geschick seine Politik vertheidigte. Am 22. Januar 1839, drei Tage nach Annahme der Adresse, resignirte das Ministerium Molé. Allein eine neue Verwaltung zu bilden, gelang nicht. Der Marschall Soult, an welchen der König sich wandte, wollte nur in Verbindung mit Thiers, den Niemand gern zum Gegner hatte, und einem liberalen Cabinet die Geschäfte auf sich nehmen. So übernahm denn Molé die Verwaltung wieder und appellirte an das Land, indem er am 1. Februar die Kammer auflöste; erst als wider Hoffen und aller Anstrengungen ungeachtet die Wahl gegen das Ministerium ausfiel, reichten die Minister zum zweiten Male ihre Entlassung ein (8. März). Abermals wurde nun der „erlauchte Degen", Marschall Soult berufen, der nun mit Thiers und Guizot in Unterhandlung trat, und als er die Beiden uneinig fand, mit dem Letzteren allein sich verständigte. Aber auch die Männer, die dieser zusammenbrachte, Humann, Sauzet, Passy, Dupin der Aeltere, konnten sich über mehrere wichtige Fragen nicht im Voraus einigen; es blieb dem Könige nichts übrig, als vorläufig ein geschäftsführendes Ministerium ohne ausgesprochene politische Farbe zu ernennen und die Kammern am 4. April ohne Thronrede zu eröffnen. Die Kammer machte Miene, Odilon Barrot zum Präsidenten zu wählen; dem gegenüber stellten einige dem Könige ergebene Deputirte einen Mann der Mittelpartei von weniger ausgesprochen oppositioneller Gesinnung, Passy, als Candidaten auf, der auch mit 30 Stimmen gewählt wurde, und den nun, als den Mann, den das Vertrauen der Mehrheit ihm bezeichne, der König, ganz im strengsten Geiste constitutioneller Orthodoxie, mit der Bildung einer Verwaltung beauftragte. Auch er kam nicht zu Stande; der Aerger wandte sich, im Grunde mit Unrecht, gegen den König, dem man ohnehin in den Kreisen der Liberalen den Vorwurf machte, daß er zu „persönlich" regiere d. h., daß er eigenen Willen und eigenes Urtheil zeigte, wo sie nur ein Werkzeug für ihren Parteiwillen und ihre ehrgeizigen Intriguen in ihm haben wollten, und man hörte die bedenkliche Aeußerung aus gemäßigtem Munde, daß, wenn sowohl die Krone als die Kammer ohnmächtig seien, dies ein Beweis sein würde, daß das Land entweder für den Absolutismus, oder für eine von diesem und der constitutionellen Monarchie verschiedene Form reif sei. Diese Logik ließ Eine Möglichkeit bei Seite: daß nämlich dieses Land und Volk für keine Regierungsform „reif", wohl aber für jede dauernde Regierungsform verdorben sein konnte; indeß sorgten diesmal die Anhänger jener mystischen Regierungsform ihrerseits dafür, die Ministerkrisis zum Abschluß zu bringen.

Es hatte sich, nach Zersprengung des Vereins der Menschenrechte im April 1834 ein revolutionärer Geheimbund unter dem Namen „Gesellschaft der Familien" gebildet, der sich in „Familien" von allemal sechs Mitgliedern und einen Führer gliederte; die Familien, je fünf bis sechs, bildeten Sectionen, zwei oder drei Sectionen ein Quartier; ein geheimnißvoller Ausschuß, dessen Glieder nicht gekannt waren, leitete das Ganze. Als die Polizei der Gesellschaft endlich auf die Spur gekommen, lebte dieselbe, unerschöpflich wie die Franzosen in diesen gefährlichen Kindereien sind, bald wieder unter dem harmlosen Titel einer „Gesellschaft der Jahreszeiten" neu auf. In dieser Gesellschaft handelte es sich nicht blos um politische Zwecke. „Sollen wir eine politische Revolution herbeiführen oder eine sociale?" lautete eine der Fragen, welche man den Neueintretenden vorlegte, und in deren Zusammenstellung ein grimmiger Haß gegen die „Aristokratie von Heute, die Geldmenschen, Banquiers, Lieferanten, Monopolisten, Börsenspieler und Blutsauger, die sich auf Kosten des Volkes mästen", sich aussprach; die Antwort war: „wir müssen eine gesellschaftliche Revolution machen." Zu dieser socialen Revolution schien diesen Leuten, welche ein blinder Haß vorwärts trieb, die Zeit günstig, wo das bestehende Regime sich so unfähig zeige; sie drängten ihre Führer, Armand Barbès, Martin Bernard, Blanqui zum Handeln und Sonntag den 12. Mai Nachmittags schlugen sie los. Es gelang ihnen, das Stadthaus durch Ueberraschung zu nehmen, wo Barbès die Republik ausrief. Aber die Masse der Gesellschaft war selbst nicht bei der Sache, da der geheime Ausschuß sich jetzt in der Gestalt einiger ihnen sehr wohlbekannter junger Männer ohne Bedeutung enthüllte; nach kurzem Widerstande war der unsinnige Aufruhr niedergeworfen, den Louis Philipp rasch benutzte, um ein Ministerium nach seinem Sinne zu bilden.

Es war wiederum der Marschall Soult, welcher diesem Ministerium vom 12. Mai seinen berühmten Namen lieh; im Uebrigen bestand es aus Ehrgeizigen und Dienstwilligen verschiedener Parteien oder Parteischattirungen: Finanzen Passy, Justiz Teste, öffentliche Arbeiten Dufaure, Unterricht Villemain, diese von der Mittelpartei; das Innere nahm ein Freund Guizot's, Duchatel, den Krieg General Schneider, den Handel Cubin-Gridaine, die Marine Admiral Duperré. Das Programm, mit welchem am folgenden Tage der Marschall vor die Kammer trat, war sehr allgemein: freie Thätigkeit des verantwortlichen Ministerraths, Friede mit Aufrechthaltung der Nationalwürde, Ordnung gemäß dem Gesetze, Aufrichtigkeit und Festigkeit in den Beziehungen zu der Kammer. Diese letztere nahm das neue Ministerium gut auf, ließ Thiers als Candidaten für die Präsidentschaft fallen, und wählte den dem Ministerium genehmen Sauzet; sie bewilligte eine Million Francs Zuschuß zu den geheimen Ausgaben und ließ sich in der Frage der Herabsetzung des Zinsfußes auf die nächste Session vertrösten. Am 24. December 1839, als sie wieder zusammen kam, entwarf dann die Thronrede ein überaus günstiges Gemälde der inneren und äußeren Lage. Die Frage, welche die Gemüther beschäftigte und alles Uebrige in den Hintergrund drängte, war die orientalische, welche abermals in ein Stadium getreten war, wo sie, voll von Gefahren für den europäischen Frieden, beitrug, dem neuen Jahrzehnt gleich bei seinem Beginne einen ernsten, drohenden Charakter aufzudrücken.

Zweiter Abschnitt.

Vom Regierungsantritt Friedrich Wilhelm's IV. von Preußen bis zur Pariser Februarrevolution.

A. Germanische Staaten.

1. Deutschland.

Das wichtigste Ereigniß des Jahres 1840 war der Tod Friedrich Wilhelm's III. von Preußen, welcher am 7. Juni zu Berlin erfolgte: am zweiten Pfingsttage, nach 42jähriger Regierung, im 71. Lebensjahre starb der vielgeprüfte Fürst. Mit ihm schied der letzte und ehrenwertheste der Monarchen der heiligen Allianz, ein Mann, welcher zugleich der letzte und ehrenwertheste Vertreter einer vergehenden Epoche deutscher und preußischer Geschichte war. Den schlichten, bürgerlich einfachen und ehrbaren Sinn, mit welchem er sein Haus verwaltete, hatte er auch auf die Regierung des Staates übertragen; ein wortkarger, ernster, frommer Mann, den das Glück nicht über das richtige Maß erhob, das Unglück nicht über die Gebühr niederbeugte. Ein Fürst von reinem Wollen, ohne Genialität, aber gerecht, arbeitsam, verständig, wirthschaftlich; seines Volkes Schicksal theilend in Freud' und Leid. Seine Unterthanen bildeten den weiteren Kreis um sein Haus her, und er regierte sie wie ein gewissenhafter, innerhalb beschränkter Sphäre einsichtiger, milder Hausvater seine Familie regiert; und so auch, wie ein Familienhaupt, wie ein Vater seines Volkes ward er betrauert.

Um ihn her aber war, ohne daß es ihn selbst mehr viel berührt hatte, die deutsche Welt eine andere geworden. In dem Menschenalter, welches seit 1815 verflossen, war die Nation auf allen Gebieten entweder fortgeschritten oder wenigstens in mannigfacher Erprobung ihrer Kräfte thätig gewesen. Die Wunden des Krieges waren lange vernarbt, der Wohlstand gestiegen, und mit der immer großartigere Verhältnisse annehmenden industriellen und Handelsthätigkeit, für welche der bescheidene Fürst selbst durch die Schöpfung des deutschen Zollvereins das Beste gethan, war auch die Zahl der von den Regierungen unabhängigen Männer von Bildung gewachsen. Wo früher zweimal wöchentlich, von der ganzen Bevölkerung bestaunt, die Eilpost vorüberfuhr, sauste jetzt, seit Ende der 30er Jahre in seiner ungeheuren Wichtigkeit allgemeiner begriffen, der Dampfwagen; und wenn in der materiellen Welt Erfindungs- und Unternehmungsgeist sich zu größeren und immer größeren Wagestücken anschickten, so geschah dasselbe in anderer Weise auch in den rein geistigen Sphären, wo ein Gebiet nach dem andern der Forschung erobert, ein Vorurtheil der Vergangenheit nach dem andern kritisch vernichtet wurde. Es würde die Gränzen, die uns gesteckt sind, wie die Kraft des einzelnen Betrachters, den in Gegenwart und kaum erst zu Geschichte gewordener Vergangenheit die noch wenig abgeklärte Menge der Erscheinungen verwirren müßte, weit überschreiten, wollten wir es unternehmen, diesen Fortschritt auf dem ganzen Gebiete dessen, was man mit dem vielumspannenden Worte Litteratur bezeichnet, zu verfolgen und nachzuweisen, wie die Arbeit des Gelehrten, die Schöpfung des Dichters oder Künstlers von Jahrzehnt zu Jahrzehnt auf Staat und Gesellschaft gewirkt hat; welche Bedeutung in Deutschland und namentlich im protestantischen Theile Deutschlands Schulen und Universitäten in dieser Zeit der Sammlung und der Vorbereitung gehabt haben. nur dies muß bemerkt werden, daß sehr im Gegensatze zu der Zeit unmittelbar nach den Befreiungskriegen die Geister zu der Vergangenheit nicht mehr bewundernd und in der Weise der sogenannten Romantik schwärmend und idealisirend, sondern mehr und mehr prüfend, zweifelnd, untersuchend, mit Einem Worte kritisch sich verhielten, und daß insbesondere die Geschichtsforschung immer entschiedener dahin gerichtet war, die Dinge zu ergründen, wie sie wirklich einst gewesen, und neben Mythologie und Religion und Philosophie vergangener Zeiten auch das alltägliche prosaische Leben der Völker in ihren Bereich zu ziehen. Was Niebuhr in dieser Beziehung in seiner römischen Geschichte (1811) begonnen, setzten Andere auf anderen geschichtlichen

Gebieten fort; die Geschichte der Vergangenheit wurde wieder in Beziehung gesetzt zu den Zuständen der Gegenwart, und von dieser Seite, durch Werke gediegener Forschung, wie die von Chr. Fr. Schlosser, dessen Bedeutung für das nationale Leben Deutschlands hauptsächlich hierin begründet liegt, wie durch oberflächliche und tendenziöse Darstellung, wie die auf einen größeren Leserkreis berechnete Weltgeschichte von Rotteck, welche in diesen Jahren Auflage um Auflage erlebte, wurden die maßgebenden Kreise des Volkes mehr und mehr auf die Lösung der politischen Aufgaben, auf die bestehenden Staats- und Rechtszustände hingelenkt, auf welche so vieles Andere mit wachsendem Nachdruck Denken und Thun, Dichten und Trachten trieb. Es darf in dieser Beziehung als ein sprechendes Factum hervorgehoben werden, daß einer der bedeutendsten Geschichtschreiber und Gelehrten, dessen wir früher erwähnten, G. G. Gervinus, eine fünfbändige Geschichte der deutschen Dichtung eben in jenen Tagen (1842) mit der Mahnung schloß, die Zersplitterung aufzugeben und alle jene enthusiastische Energie, welche den Deutschen eigen sei, nach der Richtung des Staates, nach der politischen zu lenken. „Der Wettkampf der Kunst ist vollendet; jetzt sollten wir uns das andere Ziel stecken, das noch kein Schütze bei uns getroffen hat, ob uns auch da Apollon den Ruhm gewährt, den er uns dort nicht versagte."

a. Preußen.

Sollte aber Deutschland auf diesem Wege vorwärts schreiten, so mußte der Anstoß von dem mächtigsten der deutschen Staaten ausgehen, von Preußen. In allem dem, was Grundlage eines großen öffentlichen Lebens sein muß, sahen wir, war dieser Staat gesund; groß genug und mannigfaltig genug zusammengesetzt, um einen lebenweckenden Austausch der verschiedenen Kräfte zu gestatten; Schulwesen, Gerichtswesen, Verwaltung, Heer, Finanzen vortrefflich geordnet; ein hochgebildeter, im Großen und Ganzen wohlmeinender, wenn auch im Einzelnen etwas dünkelhafter und rechthaberischer Beamtenstand regierte ein fleißiges, vorwärtsstrebendes, denkendes Volk, das bei aller scheinbaren Allmacht der Regierung doch in seinen nächsten und eigensten Angelegenheiten, Gemeinde, Kreis, Provinz, kostbare Ansätze wirklicher Selbstverwaltung besaß; und endlich das Beste von Allem: es bestand ein richtiges Verhältniß zwischen Fürst und Volk, welche Beide ein traditionelles Gefühl dafür hatten, daß dieses Staates Rolle noch lange nicht ausgespielt sei.

In diesem Staate aber, dem die Vorsehung die Aufgabe zugewiesen hatte, die deutsche Nation auf ihrem Wege und Uebergang vom bloßen Culturvolk zum politischen Volk zu führen, und der zögernden Schrittes so eben erst mit wirklichem Bewußtsein in diese unermeßlich schwierige Aufgabe eintrat, war die Persönlichkeit des Fürsten von ganz anderer Bedeutung, als in den mittleren und kleineren Staaten Deutschlands, wo Heil und Unheil, das ein Fürst schaffen konnte, nur auf wenige Tausende sich erstreckte, oder in England, wo das Parlament, oder selbst in Rußland, wo zwar dem Namen nach der Czar, in Wahrheit aber die entwicklungslose Gewohnheit regierte. Der Fürst, welcher jetzt in seinem 45. Lebensjahre diesen wichtigsten Thron Deutschlands bestieg, ward überall mit großen und berechtigten Hoffnungen begrüßt. Geboren 15. October 1795, der Sohn einer Mutter, welche das altpreußische Volk fast wie eine Heilige verehrte, hatte Friedrich Wilhelm während der Zeiten der Flucht und der Schmach eine trübe Kindheit verlebt, darauf, als der große Kampf entbrannte, sein frühes Jünglingsalter im Feldlager hingebracht: von den vorzüglichsten Lehrern des Staates der Intelligenz unterwiesen, ein Mann von reicher und vielseitiger Begabung, geistvoll, witzig, mit allen höchsten Ideen deutscher Kunst und Wissenschaft wohl vertraut, in geistlichen und weltlichen Dingen mehr als gewöhnlich unterrichtet, trat er in sein hohes Amt ein mit der tiefen Empfindung seiner Verantwortung vor Gott und mit einer warmen Begeisterung, dem Widerschein der großen Zeit, deren Eindruck voll und ganz auf sein empfindsames Gemüth gewirkt hatte. Vermählt war er seit 1823 mit einer bairischen Prinzessin, die Ehe glücklich, aber kinderlos. Seine Befriedigung fand der König längst im Umgange mit den geistreichsten und bedeutendsten Männern Deutschlands, denen er sich in allen Stücken ebenbürtig erwies; man hätte sich für die reicher gewordene Zeit, in der jetzt, mit jedem Tage mehr, die verschiedenartigsten Kräfte eines voranstrebenden Volkes sich regten, keinen besseren Nachfolger auf diesem Throne wünschen dürfen.

Seine ersten Regierungshandlungen entsprachen den hochgespannten Erwartungen. Er berief den Genossen der Scharnhorst und Gneisenau, den alten General von Boyen, als Kriegsminister, setzte Ernst Moritz Arndt in seine Bonner Professur wieder ein, befreite den alten Turnvater Jahn aus seiner Polizeiaufsicht zu Freiburg an der Unstrut, und verkündete am 10. August eine Amnestie für alle politischen Vergehen und Verbrechen, welche durch späte Gnade einigermaßen wieder gut machte, was eine harte Justiz schlimm gemacht hatte. Auch in den noch schwebenden katholischen Wirren schlug er sofort den Weg der Milde ein; der Erzbischof von Gnesen durfte in seinen Sprengel zurückkehren, und dem von Köln ward gestattet, seinen Aufenthalt beliebig, nur nicht im Bereich der Erzbiöcese Köln zu wählen. Man erwartete von diesem König, der so viel Verständniß seiner Zeit zu verrathen schien, daß er den wichtigen und entscheidenden Schritt thun werde, den sein Vorgänger vorlängst in Aussicht gestellt hatte — daß er das alte Preußen in einen Verfassungsstaat mit Reichsständen verwandeln werde. Es war ein Schritt, den die veränderte Zeit gebieterisch verlangte, auf den sie von allen Seiten deutete und drängte; wenn ihn der König sich nicht als frei zu lösende Aufgabe setzte, konnte es sein Verhängniß werden, ihn eines Tages thun zu müssen.

Auch zauderte man von liberaler Seite nicht, diesen Entschluß dem Könige alsbald nahe zu legen. Am 5. September ward einem alten Herkommen zu Folge, welches vorschrieb, die Stände des Landes Preußen zu berufen, ehe der Landesherr gegen Anerkennung ihrer Privilegien und Rechte ihre Huldigung empfing, der preußische Landtag zu Königsberg eröffnet. Hier ward, obgleich dieser ganze Huldigungslandtag im Grunde nur eine Förmlichkeit war, der Antrag gestellt und angenommen: an den König unter Berufung auf die Verordnung vom 22. Mai 1815, welche den Preußen eine Repräsentativverfassung verhieß, die Bitte zu richten, daß einer in Berlin zu ernennenden Commission, unter Zuziehung der Provinzialstände, die Ausarbeitung einer Verfassung des preußischen Reiches aufgetragen, der preußischen Nation eine Verfassung verliehen werden möchte, und eine dem entsprechende Denkschrift, unterstützt von den namhaftesten Männern derjenigen Provinz, welche dem Staate den Namen und im Jahre 1813 den Anstoß zu seiner Wiedergeburt gegeben, dem Oberpräsidenten von Schön, dem Oberstburggrafen von Brunneck, den Spitzen des Adels, von Barbeleben, von Saucken, von Auerswald, wurde dem König, als er zur Huldigung erschienen war, am 7. September von einer Abordnung des Landtags überreicht. Aber die Antwort, welche Friedrich Wilhelm IV. gab, zeigte schon, wie breit die Kluft war, welche zwischen seinem Gedankenkreise und Dem, was diese Männer forderten, lag. Der König wies die herrschenden Begriffe sogenannter allgemeiner Volksvertretung von sich, zeigte, wie sein Vater den naturgemäßen, auf geschichtlicher Grundlage ruhenden, der deutschen Volksthümlichkeit entsprechenden Weg eingeschlagen, indem er die provinzialständische und kreisständische Vertretung verliehen; auf dieser Grundlage, der Grundlage ständischer Gliederung, denke auch er das Werk fortzuführen: „unsere getreuen Stände," so schloß der Abschied, „können im vollsten Maße unseren Absichten über die Institution der Landtage vertrauen." Der Huldigungsact ging übrigens ohne Störung vor sich; der König gab am 10. September bei dieser Huldigung seinen Empfindungen in einer glänzenden Improvisation einen beredten Ausdruck, und entsprechend that er bei der Huldigung der übrigen Provinzen, die am 15. Oct. zu Berlin stattfand.

Friedrich Wilhelm IV. berauschte sich an diesen Scenen, die ihm

Gelegenheit gaben, in vollen Worten auszuströmen, was ihm die leichterregbare Seele bewegte; aber es wurde von sehr königstreuen Männern gemißbilligt und war auch in der That nicht wohlgethan, daß er mit diesen Reden aus der Zurückhaltung heraustrat, welche die Natur seines Berufes dem Herrscher eines großen Landes auferlegt. Ein Königswort ist schwer zurückzunehmen, und sollte deshalb, so war die Meinung der ernsten und strengen Anhänger altpreußischer Tradition, auch nicht leichthin ausgegeben werden; man hörte aus jenen beredten Worten doch nur das Eine heraus, daß der König ein unbedingtes Vertrauen zu seinen königlichen Absichten verlangte, daß er weit mehr als sein Vater sein persönliches Wollen und Meinen betonte. Eben hier aber schieden sich die Wege. Die Stimmführer der liberalen Meinung, Vertreter einer in ganz Deutschland mit jedem Tage wachsenden Macht, verlangten nicht, ihres Königs Stimme zu hören, sondern sie verlangten vielmehr, daß der König des Volkes Stimme höre, daß er Mittel und Wege schaffe, auf denen diese Stimme des Volkes sicher und unverfälscht zu seinem Ohre gelange, daß man nicht länger zögere, dem Volke die versprochenen allgemeinen Reichsstände, eine wirkliche Volksvertretung zu geben, während der König seinerseits schon den Namen einer Volksvertretung perhorrescirte. In mehreren Flugschriften, von denen zwei im Anfange des Jahres 1841 von Königsberg ausgingen, wurden jene Forderungen mit großer Unumwundenheit ausgesprochen. Die eine, von keinem geringeren Manne verfaßt, als dem Oberpräsidenten von Schön, führte den Titel „Woher und Wohin?" und kam zu dem Ergebnisse, daß die Zeiten der patriarchalischen Regierung, welche das Volk wie Unmündige leiten wolle, vorüber seien; daß die geschichtliche Entwickelung Preußens unabweislich jetzt zu Generalständen dränge, von denen der Verfasser mit Recht sagte, daß sie allein dem Lande ein öffentliches Leben würden geben können — jenes öffentliche Leben, dessen Morgenröthe mit dem Jahre 1813 angebrochen sei. Eine zweite nicht minder wirksame Flugschrift waren die „Vier Fragen, beantwortet von einem Ostpreußen." Ihr Verfasser war ein Arzt in Königsberg, Johann Jacoby. Die Fragen lauteten: „Was wünschen die Stände? Was berechtigt sie? Welcher Bescheid ward ihnen? Was bleibt ihnen zu thun übrig?" Die Antwort auf die letzte Frage war kurz: „Das, was sie bisher als Gunst erbeten, nunmehr als erwiesenes Recht in Anspruch zu nehmen." Die Schrift schloß mit einer mißverstandenen Stelle des Alten Testaments: „Zu deinen Zelten, Israel", in welcher der Verfasser die Zuversicht ausgedrückt glaubte, daß auch die übrigen „Stämme" der Monarchie nicht hinter demjenigen, der zuerst gesprochen habe, zurückbleiben würden.

Er täuschte sich nicht: die Frage der Reichsstände verschwand nicht wieder von der Tagesordnung. Eben das persönliche Hervortreten des Königs, der nicht gemacht war, mit Ideen und mit Worten zurückzuhalten, hatte die Anregung zu einer neuen Bewegung der Geister gegeben. „Der König weiß, was er will," schrieb damals ein Mann, der es sein Leben lang eben so wenig gewußt hat, Bunsen, eine dem König wahlverwandte Natur, in sein Tagebuch; dies war das Gegentheil der Wirklichkeit, und nicht in dem, was er wollte und wovon er nur Weniges durchführte, liegt die Bedeutung dieses merkwürdigen Fürsten. Es ist vielmehr die lebhafte Anregung des nationalen Lebens — neben vielem einzelnen Guten und Löblichen, was dieser ebenso geistvolle und ideenreiche als thatenscheue Fürst geschaffen und gefördert hat — dasjenige Verdienst, das ihm eine bedeutungsvolle Stelle in der deutschen Geschichte sichert, und uns veranlassen muß, diesen ersten Theil seiner Regierung, von 1840—48, dessen Gedächtniß unter den tiefen Schatten der späteren Jahre, von 1848—61, gelitten hat, gerechter zu würdigen, als die tiefaufgeregten folgenden Jahrzehnte gethan haben. Die Bewegung der Geister entfaltete sich nach zwei Seiten, der politischen und der religiösen.

Friedrich Wilhelm IV. hatte seine Absicht ausgesprochen, die weitere Entwickelung der preußischen Verfassungszustände an die Schöpfung seines Vorgängers, „die historisch gegebene Grundlage" der Provinzialstände, anzuknüpfen. Dies gab den Provinziallandtagen eine politische Bedeutung, die sie seither nicht besessen hatten. Im Februar 1841 wurden dieselben mit Ausnahme des rheinischen, dessen Zusammentritt aus äußeren Gründen etwas später fiel, eröffnet und ihnen Vorlagen unterbreitet, welche über ihre seitherige Competenz hinausgingen. Es wurde die Einrichtung von Ausschüssen angeordnet und zugleich deren baldige Vereinigung zu einer größeren Versammlung in Aussicht gestellt, einer Versammlung, deren Beirath und Mitwirkung dann auch für die allgemeinen Landesangelegenheiten in Anspruch genommen werden sollte. Im December desselben Jahres vollzog der König eine Verordnung, welche der Presse eine freiere Bewegung gestattete. Am 19. August 1842 wurden dann wirklich die Ausschüsse der Landtage sämmtlicher Provinzen auf den 18. October — der König liebte die bedeutungsvollen Tage — nach Berlin berufen, und diese Berufung ward ausdrücklich als eine Entwickelung der ständischen Institutionen, als ein Element der Staatseinheit bezeichnet; unglücklicher Weise aber zeigte sich die Regierung, als diese Versammlung zusammentrat, ängstlich und kleinlich bemüht, jedes Uebergreifen über die enge gezogenen Gränzen ihrer Befugnisse im Voraus abzuwehren, noch ehe ein solcher Versuch wirklich gemacht wurde. Nicht einmal eine Dankesadresse an den König ließ der Finanzminister, der die Verhandlungen leitete, zu; die Versammlung mußte ihren Dank einfach in dem Protocoll der Tagesverhandlung niederlegen. Bemerkenswerth war, daß bei der Verhandlung über die Frage der Beförderung eines umfassenden Eisenbahnbaues, welchen die Regierung nicht auf Staatskosten unternehmen, sondern nur durch Zinsengarantie für Privatgesellschaften fördern wollte, der constitutionelle Gesichtspunkt in der Mitte der Versammlung bereits mit Nachdruck sich geltend machte: die Zinsengarantie, hob man hervor, komme in ihren Wirkungen einer Staatsanleihe gleich, eine solche könne aber, nach dem Gesetze vom 17. Januar 1820, nicht ohne die Zustimmung und Mitgarantie von Reichsständen abgeschlossen werden. Sehr im Gegensatze zu dieser Mahnung betonte der König, als er die Ausschüsse verabschiedete, mit ausdrücklichen Worten, daß sie, die Abgeordneten, „unabhängige Rathgeber", aber keine Repräsentanten dessen seien, was ihm als Wind der Meinung und der Tageslehren zu bezeichnen gefiel. Uebrigens ging er auf seinem Wege, der nicht der richtige zum Ziele war, aber doch immer vorwärts führte, weiter. Der Presse wurde ein Rechtsschutz zu Theil durch Niedersetzung eines aus Gelehrten und Richtern zusammengesetzten Obercensurgerichts (23. Febr. 1843), und die Regierung verfehlte nicht, ihrerseits durch die Staatszeitung in die publicistische Arena hinabzusteigen und auf die öffentliche Meinung zu wirken; wogegen dann wieder das Verbot einzelner liberaler Zeitungen, wie der „Leipziger Allgemeinen Zeitung", und (im Mai 1845) die Ausweisung der badischen Oppositionsabgeordneten von Itzstein und Hecker, deren Absicht war, bei Gelegenheit und unter dem Vorwande einer bloßen Vergnügungsreise politische Demonstrationen hervorzurufen, böses Blut machte.

Von Jahr zu Jahr wiederholten sich nun in Gerüchten, Petitionen, Verhandlungen der Provinziallandtage Wünsche und Hoffnungen einer nahe bevorstehenden Verleihung der ersehnten reichsständischen Verfassung; nicht minder lebhaft, als in den höheren Schichten des Volkes, wurde die Frage in den Regierungskreisen erörtert, und an Denkschriften und Correspondenzen über den Gegenstand fehlte es nicht; der entscheidende Schritt aber geschah erst im Jahre 1847.

Am 3. Februar dieses Jahres nämlich erschien das königliche Patent, welches in einer eigenthümlichen Form die Hoffnungen zwar nicht erfüllte, aber doch die ganze Frage endlich in Fluß zu bringen geeignet war. Dieses Patent erklärte, wie es die Absicht des Königs sei, so oft die Bedürfnisse des Staates entweder neue Anleihen, oder neue Steuern, oder Erhöhung der bestehenden Steuern erfordern würden, die Provinzialstände zu einem vereinigten Landtage zu berufen, den vereinigten ständischen Ausschuß periodisch zusammentreten zu lassen, und jenem vereinigten Landtage, in dessen Vertretung dem vereinigten Ausschuß, das Recht des Beiraths bei der allgemeinen Gesetzgebung, die Mitwirkung bei der Verwaltung der Staatsschulden und das Petitionsrecht über innere Angelegenheiten zuzuweisen. Ort der Versammlung, Dauer ihrer Sitzungen zu bestimmen, behielt sich der König vor; die Versammlung, gebildet einfach durch die Vereinigung der Provinziallandtage zu Einem großen Körper, sollte in eine Herrencurie und in eine Ständecurie zerfallen; die erstere bilden die großjährigen Prinzen des königlichen Hauses, die ehemaligen deutschen Reichsstände und die übrigen mit Virilstimmen begabten oder an Collectivstimmen betheiligten Fürsten, Grafen und Herren, die letztere die übrigen Mitglieder der Provinziallandtage, die Abgeordneten der Ritterschaften, Städte und Landgemeinden. Also zwei Häuser und etwas wie eine Pairie; gesonderte Berathung der beiden Curien die Regel, einfache Stimmenmehrheit entscheidend; bei finanziellen Vorlagen, Staatsanleihen, neuen Steuern gemeinsame Berathung beider Curien; Bitten und Beschwerden werden nur dann zur Kenntniß des Königs gebracht, wenn in jeder Curie mindestens ⅔ der Stimmen dafür sich erklärt haben. Der vereinigte Ausschuß, ward gleichzeitig verordnet, sollte regelmäßig und wenigstens **alle vier Jahre** einberufen werden, mit allen Befugnissen des vereinigten Landtags außer dem Zustimmungsrecht zu Anleihen und neuen Steuern, und dem Petitionsrecht in Verfassungsangelegenheiten.

Dieses Patent war, vom Standpunkte des patriarchalischen Staates, in der That ein großes und königliches Geschenk; und doch hatte es den schweren Fehler, daß es zu viel und zu wenig gewährte. Der König wollte geben und gab nicht mit karger Hand; aber auf einen neuen Boden sich stellen wollte er nicht, oder, was vielleicht schlimmer war: er wollte es nicht Wort haben, daß er sich mit diesem Patent auf einen neuen Boden wirklich stellte. Die loyale Sprache bezeichnet, was immer der König thut, als Gnade, und so ziemt es sich, wo ein Volk den König als den unanfechtbaren, unverrückbaren Mittelpunkt des Staates, als den „von Gottes Gnaden" gesetzten Träger der Staatshoheit ehrt; in Wahrheit aber soll, was der König thut, der Ausdruck der Staatsnothwendigkeit sein, gefaßt in die Form eines freien Entschlusses dessen, der Niemand verantwortlich ist als Gott; nicht weil der König so will, ist dieses oder jenes recht und gut im Staate, sondern weil es recht und gut ist, will es der König. Entschloß man sich, eine Verfassung zu geben, so mußte man sich auch entschließen, sie voll und ganz und so zu geben, daß sie ein Staatsgrundgesetz werde, das Fürst und Volk gleichmäßig band. Die Befriedigung über das königliche Geschenk war deswegen eine getheilte. Man warf in den liberalen Kreisen geradezu die Frage auf, ob man es annehmen oder ablehnen solle. Eine Flugschrift unter diesem Titel, von einem Justizrath in Breslau, Heinrich Simon, verfaßt, untersuchte diese Frage und kam zu einem verneinenden Ergebniß; sie fand das Patent im Widerspruch mit den Gesetzen vom 22. Mai 1815 und vom 17. Januar 1820, welche dem liberalen Doctrinarismus den unumstößlichen Rechtsboden lieferten — die Operationsbasis, deren er bedurfte.

Indeß die Versammlung fand sich vollzählig am 11. April 1847 im königlichen Schlosse zu Berlin ein, wo im „Weißen Saale" die feierliche Eröffnung stattfinden sollte. Der König trat ein, die Versammlung erhob sich; und Friedrich Wilhelm sprach nun, frei wie gewöhnlich, in einer langen, mehr als halbstündigen Rede zu den Versammelten. Er bezeichnete die Versammlung als die Vollendung des edlen Baues ständischer Freiheiten, dessen acht Pfeiler der hochselige König aufgerichtet; er seinerseits habe ihr große Rechte verliehen, mehrere, als aus dem Gesetz vom 17. Januar 1820 fließen; er werde sie gerne und öfter zusammenrufen, wenn dieser Landtag ihm den Beweis liefere, daß er es könne, ohne höhere Regentenpflichten zu verletzen. Alsdann wandte er sich polemisch gegen Diejenigen, welche das natürliche Verhältniß zwischen Fürst und Volk in ein conventionelles verwandeln wollten; keiner Macht der Erde solle es gelingen, fuhr er fort, indem seine Stimme sich hob, dieses natürliche Verhältniß in ein conventionelles — diesmal setzte er hinzu constitutionelles — zu verwandeln: „ich werde nun und nimmermehr zugeben, daß sich zwischen unseren Herrgott im Himmel und dieses Land ein geschriebenes Blatt, gleichsam als eine zweite Vorsehung, eindränge, um uns mit seinen Paragraphen zu regieren und durch sie die alte heilige Treue zu ersetzen." Indem er dann einen Blick auf die Zustände des Landes warf, fand er vielen und gerechten Grund der Freude und des Dankes, — Verwaltung und Rechtspflege lauter, Werke der Cultur und Landesverbesserung allenthalben im Gange, Kunst und Wissenschaft in Blüthe, das Heer unvergleichlich; er erwähnte im Tone großer Empfindlichkeit die Ausschreitungen der Presse, die kirchlichen Zustände, und einmal an diesem Punkte angelangt, der ihn immer am meisten beschäftigt hatte, ließ er sich, indem er aussprach, „daß das Kirchliche nicht vor die Stände gehöre", dennoch von der Begeisterung des Augenblicks überwältigen und erhob sich, indem er mit feierlichem Tone das Bekenntniß aussprach: „Ich und mein Haus wollen dem Herrn dienen." Er setzte sich wieder und sprach weiter; wieder und wieder kam er darauf zurück, daß das Volk, sein

Volk, nicht das Mitregieren von Repräsentanten, nicht die Theilung der Vollgewalt seiner Könige wolle. Der Beruf der Stände sei nicht, fuhr er in diesem unklaren Dociren fort, Meinungen zu repräsentiren, Zeit- und Schulmeinungen — sie seien deutsche Stände, zunächst Vertreter und Wahrer der eigenen Rechte; alsdann hätten sie die Rechte zu üben, die ihnen die Krone zuerkenne; er hätte sie nicht berufen, versicherte er, wenn er glauben müßte, daß sie ein Gelüste hätten, die Rolle sogenannter Volksrepräsentanten zu spielen. Mit größtem Vertrauen, seiner reinen Absichten bewußt, appellirte er „von allen Verkennungen und Unwürdigkeiten, denen er seit seinem Regierungsantritte ausgesetzt gewesen, an sein Volk"; er schloß, indem er seine Hörer ermahnte, „durch alle Abstufungen unserer ständischen Versammlungen sich immerdar als ächte Preußen zu bewähren" und ihnen dann „aus der Fülle seines Herzens" ein Willkommen zurief.

Dem Landtage wurden nun eine Anzahl Gesetzesvorlagen zugewiesen, Aufhebung der Mahl- und Schlachtsteuer, Einführung einer Einkommensteuer, Errichtung von Hülfscassen und Rentenbanken, sowie auch über eine Anleihe, bestimmt die Ausführung einer Eisenbahnlinie zu ermöglichen, welche die östlichen Provinzen der Monarchie, die durch den Mangel an Communicationsmitteln empfindlich litten, mit der Hauptstadt in Verbindung setzen sollte. Der König hoffte, daß die Versammlung sich ohne Weiteres diesen nützlichen Arbeiten zuwenden, und so, seinem Gedanken gemäß, die „ständischen Institutionen" sich in aller Gemächlichkeit entwickeln würden*). Dann aber, muß man gestehen, hatte er ein sehr unglückliches Mittel gewählt, indem er in jener unstaatsmännischsten, seltsamsten und verworrensten Rede, die je von einem Throne herab gehalten worden ist, die großen Zeitfragen selbst gewaltsam in den Vordergrund drängte. Eine Versammlung zu berufen, in welcher die beste Kraft eines großen Volkes, Adel, Reichthum, Intelligenz des ersten deutschen Staates vereinigt war, diese Versammlung dann in der feierlichsten Weise mit einer Rede zu eröffnen, die eine Antwort fast mit Nothwendigkeit verlangte — in ihr das ganze Volk anzureden, vor ihr sein ganzes Herz mit einer Offenheit auszuschütten, die dem Manne Ehre machte, aber den König ohne alle Noth bloßstellte — und dieser Versammlung dann zuzurufen, daß sie sich ja nicht einbilden sollte, dieses Volk zu vertreten — dies in der That war ein schwerer und nicht wieder gut zu

---

*) „Im Laufe der Jahrhunderte", meinte er im Jahre 1845 in einer Unterredung mit Lord Aberdeen (in Brühl), „werde sich wohl aus jener Institution eine Verfassung entwickeln, die der englischen ähnlich sei." Leben Bunsens 2, 359.

machender Fehler. Wo der König seine Meinung über die wichtigsten Fragen so bestimmt ausgesprochen hatte, sollte diese überaus glänzende Versammlung sich begnügen, über Hülfscassen und Eisenbahnen zu sprechen, — und dies nicht einmal im Namen des Volkes, gleich als ob es in Preußen nur Stände, Ritter, Bauern, Städte, und nicht auch eine Nation gebe. Es war unmöglich, daß die Dinge den vom König erwarteten Gang nahmen.

Am klarsten über ihre Zwecke waren die rheinischen und die ostpreußischen Mitglieder und diese Zwecke liefen den Ansichten und, soweit er deren hatte, den Absichten des Königs schnurstracks zuwider. Diese Deputirten bildeten den Kern einer Oppositionspartei, welche sich leicht aus Männern der übrigen Provinzen verstärkte. Ihre Führer waren entschlossen, das „königliche Geschenk" als Handhabe zu benutzen, um zu einer wirklichen Verfassung zu gelangen, die des Königs unklarer Idealismus perhorrescirte, die aber in der Mitte des 19. Jahrhunderts nachgerade eine Nothwendigkeit geworden war; und zunächst stellte nun ein Mann von gutpreußischem Namen und gutpreußischer Gesinnung, der Graf Schwerin, den Antrag auf eine Adresse: Dank für die Schöpfung eines allgemeinen ständischen Organs, ehrerbietige Bedenken gegen einzelne Bestimmungen des Patents vom Standpunkte des Rechts. Der Landtagsmarschall, Fürst von Hohensolms-Lich, widersetzte sich nicht, obgleich eine Adresse eigentlich nicht in den Befugnissen der Versammlung lag; er ernannte die Commission, und zwar so ungeschickt, daß dieselbe einen der rheinischen Oppositionsmänner, den beredten Crefelder Fabrikanten Beckerath zum Berichterstatter wählte. Die Adresse spendete in reichen Worten Lob und Dank, sprach aber zugleich von den reichsständischen Rechten, die dem Landtage „erworben" seien, von Wahrung der ständischen Rechte, indem sie die oft angeführten früheren Gesetze als ihren Rechtsboden festhielt. Der Minister des Innern von Bodelschwingh entgegnete, daß die Räthe der Krone die Frage gar nicht erwogen hätten, ob eine noch nicht geschaffene Körperschaft andere Rechte haben könne, als diejenigen, welche der Gesetzgeber, der sie, diese Körperschaft, ins Leben rufe, — nach bestehendem Staatsrecht also der König — ihr verliehen; er sprach übrigens versöhnlich; zweifelloser, als jener Rechtsboden, war was Ludolf Camphausen von Cöln über die Verwirrung sagte, welche aus dem Durcheinander und Nebeneinander von fünf verschiedenen Versammlungen, wie sie das Patent wolle — Provinzialstände, vereinigte Ausschüsse, Ständecurie, Herrencurie, vereinigte Versammlung — entstehen müßte, und daß nur eine den früheren Gesetzen entsprechende reichsständische Versammlung dem Lande die Vortheile einer wirklichen Volksvertretung verschaffen könne. Die Adresse ließ, wie sie schließlich mit 484 gegen 107 Stimmen in der Sitzung der vereinigten Curien angenommen wurde, nach einem vermittelnden Vorschlage von Auerswald's die Aufzählung der einzelnen beanspruchten Rechte fallen und beschränkte sich auf Wahrung der ständischen Rechte im Allgemeinen; die Opposition mußte sich begnügen eine umfassende Declaration dieser Rechte dem Protocolle einzuverleiben. Man erwartete einen ungnädigen Bescheid und es mag sein, daß Einzelne in der Versammlung und Viele außerhalb derselben, dem pessimistischen Zuge folgend, der mehr und mehr in Deutschland die Gemüther erfaßte, einen solchen wünschten und hofften. Der König aber, diesmal wohlberathen, enthielt sich eines solchen; er erwiderte, daß er allerdings einen andern Rechtsboden für den Landtag nicht kenne, als den des Patents vom 3. Februar, doch sei dieses letztere, obzwar seinen Grundlagen nach unantastbar, doch noch nichts Abgeschlossenes, und er seinerseits sei bereit, Anträge, welche die Stände in Form von Petitionen an ihn bringen würden, zu prüfen. Einem solchen Wunsche, dem der periodisch wiederkehrenden Zusammenberufung des Landtags, genügte er oder glaubte er durch die Zusicherung zu genügen, daß der nächste Landtag unter allen Umständen innerhalb vier Jahren berufen werden würde. Ein unglückliches Wort; es nahten Zeiten, wo man froh sein mußte, auf Wochen und Tage die bestehenden Einrichtungen garantiren zu können.

Die Versammlung tagte bis gegen Ende des Juni, und es fehlte ihr nicht an Anlaß, die wichtigsten Fragen des Staatslebens bei Gelegenheit von Petitionen oder auch bei Gelegenheit der dürftigen Regierungsvorlagen in eindrucksvollen Debatten zu erörtern. Von entscheidender Bedeutung waren einige Vorlagen finanzieller Art, welche der liberalen Opposition, an deren Spitze neben den rheinischen Abgeordneten, den Hansemann, Beckerath, Mevissen, Camphausen besonders der westfälische Freiherr Georg von Vincke hervortrat, Gelegenheit gaben, mit Nachdruck auf ihren Rechtsboden zurückzukommen, nach welchem jenes Staatsschuldengesetz von 1820 die Bedeutung eines Verfassungsgesetzes, einer preußischen magna charta hatte. Die Stände lehnten in vereinigter Sitzung der beiden Curien das Ansinnen der Regierung, die Mitgarantie zu übernehmen für die von derselben beabsichtigten Landrentenbanken, welche bestimmt waren, ein ländliches Creditsystem zu begründen, mit 448 gegen 101 Stimmen ab, und empfindlicher noch war die Niederlage der Regierung bei der Frage der Eisenbahnanleihe. Hier wurde die Zustimmung zu einer Anleihe von 30 Millionen, die zur Ausführung der Ostbahn bestimmt war, verlangt; diese Bahn war unzweifelhaft ein Bedürfniß, für das Gedeihen der östlichen Provinzen war sie eine Nothwendigkeit, welche Niemand verkannte. Eben darin aber glaubte man ein Mittel zu haben, die Regierung zu weiterem Nachgeben in der Verfassungsangelegenheit zu zwingen. „Thue Recht und scheue Niemand," rief der Freiherr von Vincke, „so lange nicht die Uebereinstimmung der gegenwärtigen Gesetzgebung, die das Datum des 3. Februar trägt, mit dem Gesetze von 1820, welches in derselben Gesetzessammlung abgedruckt ist, hergestellt worden — so lange die Stände der nothwendigsten Grundlage für die Erhaltung ihrer Rechte entbehren, nämlich, daß diese ihre Rechte nicht alterirt werden dürfen ohne ihre Zustimmung — so lange werde ich mein Votum nicht abgeben für die Bewilligung eines Darlehens zu Gunsten des Staates." 360 gegen 179 verwarfen die Anleihe, unter ihnen 65 Abgeordnete aus Ostpreußen, die so das materielle Interesse ihrer Provinz dem politischen Gedanken zum Opfer brachten. Der Landtagsabschied erfolgte am 24. Juni. Der Standpunkt, in den Ständen nur eine berathende Körperschaft anzuerkennen, war aufs Strengste gewahrt; eine Anzahl von Anträgen, welche von beiden Curien übereinstimmend vorgelegt waren, wurden berücksichtigt, eine Anzahl anderer von großer Wichtigkeit ward mit Stillschweigen übergangen. Nachdem die Versammlung noch nach heftiger Erörterung die Wahlen zu den Ausschüssen vollzogen hatte — 158 Mitglieder wählten nur unter Vorbehalt, die entschiedensten, wie von Vincke, enthielten sich der Wahl — wurde am 26. Juni der erste vereinigte Landtag durch den k. Landtagscommissär von Bodelschwingh geschlossen.

Es war richtig, was dieser sagte: Jedermann werde fühlen, daß die Ergebnisse des vereinigten Landtages weniger fruchtbar für das Land gewesen seien, als sie es hätten sein können; ein Ereigniß ersten Ranges war derselbe dennoch. Diese Versammlung, der König mochte wollen oder nicht, vertrat nicht einzelne Stände, sondern eine Nation, die aus einer veralteten Ordnung der Dinge, bei welcher der König allein und Diejenigen, welche Einsicht oder Zufall ihn zu Rathgebern nehmen hieß, den Gang des Staatswesens bestimmt hatten, herausstrebte zu einer höheren und freieren, für welche die Nation nunmehr, wie eben diese Versammlung durch die in ihr vereinigte Fülle von Talent, Beredtsamkeit, Intelligenz bewies, reif geworden war, und deren innerstes Wesen schon der Freiherr von Hardenberg im Jahre 1811 bei der damaligen ständischen Notabelnversammlung mit den Worten bezeichnet hatte: „vermittelst ständischer Vertretung nicht blos Gehorsam, sondern **Ueberzeugung** bei den Unterthanen hervorzurufen." Dies in der That ist der Kern des constitutionellen und parlamentarischen Wesens: Regierung des Staates gemäß den Ueberzeugungen des Volkes, und wenn eine solche Staatsverfassung vor Allem ein Volk verlangt, das gebildet, unterrichtet, sittlich entwickelt genug ist, Ueberzeugungen, nicht blos Stimmungen zu haben, so war diese Grundbedingung in diesem Volke erfüllt und es war unrecht, ihm Rechte vorzuenthalten, welche in den kleineren und mittleren deutschen Staaten das Volk längst besaß. Der König irrte schwer, wenn er von einem Blatt Papier sprach, das sich nicht zwischen unsern Herr Gott im Himmel und dieses Land drängen dürfe; es kam darauf an, nicht blos was auf einem solchen Blatt Papier geschrieben stand, sondern was Einsicht und Thatkraft von Volk und Regierung aus demselben machte. Auch die Bibel ist ein beschriebenes Blatt und für Viele ist sie nicht mehr; und wer sagte dem König, ob es nicht eben unser Herrgott im Himmel war — er, der die Herzen der Völker lenkt wie Wasserbäche — der jetzt eben zu dieser Zeit dieses Volk auf eine Stufe erhoben wissen wollte, wo nicht mehr der Wille eines Einzelnen, keines David oder Salomo, mit welchen den König seine Schmeichler zu vergleichen liebten, sondern die gemeinsame, gesetzlich geordnete Arbeit und Einsicht von Regierung und Volk das Schicksal des Staates bestimme?

Denn nicht das Blatt Papier und nicht die Gesetzesparagraphen machen den Werth der constitutionellen Staatsordnung aus, sondern dies, daß in ihr der Staat auf der fortwährenden, in sicherer Ordnung ununterbrochen wirksamen Arbeit und wechselseitigen Verständigung von Fürst und Volk ruht — daß jeder einzelne Staatsbürger, so oft Pflicht und Recht ihn zur Wahl seines Vertreters beruft, daran erinnert wird, daß er in einem Ganzen und für ein solches lebt — daß die großen Fragen der sittlichen Welt unablässig von den verschiedenen möglichen Standpunkten aus vor den Ohren der Nation verhandelt, erörtert, beleuchtet werden — und welche schönere Stelle könnte es auf Erden geben, als die, Fürst eines solchen Volkes zu sein, der lebenausstrahlende Mittelpunkt, um den ein ganzes reiches Volksleben kreist, — „von Millionen Königen ein König," wie es im Ueberschwange prophetischer Begeisterung der große Dichter ausgedrückt hat? Kein Fürst, darf man hinzusetzen, wäre zu einer solchen Rolle geeigneter gewesen, als Friedrich Wilhelm IV., wenn ihm vergönnt gewesen wäre, in ein fertiges Staatswesen dieser Art einzutreten, wo sein reicher Geist, seine warme Beredtsamkeit, sein begeistertes Empfinden belebend hätte wirken und in Förderung aller Lebenskeime einer großen Nation sich hätte Genüge thun können. Aber sein Schicksal war vielmehr, daß sein Leben in eine Uebergangszeit fiel, welche alle Gegensätze entfesselte und bald einen Aufruhr der Elemente hervorrief, der ihn und den Staat den er lenkte, weit ab von den Zielen verschlug, denen er damals mit günstigem Winde zuzusteuern vermeinte.

Daß das Schicksal des deutschen Volkes nicht mehr durch seine Fürsten allein oder auch nur vorwiegend bestimmt werden könne, hätten dem König die gleichzeitigen Vorgänge auf einem anderen Gebiete, dem **kirchlich-religiösen**, sagen können.

Es ist die Ehre zugleich und das Verhängniß Deutschlands gewesen, daß hier die religiösen Fragen am ernstesten genommen, in ihren tiefsten Tiefen erfaßt und durchgekämpft werden. Im Süden und bei den romanischen Völkern ist das Christenthum zu einem starren Kirchenthum geworden, das in den unteren Schichten des Volkes nur noch die äußeren Züge der Religion Jesu Christi an sich trägt, dem Wesen nach vielmehr ein heidnischer Polytheismus in neuer Gestalt ist. Von Wissenschaft ist dabei nicht die Rede; wer sich diesem Kirchenthum nicht innerlich fügen kann, wirft Kirche und Christenthum als einen alten Wahn- und Köhlerglauben hinter sich, macht aber seine Ceremonien, um keine Ungelegenheiten zu haben, als etwas Gleichgültiges gelegentlich noch mit. So stand es in Frankreich, so in Spanien, so namentlich in Italien und selbst auf protestantischem Boden, in England, hatte die herrschende anglicanische Kirche wenigstens auf die wissenschaftliche Weiterbildung und Forschung auf religiösem Gebiete verzichtet. Anders war dies in Deutschland, wo seit der Reformation des 16. Jahrhunderts der große Kampf der Geister niemals lange hatte ruhen können.

Wir haben gesehen, wie hier seit hergestelltem Frieden auf allen Gebieten die ernste Denkarbeit wieder aufgenommen worden war, zu der in der letzten Hälfte des vorigen Jahrhunderts Männer wie Kant, Lessing und viele andere den Anstoß gegeben hatten; wie die Hegel'sche Philosophie bei dem Versuche, die Welt mit der Kraft des Gedankens zu begreifen und zu erklären, auch das Christenthum und die kirchlichen Bekenntnisse in ihre Kreise zog: und wie es eine Zeit lang den Anschein hatte, als sei Offenbarungsglaube und Vernunft in den Formeln dieser Philosophie versöhnt, als sei was dem Schlicht-Gläubigen sein athanasianisches Symbol von dem Geheimniß der Trinität sage, im Wesentlichen dasselbe, was dem Philosophirenden die denkende Vernunft als innerstes Wesen des Weltprocesses erschließe. Bis zum Regierungsantritt Friedrich Wilhelm IV. hatte diese Philosophie auf die leitenden Kreise der Beamten, der Richter, Lehrer, Theologen großen Einfluß geübt; was den Einen tiefer Ernst und wissenschaftliche Ueberzeugung war, war bei Anderen Modesache oder Heuchelei, besonders so lange diese Richtung von dem regierenden Minister begünstigt wurde. Allein jener trügerische Schein einer auf immer hergestellten Einheit des Glaubens und Wissens, einer vollen Harmonie von Religion und Philosophie zerriß bald und schroff traten sich die Gegensätze gegenüber.

Der König war religiös erzogen, poetisch angelegt und hatte mit zu viel Interesse sich mit theologischen und kirchlichen Fragen beschäftigt, als daß er sich von der Hegel'schen Philosophie hätte angezogen fühlen können, deren Consequenzen, in einer rücksichtslosen kritischen Richtung mehr und mehr zu Tage tretend, ihn erschreckten. Er berief zu seinem Cultusminister den Geheimen Rath Eichhorn, einen hochverdienten, vielverkannten Patrioten, einen Freund Schleiermacher's, den aber des Königs fehlgreifende Hand hier in die unrechte Bahn rief. Er war mit dem König einverstanden, daß das Christenthum, das man durch jene kritische Richtung weit mehr bedroht glaubte, als dies wirklich der Fall war, die Grundlage der Nationalerziehung bleiben müsse und es wurde demgemäß eine dem Altenstein'schen System entgegengesetzte Richtung eingeschlagen. Sehr mit Unrecht beschuldigte man ihn wie den König der Begünstigung einer blinden Orthodoxie; indeß wie es in theologischen Dingen immer geht, man übertrieb von beiden Seiten; die Einen glaubten Christenthum, Kirche, Staat, die Anderen Wissenschaft und freies Denken in Gefahr; die Einen warfen den Gegnern den Vorwurf des Atheismus an den Kopf, den diese mit dem Scheltwort des Muckerthums und des Köhlerglaubens erwiderten. Der Haß der Theologen, des streitbaren Pastorenthums kreuzte sich mit dem nicht minder bittern der Schulgelehrten; und was diesen Haber nothwendig vergiften mußte, war der Umstand, daß zwar nicht mehr wie einst, der Fürst die Religion des Landes bestimmte, aber naturgemäß doch die Beneficien, über welche er verfügte, die einflußreichen Stellen, die Orden und Ehren vorzugsweise an Solche gab, deren Richtung ihm und seinem Minister zusagte. So wurden dem Könige manche löbliche oder doch harmlose Maßregeln verdacht, wie z. B. die in Gemeinschaft mit der englischen Regierung und Kirche durchgeführte Stiftung eines Bisthums Jerusalem. Die Einen sahen darin einen bedenklichen Versuch, auch in der deutschen Kirche wieder zu einem Episcopat zu gelangen, Andere fanden, vielleicht mit mehr Recht, daß es wichtigere Dinge zu thun gebe und daß der König vor lauter Reden, Correspondiren, dilettantischem Spielen mit allerhand Ideen zu keinen Thaten komme. Die Unzufriedenheit mit dem Minister wuchs und die Feier des 300jährigen Bestehens der Universität Königsberg (1844) gab Gelegenheit zu einer feindseligen Demonstration gegen diesen, während der König selbst, beredt wie immer, an dem Tage der Grundsteinlegung zu einem neuen Universitätsgebäude mit schwungvollen Worten eine Loosung gab, welche Alle gerne hörten und Jeder in seinem Sinne deutete. „Diese Hochschule," sagte er, „sei ein Herd des Lichts — ihre Loosung sei, wie die meine, meines Vaters, meines Volkes Loosung: **Vorwärts**."

Friedrich Wilhelm hatte bei diesem Vorwärts unter Anderem auch eine neue Gestaltung der evangelischen Kirche im Sinne, zu deren „oberstem Bischof" die Lutherische Anschauung den König machte — eine „Gestaltung durch sich selbst," eine „organische Gliederung aus ihrem innern Lebensprincip" und wie die wohlgewählten Worte für edle, auch ernstgemeinte, aber unklare Ideen alle lauten mochten. Im Verfolg dieses Gedankens wurden im Jahre 1843 in den östlichen Provinzen zunächst Kreissynoden berufen, deren Wünsche, Bedenken und Anträge, in Protocollen niedergelegt, das Material bilden sollten für die Provinzialsynoden, welche im Herbst 1844 zusammentraten. Aehnlich wie auf politischem Gebiete vorgehend, berief dann der König im Jahre 1846 eine sogenannte General synode, 37 geistliche, 38 weltliche Männer nach Berlin, auch sie nicht als Repräsentanten, sondern als Notabeln der Kirche, frei berathend, aber ohne Rechte, denn auch hier wollte der König, wie auf politischem Gebiete, etwas geben, viel geben, aber nichts hergeben. Die Synode verhandelte unter dem Vorsitz des Cultusministers vom 2. Juni bis zum 29. August; zunächst aber kam bei diesen Verhandlungen nichts Weiteres heraus, als ein lebendiger, mittelbar sehr fruchtbarer, vieles Gute anregender und in Fluß bringender Gedankenaustausch, bei welchem insbesondere der König sich der Neigung seines beweglichen Geistes, ernste und wichtige Gegenstände mit bedeutenden Männern zu besprechen und zu erwägen, ohne sich zu einem bestimmten Schritte entschließen zu müssen, überlassen konnte. Von kirchlichem Zwang war nicht die Rede, den Lutheranern z. B., welche der unirten Kirche nicht beitreten wollten, wurde nichts in den Weg gelegt; auf einer Generalsynode zu Breslau (1841) constituirten sie sich als besondere lutherische Kirche unter einem Oberkirchencollegium.

Aber auch Diejenigen, welche nach der ganz entgegengesetzten Richtung hin von der Landeskirche abwichen, regten sich lebhaft. Eben jene Versuche, die evangelische Kirche aus sich selbst erbauen zu lassen, reizten Diejenigen, welche in den alten kirchlichen Bekenntnissen nicht mehr den Ausdruck ihrer Ueberzeugung sahen, zur Besorgniß vor wirklichen oder vermeintlichen Gefahren und ihnen schlossen sich, wie stets in aufgeregter Zeit, Solche an, denen diese wie jede andere Opposition gegen ein Bestehendes willkommen war. Konnte nicht die evangelische Landeskirche, indem sie sich unter unmittelbarer Einwirkung eines schriftgläubigen Königs und eines „orthodoxen" Ministers „aus sich selbst erbaute", eine Zwingburg für Andere werden? In allerlei Kreisen, in Stadtverordnetenversammlungen, in geselligen Vereinen wurden diese Befürchtungen laut, und wo sie nicht von selber laut wurden, wurde mit ihnen Lärm gemacht und es bildete sich so, den „Finsterlingen" der evangelischen Kirchenzeitung gegenüber, in welcher der Berliner Professor Hengstenberg dem alten Supranaturalismus vorankämpfte und gelegentlich mit stumpfen Waffen wüthend um sich hieb, ein Verein von Solchen, die sich für Freunde des Lichts erklärten, das freilich bei Manchen auch nur eine matt erleuchtete Finsterniß anderer Art als die Hengstenberg'sche war. Indeß nicht Wenige trieb auch ihr Gewissen; aus einer kleinen Conferenz von Geistlichen erwuchsen allmälig Volksversammlungen und an der Spitze dieser Bewegung, die namentlich in den mittleren Ständen vielen Anklang fand, stand ein sächsischer Landpfarrer Uhlich, kein tieferer oder gelehrter, aber ein ehrlicher und opferfähiger Mann, der in ungewöhnlichem Maße die Fähigkeit hatte, solche Versammlungen zu leiten. Der Streit erhielt weitere Nahrung dadurch, daß ein anderer Geistlicher Wislicenus in Halle, in einer der lichtfreundlichen Versammlungen zu Cöthen im Jahre 1844 die Frage, welche die Gemüther beschäftigte, dogmatisch dahin zuspitzte: „ob Schrift oder Geist die Norm unseres Glaubens?" Das Consistorium zu Magdeburg entsetzte Wislicenus seines Pfarramts (April 1846), gleich ihm bildeten nun auch andere entsetzte oder durch die kirchlichen Behörden bedrängte Geistliche sogenannte freie Gemeinden, von denen einzelne den Christennamen ganz aufgaben und ihren Mitgliedern ein ziemlich wässeriges Gebräu allgemeiner Moral vorsetzten, Andere das Christenthum als Vernunftreligion der Humanität festhielten oder umdeuteten. Ein Toleranzedict vom 30. März 1847 kam ihnen zu Gute, welches im Staate Friedrichs des Großen den Grundsatz aussprach, daß bestimmte bürgerliche Rechte nicht durch bestimmte religiöse Acte einer vom Staat anerkannten Religionsgesellschaft bedingt seien. Dies war vernünftig und war auch christlich; jene Schöpfungen alle, wie oberflächlich viele unter ihnen sein mochten, waren doch immer ein Beweis, daß der Kern des Volkes in Deutschland noch empfänglich war für religiöse Regung und Bewegung und wo man die geistliche und weltliche Polizei aus dem Spiele ließ, sondern Geistliches mit geistlichen Waffen bekämpfte, da kam der Streit auch dem geistigen Leben innerhalb der bestehenden Kirche zu Gute. Diese Streitigkeiten drohten übrigens einen Augenblick auch der heilsamen Wirksamkeit der Gustav-Adolphstiftung Gefahr, welche anknüpfend an die Säcularfeier der Schlacht bei Lützen, im Verfolg eines Aufrufs des Darmstädter Hofpredigers Zimmermann (16. September 1842) zu einem großen und stetig wachsenden Vereine wurde, der sich zum Ziele setzte, bedürftigen und bedrängten evangelischen Gemeinden, namentlich in katholischen Ländern Hülfsmittel zu beschaffen und darzubieten, mit denen sie ihren evangelischen Charakter pflegen und behaupten konnten; es war ein Verein zur Vertheidigung evangelischen Bodens gegen katholische Uebermacht, der deshalb von den Spaltungen unter den Evangelischen selbst unberührt bleiben mußte. Zu einer Generalversammlung, die 1846 in Berlin gehalten wurde, entsandte der Königsberger Hauptverein den Divisionsprediger Rupp, welcher, nachdem er durch Lossagung von den „Anathemen des athanasianischen Symbolums" und eine allzufreie Auffassung des Christenthums die Mißbilligung seiner Obern erregt, halb freiwillig, halb gezwungen sich von der „Consistorialkirche" losgesagt hatte. Mit geringer Majorität ward seine Nichtanerkennung als berechtigtes Glied der Versammlung ausgesprochen, was eine Fluth von Protesten und Uebertreibungen hervorrief, insofern aber wohlbegründet war, als der Verein damit eine Benutzung dieser Zusammenkünfte und des Vereins zu fremdartigen Zwecken abwehrte. Im Ganzen wurde der Verein mit Verstand, Mäßigung und ebensoviel christlichem Tact wie evangelischem Eifer geleitet.

Jenen vielfachen Streitigkeiten innerhalb der evangelischen Kirche gegenüber rühmte sich die katholische Kirche ihrer Einheit und sah mit Stolz auf jene herab, welche, weit entfernt überhaupt noch als Kirche gelten zu können, nichts sei, als eine Gemeinschaft oder ein Tummelplatz aller möglichen negirenden und protestirenden Geister. Allein die Negationen und Proteste sollten auch auf diesem Boden nicht ausbleiben, welcher der schroffen Einheit zu Liebe sich jeder Befruchtung durch Gegensätze, wie die Freiheit sie nun einmal mit sich führt, versagte. Im August 1844 stellte der Bischof Arnoldi von Trier ein berühmtes Reliquienstück, den ungenähten Rock Christi, der auf einem wunderbaren Wege, den die Legende genau anzugeben wußte, dorthin gekommen war, im Dome aus, und aus allen katholischen Ländern, Rheinland, Westfalen, Belgien, Frankreich, trafen einzeln oder in Processionen, von Geistlichen geführt, die Wallfahrer in ungezählter Menge ein, um dem Schaustück ihre Verehrung zu bezeugen. Auch die Wunder fehlten nicht, wo der Glaube durch feine und grobe Reizmittel in so feurigen Schwung versetzt worden war, aber ebenso wenig der Widerspruch, der in einem schlesischen Priester, Johannes Ronge, sein Organ fand. Von Laurahütte in Schlesien aus erließ dieser einen „offenen Brief" an den Trierer Bischof, worin er denselben als den Tezel des 19. Jahrhunderts bezeichnete. Er selbst spielte eine Zeit lang den Luther dieses Jahrhunderts; mit ihrer Kirche zerfallene Katholiken sammelten sich um den excommunicirten Priester, Zustimmungsadressen aus ganz Deutschland strömten ihm zu; zu gleicher

Zeit gründete ein katholischer Vicar, Joh. Czersky zu Schneidemühl in Posen eine christlich-apostolische Gemeinde, welche an den Grundzügen der alten Kirche festhielt, wogegen die Gemeinde, die um Ronge sich sammelte, und diejenigen, welche er weiterhin auf seinen Rundreisen gründete, rationalistischen Charakter trugen. Auf einem Concil zu Leipzig (Ostern 1845) stellten sie ihr Glaubensbekenntniß fest. Papstthum, Cölibat, Messe, Fasten verwarfen sie wie die Protestanten, im Uebrigen blieben sie bei einem Christenthum rationalistischer Farbe stehen, leugneten die Göttlichkeit Christi, wie die Lehre von der Erbsünde und der Erlösung, und ließen den Stifter der christlichen Religion nur für einen edlen Menschen gelten. Es gab Manche, welche von dieser an sich sehr berechtigten Auflehnung gegen jene grobe Versündigung an dem Geiste des Jahrhunderts und des Christenthums sich einen großen kirchlichen Umschwung, eine neue deutsche katholische Kirche versprachen, und der Name der deutsch-katholischen ist dieser Bewegung von jenen Hoffnungen, welche selbst ein Mann wie Gervinus theilte, geblieben. Aber es zeigte sich bald, daß hier mehr Politik als Religion getrieben wurde, und daß der Same, der hier gestreut ward, von jener Art war, der zwar bald aufgeht, dieweil er nicht tiefe Wurzel hat, aber ebenso rasch wieder verwelkt. Auf seinen Rundreisen sah sich Ronge, namentlich in Süddeutschland, mit großem Jubel empfangen; unter einem Blumenregen fuhr er mit seinem Genossen Dowiat in den Städten ein, wo ihm von Gleichgesinnten — aufrichtigen oder solchen, denen auch diese Oppositionsbewegung wie jede andere willkommen war — der festliche Tisch gedeckt stand. „Bei Champagner und Rehbraten," sagte der unreife Knabe, der seinen Melanchthon vorstellte und der mit dem Melanchthon der ersten Reformationsjahre nichts als die Jugend gemein hatte, „machen wir Weltgeschichte." Das aber konnte den Regierungen zu denken geben, daß alle diese Bewegungen — auch solche, welche, wie die von ihrer Lähmung wieder erwachende Turnerei und ähnliche, auf scheinbar ganz entlegenen Gebieten spielten — sehr bald eine politische Färbung annahmen. Diese Bewegungen hatten fast alle ihren Hauptsitz in Norddeutschland und standen unverkennbar im Zusammenhang mit dem neuen Leben, zu welchem durch die ungewöhnlich anregende Persönlichkeit Friedrich Wilhelm's IV. Preußen erwacht war. In demselben Maße nun, in welchem Preußen in so energischer Weise vorantrat, fiel Oestreichs Einfluß mehr und mehr in den Hintergrund und enthüllte sich in seinem blos negativen und völlig unfruchtbaren Charakter.

b. Oestreich.

In Oestreich regierte im Namen eines Kaisers, der ein trauriges Gegenbild zu dem an geistigem Leben überreichen preußischen König bildete, der Fürst Metternich weiter, welcher der neuerwachten Regsamkeit des deutschen Geistes gegenüber völlig rathlos und darum thatlos war. Kümmerliche Intriguen, mit denen man gelegentlich die katholischen Unterthanen Preußens aufstiftete, schwächliche Versuche, der Ausbreitung des Zollvereins, von dessen politischer Bedeutung man allmälig durch gute Freunde aus dem Reich aufgeklärt wurde, Hindernisse zu bereiten, war Alles, was man dem wachsenden Einflusse Preußens auch in Süddeutschland gegenüber zu thun wußte. Dem Anschein nach war in Oestreich Alles beim Alten geblieben, wie bei Metternich selbst. Dem stetigen, unermüdlichen, immer kühner vordringenden wissenschaftlichen Fortschritt der deutschen Academien und Universitäten, der geräusch- und scheinlosen, aber eifrigen und fruchtbaren Arbeit der Gymnasien, der weiten, immer wachsenden Verbreitung nützlicher Kenntnisse unter der Masse des Volkes durch die Elementarschulen gegenüber blieb das ganze Unterrichtswesen hier dem Einflusse der Geistlichkeit verhaftet, welche sich selbst wie ihren Schülern die Unwissenheit nicht übel nahm; der überwuchernden Menge wissenschaftlicher Zeitschriften im Reiche hatte man hier nur die Einen „Wiener Jahrbücher der Litteratur", einst im Jahre 1818 unter Metternich's Einfluß als Blendwerk ins Leben gerufen, — der reichen Nachblüthe deutscher Dichtung nur wenige bedeutende Namen, Anastasius Grün, Nicolaus Lenau, den Dramatiker Grillparzer, oder locale Classiker, wie Bäuerle und Castelli, von denen die übrige Welt nichts wußte, oder den armseligen Witzbold Saphir entgegenzusetzen; und während im Anfang der 40er Jahre die Zahl der periodischen Blätter einschließlich der politischen, welche in Preußen erschienen, sich auf 405 belief, erschienen in Oestreich zur selben Zeit deren nicht mehr als 26. Was in Oestreich gedruckt werden sollte, mußte einem Censor vorgelegt werden, den nicht einmal ein Censurgesetz beschränkte, und dem Niemand wehrte, wenn er die Gedanken des Schriftstellers nicht etwa blos ausstrich, sondern in ihr gerades Gegentheil verkehrte. Gleichwohl nährte sich, was überhaupt las, von verbotenen Büchern. So unsinnig war der Polizeidruck übertrieben worden, daß das Federwerk erlahmte. Die Schriftsteller, gereizt und zu jedem verzweifelten Auskunftsmittel getrieben, gaben ihre politischen Broschüren, meist großwortige, aber leichte Waare, in Leipzig oder in Hamburg in Verlag; von dort kamen sie dann an die Gränze, wo sie, gleich so viel anderen Waaren, in colossalen Massen herübergeschmuggelt wurden, um dann von Regierungsbeamten und Polizeidirectoren selbst mit heimlicher Schadenfreude gelesen und mit boshaftem Eifer colportirt zu werden. „So wie es ist," — hieß es in einem Buche, das 1841 erschien und ein Mitglied der hohen Aristokratie, Freiherrn von Andrian, zum Verfasser hatte, „Oestreich und seine Zukunft" — „kann es in Oestreich nicht bleiben, kann es kein Menschenalter mehr bleiben, — von dieser Ueberzeugung ist daselbst Alles, die Regierten sowohl als die Regierer durchdrungen, und diese einzige Thatsache würde hinreichen, um die Umwälzung herbeizuführen, welche sicherlich, und zwar binnen kurzer Zeit, erfolgen muß."

Und so war es. Schon begannen die Volksgeister, welche ein Jahrzehnt später ihr wildes Spiel mit diesem morschen Reich beginnen sollten, sich ungeduldig zu regen. Zu einem offenen Aufstand kam es nur in Galizien, in Folge einer neuen polnischen Verschwörung, die im November 1845 im Großherzogthum Posen unter dem polnischen Adel angesponnen ward und die sich, damit es auch gleich der Mühe werth sei, die Herstellung des Königreichs Polen in dem ganzen Umfang seiner alten Gränzen zum Ziele setzte. Auf den 21. Februar 1846 war ihr Ausbruch festgesetzt. Am 14. trafen die vornehmen Herren in Posen zu der Versammlung ein, auf welcher die letzten Verabredungen stattfinden sollten; aber die Polizei war in Kenntniß gesetzt und verhaftete die Rädelsführer, unter ihnen den künftigen Oberbefehlshaber des künftigen polnischen Nationalheeres, Mieroslawsky. Allein die Verschwörung, deren Fäden ein Comité zu Paris in der Hand hielt, war nicht entmuthigt. In der freien Stadt Krakau, dem letzten Trümmerstück des alten unabhängigen Polenreichs, bemächtigte sich eine provisorische Regierung, mit einem Arzte Dr. Tyssowsky an der Spitze, der Gewalt; die wenigen östreichischen Truppen, die auf Ansuchen der Behörden dort eingerückt waren, zogen sich vor den von allen Seiten heranfluthenden insurgirten Bauern zurück und einige wenige Tage konnte sich die provisorische Regierung in revolutionären Manifesten gütlich thun. Aber russische und östreichische Truppen, in ausreichender Stärke heranrückend, machten dem aussichtslosen Treiben ein jähes Ende: sie besetzten am 3. März Krakau, zu ihnen stießen noch preußische Truppen, und gegen den Aufstand in Galizien hatte die östreichische Regierung noch ein einfacheres Mittel, welches ihr gestattete, ohne viel Aufwand an eigener Energie den Aufstand durch Aufruhr zu bändigen. Ein tiefer Haß trennte hier, namentlich in den östlichen Kreisen des Landes, den Bauern ruthenischer Nationalität und griechischen Glaubens von seinem polnischen und katholischen Guts- und Zwingherrn. „Ins Verderben soll der stolze Pole stürzen," lautete der Refrain eines seiner Lieblingslieder;

man durfte diesen wilden Kräften nur die Zügel schießen lassen, so nahmen sie von selbst die Richtung, welche der Regierung genehm war. Mit Morden, Sengen und Brennen kühlten sie jetzt, wo die Beamten unthätig zusahen, langangesammelten Racheburst: am 19. Februar hielt ein Wagenzug, von bewaffneten Bauern geleitet, vor dem Kreisamte zu Tarnow und überlieferte die gefangenen und getödteten Edelleute, die letzteren scheußlich verstümmelt, als eine gute Beute den kaiserlichen Beamten ab. Die drei „Schutzmächte" vereinigten sich, den ohnmächtigen Protesten der westlichen Mächte zum Trotz, die freie Stadt Krakau dem östreichischen Staate wieder einzuverleiben, dem sie früher angehört hatte, und der, wie die Greuelscenen des Tarnower Kreises und ein Rundschreiben Metternich's vom 7. März bewies, mit „seinen Polen" am besten fertig wurde.

Nicht so leicht, haben wir gesehen, war es, mit den Ungarn fertig zu werden. Jener Reichstag, welcher am 6. Juni 1839 eröffnet worden war, verlief allerdings ohne bemerkenswerthe Resultate; noch hielt die Magnatentafel der Abgeordnetentafel, das aristokratische Element der Verfassung dem demokratischen die Wage; aber das letztere, eine Opposition nach westeuropäischem Muster, nur mit leidenschaftlicheren Formen und ungezügelterer Sprache, gewann sichtbar Boden, besonders seitdem diese demokratische Opposition in dem von Ludwig Kossuth gegründeten Pesti Hirlap (1841) ihr Organ gefunden hatte. Die Beseitigung des Lateinischen als Amts- und Parlamentssprache und ihre Ersetzung durch die magyarische machte rasche Fortschritte; denn diese Form der Aristokratie, — die Herrschaft der 4 Millionen Magyaren über die 3½ Millionen der übrigen Einwohner des Landes, der 2 Millionen Slaven, der 800,000 Deutschen, 500,000 Walachen, 200,000 Juden wollte auch die liberal-demokratische Partei festhalten und conserviren.

Diese energische Opposition auf dem Boden des Nationalitätsbewußtseins, das über ganz Europa hin täglich an Kraft zunahm, theilte sich auch dem böhmischen, und in geringem Maße selbst einzelnen der deutschen Lande mit. Die böhmischen Stände stellten im Jahre 1845 ihre Freiheiten und Gerechtsame, deren fortdauernde Gültigkeit sie behaupteten, zusammen, die niederöstreichischen thaten im folgenden Jahre dasselbe; und wenigstens so viel erreichte diese noch sehr zahme ständische Opposition, daß die Hofcanzlei in Wien ihre Klagen und Beschwerden nicht einfach mehr todtschweigen konnte. Aber von irgend einem energischen Schritte nach vorwärts, irgend einem Versuche der Lösung dieser unermeßlich wichtigen und schwierigen Fragen, die sich zunächst noch in so demüthigen Formen anmeldeten, war keine Rede. Dasselbe System des Nichtsthuns, des Hinhaltens, des Verschleppens, des Brüskirens herrschte, nur unter verschiedenen Formen, den italienischen wie den deutschen Provinzen, dem böhmischen wie dem ungarischen Lande gegenüber. Die Stürme, deren Vorboten sich mehrten, sollten ein gebrechliches Fahrzeug finden, dessen Steuermann, blind und taub wie er war, noch überdies schlief.

c. Uebrige deutsche Staaten und Bundestag.

So blind und taub wie den magyarischen, böhmischen, italienischen Regungen und Bewegungen gegenüber zeigte sich Metternich auch angesichts dessen, was im außeröstreichischen Deutschland geschah. Ein Versuch des Königs von Preußen, sich mit ihm persönlich über eine Verbesserung der deutschen Verfassung zu verständigen (August 1841), konnte zu nichts führen, da ein solcher Versuch in jedem Falle viel Arbeit gemacht hätte, die Metternich scheute, selbst wenn es sich nur um das Dreschen leeren Strohes gehandelt hätte. Er getröstete sich der Thatsache, daß der Bundestag seine müßige, und glücklicherweise auch geräuschlose Thätigkeit ungestört von Jahr zu Jahr fortsetzte, und daß auch in den Landtagen der Einzelstaaten zwar gelegentlich viel Geräusch gemacht wurde, auch manches Nützliche in materieller Beziehung geschaffen ward, wogegen Metternich, dem der innere Zusammenhang materiellen und geistigen Fortschritts verschlossen war, nichts einzuwenden hatte, — daß aber im Ganzen die liberale Opposition nirgendwo einen augenfälligen Fortschritt machte. An der Erhaltung des Bestehenden hatten die einzelnen Souveräne Deutschlands mindestens ein ebenso großes Interesse, als Oestreich; dem Drange nach nationaler Einigung, welcher, wie allerdings nicht zu leugnen, überall im Volke sich regte, standen so viele widerstrebende Kräfte und Interessen gegenüber, daß man darüber sich beruhigen zu können glaubte; die Bundesverfassung von 1815, erbaut auf den seit Jahrhunderten in der Nation vorwiegenden centrifugalen Neigungen, schien die Unmöglichkeit, aus diesem zersetzten, getheilten und gespaltenen Volke Eine Nation zu machen, noch unmöglicher gemacht zu haben.

So schien es Dem, der vom Tag in den Tag hineinlebte. In Wahrheit aber hatte seit den 40er Jahren sich eine tiefe und wachsende Bewegung des deutschen Volkes in allen Theilen bemächtigt, über deren stetiges Fortschreiten man sich nur darum täuschen konnte, weil sie auf vielen einzelnen Punkten planlos ansetzte, vielfach in sehr bescheidenen Ansprüchen sich bewegte, und wenigstens im Anfang jenes Jahrzehnts einen ziemlich harmlosen Charakter trug. Aber in Wahrheit war das Deutschland von 1840 ein wesentlich anderes, als das Deutschland von 1815; rascher und rascher wälzte, bei dem ge=

steigerten Verkehr, dem wachsenden Wohlstand das Leben der Tausende sich um und die Menschen hatten Kraft zu neuer Thätigkeit gesammelt; in Vielen, in immer Mehreren, unter allen Ständen erwachte das Bewußtsein von dem, was diese Nation war und was sie sein konnte. Von allen Seiten kam diesem erwachenden Nationalbewußtsein, freiwillig und widerwillig, positiv und negativ, nunmehr die Förderung.

Im Spätsommer des Jahres 1840 führten die neuen Verwickelungen im Orient, deren wir gedenken werden, eine sehr gespannte Situation herbei, und ein Krieg mit Frankreich war in nahe Möglichkeit gerückt. Die Wolke verzog sich wieder, hatte aber doch ausgereicht, dem deutschen Nationalgefühl einen Anstoß zu geben. In der Masse äußerte sich der erwachende Patriotismus im Absingen des „Sie sollen ihn nicht haben, den freien deutschen Rhein", einer Reimerei, verfaßt von dem Kölner Nicolaus Becker, nicht unwerth des schwunglosen Philisterthums, dem einst Arndt und Schenkendorf vergeblich gesungen, und doch nicht bedeutungslos. Ernster Denkende konnten sich schwerer Befürchtungen nicht erwehren angesichts der möglichen Waffenprobe, bei welcher das vielgetheilte, schlechtgerüstete Unding, welches der deutsche Bund hieß, gegen einen compacten Einheitsstaat zu kämpfen gehabt hätte. Die Gefahr ging vorüber, aber die Stimmung, welche durch sie hervorgerufen worden, blieb, und machte sich in verschiedener Weise geltend: bald als überschwengliche Hoffnung einer großen Zukunft, bald als Grimm und Erbitterung über die unbefriedigende Gegenwart. Im Ganzen überwog in den ersten Jahren eine optimistische Anschauung und sie fand einen begeisterten Sprecher an König Friedrich Wilhelm IV. selbst, der in seinem phantasievollen Enthusiasmus ganz Deutscher war. Unter den vielen königlichen Gedanken, mit denen sein stets regsamer Geist sich trug, hatte auch der ihn beschäftigt, den Dom zu Köln, das großartigste gothische Bauwerk auf deutschem Boden, fertig zu bauen. Er sagte dem rheinischen Landtag, der seine Unterstützung erbat, dieselbe aus vollem Herzen zu und hielt Wort; vielleicht die wirksamste war die Weiherede, die er dem Werke hielt, als am 4. September 1842 vor einer großen und glänzenden Versammlung der Grundstein zu der neu aufzunehmenden Arbeit gelegt wurde. In einer hohen, begeisterten Auffassung setzte er den Ausbau dieses hehren Tempels in Beziehung zu dem Neubau des gemeinsamen deutschen Vaterlandes. „Deutschland baut diese Thore — so mögen sie für Deutschland durch Gottes Gnade die Thore einer neuen großen Zeit werden, der Geist, der diese Thore baut, ist derselbe, der vor 29 Jahren unsere Ketten brach, die Schmach des Vaterlandes, die Entfremdung dieses

Ufers wandte — es ist der Geist der Einigkeit und Kraft — ihm mögen die Kölner Dompforten Thore des herrlichsten Triumphes werden. Der Dom von Köln, das bitte ich von Gott, rage über diese Stadt, rage über Deutschland, über Zeiten reich an Menschenfrieden, reich an Gottesfrieden, bis an das Ende der Tage." Diese Stimmung klang beim Festmahle nach: „Deutschland, unserm gemeinsamen großen Vaterlande" trank der wortkarge König Wilhelm von Würtemberg zu, und unter den übrigen Trinksprüchen wurde Einer eifrig, aber in falscher Fassung in allem deutschen Land, von Mund zu Mund getragen: „kein Oestreich, kein Preußen, ein einiges großes Deutschland, fest wie seine Berge," habe der Erzherzog Johann, der Oheim des Kaisers von Oestreich, ausgerufen; das Wort wurde lange der Wahlspruch des empfindungsvollen, aber gedankenlosen Einheitsenthusiasmus, der sich als ein weiteres Hinderniß und nicht das geringste für die politische Einigung der Nation erweisen sollte. In Wahrheit hatte der Spruch anders gelautet: „So lange Preußen und Oestreich, so lange das ganze übrige Deutschland, so weit die deutsche Zunge klingt, einig sind, so lange werden wir unerschütterlich dastehen, wie die Felsen unserer Berge" — eine Trivialität, gegen die freilich selbst Metternich nichts einwenden konnte.

Indeß diese Feststimmung dauerte nicht lange, wenn sie sich auch gelegentlich erneuerte, wie bei den Turnfesten und den Wanderversammlungen, die mit jedem Jahre üppiger ins Kraut schossen. Die Fortschritte, welche die Nationaleinheit geräuschlos machte, — die Erweiterung und Befestigung des Zollvereins, dem April 1842 Luxemburg, Januar 1843 Braunschweig beitrat und dessen Wirkungen auf der ersten Gewerbeausstellung zu Berlin 1844 sehr deutlich hervortraten — die evangelische Kirchenconferenz, im Januar 1846 ebendort zusammengetreten und fast von allen protestantischen Staaten Deutschlands beschickt — wurden wenig beachtet, und die pessimistische Stimmung nahm sichtbar überhand. Ein zügelloses Raisonniren verbreitete sich weit und bildete namentlich in Süddeutschland die Würze jedes Gesprächs; der Stoff für dasselbe war reichlich vorhanden und mehrte sich in demselben Verhältniß, als der kritische Blick der Menschen sich auf die politischen Zustände richtete. Die deutschen Zwergstaaten gaben der Satire des Wirthshauslebens, bei welchem man die Händel der Welt besprach und vergaß, einen unerschöpflichen Stoff: der Fürst von Reuß etwa, der seine Polizeimannschaft um vier Mann verstärkte; oder der alte Fürst Anton von Hohenzollern-Sigmaringen, der jeden Morgen um acht Uhr auf dem platten Dache seines hochgelegenen Schlosses, ein neuer Polykrates, erschien, durch ein Fernglas sich vom Zustande seines Landes unterrichtete und alsbald seine Lakaien in Bewegung setzte, wo ein paar Hühner oder ein verlaufenes Stück Vieh auf verbotenen Wegen wandelten; — oder die großherzoglich hessische Regierung, der ein von der nassauischen angelegter Damm bei Biebrich Besorgnisse für die Mainzer Schifffahrt einflößte und die nun, rasch entschlossen, fast unter den Augen der Bundesversammlung oberhalb Biebrich auf hessischem Gebiet eine große Masse Steine in den Rhein werfen ließ, um den nassauischen Hafen unbrauchbar zu machen: es war alles Mögliche, daß die Vermittelung des östreichischen Präsidialgesandten die Darmstädter dahin brachte, ihre Steine wieder herauszuholen. Dergleichen Krähwinkeleien aber zeigte, mit Ausnahme der Großstaaten, welche an ihren besonderen Schäden litten, fast jeder Fleck deutscher Erde: und die Wahrnehmung, wie die staatlichen Dinge trotz des allmälig wachsenden Ungestüms der Opposition in den Kammern nicht vorwärts gingen, nährten eine feindselige Stimmung; mehr und mehr begann man mit dem Gedanken einer Revolution, und diesmal einer deutschen, zu spielen. „Wenn sich zwei Augen schließen," meinte man geheimnißvoll, auf Ludwig Philipp's Tod und eine Umwälzung in Frankreich hindeutend, „werde sich Manches ändern," neu aber war, daß solche Ideen jetzt auch in Kreisen um sich griffen, wo man seither was nicht zu ändern war ruhig getragen hatte. Es zeigte sich darin der Einfluß der überseeischen Auswanderung, deren wachsender Strom meist nach der Republik der vereinigten Staaten von Nordamerika ging: im Jahre 1844 wohnten dort bereits an fünf Millionen Deutsche, die überseeische Auswanderung betrug in demselben Jahre 43,000 Köpfe, im folgenden 67,000, im Jahre 1847 war sie auf 110,000 gestiegen. Briefe von dorther trugen Ideen der Freiheit in die Masse gerade des niederen Volks und gaben ihr einen Begriff von einem Zustande, wo nicht auf jedem Schritt und Tritt ein uniformirter Polizeibeamter, ein Protocoll, ein Paß, ein Ausweis, ein Visa, eine Citation vors Amt drohte. Bei wiederholten Gelegenheiten kam es zu Tage, daß dieses seither so passive, so „polizeifromme" Volk sich nicht mehr wie bisher von jedem Träger der Gewalt imponiren ließ; wiederholt kam es zu tumultuarischen Scenen, die einen Charakter annahmen, welcher die Regierungen, sofern sie die Zeichen der Zeit erkannten, besorgt machen mußte.

Zu diesen revolutionären Anzeichen darf man den Mordversuch nicht rechnen, welcher am 26. Juli 1844 durch einen abgesetzten Bürgermeister, Tschech, auf Friedrich Wilhelm IV. gemacht wurde. Es war die inmitten eines überaus loyalen Volkes sehr vereinzelte That eines Thoren, der was er der Ungerechtigkeit der Bureaukratie zuschrieb, an seinem Könige zu rächen suchte. Dagegen trugen die Unruhen, deren Schauplatz im August 1845 Leipzig war, ganz den revolutionären Charakter und wurden auch in diesem Sinne von der radicalen Partei in ganz Deutschland verwerthet. Auch in Sachsen nämlich hatte die lichtfreundliche Bewegung große Ausdehnung erlangt und wie überall so war auch hier bei dieser Bewegung die Politik die Hauptsache und die Religion die Nebensache geworden. Da erließen am 17. Juli 1845 die Minister, welchen den Evangelischen gegenüber die Ausübung der landesbischöflichen Befugnisse, die der katholische Landesfürst selbst nicht ausüben konnte, oblag, eine Bekanntmachung, welche die Abhaltung öffentlicher Versammlungen zur Besprechung religiöser Angelegenheiten untersagte. Sie beriefen sich auf ihren Eid, der ihnen nicht gestatte, Etwas zu dulden, was gegen die Kirche Augsburgischer Confession sei; es würde vielleicht klüger und christlicher gewesen sein, Einleitungen zu treffen, um so thörichte Normen gesetzlich zu beseitigen. Es ist ein Wort christlicher Weisheit, daß man auf dem Acker Gottes das Unkraut mit dem Weizen wachsen lassen soll bis zum Tag der Ernte, weil plumpe Menschenhände auf diesem Acker, wo so manches nutzlose und giftige Unkraut sich als guter Weizen geberdet, und so manches was Unkraut scheint, durch sorgfältige Behandlung sich zu gutem Weizen veredeln läßt, leicht den Weizen mit dem Unkraut ausraufen und zuweilen auch wohl nur den Weizen ausraufen und das Unkraut stehen lassen. Es erfolgten Proteste gegen diese Maßregel, zu denen man in den Bierhäusern mit Eifer die Unterschriften sammelte und besonders in Leipzig, wo der Buchhandel ein unruhiges literarisches Proletariat großgezogen, benutzte man diesen Anlaß, um über Geistesdruck und Verfolgung zu klagen und gegen diese Uebel, die man übertrieb, zu agitiren. Man wußte der allgemeinen Mißstimmung ein Ziel zu bezeichnen in dem Bruder des Königs, dem Prinzen Johann, der, ein reich- und hochgebildeter Mann, ein tiefer Kenner und Verehrer Dante's, gleichwohl als freiheitsfeindlicher Finsterling verschrieen wurde. Als derselbe am 12. August 1845 nach Leipzig kam, um wie sonst als Oberbefehlshaber sämmtlicher Communalgarden des Landes die Musterung über die Communalgarde dieser Stadt abzuhalten, ward das Hotel de Prusse, wo er abgestiegen war, während er bei Tafel saß, von einer wüthenden Menge unter dem Rufe „es lebe Ronge, fort mit den Jesuiten" mit Steinwürfen unter aufrührerischem Geschrei angefallen. Eine Abtheilung Schützen rückte heran, um die hartbedrängte Polizeimannschaft zu unterstützen; die Menge gab Raum, sammelte sich auf's Neue und reizte die Truppen durch Steinwürfe, bis diese feuerten, wobei Viele verwundet und Sieben getödtet wurden. Der Aufruhr verbreitete sich nun durch die ganze Stadt; am andern Morgen war der Prinz abgereist, das Militär nach dem alten Schlosse zurückgezogen; die Stadt blieb dem Volke und seinen zweideutigen Lenkern überlassen. Die tumultuarischen Kräfte zügelte ein Mann von entschiedener Begabung, den die deutsch-katholische Bewegung in die Höhe gehoben, Robert Blum, der aus untergeordneter Stellung emporstrebend sich durch hellen Verstand und außergewöhnliche Redegabe Bedeutung gewonnen hatte; er benutzte die Gelegenheit, eine imposante Demonstration machen zu lassen, wie die großen Lehrmeister in der Kunst des Revolutionirens, die Franzosen, sie liebten: in feierlichem Zuge, der Gefallenen eingedenk, solle man sich nach dem Rathhause begeben, dem Stadtrath die Majestät des Volkes zeigen und dessen Forderungen vortragen. Diese Forderungen waren nicht klein: Entfernung des Militärs aus der Stadt, in welcher die Communalgarde die Ordnung aufrecht halten werde; Wegverlegung des Schützenbataillons, welches Bürgerblut vergossen, strenge Untersuchung der Vorgänge des vorigen Tages, feierliche Bestattung der Getödteten. Acht Tage lang herrschte der Volkstribun, der sich selbst ernannt, in der aufgeregten Stadt, deren souveränes Volk täglich im Schützenhause Versammlung hielt und in der übrigens die Ruhe nicht weiter gestört wurde. Der König beantwortete die Adresse der Leipziger Behörden mit Würde, eine Untersuchung wurde angestellt, mehrere Personen strenge bestraft, eine Anzahl Litteraten ausgewiesen, die Garnison verstärkt, Volksversammlungen und Vereine untersagt, die Beaufsichtigung der Presse verschärft. Die äußere Ruhe kehrte zurück, die Gährung verbreitete sich im Stillen weiter; bereits erwachte eine Art Bedürfniß nach solcher Aufregung und man behagte sich trefflich an einem Gedicht, in welchem ein gefeierter Parteidichter, der sich auf die Rhetorik des Hasses besser verstand als auf ächte Poesie, die beklagenswerthen Vorgänge als eine neue Bartholomäusnacht darstellte.

Bedenklicher war was wenige Jahre später in Baiern geschah, wo durch ein schweres öffentliches Aergerniß das Königthum selbst aufs Unmittelbarste compromittirt wurde. König Ludwig hatte sich von den freisinnigen Anwandelungen seiner ersten Regierungsjahre mehr und mehr abgewendet und ultramontanen Einflüssen hingegeben. Seit November 1837, wo Fürst Wallerstein entlassen wurde, führte ein ultramontanes Ministerium, Herr von Abel an der Spitze, die Geschäfte, welches für Baiern die Stellung eines Horts der katholischen Interessen beanspruchte und diese Politik dem ganzen protestantischen Deutschland zum Aergerniß bis zu der berüchtigten Kniebeugungsordre trieb. Da von Abel ein Mann von Verstand und von energischem Charakter war, so gelang es ihm, seinem System die

Majorität in der Kammer zu verschaffen; um so leichter, als man durch Begünstigung der Kunst die noch wenig entwickelte öffentliche Meinung blendete und durch eine wenig aufrichtige Behandlung der Finanzen den Eindruck erweckte, als seien es eitel Ueberschüsse, die man zu so löblichen Zwecken verwende. Im Jahre 1846 aber gerieth der Einfluß des Ministers in Conflict mit dem eines schamlosen Weibes, einer spanischen Tänzerin, Lola Montez, welche den König in ihr allezeit ausgeworfenes Netz verstrickt hatte. Die Abenteurerin begnügte sich nicht mit der untergeordneten Rolle einer königlichen Maitresse, sondern suchte Zutritt bei Hofe und der König wollte sie deshalb zur Gräfin machen; dazu aber gehörte das bairische Indigenat, das eine von den Ministern gegengezeichnete Urkunde erforderte. Diese Unterschrift weigerten die Minister und richteten vielmehr im Februar 1847 eine Denkschrift an den König, in welcher sie die Dinge beim rechten Namen nannten. Das Nationalgefühl, sagten sie — sie meinten das bairische — sei aufs Tiefste verletzt, weil Baiern sich von einer Fremden regiert glaube, deren Ruf in der öffentlichen Meinung gebrandmarkt sei; der Ruhm und das Glück des Königs, ja die Sache des Königthums selbst stehe auf dem Spiel. Der König, unfähig seiner verächtlichen Schwäche Herr zu werden, fand nun, daß es Zeit sei, mit dem Jesuitenregiment in Baiern ein Ende zu machen; er entließ seine ultramontanen Minister, die so mit Ehren abtraten, auf welche ihnen ihre sonstige Verwaltung wenig Anspruch gab, und bildete ein neues Ministerium, an dessen Spitze der Staatsrath von Maurer trat, ein gemäßigt freisinniger Mann, der um der guten Sache willen in den faulen Apfel biß und die Indigenatsurkunde für die nunmehrige Gräfin von Landsfeld vollzog.

Die Quiscirung eines Führers der Ultramontanen, Professor Lassaulx, rief nun unter den Studenten der Münchener Universität lärmende Demonstrationen hervor; Schimpfreden und Steine wurden nach den Fenstern des königlichen Residenzschlosses geschleudert, was den König nur in seiner jesuitenfeindlichen Richtung bestärkte. Im November entließ er auch das Ministerium Maurer, weil dieses nicht im Stande gewesen war, einige herbe Aeußerungen zu hindern, welche in der Kammer über die unwürdigen Vorgänge der letzten Zeit fielen. Ein liberales Ministerium unter dem Fürsten von Oettingen-Wallerstein trat an die Stelle, unter den Ministern auch ein Geschöpf der spanischen Tänzerin, Staatsrath Berks. Die Letztere, ergrimmt über ihre Zurückweisung aus der anständigen Gesellschaft, warf jetzt den Rest von Scham, wenn sie einen solchen besaß, vollends ab. Sie bildete sich ein Gefolge aus der jeunesse dorée der Universität, dem Corps der Alemannen, mit dem sie durch die Straßen zog und sich auf Kosten des verächtlich gewordenen Königs amüsirte. Am 7. Februar 1848, als eine Trauerfeier am Grabe des wenige Tage zuvor gestorbenen Görres von ihr gehindert wurde, kam es zu einem neuen Auflaufe, wo sie den Fäusten der Studenten und Bürger nur durch die Flucht in eine nahe Kirche entrann; ihre Rache nahm sie indem sie vom König die Schließung der Universität auf ein halbes Jahr erwirkte. Eine gröbere Schändung der Volksehre und dessen, was die höchste Blüthe und Zierde dieser Volksehre sein muß, des Königthums, war selbst in den Blüthezeiten des fürstlichen Absolutismus nie vorgekommen, aber das Volk war nicht mehr dasselbe wie im vorigen Jahrhundert, wo der geknechtete Spießbürger eine stattliche Maitresse seines Landesherrn als ein unentbehrliches Inventarstück eines fürstlichen Hofhalts betrachtete. Die Bevölkerung Münchens nahm die Ehre der Krone, welche der verblendete König im Kothe schleifen ließ, in die Hand; am 10. Februar verlangte sie in stürmischem Auflauf die Zurücknahme jenes Befehls und weiterhin die Auflösung der Alemannia und die Entfernung der „Gräfin"; sie drangen in das Haus der Letzteren ein und fingen an, dasselbe zu demoliren. Die Unheilstifterin selbst fand jetzt für gut sich aus dem Staube zu machen, um anderswo ihre Abenteuer fortzusetzen.

Hier war der Volkstumult muthwillig herausgefordert worden; aber auch sonst, wie bei den Brodkrawallen z. B., welche da und dort in Folge der schlechten Ernte des Jahres 1846 ausbrachen, zeigte sich derselbe Geist. Das Verhängnißvollste jedoch war, daß eben in diesen Jahren eine große nationale Frage von unermeßlicher Wichtigkeit auftauchte, an der sich offenbaren sollte, wie völlig unfähig das Centralorgan Deutschlands war, die Nation in den schwierigen Zeiten zu steuern, denen man sichtbar entgegenging.

d. Die schleswig-holstein'sche Frage.

Schon im Jahre 1842 hatte der große Brand, der vom 5—8 Mai die Stadt Hamburg heimsuchte und in entsetzlichem Wüthen während dieser wenigen Tage über 4000 Gebäude in Asche legte, die Blicke des deutschen Volkes nach seinen Nordmarken gezogen; im Jahre 1846 erhob sich eben dort eine verwickelte Frage, an welcher das deutsche Nationalgefühl sich zu ungeahnter Stärke erhob und welche nun 20 Jahre lang unter wechselnden Scenen hohen Ruhms und tiefer Schande die deutsche Nation im Athem halten sollte.

Diese Frage bezog sich auf die Lande jenseits der Elbe, die Herzogthümer Holstein und Schleswig. Die beiden Herzogthümer sind nicht von großem Umfang, 160 □Meilen mit 500,000 Einwohnern das erstere, ebensoviele □Meilen mit etwa 400,000 Einwohnern das letztere. Die Gränze der beiden bildet die Eider. Auf dem südlichen Thore der Altstadt von Rendsburg steht seit alten Tagen der Spruch Eidora Romani terminus imperii, und dieser Spruch, daß die Eider des römischen Reiches Gränze sei, galt lange als ein feststehendes historisches Dogma. Diesem Dogma gemäß war denn auch im Jahre 1815 das alte Reichsland Holstein dem deutschen Bunde zugewiesen worden, während das Herzogthum Schleswig bei Dänemark verblieb, und man konnte sich für diese Anordnung, die auch keine Anfechtung erlitt, auf die seitherige Geschichte berufen, nach welcher Schleswig niemals zu Deutschland gehört hatte; die beiden Herzogthümer hatten verschiedene Lehensherren gehabt, Holstein den deutschen Kaiser, Schleswig den König von Dänemark; während Holstein sein Contingent zum deutschen Reiche stellte, stießen die schleswig'schen Mannschaften zum dänischen Heere. Allein gleichwohl schied jene Festsetzung, was von Natur zusammengehörte und zusammengehören wollte; der südliche Theil von Schleswig war unbedingt deutsch, nach Nationalität, Sprache und Gesinnung, das mittlere Drittel enthielt eine gemischte Bevölkerung, in deren leitenden Kreisen und Städten das deutsche Element überwog, und nur das nördliche Drittheil war rein oder ganz überwiegend dänisch. Außerdem aber war das deutsche Element, welches eine große Nation mit ihrer überlegenen Litteratur und Cultur hinter sich hatte, in entschiedenem Vordringen begriffen. Schleswig also war ein Gränzland — und wie ein Blick auf die Karte zeigt, ein Gränzland von unermeßlicher Wichtigkeit: die beiden Herzogthümer vereint halten dem Rest von Dänemark die Wage und vertheilen den dänischen Theil zur Ohnmacht, wenn sie ihm feindlich gegenüber stehen.

Die Angelegenheit begann im Anfang der dreißiger Jahre zuerst wieder einige Aufmerksamkeit zu erregen. Verfassungsstreitigkeiten zwischen der dänischen Regierung und den Prälaten und der Ritterschaft der Herzogthümer bestanden schon früher. Die Julirevolution brachte auch diese Dinge in Fluß und der Canzleirath Lornsen, Landvogt auf der Insel Sylt, trat mit Nachdruck für eine Verfassung, und zwar eine gemeinsame der beiden Herzogthümer, auf. Der Mann ward cassirt; man erkannte in Kopenhagen die Gefahr wohl, und nahm den Gedanken einer Danisirung des Herzogthums Schleswig wieder auf.

Dem constitutionellen Prinzip konnte man allerdings nicht umhin ein Zugeständniß zu machen: im Mai 1831 ward in Dänemark eine ständische Verfassung verheißen, doch so, daß jeder der vier Bestandtheile, die Inseln, Jütland, Schleswig, Holstein ihre eigenen Stände erhalten sollten. Der Kampf begann ernstlicher: eine Partei in Dänemark bildete sich mit dem Programm der alten Eidergränze; ihr stand die deutsche in den Herzogthümern gegenüber, welche sich, gestützt auf urkundliches Recht und auf die thatsächlichen Nationalitätsverhältnisse, dahin aussprach, daß für die beiden Herzogthümer dieselbe Verfassung gelten müsse und daß den Ständen größere Rechte eingeräumt werden sollten. Das Dänenthum errang im Jahre 1838 einen kleinen Sieg: eine geringe Mehrheit der schleswig'schen Ständeversammlung richtete an den König Friedrich VI. die Bitte, im dänisch redenden Theil von Schleswig die seitherige deutsche Amtssprache mit der dänischen zu vertauschen. König Friedrich starb am 3. December 1839, sein Nachfolger, Christian VIII., gewährte die Bitte: vom 1. Januar 1841 an sollte die Gerichtssprache die dänische sein. Aber Adel, Geistlichkeit, Beamte, zum größten Theil deutsch und auf der Universität Kiel gebildet, regten sich nun; das Mißtrauen ward wach und man glaubte sich bei Zeiten gegen das Dänenthum wehren zu müssen. Die Frage, an und für sich nicht leicht zu lösen, verwickelte sich mehr und mehr; zunächst indem eine Erbfolgestreitigkeit, vorläufig noch eine Doctorsfrage, die aber sehr bald practisch werden konnte, hinzutrat oder hinzugezogen wurde. Die regierende Linie stand auf wenigen Augen: der König war alt, und sein einziger Sohn, Kronprinz Friedrich, schon im reifen Mannesalter; er wie des Königs Bruder Ferdinand war ohne Erben. Starb diese Linie, die ältere oldenburg'sche, aus, so folgte in Dänemark, dem sogenannten Königsgesetze nach, die weibliche Linie; in Holstein, deutschem Rechte gemäß, die männliche jüngere Linie des Hauses Oldenburg, das Haus Schleswig-Holstein-Sonderburg und zwar zunächst die Linie der Herzoge von Augustenburg. Wie es mit Schleswig werden sollte, war streitig; sollte es das Schicksal Dänemarks theilen? sollte es, da nach alten Pergamenten beide Herzogthümer auf ewig ungetheilt bleiben sollten, mit Holstein gehen? Für beides ließen sich gewichtige Rechtsgründe anführen, und es ward, wie bei allen solchen Verhältnissen von beiden Seiten so viel Actenstaub aufgewirbelt, daß kein Mensch mehr daraus klug werden konnte; es war eine Frage der Gegenwart, eine Lebensfrage lebender Menschen, lebender Völker, welche ebendarum mit Nothwendigkeit bald eine Frage der Macht und des Kampfes werden mußte.

Zunächst gingen die Wünsche der deutschen Partei nur auf das Zusammenbleiben der Herzogthümer und im Jahre 1842 verlangte eine Mehrheit in der holstein'schen wie in der schleswig'schen Ständeversammlung die Vereinigung dieser beiden Versammlungen. Die deutsche Partei, nunmehr schon rührig am Werke, wollte die von ihr behauptete schleswig-holstein'sche Staatseinheit ins Trockene bringen, ehe die dornige Erbfolgefrage practisch wurde; ihre Presse faßte aber auch diese schon ins Auge und verfocht eifrig die augustenburg'schen Ansprüche.

Allein auch die Dänen ihrerseits waren wachsam. Der Bürgermeister von Kopenhagen, Algreen Ussing, beantragte im Jahre 1844 bei den dänischen Ständen zu Roeskild ein Gesuch an den König zu richten, er möge auf feierliche Weise erklären, daß die dänische Monarchie; Königreich und Herzogthümer Schleswig, Holstein, Lauenburg, nach den Bestimmungen der lex regia ungetheilt zu Erbe gehen; worauf denn wieder von Seiten der holstein'schen Stände am 21. December desselben Jahres eine Adresse an den König — den König-Herzog, wie man allmälig sagen lernte — gerichtet ward, welche eine sehr unumwundene Erklärung von Rechten enthielt, die doch nich über allen Zweifel erhaben waren: die Herzogthümer sind selbstständige Staaten, der Mannsstamm herrscht in den Herzogthümern, die Herzogthümer sind fest miteinander verbundene Staaten.

Auf diese Rechtsverwahrung der holstein'schen Stände hin hatte der König zunächst eine Commission deutscher und dänischer Männer mit Prüfung der Erbfolgefrage beauftragt und erließ dann mittels eines „offenen Briefes" am 8. Juli 1846 die Erklärung, daß die Ergebnisse jener Untersuchung ihn in der Ueberzeugung bestärkt hätten, daß für Schleswig ebenso unzweifelhaft wie für Lauenburg die Erbfolge des Königsgesetzes gelte; daß in Beziehung auf einzelne Theile des Herzogthums Holstein allerdings gleich bestimmt nicht gesprochen werden könne; er aber, sagte der Brief, ertheile allen seinen getreuen Unterthanen und namentlich denen im Herzogthum Holstein, die allergnädigste Versicherung, daß seine unabläßigen Bemühungen auch fernerhin dahin gerichtet sein würden, die vollständige Anerkennung der Unverletzlichkeit des dänischen Gesammtstaates zu Wege zu bringen.

Diese Antwort klang wie eine höhnische Herausforderung; mit ihr begann das Dänenthum sein hohes und gewagtes Spiel. Ohne Zögern ward der hingeworfene Handschuh aufgenommen. In großen Volksversammlungen, zu Neumünster im Juli, zu Nortorf im September wurde die Bewegung weitergeleitet: keine Anerkennung eines dänischen Gesammtstaates, Deutsche sein und bleiben, Gemeinschaft des Landesherrn mit dem Königreich nicht länger als der oldenburg'sche Mannsstamm herrsche; Einstehen für diese Grundsätze mit Gut und Blut: das war der Inhalt der dortigen Reden und Erklärungen. Die zweite Versammlung wurde durch Militär auseinandergesprengt. Mit entsprechender Energie wurde in den Ständeversammlungen die Sache behandelt. Die holstein'schen Stände, zu Itzehoe versammelt, provocirten an den deutschen Bund (3. August), die schleswig'schen beriethen über weitgehende Anträge, Einverleibung des Herzogthums in den deutschen Bund, gänzliche Trennung der Verwaltung der Herzogthümer von der Dänemarks, Einführung einer constitutionellen Verfassung für Schleswig-Holstein mit Steuerbewilligungsrecht und beschließender, statt berathender Stimme der Stände. Die Vorlagen der Regierung ließ man liegen; und als nun der königliche Landtagscommissär die Petitionen zurückschickte als wider Ordnung berathen, zogen sich die Mitglieder der Majorität, den Vorsitzenden der Versammlung Advocat Beseler an der Spitze, von den weiteren Erörterungen zurück.

Diese Bewegung fand im übrigen Deutschland einen mächtigen Widerhall. An dieser Frage richtete sich das deutsche Nationalgefühl, das so lange geschlummert, in die Höhe; laut und lärmend gab es sich bei diesem ersten großen Anlaß kund, der die ganze Zukunft der Nation in seinem Schooße trug. Zahllose Adressen aus allen Theilen Deutschlands, von Universitäten, Vereinen, Corporationen jeder Art erklärten ihre Sympathie mit den Schritten der Brüder im Norden, das schleswig-holstein'sche Lied „Schleswig-Holstein meerumschlungen" ertönte bald bis in das fernste Dorf auf allen Gassen; die deutschen Ständeversammlungen, die braunschweig'sche voran, erklärten sich, eine nach der andern, in möglichst energischen Ausdrücken, für die Wahrung der Selbstständigkeit der „deutschen Herzogthümer"; auch einzelne deutsche Fürsten, wie der mit Worten allezeit „teutschgesinnte" König Ludwig von Baiern, trugen die Begeisterung für diese deutsche Sache zur Schau; andere, wie der Großherzog von Oldenburg, hatten den Grundsätzen des offenen Briefes gegenüber eigene Rechte zu wahren und vor allen Preußen mußte der Entwickelung dieser Sache mit äußerster Wachsamkeit folgen. Dort, jenseits der Elbe, lag die versunkene deutsche Krone, wer sie holen wollte.

Es ist wahr, daß man es in den Adressen und Volksversammlungen mit der Prüfung der Rechtsfragen nicht allzu genau nahm, daß die überschwänglichen Worte nicht gespart wurden, und man es so der hämischen Kritik späterer Tage leicht machte, den ganzen „Schleswig-Holsteinianismus" als eine Erfindung des Liberalismus oder Radicalismus zu verspotten; wer weiter sah, mußte die Bedeutung dieser Sache darin erkennen, daß an ihr das Wiedererwachen des Kraftgefühls einer großen Nation sich offenbarte.

Das Gefährliche war nun, daß dieses neuerwachende Nationalleben kein Organ vorfand, das seine Leitung hätte übernehmen können, und daß das einzige gemeinsame Organ, welches Deutschland damals besaß, völlig unfähig war, mit den größeren Zwecken und Aufgaben der Nation zu wachsen und sich ihnen gemäß umzubilden. In den 30 Jahren seit ihrer Einsetzung hatte die Versammlung, welche man den hohen Bundestag hieß, außer den Schergendiensten, die sie der Reaction geleistet, schlechterdings nichts gethan. Die polizeilichen Maßregelungen hatten allmälig aufgehört, weil sie gegenstandslos geworden waren; auch die Furcht vor der Bundesversammlung verschwand so allmälig und es blieb ihr gegenüber kaum eine andere Empfindung im Volke, als eine zügellose Verachtung. Jetzt trat an diese Versammlung, welche in der öffentlichen Meinung längst völlig discreditirt war und trotz der verhältnißmäßig kurzen Zeit ihrer Existenz schon alle Symptome der Altersschwäche zeigte, diese ungeheure Frage heran. Schon der erste Beschluß, den die Versammlung in der Sache faßte (17. September 1846) zeigte klar, daß sie, d. h. das damalige Deutschland, diese Frage nicht lösen konnte. Sie zollte den „patriotischen Gesinnungen, welche sich bei diesem Anlaß in den deutschen Bundesstaaten kundgegeben, bereitwillig ihre Anerkennung"; — im Uebrigen beschränkte sich ihre Erklärung auf Holstein: nachdem Se. Majestät der König von Dänemark geäußert habe, daß es Ihm niemals in den Sinn gekommen sei, die Selbstständigkeit des Herzogthums Holstein zu beeinträchtigen, auch Willens seien, bei Ordnung der Successionsverhältnisse des gedachten Herzogthums die Rechte der Agnaten, sowie das verfassungsmäßige Petitionsrecht der Stände zu achten, so finde sich die Bundesversammlung in ihrer vertrauensvollen Erwartung bestärkt, daß Se. Majestät bei endlicher Feststellung der in dem offenen Briefe vom 8. Juli besprochenen Verhältnisse die Rechte Aller und Jeder, des deutschen Bundes, der Agnaten, der gesetzmäßigen Landesvertretung Holsteins „beachten werden."

Es war eine Erklärung, des alten deutschen Reichstages zu Regensburg würdig. Die Frage hieß nicht Holstein sondern Schleswig; diese letztere gestaltete sich zur deutschen Frage; sie konnte nicht durch den Bundestag, der an ihr zu Grunde ging, sondern nur durch das Schwert gelöst werden.

2. Die Schweiz.

Solchen gewaltsamen Lösungen drängten die Verhältnisse nicht nur hier entgegen. Auch in der Schweiz, wo kein Fürstenregiment als Sühnbock für alle Klagen und Vorwürfe vorhanden war, ging der längst entbrannte Kampf weiter und trat bald in seiner ganzen principiellen Schärfe als Kampf zwischen dem Jesuitismus und Radicalismus zu Tage, obgleich auf der einen Seite auch Viele standen, die keine Jesuiten, und nicht einmal katholisch, auf der andern Seite Viele, die nichts weniger als radical waren. Bei der Verfassungsrevision

welche im Jahre 1841 im Canton Aargau Statt hatte, waren die
Ultramontanen überstimmt worden; der Aufstand, den sie erregten,
ward leicht unterdrückt. In den Klöstern der sogenannten freien
Aemter aber hatte das Sturmläuten begonnen; die Regierung benutzte
dies, um die acht Klöster des Cantons mit ihren paar hundert Mönchen und Nonnen aufzuheben, und das Klostergut für die Staatscasse
einzuziehen. Es waren auch einige habsburgische Stiftungen dabei,
was Oestreich bestimmte, dem Protest etlicher katholischen Cantone
den seinigen beizufügen. Die aargauische Regierung glaubte genug
zu thun, indem sie im Jahre 1843 drei Nonnenklöster wiederherstellte,
und die Tagsatzung erklärte hiermit die Sache für erledigt. Diese
Vorgänge schärften den Gegensatz und in einem der drei Vororte, im
Canton Luzern, hatte die katholische conservative Partei, geführt von
Siegwart Müller und einem wohlhabenden Bauern, Peter Leu, das
Uebergewicht. Zur Regierung gelangt, machten sie hier offen die Sache
der Jesuiten zu der ihrigen, und daß sie dabei die Majorität des souveränen Volkes von Luzern für sich hatten, bewies die Volksabstimmung vom 24. October 1844, durch welche ⅔ der Bevölkerung die
Jesuiten in den Canton berief, um diesem Orden die Erziehung der
Luzerner Jugend zu übertragen. Die radicale Minderheit, geführt von
Dr. Steiger, beschloß dagegen Gewalt zu setzen. Allein ihr Plan
ward der Regierung verrathen, die Rädelsführer wurden verhaftet
und die aus den Nachbarcantonen zuziehenden Freischaaren kehrten,
als sie das Unternehmen mißglückt sahen, nach Hause zurück. Mit
äußerster Strenge wurden die Aufruhrgesetze von der gereizten Luzer-
ner Regierung gehandhabt und Alle, die sich von ihrem Schreckensregiment bedroht sahen — es waren an 1200 — wanderten aus.
Nicht für lange Zeit, wie sie hofften; es war ihnen leicht, in den
Nachbarcantonen den Abscheu gegen die verhaßte Partei welche das
Ruder führte, aufzuregen; ohne daß die ohnmächtige Tagsatzung es
hindern konnte, ihrem lahmen Verbot bewaffneter Freischaaren zum
Trotz sammelten sich zahlreiche Haufen, welche unter Anführung eines
Berners, Ochsenbein, und eines Aargauers, Rothpletz, am 30. März
1845 in Luzern einfielen. Gegen Abend kamen sie vor den Thoren
der Stadt an, allein die Luzerner waren vorbereitet und hatten
von ihren Freunden in Schwyz, Uri und Unterwalden Zuzug erhalten. Die Sache war aussichtslos; in der Nacht noch eilten die
Freischaaren aus dem Luzerner Gebiet zu entkommen, wurden nun
aber eine leichte Beute der erbitterten und fanatisirten Bauern. 104
wurden getödtet, über 1700, unter ihnen Rothpletz, gefesselt in die
Stadt eingebracht. Die Tagsatzung setzte einen Preis fest, für welchen die Gefangenen ausgelöst werden sollten. Dagegen wurde nun

gegen die eigenen Unterthanen von der Luzerner Regierung mit äußerster Strenge eingeschritten. Dr. Steiger, zum Tode verurtheilt, entrann diesem Aeußersten nur durch eine klug ausgeführte Flucht; den wilden Haß der Parteien bewies der Meuchelmord, dem am 20. Juli desselben Jahres Peter Leu zum Opfer fiel.

Die Jesuitenpartei hatte gesiegt und beutete ihren Sieg nach Möglichkeit aus; in Freiburg wurden dem Orden im gleichen Jahre die sämmtlichen Cantonschulen übergeben, zur selben Zeit, wo in Frankreich ihre Collegien aufgehoben wurden. Allein ihre Lage war gleichwohl kritisch; der Führer jenes Freischaarenzuges, Oberst Ochsenbein, trat an die Spitze der Regierung von Bern, und so schlossen sich denn die sieben überwiegend katholischen Cantone, Luzern, Schwyz, Uri, Unterwalden, Zug, Wallis, Freiburg zu einem Vertheidigungsbündnisse zusammen, das die Gegner als Sonderbund bezeichneten und durch Tagsatzungsschluß zu beseitigen trachteten. Es gelang nicht sofort; dem Antrage Zürichs, die Auflösung des Sonderbundes auszusprechen, traten nur 10½ Stimmen bei, und es fehlten noch eine bis zwei Stimmen, um zum Ziele zu gelangen.

Die Eine dieser Stimmen lieferte eine Revolution in Genf, dessen Gesandter für Vertagung gestimmt hatte. Vom 6—9. October war diese Stadt in Kriegszustand, Barrikaden wurden errichtet, am 9. waren die Regierungstruppen zurückgetrieben, die Radicalen Meister. Eine provisorische Regierung unter James Fazy ward eingesetzt, die alsbald ihre Zustimmung zu dem Antrage Zürichs erklärte. Auch St. Gallen wurde gewonnen; aber ein neuer Versuch, welchen die Radicalen gegen einen zweiten Herd des Jesuitismus, Freiburg, das seinen Namen Lügen strafte, unternahmen, scheiterte. Mehr und mehr trieben die Dinge einer kriegerischen Entscheidung zu, welche allein der Föderation die Gesundheit zurückgeben konnte. Die Tagsatzung trat zu Bern zusammen, die Radicalen waren im Besitze der Mehrheit; am 20. Juli 1847 sprach sie die Aufhebung des Sonderbundes aus, welcher dem eidgenössischen Grundvertrage zuwider laufe. Die sieben Cantone aber, auf die östreichische Freundschaft bauend, fügten sich nicht; auch nicht, als am 3. September die Tagsatzung sie aufforderte, die Jesuiten zu entfernen; die eidgenössischen Commissäre, welche den Widerstand gegen die Tagsatzungsbeschlüsse brechen sollten, wurden in den widerstrebenden Cantonen nirgends zugelassen. Die Cantone erboten sich, ihren Sonderbund aufzulösen, wofern die Jesuitenfrage als eine kirchliche, der Entscheidung des Papstes anheimgegeben würde als dies, wie natürlich — denn wie hätte diese Entscheidung zweifelhaft sein können — von der Tagsatzung verworfen wurde, erklärten sie, die letztere nicht mehr ferner zu beschicken. Das oberste Gesetz eines

Staatswesens, die Selbsterhaltung, gebot der Tagsatzung nunmehr, ihren Beschlüssen mit Waffengewalt Achtung zu erzwingen. Am 4. November ward die Execution beschlossen: der Genfer Dufour wurde an die Spitze des aufgebotenen eidgenössischen Heeres, 30,000 Mann, zu dem nur Baselstadt und Neuenburg den Zuzug weigerten, gestellt.

Freiburg ward zuerst angegriffen. Abgesperrt von den übrigen Sonderbundscantonen, von feindlichem Gebiet, Bern und Waadtland umschlossen, mußte der trotzige Canton sich fügen. Die Stadt capitulirte am 14. November auf die Bedingung der Schonung der Personen und des Eigenthums; am 21. folgte Zug. Die Freiburger Jesuiten hatten noch glücklich ihre Person in Sicherheit gebracht; für die Wuth der Soldaten blieb nur das schöne Collegialgebäude, das übel verwüstet ward. Ein kleiner Erfolg, den die Urner Hirten gegen die Tessiner erlangten, die ihre Posten auf dem St. Gotthard überfielen, aber wieder dem Berg hinunter getrieben wurden, ermuthigte die fünf noch unbezwungenen Cantone. Ihr Heer, unter dem Befehl des Generals Salis=Soglio verschanzte sich bei Gieslikon zwischen Zug und Luzern, und ward hier am 23. November von Dufour angegriffen. Es ward viel geschossen, aber wenig getödtet: die Uebermacht gestattete den eidgenössischen Truppen eine Umgehung des Feindes, der sich dann auf den Rückzug begab. Luzern capitulirte, nachdem Siegwart Müller und die dortigen Jesuiten sich aus dem Staube gemacht hatten; sie mußten die Regierung nun den Radicalen und dem von ihnen zum Tode verurtheilten Dr. Steiger überlassen. Auch die übrigen Cantone gaben den nutzlos gewordenen Widerstand jetzt auf. Am 25. November unterwarfen sich Schwyz und Unterwalden, am 26. Uri, am 29. der entfernteste Canton, Wallis; drei Wochen hatte der Bürgerkrieg im Ganzen gedauert.

Die Bedingungen der Sieger waren hart. Die straffälligen Cantone mußten die Kriegskosten bezahlen, und eidgenössische Garnisonen aufnehmen. Grausam genug war die radicale Reaction, wie immer bei so kleinen Gemeinwesen, wo der Krieg und Parteihader nicht nur den Principien, sondern auch den Personen gilt; mit Einkerkerungen und Confiscationen wurden die Anhänger des zersprengten Bundes heimgesucht, Klöster aufgehoben und ihr Besitz versteigert; sonst aber war der Kampf wohlthätig, weil er Raum schaffte für eine gründliche Reform der Gesammtverfassung des Bundes, deren Dringlichkeit eben die letzten Ereignisse dargethan hatten. Die Entscheidung war innerhalb der Eidgenossenschaft selbst erfolgt, und konnte ausgenutzt werden ohne daß man fremde Einmischung zu fürchten hatte, denn ehe viele Wochen ins Land gingen, hatte jede der großen Mächte bei sich zu Hause genug zu thun.

3. England.

Gegenüber der unruhigen Beweglichkeit, welche in den Jahren 1840 bis 48 in Deutschland, Frankreich, der Schweiz und Italien zu bemerken war, und die, mit jedem Jahr sich steigernd, gefährliche Krisen in naher Zukunft voraussehen ließ, erfreute sich England verhältnißmäßiger Ruhe. Die Fragen der Parlamentsreform und der Katholikenemancipation waren erledigt, und mit wie großer Lebhaftigkeit und Leidenschaftlichkeit auch dort alle weiteren Fragen, an denen es in einer Zeit kühnen Forschens und raschen Fortschreitens in einem großen Lande niemals fehlen kann, erörtert werden mochten: über die Grundlage der politischen Ordnung war kein Streit, und insbesondere war es das Glück dieses Landes, daß Eine dieser Grundlagen, die Krone, ganz außerhalb der Kämpfe der Parteien stand. Das Volk in allen seinen Schichten erfreute sich an dem häuslichen Glück seiner Königin, das durch die am 10. Februar 1840 erfolgte Vermählung mit dem männlich-schönen, tüchtig- und feingebildeten und tactvollen Prinzen Albert von Sachsen-Coburg gesichert und am 9. November 1841 durch die Geburt eines Prinzen von Wales vervollständigt wurde.

Weniger zufrieden war man mit dem Ministerium, welches den drängenden materiellen Fragen gegenüber keine feste Stellung zu nehmen wußte, und namentlich die Finanzen so ungeschickt leitete, daß der Kanzler der Schatzkammer dem Parlament, als es zur Session von 1841 zusammentrat, mitten im tiefsten Frieden ein Deficit von beinahe zwei Millionen anzukündigen hatte. Daß dieses Ministerium die große Frage, welche durch die Anticornlawleague in den Vordergrund gedrängt worden war, nicht lösen, überhaupt die Geschäfte des Landes nicht in gedeihlicher Weise fortführen konnte, war klar, und so beantragte denn Sir Robert Peel ein directes Mißtrauensvotum, welches am 4. Juni in einem Hause von 623 Mitgliedern mit Einer Stimme Majorität angenommen wurde. Das Ministerium Melbourne versuchte, um sich zu halten, noch eine Parlamentsauflösung (23. Juni), aber mit schlechtem Erfolg; die Neuwahl ergab in England und Wales eine Mehrheit von 104 für die Conservativen, eine Mehrheit, welche günstigere Wahlergebnisse für die Whigs in Irland und Schottland nicht erschütterten. Am 19. August trat die neue Versammlung zusammen und jetzt ließ das Parlament über den Willen der Nation keinen Zweifel: in beiden Häusern wurde mit ansehnlicher Majorität die Adresse in der Fassung der Opposition angenommen und erklärt daß Ihrer Majestät gegenwärtige Minister das Vertrauen des Parlaments nicht besäßen. Am 30. kam die Botschaft der Königin, daß sie

immer bemüht auf den Rath des Parlaments zu achten, sofort zur
Bildung einer neuen Administration Maßregeln ergreifen werde. Die
Tories traten ins Amt, an der Spitze, alle Anderen weit überragend,
Sir Robert Peel; die übrigen Minister waren, neben dem Herzog von
Wellington, Goulbourn für die Finanzen, Lord Ellenborough indische
Angelegenheiten, Lord Aberdeen Auswärtiges, Sir James Graham
Inneres; Lord Stanley, Lord Lyndhurst, Lord Wharncliffe; außerhalb
des Cabinets Sidney Herbert und Eduard Gladstone. Der Letztere, ein
vielseitig gebildeter und gelehrter Mann von großer rednerischer Be-
gabung, trat ein als Vicepräsident des Handelsamtes.

Dieses Ministerium führte die Geschäfte vom September 1841 bis
zum Juni 1846. Es zeigte sich bald, daß eine sichere, tactvolle Hand,
ein kenntnißreicher, an Hülfsmitteln fruchtbarer, gewissenhafter Staatsmann das Ruder führte. Es galt zunächst die Finanzen in Ordnung
zu bringen, welche ein Deficit von 2 1/2 Millionen zeigten, und zu
gleicher Zeit dem Nothstand der Bevölkerung ein Ende zu machen,
über welchen eine Untersuchungscommission täglich die furchtbarsten
Einzelnheiten an den Tag brachte, und der an vielen Orten Excesse
und Aufstände hervorgerufen hatte. Unter diesen machte namentlich
der in einigen Grafschaften von Wales ausgebrochene Aufruhr viel
von sich reden, der sich gegen die Landstraßentaxen und gegen die
Schlagbäume und Zollhäuser, an denen dieselben erhoben wurden,
richtete. Im Winter 1842 auf 43 wurden eine Menge dieser Schlagbäume und Zollhäuser von Haufen von Verschworenen überfallen,
welche in Weiberkleidern erschienen und ihrer dunklen Gesellschaft den
wunderlichen Namen „Rebecca und ihre Töchter" schufen, indem sie
den Spruch 1. Mos. 24, 60 zu ihrer Loosung nahmen: „und sie seg-
neten Rebecca und sprachen zu ihr: Dein Same besitze die Thore seiner Feinde." Vom Durchsägen der Schlagbäume schritten sie bald
zu Brandstiftungen und Mordthaten weiter, die meist unentdeckt blieben, da die ganze Bevölkerung mit dem Aufstand sympathisirte. Bedenkliche Symptome zeigten sich auch sonst, wiederholt wurde nach
der Königin geschossen; der Secretär Sir Robert Peels starb an einer
Schußwunde, die er auf offener Straße empfangen; man sagte, der
Schuß habe dem Minister selbst gegolten. Peel begegnete diesen krank-
haften Symptomen wirklicher schwerer Leiden nicht, wie französische
oder deutsche Minister zu thun pflegten, mit plumpen Polizeimaßregeln, sondern als ächter Staatsmann mit ernsten und wohlüberlegten
Reformen. Die Thronrede, mit welcher am 3. Februar 1842 das
Parlament wieder eröffnet wurde, erklärte, daß dem Unheil der jährlichen Deficits ein Ziel gesetzt werden müsse, und forderte die Häuser
auf, ihre Aufmerksamkeit den Gesetzen zuzuwenden, welche die Einfuhr

von Getreide und anderen Artikeln fremder Erzeugung beträfen. Robert Peel brachte zunächst eine Bill durch die Häuser, welche eine sehr bedeutende Ermäßigung der Getreidezölle anordnete. Bei dieser Gelegenheit wurde die ganze, große Frage aufs Neue erörtert, und Lord Melbourne selbst, der kurze Jahre vorher noch geäußert hatte, daß eine Aufhebung der Kornzölle das Tollste wäre, was vorgeschlagen werden könne, mußte nunmehr erklären, daß jeder vernünftige Grund und jedes wohlverstandene Interesse der Menschheit für den Freihandel, nur Herkommen und Vorurtheil gegen denselben seien. Dem Deficit gegenüber aber hatte Peel den Muth, statt Anleihen und allerlei Flickwerk, mit dem man seither sich geholfen, mit einem durchgreifenden Plane aufzutreten — einer Einkommensteuer, zunächst auf drei, und wenn nöthig auf fünf Jahre. Die Rede, mit welcher er am 11. März diesen seinen Plan einleitete, war ein Muster ernster und staatsmännischer Auffassung des wichtigen Gegenstands. Er erwähnte die Opfer, welche das Land während des großen Kriegs sich auferlegt, die großen Thaten zu Land und zur See, welche damals geschehen: „Ich spreche jetzt zu Ihnen nach einer fünfundzwanzigjährigen Friedensdauer. Ich lege Ihnen die finanziellen Schwierigkeiten und Verlegenheiten, in denen wir uns befinden, vor; und mein sicheres Hoffen und Glauben ist, daß Sie, dem Beispiele Derer, die Ihnen vorangegangen sind, folgend, diesen Verlegenheiten ins Antlitz schauen, und sich nicht weigern werden, ähnliche Opfer zu bringen, wie Ihre Väter sie brachten, um den öffentlichen Credit aufrecht zu halten." Die Einkommensteuer, von welcher alles Einkommen unter 150 Pfd. ausgenommen sein sollte, verwandelte das Deficit in einen Ueberschuß, der dann zur Beseitigung lästiger Handelsauflagen verwendet werden und damit neue Quellen des Wohlstandes fließen machen sollte; von 1200 mit Zöllen belasteten Artikeln sollten 750 ermäßigt werden. Mit überlegener Kraft rang Peel die Opposition nieder, welche die Whigs unter Lord John Russel erhoben; mit bedeutender Majorität passirte das große und segensreiche Gesetz die Häuser, und mit dem 5. April 1842 trat die Einkommensteuer in Wirksamkeit, welche „die Armen schonte, und die Bürde dahin legte, wo sie am Besten getragen werden konnte." Gleichzeitig kam der neue Tarif der Industrie zu Gute, und bald zeigten sich die wohlthätigen Wirkungen unverkennbar.

Auf diesem Wege schritt der Minister fort: langsam, ohne Ueberstürzung, aber beharrlich, bis die Zeit kam, wo man das große Princip auch auf den letzten und wichtigsten Gegenstand, das Hauptnahrungsmittel des Volkes, das Getreide, anwenden konnte.

Die Noth des Landes hörte allerdings nicht sofort auf, da sie zu vielen und zu tiefen Quellen entsprang und da in diesem Lande die

Reformen bei der enggebundenen Macht der Regierung nur langsam durchgesetzt werden konnten; aber man beschäftigte sich doch auch in der folgenden Session von 1843 sehr ernstlich mit dieser Noth und ihren Quellen. Unter diesen war eine der hauptsächlichsten die Unwissenheit des Volkes, und die grobe Vernachlässigung seiner Erziehung. Während die Kirche, deren Mission es zunächst gewesen wäre hier einzugreifen, in dieser Beziehung ihre Pflicht nur sehr unvollkommen erfüllte, fehlte es nicht an einzelnen wackeren Fabrikbesitzern, welche Schulen für die Kinder ihrer Arbeiter, Lesezimmer, Säle für Vorträge, Bäder und Erholungsorte, Musterhäuser erbauten; aber im Ganzen sah es in dieser Beziehung in dem reichsten Lande der Welt trostlos aus. Während die verschiedenen Kirchen und Religionsgesellschaften auf dogmatische Tüfteleien einen großen Werth legten, während in der englischen Kirche eine katholisirende Richtung durch Dr. Pusey in Oxford bedeutenden Anhang gewann, in der schottischen eine freie Kirche von der Staatskirche sich lostrennte (1843), wuchsen Tausende und aber Tausende in den Fabrik- und Bergwerksdistricten in völliger Unkenntniß selbst der einfachsten religiösen Wahrheiten auf. Hier hätte nur ein durchgreifendes staatliches Unterrichtssystem Abhülfe gewähren können; aber ein fruchtbarer Elementarunterricht ist ohne religiöse Unterweisung nicht möglich und diese gönnte die Staatskirche den Dissenters ebenso wenig, als diese der Staatskirche. So blieb es doch in Beziehung auf Volksunterricht und Erziehung wesentlich bei dem, was die begeisterte Thätigkeit einzelner Menschenfreunde unter Laien und Geistlichen und der Wetteifer der kirchlichen Parteien schuf, und die Regierung mußte sich, nachdem eine parlamentarische Untersuchungscommission über Lage und Behandlung der Arbeiter in den Bergwerken und Kohlengruben Grauenerregendes zu Tage gefördert hatte, begnügen, ein Gesetz durchzuführen, welches sie ermächtigte Inspectoren anzustellen, und welches zugleich die Verwendung von Weibern und von Kindern unter zehn Jahren in den Gruben verbot.

Man konnte in dieser Beziehung wenigstens sicher sein, daß die Nation in stetem Fortschreiten begriffen bleibe, da nicht blos menschliche und christliche Gesinnung, sondern auch eigenes Interesse die leitenden Classen bestimmen mußte, auf Verbesserung der Lage der Fabrikbevölkerung und der Landarbeiter zu denken. Dagegen schienen sich die Angelegenheiten Irlands beständig in demselben traurigen Kreise zu bewegen, aus welchem kein Entrinnen war.

O'Connel hatte seine Repealagitation wieder aufgenommen, weil er gesehen, sagte er, wie unfähig die Whigs seien, etwas zu unternehmen; als die Toryverwaltung ans Ruder kam, fand er natürlich, daß diese noch unfähiger sei. Die schlechte Ernte des Jahres 1842, bei der das Volk in Irland entsetzlich litt, kam dieser erneuerten Agitation zu Gute, die jetzt keinen ernsten Zweck und kein vernünftiges politisches Ziel mehr hatte. Es war eine Agitation um der Aufregung willen und schwerlich glaubte der Tribun selbst an die kühnen Hoffnungen auf ein demnächstiges national-irisches Parlament, die er den versammelten Massen vorspiegelte. Je zweckloser aber das Geschäft jetzt war, um so schwunghafter und großartiger wurde es betrieben; zu Zehntausenden u. zu Hunderttausenden versammelten sich die Menschen bei seinen Monster- oder Massenmeetings, um geduldig immer wieder und wieder dieselben eitlen Declamationen zu hören. Bald war es ein Krieg gegen die englischen Manufacturisten, den der unermüdliche Agitator organisirte, indem er mahnte, nur irische Fabrikate zu Rock und Hosen zu verwenden, wozu freilich ein Theil seiner Zuhörer weder irisches noch englisches Fabrikat brauchte; bald empfahl er, irische Streitigkeiten vor freigewählte irische Schiedsrichter zu bringen, damit man nicht genöthigt sei, von englischen Richtern sein Recht zu nehmen; bald suchte er der Mäßigkeitsbewegung einen neuen Schwung zu geben, bald äffte er das ihm vertrauende Volk mit künftigen Wahlordnungen und allerlei Auffstellungen für das bereinstige irische Parlament. Die Regierung begnügte sich zunächst, ohne besondere Ausnahmemaßregeln das Gesetz zu handhaben. Endlich aber, am 14. October 1843, ward O'Connel selbst verhaftet, was ihm vielleicht nicht unwillkommen war, weil es ihn der Nothwendigkeit überhob, seinen prahlerischen Worten eine That folgen zu lassen. Die Anklage lautete auf Verschwörung, Aufstand, und Veranlassung ungesetzlicher Versammlungen. Er und neun mit ihm Verhaftete wurden vor das Geschworenengericht gestellt und schuldig befunden. Am 30. Mai 1844 wurde die Sentenz verkündigt, welche ein Jahr Gefängniß und 2000 Pfd. Geldbuße verhängte. O'Connel appellirte an das Haus der Lords; er zweifelte nicht, daß sie die Sentenz bestätigen und ihm dadurch neuen Stoff zu Declamationen geben würden. Allein die Lords vernichteten aus juristischen Gründen das Urtheil. Sie erwiesen ihm damit den übelsten Dienst, indem sie ihn, den jetzt ein „sächsisches" Gericht und zwar das oberste, in Freiheit gesetzt hatte, seines besten Themas, über Bedrückung Irlands durch die Sachsen zu klagen, beraubten. Allerdings gab es große Festlichkeiten in Folge seiner Freisprechung, aber seine Rolle war ausgespielt; eine neue radicalere Partei, „das junge Irland" kam neben ihm in die Höhe und überflügelte seine planlose Agitationspolitik; man begann näher zuzuschauen und entdeckte, daß er, der Befreier, seiner eigenen Pächterschaft gegenüber nichts weniger als das Muster eines humanen Gutsherrn war; eine neue Hungersnoth für das unglückliche Volk, das Brod von ihm verlangt und dem er dafür Steine geboten hatte, war im Anzuge; krank und gebrochen suchte er Erholung auf einer Reise, auf welcher er am 15. Mai 1847 zu Genua starb.

Ueber das Thörichte des Gedankens einer völligen Trennung ihrer Insel von England hätte die Iren eben in jener Zeit das Elend der Hungerjahre belehren können, die sie ohne die Verbindung mit dem reichen England kaum hätten durchmachen können. Zur Beseitigung des verhaßtesten Uebels, der anglikanischen Staatskirche in Irland, konnte Peel, so zugänglich er sonst den Lehren der Erfahrung war, sich nicht entschließen. Ein gewisses Billigkeitsgefühl bewies er dadurch, daß er am 3. April 1845 vom Parlament eine bedeutende Erhöhung der Bewilligungen für das katholische Priesterseminar in Maynooth beantragte, und dieselbe dem hochtoryistischen Unverstande, welcher keine Mittel „zur Aufrechthaltung religiösen Irrthums" bewilligen wollte, — gleich als wenn es Sache des Staates wäre, die Wahrheit in religiösen Dingen festzustellen — zum Trotz auch durchsetzte (14. Juni); ebenso auch eine weitere zur Errichtung dreier neuen Collegien, welche den Zweck hatten, ohne Unterschied der Confession jungen Männern reichere Gelegenheit zu academischer Erziehung darzubieten.

Diese verständigen Maßregeln hatte der Minister bereits mit Hülfe der Whigs und der Liberalen durchgesetzt, während ein großer Theil der Tories sich ihm als einem von den reinen conservativen Principien Abtrünnigen versagte. Wie hier so sahen sie ihn auch in der großen Frage der Abschaffung der Kornzölle auf dem Wege nach dem feindlichen Lager.

Die Agitation zu Gunsten der völligen Abschaffung der Kornzölle war unterdessen mit Nachdruck fortgesetzt worden, und die Principien der League machten sichtbare Fortschritte. In jeder Session wiederholte Mr. Villiers seinen Antrag auf ein Comité des gesammten Hauses zur Untersuchung der Wirkungen der bestehenden Korneinfuhrzölle, mit dem ausgesprochenen Zwecke ihrer gänzlichen Abschaffung; und jedesmal war die Majorität der Verwerfenden geringer. Einstweilen zeigten sich die günstigen Folgen der Finanz- und Handelspolitik des Ministers in dem steigenden Wohlstand des Landes. Die Einkommensteuer hatte die allergünstigsten Ergebnisse gehabt, man erwartete einen Ueberschuß von fünf Millionen Pfd. für 1845; doch glaubte Peel sie noch für drei weitere Jahre zu bedürfen, indem er zugleich wieder Zollbefreiung für einige weitere Hunderte von Artikeln vorschlug. Er siegte wiederum mit Hülfe der Whigs; es wurde Zeit, den entscheidenden Schritt zu thun, und auch das Getreide zu befreien. Die Mißernte des Jahres legte die Nothwendigkeit noch einmal einleuchtend nahe; aber noch einmal sträubten sich die Conservativen im Bunde mit allerlei Interessen, welche der seitherige unnatürliche Zustand künstlich geschaffen und mächtig gemacht hatte. Es kam zu einer Meinungsverschiedenheit im Cabinette selbst, das sich December 1845 auflöste, aber da der Führer der Whigs Lord John Russel kein haltbares Ministerium zusammenbrachte, mit einigen Veränderungen wieder hergestellt wurde. Am 19. Januar wurde die Session von 1846 eröffnet. Am 27. setzte Peel in vierstündiger Rede mit seiner gewöhnlichen Klarheit seinen Plan auseinander, nach welchem wiederum eine Reihe von Zöllen abgeschafft, eine andere Reihe ermäßigt wurde, der wichtigste, der Korneinfuhrzoll, nach dem Princip der gleitenden Scala d. h. allmäliger Verringerung innerhalb drei Jahren völlig aufhören sollte. Noch einmal maßen sich in langen Debatten eingewurzeltes Vorurtheil und langsam gereifte Erkenntniß. Peel selbst legte einfach und würdig dar, wie er früher während des größten Theils seines Lebens mit fast der gesammten Aristokratie und dem Parlament geirrt habe und wie er zur Erkenntniß des Richtigen gekommen; er konnte die günstigen Folgen davon, daß er sich den Lehren der Erfahrung nicht verschlossen, mit Bescheidenheit und Freude darlegen: „das vermehrte und wachsende Vertrauen", sagte er dem Parlament, „welches eingetreten, weil Sie den Handel von Beschränkungen und die Industrie von ungerechten Lasten befreit haben; wo Mißmuth war, sehe ich Zufriedenheit, wo Gährung war, sehe ich Frieden." Er verfehlte nicht, in seiner edlen und aufrichtigen Weise es öffentlich auszusprechen, daß es Richard Cobben sei, dem man das große Werk der Aufhebung der Korngesetze verdanke; der Minister selbst also zollte der mit musterhafter Consequenz, Einsicht, Mäßigung in der Form bei aller Entschiedenheit in der Sache geführten Agitation den Tribut seiner Anerkennung.

Die Bill passirte die verschiedenen Stadien der Gesetzgebung und ward am 26. Juni von der Krone sanctionirt. Peel's Werk war damit gethan und er trat zurück, weil er die Geschäfte nur mit Hülfe Derer, die in allen übrigen Punkten seine politischen Gegner waren, hätte weiter führen können. Eine Bill, welche die Zustände Irlands betraf, gab ihm den Anlaß: mit vollen Ehren trat er vom Platze. Die Nation erkannte seinen Werth; durch seine staatsweise Mäßigung, seine großen administrativen Talente hatte er sein Land über große Schwierigkeiten hinweggehoben, und in einer Zeit raschen und stürmischen Fortschritts, — einer Zeit, wo, um nur eines der großen Momente anzuführen, das Eisenbahnwesen einen ungeheuren Umfang und Aufschwung nahm, und durch völlige Aenderung der Grundlagen des Verkehrs der Verwaltung, Gesetzgebung, Volkswirthschaft eine

Menge neuer Fragen stellte — mit Ruhe und Festigkeit, ohne heftige Erschütterungen eine von Vorurtheilen angefüllte, von gefährlichen Gegensätzen in ihrem eigenen Schooße bedrohte Gesellschaft auf einen neuen Boden hinübergeführt. Die Königin berief das Haupt der Whigs, Lord John Russel, in dessen neugebildetem Ministerium der Minister des Auswärtigen, Lord Palmerston, der bedeutendste war.

Auch die auswärtige Politik Englands war während dieser Zeit mit Geschick geführt worden; daß sie keine schlechthin friedliche sein konnte, versteht sich bei der Ausdehnung der britischen Herrschaft über alle Erdtheile von selbst. Im Jahre 1840 vermehrten die Engländer ihren ungeheuren Colonialbesitz noch durch Occupirung von Neuseeland, wo sie mit den dortigen Häuptlingen einen Abtretungsvertrag schlossen; jene fernen australischen Gegenden erhielten eben in diesem Jahrzehnt einen höheren Werth, weil der Strom der Auswanderung, angelockt durch das dem europäischen verwandte Klima und weiterhin durch neuentdeckte große Goldfelder sich zum Theil nach Australien lenkte, und diesen Theil der Erde europäischer Einwirkung eröffnete. In demselben Jahre führten Irrungen mit dem chinesischen Reich zu einem Kriege, der indeß dem englischen Namen wenig Ehre brachte (1840—1842). Die chinesische Regierung wehrte sich gegen die Einführung des Opiums, das von Indien her, und zwar seit Aufhören des Monopols der ostindischen Compagnie (1834) mit verdoppeltem Eifer dorthin verführt wurde. Sie verbot den Handel mit Opium und confiscirte den Schmugglern, die ihr Gewerbe mit großer Unverschämtheit trieben, die verderbliche Waare; als der Unfug nicht aufhörte, schritt sie endlich mit Nachdruck ein. Ihrem Commissär, der nach dem Hafenplatze Canton geschickt wurde, mußten über 20,000 Kisten ausgeliefert werden. An Irrungen und Aufhetzungen der getäuschten Habsucht konnte es bei dieser Sachlage nicht fehlen; und während die englische Regierung anfangs den richtigen Gesichtspunkt festgehalten hatte, ihre Unterthanen es sich selber zuschreiben zu lassen, wenn sie bei einem Handel zu Schaden kamen den die chinesischen Gesetze untersagten, identificirte sich Capitän Elliot, der in jenen Gewässern befehligte, gereizt durch die Maßregeln der Nothwehr, welche die chinesischen Behörden trafen, mit der Sache der englischen Schmuggler. Er entbot von Indien her englische Schiffe und es kam zu einem Kampfe, bei welchem sich die Chinesen, so lächerlich ihre Wälle aus Pappe und ihre hölzernen Kanonen erschienen, mit verzweifeltem Muthe wehrten. Am 4. Juli 1840 erschien eine englische Flotte bei der Gruppe der Chusan-Inseln an der östlichen Küste und so entbrannte der Krieg, bei welchem auf der einen Seite die Autorität der Mandschudynastie, welche seit 1644 das ungeheure Reich regierte, auf der anderen der Zauber des englischen Namens in ganz Asien auf dem Spiele stand. Vergeblich wehrte sich die chinesische Regierung mit den Waffen des Schwachen, Zögerungen und hinterlistigen Unterhandlungen: am 27. Mai 1841 wurde Canton genommen und der englische Oberbefehlshaber, der am 9. August 1841 ankam, Pottinger, erschien mit der Absicht, nun der Krieg einmal da war, denselben ohne alle Rücksicht auf Handels- oder andere Wägungen und Zögerungen mit Kraft zu führen und die Chinesen zu einem für England vortheilhaften Frieden zu nöthigen. Es ging so rasch nicht, obgleich die Engländer allenthalben Sieger in wenig blutigen Gefechten blieben; erst das Erscheinen der Truppen vor Nanking, Sommer 1842, brachte die Dinge zur Entscheidung. Am 26. August jenes Jahrs wurde der Friede zwischen drei chinesischen und einem englischen Commissär geschlossen; er sprach den Engländern das Recht zu, außer in Canton noch in drei weiteren Häfen ungehindert Handel treiben zu dürfen. Die Insel Hongkong wurde ihnen abgetreten und die Chinesen zahlten in Terminen außer den 6 Millionen Dollars Entschädigung für das vernichtete Opium, 21 Millionen Dollars Kriegskosten. Kindliche Gemüther freuten sich, daß mit diesem Frieden dem Christenthum der Weg in das ungeheure Reich eröffnet sei, ohne zu bedenken, daß nichts dem Christenthum weniger Ehre machen konnte, als dieser um einer überaus schlechten Sache willen übereilt angefangene und brutal durchgeführte Krieg.

Besser wußte sich die Macht, welche in Asien mit England rivalisirte, Rußland, mit den Chinesen zu stellen, indem der Kaiser von Rußland unaufgefordert seinen Unterthanen den Handel mit Opium verbot. Die feine und folgerichtige Politik Rußlands fanden die Engländer dort allenthalben zu bekämpfen und es gab innerhalb wie außerhalb Englands weitsorgende Leute genug, die unbefriedigt von den Wolken am europäischen Horizont, demnächst oder auf 20, 50, 100 Jahre den großen unmittelbaren Zusammenstoß der russischen und der englischen Macht in Asien vorherverkündeten. Vorläufig bekämpfte sich russischer und englischer Einfluß auf den Zwischenstationen, und so in dieser Zeit besonders in Afghanistan. Der Schah von Persien, Mohammed Mirsa (seit 1834) versuchte im Jahre 1837 der Stadt Herat, der Hauptstadt des nordwestlichsten der afghanischen Fürstenthümer, sich zu bemächtigen, und der Fürst von Herat, Kamram, ward von den Engländern, die ihm einige Officiere zuschickten, bei seiner Vertheidigung unterstützt. Die Engländer vermutheten, daß der Perser zu seinem Angriffe durch Rußland aufgestachelt sei; wenigstens lag es nicht in ihrem Interesse, die Stadt Herat, eine wichtige Station auf dem Wege nach Indien, in die Hände der Perser fallen zu lassen, welche aus

Gründen der allgemeinen politischen und geographischen Lage mehr zu einer Allianz mit Rußland als mit England neigten. Sie drohten dem Perser sogar mit Krieg und schickten eine Flotte nach dem persischen Meerbusen, worauf der Schah die Belagerung von Herat aufgab. Bei dieser Gelegenheit sprang die Wichtigkeit des afghanischen Landes mehr als je in die Augen, sowie die Nothwendigkeit, in diesem Lande, der natürlichen Vormauer Indiens im Norden und Westen, sich Einfluß zu verschaffen. Die Bevölkerung des afghanischen Landes war muhammedanisch und im indobritischen Reiche bildeten die Muhammedaner denjenigen Theil der Bevölerung, welcher verhältnißmäßig am schwersten, schwerer als die Hindus, im Zaume zu halten war.

Das Land, 1747 einmal unter Achmed Schah zu einem Reiche vereinigt, — es hat etwa 12,000 □-Meilen Flächenraum — zerfiel in mehrere Khanate oder Fürstenthümer, unter denen das von Kabul das bedeutendste war. Dort herrschte Dost Mahommed, ein Mann von Kraft und Ehrgeiz, aus der Familie Barukschis; er neigte zu dem russisch-persischen Bündniß und war darum und weil jedem ehrgeizigen Fürsten dieses Landes der Gedanke nahe liegt, sich nach der Seite von Indien hin auszubreiten, den Engländern feind. Diesen bot sich nun ein Werkzeug in dem von Dost Mahommed vertriebenen Schah Schudscha aus dem Geschlechte Achmeds. Der General-Gouverneur von Ostindien, Lord Auckland, schloß mit diesem ein Bündniß und ein britisches Heer setzte ihn im August 1839 in Kabul auf den Thron seiner Väter; Dost Mahommed entfloh nach Persien. Dieses Vordringen des englischen Machteinflusses erwiderten die Russen durch eine Expedition gegen den Khan von Khiwa, eines kleinen Reiches im Osten des kaspischen Meeres, dessen räuberische Bevölkerung sich den russischen Handelskarawanen lästig machte. Die Expedition scheiterte an den furchtbaren Schneestürmen des Steppenlandes; doch bat der Khan, aus Furcht vor einer Erneuerung der Expedition, in St. Petersburg um Frieden, und versprach, künftighin bessere Nachbarschaft zu halten und seinen Unterthanen ihre Raubanfälle bei Todesstrafe zu verbieten. Die Engländer ihrerseits konnten sich mit ihrem Prätendenten in Kabul nicht behaupten. Im Jahre 1841 brach unter Dost Mahommed's Sohn, Akbar, ein Aufstand aus; die englischen Truppen unter Elphinstone mußten weichen, und wurden von den Afghanern in den Keyberpässen überfallen und zum größten Theil niedergemacht. Sie nahmen ihre Rache im folgenden Jahre und verbrannten Kabul, räumten aber im Anfang des Jahres 1843 das Land, in welches Dost Mahommed zurückkehrte. Dagegen erweiterte sich ihre Herrschaft im eigentlichen Indien, indem sie im gleichen Jahre die Stämme des Reiches Sindh, östlich vom mittleren Indus, niederwarfen, und unter fortwähreuden Kämpfen im „Land der fünf Ströme" eindrangen, und damit auch im westlichen Theile der großen Halbinsel festen Fuß faßten. Diese Kriege haben kein unmittelbares weltgeschichtliches Interesse, so wenig als der Kaffernkrieg in den Jahren 1846 und 47; sie gehören in den größeren Zusammenhang der allgemeinen Ausbreitung des europäischen Einflusses über die anderen Welttheile, für dessen Vergegenwärtigung in einzelnen Hauptzügen sich eine spätere Gelegenheit finden wird. Wichtiger ist der allgemeine Gang der auswärtigen Politik Englands den verschiedenen schwebenden oder neu auftauchenden Fragen des europäischen Staatenlebens gegenüber.

Von diesen waren zwei, bei welchen England ein unmittelbares Interesse hatte, die griechische und die belgische in einer Weise entschieden worden, welche England befriedigen konnte; auch die spanische und die portugiesische war, in Gemeinschaft mit Frankreich, so weit gelöst, daß England sich dabei beruhigen konnte; eine ernstere, schwerer zu entwirrende Verwickelung, die auch weiterhin das Verhältniß zu Frankreich trüben mußte, führte die Erneuerung des Krieges zwischen dem Sultan Mahmud und seinem gefährlichen Vasallen, dem Vicekönig von Aegypten herbei, welche uns zu den östlichen Angelegenheiten hinüberführt.

B. Der Osten.

1. Türkei.

Während die europäischen Cabinette sich bemühten, im Orient den Zustand aufrecht zu halten, welcher durch den Frieden von Kutajah (1833) geschaffen worden war, weil jede Erneuerung des Kampfes die gefürchtete orientalische Frage aufwecken und sehr möglicher Weise einen allgemeinen europäischen Krieg entzünden konnte, lebte der Sultan Mahmud in dem Gedanken, sobald als möglich an seinem stolzen Vasallen, dessen unterwürfige Formen ihn keinen Augenblick täuschten, Rache zu nehmen und ihn zum mindesten wieder zu der Stellung, die er vor jenem für die Pforte so demüthigenden Frieden gehabt, herabzudrücken. Er hatte mit Hülfe der preußischen Instructeurs, an der Herstellung seiner Armee gearbeitet; mit Vergnügen gewahrte er, wie sich in Syrien die Unzufriedenheit mit der ägyptischen Herrschaft, die nicht weniger drückend war als die türkische, in gelegentlichen Aufständen kund gab; er zog in Anatolien ein Heer zusammen, mit welchem am 14. April 1839 sein Seraskier, Hafiz Pascha, den Taurus überschritt, und sich südwärts, dem Feinde entgegen, bewegte. Am 9. Juni 1839 erfolgte die Kriegserklärung: Mehemed Ali und

Ibrahim Pascha wurden für Rebellen und Geächtete erklärt und an die Bewohner Syriens ein Manifest gerichtet, das sie aufforderte, sich um die Fahne ihres rechtmäßigen Oberherrn zu schaaren.

Hafiz Pascha rückte vor; auch Ibrahim Pascha erhielt nun von Alexandrien den Befehl, anzugreifen. Bei Nisib, am rechten Ufer des mittleren Euphrats erfolgte der Zusammenstoß (24. Juni). Beide Armeen waren nicht viel werth, aber die ägyptische hatte in Ibrahim einen erprobten Führer; der Zusammenstoß endigte nach Kurzem mit der Niederlage der Türken, deren Rückzug alsbald zu völliger Auflösung führte. Wie sehr die Entscheidung von einem Zufall abgehangen hatte, bewies der in der Kriegsgeschichte unerhörte Fall, daß ganze Bataillone der ägyptischen Armee, während der Sieg sich vollendete, zu der geschlagenen türkischen überliefen, um mit ihr sich zu zerstreuen und so dem verabscheuten Loose des Soldatenstandes zu entgehen.

Die Nachricht von dieser Niederlage erreichte Mahmud nicht mehr. Am 30. Juni 1839 starb er: in einem einfachen Sarg aus Tannenbrettern — so will es die Sitte des Islam, denn der Tod macht Alle gleich — wurde seine Leiche beigesetzt. Den Thron, der so eben den furchtbarsten Stoß durch die Niederlage seiner einzigen selbsttüchtigen Armee erlitten, bestieg Abbul-Medjid, ein sechszehnjähriger Knabe, der, am 19. April 1823 geboren, im Nichtsthun des Serails aufgewachsen war und sein Leben lang ein klägliches Gegenbild zu dem willensstarken kraftvollen Mahmud bildete, der die Kühnheit gehabt hatte, an dieses morsche Reich die reformirende Hand zu legen.

Abbul Medjib begann seine Regierung unter den ungünstigsten Verhältnissen. Fast gleichzeitig mit der Hiobspost von der Niederlage des Landheeres am Euphrat kam noch eine zweite: der Großadmiral des Reiches Achmed Ferozi, der Vertraute Mahmud's, hatte großen Verrath geübt; er hatte die Flotte seines Herrn Mehemed Ali zugeführt und der Befehlshaber des französischen Geschwaders, welches vor der Dardanellenstraße lag, Admiral Lalande, hatte dabei hülfreiche Hand geleistet.

So stand der neue Herrscher, waffenlos, ohne Flotte und ohne Heer, ohne Schatz dem übermächtigen Vasallen gegenüber, der sich anschickte, was ihm vor sieben Jahren nur halb gelungen, nunmehr zu Ende zu führen. Er hüllte sich, wie immer, in die Formen der reinsten Loyalität; allenthalben in seinen Provinzen ließ er Freudenfeste zu Ehren des neuen Sultans, den er in der Sprache morgenländischer Höflichkeit einen fleckenlosen Brillanten, einen köstlichen Edelstein nannte, veranstalten; er verlangte nur, daß ihm Syrien und Aegypten und dazu Adana und das Sandjalat Marasch (nordöstlich von Adana) zu erblichem Besitz gegeben, und daß sein Feind, der Großvezier Chosrew Pascha verbannt werde. Er selbst wollte, so war sein Gedanke, auf dem im Orient so häufig betretenen Wege zunächst als eine Art Major Domus oder Emir al Omrah seine Dynastie der Mahumud's an die Seite schieben, um sie dann bei Gelegenheit ganz beseitigen und auf diese Weise das Reich der Gläubigen regeneriren zu können. Und was für den Sultan schlimmer war, als alle Niederlagen: nicht Wenige in Constantinopel selbst glaubten, wie soeben der Abfall Fewzi's bewiesen, daß der Aegypter wirklich der Mann sei, den Allah auserselzen, dieses große Werk zu vollführen. Die Offenbarung der Macht, die er zum zweiten Male der muhammedanischen Welt so einleuchtend gegeben, stand ihm zur Seite und hätte er dem Sultan allein gegenüber gestanden, so ist kein Zweifel, daß die Dinge diesen Lauf genommen haben würden.

Allein es kam darauf an, wie sich die europäischen Mächte diesem Plane und dieser erneuerten Möglichkeit einer Umwälzung des osmanischen Reiches gegenüber verhalten würden.

Für Rußland lagen die Dinge klar wie seither: es mußte die Fortdauer des bisherigen Zustandes wünschen. In seinem Interesse lag die fortdauernde Schwächung und Lahmlegung des türkischen Reiches durch einen mächtigen Vasallen, dessen drohende Macht dasselbe des Schutzes der Russen bedürftig machte — jenes Schutzes, den die Pforte schon einmal durch den Vertrag von Hunkiar Iskelessi erkauft hatte und für den es künftig einmal vielleicht einen noch höheren Preis zu bezahlen genöthigt werden konnte. Niemals aber konnte Rußland den völligen Sieg der „arabischen Dynastie" wünschen; sie würde das Reich wenigstens auf einige Zeit gestärkt haben, dessen Schwäche zu erhalten Rußlands natürliche Stellung gebot. Dagegen hatte England, Oestreich und Preußen, wenn auch die letztere Macht nicht in gleich unmittelbarer Weise wie die beiden anderen, ein Interesse daran, das Reich zu kräftigen und dadurch von Rußland minder abhängig zu machen. Dies geschah am einfachsten und sichersten auf dem loyalen Wege, indem sie die bestehende Dynastie gegen die übergreifende Macht des Aegypters schützten.

Dasselbe Interesse hatte im Grunde Frankreich auch, aber diese Macht, die wie überall so auch im Orient eine Politik ohne Folgerichtigkeit und ohne Ehrlichkeit verfolgte, nahm diesmal eine andere Stellung ein. Sie ergriff, weit entschiedener als das erste Mal, Partei für Mehemed Ali, den man in Paris als einen Civilisator des Ostens darstellte und dessen civilisatorische Thätigkeit allerdings, wie wir sahen, eine ansehnliche Zahl französischer Abenteurer in Brod setzte. Es war eine der kühnen Ideen oder Redensarten, mit dem die französische Politik zu spielen liebte, den genialen Emporkömmling zu protegiren, eine Wiedergeburt des türkischen Reiches mit französischer Hülfe durch den Vicekönig von Aegypten zu träumen, ohne sich über die Möglichkeiten und den Ernst einer solchen Aufgabe klar zu werden.

Es war eine Lage voll von Widersprüchen und Gefahren für alle Betheiligten: für die Pforte wie für Mehemed Ali, für Rußland und England, wie für die übrigen Mächte; und sie verlängerte sich, weil die Pforte außer Stande war, einen entscheidenden Schritt zu thun und auch der Vicekönig keineswegs die Mittel zu einem solchen in so reicher Fülle besaß, wie er sich die Miene gab. In diesem Stadium der Dinge geschah es, daß die Pforte, um die Sympathieen des liberalen Europas zu gewinnen, auf Betreiben des klugen Ministers Reschid Pascha mit allem Pomp ein großes Reformstatut verkündete, den sogenannten Hatischerif von Gülhane (2. November 1839), in welchem sie allen ihren Unterthanen jeder Nation und jedes Glaubens Sicherheit des Lebens, der Ehre und des Vermögens verhieß, für die Muhammedaner, die allein Waffen tragen durften, die verhaßte Militärpflicht auf vier bis fünf Jahre beschränkte, die Mißbräuche der früheren Verwaltung — Monopole, Steuerverpachtung, Confiscationen — abschaffte, und zugleich, was wenn es gehalten wurde für ein orientalisches Reich ein ungeheurer Fortschritt war, bestimmte, daß die Todesstrafe fürderhin nur nach ordnungsmäßiger Untersuchung und richterlicher Erkenntniß verhängt werden dürfe.

Zunächst trat nun Oestreich (Januar 1840) mit dem Vorschlage einer europäischen Conferenz hervor, deren Gegenstand der türkisch-ägyptische Conflict sein sollte. Diese Conferenz trat denn auch zu London zusammen und es kam zu einer gemeinsamen Note der fünf Mächte an die Pforte. Indeß Frankreich ging trotzdem seinen eigenen Weg; das Ministerium, welches hier im März 1840 ans Ruder gekommen und in welchem Thiers das große Wort führte, nahm offen für Mehemed Ali Partei. Es verlangte für ihn Syrien und Aegypten zu erblichem Besitz mit einer so gut wie unabhängigen Stellung und zeigte nicht übel Lust, im Verein mit ihm die ganze Welt auf den Kopf zu stellen; es war damals, daß die Journale anfingen, gegen Deutschland wie gegen England gewaltig mit dem Säbel zu rasseln, und daß man eines jener großen Worte Napoleon's I. wieder zu hören bekam, welche den Franzosen ebenso erhaben wie der übrigen Welt lächerlich erscheinen: daß das Mittelmeer ein französischer See werden müsse. Das Mittelmeer wurde so wenig ein französischer Binnensee als die Erdkugel jemals eine französische Insel werden wird; vielmehr verständigten sich die vier übrigen Mächte, außer Frankreich, am 15. Juli 1840 zu einem Quadrupelallianzvertrage, in welchem sie sich verpflichteten, die Integrität der Türkei zu vertheidigen und den Vicekönig zur Rückgabe von Syrien an den Sultan zu zwingen. Mehemed Ali war von dem was vorging stets sehr genau unterrichtet; er bemühte sich, da er der französischen Freundschaft nicht allzuviel Leistungsfähigkeit zutraute, zu einem unmittelbaren Verständniß mit dem Großherrn zu gelangen. Auch in Syrien standen die Dinge für ihn nicht besonders günstig; englische Agenten, als Kaufleute verkleidet, hatten die Stämme des Libanon, die Drusen wie die Maroniten, gegen ihn in Aufstand gebracht (Mitte Sommer 1840); die Franzosen selbst, denen ihre Isolirung unbequem war, obgleich sie diese Empfindung mit kriegerischem Lärm zu übertäuben suchten, ließen ihm rathen, daß er den Zwist mit seinem Souverän beizulegen suchen solle; aber zu der Unterwerfung unter die Bedingungen der Quadrupelallianz, zu der ihn die Pforte im August auffordern ließ, konnte er, vom Glücke verwöhnt, wie er war, sich nicht bequemen; selbst die großherrliche Flotte zurückzugeben entschloß er sich nicht.

Somit ging nun die Pforte und die vier verbündeten Mächte dazu über, Zwangsmaßregeln gegen ihn ins Werk zu setzen. Aufs Neue ächtete ihn ein großherrlicher Ferman. England und Oestreich übernahmen mit der Pforte seine unmittelbare Bekämpfung; den Rücken gegen Frankreich deckte Preußen, indem es eine Truppenmacht in der Rheinprovinz concentrirte, und Rußland, welches als weiteren Rückhalt Truppenkräfte gegen seine Westgränze vorrücken ließ.

Ein englisch-östreichisch-türkisches Geschwader unter dem englischen Viceadmiral Sir Robert Stopford, welchem Sir Charles Napier, ein durch seine Kühnheit berühmter Seemann, beigegeben war, legte sich September 1840 vor Beyruth. Suleiman Pascha, ein Franzose (Séve), der dort befehligte, weigerte die Uebergabe; daß ein paar Stunden von dort türkische Truppen aus Land gesetzt wurden, konnte er nicht verhindern. Dies entfachte die Wuth der Aufständischen im Libanon, deren Empörung Ibrahim Pascha inzwischen niedergeworfen hatte, aufs Neue; Suleiman Pascha räumte, ehe die regelmäßige Belagerung begann, Beyruth; schon nahm unter Ibrahim's Truppen Desertion und Abfall überhand und am 10. October wurde er bei Kaleb Medina, am Eingange des Libanon, durch ein aus Türken, Drusen, Engländern und Oestreichern zusammengesetztes Corps unter einem Deutschen in türkischen Diensten, dem Hamburger Jochmus, geschlagen. Nur die matte Kriegführung von Seiten der Alliirten, bei denen Stopford und der östreichische Befehlshaber Bandiera sich schlecht vertrugen, ließ Ibrahim noch eine kurze Frist, die er mit seinem geschwächten Heere gleichwohl nicht benutzen konnte. Als auch Akka, durch Sir Charles Napier von der Seeseite beschossen, in die Hände der Alliirten fiel, sah Ibrahim, daß Syrien für ihn verloren sei, und ihm, wenn er nicht selbst gefangen sein wollte, nichts übrig blieb, als ein rascher Rückzug. Er vollführte denselben mitten durch aufständische Bevölkerungen, von türkischen Truppen verfolgt, mit Zurücklassung von Munition und Geschütz; wie ein Flüchtling kam er in Alexandrien an.

Mehemed Ali machte jetzt (October 1840) neue Vorschläge an die Pforte. Er wollte jetzt Adana, Tarsus, Candia, sowie die heiligen Städte Mekka und Medina, deren er sich bemächtigt hatte, herausgeben, sich mit Aegypten als erblichem Besitz, Syrien als Lehen auf Lebenszeit begnügen. Zu alledem war es nunmehr zu spät; gleichwohl hätte er sich noch eine Weile halten können, denn die Alliirten beeilten sich ihrerseits auch nicht übermäßig; es war der englische Commodore Sir Charles Napier, welcher den vier Großmächten und der türkischen Ohnmacht die Entscheidung über den Kampf nahm. Er legte sich im November mit seinem Geschwader vor Alexandria, setzte dem ägyptischen Minister der auswärtigen Angelegenheiten, Boghos Bey in einer Unterredung die Dinge wie sie lagen, derb und bündig auseinander und brachte am 27. November eine Convention zu Stande, welche die Bedingungen enthielt, die, obgleich der Commodore zu einem solchen Act keinerlei Vollmacht hatte, doch im Wesentlichen nachher adoptirt wurden. Es war nicht die großwortige Freundschaft Frankreichs, sondern die eigennützige, wohlüberlegte Politik Rußlands, welcher Mehemed Ali einen vergleichungsweise glimpflichen Frieden verdankte. Dem Scheine nach übergab derselbe sein Geschick der Gnade des Sultans. Syrien war schon geräumt und die ihm zugelaufene großherrliche Flotte, die viel Geld gekostet und wenig Nutzen gebracht hatte, lieferte er am 11. Januar 1841 an den Pfortencommissär aus, der zu diesem Zweck nach Alexandria geschickt worden war; er verpflichtete sich zur Zahlung eines Jahrestributs von etwa 7 Millionen Francs, Verminderung seiner Armee, Anerkennung sämmtlicher von der Pforte mit dem Auslande abgeschlossenen Tractate auch für Aegypten, dessen Unterthanen in Rechten und Pflichten den übrigen Unterthanen der Pforte gleichgestellt wurden. Unter diesen Bedingungen überließ dann der Großherr die Verwaltung des Paschaliks von Aegypten der Familie Mehemed Ali's; jedem neuen Nachfolger, zunächst Ibrahim Pascha und weiterhin allemal dem ältesten der Familie, wird er die Investitur ertheilen und den betreffenden Ferman nach Aegypten schicken.

Damit war denn vorläufig der orientalische Knoten gelöst. Der Vicekönig kam seinen Verpflichtungen aufs Pünktlichste nach und erschien sogar im Januar 1846 persönlich in Constantinopel, wo er von Abdul Medjid mit großer Höflichkeit empfangen wurde. Es war wesentlich das Verdienst der englischen, diesmal von Lord Palmerston geleiteten Politik, daß der Friede von 1841 für die Türkei so viel besser war, als der von 1833, und daß Rußland einen Theil der in jenem Jahre gewonnenen Erfolge wieder opfern mußte; dem Frieden mit Mehemed Ali folgte am 13. Juli der sogenannte Dardanellenvertrag, in welchem die fünf Großmächte — auch Frankreich nach dem inzwischen erfolgten Sturze des Ministeriums Thiers — sich verpflichteten, um dem Sultan einen Beweis ihrer Achtung vor seinen Souveränetätsrechten zu geben, die Dardanellen und den Bosporus nicht mit Kriegsschiffen zu passiren.

Im Uebrigen bietet die Geschichte des türkischen Reiches bis zum Jahre 1848 kein allgemeines Interesse mehr dar. Der Hatischerif von Gülhane blieb mit seinen Reformen nicht ganz wirkungslos, aber er reizte die muhammedanische Bevölkerung, welche es nicht verwinden konnte, daß die Rajahnationen gleiche staatsbürgerliche Rechte mit den Gläubigen haben sollten und da und dort machte sich diese Stimmung in Gräuelthaten Luft, denen zu steuern die Pforte häufig, wenn etwa ein alttürkisches Ministerium am Ruder war, nicht den Willen, und selbst wenn reformfreundliche Minister obenauf waren, nicht die Kraft hatte. So war namentlich der Libanon, wo noch allerlei locale Gründe hinzukamen, wiederholt der Schauplatz blutiger und verheerender Rachekriege und Plünderungszüge, mit denen die muhammedanischen Stämme des Südostens, die Drusen, ihre zahlreichen, aber weniger kriegerischen Nachbarn im Nordwesten, die Maroniten heimsuchten, deren Aberglaube die christliche Farbe trug und die deßhalb an den europäischen Cabinetten, namentlich dem französischen, welches die besondere Schutzmacht der katholischen Christen in der Levante war, einen Rückhalt hatten. Mit größter Mühe gelang es, dem Gebirge eine Organisation und einen Landfrieden zu schaffen, welche die erbitterten Feinde eine Zeit lang von ihrer eigenen Wuth und ihren zerstörenden Folgen erlöste; was aber hier geschah, daß nämlich die Pforte überall da, wo sie bei Erledigung irgend eines der vielen Wirrsale, welche bald hier bald dort auf dem Boden ihres schlecht verwalteten Reiches sich entspannen, nicht blos mit ihren muhammedanischen, sondern auch mit ihren christlichen Unterthanen zu thun und sofort eine der Mächte, wo nicht alle fünf auf dem Halse hatte, — diese Erfahrung hatte sie alle Jahre mindestens ein Mal zu machen. Allerdings wurde sie dadurch allmälig zur Abschaffung barbarischer Gesetze genöthigt, wie im Jahre 1843, wo ein junger Armenier, der zum Islam übergetreten und dann wieder Christ geworden war, als Renegat zum Tode verurtheilt und wirklich hingerichtet worden war, und wo dann die einstimmige Entrüstung der Mächte die türkische Regierung zwang, das barbarische Gesetz wenigstens thatsächlich außer Wirksamkeit zu setzen. Allein diese stetigen Einsprachen der großen Mächte untergruben die Autorität der Regierung unter der muhammedanischen Bevölkerung selbst und stachelten die christliche andererseits zu beständigen Widersetzlichkeiten auf; das Verhältniß zwischen Beiden konnte nur ein feindliches sein und wurde geschärft durch gelegentliche herausfordernde Demonstrationen der Christen — wie etwa bei dem Besuche des russischen Großfürsten Constantin in Stambul (1845), dessen Anwesenheit von Seiten der griechischen Christen mit lärmenden Kundgebungen gefeiert wurde. Nirgends aber empfand die türkische Regierung diese Lähmung durch die europäischen Mächte peinlicher als in ihren Beziehungen zu Griechenland, bei denen selbst orientalischem Gleichmuth der Geduldsfaden reißen mußte.

2. Griechenland.

Das neue Königreich hatte längst die enthusiastischen Hoffnungen, welche einst zu seiner Aufrichtung geführt, Lügen gestraft. Es war auch im Grunde eine kümmerliche Schöpfung, wenig über 700 Quadrat-Meilen mit nicht ganz einer Million Einwohner; und das Volk entfaltete keine der Tugenden, mit welchen Staaten gegründet werden. Eigensüchtig, unzuverlässig, macht- und vor Allem geldgierig umdrängten seine Führer und Häupter Jeder einen andern Oberherrn und nur Alle, gleichmäßig ihrem persönlichen Interesse huldigend, den machtlosen König. Nachdem sie seine bairischen Rathgeber verdrängt, welche froh waren den Parnaß und den Helikon im Rücken zu haben, konnten sie ungestört nach ihrer Weise schalten. Auf diesem Boden, auf dem ehrliche Arbeit nur sehr langsam vorwärts kam, der aber an Intriguen, leidenschaftlichem Gezänk, schmutziger Ausbeutung des öffentlichen Wesens zu privaten Zwecken um so fruchtbarer war, tummelte sich zugleich die Eifersucht der Vertreter des rivalisirenden Einflusses der drei Schutzmächte; und während die Griechen und ihre leitenden Männer vollauf zu thun gehabt hätten, ihr verkommenes Land, ihre jämmerlichen Finanzen — etwa 25 Millionen Schulden bei vier Millionen Einkünften und 4½ Millionen Ausgaben — einigermaßen in Ordnung zu bringen, gefielen sie sich in großer Politik, sandten den aufständischen Kretern Hülfe, zettelten allenthalben in der Türkei unter den dort wohnenden Griechen Verschwörungen an und stifteten bewaffnete Banden auf, welche an der thessalischen und epirotischen Gränze Raubanfälle auf türkisches Gebiet unternahmen. Insbesondere waren es die zahlreichen griechischen Unterthanen, welche als Kaufleute oder Grundbesitzer auf türkischem Boden lebten, die zu Weiterungen Anlaß gaben. Abwechselnd kam zu Athen die russische Partei,

Katakazi, Metaxas und dann wieder die englische, Maurokordatos, ans Ruder; im August 1844 erlag dieser Letztere einer Coalition der russischen und französischen Partei, und Kolettis trat an die Spitze, welcher die ächtgriechische Impertinenz hatte, unter der griechischen Bevölkerung verschiedener zum türkischen Reich gehöriger Distrikte Wahlen für die Deputirtenkammer anzuordnen, deren sich das junge Königreich seit 1845 erfreute. Während die Raubzüge an der Gränze und der Unfug der Hetärieen auf türkischem Boden offen unterstützt wurde, und auf der Tribüne der athenischen Kammer ein knabenhafter Trotz gegen das Nachbarreich sich breit machte, mußte die Türkei, von Niemand als etwa von England einigermaßen und gelegentlich unterstützt, dem Treiben unthätig zusehen. Charakteristisch für diese Verhältnisse ist der an sich höchst armselige Etikettenstreit, welcher im Jahre 1846 ausbrach und ein volles Jahr sich hinzog. Der Geschäftsträger der Pforte in Athen war ein Fanariote Musurus; dieser verweigerte einem gewissen Karataffo, der wiederholt räuberische Einfälle auf türkisches Gebiet mitgemacht hatte, aber von Kolettis zum Adjutanten des Königs Otto befördert worden war, ein Paßvisa zu einer Reise nach Constantinopel, und der König mußte nun, auf Kolettis Eingeben, dem türkischen Bevollmächtigten auf einem Hofballe einen Tadel wegen Mangels an Rücksicht gegen seine Person aussprechen. Für diese Beleidigung ihres Bevollmächtigten verlangte die Pforte Genugthuung binnen zweimal 24 Stunden; als diese nicht erfolgte, brach sie die diplomatischen Beziehungen zur griechischen Regierung ab und beschloß, während zwischen allen Mächten über die Angelegenheit des Herrn Musurus eifrige Correspondenz gepflogen wurde, zu weiteren Zwangsmaßregeln zu schreiten; sie hatte es in der Hand, die griechischen Kaufleute in ihren Interessen auf das Empfindlichste zu schädigen, indem sie denselben die Küstenschifffahrt in den türkischen Gewässern und ihren Schiffen die Einfahrt in die Dardanellen verweigerte. Schon war der Termin festgesetzt, an welchem diese Zwangsmaßregeln ihren Anfang nehmen sollten, als Kolettis starb, und nun, nach weiteren Verhandlungen, kam die Sache zum Abschluß. König Otto hatte an den Kaiser Nicolaus appellirt; dieser entschied, daß wie die Pforte verlangte, das griechische Cabinet dem Herrn Musurus durch einen persönlichen Act sein Bedauern über das Vorgefallene ausdrücken müsse und so geschah es, im December 1847, durch den Nachfolger Kolettis'. Auf einige Zeit wurde damit ein leidliches Verhältniß zwischen beiden Staaten hergestellt. Den Griechen war diese Lehre, so lange sie vorhielt, heilsam. Das Ansehen der türkischen Regierung hob sich in demselben Maße wie die Sympathieen für Griechenland erkalteten, und bald nach dieser Zeit war der ganze

Westen von Europa der Schauplatz wildester Zerrüttung, mit der verglichen die Türkei sich als ein Muster von Ruhe und Ordnung darstellen konnte.

3. Rußland.

Das russische Reich, welches nur mit einem Drittel seines ungeheuren Gebiets Europa angehört, hat eine Geschichte für sich, bildet, wie neben ihm nur noch das chinesische Reich, eine Welt für sich, welche unter anderen Gesetzen steht, als die der westeuropäischen Völker. Das ungeheure Reich umfaßt auf einem Flächenraum, welcher den des gesammten übrigen Europas um das vierfache übertrifft, eine bunte Mannigfaltigkeit von zahllosen Völkern und Stämmen, mit einer bunten Vielheit von Religionen. Von diesen Stämmen und Völkern sind viele noch in demjenigen Stadium der Entwickelung, welches man das geschichtslose nennen kann, d. h. sie führen, dem täglichen Erwerb hingegeben, von einer geräuschlos und unwandelbar vom Vater auf den Sohn, von Generation zu Generation forterbenden Sitte beherrscht, die ein Jahr dem andern reicht, bis aus den Jahren Jahrhunderte und aus den Jahrhunderten Jahrtausende werden, ein rein privates Leben, dessen Einerlei nur durch die Abwechselungen, die im engsten Kreise der Familie, des Dorfes, des Stammes sich erzeugen oder durch die Abhängigkeit des Menschen von der äußeren Natur entstehen, unterbrochen wird. Das Leben eines solchen Reiches vollzieht sich in größeren Zeiträumen, langsamer rückt hier der Zeiger an der Uhr von der Stelle; von einer großen Woche, von drei Tagen, in denen ein ganzer großer Umschwung in den Geschicken der westeuropäischen Nationen sich vollziehen kann, weiß man hier nichts; erst wenn man von 50 zu 50, von 100 zu 100 Jahren dieses Reich betrachtet, bemerkt man, daß es allmälig ein anderes geworden. Klar ist, daß ein solches Reich, ungeheuer dem Umfange nach, der sich durch die Schwierigkeit der Verbindungswege, durch die geringe Bevölkerung gleichsam zu vervielfachen scheint, vor Allem einer straffen Regierungsgewalt bedarf, eines unbeschränkten Herrschers, so gut wie das Reich des Cyrus oder Alexanders des Großen eines solchen bedurfte und daß die Träger der Staatsgewalt eine natürliche Neigung haben, die besonderen Eigenthümlichkeiten der einzelnen Provinzen und Länder nicht zu entwickeln, sondern zu vernichten. Dieser Vernichtungsproceß machte dem unglücklichen Polen gegenüber weitere, wenngleich keineswegs rasche Fortschritte; in milderen Formen geschah Aehnliches auch an anderen Orten, in dem vormals schwedischen Finnland, den deutschcultivirten Ostseeprovinzen. Kaiser Nicolaus selbst, in dessen Kopf nur immer Ein Gedanke zugleich Raum hatte, war ein williger

Vollstrecker dieses grausamen Naturgesetzes, unter dem der Despotismus zu leben verurtheilt ist, und sein Werkzeug dabei war die griechische Kirche. Denn am wenigsten kann ein solcher Despotismus religiöse Eigenthümlichkeiten vertragen, namentlich nicht, wenn sie, wie der Protestantismus, geistige Selbstthätigkeit wecken, oder wenn sie, wie der römische Katholicismus in Polen, zugleich das Erkennungszeichen und Panier einer besonderen Nationalität sind; an Beiden überdies mißfiel den russischen Machthabern, daß sie über die Gränzen Rußlands hinauswiesen, der Katholicismus der Polen nach Rom und etwa nach Frankreich, der Protestantismus in den Ostseeprovinzen nach Deutschland. In Polen gab die Unterdrückung aufständischer Regungen jederzeit Vorwand und Mittel zur Verfolgung der katholischen Kirche und ihrer Organe, in den Ostseeprovinzen dagegen bekehrte man mit List, mit Verführung, und, wo es ging, mit Gewalt; in Finnland z. B. benutzte man ein Gerücht, das die Regierung vielleicht selbst erfunden, nach welchem die Bauern, wenn sie zur rechtgläubigen Kirche übertreten würden, den Grundbesitz ihrer Gutsherren bekommen sollten. Den Juden untersagte man, da ihre zähe Lebenskraft jedes andern Mittels spottete, wenigstens ihre nationale Tracht und wies sie im Jahre 1846 von den Gränzen ins Innere des Reiches; und auch die griechische Kirche selbst verlor den Rest einer selbstständigen Existenz, indem ein Ukas vom Januar 1842 ihr wie der römischen Kirche den eigenen Grundbesitz entzog, und sie durch Staatszuschüsse in baarem Gelde entschädigte. Das Verhältniß zum römischen Stuhle war deshalb ein sehr schlechtes, aber dies kümmerte den Czar wenig; Papst Gregor XVI. konnte nichts thun, als von Zeit zu Zeit in feierliche Wehklagen über den Nothstand der Kirche im russischen Reiche ausbrechen, vergeblich; es wurde hier nur mit demselben Maße gemessen, mit dem auch die römische Kirche mißt, wo sie die Macht dazu hat. Auch die Uebereinkunft, welche im Jahre 1847 Kaiser Nicolaus mit dem Papst Pius IX. abschloß, hatte keine wesentlichen Aenderungen zur Folge, da sie zwar den römisch-katholischen Bischöfen verhältnißmäßig reiche Einkünfte und dem Papst die canonische Einsetzung derselben zugestand, dem Kaiser aber die Wahl vorbehielt. Zu größeren Reformen war Kaiser Nicolaus nicht geneigt und nicht geeignet, obgleich er die Arbeit nicht scheute, durch häufige Reisen die Zustände der verschiedenen Provinzen seines Reiches selbst kennen zu lernen sich bemühte und wenigstens in materiellen Dingen: Hebung einzelner Industriezweige, Dampfschifffahrt, Anfängen eines Eisenbahnsystems und ähnlichen Dingen westeuropäischen Einflusses sich nicht entschlagen konnte. Die Frage der Abschaffung der Leibeigenschaft, die wichtigste welche dem Herrscher dieses Reiches gestellt war, machte keine erheblichen Fortschritte; ein Ukas vom 14. April 1842 gestattete Verträge der Gutsherren mit ihren Leibeigenen über deren Freilassung, einige spätere aus den Jahren 1847 und 1848 gestatteten den Letzteren die Erwerbung von Grundeigenthum; man machte aber wohl die Wahrnehmung, daß ähnlich wie einst in der römischen Welt, Leibeigene zu Reichthum gelangten, aber ihren Stand beibehielten, weil sie der Name ihres Herrn kräftiger schützte als die Regierung.

Die auswärtige Politik Rußlands entsprach demselben Lebensgesetze des Despotismus. Er muß die Freiheit, die er den eigenen Unterthanen nicht geben kann, auch allenthalben sonst bekämpfen und er wird für die höheren Güter, welche wir mit dem Einen Worte der Freiheit bezeichnen oder andeuten, eine Entschädigung suchen in der Ausdehnung seiner Macht und seines Einflusses nach außen; dahin richten sich die Gedanken seiner Werkzeuge und seiner Sclaven von selbst. In Europa war dieser Einfluß, sofern man mit dem Worte eine belebende, in wechselseitigem Geben und Empfangen anregende Kraft bezeichnet, in demselben Maße gesunken, als man sich dort, durch den Frieden erstarkt, zu neuem Leben aufraffte. Der Posener Aufstand hatte noch einmal die drei Mächte der heiligen Allianz zu einer gemeinsamen Action zusammengeführt; aber in Oestreich überwog doch mehr und mehr das Mißtrauen gegen den gewaltigen Nachbarstaat, und Metternich selbst, dem der russische Kaiser wenig sympathisch war, spielte wohl in vertraulichen Aeußerungen mit dem Gedanken, im Falle der Gefahr „seine Polen" von der Kette zu lassen; und in Preußen pflegte zwar das Königshaus die verwandtschaftlichen Beziehungen zu dem Kaiserhofe, aber jene enge Verbindung wie unter Friedrich Wilhelm III. hatte aufgehört, und der regierende König selbst fühlte sich mehr zu England als zu Rußland hingezogen. Friedrich Wilhelm IV., der ideenreiche, phantasievolle, kenntnißreiche Fürst, der keinerlei militärische Neigungen und Talente hatte, paßte wenig zu dem steifen, ideenarmen, soldatischen Kaiser, der für Alles, was den König bewegte, für die kirchlich-theologischen Fragen, für das ganze wissenschaftlich und künstlerisch bewegte germanische Leben nicht das mindeste Verständniß hatte. Dagegen schlug der russische Einfluß an verschiedenen der kleineren deutschen Höfe durch verwandtschaftliche Verbindungen Wurzel, wie in Würtemberg z. B., dessen Kronprinz im Jahre 1846 die Tochter des russischen Kaisers, die Großfürstin Olga, heirathete.

Rußland spielte so den Hort des conservativen Princips in Europa, wie Frankreich das revolutionäre Princip vertrat; wenigstens faßte man die Sache so unter den europäischen Bevölkerungen auf, was die Hauptsache war und es mußte erst Deutschland wieder erstarken, ehe die Welt von diesen beiden Gespenstern befreit wurde, mit denen jede Partei die andere bange machte. Kaiser Nicolaus selbst glaubte, daß er jene Mission habe, und er haßte darum Louis Philipp, der für ihn die Incarnation des feindlichen Princips war, so wenig derselbe sich in seiner auswärtigen Politik revolutionären Anwandlungen hingegeben hatte. Der Gegensatz zu England zeigte sich, wenigstens so lange das Toryministerium am Ruder war, als ein Gegensatz mehr der Interessen, als der Principien, da England nirgends für seine nur für das eigene Land berechnete und passende Verfassung Propaganda machte; erst unter dem Whigministerium, als Lord Palmerston das Auswärtige übernahm, trat der Gegensatz zwischen England und Rußland als ein principiell-bedeutungsvoller im europäischen Leben stärker hervor. Gegen die Einverleibung Krakaus protestirte England in Gemeinschaft mit Frankreich als gegen eine Verletzung der Wiener Verträge, und bei dem Kampf des Radicalismus und des Jesuitismus in der Schweiz, der im Sonderbundskriege ausgetragen wurde, erklärte sich Lord Palmerston ebenso entschieden für den ersteren, als Kaiser Nicolaus für den letzteren.

Der Schauplatz, auf welchem diese Gegensätze sich bekämpften, war der Osten, die Türkei und Asien, wenn es gleich auch hier noch zu keinem unmittelbaren Zusammenstoß kam. Ueberall, in Constantinopel, in Persien, in Afghanistan, in China stand russischer und englischer Einfluß sich gegenüber und besonders bekamen die Russen diesen englischen Einfluß in ihren hartnäckigen Kriegen gegen die Bergvölker des Kaukasus, den kriegerischen Stamm der Tscherkessen, oder, wie sie selbst sich nannten, der Abighe, zu fühlen. Der Kriegszustand mit diesem Volke, welches den nordwestlichen Theil des Kaukasus bewohnte, wo er auf der einen Seite sich gegen den Kubanfluß abdacht, auf der andern gegen die Küste des schwarzen Meeres abfällt, dauerte schon seit Ende des 18. Jahrhunderts; in gelegentlichen Raubzügen brachen die Tscherkessen über die russische Gränze und schleppten Beute und Kriegsgefangene in ihre „schwarzen Berge". Seit 1829, wo Rußland die Ostküste des schwarzen Meeres in seine Gewalt bekommen hatte und dieselbe durch eine Reihe von Befestigungen zu sichern bemüht war, drohte dieser wilden Unabhängigkeit ernstliche Gefahr. Der Handel der Tscherkessen — Sclaven und Sclavinnen gegen Waffen, Schießbedarf und Salz — war gefährdet, und Jahr um Jahr zog sich der Krieg gegen die furchtbare Bergfestung hin, welche unter der Hand von englischen Handelsschiffen unterstützt wurde. Eines dieser Schiffe, die Füchsin, (Vixen), mit Salz, Schießbedarf und Waffen beladen, wurde 1836 abgefangen und an der tscherkessischen Küste von einem russischen Kriegsschiffe aufgebracht; ein Fall, der viel Gerede verursachte, aber ohne weitere Folgen blieb. Seit 1839 fanden die Bergvölker ihren Führer an dem Häuptling der Tschetschenzen, eines der östlichen Stämme des Gebirges, Schamyl, der den Widerstand organisirte, neben dem ritterlichen und räuberischen Enthusiasmus den religiösen zu entfachen wußte, und wiederholt den russischen Generalen empfindliche Niederlagen beibrachte; mit ihm kämpften die Mächte der Natur, die steilen Berge ohne Straßen, die undurchdringlichen Wälder, die Gletscher und Schneefelder, alle Schrecken eines Alpenlandes, die Unmöglichkeit einer genügenden Verpflegung für große Heeresmassen auf längere Zeit, und es war nur ein armseliger Trost, daß dieser Gebirgskrieg eine Schule für das russische Heer sei, wie der Wüstenkrieg gegen Abdelkader für das französische. Von höherer Bedeutung war dieser Krieg nicht, dessen schließliches Ende vorauszusehen war.

C. Die romanischen Staaten.

1. Spanien.

Die romanischen Staaten bildeten in ihrer unruhigen Beweglichkeit einen vollen Gegensatz zu dem russischen Staate; während die auswärtige Politik dieses Landes seit 1812 von einem und demselben Manne geleitet wurde, erfreute sich, um nur Ein Symptom dieser unruhigen und unfruchtbaren Beweglichkeit anzuführen, Spanien allein in den 25 Jahren von 1833—1858 der ansehnlichen Zahl von 61 Ministern des Auswärtigen neben 47 Ministerpräsidenten, 78 Finanz- und 96 Kriegsministern.*)

Der Bürgerkrieg in diesem Lande war im Sommer 1840, wo die Reste des carlistischen Heeres sich nach Frankreich retteten, zu Ende gegangen. Der erste Mann in Spanien war für die nächste Zeit der Oberbefehlshaber des siegreichen Heeres der Chrstinos, Espartero, den ein königliches Decret mit dem prächtigen Titel eines Duque de la Vittoria, Siegesherzog, schmückte. Er verband sich mit der progressistischen Opposition gegen das bestehende Ministerium, nöthigte die Regentin ihm seine Forderungen zuzugestehen, und hielt am 29. September 1840 seinen feierlichen Einzug in Madrid. Dadurch gereizt, legte die Regentin, welche sich nach Valencia begeben hatte, am 12. October ihre Regentschaft nieder und überließ widerwillig den Progressisten und ihrem Führer das Feld. Am 8. Mai 1841 ernannten die Cortes diesen zum Regenten, wogegen Marie Christine nun

---

*) Baumgarten, Geschichte Spaniens 3, 630.

von Paris aus protestirte. Die Häupter der „gemäßigten" Partei, der Moderados, Zea Bermudez, Martinez de la Rosa, Toreno, die Generale O'Donnell und Narvaez schaarten sich dort um sie und intriguirten wider den Regenten. Diese Partei stützte sich jetzt auf die geistlichen Interessen und führte den Papst ins Feld, der am 1. März 1841 in einer Allocution gegen die Einziehung der Klöster in den unterworfenen carlistischen Provinzen protestirte, und weiterhin in einem „encyklischen Schreiben" vom 22. Februar 1842 in der ganzen katholischen Welt Gebete für die spanische Kirche anordnete. Das Letztere hatte die spanische Regierung hervorgerufen durch ein im Juli 1841 von den Cortes genehmigtes Gesetz, das alles Kirchengut für Nationaleigenthum erklärte: die Güter der Kirche sollten zum Verkaufe gebracht und dagegen eine Summe von fünf Millionen Thalern zur Bestreitung der Kosten des katholischen Cultus ausgeworfen werden. Den traurigen Finanzverhältnissen, deren Ursachen tiefer lagen, half diese Maßregel doch nicht auf; indeß muß man zugeben, daß der Regent, der wenigstens Soldat und ans Befehlen gewöhnt war, mit Kraft und Einsicht verwaltete, mit Canal- und Straßenbauten und Handelsverträgen, Hereinziehen der baskischen Provinzen in die spanische Zolllinie u. a. die Hebung des Landes erstrebte, das außerdem an die Parteikämpfe um das Staatsruder gewöhnt, in seiner großen Mehrheit sich wenig darum kümmerte, ob der Mann, der augenblicklich an der Spitze stand, Baldemero oder Pamphilo, Espartero oder Narvaez hieß, und auf die durch die Anarchie in den oberen Regionen mehr und mehr entwickelte Selbstständigkeit der Gemeinden (Ayuntamientos) gestützt, seinen gewöhnlichen Beschäftigungen nachging. Der Parteigeist ließ dem Regenten nicht lange Zeit, sein Werk fortzusetzen. Im December 1842 brach nach mehrfachen Insurrectionsversuchen ein Aufstand zu Barcelona aus, der sich weiter und weiter verbreitete. Die Führer der christinischen Partei, die mit neuen Namen das alte Spiel fortsetzten, die Generale Prim und Serrano, erließen ein Absetzungsdecret wider den Regenten und im Juni 1843 übernahm ein Mann von Energie und Fähigkeit, General Narvaez, den Oberbefehl über die gesammte Macht der Insurgenten. Der Abfall nahm überhand, Madrid fiel in ihre Hände, am 3. Juli schiffte sich Espartero auf einem englischen Fahrzeuge ein. Die Rollen wechselten wieder: die Sieger gingen in die Verbannung und die Verbannten kamen zurück; die neue Nationalregierung aus Moderados unter Lopez gebildet, berief die Cortes auf den 13. October 1843. Die Wahlen zu dieser Versammlung fallen stets im Sinne der Partei aus, welche augenblicklich die Macht hat. Die junge Königin wurde jetzt in ihrem 14. Jahre für majorenn erklärt und leistete den Verfassungseid. Am 26.

Februar 1844 kehrte auch ihre würdige Mutter, Marie Christine, welche unterdessen fromm geworden war und mit dem Papst sich ausgesöhnt hatte, nach Spanien zurück. Ihre Ehe mit dem zum Herzog von Rianzars ernannten Leibgardisten, Munnoz wurde jetzt öffentlich bekannt gemacht und erhielt den kirchlichen Segen; der Verkauf der Kirchengüter ward eingestellt. Im Mai übernahm General Narvaez den Vorsitz und die Bildung eines neuen Ministeriums; es begann wieder eine regelmäßige Verwaltung und auch eine neue Verfassung im Sinne der Moderados wurde zu Stande gebracht. Dieselbe war wesentlich der französischen Charte nachgebildet. Die Mitglieder des Senates von der Königin ernannt, mit ähnlicher Stellung wie die französische Pairskammer; die Cortes auf allemal fünf Jahre gewählt; die katholische Religion Staatsreligion, und der Staat verpflichtet, die Geistlichkeit zu unterhalten; am 15. Januar 1845 nahmen die Cortes ein Gesetz an, welches die früher hierfür ausgesetzte Summe verdoppelte, worauf dann im März der Papst die Königin Isabella anerkannte. Im Mai ward die neue Verfassung publicirt, und die Cortes wurden geschlossen. Die neuen Cortes, nach der jüngsten Verfassung gewählt, traten im October zusammen.

So war, für den Augenblick, der Friede abermals hergestellt, und in einzelnen Kreisen hegte man den Gedanken, diese Befriedung des Landes durch eine Vermählung der jungen Königin mit dem Sohne ihres Oheims, Don Carlos, zu dessen Gunsten dieser am 18. Mai 1845 seiner luftigen Krone entsagt hatte, zu vollenden. Allein die Königin-Mutter hatte über ihre Töchter sich bereits mit Louis Philipp verständigt, dem eine Thronbesteigung der „älteren Linie" in irgend welcher Form nicht genehm war. Der kluge Rechner setzte es durch, daß die Königin Isabella sich mit ihrem Vetter, dem Infanten Franz de Assis, ihre Schwester, die Infantin Louise, mit seinem (4.) Sohne, Anton, Herzog von Montpensier, vermählte. In Einem Punkte hatte er dennoch falsch gerechnet; man erwartete von der Ehe der Königin keine Nachkommenschaft; noch ehe aber die Königin durch die Geburt eines Prinzen die Aussichten des Herzogs von Montpensier vereitelte, war die Frage der „spanischen Heirathen", die eine Zeit lang in der ereignißarmen Zeit viel Groll und müßiges Gerede veranlaßt hatten, vor weit ernsteren Ereignissen in den Hintergrund getreten — Ereignissen, welche den Stifter dieser Heirathen selbst nach dem boshaften Witze der Gegner auf ein „Schloß in Spanien" beschränkten, wie das französische Sprüchwort die luftigen Kronen und Herrlichkeiten bezeichnet, die nur im Gebiete der Wünsche und der Träume liegen.

2. Portugal.

Die Verhältnisse in diesem Lande nahmen im Wesentlichen einen den spanischen ähnlichen Gang. Auch hier handelte es sich bei den verschiedenen Bewegungen und Aufständen, deren gleichförmigen Wechsel kein menschliches Gedächtniß festhalten kann, nicht im Mindesten um das Wohl und Interesse des Landes, sondern nur um die Befriedigung eines Parteiinteresses, oder vielmehr der persönlichen Interessen der Parteiführer. Am 19. Januar 1842 brach hier, in Oporto, ein Aufstand los, dessen Führer und Anstifter die Charte verlangten, welche Dom Pedro im Jahre 1826 gegeben hatte; und da derselbe Ruf sich auch in Lissabon erhob, so führte die Königin diese Verfassung ein und stellte die Häupter der Bewegung, den Herzog von Terceira und den Großmeister der portugiesischen Freimaurerlogen, Costa Cabral, an die Spitze des Ministeriums. Diese Ordnung der Dinge erhielt sich bis zum April 1846. Unterdessen hatte die besiegte Partei ihre Kräfte wieder gesammelt, und es war hinreichend klar geworden, daß die Veränderung der Verfassung die Dinge um nichts gebessert hatte. Daher genügte eine ganz geringfügige Veranlassung — die Verordnung, daß dem Begräbniß der Leichen die Vorzeigung eines Todesscheins bei der Ortsbehörde vorausgehen müsse — um in einer der nördlichen Provinzen einen Aufstand hervorzurufen, der unter der Menge der Besitz- und Geschäftslosen überall leicht sich weiter verbreitete und zu Coimbra seinen Mittelpunkt fand. Am 25. Mai kam es zu Lissabon selbst zwischen Volk und Truppen zum Kampf, das Ministerium dankte ab, Cabral entfloh; an die Spitze der neuen Verwaltung trat Palmella. Noch im Laufe des Jahres aber übernahm unter neuen Unruhen ein absolutistisches Ministerium unter Saldanha die Geschäfte, dem in Coimbra und Oporto eine constitutionelle Gegenregierung Widerstand leistete. Bei Chaves (16. Nov.), bei Torres Vedras (22. Decbr.) kam es zum Zusammenstoß; beidemale unterlagen die Constitutionellen, und Coimbra, der eine ihrer Hauptsitze, kam in die Hände der Absolutisten. Der Bürgerkrieg dauerte fort. Die Königin versprach Berufung der Cortes und Amnestie und bildete ein gemäßigtes Ministerium; da die Insurgenten sich hierbei nicht beruhigten, so rückten in Kraft eines Abkommens zwischen England, Frankreich und Spanien im Juni 1847 spanische Truppen in Portugal ein, und unter Vermittelung dieser drei Mächte kam nun auf dem Boden der Charte ein versöhnliches Ministerium ans Ruder, das schon im December desselben Jahres wieder einem anderen unter Saldanha wich, — Aenderungen, Erschütterungen ohne Aufhören, ohne Zweck und ohne Frucht und fast ohne Bedeutung für irgendwen, außer den unmittelbar bei denselben thätigen Persönlichkeiten und Denen, die in der nächsten Nähe des Kraters wohnten, der beständig dieselben werthlosen Stoffe Rauchwolken, Steine, Aschenmengen, ausstößt und keine friedliche Arbeit auf beruhigtem Boden aufkommen läßt.

3. Italien.

Die Ereignisse in Spanien und Portugal erregten im übrigen Europa wenig Interesse, und die bei denselben betheiligten Persönlichkeiten waren für Zeitungsleser jenseits der Pyrenäen bloße Namen, mit denen selten Jemand eine bestimmte Vorstellung verband. Ganz anders war dies mit Italien. Besonders in Deutschland sah man mit wachsendem Interesse, wenn gleich noch ohne viel Sympathie, auf die Halbinsel, deren Geschicke so lange mit denen Deutschlands verflochten gewesen waren, und deren fernere Zukunft weit mehr als man sich damals gestand, mit derjenigen Deutschlands verbunden und gemeinsam war. Der Aufstand von 1830 und 31, dessen Schauplatz der Kirchenstaat und die kleineren Herzogthümer gewesen, hatte sich den größeren Staaten, Toscana, Neapel, Piemont, nicht mitgetheilt und war gescheitert; dem Anschein nach war Alles in die alten Geleise zurückgegangen; im Jahre 1838 hatten die Oestreicher und die Franzosen den Kirchenstaat geräumt. Indeß machte der nationale Gedanke, in Italien wie in Deutschland sein unzerstörbares Leben fortsetzend, an tausend Punkten ganz in der Stille Eroberung auf Eroberung. Und Eines hatten dabei die Italiener vor den Deutschen voraus: die Greifbarkeit des Uebels und damit die Klarheit und Einfachheit des Zieles, — Befreiung Italiens von der Fremdherrschaft. Alle Freiheitswünsche und Bestrebungen, alle Verschwörungen, Versammlungen, Vereine waren nur Mittel zu diesem Einen Zwecke, in dem Alles beschlossen und enthalten war, und dieser Bewegung der Geister kam Eins zu Gute, der felsenfeste Glaube an die Zukunft Italiens. Jener armselige Pessimismus, der sich vielfach in Deutschland breit machte, mit dem man sich darin gefiel, die Fehler und Mißstände des nationalen Daseins zum Gegenstande ziellosen Raisonnirens und unfruchtbaren Witzelns zu machen, — hinter dem Bierglase den Bundestag, die Fürsten, die Kleinstaaterei und am letzten Ende die eigene klägliche Existenz thatlos zu bespötteln, — oder auch philosophisch zu deduciren, daß es nun einmal Deutschlands Mission sei, auf Kosten seiner politischen Macht und Einheit ein großes, die Welt mit Ideen befruchtendes Culturvolk nach Art der Griechen zu sein — dieser unfruchtbare Pessimismus fand in Italien unter dem genügsamen, sanguinischen, zugleich leidenschaftlichen und leichtlebigen Volke keine

Stätte. Vielleicht hätten sie mehr Ursache zu einer solchen pessimistischen Auffassung gehabt als die Deutschen, denn ihre Leiden waren schwerer, ihre Fortschritte weit weniger sichtbar, ihre Lage viel aussichtsloser; aber nichts dergleichen war zu bemerken; wie viele der patriotischen Verschwörer die Kerker verschlangen — es standen für Einen immer zehn neue auf, bis es allmälig der Verschwörungen kaum mehr bedurfte, weil man sich ohne Zeichen und ohne Worte verstand.

Auch die verschiedenen Parteien, welche auf dieses nächste Ziel der Abschüttelung der östreichischen Fremdherrschaft hinarbeiteten, verstanden sich: die Radicalen, welche unter Mazzini's Führung sich zu einer fanatischen Secte organisirten und den Haß gegen die bestehende Ordnung der Dinge bis in seine äußersten Consequenzen, den Meuchelmord wenn es sein mußte, gegen Fürsten und Verräther verfolgten — und die Liberalen, welche ihre Hoffnung auf nationalgesinnte italienische Herrscher, freundlich gesinnte Hülfsmächte, wie England oder Frankreich, nahe europäische Verwickelungen setzten, und es sich nicht verdrießen ließen, mit dem Bestehenden zu rechnen, an demselben zu arbeiten, geschickt die Segel zu stellen, um jeden Wind in dieselben zu fangen.

Es gelang über Erwarten, denn auch hier wie in Deutschland setzte sich Alles, was auf geistigem oder materiellem Gebiete geschah, sofort in Politik um: die Litteratur, der wachsende Handel, die Eisenbahnen — trotz des Interdicts, welches Gregor XVI. auf dieses Werk des Teufels gelegt hatte — die gleich ihnen und dem gleichen Interdicte zum Trotz fortschreitende Wissenschaft, besonders die letztere, die sich ihre Organe in Wanderversammlungen nach deutscher Art schuf. So die Congresse der Naturforscher: 1839 in Pisa, 1840 zu Turin, 1841 zu Florenz; ihrer politischen Bedeutung wohl bewußt, hielten sie sich doch mit der ganzen Klugheit und Feinheit, welche dem Italiener angeboren ist und welche die politischen Zustände seines Landes zur Virtuosität ausgebildet hatten, so vorsichtig, daß selbst Oestreich, das auch auf seine Weise populär sein wollte, und dessen Haus- Hof- und Staatskanzler selbst gelegentlich etwas in Naturwissenschaften dilettirte, einen solchen Congreß 1842 in Padua, 1844 in Mailand gestattete; 1845 tagte der Congreß sogar in Neapel, und jedesmal unter wachsender Betheiligung. Nur auf päpstlichem Gebiete waren diese Versammlungen noch verboten. Und doch hatte so eben noch ein nationalgesinnter Priester, in kühnem Schwunge der Gedanken alle Wirklichkeit überfliegend, Vincenzo Gioberti, in seinem Buche „über den Primat der Italiener" eben dem Papste die Rolle zugedacht, an der Spitze der neuerstandenen, so hochbegnadigten, so tiefgesunkenen Italia eine neue Aera vernünftiger Freiheit in der Welt zu beginnen. Der Papst an der Spitze eines italienischen Bundes ohne Oestreich, Vermittler und Verbreiter liberaler Ideen und Institutionen, Schiedsrichter zwischen Fürsten und Völkern: dieß war der Traum, der hier in begeisterter Sprache verkündet, mit glühenden Farben an die Kerkerwand gemalt wurde. Das Buch war von großer Wirkung: es führte dem italienischen Einheitsgedanken noch eine große Anzahl von Solchen zu, welche die Nationalitätsidee hier in religiöser Verklärung, geheiligt durch eine Verherrlichung des Papstthums, schauen durften.

Und was von allem Wunderbaren das Wunderbarste war: nicht viele Jahre vergingen, so schien dieser Traum sich in Wirklichkeit umzusetzen.

Am 1. Juni 1846 verkündete die Glocke des Capitols den Tod des regierenden Papstes. Am 13. bezogen die Cardinäle das Conclave im Quirinal; am 17. donnerten die Kanonen der Engelsburg und läuteten alle Glocken Roms; sie thaten „der Stadt und der Welt" kund, daß der neue Papst seine Regierung angetreten habe: es war der Cardinal Johann Maria Mastai, der den Namen Pius IX. annahm. Pius IX. war erst 54 Jahre alt. Geboren den 13. Mai 1792, aus einer adeligen Familie zu Sinigaglia, den Feretti, hatte er den Ruf eines milden und gütigen Mannes, von dessen Verwaltung seines Bisthums Faonza man manchen schönen Zug zu erzählen wußte; sein Aeußeres, das milde Lächeln, das gewinnende, zuweilen heiter scherzende Wesen entsprachen diesem Rufe und vor Allem, er war nicht der Candidat Oestreichs und nicht der Candidat der reactionären Partei gewesen. Mit einem bewundernswürdigen politischen Instinct machte die italienische Patriotenpartei aus diesem guten Manne, dessen Pontificat wohl das wunderreichste in der wunderreichen Geschichte dieser Institution ist, sofort einen Papst nach dem Sinne der Träume Gioberti's und gestaltete sich in ihm oder vielmehr in dem Mythus von ihm ein Werkzeug der großen Bewegung, welche mehr und mehr alle Geister unterjochte.

Jede Maßregel, welche der neue Papst ergriff, ward in diesem Sinne gedeutet und die liberalen Gefühle konnten sich eine Zeit lang mit Freiheit äußern, indem sie sich mit dem Evviva Pio nono no deckten. Seinem menschenfreundlichen Herzen folgend erließ Pius am 16. Juli ein Amnestiedecret, das eine Menge mehr oder weniger Unschuldiger dem Leben, der Freiheit, den Ihrigen zurückgab, und das nun sofort als ein Unterpfand dafür gedeutet wurde, daß der Papst selbst in seinem Innersten mit der Grundrichtung jener Bestrebungen sympathisire, welche die meisten dieser Befreiten in den Kerker gebracht hatten.

Ueber ganz Italien hin erregte das Decret einen ungeheuren Enthusiasmus. Dieser Enthusiasmus hinwiederum erfreute das kindlichgute Herz des Papstes, dessen Verstand nicht stark genug war, um auch die politischen Zwecke zu durchschauen, die hinter dieser so geräuschvollen Begeisterung sich verbargen. Wo irgend ein Mißbrauch in der nächsten Umgebung des Papstes beseitigt, wo ein verhaßter Legat durch einen volksbeliebten ersetzt, ein geachteter Laie in eine der schon vorher bestehenden Gesetzgebungscommissionen eingeschoben wurde, da fand man darin eine Betätigung jener kühnen Hoffnungen; wo auf der andern Seite ein päpstlicher Erlaß einen Ausdruck gegen „den betrügerischen, zerstörenden Fortschritt" enthielt, da entschuldigte man es mit den besonderen Rücksichten, welche dem Papst seine Stellung auferlege. In der That aber geschah Einiges, was wirklichen Fortschritt auf diesem so unfruchtbaren Boden bedeutete: ein mildes Censurgesetz wurde gegeben (März 1847), und durch ein Edict vom 14. April desselben Jahres eine Consulta di Stato, ein Staatsrath, eingerichtet, den die Regierung aus Notabeln wählen werde, deren jeder Legat und Delegat aus seinem Kreise je drei dem Papste vorschlagen würde; zu Rom versammelt, sollte derselbe einen Beirath der Regierung bilden. Im Juni ward dann ein Ministerrath eingesetzt, ganz wie in einem modernen Staate; es war wenig, aber diesmal war nicht was geschah, sondern die Meinung, die man von dem Geschehenen hegte oder verbreitete, das Entscheidende. Von allen Seiten kamen die Ergebenheitsadressen, bewunderungsvolle Zustimmung selbst von protestantischer und muhammedanischer Seite, kamen Nachrichten von Freuden- und Dankfesten, und die Bewegung, unter so freundlicher Maske ihren wahren Charakter verbergend, war bereits dem Papste über den Kopf gewachsen. Am 5. Juli mußte er einer Abordnung des Volkes die Errichtung einer Bürgergarde zugestehen — ein zweischneidiges Schwert, heute gut, um den Pöbel in Ordnung zu halten, morgen, wenn die Gelegenheit günstig war, ebenso gut, eine unbequeme Regierung umzuwerfen. Am 30. Juli war diese Guardia civica in allen Städten des Kirchenstaates organisirt.

Schwerlich hätte die mehr scheinbare und künstliche als wirkliche und natürliche Harmonie zwischen Liberalismus und Papstthum lange vorgehalten; die plumpe Politik Oestreichs sorgte dafür, daß sie noch längere Zeit ihre Dienste that. Mit Aerger und Besorgniß hatte Metternich diesem Treiben zugesehen, das schon zu Gewaltthätigkeiten gegen die Männer der Reaction, die Sanfedisten und „Gregorianer" führte. Am 17. Juni 1847 rückten zur Ueberraschung der päpstlichen Regierung 800 Kroaten und 60 ungarische Husaren mit einigen Geschützen in Ferrara ein, welche am 13. August auch die Stadtthore und die Hauptwache besetzten. Der Papst protestirte gegen diese Ausdehnung des Besatzungsrechts, welches allerdings die Wiener Verträge den Oestreichern in der place de Ferrare einräumten. Ein Notenwechsel entspann sich darüber zwischen Rom und Wien; Metternich selbst war es so, der den Papst in das Lager der Nationalpartei drängte. Auf jenen herausfordernden Schritt der Besetzung Ferraras gab Pius eine gute Antwort, indem er nach Turin und Florenz den wackeren Prälaten Corboli zur Anbahnung eines italienischen Zollvereins schickte. Während am 17. November darüber ein Präliminarvertrag abgeschlossen wurde, brachte Oestreich — so kritisch war die Lage bereits geworden — mit dem Herzog Franz V. von Modena und dem Bourbonen Karl Ludwig II., der in Parma regierte, im December 1847 einen Offensiv- und Defensivtractat zu Stande.

Die Angelegenheit von Ferrara hatte die Eifersucht Frankreichs rege gemacht, das argwöhnisch und von England unterstützt, jede Regung des Volksgeistes und jede Bewegung Oestreichs beobachtete. Die Spannung in den Gemüthern wuchs; während zu Rom die vorwärtsdrängende Partei sich des neuen Staatsraths zu bemächtigen und ihn in constitutionell liberalem Sinn weiter zu bilden suchte, hatte die Bewegung, deren halbfreiwilliger Urheber der Papst gewesen, auch in den Nachbarstaaten mit wachsendem Nachdruck sich geltend gemacht.

In Florenz und anderen Städten Toscanas gab das Volk der Regierung, welche eine gemäßigte, wohlwollende, aber doch immer eine absolute war, ihr Verlangen nach freisinniger Neuerung und nationaler Haltung durch rauschende Freudenfeste zu Ehren des freisinnigen Papstes zu erkennen. Als der Bourbon in Luca, dem ungestümen Fordern nachgebend, seinem Ländchen eine Bürgerwehr zugestand, wurde auch das Volk in Toscana dringender und am 4. September wurde sie denn auch im G.oßherzogthum eingeführt; bei den Dankfesten zu Livorno, Pisa, Florenz sah man allenthalben bereits die rothweißgrüne, die italienische Fahne, und nur mit Mühe erwehrte sich die Regierung auf der einen Seite der weitergehenden Forderungen der übermächtigen Partei, auf der anderen der Bereitwilligkeit Oestreichs, ihr seine Bayonette zu deren Niederhaltung zur Verfügung zu stellen. Luca wurde eben um diese Zeit (1847) toscanisch, während sein Herzog nach dem Ableben der Erzherzogin Marie Louise seine Regierung in Parma antrat; er wie der Herzog von Modena flüchteten sich dann, wie erwähnt, unter Habsburgs Fittige.

Dies vermehrte nur die Spannung der Lage, weil es ziemlich unmittelbar Piemont bedrohte. Dessen König Karl Albert bewahrte die ruhige, vorsichtige und staatsmännische Haltung, die er seither eingenommen. Während er rüstig an ernsthaften Reformen weiterarbeitete — dem verbesserten Civilcoder (1837) folgte ein Strafgesetzbuch (1840), eine neue Eintheilung des Landes und verbesserte Verwaltungsorganisation (1843) — und vor Allem das Heerwesen vervollkommnete, dem von den 75 Millionen Francs jährlicher Einkünfte 27 gewidmet waren, wußte er doch die Mazzinisten niederzuhalten, deren Haupt ihm deshalb einen glühenden Haß widmete, und ließ sich auch durch die stürmischere Bewegung, welche mit dem Regierungsantritt Pius IX. begann, nicht von seinem Wege abbringen. Es machte ihm keinen Eindruck, wenn man versuchte, ihn durch Lobpreisungen des nationalen und freisinnigen Papstes vorwärts zu drängen. „Ich erwarte meinen Stern", lautete der Wahlspruch seines Hauses, dem er folgte; je höher die Wogen gingen, um so mehr war es wohlgethan, das Steuer fest in der Hand zu behalten, und er bewahrte seine stolze Unabhängigkeit dem Liberalismus ebensowohl wie den Oestreichern gegenüber. Er erkannte die Lage wohl, und auch die Nationalpartei wußte seine Stellung zu würdigen. Man verstand sich ohne viel Abrede; Worte von der nahen Möglichkeit eines nationalen Krieges, die der König zu Vertrauten geäußert, flogen von Mund zu Mund. Aber wenn dieser Krieg kam, so mußte Oestreich ihn beginnen; er ließ sich zu keiner Uebereilung hinreißen, durch Winke mit dem Zaunpfahl, die ihm diese Macht gab, so wenig, wie durch die Karrikaturen, die man gegen seine Unentschlossenheit in Italien in Umlauf setzte.

Angesichts dieser Möglichkeit eines Krieges mußten auch die Cabinette den italienischen Angelegenheiten ernsteste Aufmerksamkeit widmen. In dieser Sache, wie in der schweizer Frage standen sich England und Oestreich gegenüber, zwischen denen ein lebhafter Briefwechsel sich entspann. Was Metternich betraf, so war er derselbe, wie vor 30 Jahren; die Wiener Verträge waren das A und das O seiner Weisheit. „Italien," docirte er in einer Note an die vier großen Höfe vom 2. August 1847 mit großer Selbstgefälligkeit, „Italien ist ein geographischer Name. Die italienische Halbinsel ist aus souveränen, von einander unabhängigen Staaten zusammengesetzt, deren Existenz und Gränzen auf die Grundsätze des allgemeinen öffentlichen Rechtes gegründet sind" — ein Satz, der in einem Lehrbuch der Geographie ganz an seiner Stelle gewesen wäre, der aber sich der Wirklichkeit der Dinge gegenüber schwerlich lange behaupten ließ. Lord Palmerston seinerseits erwiderte dies Schriftstück mit Hinweis auf die Nothwendigkeit von Reformen, damit nicht die Verzweiflung zu einem gewaltsamen Ausbruche treibe; zu solchen Reformen möge Oestreich seinen Einfluß in Neapel, wo sie neben dem Kirchenstaate am nöthigsten seien, verwenden (12. August); darüber ließ er die östreichische Regierung nicht im Zweifel, daß England mit Piemont durch feste Bande der

Allianz verbunden sei (11. September). Das letzte Wort gehörte Oestreich: am 14. December schrieb Metternich, daß „der Geist der Umwälzung, welcher unter der Fahne der Reform in einigen Staaten der Halbinsel zum Durchbruch gekommen sei, den Haß gegen Oestreich zum mot d'ordre et de ralliement, zum Feldgeschrei und Loosungswort gemacht habe." Es war das alte Lied vom Geiste der Umwälzung, das er hier wiederum auf alter Leier hören ließ. Das Umgekehrte aber war vielmehr richtig: die Reformen waren das Feldgeschrei, unter dem man sich sammelte, das Ziel aber, das man im Auge hatte, war die Vertreibung der Fremden aus Italien. In Einem aber hatte er eben darum Recht: es war gleichgültig, ob Reformen gegeben wurden oder nicht, so lange jene Fremdherrschaft dauerte.

Am Allerwenigsten in den von Oestreich beherrschten Theilen Italiens war darüber ein Zweifel möglich. Nach dreißigjähriger Herrschaft, bei einer Verwaltung, die zum Mindesten nicht schlechter war, als einst die französische, war man hier gleichwohl so weit, daß die Polizei sogar nicht mehr die Gemüther im Zaume halten konnte, sondern dies nur noch die Soldaten vermochten. Die östreichischen Beamten und Officiere waren von jeder gesellschaftlichen Berührung mit den Italienern ausgeschlossen und gegen Ende des Jahres begann der Unabhängigkeitskampf mit einer Art Possenspiel, indem zu Mailand durch Maueranschläge, welche von dem geheimen Comité der italienischen Actionspartei ausgingen, vom 1. Januar 1848 an das Rauchen verboten wurde. Man dachte damit, an die ähnlichen Vorbereitungen des nordamerikanischen Unabhängigkeitskrieges sich erinnernd, das östreichische Aerar zu schädigen, dem der Tabaksverkauf in der Lombardei jährlich über vier Millionen Lire ertrug. Die Verwaltung war kindisch genug, dies mit dem Befehl an die Garnison, auf den Straßen zu rauchen, zu erwidern. Dies führte zu blutigen Excessen in Mailand, in Padua, wo die Universität geschlossen wurde und in anderen Garnisonsstädten. Ernsthafter noch war eine Petition vom 14. Januar, in welcher die Centralcongregation in Mailand von dem Kaiser verschiedene Reformen begehrte; sie war schon im Voraus durch ein jetzt publicirtes Decret vom 9. beantwortet, in welchem der Kaiser erklärte, keine weitere Zugeständnisse machen zu wollen, da er seinem lombardisch-venetianischen Königreich bereits das Nothwendige gewährt habe. Drei Tage später aber brach die Revolution mit neuer Kraft am Südende Italiens, auf der unfügsamen Insel Sicilien aus. Dorthin reichte die gefürchtete Hand Oestreichs kaum; der Aufstand, von langer Hand vorbereitet, beinahe wie ein Festspiel vorher angekündigt, brach am 12. Januar zu Palermo los. Unter unbedeutendem Gefecht zwischen dem aufgewiegelten Volke und den königlichen Truppen verstrich der erste Tag; auch in den nächsten Tagen kam es nicht zu einem Hauptkampfe, da das Volk nicht mit Waffen versehen war. Am 15. Abends landete eine neapolitanische Flotte von neun Kriegsdampfern, unter dem Befehl des Grafen Aquila, eines Bruders des Königs, welcher am 16. eine ansehnliche Truppenmacht ausschiffte. Den Versuchen zu unterhandeln, welche durch Beschießung der Stadt unterbrochen wurden, stellte das Comité, welches den Aufstand leitete, als den Ausdruck allgemeinen Entschlusses entgegen, daß das Volk seine Waffen nicht niederlegen werde, als bis es seine eigene Verfassung, die einst vom Könige beschworen und von den Mächten anerkannt worden sei, wieder habe; vergebens schüttete der Generalstatthalter, Herzog de Majo, ein Füllhorn von Concessionen und Versprechungen aus, am 25. wurde das Bombardement der Stadt erneuert, der Kampf dauerte den ganzen Tag hindurch und in der Nacht erklärten die Generale, von dem Statthalter befragt, daß der Rückzug der Truppen nothwendig sei. Zum Theil noch in der Nacht ward er bewerkstelligt; auch in anderen Städten, Girgenti, Catania, Caltanisetta, Trapani siegte der Aufstand. — Grausamkeit neben Hochherzigkeit, wie überall in diesen südländischen Revolutionen. Das Comité nahm den Charakter einer provisorischen Regierung an, an deren Spitze ein erprobter Führer im Kampfe Siciliens um seine Unabhängigkeit, Ruggiero Settimo, stand.

Dieser Aufstand wirkte auf die liberale Partei in Neapel selbst; es schien, als brauche man nur Ernst zu machen, um die Regierung geschmeidig zu machen. So geschah es in der That; eine tumultuarische Bewegung, deren Loosungswort: es lebe der König und die Verfassung war, wurde von König Ferdinand, der ein Mann von Verstand war, mit Verleihung einer vorläufigen Verfassung erwidert, und mit großer Genugthuung begrüßte die Bevölkerung dieses Zugeständniß, welches dem neapolitanischen Staate die Ehre gab, zuerst in constitutionelle Bahnen eingelenkt zu haben. Freisinnige Männer, die wie Karl Poerio und Bozelli lange Jahre in den Kerkern des absoluten Regimes gelegen, wurden zu Ministern ernannt, am 10. Februar wurde die Verfassung förmlich verkündigt, am 24., demselben Tage, wo an einem anderen Orte der welterschütternde Umschwung geschah, vom König, den Prinzen und den höchsten Beamten beschworen.

In Sicilien fand diese Verfassung keine günstige Aufnahme. Das Herz der Bevölkerung stand auf Losttrennung und am 3. Februar schon hatte das Comité in Palermo, das allgemeinen Gehorsam fand, selbst in Messina, das unter den Kanonen des noch von neapolitanischen Truppen besetzten Forts stand — sich gegen die Verfassung und für Herstellung eines besonderen sicilianischen Parlaments in Gemäßheit der Verfassung von 1812 erklärt.

Der Ausbruch der Revolution in Sicilien rief aber auch im übrigen Italien revolutionäre Kundgebungen hervor. In Turin traten die Vertreter der Presse, als die Nachrichten von Sicilien und Neapel eintrafen, zu einer Versammlung zusammen, und eines der Häupter der piemontesischen Liberalen, Graf Cavour, beauftragte, den König um Verleihung einer Verfassung anzugehen. Der Stadtrath von Turin, dem sich andere Städte anschlossen, eignete sich diesen Antrag an. Der König Karl Albert, Staatsmann genug, um zu erkennen, wie bedenklich es für die so nothwendige königliche Autorität ist, unter dem Druck tumultuarischer Pression eine Verfassung zu geben, veröffentlichte gleichwohl am 8. Februar die Grundzüge einer Verfassung, ein Fundamentalstatut; bemerkenswerth und in diesem Lande ein großer Fortschritt war, daß in demselben zwar die katholische Religion als Staatsreligion anerkannt, dabei aber die Duldung anderer Culte ausgesprochen ward, und dem entsprechend kurz darauf den Waldensern die bürgerlichen Rechte eingeräumt wurden. Dieser günstigen Wendung der Dinge folgten Feste, namentlich ein großartiges Verbrüderungsfest zu Turin, bei welchem aber auf den Wunsch des vorsichtigen Königs nur die sardinischen Farben, nicht die italienischen, erschienen.

Dieselbe Bewegung kam auch um dieselbe Zeit in Toscana zum Siege, wo am 11. Februar die amtliche Zeitung ankündigte, daß es Absicht des Großherzogs sei, seinem Volke in einer Verfassung diejenigen Freiheiten und Bürgschaften zu geben, für welche es vollkommen reif sei, auf welche er auch mit seinen seitherigen Reformen abgezielt habe. Auch hier feierten Feste das freudige Ereigniß, bei denen man mit besonderem Danke Englands gedachte, das nicht anstand, in vollem Gegensatz gegen Rußland und Oestreich, dessen verblendeter Staatslenker Metternich noch immer nicht merkte, wieviel die Uhr geschlagen, durch den Mund Lord Palmerston's offen seinen Beifall über die neueingeschlagene constitutionelle Bahn zu erkennen zu geben.

In Rom bedrängte man den Papst, von dem ja die ganze Bewegung, wie man sich fortwährend zu glauben die Miene gab, eigentlich ausgegangen war, mit lärmenden Demonstrationen, welche hauptsächlich auf Verstärkung des Laienelements im Ministerium und gegen die Jesuiten, in deren verhaßten Namen man Alles was der Freiheit feind war zusammenfaßte, gerichtet waren. In der That bildete der Papst ein neues Ministerium, in welchem mehrere wichtige Gebiete an Laien gegeben waren. Allein dieses Zugeständniß und der Segen, den er bereitwillig der Volksmenge spendete, genügten nicht mehr, als die Nachrichten von den Versprechungen in Turin und Toscana kamen; auch hier, Bologna voran, begehrte man eine Verfassung; der Papst schwankte noch, als die Katastrophe in Paris eintrat.

In den Festjubel zu Turin und allerwärts mischten sich bittere Empfindungen und allerlei Trauerdemonstrationen, da eben in jenen Tagen (23. Februar) die Nachricht kam, daß im lombardisch-venetianischen Königreiche das Standrecht proclamirt sei. Hier lebten fünf Millionen Italiener unter einer Herrschaft, gegen welche, wie immer sie sich anstellen mochte, diese ganze Bevölkerung gleichsam mit jedem Athemzuge protestirte. Man hat es oft der Metternich'schen Verwaltung zu besonderem Ruhme angerechnet, daß sie, sehr im Gegensatze zu den meisten der nationalen italienischen Regierungen, sich die Pflege der materiellen Interessen besonders habe angelegen sein lassen. Daß in der langen Friedenszeit Production und Wohlstand in dem gesegneten Lande gestiegen waren, ist zweifellos und daß davon manches der Regierung gutgeschrieben werden muß, geben auch unbefangene italienische Patrioten zu; aber der Mensch, wie vielmehr ein Volk lebt nicht vom Brode allein; und wäre die Verwaltung selbst noch so gut gewesen, wäre der Beamtenstand selbst nicht durch das unter diesen Umständen schwer entbehrliche Spionirsystem verdorben, der jedem materiellen Fortschritt unentbehrliche geistige nicht durch eine geistlose Censur gehemmt und verkümmert gewesen: es war eine Regierung von Fremden, eine Regierung kraft des Eroberungsrechts. Der Polizei, den stets wachsenden Truppenmassen zum Trotz organisirte sich der Widerstand. Der alte Marschall Radetzky, einsichtiger als Metternich, erkannte, daß die Revolution schon vorhanden sei und daß dies Land nicht anders zu regieren sei als militärisch; und so geschah es, indem man aufs Brutalste gegen jene Rauchdemonstrationen einschritt — was freilich den schwergereizten Soldaten nicht weiter übel genommen werden kann.

So schleppten sich die unerquicklichen Zustände hin; in allen Garnisonstädten wiederholten sich die Reibungen und Rauchtumulte; die ganze Bevölkerung war fieberhaft aufgeregt durch die Vorgänge im übrigen Italien, durch die Haltung Englands, durch das Bewußtsein, daß die italienischen Dinge jetzt in Fluß, daß ihr Gang unaufhaltsam sei; in diese Stimmung schlug wie die Flamme in ein Pulverfaß die Nachricht von der Februarkatastrophe in Paris.

4. Frankreich.

Das Ministerium, welches Louis Philipp am 12. Mai 1839 gebildet hatte, und dem wiederum der Marschall Soult seinen Namen lieh, hielt sich nicht lange. Ein Votum der Kammer, welche mit 226 gegen 200 Stimmen den Antrag auf Dotation des Herzogs von Nemours bei Gelegenheit seiner Vermählung mit einer Prinzessin von Coburg ablehnte (20. Februar 1840) machte seinem Dasein ein Ende und der König beauftragte nun Thiers mit der Bildung einer neuen Verwaltung. Am 1. März hatte dieser seine Liste fertig: er selbst übernahm den Vorsitz im Cabinet und das Auswärtige, Remusat, ein Gelehrter von Ruf, das Innere, Vivien Justiz und kirchliche Angelegenheiten, Cousin Unterricht und Cubieres das Kriegsdepartement: die Namen der Uebrigen sind für die allgemeine Geschichte ohne Bedeutung. Es war ein Ministerium, das dem König von der parlamentarischen Nothwendigkeit aufgedrungen war. Aber Thiers, der errungenen Macht froh, hielt sich, was die innere Politik betraf, ziemlich in den Geleisen seiner Vorgänger; er verlangte und erhielt reichliche Mittel für die unerläßlichen „geheimen Ausgaben", wie die seitherigen Ministerien, und ebenso die nöthigen Millionen, um den Eisenbahngesellschaften, deren Arbeiten ins Stocken gerathen, wieder Muth zur Fortsetzung derselben zu machen; auf das Nebenhalten und auf Vorführung nationaler und populärer Schaustücke und Schaugerichte verstand er sich besser, als irgend ein Minister vor ihm. Unter diesen Schaustücken ist die Einweihung der Denksäule der Julikämpfer, deren Gebeine in dem Gewölbe des Monuments beigesetzt wurden, auf dem Platze, wo früher die Bastille gestanden, und die Heimholung der Reste Napoleon's I. von St. Helena besonders hervorzuheben. Die englische Regierung hatte gegen das Letztere nicht die mindeste Schwierigkeit erhoben. Lord Palmerston hatte, sehr verzeihlich, ein Lächeln nicht ganz unterdrücken können, als ihm Guizot, der französische Gesandte in London, den Wunsch seiner Regierung vortrug; am 12. Mai wurde der Kammer der Entschluß angezeigt, und ein Sohn des Königs, der Prinz Joinville, begab sich an Bord der Fregatte La belle Poule, um den letzten Wunsch des Kaisers, daß seine Gebeine in Frankreich, welches er stets so sehr geliebt habe, ruhen sollten, zu vollstrecken.

Diesen Moment achtete der Prinz Louis Napoleon, der in England lebte, zu einer Wiederholung des Versuchs, das Napoleon'sche Kaiserthum durch einen Handstreich wieder aufzurichten, für geeignet. Der Versuch, ohne Sinn und Verstand unternommen, mißlang auf eine fast lächerliche Weise. In der Nähe von Boulogne landete am 6. August Morgens 4 Uhr die Gesellschaft, der Prinz und einige ihm befreundete Abenteurer, welche auf der Ueberfahrt den Champagner nicht gespart hatten. Die Aufforderungen an einige Zollwächter und an den Posten am Eingang der Stadt, sich der großen Sache anzuschließen, hatten keinen Erfolg; auch in der Caserne des 42. Regiments, wo sie nun ihr Heil versuchten, richteten sie nichts aus. Es wurde Zeit, nach dem Meere umzukehren; der Prinz und einige seiner Begleiter erreichten eben noch das Boot, welches sie nach ihrem Schiffe, der Castle of Edinburgh, zurückbringen sollte. Aber das Boot schlug um; zum Glück waren die Verfolger nahe genug, um den Prinzen noch aus dem Wasser zu ziehen. Er ward vor den Pairshof gestellt, führte vor diesem eine sehr trotzige Sprache — „ich vertrete eine Sache, es ist die des Kaiserreichs, ein Princip, die Souveränetät des Volkes, eine Niederlage, Waterloo" — und wurde zu lebenslänglichem Gefängniß verurtheilt. Im Gefängnisse zu Ham bezog er die Zimmer, welche der Fürst von Polignac bewohnt hatte. Der Proceß, wie das ganze Abenteuer, dessen lächerliche Einzelnheiten man nach und nach erfuhr — unter den Acteurs befand sich unter Anderem auch ein lebender Adler, der im gegebenen Augenblick seine Rolle spielen sollte — machte nur geringen Eindruck; erst später, als dieser Mann zu einer großen und verhängnißvollen Rolle in Europa berufen ward, nahm man sich die Mühe, die Proclamationen etwas näher zu studiren, welche in jener Morgenstunde in Boulogne ausgestreut worden waren, und in welchen der Abenteurer von damals sich auf die wahren Interessen und den Willen der Massen zu stützen verhieß und nicht Halt zu machen gelobte, bis er den Degen von Austerlitz zurückgenommen, die Völker unter Frankreichs Fahnen zurückgeführt, das Volk in seine Rechte wieder eingesetzt habe; zum Chef seiner provisorischen Regierung hatte er keinen Anderen als den damaligen Ministerpräsidenten Thiers bestimmt. Es schien fast, als wolle dieser seinerseits den Degen von Austerlitz auf eigene Rechnung ergreifen. Die überaus ungeschickte Weise, mit welcher Frankreich die orientalische Frage behandelte, führte, wie wir sahen, zu dessen völliger Isolirung; der Vertrag der Quadrupelallianz vom 15. Juli aber, in welchem diese Isolirung zu Tage trat, wurde von der öffentlichen Meinung in Frankreich, der Anfangs auch der König zustimmte, als eine tödtliche Beleidigung aufgefaßt, für welche Genugthuung, eclatante, unverzügliche, geholt werden müsse. Diese Genugthuung, so verlangte tumultuarisch und leidenschaftlich die gesammte Presse, sollte zum mindesten in der Rückeroberung der Rheingränze bestehen, welche den beständigen und nächsten Zielpunkt des unruhigen Ehrgeizes der Nation bildete, und welche ihrer Unwissenheit als die natürlichste und leichteste Sache von der Welt erschien. Rüstungen wurden sofort angeordnet, eine Anleihe von 100 Millionen angekündigt und mit der Befestigung von Paris, zu der man seither das Geld von der Kammer nicht hatte erlangen können, alsbald, indem die Regierung die gute Gelegenheit beim Kopfe nahm, begonnen.

Allein bei reiferer Ueberlegung zeigte es sich doch schwieriger, als man gedacht, ohne einen andern Bundesgenossen als den Vicekönig von Aegypten, dem gesammten Europa die Stirne zu bieten und der König wie die herrschenden Gesellschaftsclassen fanden es nachgerade mißlich, einen zweiten Bundesgenossen, dessen Macht sie weit überschätzten und den sie mit einem viel und darum mitunter auch nichtssagenden Ausdruck die Revolution nannten, zu Hülfe zu rufen, wie sie hätten thun müssen, wenn der Kampf nicht von vornherein aussichtslos sein sollte. Der Rückzug ward angetreten, die französische Flotte, „um sie näher zur Hand zu haben" aus der Levante zurückgerufen und in einer Note vom 8. October, welche diesen Rückzug maskiren sollte, erklärt, daß Frankreich die vom Sultan verhängte Absetzung Mehemed Ali's nicht anerkenne, für den Vicekönig den Besitz von Aegypten „verlange", die Versagung dieses Zugeständnisses als Kriegsfall betrachten werde. Diese lächerliche Note, die mit großem Gepolter verlangte, was von vornherein feststand, gab dem Könige Gelegenheit sich seines Ministeriums zu entledigen, dessen geistiges Haupt, Thiers, ihm nicht sympathisch sein konnte.

Am 29. October 1840 war das neue Cabinet gebildet, dem wieder Soult den Namen lieh, dessen leitendes Haupt aber Guizot war, der seither Gesandter in London gewesen und dessen ernstes, bestimmtes Wesen und conservative Gesinnung dem Könige mehr zusagte als die unruhige Beweglichkeit des abgetretenen Ministers. Im Wesentlichen war das neue Cabinet das Ministerium vom 12. Mai 1839, Duchatel Inneres, Humann Finanzen, Teste öffentliche Arbeiten, Villemain Unterricht; es trug einen conservativen Charakter und blieb, obwohl die untergeordneten Mitglieder wechselten, doch ununterbrochen am Ruder bis zu der großen Katastrophe, welche in der Mitte des Jahrhunderts das ganze Leben Europas auf neue Bahnen führen sollte.

Die Thronrede vom 5. November lautete demnach ziemlich friedlich. Die orientalische Frage kam zu einem gütlichen Abschluß und der Dardanellenvertrag vom 13. Juli 1841 zeigte Frankreich wieder an seiner Stelle im Concert der Großmächte. Der Opposition blieb nur die Genugthuung, das Ministerium, welches die Erbschaft der großen Fehler der Politik Thiers' hatte übernehmen müssen, als „Ministerium des Auslands" zu brandmarken.

Inzwischen war die Fregatte, welche den Leichnam Napoleon's trug, zurückgekehrt. Ein Dampfer brachte den Sarg die Seine herauf, den bei Courbevoie ein pomphafter Leichenwagen aufnahm. Unter dem Donner der Kanonen, dem Geläute aller Glocken, zwischen den Massen der aufgebotenen Nationalgarde und Linientruppen, von unzähligen Neugierigen geleitet, aus deren Mitte wohl gelegentlich ausbrechendes wüstes Geschrei „Rache an Europa" verlangte, gelangte der Sarg nach der ihm bestimmten Ruhestätte im Dom der Invaliden (15. December). Unter dem nachwirkenden Einfluß der kriegerischen Gedanken, welche dieses an unfruchtbarem Lärm so reiche Jahr hervorgerufen, wurde auch die wichtigere Angelegenheit der Befestigung von Paris, welche sonst schwere Stürme erregt haben würde, ohne Schwierigkeit beendigt. Thiers hatte den Augenblick benutzt, wo der Kriegslärm die Stimme der Kritik übertönte, und die Sache in Fluß gebracht; man mußte sie jetzt zu Ende führen, und um den Verdacht zu entkräften, als sei es der Regierung nur darum zu thun, beherrschende Stellungen gegen die unruhige Bevölkerung von Paris selbst zu gewinnen, wurde zu den detachirten Forts, auf welche ursprünglich der Plan allein gerichtet gewesen war, unnöthiger Weise auch noch Wall und Graben um die Stadt selbst her gefügt. Die Kosten dieses Plans, von dessen Ausführung der zuversichtliche Patriotismus seines Urhebers die Unüberwindlichkeit Frankreichs erwartete, wurden auf mindestens 140 Millionen Francs veranschlagt.

Das Ministerium Thiers war dem Lande theuer genug zu stehen gekommen. Der Finanzminister Humann mußte der Kammer für die Jahre 1840 und 1841 ein Deficit von 412, für 1842 ein weiteres von 115 Millionen ankündigen, zugleich mit der Bemerkung, welche Herr Thiers in Erwägung ziehen konnte: daß man auf die bisherige Weise nicht weiter wirthschaften dürfe, wenn man das Land nicht dem finanziellen Ruin entgegenführen wolle. Eine Anleihe von 450 Millionen half dem augenblicklichen Bedürfniß ab, eine dauernde Mehreinnahme hoffte man von einer Berichtigung der Steuerlisten auf Grund einer neuen Volkszählung; es war kein günstiges Zeugniß für die politische Reife des französischen Volkes, daß es wegen einer so gemeinnützigen und nothwendigen Maßregel an vielen Orten zu Widersetzlichkeiten der Gemeindebehörden, in einzelnen Städten wie Toulouse und Clermont Ferrant in der Auvergne zu ernsten Unruhen kam.

Dies war nicht die einzige Form, in welcher ein erbitterter Kampf gegen die Regierung geführt wurde. Auch die Presse, die legitimistische, die oppositionelle und die radicale fochten mit steigendem Ingrimm gegen ein Ministerium, welches mit Festigkeit das Gesetz handhabte; und, was schlimmer war, die Geschworenen sprachen selbst in solchen Fällen frei, wo die Uebertretung des Gesetzes unzweifelhaft war; so völlig war in Frankreich das einfache Rechtsbewußtsein von der politischen Agitation unterjocht. Dann und wann erschloß sich bei solchen Gelegenheiten ein Blick auf die untersten Schichten des Volkes, die durch Schriften und Ideen in Gährung versetzt wurden, welche ihre Urheber zum Theil selbst nicht verstanden, und welche sich dann unter den arbeitenden Classen zu einem wilden Hasse gegen die bestehende Gesellschaftsordnung verdichteten, einem Haß, der einzelne verwahrloste oder exaltirte Menschen zu blutigen Thaten anreizte. Eine solche wurde am 13. September 1841 gegen den Herzog von Aumale versucht, der, von Algier zurückgekehrt, an der Spitze seines Regiments in Paris einritt. In der Vorstadt St. Antoine fiel ein Schuß auf die Gruppe der königlichen Prinzen, ohne weitere Wirkung als die Verwundung eines Pferdes. Der Proceß gegen den Thäter, einen Arbeiter, Quenisset, ließ die Ideenwelt erkennen, in welchem ein Theil der arbeitenden Classen lebte. Die Session, welche am 27. December jenes Jahres eröffnet wurde, gab der Unzufriedenheit neuen Stoff an unrechter Stelle. In Folge von Unterhandlungen, welche zum Behufe der Unterdrückung des Sclavenhandels zwischen den fünf Mächten geführt worden waren, war am 20. December 1841 ein Vertrag, der sogenannte Fünfmächtevertrag zu Stande gekommen, welcher Kriegsschiffen gestattete, Handelsschiffen gegenüber das Recht der Durchsuchung zu jenem Zwecke zu üben. Nichts auf der Welt war einfacher und natürlicher, das Recht gegenseitig, also für keine einzelne Macht empfindlich; allein der kindische Dünkel der Franzosen sträubte sich dagegen und sah in der Anerkennung des Durchsuchungsrechts eine Unterwerfung des „Ministeriums der Fremde" unter den englischen Einfluß. Guizot war genöthigt, die Unterschrift zu jener Londoner Uebereinkunft zu versagen, wenn er nicht sein Ministerium zu Falle kommen lassen wollte.

Die matte Unterstützung welche die Regierung bei dieser Kammer fand, bestimmte sie, am 13. Juni 1842 nach geschlossener Session dieselbe aufzulösen. Während die neuen Wahlen vor sich gingen, traf das Julikönigthum unerwartet ein furchtbarer Schlag, der die Zukunft der Dynastie und des Landes aufs Neue in finstere Wolken hüllte. Am 13. Juli wollte der Herzog von Orleans, der nächste am Thron, nach dem Lustschlosse der Familie in Neuilly fahren; auf den Champs elysees wurden die Pferde scheu und der Kutscher verlor die Zügel; indem der Prinz heraussprang ihm zu helfen, glitt er aus und ward auf das Pflaster geschleudert. Besinnungslos wurde er nach dem nächsten Hause gebracht; der alte König und die übrigen Glieder wurden herbeigerufen, aber der Prinz erwachte nicht wieder; 4 Stunden später war er verschieden.

Der Prinz, ein gerader, wohlwollender, ehrenhafter Mann, hätte vielleicht die Aufgabe hinausführen können, die dem Vater seine Vergangenheit, seine Ueberklugheit, sein Alter erschwerte; diese Hoffnung trug man mit Ferdinand Philipp zu Grabe. Das Erste, was vers<unclear></unclear>gemäß der neuen Kammer, in welcher die Verhältnisse der Parteien sich nicht wesentlich geändert hatten, bei ihrem Zusammentritt am 26. Juli oblag, war ein Regentschaftsgesetz für den sehr möglichen, bei dem französischen Nationalcharakter stets an besonderen Gefahren reichen Fall eines minderjährigen Königs; der jetzige Thronfolger, der Graf von Paris, war erst vier Jahre, der König 69 Jahre alt. Das Regentschaftsgesetz, welches die Regierung vorlegte, bestimmte den zweiten Sohn des Königs, den Herzog von Nemours, zum Regenten. Er war der am wenigsten volksbeliebte unter den Söhnen des Königs; und die liberale Opposition setzte dem Vorschlag die Regentschaft der Herzogin entgegen, deren Geschlecht und Persönlichkeit einem rein parlamentarischen Regime günstiger schien; in 15 Sitzungen wurde die Frage behandelt, bei welcher der Dichter Lamartine mit gefühlvoller Rhetorik die Rechte der Mutter verfocht, während Thiers, der sich bereit hielt eines Tages wieder in die Regierung einzutreten, die Vorlage des Ministeriums unterstützte. Mit 310 gegen 94 Stimmen wurde sie angenommen. Darauf wurden die Kammern vertagt und traten erst wieder im Januar 1843 zu ihrer regelmäßigen Sitzung zusammen. Es war eine ruhige Session, das Jahr für den König glücklicher als das vorhergehende; zwei seiner Kinder, die Prinzessin Clementine und der Prinz von Joinville vermählten sich, und sein Sohn Aumale nahm unter den Auspicien des Generals Bugeaud einen rühmlichen Antheil an den Kämpfen in Algerien, wo es gelang, den gefährlichsten Feind der französischen Herrschaft, den Emir Abdelkader zum Uebertritt auf marokkanisches Gebiet zu nöthigen. Im September empfing Ludwig Philipp auf Schloß Eu den Besuch der Königin Victoria von England, des ersten gekrönten Hauptes, das sich zu solchem Schritte entschloß, während die übrigen — sehr zu ihrem Nachtheile, wie sich zeigen sollte — durch geflissentliche Nichtachtung des nur quasilegitimen Königthums an ihrem Theile dazu beitrugen diesen Thron zu untergraben. Im folgenden Jahre erwiderte der König den Besuch in Windsor und das „herzliche Einverständniß", die Entente cordiale zwischen England und Frankreich bildete einen Theil des ministeriellen Programms und unter anderm Namen eines der Angriffsobjecte der Opposition.

Diese Befestigung der Usurpation gab der legitimistischen Partei, welche in Plumpheit und Rohheit ihrer Angriffe nicht ohne Glück der radicalen den Rang streitig machte, den Antrieb zu einer geräuschvollen Demonstration, für welche sie ihren König, Heinrich V., den Herzog von Bordeaux, der gewöhnlich zu Frohsdorf bei Wien residirte, zu einer Reise nach London veranlaßten. Dorthin nach dem Hotel in Belgrave-Square, wallfahrtete nun mehrere Wochen lang während des November 1843 die legitimistische Welt Frankreichs, der hohe Adel, die Landedelleute der Vendée und der Bretagne, auch einiges „Volk", das zur Staffage nicht fehlen durfte, Handwerker und Bauern auf Parteikosten, um von dort mit einem Lächeln oder einem nichtssagenden Worte des Grafen von Chambord — dies war das Incognito des Fürsten, der am englischen Hofe nicht empfangen wurde — wieder zurückzukehren. Die Thronrede enthielt sich klüglicher Weise jeder Anspielung auf den im Ganzen sehr unschuldigen oder zum mindesten sehr unschädlichen Vorgang, bei welchem der Gefeierte selbst keinerlei Proben besonderer Fähigkeiten abgelegt hatte. Dagegen war man thöricht genug, von Seiten der Kammer eine Antwort hervorzurufen. Sie nahm in ihre Adresse die Worte auf „das öffentliche Gewissen brandmarkt strafbare Kundgebungen; unsere Julirevolution hat, indem sie den Bruch des beschworenen Wortes bestrafte, der Heiligkeit des Eides bei uns die Weihe ertheilt"; — man hätte besser gethan, in dieser Gesellschaft, in der nicht Wenige sich noch zu manchem anderen Eide bequemen sollten, von der Heiligkeit des Eides zu schweigen. Ein großer Sturm erhob sich, als Berryer, der beredteste und begabteste Führer der Legitimisten, in der Kammer dem Minister vorwarf, daß er, Guizot, selbst einst nach Gent in das Lager der Feinde Frankreichs gewallfahrtet sei, um über das Schlachtfeld von Waterloo nach Frankreich zurückzukehren. Diesem Vorwurf aus dem Munde eines Legitimisten gegenüber hatte Guizot Recht, wenn er, als er endlich das Wort sich erkämpft, mit ächt gallischer Phrase den Gegner niederwarf: „häufe man die Beleidigungen so hoch man will, die Höhe meiner Verachtung werden sie niemals erreichen."

Ein anderer Anlaß zu heftigem Angriff bot sich der Opposition, die bei viel Talent wenig Gewissen hatte, in einem an und für sich höchst unbedeutenden Handel, welcher schlecht zu dem herzlichen Verständniß mit England paßte, dessen der König in der Thronrede rühmend gedacht hatte. Der Admiral Dupetit-Thouars hatte im Mai 1842 in dem weiten Inselmeer Oceaniens eine werthlose Eroberung gemacht, indem er die Gruppe der Marquesas-Inseln in Besitz genommen, und von da nach den Gesellschaftsinseln gesegelt war, wo die Königin, die über die waffenlosen und harmlosen Barbaren herrschte, ihre Insel unter den Schutz und die Oberhoheit Frankreichs stellte (9. September 1842). Auf Eingebung eines englischen Missionars Pritscharb, der dort auf Otaheiti als englischer Consul fungirte, schien Königin Pomare jedoch Lust zu zeigen, dieser Botmäßigkeit sich wieder zu entziehen, was der Admiral mit ihrer Absetzung und mit förmlicher

Besitznahme der Insel erwiderte. Er hatte ohne Auftrag seiner Regierung gehandelt und diese machte seinen plumpen Fehler gut, indem sie das alte Verhältniß wieder herstellte. Dies war genug, um die Opposition zu der abgeschmackten Anklage zu bewegen, daß Guizot, schlimmer als Polignac, der nur die Freiheit preisgegeben, die Ehre Frankreichs verrathen habe. Ein Antrag in der Kammer, das Verfahren des Ministeriums zu tadeln, fiel jedoch durch; die Opposition mußte sich begnügen in den Zeitungen zu lärmen und Geldsammlungen zu einem Ehrendegen für den tapferen Admiral zu veranstalten, der die Ehre Frankreichs gegenüber einer Königin harmloser Wilder und einem englischen Missionar so rühmlich vertreten.

Was den Franzosen in Wahrheit bei diesem Handel so ärgerlich war, war dies, daß sie allenthalben, wo sie die Lust zu einem Abenteuer anwandelte, dem wachsamen Auge Englands begegneten. Dies war auch der Fall bei den Verwickelungen mit Marokko, zu welchen ihre Stellung in Nordafrika Anlaß gab.

Der flüchtige Abdelkader nämlich suchte, wie einst in alten Tagen Jugurtha den Mauretanierkönig, Bochus, wider die Römer, den Kaiser von Marokko, Muley Abberrhaman, zum gemeinsamen Kampfe wider die Franzosen aufzustacheln; einem Kampfe, zu welchem seine Unterthanen, strenge Muhammedaner, denen der Krieg gegen die Ungläubigen durch den Koran geboten ist, ihn drängten. Bald stand man an den Gränzen sich feindlich gegenüber. Die Franzosen befestigten sich auf streitigem Gebiete und es kam, während noch unterhandelt wurde, zu einem Kampfe, in dessen Folgen Marschall Bugeaud nun wirklich die Gränze überschritt, und die marokkanische Stadt Ubja besetzte. Der Sohn des Sultans rückte mit einem Heere heran; auf der andern Seite ward der Prinz von Joinville mit einem Geschwader nach der marokkanischen Küste geschickt. Noch immer war der Krieg nicht erklärt; der englischen Regierung war die drohende weitere Ausdehnung der französischen Herrschaft in Nordafrika unerwünscht und sie suchte, auf Grund eines französischen Ultimatums an den Kaiser von Marokko, zu vermitteln. Während der Prinz von Joinville vor Tanger lag, erhielt er (4. August) die Nachricht, daß der Sultan, den der englische Gesandte zu Tanger endlich aufgefunden hatte, das französische Ultimatum annehme; aber da er diese Nachricht nicht in amtlicher Form erhielt, so glaubte er, daß es den Marokkanern und vielleicht auch den Engländern nicht schaden könne, wenn sie noch vorher eine Lection erhielten, und er zerschoß am 6. August die Festungswerke des marokkanischen Hafenplatzes Tanger und am 15. auch das südlich davon gelegene Mogador. Unterdessen waren auch die Landheere einander nahe gekommen. Am Islyfluß hatte der Sohn des

Sultans, Muley Mahomed, sein Lager; im Angesicht des Feindes, am 14. August ging Marschall Bugeaud, unbekannt mit dem Erfolg der englischen Vermittelung, mit seinem Heere von 10,000 Mann über den Fluß und zersprengte in vierstündigem Kampfe die barbarische Uebermacht.

Der Krieg war entschieden; die marokkanischen Truppen stellten sich nicht wieder. Der Kaiser von Marokko suchte den Frieden und erhielt ihn zu denselben Bedingungen, deren Ablehnung die Feindseligkeiten herbeigeführt hatte — Vertreibung Abdelkaders vom marokkanischen Gebiete und Gränzberichtigung zu Gunsten der Franzosen. Eine Kriegskostenentschädigung ward nicht bedungen; man würde, meinte der Herzog von Isly, dieselbe, wenn sie auch die Marokkauer zehnmal versprächen, sich doch durch einen neuen Krieg erst selbst holen müssen. Ein ministerielles Organ, das Journal des Debats, verdeckte dies durch eine prachtvolle Redewendung, die späteren Zeiten bei ähnlichen unfruchtbaren Lorbeeren zu Gute kam: daß Frankreich reich genug sei, seinen Ruhm zu bezahlen. Unter der französischen Bevölkerung aber, welche an dem neuen Siege sich berauscht hatte, erregte diese Milde große Verstimmung, da man sie dem englischen Einfluß zuschrieb, den man zu derselben Zeit aufs Neue in der noch immer nicht geschlichteten Otaheitischen Angelegenheit übermächtig glaubte. Dort nämlich hatte sich die Königin nach ihrer Absetzung durch den französischen Admiral auf ein englisches Kriegsschiff begeben, während der englische Consul, Pritschard, wie die Franzosen ihn beschuldigten, die Eingeborenen bei ihrem passiven Widerstande gegen die Franzosen unterstützte, weshalb diese denselben kurzer Hand verhafteten. Das ging denn den Engländern doch über den Spaß. Sir Robert Peel beschwerte sich über die „grobe Beleidigung" und, nachdem einige Noten gewechselt waren, verstand sich die französische Regierung zu einer Geldentschädigung von 1000 Pfd. an den Missionar.

So unbedeutend die Sache an sich war, so gab sie doch den Ende December (1844) wieder zusammentretenden Kammern Anlaß zu den heftigsten Angriffen auf die Regierung. In der Pairskammer war es der Graf Molé, in der Deputirtenkammer Thiers, welche der Opposition vorankämpften; nur mit 213 gegen 205 Stimmen siegte die Regierung, gegen welche man mit hochdaherfahrenden Worten das reizbare Nationalgefühl des Volkes aufstacheln konnte, dessen Eitelkeit die Ereignisse von 1789—1815 ins Maßlose gesteigert hatten, ohne es aus seiner verächtlichen Unwissenheit herauszuheben, und das so namentlich in Fragen auswärtiger Politik eine leichte Beute jedes Zungendreschers war. Im Uebrigen ging die Session doch verhältnißmäßig ruhig zu Ende. Ein Angriff von Thiers, welcher die endliche strenge Vollziehung der in Betreff der Jesuiten bestehenden Gesetze verlangte, — dieses Ordens, dessen zähe Lebenskraft jeder Waffe des Staates zu spotten schien und der sich denn auch seit der Julirevolution mit der ihm eigenen Geschicklichkeit im Benutzen der Zeitumstände wieder eines großen Einflusses bemächtigt hatte — wurde damit parirt, daß die Kammer der Regierung die Vollziehung der bestehenden Gesetze vertrauensvoll empfahl. Der Papst bot klüglich nach einigem Sträuben zu einem Ausgleich die Hand, indem er durch den Jesuitengeneral Pater Roothan eine Anweisung an die Ordensglieder richtete, der zu Folge diese ihre Unterrichtsanstalten und ihre Klöster schlossen oder deren Namen wechselten; die Sache selber blieb, wenn auch die Formen wechselten. Diese Macht innerlich zu überwinden, dazu traf im damaligen wie im späteren Frankreich Niemand Anstalt.

Auch die Kammersession von 1846 verlief ruhig. Nur die Oberfläche des parlamentarischen Lebens ward durch einige gleichzeitige Ereignisse, den Krakauer Aufstand und die Vorgänge in Galizien, die Entweichung des Prinzen Louis Napoleon aus seinem Kerker zu Ham, und einige neuere Mordversuche gegen die Person des Königs, deren man jetzt schon ein rundes Dutzend zählte, erregt; aber die Mehrheit der Kammer hielt fest zu der Regierung und als nach geschlossener Session die Kammer aufgelöst wurde und die neugewählte am 19. August für kurze Zeit zusammentrat, da erhielt die Opposition für ihren Präsidentschaftscandidaten Odilon Barrot nur 98 Stimmen; die ungeheure Mehrheit der Kammer also, eine Mehrheit, wie sie kaum zuvor eine Regierung in diesem Lande zur Verfügung gehabt, gehörte dem Ministerium. Vor diese selbe Kammer konnte die Regierung im Januar 1847 mit einem diplomatischen Siege in der spanischen Heirathsfrage treten, in welcher sie freilich mit Mitteln von zweifelhafter Ehrlichkeit den englischen Einfluß aus dem Felde geschlagen hatte. Die Heirath des Herzogs von Montpensier mit der Infantin Louise Ferdinande sollte nicht gleichzeitig mit der der Königin und ihrem Vetter stattfinden, so hatte man mit der englischen Regierung sich verständigt, als die Tories am Ruder waren; Lord Palmerston aber stellte einen Coburger als Bewerber um die Hand Isabellen's auf, was nun die französische Regierung bestimmte, sich ihrer Verbindlichkeiten entledigt zu glauben, ohne daß sie der englischen davon Mittheilung machte. Vergeblich wies Thiers, der diesmal Recht hatte, nach, daß diese verkehrte Handlungsweise das gute Einvernehmen mit England fast in demselben Augenblicke gestört habe, in welchem die Allianz der drei nordischen Mächte durch gemeinsame Vernichtung des Restes von Polen sich wieder festgeschlossen habe; mit 284 gegen 84 Stimmen votirte die Kammer ihre ergebene Antwortadresse auf die Thronrede.

So konnte die Lage der Dinge überaus befriedigend erscheinen und dem König wie seinem ersten Minister, der seit dem Rücktritte des alten Marschalls Soult auch dem Namen nach als Conseilspräsident an der Spitze der Verwaltung stand, erschien sie so. Die Charte war doch eine Wahrheit, der Wille des Landes sprach sich nach §. so und so dieser Charte in den Wahlen aus; in diesen Wahlen wurden die Abgeordneten gewählt, deren Mehrheit den „gesetzlichen Willen des Landes" repräsentirte; und hatten nicht diese Wahlen stets eine wachsende Mehrheit zu Gunsten dieses Ministeriums geliefert? regierte das Ministerium nicht im Einklange mit dieser Mehrheit?

So konnte es scheinen; die Wahrheit aber war, daß diese Mehrheit den Willen des Landes nicht mehr repräsentirte, und daß seit geraumer Zeit kein Fortschritt gemacht worden war, wie ihn ein Gemeinwesen nothwendig verlangt, wenn seine Verfassung gesund bleiben soll. Das bestehende Wahlgesetz legte die Wahlberechtigung in die Hand einer sehr kleinen Zahl von Wählern, und der Regierung wurde es nicht schwer, mit der ungeheuren Fülle der Macht, die sie in Händen hatte, die Wahlkörper und die Deputirten nach ihrem Willen zu lenken, und sie that dies mit dem Mittel einer großartigen, Anfangs anständigen, mehr und mehr aber schamlosen und unverhüllt getriebenen, theils mittelbaren theils sehr unmittelbaren Bestechung. Der Wahlbezirk, der einen gutgesinnten Deputirten wählte, hatte es an Schulbeiträgen, Staatszuschüssen zu irgend welcher gemeinnützigen Anstalt, Verkehrswegen u. s. w. zu spüren; der gutgesinnte Deputirte fand für sich selbst oder seine Bekannten und Verwandten, seinen Neffen, seinen Schwiegersohn Fürsprache und Förderung, einen Platz im Ministerium, eine Lieferung, eine Concession und sah seine eigne Brust mit dem vielbegehrten Ziele französischen Ehrgeizes, dem Band der Ehrenlegion geschmückt; waren es Beamte, so machte sich die Belohnung der Treue noch einfacher. Dieses System lag klar vor Augen und diese Art von Corruption wie jede andere bot dem gallischen Witz, dem es natürlicher ist das Laster zu belachen als sich darüber zu entrüsten, den dankbarsten Stoff; es hätte der großartigen Scandale kaum bedurft, um das Uebel aller Welt einleuchtend zu machen. Dergleichen Scandale häuften sich aber; die Verwaltung des Kriegshafens von Rochefort z. B. erwies sich als ein schamloses System betrügerischen Raubes Seitens seiner hohen und niederen Beamten; das Arsenal von Toulon ging in Flammen auf, als man im Begriffe stand, auch gegen seine Verwaltung eine Untersuchung einzuleiten, und Niemand wußte den Urheber des Brandes anzugeben und ausfindig zu machen; in den Getreidemagazinen des Kriegsministeriums fehlten 28,000 Centner; ein Unterbeamter hatte vor langen Jahren auf die unredliche Verwaltung des Directors die Aufmerksamkeit gelenkt, war aber ohne Untersuchung abgesetzt worden und im Elend gestorben. Das größte Aufsehen erregte der Proceß Teste=Cubières, bei welchem zwei ehemalige Minister betheiligt waren. Der eine, General Cubières, Pair von Frankreich, war 1841 einem Advocaten behülflich gewesen, von dem damaligen Minister der öffentlichen Arbeiten, Teste, die Concession zur Anlage eines Bergwerks zu erlangen, und der Letztere hatte dabei ein Geschenk von 94,000 Francs unter dem Schein einer Betheiligung bei jenem Unternehmen angenommen. Die Aufregung, welche diese Vorgänge erregten, gab auch einem anderen Verbrechen, das sonst nur den Annalen der Criminaljustiz angehören würde, eine gesellschaftliche Bedeutung: der Herzog von Praslin, ein Mann vom höchsten Adel, und gleichfalls Pair von Frankreich, ermordete auf grauenhafte Weise seine Frau, eine Tochter des Marschalls Sebastiani, und entzog sich dann den Richtern, indem er im Gefängniß sich vergiftete.

Schreckliche Symptome ohne Zweifel, wenn dergleichen Verbrechen unter den Höchstgestellten des Landes vorkommen; aber vielleicht schlimmer noch war es, daß selbst solche Verbrechen wie das letztgenannte, von der Presse im Dienst der Politik verwendet werden konnten, indem sie sich darin gefiel, alle jene Vorgänge gleichmäßig als Beweise unerhörter Sittenverderbniß unter den leitenden Classen der Gesellschaft darzustellen, und damit von vornherein eine Heilung der schweren sittlichen Gebrechen, an denen nicht blos die höchsten Kreise, sondern die französische Gesellschaft überhaupt litt, auf dem unrechten Wege lehrte. Vielmehr war ein Theil dieser Presse rüstig am Werk, gerade unter den am wenigsten eines eigenen Urtheils fähigen Classen des Volkes verkehrte und verbrecherische Ansichten mit Eifer zu verbreiten.

Es war richtig, daß die Gesetzgebung und die Regierung in den Händen des Reichthums sich befand und daß diese herrschenden Classen nicht, wie die Pflicht der Gesetzgebung und der Regierung ist, daran arbeiteten, diejenigen Classen, welche man mit einem verhängnißvoll unzutreffenden Wort die arbeitenden nannte, weil sie zur Fristung ihres Lebens nur immer auf den Tagesertrag ihrer Arbeit angewiesen waren, sittlich, intellektuell und soweit Regierung und Gesetzgebung dies vermag, auch materiell so weit zu heben, daß sie durch Fleiß, Sparsamkeit, hauswirthschaftlichen Sinn zu einem menschenwürdigeren Dasein gelangen konnten. In den Kammern, wo die Großindustrie, der Großgrundbesitz und das Beamtenthum das Wort führten, waren sie nicht vertreten und die Regierung schien ganz vergessen zu haben, daß außer der verfassungsmäßigen Volks=

vertretung, außerhalb des geweihten und bevorzugten Kreises, den man mit einem Ausdruck hartherzigen Pharisäerthums das „pays legal" nannte, berechtigte Wünsche, dringende Bedürfnisse, himmelschreiende Nothstände existirten; sie schritt nur mit plumper Gewalt ein, wo etwa wie in dem schlimmen Jahre 1846 die Noth die Unglücklichen zum Aufstande trieb. Kein Wunder, daß unter solchen Umständen Phantasten und Demagogen gröberen und feineren Schlags die Gemüther der Massen mit blinder Leidenschaft, ihre Köpfe mit verkehrten Ideen füllten. Wir haben der Verkehrtheiten St. Simon's und Fourier's gedacht; in ihre Fußtapfen trat im Anfange der vierziger Jahre ein gewisser Cabet mit einer Schrift „Reise in Ikarien," in welcher er eine Republik Ikarien oder Wolkenheim schilderte, in der man weder Geld noch Eigenthum noch Handel kennt, und wo die Republik das Arbeitsgeräth und die Rohstoffe liefert, die Arbeiten vertheilt und deren Erzeugnisse allen ihren Kindern gleichmäßig zu Gute kommen läßt. In weniger phantastischer, scheinbar wissenschaftlicherer Form, aber in gleich irriger und irreführender Weise gab Louis Blanc dem socialistischen Gedanken Ausdruck in seiner Schrift „über die Organisation der Arbeit" (1842), nachdem er schon zuvor in einem größeren Geschichtswerk die ersten zehn Regierungsjahre Louis Philipp's und der Bourgeoisie, die ihn erhoben im feindseligsten Sinne dargestellt hatte. In jener Schrift machte er, im Gegensatz zu dem was er den „Individualismus" nannte, den Vorschlag, daß „die Gesellschaft", die zu solchem löblichem Zweck mit einer starken Macht ausgestattet sein soll, mittelst einer Anleihe Nationalwerkstätten für die wichtigsten Industriezweige — auch der Betrieb des Ackerbaues sollte auf ähnliche Weise „organisirt" werden — gründe, Werkstätten, denen das nöthige Betriebscapital unverzinslich vorgestreckt werden würde. Der Lohn ist für Alle der nämliche; das Erbrecht wird nur für Eltern und Kinder beibehalten; die Hinterlassenschaft Derer, die ohne directe Nachkommen sterben, fällt dem Staate anheim. Der Gesetzgeber bedachte nicht, daß mit seinen Nationalwerkstätten, wenn sie wirklich ins Leben getreten wären, die Privatindustrie nicht mehr hätte concurriren können und aus dem Staate dann eine Republik Ikarien werden mußte. Was seine radicale Gesellschaftsconstruction, welche gleichwohl die letzten Consequenzen zu ziehen nicht wagte, noch verschwieg, das sprach ein schärferer und mächtigerer Geist als er, Proudhon, ein Mann, der unter Entbehrungen aufgewachsen, sich ein umfassendes Wissen auf den verschiedensten Gebieten erworben hatte, in dem oft wiederholten durch seine Keckheit imponirenden Paradoxon aus, das sein Urheber selbst das bedeutungsvollste Ereigniß der Regierung Louis Philipp's nannte: „Was ist das Eigenthum? Eigenthum das ist Diebstahl." Den Haß gegen das Königthum, als das Symbol und den Schlußstein der von ihnen bekämpften gesellschaftlichen Ordnung theilten alle diese Männer, deren Träume sich nur durch eine furchtbare Revolution verwirklichen ließen. Mit diesem Gedanken einer Revolution hielten nicht Wenige unter der Masse ihren Haß gegen die bestehende Ordnung rege, welche ihren berechtigten Ansprüchen kein Genüge verhieß, geschweige denn ihren Zukunftsphantasien und wilden Wünschen; sie begegneten sich darin mit dem radicalen Theile der Kammeropposition, ja selbst mit einigen der Gemäßigteren; denn auch diese spielten oder tändelten mit dem Gedanken einer Revolution, nur freilich, daß sie eine zahme und politische, nicht eine wilde sociale Revolution meinten.

Eine Zeit lang nun ging diese radicale oder republikanische Opposition mit der sogenannten dynastischen Opposition zusammen. Sie begegnete sich mit ihr in dem sehr naheliegenden Gedanken, die Beseitigung der unleugbaren großen Uebel in Staat und Gesellschaft in derselben Weise vorzubereiten und an demselben Punkte anzugreifen, wie 15 Jahre früher in England geschehen war, also vor Allem die Wahlreform, die Parlamentsreform zu verlangen. Der Verlauf dieser Agitation aber war in beiden Ländern gar sehr verschieden.

Wiederholt war die Frage der Reform der bestehenden Wahlgesetze in den Kammern zur Sprache gekommen. Schon unter der Restauration hatte man sich über die zu große Zahl der Beamten in der Volksvertretung beschwert und im Jahre 1834 hatten während einer kurzen Zeit Legitimisten und Republikaner eine gemeinsame Agitation für Wahlreform betrieben; es verdient Erwähnung, daß der Gedanke, die bestehende plutokratische Wahlordnung durch das allgemeine Stimmrecht zu ersetzen, in staatsklugen Köpfen der legitimistischen, nicht der radicalen Partei entsprungen ist. Im Jahre 1842 hatte der Abgeordnete Ducos den Gedanken der Vermehrung der Wählerschaft durch sogenannte Capacitäten erneuert, den 1845 der jüdische Advocat Cremieux, der von jetzt an auch unter den Staatsverderbern Frankreichs seine Rolle spielte, wiederholt; man hatte einen Journalistencongreß zusammengebracht, auf welchem eine gemeinsame Agitation durch die Presse in Gang gesetzt werden sollte. Die radicale Opposition, an deren Spitze seit 1842 ein ehrgeiziger Advocat von sehr mäßigen Fähigkeiten, Ledru-Rollin, sich bemerkbar machte, schritt allmälig zur Forderung des allgemeinen Stimmrechts vor; sie wollten die Herrschaft dessen, was sie im Gegensatz zur herrschenden Bourgeoisie das Volk nannten. Dagegen begnügte sich die dynastische Linke, geführt von Odilon Barrot und Thiers, der von Eifersucht gegen Guizot verzehrt und nach einer großen Stellung verlaugend, wie sie seinem unleugbaren staatsmännischen Talent gebührte, stets darauf hielt, sich keiner Partei ganz hinzugeben, mit einem Gesetze, welches die Beamten ganz oder theilweise von der Kammer ausgeschlossen hätte. Die Regierung, den eigensinnigen von seiner eigenen Unfehlbarkeit nicht minder als Thiers von der seinen überzeugten Doctrinär Guizot an der Spitze, beging den groben Fehler, daß sie diesem Verlangen nach Reform der Wahlgesetze nicht nur nicht wie sie gesollt, auf halbem Wege entgegenkam, sondern sich ihm schroff entgegensetzte; sie schloß sich, wie der alternde König, der stets ein Mann des Scheins und der kleinen Mittel gewesen, in ihre papierene Gesetzlichkeit ein und verabsäumte darüber die Möglichkeit, eine Bewegung zu leiten, die ihr eines Tages über den Kopf wachsen und, in einen plötzlichen Orkan übergehend, Thron und Regierung überwältigen sollte. In der Session von 1846 trat nun diese Frage der Wahlreform wiederum in den Vordergrund. Von einem Freunde von Thiers, Remusat, war der Antrag auf Ausschließung der Beamten aus der Kammer erneuert worden; ein ernstlicher parlamentarischer Kampf entbrannte um denselben und am 17. März rückte Thiers eine seiner großen Reden an die wichtige Frage. Er sprach in dieser Rede wie immer viel von sich selbst und verfehlte nicht, dem Julikönigthum seine Verdienste um dessen Aufrichtung ins Gedächtniß zurückzurufen, während er mit Geringschätzung von den neuen Royalisten sprach, den Uebereifrigen der Regierungspartei, welche sie, die Schöpfer des Julithrons, zu Feinden der Krone machten; aber allerdings er bleibe bei dem Worte, das er früher gebraucht und das seither berühmt geworden: der König herrscht (règne), aber er führt das Ruder nicht; so wolle er auch jetzt noch die wahre Repräsentativverfassung, wie in England, wo jeder mächtigste Minister doch nur dem Willen des Landes — dem aufgeklärten Willen der nationalen Vernunft folge. Die Ausschließung der Beamten sei ein Schritt zu diesem Ziele; aber es hieß in der That Feigen vom Distelstrauch ernten wollen, wenn man dieser Kammer die Ausschließung der Beamten zumuthete, ganz abgesehen davon, daß damit nur in ein System von Mißbräuchen die erste Bresche gestoßen, aber sonst wenig gewonnen gewesen wäre. Doch war es immer schon etwas, daß die Minorität für Remusat 184 gegen 232 Stimmen betrug.

Als diese Kammer aufgelöst worden, trat ein aus den verschiedenen Schattirungen der Opposition gebildeter Wahlausschuß zusammen, und dieser arbeitete seinerseits einen Wahlgesetzentwurf aus, mit welchem die Opposition bei der neuen Kammer ihr Heil versuchen wollte. Dem entsprechend stellte Duvergier de Fauranne nach Eröffnung der Session von 1847 seinen Antrag auf Wahlreform: Herabsetzung der Steuerqualificationen für Ausübung des Wahlrechts von 200 auf 100 Fr., Zulassung der Capacitäten, Vermehrung der (459) Deputirten um 79. Vier Tage wurde gekämpft und schließlich der Antrag mit 252 gegen 154 Stimmen verworfen; dasselbe Schicksal hatte der erneuerte Antrag Remusat's auf Ausschließung gewisser Kategorieen von Beamten vom Recht der Wählbarkeit. Die Minister machten ihr Verbleiben im Amt von seiner Verwerfung abhängig; es hätte dessen nicht bedurft, diese Kammer hatte keine Lust sich zu bessern und an dem für sie und ihresgleichen so bequemen Wahlgesetze zu rütteln.

Es war vollkommen correct und entsprach ganz dem englischen Vorbilde, auf welchem Thiers mit so viel Vorliebe verweilte und welches die dynastische Opposition sich zum Muster zu nehmen vorgab oder vielleicht auch die Absicht hatte, wenn man nun mit Nachdruck die Agitation außerhalb der Kammer in Presse und Versammlungen wieder aufnahm. Die Mißstände waren unleugbar und waren schreiend, die Opposition stark durch die Bedeutung und die Talente ihrer Führer, stärker durch die Gerechtigkeit ihrer Sache, der Sache der politischen Moralität gegen die Corruption, der Nation gegen einige Hunderttausend Privilegirte; aber eine solche Agitation ließ sich bei einem so leidenschaftlichen, der Selbstbeherrschung so wenig fähigen Volke wie die Franzosen sind, nicht in den Schranken halten, die sie sich in England gezogen hatte. Bezeichnend war, daß man bei dem Festmahle, welches 1200 Freunde der Reform und eines guten Tages am 9. Juli 1847 zu Chateaurouge in der Nähe von Paris abhielten, dem ersten der sogenannten Reformbankette, den üblichen Trinkspruch auf den König wegließ, um keine Spaltung in den Reihen der Opposition zu erregen, während in England, dem Lande wahrer Freiheit, wie in jedem Lande, wo ein gesundes Verfassungsleben herrscht, eben diese Huldigung an die Krone alle Gemüther sofort daran erinnert, daß es etwas geben muß im Staate, was über den Strömungen der Parteien steht und nicht angetastet werden darf. In ununterbrochener Reihe folgten sich dann nach dem Schlusse der Session (9. August) die Reformbankette in den wichtigsten Städten Frankreichs, allenthalben unter mehr oder weniger leidenschaftlichen Reden und mit Unterzeichnung von Reformpetitionen; die Zeitereignisse, die Bewegung in Italien seit der Thronbesteigung Pius IX., der Kampf des Jesuitismus und des Radicalismus in der Schweiz vermehrten die Aufregung, welche den Franzosen ohnehin von Zeit zu Zeit Bedürfniß ist; mit Wohlgefallen sah der Wahlausschuß in Paris den guten Fortgang des Geschäfts und man kündigte bereits für die bevorstehende Kammersession eine Anzahl von Reformbanketten in Paris selbst an. Dem radicaleren Theile der Opposition konnte es nur erwünscht sein, daß die Regierung nunmehr dem Pariser Polizeipräfecten die Weisung zugehen ließ, diese Bankette nicht zuzulassen. Männer, welche dem Throne nahe standen, wie der Prinz von Joinville, fingen an, die Lage der Dinge als sehr ernst anzusehen; sie fanden den König alt, seines gewohnten Scharfsinns entbehrend, doch dachte Niemand an eine nahe Katastrophe. Am 28. December 1847 eröffnete Louis Philipp nach seiner Gewohnheit persönlich die Kammern. In der Thronrede fand sich eine Stelle, welche entweder bewies, daß er gutem Rathe nicht mehr zugänglich war, oder daß sein erster Minister sich in so selbstgefälliger Sicherheit wiegte, daß er guten Rath nicht mehr zu ertheilen vermochte. „Inmitten der Aufregung," sagte der König, „welche feindliche oder blinde Leidenschaften nähren, belebt und unterstützt mich Eine Ueberzeugung — daß wir in der constitutionellen Monarchie, in der Einigkeit der großen Staatsgewalten die gesicherten Mittel besitzen, alle Hindernisse zu überwinden" — — eine unnütze Herausforderung dieser Leidenschaften, die allerdings feindlich aber keineswegs so blind waren, wie Louis Philipp und sein Minister sich dachten.

Mit größter Erbitterung nahm die Opposition den Fehdehandschuh auf, den die Regierung ihr hingeworfen. Die Bevölkerung folgte den Adreßdebatten, der besonderen Liebhaberei der Franzosen, mit großer Aufmerksamkeit und wachsender Erregung. Es machte keinen Eindruck, als eben in diesen Tagen die Nachricht einlief, daß der langjährige Feind der französischen Herrschaft in Afrika, der Emir Abdelkader, in den Händen der Franzosen sei; im Gegentheil, auch dieser Erfolg bot Waffen gegen die Regierung, die man bald, als die Einzelnheiten bekannt wurden, beschuldigte, unritterlich und treulos gegen den besiegten Feind verfahren zu sein.

Abdelkader nämlich hatte nach jenem Friedensschlusse Frankreichs mit Marokko, welcher ihn preisgab, seine Waffen gegen den Herrscher dieses Reiches gewendet, war aber durch eine Uebermacht auf französisches Gebiet gedrängt worden, wo er, zum Aeußersten gebracht, dem General Lamoriciere seine Unterwerfung anbot, wenn man ihm freien Abzug nach Aegypten oder Syrien gestatte. Es wäre keine Gefahr dabei gewesen, denn seine Rolle war ausgespielt, und gegebenes Wort zu brechen, ist kein moslemischer Fehler; General Lamoriciere genehmigte also die Bedingung und der Herzog von Aumale, seit einigen Monaten Statthalter, bestätigte das Abkommen; allein die Pariser Regierung verwarf den Vertrag und ließ den Emir als Kriegsgefangenen nach Frankreich abführen.

Man beachtete dies zunächst wenig gegenüber dem großen parlamentarischen Kampfe, der alle Kräfte in Anspruch nahm, und alles Interesse verschlang. Alle Seiten der Verwaltung wurden aufs Heftigste angegriffen. Lamartine, der seinen Dichterruhm und Namen jetzt ganz der Opposition zur Verfügung gestellt hatte, und auch als Staatsmann glänzen wollte wie er als Dichter und rhetorischer Geschichtschreiber glänzte, tadelte die auswärtige Politik der Regierung der italienischen Bewegung gegenüber; die Neutralität, welche sie bei der Besetzung Ferraras und der Herzogthümer durch die Oestreicher beobachtete; Guizot erregte den heftigsten Zorn der Opposition, als er sich auf die Nothwendigkeit berief, die Verträge von 1815 einzuhalten, welche schon immer den Stoff zu leidenschaftlichen Declamationen geliefert hatten. Nicht minder warf man der Regierung vor, bei den schweizer Angelegenheiten im Bunde mit Oestreich die Sache der Jesuiten zu der ihrigen gemacht, zur Sache Frankreichs zu machen versucht zu haben. Guizot antwortete mit heftigen Diatriben gegen den ihm, dem strenggläubigen conservativen Protestanten, tiefverhaßten schweizer Radicalismus. Thiers seinerseits griff das Ministerium wegen seiner Finanzverwaltung an; und allerdings war in 17 Jahren eines Friedens, den man mehr als Einmal mit dem Aeußersten von Nachgiebigkeit erkauft hatte, die verzinsliche Staatsschuld auf fünf Milliarden angewachsen, und der jährlichen Deficits noch kein Ende abzusehen. Besonders aber war es das Verhalten der Regierung weniger gegenüber der Wahlreformfrage selbst, wo sie allerdings den größten aller Fehler, den eines störrischen Nichtsthuns, begangen, als gegenüber den Reformbanketten, was den Zorn der Opposition hervorrief. Hier hatte die Thronrede selbst zum Kampfe herausgefordert. Aber ihr Anstürmen half nichts, ein Amendement eines conservativen Abgeordneten, welches die Hoffnung ausdrückte, daß die Regierung einem Fortschritt nicht abgeneigt sein werde, ward verworfen; am 12. Februar 1848 wurde die Antwortsadresse, welche die Thronrede umschreibend und zustimmend beantwortete, mit 241 gegen 3 Stimmen — die Opposition nahm an der Abstimmung keinen Theil — angenommen.

Des folgenden Tages fand eine Versammlung liberaler Abgeordneter statt, in welcher berathen wurde, was weiter zu thun sei. Der Vorschlag wurde laut, daß die oppositionellen Deputirten den beleidigenden Ausdrücken der Thronrede gegenüber, die jetzt in der Adresse der Kammer einen wenn auch etwas abgeschwächten Widerhall gefunden, in Masse ihren Austritt erklären sollten; man beschloß aber eine weniger mühevolle Demonstration, indem man ein Reformbanket in Paris selbst ansage, und dieser Entschluß ward am 14. Februar bekannt gemacht; er verfehlte nicht, da er einen Zusammenstoß mit der Regierungsgewalt fast mit Sicherheit voraussehen ließ, die Geschäftswelt in große Besorgnisse zu versetzen.

Ein Ausschuß, gebildet aus den Abgeordneten von Paris, aus Mitgliedern der verschiedenen Fractionen der Opposition, Bevollmächtigten des Centralwahlausschusses und Redacteuren der bedeutendsten oppositionellen Journale ward niedergesetzt, welcher die Vorbereitungen zu dieser großen Haupt- und Staatsaction treffen sollte, und welcher dann auch, nachdem er mehrere Tage nichts von sich hatte hören lassen, endlich am 19. den 22. Februar als den Tag und einen Gartenplatz in den elysäischen Feldern als den Ort des Reformschmauses bekannt gab. Man hatte den Gedanken, an dem gewöhnlichen Versammlungsorte der Abgeordneten der Opposition auf der Place de la Madeleine in feierlichem Zuge nach den Champs elysées sich zu begeben; die Nationalgarde ohne Waffen, aber in ihrer Uniform und nach Bataillonen und Legionen geordnet, würde Spalier bilden und also dem Ganzen einen imposanten Charakter — den Eindruck der Macht, die mit allen Mitteln ausgerüstet sich doch zu mäßigen weiß — verleihen. Denn allmälig wurde doch den Anstiftern der großen Demonstration selbst bange vor den möglichen Folgen; die hauptstädtische Masse, einmal in Bewegung gebracht, entzog sich leicht jeder Lenkung oder überließ sich der Lenkung Derjenigen, denen die gesetzlichen Demonstrationen eine Kinderei, ein Vorwand oder eine Maske für Weiteres war; am 20. erschien in den Oppositionsjournalen eine gleichlautende Aufforderung zu Mäßigung und strenger Gesetzlichkeit, und es wurden sogar zwischen den Männern des Ausschusses und dem Ministerium Unterhandlungen gepflogen, um jeder weiteren Ausschreitung vorzubeugen. Als aber am folgenden Tage, dem 21., die Journale das Programm der Festcommission veröffentlichten, in welcher diese Commission wie eine legale Behörde ihre Dispositionen ankündigte, da mußte sich die Regierung, die seither nichts gethan, die Frage vorlegen, ob man sich dieser auf diesem Pflaster so gefährlichen Kundgebung gegenüber einfach mit den gewöhnlichen Polizeimaßregeln begnügen oder ob man denselben mit umfassenden militärischen Vorkehrungen für alle Fälle begegnen solle. Man entschloß sich in später Stunde, am letzten Nachmittag, endlich zu dem, was man von Anfang an sich hätte klar machen sollen: das Reformbanket selbst, mit Vorbehalt gerichtlicher Verfolgung etwa bei denselbem vorkommender Ungesetzlichkeiten nicht zu hindern, die Ansammlung auf dem Madeleineplatz aber, welche als „Versammlung auf öffentlichen Plätzen" gesetzlich einer polizeilichen Genehmigung bedurfte, die nicht eingeholt war, nicht zuzulassen. So erwiderte

Duchatel am Nachmittag in der Kammer auf eine Interpellation Odilon Barrot's, der anfragte, was die Regierung gegenüber dem auf den folgenden Tag angesetzten Feste zu thun gedenke.

Diese Erklärung verwirrte das Lager der Opposition. Nach dem Schluß der Sitzung am Abend traten die Mitglieder derselben zu einer Berathung zusammen und gegen Lamartine's und einiger Anderen Widerspruch ward beschlossen, der Nothwendigkeit sich zu fügen und das Fest abzusagen. Sie maskirten ihren Rückzug in einer an die Zeitungen gesandten Erklärung, in welcher sie mit den Worten, daß die Opposition, indem sie sich nicht zu dem Banket begebe, „eine große Handlung der Mäßigung vollziehe, daß ihr aber noch eine große Handlung der Festigkeit und der Gerechtigkeit zu vollziehen übrig bleibe" die Absicht aussprachen, das Ministerium in Anklagezustand zu versetzen, „weil es die Ehre und die Interessen Frankreichs nach außen verrathen, die Grundsätze der Charte verfälscht, die Rechte der Bürger beeinträchtigt, systematische Bestechung geübt, mit öffentlichen Aemtern Handel getrieben und anderes mehr; lauter große, zum Theil auch berechtigte Worte, die aber doch nur wieder zu Worten führen konnten. Um dieselbe Zeit hielten Diejenigen, welche sich für Männer der That nahmen und wenigstens zu rücksichtsloser Gewaltanwendung gestimmte Männer waren, im Redactionslocal der radicalen Zeitung „Reform" ihre Versammlung. Mit Wuth vernahmen diese — es waren außer den Schriftstellern der Partei Flocon, Etienne Arago, Louis Blanc, Edgar Quinet die Häupter der geheimen Gesellschaften, wie Lagrange — die Nachricht, daß das Banket abgesagt sei; sie thaten sich gütlich in Scheltworten auf die Feigheit der Opposition, unverbesserlicher Bourgeois wie die anderen und sie beschlossen zuzusehen, ob sich mit den aufgeregten Massen, die sich in jedem Falle auf dem Schauplatz des abgesagten Festes zusammenfinden würden, etwas werde machen lassen. Uebermäßige Hoffnungen aber hegten auch sie nicht; sie bestimmten ausdrücklich, daß bei den etwaigen Demonstrationen der Name der Republik aus dem Spiele bleiben, die Lebehochs nur der Reform, die Pereats nur dem Ministerium Guizot gelten müßten.

Es verging in der That der 22., der für das Fest angesagte Tag ohne erhebliche Ereignisse. Man las die Bekanntmachungen des Polizeipräfecten an den Straßenecken, die Abmahnungen der Opposition in den Morgenblättern; gleichwohl sammelte sich eine große Menge Neugieriger, die sehen wollten, ob es etwas gebe, unter ihnen auch, sobwohl offenbar in geringer Zahl, die Mitglieder geheimer Gesellschaften. Ein Volkshaufe zog nach der Kammer, deren Sitzung aber noch nicht begonnen hatte; vor den Truppen, die sich indeß wenig zeigten, stoben die Haufen mit dem Rufe: „Es lebe die Reform, nieder mit dem Ministerium" überall auseinander. In den inneren Stadtvierteln, wohin die Menge am Nachmittage sich zurückzog, wurden gegen Abend ein paar Barricaden erbaut, an einzelnen Orten kam es auch zu Zusammenstößen; der Tumult dauerte fort bis gegen Mitternacht, der Rest der Nacht verging ruhig.

Indeß zeigte sich wider Erwarten am folgenden Morgen, daß die Aufregung im Steigen war. Die Rufe gegen das Ministerium wurden stärker, man sah Bewaffnete unter der Menge. Die Regierung kam nun auf den unglücklichen Gedanken, die Nationalgarde aufzubieten. Zögernd, unvollzählig, unlustig stellten sich die Mannschaften auf ihren Sammelplätzen ein. Die liberale Bourgeoisie schmollte mit dem Ministerium und mehr und mehr zeigte sich, daß sie mit dem Rufe für die Reform und gegen das Ministerium sympathisirte, was auf die Haltung der Linientruppen nicht ohne Wirkung blieb; zu ernsten Zusammenstößen kam es indeß nicht, sondern nur zu einer Anzahl mehr oder minder lebhafter Demonstrationen, bei denen sich die Nationalgarde betheiligte; gegen Abend verbreitete sich die Nachricht, daß das Ministerium seine Entlassung erbeten und erhalten habe.

Dem war in der That so; die Haltung der Nationalgarde hatte den König, der lange die Lage nicht für ernst gehalten, denn doch bedenklich gemacht und im Laufe des Nachmittags hatte er sich zu dem Schritte entschlossen. Guizot begab sich selbst nach der Kammer, um derselben anzukündigen, daß der König den Grafen Molé habe rufen lassen; bis das neue Cabinet gebildet sei, würden die Minister für Aufrechthaltung der Ordnung und Handhabung der Gesetze Sorge tragen. Der König war indeß mit dem Grafen Molé nicht einig geworden; er verschob, da er keine Gefahr im Verzuge sah, seine Entschließungen auf den folgenden Tag.

Auch schien wirklich die Gefahr völlig verschwunden. Die Nachricht von der Entlassung Guizot's erregte allgemeinen Jubel; was man gewollt, war nicht mehr als ein neues Ministerium und irgend eine Wahlreform, die nun nicht ausbleiben konnte. Als die Dunkelheit einbrach, erleuchteten sich die Fenster und die Menge durchzog in froher Stimmung die Boulevards, an der improvisirten Illumination sich erfreuend, die sich von Minute zu Minute ausbreitete. Die drohenden Rufe verstummten mehr und mehr vor der zunehmenden Fröhlichkeit über den unblutigen Sieg. Nur da und dort wurde einem der verhaßten Municipalgardisten ein Nieder mit den Municipalen nachgerufen; von einer Revolution war nicht die Rede.

Aber in diesem verfaulenden Staate, wo die niederträchtigste aller Oligarchieen — der Theil der Bevölkerung von Paris, welcher gerade die Straßen beherrscht — die letzte Entscheidung hat, und wo Jedermann sich vorbehält seine Pflichten nach dem Interesse des Augenblicks einzurichten, hing in solchen Stunden das Schicksal von Thron und Land von Zufällen ab, und ein solcher Zufall, ein fürchterliches Ungefähr, verwandelte rasch die friedliche Scene.

Es war gegen acht Uhr, als der Menschenstrom, der auf den Boulevards auf- und abwogte, vor dem Hotel des auswärtigen Ministeriums auf dem Boulevard der Capuziner sich staute. Die enttäuschten Republikaner wollten sich wenigstens die Genugthuung nicht versagen, vor diesem Gebäude ihrem Groll gegen den gestürzten Minister in feindlichen Demonstrationen Luft zu machen. Es war die Schaar Lagrange's, eines erprobten Verschwörers, welche hier mit einer rothen Fahne ihr Wesen trieb; ein Posten von etlichen 50 Mann Infanterie war vor dem Gebäude aufgestellt. Während die Menge hier sich drängte, fiel ein Schuß; von wessen Hand abgefeuert, für wen, ob überhaupt für irgend wen bestimmt — ob Zufall, Muthwille, Mißverständniß oder berechnete Bosheit, die einen neuen Zusammenstoß herbeizuführen trachtete, dabei im Spiele war, ist nicht ermittelt worden. Die Wirkung aber war eine schreckliche. Der Posten glaubt sich bedroht; ob das Commando Feuer wirklich ausgesprochen worden, ist zweifelhaft; eine Salve aus 50 Gewehren schlägt unter die dichtgedrängte Menge, die auseinanderstob; aber das Wuth- und Rachegeschrei, das sich erhebt, theilt sich, stärker und stärker erschallend von Schaar zu Schaar mit, pflanzt sich von Straße zu Straße weiter, und die Männer der Revolution sehen ihre Stunde gekommen.

Eine Anzahl derselben kehrt auf den Schauplatz des Unglücks zurück. Die Leichen, Männer, Weiber, Kinder werden auf schnell herbeigeschaffte Karren geladen; von Fackeln beleuchtet, schreitet der Zug, fortwährend von wüthenden Schaaren geschwellt, durch die Straßen, indem er gelegentlich vor dem Redactionslocal republikanischer Zeitungen, des National, wo eine Anzahl von Häuptern der republikanischen Partei beisammen war, der Reform Halt machte, während überall der Ruf nach Rache und zu den Waffen die Stadt durchhallte und vom Thurme der Kirche St. Germain aux Prés die Sturmglocke ertönte.

Der König sandte auf die Nachricht von dem was vorgefallen, zum zweiten Male nach Molé und als dieser nicht kam zu Thiers. Dieser erschien um Mitternacht im Schlosse; nur wenn der Führer der Linken, Odilon Barrot, ein Hauptvertreter der Reformbewegung, zugezogen werde, glaubte er der Bewegung Herr werden zu können. Der König willigte ein; Thiers entfernte sich, um sein Ministerium womöglich zusammenzubringen. Guizot, welcher die Nacht in den

Tuilerien zubrachte, unterzeichnete noch die Verordnung, welche den Herzog von Isly, Marschall Bugeaud, zum Oberbefehlshaber der Garnison und der Nationalgarde von Paris ernannte. Der Marschall, sofort herbeibeschieden, traf alsbald die nothwendigen Maßregeln, um die Fehler seiner Vorgänger, Tiburce, Sebastiani und Jacqueminot, welche die Truppen nach einem verkehrten Plane zwecklos verzettelt hatten, wieder gut zu machen; er beruft seine Officiere, theilt ihnen die Grundzüge seines Planes mit: „und vor Allem," sagt er ihnen, „laßt euch nicht auf Unterhandlungen ein, sonst seid ihr verloren." Eine feste Hand griff in die Zügel, welche schon nahe dem Boden schleiften.

Mittlerweile war aber auch der Aufstand nicht müßig gewesen. Barricade auf Barricade wuchs aus dem Boden, die sich alsbald mit Bewaffneten bedeckten; noch aber hielt man mit dem Worte Republik zurück. Die Truppen hinderten dies nicht, sie waren ermüdet, verdrossen, ohne rechte Lenkung; erst als der Marschall erschien, der ihr Vertrauen besaß, belebten sie sich wieder und setzten sich mit Eifer in Bewegung. Wenn man nur im Bewußtsein seines guten Rechts und seiner guten Sache — und man durfte dieses Bewußtsein haben, da zu einer Revolution nicht der mindeste Grund ja selbst nur Vorwand mehr vorhanden war — energisch und rücksichtslos vorwärts ging, so war noch immer die Sache des Julithrons zu retten, dem Lande unermeßliches Unheil zu ersparen. Unglücklicher Weise fehlten diesem Lande die Männer, welche, unbekümmert um die Popularität ihres Namens, ohne rechts oder links zu schauen nur den geraden Weg der Pflicht zu wandeln gewußt hätten.

Thiers und Odilon Barrot waren früh am Morgen des 24. in den Tuilerien erschienen. Der König bewilligte, was sie vorschlagen: Auflösung der Kammer, Wahlreform, den Befehl das Feuer einzustellen. Eine Proclamation theilte dies um acht Uhr früh den Parisern mit. Sie schloß mit dem Rufe: Freiheit, Ordnung, Einigkeit, Reform, und war von Odilon Barrot und Thiers unterzeichnet. Die Proclamation machte keinen Eindruck; der Aufstand, der noch immer mit seinem letzten Worte zurückhielt, von dem Niemand, die meisten der Aufständischen selbst am wenigsten, hätten sagen können, was denn eigentlich sein Ziel sei, dauerte fort; ließ man ihn ferner gewähren, so war nicht zu erwarten, daß er vor dem Throne Halt machen würde. Bereits war die militärische Lage ungünstig geworden: der General Bedeau hatte auf eigene Hand, gegen des Marschalls eigenes und letztes Wort, die Feindseligkeiten eingestellt in Folge von Unterhandlungen, die er mit „dem Volke" angeknüpft; jetzt kamen die Minister mit ihrer unsinnigen Verfügung, welche die Truppen lahm legte und den

Aufftändifchen die Freiheit gab, zu thun was fie für gut fanden. Einige Stunden fpäter, zwifchen zehn und elf, war fo das Volk im Befitz des Palais royal, wo es feinen finnlofen Zorn an Büchern und Kunftwerken ausließ. Gegenüber lag das fogenannte Chateau b'eau, von einer Compagnie Municipalgarde befetzt; fie fchoffen nicht, und gaben bereitwillig den mit ihnen parlamentirenden Aufftändifchen das Verfprechen, nicht zu fchießen; erft als die Menge, die fich zahlreicher und zahlreicher dort verfammelte, von ihnen die Ablieferung ihrer Waffen verlangte, weigerten fie fich und fetzten endlich, da die wachfende Menfchenmaffe ungeftümer drängte, der Gewalt die rechtmäßige Abwehr entgegen. Ein paar hundert Schritte von diefem Orte, auf dem Carouffelplatz, ftanden mehrere Regimenter, aber der wahnfinnige Befehl, welcher die Einftellung der Feindfeligkeiten gebot, anftatt diefelbe zu erzwingen, lähmte fie; ohne Hülfe ließ man die Braven, welche an diefem üblen Tage allein inmitten fo vieler Erbärmlichkeiten die Ehre des franzöfifchen Namens und ihre Soldatenehre retteten, von der Ueberzahl überwältigen, die fie nun mit franzöfifcher Graufamkeit bis auf den letzten Mann niedermachte.

Die Lähmung, welche Alles ergriffen zu haben fchien, was die Grundlagen der beftehenden Ordnung zu retten berufen war, hatte fich auch der Tuilerien bemächtigt. Der König, fo lange unbeforgt, vernahm mit Schrecken, daß in der Nähe des Schloffes fchon einzelne aus den Truppen mit den Aufftändifchen fraternifirten. Die Königin, aufwallend in gerechtem Zorn, forderte ihn auf, felbft zu Pferde zu fteigen, fich an die Spitze der Truppen zu ftellen, die Ehre feiner Krone zu retten; er that fo: gefolgt von feinen Söhnen Nemours und Montpenfier, ritt er die Reihen der im Schloßhof aufgeftellten Truppen entlang; aber die Linie empfing ihn fchweigend, die Nationalgarde mit dem Reformruf; er fand kein Wort, das ihre Treue erwärmt, ihr Pflichtgefühl belebt hätte, und kehrte erfchüttert, muthlos nach feinem Palaft zurück, wo nun die Rathlofigkeit überhand nahm. Während die Mitglieder der königlichen Familie, einige Abgeordnete, einige Pairs und Generale umherftanden, während fchon ein Haufe Volks gegen die Tuilerien fich heranwälzte, angeblich um eine Petition in Sachen der Wahlreform zu überreichen, aber vom Marfchall Bugeaud noch mit guten Worten zur Umkehr beftimmt wird, tritt ungerufen und unangemeldet ein Mann ein, der um Rath niemals verlegen war, ein journaliftifcher Abenteurer von eherner Stirne, der Redacteur der Preffe, Emil de Girardin. Er fagt dem König mit dürren Worten, daß nichts den Thron mehr retten könne, als fofortige Abdankung. Den Entwurf zu einer Proclamation hatte der kecke Schwindler mitgebracht: ein Zwiegefpräch entfpinnt fich, zu dem die übrigen Anwefenden sich herzudrängen. Die Königin widerspricht, Andere reden dem König leidenschaftlich zu, am leidenschaftlichsten sein jüngster Sohn, Montpensier; dem König wird ein Zeichen der Zustimmung entrissen, mit dem einige Feiglinge sofort hinauseilen, um zu versuchen, ob dieses Wort der Abdankung, in die tobenden Wellen geschleudert, den Aufruhr besänftigen könne. Ludwig Philipp setzt sich nieder, um die Urkunde seiner Thronentsagung aufzuschreiben; noch ist er nicht zu Ende, als Marschall Bugeaud eintritt; dieser widerspricht heftig dem gefaßten Entschluß einer Abdankung inmitten einer Niederlage, einem Entschlusse überdies, sagt er, der nichts bessern werde. Der König will sich aufraffen, aber man bedrängt ihn zum zweiten Male und er vollendet die Entsagung; nur die Regentschaft der Herzogin von Orleans will er nicht zugestehen, weil das Gesetz den Herzog von Nemours zum Regenten bestimmt habe.

Die Abdankungsurkunde selbst verschwand einige Augenblicke später in der Tasche eines der republikanischen Rädelsführer Lagrange. Marschall Gerard, den Louis Philipp noch an Bugeaud's Stelle zum Befehlshaber der Truppen ernannt hatte, wollte das Actenstück der heranfluthenden Menge bekannt geben; er gab es Lagrange in die Hand, der begierig darnach griff und es mit den Worten „es genügt nicht" zu sich steckte.

Nachdem Louis Philipp sich selbst zum Privatmann gemacht, schickte er sich an, die Tuilerien zu verlassen. Er legte Civilkleider an, bot der Königin den Arm, und begab sich, von der Herzogin von Nemours und ihren Kindern gefolgt, durch den Tuileriengarten nach dem Concordienplatz, wo zwei Miethskutschen — der königliche Marstall war bereits in den Händen des Aufstands — seiner warteten. Geschützt von einer Schwadron Kürassiere fuhren die Wagen in der Richtung nach St. Cloud ab.

Die Herzogin von Orleans, die Mutter Ludwig Philipp's II., blieb zurück und in der Berathung, die sie mit einigen Abgeordneten und Officieren pflog, ward beschlossen, daß sie sich nach der Deputirtenkammer begeben solle, um dort die Rechte ihres Sohnes zur Anerkennung zu bringen. Während sie sich mit ihren beiden Söhnen, mit dem Herzog von Nemours und einigem Gefolge dorthin in Bewegung setzte — ein kurzer Weg dem Fluß entlang führt zum Pont de Louis XVI., an dessen anderem Ende, am linken Ufer der Seine, das Palais Bourbon liegt — fiel der Tuilerienpalast in die Hände der Aufständischen. Der Führer einer republikanischen Schaar, ein Arzt Auber Roche hatte dem Commandanten weiß gemacht, daß der Sturm auf das Schloß sofort beginnen würde; und bald brängten

Nationalgarden und Barricadenkämpfer in den Palast, um die Scenen vom 30. Juli 1830 zu erneuern.

Unterdessen — es war Mittags ein Uhr — hatte die Herzogin das Palais Bourbon erreicht, wo dieselbe Rathlosigkeit sie empfing, die sie soeben verlassen. Von irgend einer geordneten Berathung war nicht die Rede; in aufgeregten Gruppen standen die Abgeordneten, kamen, gingen, redeten, gestikulirten; auch Thiers hatte sich einmal gezeigt, der sonst nie um Rath Verlegene, war aber mit den Worten „die Sturmfluth steigt immer höher" („la marée monte, monte, monte") wieder verschwunden; von dem neuen Ministerpräsidenten, dem einzigen, der jetzt etwas wie einen Rechtstitel hatte, war nichts zu sehen. Die Herzogin ward mit lebhaftem Zuruf begrüßt, man erwartete, daß sie der Versammlung etwas sagen werde; sie blieb aber stumm, obgleich ihr der Abgeordnete Dupin in den Tuilerien noch von der Rolle Maria Theresia's gesprochen, welche sie jetzt spielen müsse. Schweigend nahm sie mit ihren beiden Söhnen auf den Sesseln Platz, die am Fuße der Rednerbühne aufgestellt waren. Nach einer peinlichen Pause übernahm der wachsende Tumult von außen, der Einzelne vom Volk schon auf die Galerien und in den Sitzungssaal selbst warf, die Aufgabe, dem hier versammelten „legalen Frankreich" die Arbeit zu erleichtern. Dupin, sehr gegen seinen Willen auf die Tribüne gedrängt, verlangte Anerkennung des neuen Königs und der Regentschaft der Herzogin; Lamartine meinte, man dürfe aus Schonung für die Letztere diese Frage nicht in ihrer Gegenwart verhandeln. Sie wollte sich entfernen, aber wohin sollte die bedauernswerthe Frau gehen? Sie blieb auf halbem Wege stehen und setzte sich dann auf eine leere Bank im Centrum; nun nahm ein Abgeordneter der republikanischen Partei, Marin, das Wort und beantragte, indem er die Regentschaft der Herzogin durch Berufung auf das Regentschaftsgesetz zurückwies, wenig logisch, aber Angesichts einer Lage, wo nichts von einer Regierung zu sehen war, doch vernünftig, die Niedersetzung einer provisorischen Regierung. Noch bestieg Odilon Barrot, der mittlerweile erschienen war, die Rednerbühne; aber seine Worte entbehrten der Bestimmtheit, bewegten sich in Allgemeinheiten: „das Julikönigthum beruht jetzt auf dem Haupte einer Frau und eines Kindes"; ihm folgte der Legitimist Larochejacquelin, welcher den Augenblick günstig glaubte, seinerseits dem Parteigeist und seinem langverhaltenen Rachegelüst zu opfern. „Die Kammer", ruft er der Versammlung mit mächtiger Stimme zu, „bedeutet nichts, gar nichts mehr"; seine Worte werden alsbald bestätigt durch wilden Tumult, der aus den Gängen hereindringt; es sind Haufen von Nationalgardisten, Studenten, Arbeitern, welche kommen, um das Werk, das sie in den Tuilerien begonnen, nunmehr in der Kammer zu vollenden. Die Tuilerien waren unterdessen der Schauplatz von Orgien gewesen, wie sie eine erhitzte von vagen Leidenschaften umhergetriebene, von ihrem Erfolg und bald vom Wein der Schloßkeller berauschte Menge, die keine Autorität mehr im Zaume hält, sich gönnte. Man braucht bei den wüsten Scenen der Zerstörung nicht zu verweilen. Der Thron war hier nichts mehr als ein mit Sammet und Seidenstoff beschlagenes Stück Holz, der Ueberzug gut genug, um daraus Cocarden und Jacobinermützen zu machen, das Gestell recht, um wie die Spiegel und Kronleuchter von der blinden Zerstörungswuth zertrümmert und zum Fenster hinausgeworfen zu werden. Vielfach brüstete man sich später, damit doch etwas zu rühmen sei an dieser jämmerlichsten aller Revolutionen, die nur hatte gelingen oder richtiger überhaupt nur zu einer Revolution hatte werden können durch ein seltenes Zusammentreffen aller möglichen Fehler, Pflichtversäumnisse und Verkehrtheiten, — daß wenig oder nichts von den Kostbarkeiten, die in dem Tuilerienpalast zur Disposition des Volkes lagen, entwendet worden sei. Gewiß, die Haufen, welche sich in den Sälen des Schlosses umhertrieben, bestanden zu gutem Theil aus Leuten, für welche es mehr Reiz hatte, einen zertrümmerten Thron zum Fenster hinaus zu werfen, als Fünffrankstücke zu stehlen, und die unterste Sorte der Barricadenkämpfer witterte für ihre Neigungen bald in den Kellern das wünschenswertheste Ziel aus. Ein Theil erwarb sich noch auf seine Weise ein chronologisches Verdienst, indem sie die Uhr im Pavillon d'Horloge stillstellten; der Zeiger stand auf $1/_22$ Uhr, als es mit der Möglichkeit einer gesetzlichen Freiheit in diesem Lande für immer vorbei war.

Wie es dort in den Tuilerien nichts mehr zu thun gab, hatte einer der Anführer, der Nationalgardencapitän Dunoyer, die Loosung ausgegeben, nach der Kammer aufzubrechen, „um das Königthum in das Asyl zu verfolgen, in welches sein Schatten sich geflüchtet"; die Truppenmacht, welche auf dem Concordienplatz vereinigt stand, 8000 Mann, ließ die Menge ruhig ziehen und so kam es, daß nun diese Haufen, Welle nach Welle, die eine immer ungestümer andringend, immer trüber und schmutziger gefärbt als die andere, den Saal der Deputirtenkammer überflutheten. Die Ersten welche eindrangen, als eben Larochejacquelin sprach, füllten, mit den Waffen lärmend, den Vorderraum des Saales, aus dem allmälig viele Abgeordnete sich wegmachten; Ledru-Rollin konnte sich endlich vernehmlich machen, und verlangte nun, im Namen des Volkes, das Herr von Paris sei, eine provisorische Regierung und einen Nationalconvent, der die Zukunft Frankreichs feststellen werde. Nach ihm sprach Lamartine, dem auch in diesem Moment und auf diesem Boden die Redeblumen reich und würzig sprießten — auch er verlangte, indem er „dem Unglück" einige ehrende Worte zollte, zunächst eine „Regierung der Dringlichkeit, der Nothwendigkeit, der Umstände", darnach eine dauernde Regierung, die man finden werde, indem man „aus dem Nationalrecht jenes große Geheimniß der allgemeinen Souveränetät hervorvorziehe, aus dem alle Ordnung, alle Freiheit, alle Wahrheit hervorgehe"; während er noch sprach, erschütterte eine Gewehrsalve den Saal und eine neue Menge drang tobend ein unter dem Geschrei „es lebe die Republik, nieder mit der Kammer." Und diesmal waren es die rechten; Einer legte auf den Redner seine Flinte an, bis man ihm begreiflich machte, daß es der große Dichter Lamartine sei, welcher spreche. In der Verwirrung entkamen die meisten der Deputirten, auch die Herzogin, die eine Zeit lang von ihren Kindern getrennt ward und der Herzog von Nemours, der unter den Vielen, die an diesem Tage in dieser schlechten Tragödie auftraten, die Rolle eines armseligen Statisten gespielt hatte, und der nun in einem Nebenraume der Kammer eine Nationalgardistenuniform anlegte, unter deren Schutz er sich rettete.

Einige wenige Abgeordnete, Lamartine, Dupont de l'Eure, Ledru-Rollin, Aragon, Cremieux u. A. blieben in dem Tumult zurück und brachten nun mit der sehr gemischten Gesellschaft im Saale, nachdem es gelungen war, etwas wie Ordnung herzustellen, die provisorische Regierung fertig. Sie schafften den alten Dupont auf den Präsidentensitz; Lamartine ließ durch die Anwesenden, wie sie der Zufall hergeführt, die Namen der künftigen provisorischen Regierung Frankreichs auf Stimmzettel schreiben, stellte eine Liste zusammen, deren Namen dann der Präsident verlas und von dem hier versammelten souveränen Volk durch Acclamation ernennen ließ. Es waren Dupont de l'Eure, Lamartine, Aragon, Manin, Garnier Pagès, Ledru-Rollin, Cremieux; den alten Dupont an der Spitze, von ein paar Hundert Bewaffneten gefolgt, begab sich diese neue Regierung nach dem Stadthause und überließ den Sitzungssaal der Menge, welche die neue republikanische Aera damit begann, daß sie das Bild des gestürzten Königs, welches dort hing, mit Kugeln zersetzte.

So ward im Laufe weniger Stunden hier einer großen Nation von einer Pöbelrotte das Gesetz gegeben, nach welchem sie künftig leben sollte; im Namen der Volkssouveränetät war eben diesem Grundsatze der Volkssouveränetät frecher Hohn gesprochen worden als jemals von irgend einer Oligarchie oder irgend einem Despoten geschehen war. Eine Reihe der unbegreiflichsten, schmählichsten Fehler von allen Seiten hatte dieses Ergebniß eines stürmischen Tages herbeigeführt — ein Ergebniß, das noch am Morgen dieses Tages kaum Jemand geahnt, Wenige gefürchtet, noch Wenigere gewünscht hätten.

Ein Philosoph des Alterthums hat darauf aufmerksam gemacht, daß Revolutionen wohl aus geringfügigen Anlässen, nicht aber um geringfügiger Dinge willen entstehen; hier indeß wäre man versucht, wenn man nur auf Frankreich blickt, zu glauben, daß auch der Preis dieser Revolution nur ein sehr geringfügiger gewesen sei. Für Frankreich bedeutete diese Revolution nichts als einen neuen Schritt auf dem Wege des Verfalls; eine neue Zerrüttung, bei der bald auf ein Uebermaß der Freiheit ein Uebermaß der Tyrannei folgen sollte. Aber diese Revolution hatte ihre Hauptbedeutung durch ihre Wirkung auf das übrige Europa, Deutschland insbesondere und Italien. Indem sie diese Länder, in denen eine Menge neuer Lebenskeime sproßten, einige Jahre in einen Zustand furchtbarer Gährung warf, bereitete sie eine neue Ordnung der Dinge vor, in welcher insbesondere die deutsche Nation sich selbst wiederfinden, aus trüber Gährung zu wahrer Klärung sich hindurchringen, und indem sie, wie Italien, zu einer neuen politischen Einheit sich zusammenschloß, den europäischen Dingen eine von Grund aus veränderte Gestalt geben sollte.

Inhalt des sechszehnten Bandes.

Erster Band (1815—1848).

Geschichte der neueren Zeit.

	Seite
Erstes Buch. Vom Sturze Napoleon's bis zur Julirevolution. 1815—1830.	
Einleitung	9
Erster Abschnitt. Die Restauration. 1815—1820	23
A. Germanische Völker und Staaten.	
1. Scandinavien	29
2. Deutschland.	
a. Allgemeine Zustände	37
b. Die Einzelstaaten	45
c. Die beiden Großmächte und der Sieg der Reaction	53
B. Romanische Staaten.	
1. Frankreich	63
2. Spanien und Portugal	76
3. Italien	87
C. Der Osten.	
Rußland und Polen	97
Zweiter Abschnitt. Revolution und Reaction in den Jahren 1820—1830.	
A. Romanische Staaten.	
1. Italien	101
2. Spanien	109
3. Frankreich	114
4. Portugal	124
B. Der Osten.	
1. Die Türkei. Beginn des griechischen Aufstandes	127
2. Rußland. Fortsetzung des griechischen Freiheitskampfes	143
3. Griechenland. Ende des Kampfes	163
C. Die germanischen Staaten	165
1. Scandinavien	166
2. England	168
3. Deutschland	191
Dritter Abschnitt. Die Julirevolution	211
1. Spanien	212
2. Portugal	216
3. Frankreich	

	Seite
a. Letzte Regierungsjahre Ludwig's XVIII.	220
b. Anfänge Karl's X.	225
c. Die Julirevolution. Ausgang Karl's X.	256
d. Anfänge Louis Philippe's	269

Zweites Buch. Von der Revolution des Juli 1830 bis zur Revolution des Februar 1848.

Erster Abschnitt. Von der Julirevolution bis zum Regierungsantritt Friedrich Wilhelm's IV. von Preußen. 1830—1840 . . . 289

A. Germanische Staaten.
- 1. Die Niederlande . . . 290
- 2. Deutschland.
  - a. Bundestag und einzelne Staaten . . . 302
  - b. Oestreich und Preußen . . . 321
  - c. Geistiges Leben. Kirchliche Streitigkeiten . . . 326
- 3. England.
  - a. 1830—1832 . . . 339
  - b. 1832—1837 . . . 352
  - c. Erste Jahre der Königin Victoria 1837—1840 . . . 361

B. Der Osten.
- 1. Griechenland . . . 367
- 2. Rußland und Polen . . . 374
- 3. Türkei . . . 388

C. Die romanischen Staaten. . . . 396
- 1. Die Schweiz . . . 397
- 2. Italien . . . 403
- 3. Spanien und Portugal . . . 411
- 4. Frankreich . . . 421

Zweiter Abschnitt. Vom Regierungsantritt Friedrich Wilhelm's IV. von Preußen bis zur Februarrevolution.

A. Germanische Staaten.
- 1. Deutschland . . . 460
  - a. Preußen . . . 462
  - b. Oestreich . . . 481
  - c. Uebrige deutsche Staaten und Bundestag . . . 484
  - d. Die schleswig-holstein'sche Frage . . . 491
- 2. Die Schweiz . . . 496
- 3. England . . . 500

B. Der Osten.
- 1. Türkei . . . 510
- 2. Griechenland . . . 517
- 3. Rußland . . . 519

C. Die romanischen Staaten.
- 1. Spanien . . . 523
- 2. Portugal . . . 526
- 3. Italien . . . 527
- 4. Frankreich . . . 536

www.ingramcontent.com/pod-product-compliance
Lightning Source LLC
Chambersburg PA
CBHW031938290426
44108CB00011B/601